OCÉANO ATLÁNTICO

LAS BAHAMAS

Estrecho de Florida

Miami

La Habana

Matanzas

Pinar del Río

Cienfuegos

Canal de Yucatán

Mérida

CUBA

Camagüey

Guantánamo

REPÚBLICA
DOMINICANA

Santiago de Cuba

PENÍNSULA
DE
YUCATÁN

HAITÍ

Santo Domingo

PUERTO RICO

Port-au-Prince

San Juan

ISLAS VÍRGENES

Mayagüez

Ponce

Belice

JAMAICA

Kingston

ANTIGUA

Belmopán

GUADALUPE

BELICE

DOMINICA

HONDURAS

Copán

MARTINICA

Tegucigalpa

MAR DEL CARIBE

SANTA LUCÍA

ala

San Salvador

SAN VICENTE

EL
LVADOR

NICARAGUA

BARBADOS

León

Managua

ARUBA

CURAÇAO

GRANADA

ANTILLAS MENORES

L. de Nicaragua

BONAIRE

ISLA DE MARGARITA

TRINIDAD
Y
TOBAGO

COSTA RICA

Canal de Panamá

Caracas

Port of
Spain

Puntarenas

San José

Colón

VENEZUELA

R. Orinoco

PANAMÁ

Panamá

R. Magdalena

GOLFO
DE
PANAMÁ

COLOMBIA

GUYANA

Bogotá

BRASIL

# América del Sur

MAR CARIBE
Barranquilla
Cartagena
Maracaibo
★ Caracas
R. Orinoco
Port of Spain
TRINIDAD Y TOBAGO
OCÉANO ATLÁNTICO
Medellín
Manizales
★ Bogotá
VENEZUELA
Georgetown
Paramaribo
GUYANA
SURINAM
Cayenne
GUAYANA FRANCESA
Cali
COLOMBIA
ECUADOR
★ Quito
Guayaquil
ECUADOR
Iquitos
R. Amazon
Belem
Manaus
R. Madeira
PERÚ
Cajamarca
Machu Picchu
★ Lima
Cuzco
Ayacucho
Arequipa
L. Titicaca
BOLIVIA
★ La Paz
Sucre
Potosí
BRASIL
Brasília
Recife
Salvador
Belo Horizonte
São Paulo
Río de Janeiro
Santos
Arica
Iquique
OCÉANO PACÍFICO
Antofagasta
PARAGUAY
Asunción ★
Salta
CHILE
Tucumán
Valparaíso
Córdoba
Mendoza
Rosario
R. Paraná
R. Uruguay
Porto Alegre
URUGUAY
★ Santiago
Concepción
Buenos Aires
La Plata
Montevideo
Río de la Plata
ARGENTINA
TRÓPICO DE CAPRICORNIO
Bahía Blanca
Puerto Montt
CORDILLERA DE LOS ANDES
ISLAS MALVINAS
Punta Arenas
TIERRA DEL FUEGO
Estrecho de Magallanes
Cabo de Hornos

| 0 | 200 | 400 | 600 | 800 millas |
| 0 | 200 | 400 | 600 | 800 kilómetros |

# VOCES
## DE
# Hispanoamérica

*Antología literaria*

### Raquel Chang-Rodríguez
THE CITY COLLEGE—GRADUATE CENTER
CITY UNIVERSITY OF NEW YORK

### Malva E. Filer
BROOKLYN COLLEGE—GRADUATE CENTER
CITY UNIVERSIY OF NEW YORK

## TERCERA EDICIÓN

**THOMSON**
™
**HEINLE**

Australia  Canada  Mexico  Singapore  Spain  United Kingdom  United States

# THOMSON

# HEINLE

Voces de Hispanoamérica: Antología literaria / Tercera edición

*Chang-Rodríguez, Filer*

**Publisher:** *Janet Dracksdorf*

**Acquisitions Editor:** *Helen Richardson*

**Development Editor:** *Heather Bradley*

**Associate Production Editor:** *Diana Baczynskyj*

**Director of Marketing HED:** *Lisa Kimball*

**Manufacturing Supervisor:** *Marcia Locke*

**Project Coordination and Composition:** *Pre-Press Company, Inc.*

**Photo Manager:** *Sheri Blaney*

**Cover Designer:** *Diane Levy / DFL Publications*

**Printer:** *Webcom*

**Cover Art:** *The Art Archive/Archaeological Museum Lima/Dagli Orti/The Picture Desk*

For permission to use material from this text or product contact us:

| | |
|---|---|
| Tel | 1-800-730-2214 |
| Fax | 1-800-730-2215 |
| Web | www.thomsonrights.com |

ISBN: 0-8384-1653-5

Library of Congress Cataloging-in-Publication Data

Voces de Hispanoamérica : antología literaria /
  Raquel Chang-Rodríguez, Malva E. Filer.—3. ed.
    p.cm.
  Text in Spanish; preface in English.
  Includes bibliographical references and index.
  ISBN 0-8384-1653-5
    1. Spanish American literature. 2. Spanish
American literature--History and criticism. I. Chang-
Rodríguez, Raquel. II. Filer, Malva E., 1933–
PQ7083.V59 2004
860.8'098--dc22

                                    2003055634

# Índice de Materias

**4 Continuidad y ruptura: hacia una nueva expresión (1910–1960)** **279**

# PREFACE

The revised and expanded third edition of *Voces de Hispanoamérica: Antología literaria* incorporates suggestions from colleagues who have used the text since it first appeared in 1988 as well as recommendations from professionals who adopted *Voces'* 1996 Second Edition. We are grateful to all for sharing their many ideas, which have helped to make *Voces* a literary anthology for the 21st century. It is our hope that the revisions included in the third edition will further enhance our presentation of the authors and their works to a sophisticated student population. We believe that this new edition will meet the challenges we continuously face when teaching literature to undergraduate and graduate students, by underscoring the importance of reading and reflection in a world marked by competing technologies and fast images.

*Voces de Hispanoamérica* is intended primarily for students enrolled in a one- or two-semester introductory course of Spanish-American literature. It can also be used as a reader in advanced Spanish courses. The introductory essays and literary selections, combined with the many historical and literary references make this text an invaluable resource for both students and instructors.

## Features New to the Third Edition

*Voces de Hispanoamérica* features the most distinguished authors of Spanish-American literature from the Pre-Colonial period to the present. The new edition takes care to grant female and male authors alike the representation that they merit. Furthermore, through detailed essays that focus on each historical period, the book provides the necessary background information for students to effectively study, analyze, and evaluate literary works. In a two-semester course, a complete novel or other un-excerpted literary works may be used in conjunction with the anthology to allow for a more specialized approach to the study of a literary genre or period.

The third edition of *Voces* offers several new features:

- Revised introductions to the different literary and historical periods, with a **new** sixth chapter on the latest literary trends;
- Revised and updated bibliographies and biographical essays;
- The inclusion of **new** contemporary authors Mario Vargas Llosa, Luis Rafael Sánchez, Carlos Monsiváis, Sergio Ramírez, and Ana Istarú;
- A **new** interactive Web site at http://voces. heinle.com;
- And a **new** section, "Temas de reflexión y comentario," which will stimulate conversation and encourage students to go beyond basic comprehension of the selections.

The general introductions, preliminary essays, bibliographies, guide to audio-visual materials, and glossary of literary terms have been updated and further revised in order to make them more accessible to students. The timelines have also been updated to reflect recent trends and occurrences.

## Text Organization

The selections have been reorganized into six sections, which will facilitate use of the text across two semesters. The six sections correspond to different stages of historical and cultural development in Spanish America:

1. La configuración del mundo hispanoamericano: las raíces, la colonia, la independencia (?–1824);
2. Búsqueda de la emancipación cultural (1825–1882);
3. La realidad americana y la renovación literaria (1882–1910);
4. Continuidad y ruptura: hacia una nueva expresión (1910–1960);
5. Consolidación y expansión (1960–1975);
6. Asimilación y diferencia (1976–)

The section introductions explain how historical events and political situations, coupled with native influences as well as foreign literary movements, produce a body of literature that remains distinctly different from others. The discussions emphasize how writers, shaped in many instances by Native-American, European, African, and Asian traditions, speak with a universal, yet personal, voice that conveys a different reality and probes the very nature of the human condition.

## Criteria for Selection of Literary Works

This book presents a selection of works that have received recognition from specialists and the general reading public for being the most outstanding in Spanish America. Additionally, *Voces* presents writers, particularly women, who have been omitted from general anthologies or have received a cursory presentation in similar texts. As in all endeavors of this type, one of the greatest challenges we faced, together with the editors, was limiting the number of writers represented so as to produce a pedagogically sound text that illustrates the richness and the diversity of Spanish-American literature. Guided by the readers' comments and our experience in teaching with *Voces*, in the third edition we have streamlined existing content to allow for the inclusion of new authors and works. We have been careful to fully annotate the new selections and to place them chronologically within the six sections. Furthermore, to facilitate students' use of *Voces*, textual omissions are indicated by an ellipsis within brackets [...] and additions or clarifications are included within brackets. We have also modernized the spelling and the punctuation of texts dating from the 16th and 17th centuries to aid in reading and comprehension. We believe that these aspects will enhance the usability and flexibility of *Voces*.

## Acknowledgments

We are grateful to our students who have frequently commented on ways to better introduce authors and clarify vocabulary. We thank friends and colleagues who, during the different stages of the preparation of this edition, patiently answered queries: Gabriella de Beer, Adriana García-Dávila, Roberto González Echevarría, Yvon Joseph, Isaías Lerner, Juan Carlos Mercado, John O'Neill, Daniel Shapiro, William Sherzer.

We would also like to extend special thanks to Carlos Aguasaco for his help in updating the bibliographies, to Ben Tunkelang for his computer technical assistance, to Eugenio Chang-Rodríguez for his constant support, and to Julio Rosario, the Latin American librarian of the Morris Raphael Cohen Library of The City College of the City University of New York (CUNY), for his assistance in many searches.

Our thanks to the following reviewers of the second edition of *Voces*, who offered many valuable suggestions for the third edition:

Sandra Dixon, *West Virginia University*
Miguel Fernández, *Middlebury College*
Dolores Flores-Silva, *Roanoke College*
Ed Hood, *Northern Arizona University*
Lourdes Jiménez, *St. Anselm's College*
Gioconda Marún, *Fordham University*
Gustavo Pellón, *University of Virginia*
Elena del Río Parra, *Georgia State University*
Cynthia Sloan, *Portland State University*
Susan Wehling, *Valdosta State University*

Finally, many special thanks to members of the Heinle family: Heather Bradley, Helen Richardson, Jeff Freeland, and Diana Baczynskyj for their editorial and production assistance.

# ABOUT THE AUTHORS

RAQUEL CHANG-RODRIGUEZ is Distinguished Professor of Spanish American literature and culture at the Graduate Center and the City College (CCNY) of the City University of New York (CUNY) where she has served as Chair of the Department of Foreign Languages and Literatures (1995–00). Among other books, she has authored *Hidden Messages. Representation and Resistance in Andean Colonial Drama* (Bucknell University Press, 1999), which studies plays written in Spanish and Quechua. She is the editor of *La cultura letrada en la Nueva España del siglo XVII* (Siglo XXI-UNAM, 2002), the second volume of a new history of Mexican literature, for which she also wrote the chapter on lyric poetry. Professor Chang-Rodríguez has contributed with articles and book chapters to publications from Europe and the Americas; she is the founder of *Colonial Latin American Review,* a journal devoted to studying the Colonial period from an interdisciplinary perspective. A frequent keynote speaker at conferences and symposia, Raquel Chang-Rodríguez is the co-anchor of **Charlando con Cervantes,** a program of interviews with prominent personalities of Hispanic culture sponsored by CUNY-TV and the Instituto Cervantes.

MALVA E. FILER is Professor of Spanish-American literature at the Graduate Center and Brooklyn College of the City University of New York (CUNY), where she serves as Deputy Chair. A specialist in contemporary narrative, she has written books on Julio Cortázar and Antonio Di Benedetto. Her publications include critical essays on the major authors of Spanish America, from Jorge Luis Borges to Severo Sarduy, appearing in refereed journals and collections such as *The Final Island: The Fiction of Julio Cortázar* (Oklahoma UP, 1978); *Mario Vargas Llosa: A Collection of Critical Essays* (Texas UP, 1978); *Carlos Fuentes: A Critical View* (Texas UP, 1982); *Borges and his Successors* (Missouri UP, 1990); *La novela argentina de los años 80* (Verveurt Verlag, 1991); *Culturas del Río de la Plata (1973–1995); Transgresión e intercambio* (Verveurt Verlag, 1995); *Le fantastique argentin:* Cahiers du CRICCAL 17 (La Sorbonne Nouvelle, 1997); *Between the Self and the Void: Essays in Honor of Severo Sarduy* (U of Colorado, 1998); and *Me gustas cuando callas: Los escritores del "Boom" y el género sexual* (U de Puerto Rico, 2002).

# La configuración del mundo hispanoamericano: las raíces, la colonia, la independencia.

(¿?–1824)

## 1.1 La tradición oral, los dibujos simbólicos y la escritura alfabética

**1.1.1 *Sistemas amerindios de conservar el saber.*** Cuando los europeos llegaron a América encontraron una gran diversidad de culturas indígenas. Algunas, como la maya-quiché, la azteca y la incaica, habían alcanzado un alto grado de civilización. Si bien no conocían la escritura alfabética, conservaban la memoria del pasado a través de la tradición oral, de dibujos y de símbolos abstractos. Los maya-quiché, por ejemplo, sobresalieron por sus libros con símbolos jeroglíficos, los aztecas por sus códices con dibujos y los incas por sus quipus o nudos. En esas tres civilizaciones la tradición oral sirvió como vehículo para mantener vivos los mitos, las leyendas y los acontecimientos más sobresalientes, y también como vía de comunicación con las divinidades. Este empleo de la palabra dio lugar a diferentes modalidades expresivas que comparten ciertos rasgos con la poesía lírica, épica y dramática del Occidente.

**1.1.2 *La recuperación de las raíces nativas.*** A pesar de la resistencia de la población autóctona, primero a la conquista y después a la colonización, sus tradiciones y normas fueron, si no destruidas totalmente, incorporadas y alteradas en un largo proceso de transculturación por medio del cual España impuso sus leyes, su religión y su concepto de civilización. Así que no sería exagerado decir que ambas etapas históricas, tanto la conquista como la colonización, fueron como un terrible cataclismo para los antiguos americanos. Sin embargo, los indígenas asimilaron y aprovecharon el saber europeo. De este modo, particularmente los miembros de la élite, consiguieron cierto poder dentro de la administración colonial, pudieron escalar socialmente y defender a los suyos. Vale destacar sin embargo que, animados por el espíritu humanista y el celo religioso, hubo misioneros y colonizadores interesados en defender a la población nativa y en conocer su lengua y cultura. Gracias a estos esfuerzos se conservan hoy día cantos y tradiciones de los antiguos pueblos amerindios.

Entre los aztecas o nahuas, nombre preferido hoy día por los estudiosos para agrupar a los pueblos de la meseta central mexicana, es notable la labor de Bernardino de Sahagún (¿1500?–90). Este misionero franciscano fue maestro en el Colegio de Santa Cruz de Tlatelolco en México y allí les enseñó a sus discípulos indígenas latín y castellano, y él mismo se dedicó a estudiar varias lenguas y culturas mexicanas. De informantes indígenas sus alumnos recogieron cantares, mitos y costumbres en lengua náhuatl. Luego, utilizando el alfabeto latino, los copiaron primero en esa lengua y después los tradujeron al latín y al castellano.

Entre ellos sobresale la *Colección de cantares mexicanos* difundida modernamente por "nahuatlatos" o estudiosos de la lengua y la cultura nahua. Varias de las composiciones recopiladas por los alumnos del Colegio de Tlatelolco han sido atribuidas a poetas específicos, entre los cuales el más afamado fue Nezahualcoyotl, rey de la ciudad de Texcoco.

En la zona maya-quiché los antiguos libros pintados o códices fueron destruidos debido al celo catequizador de los misioneros. Pero también allí los indígenas se dieron cuenta de la importancia de conservar su pasado a través de la escritura y pronto los nativos alfabetizados comenzaron a escribir. Gracias a esos esfuerzos han llegado hasta nosotros el *Popol Vuh o Libro del Consejo,* el *Memorial de Sololá* y los *Libros de Chilam Balam.* Del área andina se conserva *Dioses y hombres de Huarochirí* (1608), obra escrita en quechua, una de las lenguas de esa región. Esta obra presenta la cosmogonía de la zona, además de poemas y mitos incorporados después en historias y crónicas* de la conquista escritas por españoles. Más tarde, los indígenas y los mestizos alfabetizados crearon sus propias obras y aprovecharon tanto el saber transmitido por la tradición oral y otros sistemas de comunicación, como lo aprendido de la cultura ibérica.

Sin embargo, el aporte de las civilizaciones indígenas a la literatura y a la cultura hispanoamericanas no puede medirse únicamente en términos del testimonio recopilado por europeos curiosos o por nativos y mestizos alfabetizados. El legado indígena está presente en las diferentes etapas de desarrollo de las letras continentales. Su presencia se hace evidente en la obra de destacados escritores como Miguel Angel Asturias, Pablo Neruda, José María Arguedas, Rosario Castellanos y Carlos Fuentes, para mencionar sólo algunos nombres sobresalientes. Este legado distingue y enriquece la cultura y la literatura hispanoamericanas.

## 1.2 Tempranas influencias europeas

Marinos, capitanes y soldados que contaban sus hazañas y escribían a la metrópoli para recibir recompensas y privilegios, o para justificar sus acciones, fueron los primeros en describirles el mundo americano a los europeos. Sus escritos pueden verse como un puente entre las ideas medievales* y renacentistas* o de la temprana época moderna. Eran medievales, entre otras cosas, porque en ellos se describía con admiración el papel catequizador de España: llevar en una nueva cruzada el cristianismo a un territorio inédito. Esta labor era vista como otra tarea asignada a España, nación cuyo poder se había consolidado en la Península cuando los Reyes Católicos, Fernando e Isabel (1474–1504), reconquistaron en 1492 a Granada, el último baluarte moro. Dichos escritos eran renacentistas por manifestar el espíritu humanista de la época, caracterizado por el individualismo, el optimismo y el deseo de explorar nuevos territorios y de dar a conocer lo aprendido.

***1.2.1 El humanismo en España.*** El humanismo* renacentista divulgado por estudiosos italianos que llegaron a la Península durante el reinado de los Reyes Católicos, y cuyas ideas alcanzaron predominio en la época de Carlos V (1516–56), fue frenado por el Concilio de Trento (1545–63). Esta asamblea contrarreformista creó el índice de libros prohibidos *(Index Librorum Prohibitorum),* reactivó la Inquisición (1478) y exigió adhesión absoluta al dogma de la Iglesia. A pesar de esto, en España florecieron las ideas humanistas del Renacimiento o temprana época moderna que dieron lugar a diferentes tendencias literarias como el neoplatonismo* y el petrarquismo.*

**1.2.2 La transformación del modelo clásico.**   Los escritores españoles siguieron los modelos clásicos estudiando directamente las literaturas griega y latina, o bien acercándose a ellas indirectamente a través de los autores italianos o de traducciones. En contraste con la época medieval donde había habido más énfasis en el contenido, prestaron mayor atención a la forma a fin de lograr una obra artísticamente hermosa. La naturaleza fue una fuente de inspiración clave en esta búsqueda de la perfección. Para hacer comparaciones y descripciones se aprovecharon también las narraciones mitológicas y las hazañas de héroes de la antigüedad. Los relatos de los amores de pastores y pastoras que vivían en bosques y valles idílicos habitados por ninfas y sátiros, con su exagerado bucolismo, dieron lugar a la llamada novela pastoril.* A estas tendencias España añadió su interés por el individualismo, el realismo, lo popular y la matización religiosa del mundo grecolatino.

## 1.3  La representación de la nueva realidad

Generalmente con poca preparación formal y escasa cultura literaria, los marineros, soldados y capitanes que les describieron el Nuevo Mundo a los lectores europeos no intentaban que sus cartas, historias, crónicas y relaciones se consideraran obras literarias. Sin embargo, éstas forman parte de las letras, tanto españolas como hispanoamericanas, por la importancia de las hazañas descritas y la novedad del material incluido.

**1.3.1 Los problemas formales.**   Estos improvisados autores enfrentaron problemas formales, no ajenos a las prácticas literarias establecidas. Los más notables podrían resumirse en las siguientes preguntas: ¿cómo describir este mundo tan diferente y exótico? ¿cómo relatar la propia participación en la conquista y la colonización? En busca de respuestas se aprovecharon de la tradición historiográfica medieval y de los preceptos literarios del Renacimiento. La primera permitía la mezcla de realidad y fantasía, la inclusión de detalles raros y la divagación moralizante, pues los hechos contados debían servir de ejemplo a los lectores. Por eso en los textos hispanoamericanos no debe sorprendernos leer sobre la intervención divina en favor de los conquistadores, ni la descripción de hazañas inusitadas de parte de españoles e indígenas. Los segundos, o sea los preceptos literarios del Renacimiento, propiciaron, entre otras cosas, la inclusión del paisaje embellecido, de la nota individualista y de la atención a la forma, especialmente en la épica.

En poesía, muchos preferían los metros italianos, centrados en el endecasílabo (verso de once sílabas) y castellanizados por los poetas Juan Boscán (1493–42) y Garcilaso de la Vega (¿1501?–36), a los tradicionales metros españoles, como por ejemplo, el octosílabo (verso de ocho sílabas). En estos tempranos textos ya encontramos algunas constantes de la literatura hispanoamericana: 1) la coexistencia de varios estilos cuya mezcla a veces produce textos muy diferentes a los modelos originales; 2) el aprovechamiento de diversas tradiciones literarias y culturales que no se logran asimilar del todo.

**1.3.2 *La impronta americana.*** Estas nuevas obras, como es de esperarse, estaban marcadas por la experiencia americana de sus autores. Muchas veces el vocabulario castellano era inadecuado para describir al continente recién descubierto. Por eso, desde los primeros años de la época colonial, se comenzaron a emplear palabras de las lenguas amerindias—por ejemplo, de la lengua taína o arahuaca: **cacique, canoa, huracán**—que por el frecuente uso en el lenguaje oral y escrito de los conquistadores fueron enriqueciendo el español general; en otros casos, algunos animales y plantas americanos recibieron nombres europeos. Los marinos, conocedores de las antiguas leyendas clásicas, contribuyeron a crear una imagen fantástica de las nuevas tierras porque decían haber hallado en América desde las sirenas hasta los dragones descritos en viejos textos de historia natural.

## 1.4 La visión europea de América (s. XVI)

**1.4.1 *Las cartas de Colón y Cortés.*** Cristóbal Colón (1451–1506) fue el primer europeo en describir a América. Sus cartas y su diario de navegación muestran influencias medievales y renacentistas. Ante todo el Almirante se revela como un negociante interesado en que se reconozca la importancia de su hazaña y se le recompense debidamente. Por eso insiste en la belleza del paisaje, la docilidad de los indígenas, lo agradable del clima y las posibilidades económicas de las nuevas tierras. Tentados por estas descripciones de abundancia, llegaron a América hombres y mujeres ansiosos de enriquecerse rápida y fácilmente, muchas veces con el trabajo de otros.

Más tarde, Hernán Cortés (1485–1547) ofrece el punto de vista del conquistador y la primera descripción de una civilización americana avanzada, la nahua o azteca, en las cinco *Cartas de relación* (1519, 1520, 1522, 1524 y 1526) que dirigió a Carlos V para justificar su desobediencia y describir las riquezas de México.

**1.4.2 *La protesta de Las Casas.*** Ante los abusos de conquistadores y colonos alzaron la voz europeos interesados en defender a la población nativa. Sus escritos iniciaron una de las constantes de la literatura hispanoamericana: la protesta contra las injusticias. Entre los más sobresalientes defensores de los indígenas se cuenta Bartolomé de las Casas (1484–1566). Este fraile dominico, tanto en su obra titulada *Brevísima relación de la destrucción de las Indias* (1552), como en su *Historia de las Indias* (c. 1559), examinó el derecho de España a la conquista de América y defendió la causa de la población nativa en páginas tan pertinentes entonces como hoy.

**1.4.3 *La historia de Bernal Díaz.*** En su *Historia verdadera de la conquista de la Nueva España* (1568), Bernal Díaz del Castillo (c. 1496–1584), deja constancia de cómo pensaba y actuaba un soldado en una empresa tan riesgosa como la conquista. Esta obra confirma la entrada a la literatura de la persona común, ahora autorizada para escribir por haber participado en una hazaña, por haber ganado privilegios y honores con el esfuerzo propio. Varios escribieron sobre su participación en exploraciones y conquistas, por ejemplo, Alvar Núñez Cabeza de Vaca

(1490–1564) y Pedro Menéndez de Avilés (1519–1574). El primero participó en la fallida expedición de Pánfilo de Narváez a la Florida (1527–37). Con otros compañeros, entre ellos un esclavo africano llamado Estebanico, Cabeza de Vaca estuvo perdido por más de ocho años por el suroeste de Norteamérica. Dejó constancia de esta experiencia y de sus múltiples contactos con diversos grupos indígenas en *Naufragios* (1542;1555). El segundo, Menéndez de Avilés, fue nombrado capitán general y gobernador de la Florida, por entonces un dilatado territorio extendido desde los cayos del sur hasta más allá del actual estado de Carolina del Norte. En 1565 este navegante fundó San Agustín, la ciudad europea más antigua de los Estados Unidos. Menéndez de Avilés dejó constancia de estos hechos en detalladas cartas dirigidas al soberano español y a otros funcionarios reales.

**1.4.4 El poema épico de Alonso de Ercilla.** La persistente lucha de los antiguos americanos por defender su territorio y su cultura impresionó a muchos europeos, como puede verse en *La Araucana* (1569, 1578, 1589), el primer poema épico* escrito sobre el Nuevo Mundo por el soldado Alonso de Ercilla y Zúñiga (1533–94). En esta obra, a la vez continuadora y renovadora del modelo épico fijado por la Italia renacentista, encontramos héroes españoles e indígenas dignos de respeto y admiración. Inspirados por *La Araucana*, Juan de Castellanos (1522–1607) en Nueva Granada (la actual Colombia), Silvestre de Balboa Troya (¿1563–1647?) en Cuba y Pedro de Oña (1570–¿1643?) en Chile, también escribieron poemas épicos de desigual valor literario. Así, poetas y prosistas, soldados y sacerdotes, conquistadores y colonizadores, fueron creando y fijando la imagen de América en la cultura y las letras occidentales. Entre los poemas épicos escritos por criollos es notable *Historia de la Nueva México* (1610) de Gaspar Pérez de Villagrá (ca.1555–1620). El poema describe una expedición española a lo que hoy es Nuevo México; fue concebido con el propósito de justificar las crueles acciones del autor y otros conquistadores contra la población autóctona, particularmente los indios rebeldes de Acoma. La Corona castigó duramente a Villagrá y otros expedicionarios por su comportamiento.

## 1.5 La presencia africana y el proceso de deculturación

Muy pronto los europeos trajeron a América esclavos africanos que participaron en la empresa conquistadora. Muchas veces cumplían las más riesgosas tareas. Después, a medida que la población aborigen disminuyó debido a su poca resistencia a las nuevas enfermedades y al excesivo régimen de trabajo, los esclavos africanos reemplazaron a esa población en tareas agrícolas y mineras. Ya se ha comprobado, con suficiente documentación, que entre 1518 y 1873 arribaron a América nueve millones y medio de africanos. La mayoría de ellos llegaron al Caribe, al sur de los actuales Estados Unidos y a Brasil. Para aprovechar al máximo esa mano de obra, los amos promovieron su deculturación en un proceso definido por el historiador cubano Manuel Moreno Fraginals como el desarraigo cultural de un grupo humano utilizado por otro como fuerza barata de trabajo.

Este desarraigo se acentuó cuando los amos, para romper la cohesión cultural, mezclaron a esclavos de diferentes zonas, etnias y lenguas. Aunque esta táctica sirvió para acentuar el aislamiento y la rivalidad, paradójicamente, también acercó a los esclavos y contribuyó a establecer vínculos que acelerarían su proceso de adaptación al nuevo medio.

El saber, conservado tanto en las culturas africanas como en las amerindias a través de la tradición oral, en especial en materia religiosa, se mantuvo precariamente vivo gracias al proceso de sincretismo por el cual las deidades africanas se identificaron con los santos católicos. Así, en los días festivos del calendario católico, los esclavos africanos veneraban, en una misma imagen, figuras sagradas del panteón cristiano y de sus respectivas religiones.

Los africanos y los afrohispanoamericanos aparecen en crónicas y relaciones especialmente en el siglo XVII, cuando su presencia estaba ya afirmada dentro de la sociedad colonial. En este sentido conviene recordar uno de los capítulos de *El carnero* (c. 1636), del cronista bogotano Juan Rodríguez Freile, donde Juana García, una antigua esclava, tiene una actuación prominente dentro del mundo femenino de Santa Fe de Bogotá. En sus villancicos,* sor Juana Inés de la Cruz (ver pp. 75–85) otorga personalidad literaria a los afromexicanos; estos personajes lamentan su suerte y hacen, aunque sutilmente, críticas al régimen colonial y esclavista. Más tarde, ya en el siglo XIX, los afrohispanoamericanos tomarán la pluma para dejar un doloroso testimonio de sus experiencias e iniciar el proceso de rescate de su propia cultura.

## 1.6 Los primeros escritores indoamericanos

Autores indígenas y mestizos pronto comenzaron a escribir sus propias obras, donde frecuentemente mezclaban el español y las lenguas amerindias, las concepciones culturales europeas y las americanas, la letra y la imagen. Ellos nos dieron los primeros textos bilingües y pluriculturales. En esta generación de escritores indoamericanos sobresale el peruano Felipe Guaman Poma de Ayala, cuya obra, *Primer nueva corónica y buen gobierno* (1615), reconstruye, con palabras y dibujos, el pasado andino a la vez que defiende con argumentos del padre Las Casas los derechos de los antiguos americanos. Entre los mexicanos sobresalen Fernando de Alva Ixtlixochitl y Hernando de Alvarado Tezozomoc que escribieron respectivamente *Historia de los señores chichimecas* e *Historia mexicana*. Sin embargo, fue un mestizo peruano, el Inca Garcilaso de la Vega (1539–1616), autor de *Comentarios Reales* (1ª parte, 1609; 2ª parte, 1617), quien mejor integró concepciones americanas y europeas de la historia y la cultura en esa obra magistral. Por esta admirable labor de síntesis y por su interpretación de la conquista del imperio incaico y la colonización española, se le considera el primer gran escritor hispanoamericano.

Lamentablemente, los esfuerzos iniciales de estos escritores se vieron interrumpidos debido a las limitaciones impuestas por el régimen colonial y a las presiones de la cultura hegemónica sobre la población mestiza, aborigen y africana. En el Perú, después de la rebelión indígena de Tupac Amaru (1780), la Corona consideró *Comentarios Reales* como obra peligrosa y prohibió su lectura.

## 1.7 El apogeo de la literatura colonial (s. XVII)

Para entender el auge de las letras coloniales en el siglo XVII, conviene recordar la importancia del barroco literario, movimiento de renovación donde los escritores lograron crear un lenguaje poético de gran riqueza metafórica.

***1.7.1 La influencia del barroco: culteranismo y conceptismo.*** Como se sabe, en España el período barroco (1580–1700) abarcó poco más de un siglo y coincidió históricamente con la época en que el país dejó de ser primera potencia. En esa época, la Armada Invencible fue derrotada (1588) por Inglaterra y el maltiempo. Predominó entonces un espíritu de desengaño y pesimismo alimentado por la ineficacia administrativa, los diversos conflictos bélicos y la grave situación económica. La literatura de este período se caracteriza por los contrastes violentos, una marcada preocupación por el idioma y una visión agónica de la vida propiciada en parte por la Contrarreforma.

Dentro del barroco pueden distinguirse dos tendencias principales: la culterana* y la conceptista.* Como los culteranos sostenían que solamente un pequeño grupo de personas podía apreciar la literatura, se dirigían a los conocedores de las letras clásicas, a los estudiosos del griego y del latín, capaces de entender las oscuras alusiones mitológicas, las metáforas difíciles y las oraciones caracterizadas por alteraciones sintácticas. Estos escritores enriquecieron la lengua literaria al introducir cultismos* en el lenguaje poético.

Si los culteranos hacían hincapié en el léxico y la sintaxis, los conceptistas se concentraban en expresar ideas ingeniosas, "agudezas"* que, como en los escritos de Francisco de Quevedo (1580–1645), muchas veces llegaban a desfigurar personajes, ideas y sucesos. En suma, en el barroco predominó el culto a la palabra, la nota exótica y el énfasis en la forma, todo ello con el propósito de renovar la tradición literaria y de recrear lo conocido de modo nuevo y sorprendente. Entre los más destacados cultivadores de esta tendencia en España se encuentran: en la poesía, Luis de Góngora y Argote (1561–1627); en el drama, Pedro Calderón de la Barca (1600–81); en la prosa, Baltasar Gracián (1601–58); y en varios géneros literarios, Francisco de Quevedo.

El barroco llegó a América a través de escritores peninsulares trasladados al Nuevo Mundo que expresaban sus ideas estéticas en tertulias y academias literarias palaciegas, o bien a través de libros enviados por comerciantes sevillanos. En América el barroco fue marcado por las culturas indígenas y africanas, la coexistencia de diversas tendencias literarias, el aislamiento de la metrópoli y el general proceso de transculturación. Tal mezcla dio por resultado un producto cultural diferente y difícil de caracterizar: el llamado "Barroco de Indias".

***1.7.2 La defensa de la mujer.*** Por la excelencia y resonancia de su obra, la figura más importante del período colonial es la monja mexicana sor Juana Inés de la Cruz (1651–95), escritora barroca, defensora de la mujer y cultivadora de varios géneros literarios (poesía, ensayo, teatro). Sor Juana imitó y superó a sus maestros peninsulares para dejarnos uno de los más brillantes poemas escritos en lengua española, *El sueño* (1692), llamado también *Primero sueño*.

Entre las mujeres que escribieron en esta época sobresalen dos poetas anónimas del Perú conocidas por sus pseudónimos, Clarinda y Amarilis. La primera escribió en verso el *Discurso en loor de la poesía*, publicado en Sevilla (1608); la segunda le dedicó a Lope de Vega, el dramaturgo más importante de los siglos áureos, una larga epístola o carta versificada. Asimismo, en México sobresale María de Estrada Medinilla (?–?), cuya obra lírica se ha comenzado a estudiar recientemente. Las tres son dignas compañeras de sor Juana Inés de la Cruz.

**1.7.3 La sátira.**  Si sor Juana representa la tendencia culta del barroco, en su caso sin menosprecio del pueblo, el peruano Juan del Valle Caviedes (c. 1645–c. 1697) aprovecha su veta satírica y popular para criticar a médicos y funcionarios en divertidos poemas y piezas dramáticas. Siguiendo a los conceptistas, Caviedes se vale de vulgarismos, juegos lingüísticos y parodias literarias que nos recuerdan a Quevedo y su novela *El buscón* (1626).

**1.7.4 El teatro palaciego.**  En cuanto al arte dramático, desde el inicio de la colonización, sacerdotes y misioneros aprovecharon el interés que las civilizaciones precolombinas tenían por la representación y el espectáculo, y crearon un teatro de tipo misionero utilizado para la catequización. Más tarde, en el apogeo del Siglo de Oro,* llegaron a América las comedias y los dramas tan gustados en España. En México y Lima se representaban estas piezas, tanto como las compuestas por escritores locales, en el palacio virreinal o en las mansiones de los nobles en ocasión de bautizos y cumpleaños, al aire libre o en corrales* y ante el público general para celebrar victorias, coronaciones o la llegada de autoridades. Entre los dramaturgos hispanoamericanos influidos por las tendencias del Siglo de Oro sobresale Juan Ruiz de Alarcón (1581–1639), quien nació en México pero vivió mayormente en España. Su teatro se distingue por una intención crítica y moralizante. En *La verdad sospechosa,* por ejemplo, Alarcón critica el vicio de la mentira.

**1.7.5 El teatro de resistencia.**  Hubo también un teatro escrito en lenguas nativas (quechua, aymará, náhuatl) dirigido a una población indígena, mestiza y criolla muy variada. Algunas de estas obras transmitían un mensaje de devoción ya visto en el "teatro de evangelización" inaugurado después de la conquista. Otras más tardías, como *Tragedia del fin de Atahualpa* en la zona andina, o *El Güegüense,* representada en lo que hoy es Nicaragua, recreaban hechos históricos o se burlaban de las autoridades a través del chiste y la ironía. Algunas de estas obras siguen presentándose actualmente en fiestas patrióticas y religiosas; de otras, lamentablemente, sólo queda una referencia pasajera en archivos y libros de la época.

**1.7.6 La prosa narrativa.**  Por mucho tiempo se afirmó que durante el período colonial no se habían escrito cuentos ni novelas porque habían sido reemplazados por crónicas, cartas, relaciones e historias de la conquista y la colonización. También se explicó que si bien existían algunos relatos, eran narraciones poco pulidas que aparecían esporádicamente y cuyo estudio no merecía mucha atención. Los investigadores han comprobado, sin embargo, que sí se escribieron cuentos y novelas en la época colonial. Como el grupo de lectores era pequeño, el papel costoso y los permisos para publicar difíciles de conseguir, muchas de estas narraciones circulaban en forma manuscrita; algunas de ellas han sido redescubiertas en archivos y bibliotecas. Entre las publicadas en la época colonial conviene recordar *Siglo de oro en las selvas de Erífile* (Madrid, 1608), una novela pastoril por Bernardo de Balbuena (c. 1561–1627). Su autor mezcla prosa y poesía e incluye una escena donde describe a México con gran admiración. *El desierto prodigioso y prodigio del desierto* (c. 1650) de Pedro de Solís y Valenzuela, un largo relato bogotano de carácter religioso, fue descubierto, dado a conocer y publicado a fines del siglo XX.

Entre las obras de carácter narrativo impresas en la colonia se destaca *Infortunios de Alonso Ramirez* (1690) del sabio mexicano Carlos de Sigüenza y Góngora (1645–1700), amigo de sor Juana Inés de la Cruz. En este relato el protagonista puertorriqueño le cuenta al erudito científico sus aventuras en México y en las Filipinas utilizando el modelo picaresco* divulgado en España por el *Lazarillo de Tormes* (1554). El protagonista—recordemos a Bernal Díaz del Castillo—anticipa a la persona moderna que gana recompensas y mercedes por su propio esfuerzo. Sin duda, el patrón picaresco peninsular fue aprovechado y remozado en el Nuevo Mundo.

## 1.8  Encuentro y pugna de diversos estilos (s. XVIII)

Durante el siglo XVIII se distinguen en Hispanoamérica tres estilos principales: el barroco, el rococó* y el neoclásico. Como es frecuente en situaciones coloniales, estos estilos coexistieron y se influyeron mutuamente. El barroco tuvo importancia en la primera mitad del siglo pero se desgastó en manos de imitadores carentes del genio de sor Juana. El rococó, un estilo ligero y frívolo cultivado por poetas menores, apenas tuvo impacto. El neoclasicismo* fue el estilo más influyente en las últimas décadas del siglo.

En España y sus posesiones americanas la aceptación del neoclasicismo se aceleró con el reinado de los reyes Borbones, casa real francesa que comenzó a regir a España y su imperio en 1700. Los soberanos de esta dinastía trataron de reformar la administración colonial para mantener su hegemonía en América valiéndose del "despotismo ilustrado"*—el sector gubernamental decidía "racionalmente" qué cambios eran necesarios y los imponía.

En la literatura el neoclasicismo se caracterizó por: 1) su deseo de imitar a los clásicos; 2) el predominio de la razón y el orden; y 3) el interés de enseñar y deleitar al lector. Se ha dicho que los neoclásicos veían el mundo como un gran reloj donde cada persona, usando la razón, podía "leer" las agujas, o sea, descifrar los diferentes fenómenos. Este conocimiento serviría para el progreso y beneficio universal. Tal fe en la razón se vio reforzada por las ideas que animaron las revoluciones americana (1776) y francesa (1789). Este pensamiento de la época de la Ilustración* le sirvió de base al grupo privilegiado de criollos en su lucha por la independencia de Hispanoamérica.

*1.8.1  La literatura moralizante.*   Bajo la influencia de estas corrientes de pensamiento se escribieron obras sencillas, fáciles de entender y con propósito didáctico. En este período se fortalece la sátira y, por el afán de enseñar, en poesía se cultiva la fábula.* Entre los neoclásicos españoles, Luzán (1702–54) resume mejor que ningún otro el espíritu de la época. Su *Poética* recoge los principios animadores del neoclasicismo—decoro, verosimilitud e imitación de la naturaleza—a la vez que subraya su propósito: la obra literaria debe ser entretenida y didáctica. Si bien *El Periquillo Sarniento* (1816) del mexicano José Joaquín Fernández de Lizardi (1776–1827) vuelve al siglo XVII español para adoptar patrones picarescos, del período neoclásico recoge las ideas de reforma social y el interés por enseñar deleitando.

*1.8.2  La vena satírica.*   Durante el siglo XVIII la vena satírica ya observada anteriormente en la poesía de Caviedes, tiene importantes cultivadores. Entre ellos sobresale el español Esteban de Terralla y Landa, (¿?–1792) residente de México y Lima por mucho tiempo. Terralla escribió *Lima por dentro y fuera* (1792), largo romance* muy influido por Quevedo donde se burla de esa capital y de sus habitantes. En Hispanoamérica, en consonancia con el afán didáctico de la época, también se escribieron fábulas. Ejemplifica esta dirección la obra del ecuatoriano Rafael García Goyena (1766–1823), cuyas composiciones publicadas póstumamente muestran la influencia de Iriarte y Samaniego.

**1.8.3 La literatura de viajes.** Un curioso libro, *El lazarillo de ciegos caminantes* (1775), donde el inspector de correos Alonso Carrió de la Vandera (c. 1715–83) describe su viaje a lomo de mula desde Buenos Aires hasta Lima, recoge las inquietudes reformistas de la época. La obra es también importante para el desarrollo de la narrativa, pues ofrece descripciones costumbristas* y se vale del modelo picaresco para incorporar materiales heterogéneos. Entre éstos se destaca un curioso personaje, Calixto Bustamante Carlos Inca, alias "Concolorcorvo" (con el color del cuervo o negro), quien se presenta como el "verdadero" autor.

**1.8.4 La poesía descriptiva.** Las expediciones científicas que llegaron a Hispanoamérica en el siglo XVIII para estudiar la geografía, la flora y la fauna estimularon el interés por la naturaleza y por el conocimiento del continente. Entre ellas es notable la del científico alemán Alejandro von Humboldt (1769–1859) que, entre 1799 y 1804, visitó diversas partes de México, Sur América y la isla de Cuba. El poeta Andrés Bello (1781–1865) era un joven de dieciocho años cuando von Humboldt llegó a Caracas en 1799, y acompañó al sabio alemán en varias excursiones por esa ciudad. Esta experiencia añadiría luego un matiz científico a sus descripciones de la naturaleza americana. El interés de von Humboldt y de otros estudiosos sirvió para impulsar la poesía descriptiva—la tendencia más importante dentro del neoclasicismo—que expresa un sentimiento de apego a lo americano y anticipa la expresión nacionalista, típica del período romántico posterior.

El escritor más sobresaliente de esta época es el venezolano Andrés Bello, cuya obra sirve de puente entre el neoclasicismo y el romanticismo.* En la silva* "La agricultura de la zona tórrida", el gran humanista alaba la belleza y la utilidad de la naturaleza americana, censura la vida urbana, elogia las virtudes del campo e invita a las musas a trasladarse al Nuevo Mundo. El cariño por su tierra y el respeto a la libertad evidentes en este poema anticipan un cambio de estilo—el romántico—y reafirman la independencia cultural y política de Hispanoamérica. Esta independencia se aseguró para el continente con los triunfos de Junín y Ayacucho (1824) pero el Caribe seguiría esperándola hasta bien avanzado el siglo XIX.

## 1.9  Sumario

I. La tradición oral, los dibujos simbólicos y la escritura alfabética.
    A.   Los sistemas amerindios de conservar el saber.
    B.   La recuperación de las raíces nativas: el *Popol Vuh*, los *Cantares mexicanos*, *Dioses y hombres de Huarochirí*.

II. Tempranas influencias europeas.
    A.   El humanismo en España.
    B.   La transformación del modelo clásico.

# VOCES AMERINDIAS: LOS MAYAS, LOS NAHUAS Y LOS QUECHUAS

Cuando los europeos llegaron a América encontraron diversas maneras de conservar el saber entre los pueblos del continente. El conocimiento y los hechos del pasado se transmitían a través de la tradición oral, por medio de símbolos jeroglíficos, dibujos simbólicos y nudos de colores o quipus. Estas formas de transmisión del saber fueron desplazadas con la introducción del alfabeto latino y su prestigio en la sociedad colonial. En las décadas posteriores a la conquista, sacerdotes y humanistas comenzaron a instruir sólo a grupos selectos de amerindios en la lengua y la cultura castellana. Al mismo tiempo, frailes catequizadores se dedicaron a aprender los diversos idiomas nativos y publicaron los primeros diccionarios para facilitar la labor de catequización y la castellanización de esa población. Productos de estos esfuerzos son las versiones escritas, mediante el uso del alfabeto latino, de narraciones y poemas en lenguas maya-quiché, náhuatl y quechua. Este paso de lo oral a lo escrito, de la imagen a la letra, afirma el prestigio de la escritura en la sociedad colonial hispanoamericana. En la inscripción original y la traducción de estos textos participaron tanto indígenas como europeos; sin embargo, sólo un grupo muy reducido de estudiosos tuvo acceso a ellos. Su estudio y su divulgación comenzaron en el siglo XIX, y los han continuado más recientemente lingüistas y antropólogos; los primeros han repasado y perfeccionado las traducciones; los segundos nos han ayudado a descifrar su mensaje. Gracias a estos esfuerzos podemos hoy día llegar hasta estos textos y escuchar las antiguas voces, cuya belleza y singularidad han enriquecido la literatura hispanoamericana. A continuación ofrecemos un breve resumen de las características de las modalidades más representativas: el relato mítico en la zona maya-quiché y la lírica en las áreas nahuas y quechuas.

La literatura y la cultura **maya** se han estudiado a través de los *Libros de Chilam Balam,* de diferentes poblados de la península de Yucatán y del *Popol Vuh* o *Libro del consejo,* escrito en lengua quiché. El *Popol Vuh,* llamado así en honor de un sacerdote que vivió poco antes de la conquista y predijo la llegada de los europeos, relata los mitos y la historia de los grupos quichés. Los varios *Libros de Chilam Balam* (Chumayel, Tizimin, Maní, etc.), recopilan conocimientos religiosos, históricos, literarios y astronómicos, procedentes de diversas épocas. Ambas obras fueron escritas después de la conquista española, pero siguiendo la antigua tradición de los caracteres jeroglíficos en piedra, estuco, madera, cerámica, jade, y de los códices hechos con tiras de papel de amate o piel de venado, a través de los cuales los mayas dejaron constancia de sus amplios conocimientos científicos y de su preocupación humanista. Como poseían una concepción cíclica del universo en la que los astros y el tiempo se consideraban divinidades, no sería desacertado suponer que su interés científico había nacido de la necesidad de conocer mejor a estas divinidades con el fin de facilitar la vida terrenal. De ahí el deseo de preservar este saber.

La poesía **náhuatl** tiene antiquísimas raíces, pero probablemente la mayor parte de las composiciones que se conocen se concibieron en el siglo anterior a la conquista española. Conviene recordar que en la cultura náhuatl los documentos pictográficos sólo servían para ayudar la memoria, pues tanto los acontecimientos del pasado como los conocimientos, se transmitían oralmente en forma poética y se cantaban con música. Los signos pictográficos de los códices o de "libros" pintados ayudaban a recordar el contenido de los cantos. Como para "leerlos" se marcaban con el dedo los signos mientras se entonaba el poema correspondiente, a este acto se le llamaba "cantar pinturas".

La voz del poeta recogía el sentimiento de la colectividad ante los acontecimientos y los poderes que los controlaban, y por tanto éste carecía de importancia como individuo. Esto les ha hecho suponer a algunos que las personas a quienes se han atribuido diversos poemas son la suma de varios individuos cuya obra se fue filtrando hasta que se la recogió después de la conquista. Por otro lado, se ha sostenido que, debido a la importancia de la actividad poética en la sociedad nahua, los reyes y los nobles eran quienes se dedicaban a ella. Si esta hipótesis pudiera comprobarse, los nombres de los poetas corresponderían a las figuras históricas conocidas. Entre más de los treinta y tres vates nahuas identificados se destacan Nezahualcoyotl, rey de Texcoco, Motecuhzoma o Moctezuma, el soberano azteca que regía en el momento de la conquista, y Macuilxochitl, una de las pocas mujeres de las que se tiene noticia.

La poesía náhuatl es casi inconfundible. En ella abundan las reiteraciones, los símbolos e imágenes particulares, la insistencia en ciertas palabras y frases cortas, así como el uso de metáforas y comparaciones fijas. Las reiteraciones son explicables por el carácter oral de la tradición y por la costumbre de cantar los poemas. Las imágenes poéticas más usadas se refieren a aves de rico plumaje y de diversos colores, a flores de colores y formas exóticos, a metales nobles y a piedras preciosas, como el oro, el jade y las esmeraldas. Valiéndose de partículas interjectivas, estribillos, paralelismos y expresiones redundantes ("la flor y el canto" = poesía; "el rostro y el corazón" = la personalidad; "la tinta negra y roja" = sabiduría; "la greda y las plumas" = sacrificio), los nahuas lograron un sofisticado grado de expresión. Su poesía se ocupa de temas variados y universales: la fugacidad del tiempo y de la vida, lo inevitable de la muerte, el enfrentamiento con lo divino, la posibilidad de trascender y perdurar a través de la "flor y el canto."

Los **incas,** así como los nahuas del valle central de México, le dieron gran importancia a la poesía: el canto estaba presente en las faenas agrícolas, en ceremonias fúnebres y en las celebraciones oficiales. Los **amautas** o sabios consejeros, tenían a su cargo las representaciones dramáticas. Puesto que formaban parte del séquito imperial, creaban composiciones para exaltar las victorias guerreras, la ascensión al trono del nuevo Inca, los hechos más importantes de su reinado, así como himnos religiosos a través de los cuales los gobernantes y el pueblo invocaban a sus deidades. Junto a ellos estaban los **haravicus** o "inventores de poesía", quienes muchas veces declamaban sus versos acompañados por el público. De igual manera que en el México antiguo, estas composiciones incaicas se cantaban y representaban, pues la poesía servía para conservar la memoria de los acontecimientos y estaba ligada a la música y a la danza.

En contraste con la producción del México antiguo, las escasas muestras de poesía incaica conservadas corresponden a la modalidad religiosa. En *Primer nueva corónica y buen gobierno,* la historia ilustrada del cronista andino Felipe Guaman Poma de Ayala, se encuentran las composiciones más abundantes y variadas. El Inca Garcilaso de la Vega dedicó un capítulo de los *Comentarios Reales* a describir la poesía incaica (Libro 11, cap. XXVII).

La expresión literaria en lenguas amerindias era muy viva y así lo testimonian antologías y recopilaciones, aunque lamentablemente de limitada circulación. Los poemas y las narraciones posteriores a este primer período de colonización recogen el dolorido sentir de los pueblos indígenas, el orgullo de sus tradiciones, y a la vez expresan sus anhelos por un futuro mejor. En nuestros días la literatura escrita en lenguas nativas reafirma la capacidad de resistencia de los pueblos indígenas, el orgullo en las tradiciones autóctonas y la heterogeneidad cultural y lingüística de Hispanoamérica. Natalio Hernández Xocoyotzin, poeta bilingüe en nahuatl y español, ha expresado muy bien la actual dinámica entre los códigos nativos y el importado. Compara el español con el árbol del ahuehuete que nos cobija y da sombra. Este árbol, o sea el español, se nutre de las lenguas indígenas que le otorgan sus características al castellano de México. Si bien debemos alegrarnos, explica Hernández Xocoyotzin, de la difusión del español, debemos empeñarnos en mantener vivas las lenguas nativas para continuar cultivando y esparciendo "la flor y el canto". Esta literatura reafirma la capacidad de resistencia de los pueblos indígenas y la pluralidad cultural de Hispanoamérica.

### ■ Bibliografía mínima

Arata, Luis. "Dream Textures of the *Popul Vuh*". *Journal of the Fantastic in the Arts* 7.4 (1996): 74–83.

Bendezú Aybar, Edmundo, ed. *Literatura quechua*. Caracas: Biblioteca Ayacucho, 1980.

De la Garza, Mercedes, ed. *Literatura maya*. Caracas: Biblioteca Ayacucho, 1980.

León-Portilla, Miguel and Earl Shorris, eds. *In the Language of Kings. An Anthology of Mesoamerican Literature. Pre-Columbian to the Present*. New York: Norton, 2001.

León-Portilla, Miguel, ed. *Literatura nahuatl*. Caracas: Biblioteca Ayacucho, 1980.

Noriega Bernuy, Julio and Maureen Ahern. *Pichka Harawikuna: Five Quechua Poets: An Anthology*. Pittsburgh: Latin American Literary Review, 1998.

Noriega Bernuy, Julio, ed. *Poesía quechua escrita en el Perú*. Lima: CEP, 1993.

O'Connell, Joanna. "Pre-Columbian Literatures". *Mexican Literature: A History*. Ed. David William Foster. Texas: U of Texas P, 1994. 1–29.

# Popol Vuh[1] (Las antiguas historias del Quiché)

## [POR QUE LOS MONOS SE PARECEN A LOS HOMBRES]

*[Este capítulo cuenta la creación de una segunda humanidad hecha de palo; como estos seres no tenían alma ni entendimiento, tampoco adoraban a sus dioses y fueron destruidos por ellos.]*

En seguida fueron aniquilados, destruidos y deshechos los muñecos de palo y recibieron la muerte.

Una inundación fue producida por el Corazón del Cielo;[2] un gran diluvio se formó, que cayó sobre las cabezas de los muñecos de palo.

De **tzité**[3] se hizo la carne del hombre, pero cuando la mujer fue labrada por el Creador y el Formador,[4] se hizo de espadaña[5] la carne de la mujer. Estos materiales quisieron el Creador y el Formador que entraran en su composición.

Pero no pensaban, no hablaban con su Creador y su Formador, que los habían hecho, que los habían creado. Y por esta razón fueron muertos, fueron anegados.[6] Una resina abundante vino del cielo. El llamado **Xecotcovach** llegó y les vació los ojos; **Camalotz** vino a cortarles la cabeza; y vino **Cotzbalam**[6a] y les devoró las carnes. El **Tucumbalam** llegó también y les quebró y magulló[7] los huesos y los nervios, les molió y les desmoronó los huesos.

Y esto fue para castigarlos porque no habían pensado en su madre, ni en su padre, el Corazón del Cielo, llamado Huracán. Y por este motivo se oscureció la faz de la tierra y comenzó una lluvia negra, una lluvia de día, una lluvia de noche.

Llegaron entonces los animales pequeños, los animales grandes, y los palos y las piedras les golpearon las caras. Y se pusieron todos a hablar; sus tinajas,[8] sus comales,[9] sus platos, sus ollas, sus perros,[10] sus piedras de moler, todos se levantaron y les golpearon las caras.

—Mucho mal nos hacíais; nos comíais y nosotros ahora os morderemos, les dijeron sus perros y sus aves de corral.[11]

Y las piedras de moler:

—Eramos atormentadas por vosotros; cada día, cada día, de noche al amanecer, todo el tiempo hacían holi, holi huqui, huqui[12] nuestras caras, a causa

---

[1] Según la etimología maya, "libro de la comunidad". La mayoría de las notas para esta selección provienen de la edición de Adrián Recinos recogida en *Literatura maya* y citada en la bibliografía.

[2] Divinidad relacionada con el rayo y el trueno.

[3] Arbol cuya madera se usa para cercar; tiene por fruto una vaina que contiene granos rojos semejantes al frijol. Tradicionalmente, junto con los granos de maíz, se usan en ceremonias adivinatorias.

[4] Una de las parejas creadoras; sus nombres en maya son **Tzacol y Bitol.**

[5] Planta usada en la fabricación de esteras.

[6] Inundados.

[6a] Los tres son demonios, mensajeros de Alom, una divinidad que intentó crear a los humanos.

[7] Golpear violentamente.

[8] Recipiente de barro más ancho en el medio que en el fondo o la boca; sirve para guardar líquidos.

[9] Plato grande que se usa para cocer las tortillas de maíz.

[10] Variedad de perros que, como no ladraban, los cronistas llamaron "perros mudos"; no son los mismos que hoy existen en América.

[11] Se refiere al pavo, el faisán y la gallina de monte.

[12] Palabras onomatopéyicas que imitan el sonido de la piedra cuando se muele el maíz.

de vosotros. Este era el tributo que os pagábamos. Pero ahora que habéis dejado
de ser hombres probaréis nuestras fuerzas. Moleremos y reduciremos a polvo
vuestras carnes, les dijeron sus piedras de moler.

30    Y he aquí que sus perros hablaron y les dijeron:

—¿Por qué no nos dabais nuestra comida? Apenas estábamos mirando y ya
nos arrojabais de vuestro lado y nos echabais fuera. Siempre teníais listo un palo
para pegarnos mientras comíais. Así era como nos tratabais. Nosotros no
podíamos hablar. Quizás no os diéramos muerte ahora; pero ¿por qué no refle-
35  xionabais, por qué no pensabais en vosotros mismos? Ahora nosotros os des-
truiremos, ahora probaréis vosotros los dientes que hay en nuestra boca: os
devoraremos, dijeron los perros, y luego les destrozaron las caras.

Y a su vez sus comales, sus ollas les hablaron así:

—Dolor y sufrimiento nos causabais. Nuestra boca y nuestras caras estaban
40  tiznadas, siempre estábamos puestos sobre el fuego y nos quemabais como si no
sintiéramos dolor. Ahora probaréis vosotros, os quemaremos—, dijeron sus ollas,
y todos les destrozaron las caras. Las piedras del hogar, que estaban amonto-
nadas, se arrojaron directamente desde el fuego contra sus cabezas causándoles
dolor.

45    Desesperados corrían de un lado para otro; querían subirse sobre las casas
y las casas se caían y los arrojaban al suelo; querían subirse sobre los árboles y los
árboles los lanzaban a lo lejos; querían entrar en las cavernas y las cavernas se
cerraban ante ellos.

Así fue la ruina de los hombres que habían sido creados y formados, de los
50  hombres hechos para ser destruidos y aniquilados: a todos les fueron des-
trozadas las bocas y las caras.

Y dicen que la descendencia de aquéllos son los monos que existen ahora
en los bosques; éstos son la muestra de aquéllos, porque sólo de palo fue hecha
su carne por el Creador y el Formador.[13]

55    Y por esta razón el mono se parece al hombre, es la muestra de una generación de hombres creados, los hombres formados que eran solamente muñecos
y hechos solamente de madera.

## Poesía náhuatl

### No acabaran mis flores...

No acabarán mis flores,
no cesarán mis cantos.
Yo cantor los elevo,
se reparten, se esparcen.
5  Aun cuando las flores
se marchitan y amarillecen,

---

[13] Otros. anales o historias de los mayas hablan
de una edad de la tierra, la cuarta, cuando se
ahogaron muchas personas y otras fueron
echadas a los montes y se convirtieron en
monos.

serán llevadas allá, al interior de la casa
del ave de plumas de oro.

Atribuida a Nezahualcoyotl. Trad. Miguel León-Portilla. De *Cantares Mexicanos,* en Miguel León Portilla, ed., *Literatura del México antiguo.*

### YO LO PREGUNTO

Yo Nezahualcoyotl lo pregunto:
¿Acaso de veras se vive con raíz en la tierra?
No para siempre en la tierra:
sólo un poco aquí.
5 Aunque sea de jade se quiebra,
aunque sea de oro se rompe,
aunque sea plumaje de **quetzal** se desgarra.
No para siempre en la tierra:
sólo un poco aquí.

Atribuida a Nezahualcoyotl. Trad. Miguel León-Portilla. De *Cantares mexicanos,* en Miguel León Portilla, ed., *Literatura del México antiguo.*

### DESPUES DE LA DERROTA

Y todo esto pasó con nosotros.
Nosotros lo vimos,
nosotros lo admiramos.
Con esta lamentosa y triste suerte
5 nos vimos angustiados.

En los caminos yacen dardos rotos,
los cabellos están esparcidos.
Destechadas están las casas,
enrojecidos tienen sus muros.
10 Gusanos pululan[14] por calles y plazas,
y en las paredes están salpicados los sesos.
Rojas están las aguas, están como teñidas,
y cuando las bebemos,
es como si bebiéramos agua de salitre.

15 Golpeábamos, en tanto, los muros de adobe,
y era nuestra herencia una red de agujeros.
Con los escudos fue su resguardo,
pero ni con escudos puede ser sostenida su soledad.

Hemos comido palos de colorín,
20 hemos masticado grama salitrosa,
piedras de adobe, lagartijas,
ratones, tierra en polvo, gusanos[15] [...]

---

[14] Muchos. gusanos van.
[15] Alimentos despreciables.

Comimos la carne apenas,
sobre el fuego estaba puesta.
25 Cuando estaba cocida la carne,
de allí la arrebataban,
en el fuego mismo, la comían.

Se nos puso precio.
Precio del joven, del sacerdote,
30 del niño y de la doncella.
Basta: de un pobre era el precio
sólo dos puñados de maíz,
sólo diez tortas de mosco;
sólo era nuestro precio
35 veinte tortas de grama salitrosa.

Oro, jade, mantas ricas,
plumajes de **quetzal,**
todo eso que es precioso,
en nada fue estimado [...]

Trad. Angel María Garibay. De *Anónimo de Tlatelolco* (1528), en Birgitta Leander, ed., *Flor y canto*.

# Poesía quechua

## Con regocijada boca

Con regocijada boca,
con regocijada lengua,
de día
y esta noche llamarás.
5 Ayunando cantarás con voz de calandria,[16]
y quizá en nuestra alegría,
en nuestra dicha,
desde cualquier lugar del mundo,
el creador del hombre,
10 el Señor Todopoderoso,
te escuchará.
¡Jay! te dirá,
y tú
donde quiera que estés,
15 y así para la eternidad,
sin otro señor que él
vivirás, serás.

Trad. José María Arguedas. De Juan de Santacruz Pachacuti, *Relación de las antigüedades deste reyno del Pirú* (c. 1613), en Edmundo Bendezú Aybar, ed., *Literatura quechua*.

---

[16] Ave de la familia de la alondra.

### MORENA MIA

Morena mía,
morena tierno manjar,
sonrisa del agua,
tu corazón no sabe
5  de penas
y no saben de lágrimas
tus ojos.

Porque eres la mujer más bella,
porque eres reina mía,
10  porque eres mi princesa,
dejo que el agua del amor
me arrastre en su corriente,
dejo que la tormenta
de la pasión me empuje
15  allí donde he de ver la manta
que ciñe tus hombros
y la saya resuelta
que a tus muslos se abraza.

Cuando es de día,
20  ya no puede llegar la noche;
de noche, el sueño me abandona
y la aurora no llega.

Tú, reína mía,
señora mía,
25  ¿ya no querrás
pensar en mí
cuando el león y el zorro
vengan a devorarme
en esta cárcel,
30  ni cuando sepas
que condenado estoy
a no salir de aquí, señora mía?

Trad. Jesús Lara. De Felipe Guaman Poma de Ayala, *Primer nueva corónica y buen gobierno* (1615), en Edmundo Bendezú Aybar, ed., *Literatura quechua*.

### HERMOSA DONCELLA

Hermosa doncella
aquese tu hermano
el tu cantarillo
lo está quebrantando,
5  y de aquesta causa
truena y relampaguea,
también caen rayos.
Tú, real doncella,

tus muy lindas aguas
10 nos darás lloviendo:
también a las veces[17]
granizar nos has,
nevarás asimesmo[18]
el Hacedor del Mundo,
15 el Dios que le anima,
el gran **Viracocha,**[19]
para aqueste oficio
ya te colocaron
y te dieron alma.

Trad. el Inca Garcilaso de la Vega. De *Comentarios Reales* (1[ra] parte, 1609; 2[da] parte, 1617), en Edmundo Bendezú Aybar, ed., *Literatura quechua.*

## ■ Preguntas generales

1. ¿Por qué los testimonios indígenas pueden considerarse documentos coloniales? ¿Quiénes intervinieron en su recopilación en las primeras décadas de la colonia y con qué propósito lo hicieron?
2. Mencione dos libros del área maya-quiché y explique su contenido.
3. ¿Qué función tenían los documentos pictográficos en la zona náhuatl? ¿Qué entendían los nahuas por "cantar pinturas"?
4. ¿Cuáles son las dos teorías que hay sobre la identidad de los poetas de la zona nahua?
5. ¿Quiénes eran los **amautas** y los **haravicus** y cómo relaciona Ud. su labor con el desarrollo de la poesía?
6. ¿Qué entiende Ud. por "heterogeneidad cultural" y qué papel desempeñan las literaturas indígenas en la definición de este concepto?

## ■ Preguntas de análisis

1. ¿Qué entiende Ud. por "tiempo cíclico" y cómo lo observamos en la selección del *Popol Vuh*?
2. ¿Qué otras historias de la creación de la humanidad recuerda Ud. y cómo se comparan con la de "los hombres de palo"?
3. ¿Cuáles son las características del lenguaje metafórico de los nahuas y cómo lo relaciona Ud. con los dos primeros poemas de la selección?
4. Explique detalladamente cómo ha sentido la conquista el autor anónimo de "Después de la derrota".
5. ¿Qué relación entre la persona y la divinidad propone la voz poética de "Con regocijada boca"?

---

[17] Algunas veces, ocasionalmente.
[18] Asimismo.

[19] Para los incas, el Señor del universo.

6. ¿Cómo describe a la amada la voz poética en "Morena mía"? ¿Qué imágenes sugieren la pasión amorosa y por qué cree Ud. que se utilizan? ¿Cuál es el temor que expresa la voz poética?

## ■ Temas para informes escritos

1. Modos de conservar el saber en las culturas indígenas.
2. El *Popol Vuh* y su importancia.
3. Bernardino de Sahagún, sus discípulos mexicanos y la conservación del pasado nahua.
4. Los **amautas** y **haravicus** y su función en el imperio incaico.
5. Garcilaso de la Vega y su apreciación de la poesía quechua.

## ■ Temas de reflexión y comentario

1. Los misioneros ante el antiguo saber americano.
2. El impacto del alfabeto latino en el mundo amerindio.
3. El *Popol Vuh* y otros mitos de origen.
4. El papel de los indios ladinos (capacitados en español y lenguas autóctonas): el caso de Felipe Guaman Poma de Ayala.
5. Escritores de hoy en lenguas nativas: temas, circulación, expectativas.

# CRISTOBAL COLON

1451, Génova, Italia–1506,
Valladolid, España

El 3 de agosto de 1492, con tres naves y un total de 90 tripulantes, Colón partió del puerto de Palos (Huelva) en busca de una nueva ruta marítima para llegar a Catay (China) y Cipango (Japón). No sospechaba el Almirante que al término de su viaje hallaría otro continente. Confundido, creyó que había llegado a la India y por eso llamó a los apacibles habitantes de las islas del Caribe, "indios". Más confundido todavía, creyó que Cuba era Catay y que Cibao (región de La Española o Santo Domingo) era Cipango.

Fue Colón el primer europeo en describir el Nuevo Mundo. Sus escritos se caracterizan por el empleo de un español vacilante, la abundancia de términos náuticos y una fuerte dosis de fantasía. De origen genovés y marino desde muy temprana edad, Colón hablaba varios idiomas, pero no llegó a expresarse con corrección en ninguno de ellos. Aprendió tardíamente el castellano cuando, después del fracaso de sus gestiones en Portugal, inició contactos con la corte española con el propósito de conseguir apoyo para su empresa ultramarina.

Como los escritos de Colón eran difíciles de entender aun en su propia época, los copistas, en su afán de aclarar y castellanizar este lenguaje, contribuyeron a añadir errores e imprecisiones. Vale notar que muchos de los originales se han perdido y hoy día sólo quedan las copias. Por ejemplo, el famoso *Diario* del primer viaje se conserva gracias a que fray Bartolomé de las Casas (ver pp. 28–36), amigo de la familia Colón, se ocupó de hacer un resumen del hoy desaparecido documento.

Una de las características más notables de los escritos colombinos es la abundancia de elementos imaginarios acompañados frecuentemente de detalles comerciales. Lector de Marco Polo, de las populares novelas de caballería, de la épica renacentista y de la *Historia natural* de Plinio el Viejo, Colón sitúa en América a las sirenas, las amazonas y los hombres con cola de estas lecturas. Interesado en que los Reyes Católicos vean su hazaña como una buena inversión, no vacila en exagerar la riqueza y belleza de las tierras americanas, así como la bondad y carácter pacífico de sus habitantes. Por eso el Almirante y sus hombres buscaron desesperadamente el oro que habrían de llevar a España para confirmar lo relatado en cartas y documentos. Y por eso Colón describe a los indígenas, desconocedores del hierro y de las armas de fuego, como a seres a los cuales se podría conquistar y cristianizar fácilmente, todo para la gloria de la Iglesia, de España, de los Reyes Católicos y de Cristóbal Colón.

Entre los documentos colombinos, quizá el más conocido sea la carta con fecha probablemente falsa del 15 de febrero de 1493 que el Almirante escribió a Luis de Santángel, escribano de los Reyes Católicos, para darle cuenta de sus descubrimientos. En ella Colón establece las bases de la expansión española en el Nuevo Mundo: América es tierra de abundancia con pobladores a quienes se puede conquistar fácilmente. De la popularidad de esta carta dan cuenta sus varias traducciones y múltiples ediciones: al latín (9 ediciones), al italiano en forma versificada (3 ediciones) y al alemán. La mayoría de los críticos concuerda en que la "carta del descubrimiento" fija la imagen que los europeos van a tener de América—una tierra de riqueza sin límites con un clima de eterna primavera, un continente de maravilla y de promesas. Por eso no debe extrañarnos que un marinero de Américo Vespucio visite la isla donde el inglés Tomás Moro (1478–1535) ubicará a los habitantes de su *Utopía* (1516), o que el humanista italiano Campanella (1568–1639) sitúe más tarde la ciudad ideal en Sudamérica y que su gobierno tenga rasgos semejantes a los de los antiguos imperios inca y azteca, ni que después los habitantes de la *Nueva Atlántida* de Francis Bacon (1561–1626) hablen español. La tierra descrita por Colón en su carta había entrado a la literatura occidental.

### ■ Bibliografía mínima

Bartosik-Vélez, Elise. "The Three Rhetorical Strategies of Christopher Columbus". *Colonial Latin American Review* 11.1 (2002): 33–46.

Colón, Cristóbal. *Textos y documentos completos. Relaciones de viajes, cartas y memoriales*. Ed. e introducción de Consuelo Varela. Madrid: Alianza, 1982.

Henige, David. *In Search of Columbus: The Sources for the First Voyage*. Tucson: U of Arizona P, 1991.

Hulme, Peter. "Columbus and the Cannibals". Eds. Bill Ashcroft et al. *The Post-Colonial Studies Reader*. London: Routledge, 1995. 365–69.

Leonard, Irving A. *Books of the Brave*. Introduced by Rolena Adorno. Berkeley: U of California P, 1992.

Varela, Consuelo. *Cristóbal Colón. Retrato de un hombre*. Madrid: Alianza, 1992.

Zamora, Margarita. " 'If Cahonaboa Learns to Speak . . . ' Amerindian Voice in the Discourse of Discovery". *Colonial Latin American Review* 8.2 (1999): 191-206.

# Carta a Luis de Santángel

[...] Yo entendía harto de otros ind[i]os, que ya tenía tomados, cómo continuamente esta tierra era isla, y así seguí la costa d'ella al Oriente ciento y siete leguas, hasta donde hacía fin; del cual cabo vi otra isla al Oriente, distinta[1] de ésta diez o ocho leguas, a la cual puse nombre la [E]spañola; y fui allí, y seguí la parte
5  del se[p]tentrión... y todas las otras [islas] son fertilísimas en demasiado grado, y ésta [Española] en extremo; en ella hay muchos puertos en la costa de la mar, sin comparación de otros que yo sepa en cristianos, y hartos ríos y buenos y grandes que es maravilla; las tierras d'ella son altas, y en ella [hay] muy muchas sierras y montañas altísimas sin comparación de la isla de Tenerife,[2] todas hermosísimas,

---

[1] Distante.
[2] Tenerife: la mayor y más poblada de las Islas Canarias. Sus valles son muy fértiles.

10 de mil hechuras y todas andábiles[3] y llenas de árboles de mil maneras y altas, y parecen que llegan al cielo; y tengo por dicho que jamás pierden la hoja, según lo pude comprender, que los vi tan verdes y tan hermosos como son por mayo en [E]spaña; y d'ellos estaban floridos, d'ellos con fruto, y d'ellos en otro término,[4] según es su calidad. Y cantaba el ruiseñor y otros pajaricos de mil maneras en el mes

15 de noviembre por allí donde yo andaba. Hay palmas de seis o de ocho maneras,[5] que es admiración verlas por la diformidad hermosa d'ellas... En ella [h]ay pinares a maravilla y [h]ay campiñas grandísimas, y [h]ay miel y de muchas maneras de aves y frutas muy diversas. En las tierras [h]ay muchas minas de metales y [h]ay gente *instimabile numero*.[6]

20      La Española es maravilla: las sierras y las montañas y las vegas y las campiñas y las tierras tan hermosas y gruesas para plantar y sembrar, para criar ganados de todas suertes, para edificios de villas y lugares. Los puertos de la mar, aquí no habría creencia sin vista, y de los ríos muchos y grandes y buenas aguas, los más de los cuales traen oro. En los árboles y frutos y yerbas [h]ay

25 grandes diferencias de aquellas de la Juana [Cuba]: en ésta [h]ay muchas [e]specierías[7] y grandes minas de oro y de otros metales. La gente d'esta isla y de todas las otras que he hallado y habido ni haya habido noticia, andan todos desnudos, hombres y mujeres, así como sus madres los paren, aunque algunas mujeres se cobijan[8] un solo lugar con una hoja de yerba o una cosa de algodón

30 que para ello hacen. Ellos no tienen hierro ni acero ni armas, ni son para ello; no porque no sea gente bien dispuesta y de hermosa estatura, salvo que son muy temerosos a maravilla. No tienen otras armas salvo las armas de las cañas cuando están con la simiente, a la cual ponen al cabo un palillo agudo, e no osan usar de aquéllas que muchas veces me ha acaecido enviar a tierra dos o tres hombres a

35 alguna villa para hacer fabla,[9] y salir a ellos d'ellos sin número y después que los veían llegar huían a no aguardar[10] padre a hijo. Y esto no porque a ninguno se [h]aya hecho mal, antes a todo cabo adonde yo [h]aya estado y podido haber fabla, les he dado de todo lo que tenía, así paño como otras cosas muchas, sin recebir por ello cosa alguna, mas son así temerosos sin remedio. Verdad es que, des-

40 pués que aseguran y pierden este miedo, ellos son tanto sin engaño y tan liberales de lo que tienen, que no lo creería sino el que lo viese. Ellos de cosa que tengan, pidiéndosela, jamás dicen de no, antes convidan la persona con ello, y muestran tanto amor que darían los corazones, [...] luego por cualquier cosica de cualquier manera que sea que se le dé por ello sean contentos. [...] Hasta los

45 pedazos de los arcos rotos de las pipas tomaban y daban lo que tenían como bestias. Así que me pareció mal [y] yo lo defendí. Y daba yo graciosas mil cosas buenas que yo l[l]evaba porque tomen amor. Y allende d'esto se harán cristianos, que se inclinan al amor y servicio de Sus Altezas y de toda la nación castellana, y procuran de ajuntar[11] de nos dar de las cosas que t[i]enen en abundancia que nos

---

[3] Fáciles de andar, de caminar.
[4] En otro estado.
[5] Variedades.
[6] Expresión latina: en gran número, en abundancia.
[7] Sustancias que servían para condimentar la comida [la pimienta, el clavo], especialmente las carnes.

[8] Se cubren.
[9] Entablar conversación, conversar.
[10] Esperar.
[11] De reunir.

50  son necesarias. Y no conocían ninguna se[ct]ta ni idolatría, salvo que todos creen
que las fuerzas y el bien es en el cielo, y creían muy firme que yo con estos navíos
y gente venían del cielo y en tal [a]catamiento[12] me recibían en todo cabo después
de haber perdido el miedo. Y esto no procede porque sean ignorantes, salvo de
muy sotil ingenio, y [h]ombres que navegan todas aquellas mares, que es mara-
55  villa la buena cuenta qu'ellos dan de todo, salvo porque nunca vieron gente
vestida ni semejantes navíos.

[...] Esta [La Española] es para desear, y vista, es para nunca dejar. En la
cual, puesto que de todas tenga tomada posesión[12a] por Sus Altezas y todas sean
más abastadas[13] de lo que yo sé y puedo decir, y todas las tengo por de Sus Al-
60  tezas, que d'ellas pueden disponer como y tan cumplidamente como de los
reinos de Castilla, en esta Española, en el lugar más convenible y mejor comarca
para las minas de oro y de todo trato así de la tierra firme de acá como de aquella
de allá del Gran Can, adonde habrá grand[e] trato y ganancia, he tomado posesión de una villa grande a la cual puse nombre la Villa de Navidad,[14] y en ella
65  he hecho fuerza y fortaleza, que ya a estas horas estará del todo acabada, y he dejado en ella gente que abasta para semejante hecho, con armas y artillerías y vitua-
llas[15] por más de un año, y fusta[16] y maestro de la mar en todas artes para hacer
otras, y grande amistad con el Rey de aquella tierra, en tanto grado que se pre-
ciaba de llamarme y tener[me] por hermano. Y aunque le mudase la voluntad a
70  ofender esta gente, él ni los suyos no saben qué sean armas, y andan desnudos
como ya he dicho. Son los más temerosos que [h]ay en el mundo, así que solamente la gente que allá queda es para destruir toda aquella tierra, y es isla sin
peligro de sus personas sabiéndose regir.

En todas estas islas me parece que todos los [h]ombres sean contentos con
75  una mujer, y a su mayoral o Rey dan hasta veinte. Las mujeres me parece que trabajan más que los [h]ombres. Ni he podido entender si t[i]enen bienes propios,
que me pareció ver que aquello que uno tenía todos hacían parte, en especial de
las cosas comederas.

[...] En conclusión, a hablar d'esto solamente que se ha hecho este viaje, que
80  fue así de corrida que pueden ver Sus Altezas que yo les daré oro cuanto hubieran menester con muy poquita ayuda que Sus Altezas me darán ahora
[e]specería y algodón cuanto Sus Altezas mandaran cargar [...] y esclavos cuantos mandaran cargar, y serán de los idólatras [...].

[...] Así que, pues nuestro Redentor dio esta victoria a nuestros ilustrísimos
85  Rey y Reina [...] adonde toda la cristiandad debe tomar alegría y hacer grandes
fiestas y dar gracias solemnes a la Santa Trinidad con muchas oraciones
solemnes, por el tanto ensalzamiento[17] que habrán en tornándose tantos pueblos
a nuestra santa fe, y después por los bienes temporales que no solamente a la España, mas a todos los cristianos tendrán aquí refrigerio y ganancia.

---

[12] Respeto.
[12a] Apropiarse de la tierra y sus habitantes para
la Corona.
[13] Con muchas provisiones.
[14] Navidad: construida con los restos de la
Santa María, una de las naves de Colón.
Cuando el Almirante regresó en su segundo

viaje (1493), el fuerte estaba destruido y sus
defensores habían desaparecido.
[15] Comidas, víveres, provisiones.
[16] Embarcación pequeña de vela latina, con uno
o dos palos.
[17] Alabanzas.

## ■ Preguntas generales

1. ¿Cuál era el objetivo del viaje de Colón?
2. ¿Por qué llama "indios" a los taínos que habitaban las islas del Caribe?
3. ¿Cuáles son algunos de los problemas que presentan los escritos de Colón para el estudioso?
4. ¿Qué recepción tuvo en Europa la carta de Colón a Santángel, y por qué?
5. ¿Por qué se estudia esta carta dentro de la literatura hispanoamericana?

## ■ Preguntas de análisis

1. ¿Cómo describe Colón la naturaleza americana? ¿Qué influencias del estilo usado para describir el paisaje en el Renacimiento encuentra Ud. aquí?
2. ¿Por qué exagera Colón las bondades de las Indias?
3. Colón indica que ha "tomado posesión" de estas islas. ¿Hay justificación para esta acción de Colón dentro de las leyes de su época?
4. ¿Cómo se hace evidente el interés económico de Colón en su primera carta?
5. ¿Cómo caracteriza el Almirante a los indígenas y por qué? ¿Cómo, según Colón, los taínos los han percibido a él y a sus hombres, y qué importancia cree Ud. que tiene esa percepción?

## ■ Temas para informes escritos

1. Colón y su relación con los Reyes Católicos.
2. Los libros de viaje que leyó Colón.
3. Cristóbal Colón, Bartolomé de las Casas y la reconstrucción del *Diario de navegación* del Almirante.
4. Polémicas en torno al papel histórico de Colón.
5. Colón como figura literaria.

## ■ Temas de reflexión y comentario

1. La importancia de los viajes en la temprana época moderna.
2. La visión utópica de América en las cartas de Colón.
3. Los animales míticos en los escritos de Colón.
4. Percepciones europeas del indígena americano.
5. La relación entre religión y esclavitud.

# BARTOLOME DE LAS CASAS

1484, Sevilla, España–1566,
Madrid, España

© Bettmann/CORBIS

La llegada de los europeos al Nuevo Mundo y la conquista de los territorios americanos plantearon graves cuestiones filosóficas y teológicas para la iglesia católica y los soberanos españoles. Uno de los aspectos más debatidos fue el de la racionalidad de los indígenas y el derecho de los conquistadores a esclavizarlos. La polémica la iniciaron los religiosos de la orden dominica a fines de 1511 en Santo Domingo, capital de La Española. Los dominicos protestaron contra los abusos del sistema de encomiendas* y las guerras de expansión que exterminaban a la población nativa. El paladín de esta causa, fray Antonio de Montesinos, proclamó, ante la consternación de los colonizadores, que los indios eran seres humanos y debían ser tratados como tales; quienes hicieran lo contrario, cometían un grave pecado.

A esta lucha en favor de los derechos de los indígenas se unió después, en Cuba y en La Española, fray Bartolomé de las Casas. Cuando se dio cuenta que prédicas y sermones no avanzaban la causa que defendía tan ardientemente, el joven sacerdote decidió regresar a España y, desde allí, exigir la abolición de las encomiendas y solicitar una legislación favorable a los indígenas.

En 1523 fray Bartolomé de las Casas ingresó a la orden de Santo Domingo. En los claustros dominicos de La Española se dedicó a estudiar tratados jurídicos, teológicos y filosóficos que le proporcionarían el fundamento de su argumentación en favor de la población nativa. Allí inició la redacción de dos de sus obras más importantes escritas entre 1527 y 1559: *Historia de las Indias,* uno de los más fidedignos recuentos de las primeras tres décadas de la colonización, y *Apologética historia,* tratado donde prueba la plena capacidad racional de los indígenas. Terminadas para 1559, ambas obras circularon entre los estudiosos humanistas en forma manuscrita, pero no fueron impresas sino hasta varios siglos después. En estas obras Las Casas propuso el empleo de métodos pacíficos para cristianizar a los nativos. El dominico tuvo oportunidad de poner en práctica algunas de sus ideas en la conclusión pacífica de la rebelión de Enriquillo, cacique de La Española, y en el poblado guatemalteco llamado Vera Paz. La *Historia de las Indias,* donde Las Casas cuenta la rebelión de Enriquillo, fue empleada más tarde por el escritor dominicano Manuel de Jesús Galván (1834–1910) como una de las principales fuentes de su conocida novela histórica *Enriquillo* (ed. completa en 1882).

En lucha constante con las autoridades, Las Casas regresó a España en 1540. Encontró allí un clima político más favorable, ya que en 1537 el Papa Pablo III había reconocido en una bula la racionalidad de los indígenas; además, fray Francisco de Vitoria había cuestionado desde su cátedra en la Universidad de Salamanca el que España pudiera justificar legítimamente la conquista de América. El continuo batallar de fray Bartolomé de las Casas y otros partidarios de la causa indígena logró la proclamación de las Leyes Nuevas (1542) que suprimían las encomiendas, la esclavitud y otras formas de trabajo forzado. El infatigable dominico regresó a América (1544) con el título de Obispo de Chiapas y venía con un gran deseo de hacer cumplir los reglamentos favorables a los indígenas. Sin embargo, estas leyes, como otras muchas dadas por la Corona para proteger a la población nativa, fueron "letra muerta": los conquistadores y colonizadores protestaron contra ellas y no las cumplieron. En 1547, Las Casas regresó a la metrópoli para continuar su lucha.

Fue éste un período de intensa actividad intelectual durante el cual el infatigable dominico polemizó con el humanista Juan Ginés de Sepúlveda (¿1490?–1573), apologista de la conquista cuya legitimidad fundamentaba en la supuesta barbarie indígena. Armado de argumentos legales y filosóficos, pero más que nada con el pleno convencimiento de la justicia de su causa, el "Protector de los indios" debatió con Sepúlveda. Nuevamente sus esfuerzos se vieron recompensados con algunas leyes favorables para los indígenas, como, por ejemplo, la prohibición de las conquistas armadas. Fue en esta época cuando publicó una de sus obras más polémicas, *Brevísima relación de la destrucción de las Indias* (1552). Su rápida traducción al latín, al francés, al inglés, al alemán, al italiano y al holandés divulgó los abusos de los conquistadores y contribuyó a crear la llamada "leyenda negra", alimentada por Francia e Inglaterra, potencias archienemigas de España. Al mismo tiempo, este libro propagó una imagen muy diferente del amerindio: los antiguos americanos eran las mansas "ovejas" atacadas por los europeos, los "lobos" feroces.

Sin duda la obra lascasiana conserva su vigencia por tratar problemas aún no resueltos en Hispanoamérica: las consecuencias de la colonización, la incorporación del indígena al proyecto nacional, la creación de una sociedad verdaderamente pluricultural. Los encendidos escritos del dominico en defensa de los indígenas abrieron en la literatura hispanoamericana un espacio de combate y compromiso desde el cual el escritor critica y reclama. Vista de este modo, la obra de Bartolomé de las Casas es digna precursora de una importante tendencia en las letras continentales, la literatura indigenista,* cultivada después por escritores tan conocidos como el ecuatoriano Jorge Icaza (1906–78), los peruanos Clorinda Matto de Turner (1854–1909), Ciro Alegría (1909–67) y José María Arguedas (1911–69) y la mexicana Rosario Castellanos (1925–74).

## ■ Bibliografía mínima

Arias, Santa, "*La Historia de las Indias* de Barolomé de las Casas: estrategias de poder y persuasión". *Confluencia* 7.1 (Fall 1991): 31–42.

De las Casas, Bartolomé. *Historia de las Indias*. Ed. de Agustín Millares Carlo y Estudio preliminar de Lewis Hanke. 3 Vols. México, 1965.

Fernández Delgado, Miguel Ángel. "El utopismo de fray Bartolomé de las Casas: la experiencia de la Verapaz". *Cuadernos Americanos* 9.1 (1995): 146–64.

Hanke, Lewis. *Aristotle and the American Indians. A Study in Race Prejudice in the Modern World*, Bloomington: Indiana UP, 1950.

Malagón, Javier. "Bartolomé de las Casas". *Latin American Writers*. Eds. Carlos A. Solé y Maria Isabel Abreu. Vol. 1. New York: Scribner's, 1989. 1–9.

Parish, Helen Rand. "Introduction: Las Casas's Spirituality—the Three Crises". En *Bartolomé de las Casas: The Only Way: A New Restored Version*. Ed. Helen Rand Parish. Trans. Francis Patrick Sullivan. Mahwah, NJ: Paulist Press, 1992.

Varela, Consuelo. Introducción a su ed. de *Brevísima relación de la destruición de las Indias*. De Bartolomé de las Casas. Madrid: Castalia, 1999. 9–66.

# Historia de las Indias

## [LA REBELION DE ENRIQUILLO]

Por este tiempo [fines de 1518] cosas acaecieron notables en esta isla Española, y una fue que, como los indios de ella se iban acabando y no cesasen por eso de los trabajar y angustiar los españoles que los tenían, uno de ellos llamado Valenzuela [...], mozo harto liviano que sucedió en la inicua[1] y tiránica posesión
5 de ellos a su padre, tenía un repartimiento[2] cuyo cacique y señor se llamaba Enriquillo.

[Enriquillo] había sido criado, siendo niño, en el monasterio de San Francisco, que hubo en una villa de españoles llamada la Vera Paz, y la provincia, según la lengua de los indios, Xaraguá [...], donde tuvo su reino el rey Behechio
10 [...] que fue uno de los cinco reyes de esta isla y el principal, de que mucho en el primer libro y segundo hemos hablado.

[A Enriquillo] los frailes habían enseñado a leer y escribir y en costumbres [era] asaz[3] bien doctrinado, y él de su inclinación no perdia nada, y supo bien

---

[1] Injusta.

[2] Repartimiento: repartición entre los conquistadores de indígenas que realizaban trabajos gratuitamente.

[3] Bastante, muy.

hablar nuestra lengua, por lo cual siempre mostró por sus obras haber con los re-
15 ligiosos aprovechado. [...] Este cacique y señor de aquella provincia del Baoruco,
salido de la doctrina de los religiosos y hecho hombre, casóse con una señora india, mujer de buen linaje y noble, llamada doña Lucía, como cristianos, en haz[4]
de la Santa Madre Iglesia. Era Enrique alto y gentil hombre de cuerpo bien pro-
porcionado y dispuesto; la cara no tenía ni hermosa ni fea, pero teníala de hom-
20 bre grave y severo. Servía con sus indios al dicho mancebo Valenzuela como si se
lo debiera, como dicen, de fuero,[5] sufriendo su injusta servidumbre y agravios
que cada día recibía con paciencia. Entre los pocos y pobres bienes que tenía
poseía una yegua; ésta la tomó contra su voluntad el mozo tirano a quien servía;
después de esto, no contento con aquél robo y fuerza, procuró de violar el matri-
25 monio del cacique y forzarle la mujer, y como el cacique lo sintiese, porque se
quejó a él mismo diciéndole que por qué le hacía aquel agravio y afrenta, dicen
que le dio de palos para que se cumpliese el proverbio: agraviado y aporreado.
Fuese a quejar de sus agravios al teniente de gobernador que en aquella villa
residía, llamado Pedro de Vadillo; halló en él el abrigo que siempre hallaron en
30 las justicias de estas Indias y ministros del rey los indios; éste fue que lo amenazó
que le haría y acontecería si más venía a él con quejas de Valenzuela, y aun dijeron que lo echó en la cárcel o en el cepo. El triste, no hallando remedio en aquel
ministro de justicia, después que le soltaron, acordó de venir a esta ciudad de
Santo Domingo a quejarse a la Audiencia de las injurias y denuestos[6] recibidos,
35 con harta pobreza, cansancio y hambre, por no tener dinero ni de qué haberlo. El
Audiencia le dio su carta de favor, pero remitiéndolo al dicho teniente Vadillo sin
otro remedio; y éste fue también el consuelo que las Audiencias y aun también el
Consejo del rey, que reside en Castilla, daban a los agraviados y míseros: remitir-
los, conviene a saber, a los agraviantes y sus propios enemigos. Tornado a la villa,
40 que estaba a 30 leguas, presentó sus papeles, y la justicia que halló en Vadillo fue,
según se dijo, tratándolo de palabra y con amenazas, peor que de primero; pues
sabido por su amo Valenzuela, no fueron menores los malos tratamientos [...]
Sufrió las nuevas injurias y baldones[6a] el cacique Enriquillo (llamábanlo así los
que lo conocieron niño, cuando estaba con los padres de San Francisco, y de allí
45 nació nombrarlo comúnmente por este nombre diminutivo), sufriólas, digo, y
disimuló; y habida licencia[7] de su amo, que con más justa razón pudiera ser
señor suyo el indio, porque acabado el tiempo que eran ciertos meses del año que
se remudaban[8] las cuadrillas para venir a servir, y el cacique era el que iba y
venía y los traía y el que si faltaba un indio que no viniese, lo había él de llorar y
50 padecer, con cárcel e injurias y aun palos y bofetadas y otras angustias y denuestos vuelto a su tiempo, confiado en su justicia y en su tierra, que era áspera,
donde no podían subir caballos, y en sus fuerzas y de sus pocos indios que tenía,
determinó de no ir a servir más a su enemigo, ni enviarle indio suyo, y por con-
siguiente, en su tierra se defender; y esto llamaron los españoles, y llaman hoy,
55 "alzarse y ser rebelde Enrique, y rebeldes y alzados los indios", que con verdad
hablando, no es otra cosa que huir de sus crueles enemigos, que los matan y

---

[4] A vista de.
[5] Por ley.
[6] Daño grave de palabra o por escrito.

[6a] Afrentas.
[7] Con el permiso.
[8] Cambiaban.

consumen, como huye la vaca o buey de la carnicería; el cual, como no fuese ni
llevase indios para el servicio de Valenzuela en el tiempo establecido, estimando
el Valenzuela que por los agravios recibidos estaría enojado y alborotado, y como
60  ellos decían, alzado, fue con once hombres a traerlo por fuerza y sobre ello maltratarlo. Llegado allá, hallólo a él y a su gente no descuidado[s], sino con armas,
que fueron lanzas, por hierros, clavos y huesos de pescados, y arcos y flechas y
piedras y lo demás de que pudieron armarse; saliéronle al encuentro, y el cacique
Enriquillo delante, y dijo a Valenzuela que se tornase, porque no había de ir con
65  él, ni de sus indios nadie, y como el mozo Valenzuela lo tuviese como esclavo y
en mayor menosprecio que si fuera estiércol de la plaza, como todos los españoles han tenido siempre y tienen a estas gentes por más que menospreciadas,
comenzó a decirle de perro y con todas las injuriosas palabras que se le ofrecieron
denostarle,[9] y arremete a él y a los indios que estaban con él, los cuales dan en
70  ellos y con tanta prisa, que le mataron uno o dos de sus españoles y desca-
labraron[10] a todos los más y los otros volvieron las espaldas. No quiso Enrique
que los siguiesen, sino que los dejasen ir, y dijo a Valenzuela:—Agradeced, Valenzuela, que no os mato; andad, id y no volváis más acá; guardáos.
　　Tornóse Valenzuela con los suyos a San Juan de la Maguana, más que de
75  paso[10a], y su soberbia lastimada, puesto que no curada. Suénase luego por toda
la isla que Enriquillo es alzado; provéese por el Audiencia que vaya gente a subyugarlo; juntáronse 70 ó 80 españoles y vanlo a buscar, los cuales, después de
muy cansados y hambrientos de muchos días, halláronlo en cierto monte; salió a
ellos, mató ciertos e hirió a otros, y todos desbaratados y humillados acordaron
80  con harta tristeza y afrenta suya de tornarse. Cunde[11] toda la isla la fama y victorias de Enriquillo; húyense muchos indios del servicio y opresión de los españoles y vanse al refuglo y bandera de Enriquillo, como a castillo roquero[11a]
inexpugnable, a salvarse, de la manera que acudieron a David, que andaba
huyendo de la tiranía de Saúl, todos los que estaban en angustias y los opresos
85  de deudas y en amargura de sus ánimos, como parece en el primer libro de los
Reyes, cap. 22 [...]; bien así, por esta semejanza se allegaron a Enriquillo de toda
la isla cerca de 300 hombres, sometiéndose a su capitanía, no teniendo él, a lo que
sentí yo, ni aun ciento. Enseñábalos él cómo habían de pelear contra los españoles, si ellos viniesen, para defenderse; nunca permitió que algunos de los
90  que a él se veníen saliese[n] a hacer saltos[12] ni matar español alguno, sino solamente pretendió defender a sí y a los suyos de los españoles, que muchas veces
vinieron a subyugarlo y ofenderlo. Cuán justa guerra contra los españoles él y ellos tuviesen y se le sometiesen y lo eligiesen por señor y rey los indios que a él
venían y los demás de toda la isla lo pudieran justamente hacer, claro lo muestra
95  la historia de los Macabeos en la Escritura divina y las de España que narran los
hechos del infante D. Pelayo, que no sólo tuvieron justa guerra de natural defensión, pero pudieron proceder a hacer venganza y castigo de las injurias y daños y
muertes y disminución de sus gentes y usurpación de sus tierras recibidas, de la
misma manera y con el mismo derecho. Cuanto a lo que toca al derecho natural y

---

[9] Insultarle.
[10] Hirieron.
[10a] De prisa

[11] Se extiende, se propaga.
[11a] De rocas.
[12] Agredir, asaltar.

100 de las gentes (dejado aparte lo que concierne a nuestra santa fe, que es otro título
añadido a la defensión natural en los cristianos), tuvieron justo y justísimo título
Enrique y los indios pocos que en esta isla habían quedado de las crueles manos
y horribles tiranías de los españoles, para los perseguir, destruir y punir[13] y asolar como a capitales hostes[14] y enemigos, destruidores de todas sus tan grandes
105 repúblicas, como en esta isla había, lo cual hacían y podían hacer con autoridad
de derecho natural y de las gentes, y la guerra propiamente se suele decir no
guerra, sino defensión natural. [...]

[...] En muchas veces que se hicieron en la isla armadas para ir contra él, que
por él fueon desbaratadas [...] Acaeció una vez desbaratar muchos de ellos y me-
110 terse 71 ó 72 [españoles] en unas cuevas de piedra o peñas, escondiéndose de los
indios que iban en el alcance,[15] y entendiendo que estaban allí, quieren los indios
allegar leña para poner fuego y quemarlos. Mandó Enrique: "No quiero que se
quemen, sino tomadles las armas y dejadlos; váyanse", y así lo hicieron, donde
se proveyó bien de espadas y lanzas y ballestas, puesto que de éstas no sabían
115 usar. De estos 70 españoles se metió fraile uno en el monasterio de Santo
Domingo, de la ciudad de Santo Domingo, por voto que había hecho, viéndose
en aquella angustia, no creyendo de se escapar, y de él hube lo que de este caso
yo aquí escribo. [...] Extendióse cada día más la fama de las victorias y diligencia,
esfuerzo y ardides de guerra de Enrique y de su gente por toda esta isla, porque,
120 como se dijo, vez ninguna vinieron contra él los españoles que no volviesen
descalabrados; por manera que toda la isla estaba admirada y turbada, y cuando
se hacía armada contra él no todos iban de buena gana, y no fueran, si por el Audiencia con penas no fueran forzados. En esto pasaron trece y catorce años, en lo
cual se gastaron de la Caja del rey más de 80 ó 100.000 castellanos. [...]
*(Libro III, Capítulos CXXV–CXXVI)*
125

[...] Casi cada año se hacía armada y junta de españoles para ir contra Enrique, donde se gastaron del rey y de los vecinos muchos millares de castellanos;
entre otras se hizo una de 150 españoles, y quizá más, cuyo capitán fue un vecino
de la villa que llamaban el Bonao, llamado Hernando de San Miguel, de los muy
130 antiguos de esta isla y del tiempo del primer Almirante. Este había venido a ésta
muy muchacho, y como se había criado en grandes trabajos, en las crudas guerras e injustas que en ella contra estas gentes se hicieron así andaba por las sierras
y sobre las peñas descalzo como calzado; fuera de esto, era hombre de bien e hidalgo, natural de Ledesma o Salamanca. Este anduvo muchos días tras Enrique,
135 pero nunca lo pudo hallar descuidado, y según estimo, si no me he olvidado,
tampoco se allegaron a reñir en batalla. Un día halláronse los unos de los otros
tan cercanos que, ninguno pudiendo dañar al otro, se hablaron y oyeron las palabras los unos de los otros; esto se pudo así hacer porque los unos estaban en un
pico de una sierra y los otros en el pico de otra, muy altas y muy juntas, salvo que
140 las dividía una quebrada o arroyo muy profundo que parecía tener de hondo sobre 500 estados.[16] Sintiéndose tan cercanos los unos de los otros, pidiéronse
treguas y seguro para hablarse. Concedidas de ambas partes, para que ninguno

---

[13] Castigar.
[14] Contrarios en la guerra.
[15] Que iban persiguiéndolos.

[16] Medida basada en la estatura regular del
hombre. Equivalía a siete pies y era utilizada
para calcular profundidad y alturas.

tirase al otro con que le dañase, dijo el capitán de los españoles que pareciese allí Enrique para le hablar. Pareció Enrique, y díjole el capitán que la vida que tenía y la que hacía tener a los españoles de la isla era trabajosa y no buena; que sería
145 mejor estar y vivir en paz y sosiego. Respondió Enrique que así le parecía a él y que era cosa que él mucho deseaba muchos días había y que no quedaba por él, sino por ellos. Replicó el capitán que él traía mandamiento y poder de la Real Audiencia, que mandaba en la ciudad de Santo Domingo por el rey, para tratar y asentar las paces con él y con su gente, que los dejaría vivir en su libertad en una
150 parte de la isla, donde quisiese y escogiese, sin tener los españoles que hacer con ellos, con tanto que ni él ni ellos dañasen a ninguno ni hiciesen cosas que no debiesen y que les diese el oro todo que habían tomado a los españoles que viniendo de tierra firme mataron. Mostróle, aunque así apartado, la provisión que de la Audiencia llevaba. Dijo Enrique que le placía hacer las paces y tener
155 amistad con todos los españoles y de no hacer mal a nadie y de darles todo el oro que tenía, con que lo que se le promete se le guarde. Tratando del cómo y cuándo se verían, concertaron allí que tal día el capitán fuese con sólo ocho hombres y Enrique con otros ocho, no más, a la costa de la mar, señalando cierta parte; y así, con este concierto, se apartaron. Enrique provee luego de cumplir su palabra y
160 envía gente que haga en el dicho lugar una gran ramada de árboles y ramas y en ella un aparador, donde pusieron todas las piezas de oro, que parecía casa real. El capitán dispone también de hacer lo mismo, y para celebrar las paces con mayor alegría y regocijo, aunque indiscretamente, mandó al navío que por allí cerca andaba, viniese a ponerse frontero y junto a tierra del dicho lugar concer-
165 tado y él viniese por la costa de la mar con un tamborino[17] y gente con él, muy alegres y regocijados. Enrique, que ya estaba con sus ocho hombres y mucha comida en la ramada esperando, viendo que el navío se acercaba y que venía el capitán con más gente, y que con tamborino, tañendo y haciendo estruendo venían los españoles, pareciéndole que había excedido de lo asentado y temiendo
170 no le hubiesen urdido[18] alguna celada, acordó de negarse, y así escondióse en el monte con su gente, que debía tener para su guarda, y mandó a los ocho indios que, cuando llegasen los españoles, les dijesen que no pudo venir a verse con ellos porque se había sentido un poco malo y que les diesen la comida que les tenía aparejada[19] y todo el oro y les sirviesen muy bien y en todo los agradasen.
175 Llegados el capitán y los suyos, preguntó por Enrique. Respondiéronle los ocho lo que Enrique les había mandado. Quedó harto pesante de su indiscreción el capitán (o si no la conoció, quizá), por no haber hallado a Enrique, porque tenía por cierto, y no se engañaba, que allí la pendencia[20] y escándalo, y miedo de la isla se acababa, puesto que, aunque no se acabó del todo, al menos suspendióse
180 hasta que después, como placiendo a Dios en el libro siguiente se dirá, por cierta ocasión del todo fue acabada. Así que los ocho les dieron de comer y les sirvieron con mucha solicitud, como los indios suelen,[21] y entregándoles todo el oro sin faltar un cornado.[22] El capitán les dio las gracias y díjoles que dijesen a Enrique

---

[17] Tambor pequeño.
[18] Preparado.
[19] Preparada, dispuesta.
[20] Riña o pelea de palabra o de obra.

[21] Acostumbran.
[22] Moneda antigua de cobre con una cuarta parte de plata y una corona grabada.

cómo le había pesado de no haberle visto y abrazado, y que le pesaba de su mal
185 puesto que bien conoció que de industria se había quedado, y que fuesen amigos
y que no hiciese daño y que tampoco lo recibiría desde adelante. Los españoles
se embarcaron y se vinieron a la ciudad, y los indios se fueron donde estaba su
amo. Desde aquel día no hubo más cuidado en la isla de seguir a Enrique, ni de
ninguna de las partes se recreció algún daño hasta que del todo se asentaron las
190 paces, que duró este intervalo cuatro o cinco años.

*(Libro III, Capítulo CXXVII)*

## ■ Preguntas generales

1. ¿Qué entendemos por "polémica" o "debate" respecto a la población nativa? ¿Dónde se inició y cuáles fueron sus causas?
2. ¿Qué es la "leyenda negra" y cómo la relaciona con la publicación de la *Brevísima relación de la destrucción de las Indias?*
3. ¿Cuáles eran las ideas de fray Bartolomé de las Casas sobre cómo se debía llevar a cabo la cristianización de los indígenas y por qué disgustaron a los colonizadores?
4. ¿Qué entiende Ud. por una ley que es "letra muerta" y cómo podemos relacionar esto con los escritos y luchas de fray Bartolomé de las Casas?
5. ¿Cuál es la vigencia de la obra lascasiana y cómo la vincula Ud. con tendencias de la literatura hispanoamericana actual?

## ■ Preguntas de análisis

1. ¿Quién es Enriquillo, qué educación ha recibido y cómo lo caracteriza fray Bartolomé de las Casas?
2. ¿Qué episodios de la Biblia y de la historia de España se incluyen y cómo cree Ud. que se relacionan con la historia de América?
3. ¿Cómo describe el autor la justicia administrada a la población nativa y por qué es esto importante en su argumentación?
4. ¿Qué hecho empuja a Enriquillo a la rebelión? ¿Cree Ud. que el autor justifica esa rebelión? Explique su respuesta.
5. ¿Qué impacto tiene el levantamiento de Enriquillo en La Española y cuáles son sus consecuencias para la Corona?
6. Establezca un contraste entre Valenzuela y Hernando de San Miguel. ¿Qué propone el autor al comparar a estos conquistadores?
7. ¿Qué opinión tiene Ud. de Enriquillo? ¿Héroe, traidor, negociador?

## ■ Temas para informes escritos

1. Los primeros años de fray Bartolomé de las Casas en el Caribe.
2. Sepúlveda y fray Bartolomé de las Casas: su visión de la población nativa.
3. Enriquillo, el héroe histórico y el protagonista romántico de Galván.
4. Proyección de las ideas de Bartolomé de las Casas.
5. La recepción de *Brevísima relación de la destrucción de las Indias* en su época.

■ Temas de reflexión y comentario

1. La rebelión de Enriquillo y su justificación.
2. Las guerras justas e injustas en la legislación de la época.
3. La expansión europea de España y la "leyenda negra".
4. Las leyes caballerescas y el conquistador perfecto.
5. Las ideas utópicas del padre Las Casas puestas en práctica.

# BERNAL DÍAZ DEL CASTILLO

c. 1496, Medina del Campo, España–1584,
Santiago de los Caballeros, Guatemala

Bernal Díaz del Castillo le debe su fama a la única obra que escribió, *Historia verdadera de la conquista de la Nueva España*, terminada en 1568 y publicada en Madrid en 1632. Establecido en Guatemala, el viejo soldado se sentó a escribir sus recuerdos de la conquista de los nahuas o aztecas en la cual participó bajo el mando de Hernán Cortés. El mismo nos dice que, contrariado por la versión de estos acontecimientos ofrecida por otros cronistas y especialmente por Francisco López de Gómara (¿1512–72?), quien le dio crédito casi exclusivo a Cortés por esta empresa, decidió hacer una narración "verdadera". Efectivamente, su *Historia* ha sido juzgada como una de las fuentes más fidedignas para estudiar la conquista de México.

Hombre de armas y no de letras, Bernal Díaz relata de modo sencillo y directo. Al hacerlo deja un vívido retrato suyo, de sus compañeros de armas, de Cortés y de los enemigos indígenas. En el afán de ser veraz, narra sólo las cosas que él mismo u otros soldados vieron. Fuera de su *Historia verdadera* quedan así acontecimientos que hubieran contribuido a ofrecer una visión más completa de lo ocurrido. Bernal Díaz se exalta —"y digo otra vez que yo, yo y yo, dígolo tres veces, que soy el más antiguo [conquistador], y lo he servido como muy buen soldado a su Majestad"— y elogia también a los anónimos combatientes que han quedado fuera de los relatos de otros cronistas. De este modo el autor hace notar que la conquista del rico imperio azteca fue una empresa colectiva. Además, contradiciendo otra vez a Gómara, nota que el triunfo español se logró a costa de la pérdida de muchas vidas y de arduas batallas con guerreros astutos. Reconoce la valentía y tenacidad de los enemigos aztecas, quienes se enfrentaban a las armas de fuego de los españoles y a sus extraños caballos con arrojo y desprecio de la vida.

Contradiciendo preceptos establecidos sobre quiénes estaban capacitados para contar los grandes hechos, la *Historia verdadera* está narrada por un soldado raso, un hombre común. En efecto, como ya lo habían comenzado a hacer los pícaros y otros sin historia, Bernal Díaz toma la pluma para contar sus hazañas y las de sus compañeros de armas. Sus esfuerzos anticipan los de la persona moderna que busca un puesto en la sociedad no por su encumbrada genealogía, sino por lo logrado a través del esfuerzo individual.

La *Historia verdadera* de Bernal Díaz es muy distinta a las *Cartas de relación* de Hernán Cortés. Recordemos que Cortés le escribió esas cartas a Carlos V por dos razones principales: 1) justificar su acto de desobediencia a Diego Velázquez, autorizado por el rey a emprender la conquista de México; y 2) convencer al soberano de la grandeza de las tierras conquistadas por él para la gloria y el enriquecimiento de España. El autor de la *Historia verdadera* escribe para un grupo más amplio: 1) los lejanos lectores europeos que desconocen el Nuevo Mundo; y 2) aquellas personas que han tomado parte activa en los sucesos americanos. Para describir esa compleja realidad, no vacila en utilizar vocablos del náhuatl, una de las lenguas amerindias del valle de México. Muchos de estos términos indígenas ingresaron entonces al castellano general y actualmente se usan tal y como los consignó el autor. Por su valor de testimonio así como por reflejar un aspecto de la cultura literaria del autor, vale recordar aquí el asombrado comentario de Bernal Díaz y sus compañeros ante la belleza de México-Tenochtitlán: "Y decíamos que parecía a las cosas de encantamiento que cuentan en el libro de Amadís [*Amadís de Gaula,* 1506]".

Los escritos y la actitud de Bernal Díaz del Castillo también revelan el proceso de transculturación que se opera en el europeo. El viejo soldado se ha distanciado geográfica y culturalmente de España: ahora pertenece a ese Nuevo Mundo que ayudó a conquistar para el Viejo. Sabe que en América el futuro y el esfuerzo cuentan tanto como valen en Europa el pasado y la genealogía. Para dejar constancia de las hazañas de soldados anónimos, para expresar su verdad como testigo de los hechos, para pasar a la posteridad, este conquistador que se llama a sí mismo "idiota sin letras" toma la pluma y nos deja una de las historias más fascinantes de la época de la conquista.

■ Bibliografía mínima

Adorno, Rolena. "History, Law, and the Eyewitness Protocols of Authority in Bernal Díaz del Castillo's *Historia verdadera de la conquista de la Nueva España*". Eds. Elizabeth Fowler and Roland Greene. *The Project of Prose in Early Modern Europe and the New World.* Cambridge: Cambridge UP, 1997. 154–75.

Arocena, Luis A. "Bernal Díaz del Castillo". *Latin American Writers.* Eds. Carlos A. Solé y Maria Isabel Abreu. Vol. 1. New York: Scribner's, 1989. 17–21.

Brody, Robert. "Bernal's Strategies". *Hispanic Review* 55.3 (1987): 323–36.

Díaz del Castillo, Bernal. *Historia verdadera de la conquista de la Nueva España.* Ed. Miguel León Portilla. 2 Vols. Madrid: Historia 16, 1984.

Ochoa, John A. "The Paper Warrior: Education, Independence, and Bernal Díaz's War to Stop Time". *Modern Language Notes* 114:2 (1999): 341–56.

Romero Galván, José Rubén. "Los cronistas indígenas". En *La cultura letrada en la Nueva España del siglo XVII.* Ed. Raquel Chang-Rodríguez. *Historia de la literatura mexicana.* Vol. 2. México: Siglo XXI, 2002. 270–87.

Rose, Sonia. "El narrador fidedigno: problemas de autoacreditación en la obra de Bernal Díaz del Castillo". *Literatura Mexicana* 1.2 (1990): 327–48.

# Historia verdadera de la conquista de la Nueva España

*Cómo Cortés supo de dos españoles que estaban en poder de indios en la punta de Cotoche[1] y de lo que sobre ello se hizo.*

Como Cortés en todo ponía gran diligencia, me mandó llamar a mí y a un vizcaíno que se decía Martín Ramos, y nos preguntó qué sentíamos de aquellas

---

[1] Cabo en la parte noreste de la península de Yucatán.

palabras que nos hubieron dicho los indios de Campeche cuando vinimos con Francisco Hernández de Córdoba, que decían: *Castilan, castilan,* según lo he dicho en el capítulo [III] que de ello trata; y nosotros se lo tornamos a contar según y de la manera que lo habíamos visto y oído. Y dijo que ha pensado muchas veces en ello, y que por ventura estarían algunos españoles en aquella tierra, y dijo: "Paréceme que será bien preguntar a estos caciques de Cozumel si saben alguna nueva de ello". Con Melchorejo, [...] que entendía ya poca cosa de la lengua de Castilla y sabía muy bien la de Cozumel, se lo preguntó a todos los principales. Todos a una dijeron que habían conocido ciertos españoles, y daban señas de ellos; que en la tierra adentro, andadura de dos soles,[2] estaban y los tenían por esclavos unos caciques, y que allí en Cozumel había indios mercaderes que les hablaron pocos días había. De lo cual todos nos alegramos con aquellas nuevas.

Díjoles Cortés que luego los fuesen a llamar con cartas, que en su lengua llaman **amales;**[3] y dio a los caciques y a los indios que fueron con las cartas, camisas, y los halagó y les dijo que cuando volviesen les daría más cuentas. El cacique dijo a Cortés que enviase rescate para los amos con quien[es] estaban, que los tenían por esclavos, por que los dejasen venir. Así se hizo, que se les dio a los mensajeros de todo género de cuentas [...]. Escrita la carta, decía en ella: "Señores y hermanos: Aquí, en Cozumel, he sabido que estáis en poder de un cacique detenidos, y os pido por merced que luego os vengáis aquí, a Cozumel, que para ello envío un navío con soldados, si los hubiéseis menester, y rescate para dar a esos indios con quienes estáis; y lleva el navío de plazo ocho días para os aguardar; veníos con toda brevedad; de mí seréis bien mirado y aprovechados. Yo quedo en esta isla con quinientos soldados y once navíos; en ellos voy, mediante Dios, la vía de un pueblo que se dice Tabasco o Potonchan".

Luego, se embarcaron en los navíos con las cartas y los dos indios mercaderes de Cozumel que las llevaban, y en tres horas atravesaron el golfete y echaron en tierra los mensajeros con las cartas y rescates; y en dos días las dieron a un español que se decía Jerónimo de Aguilar, que entonces supimos que así se llamaba, y de aquí en adelante así le nombraré. Después que las hubo leido, y recibido el rescate de las cuentas que le envíamos, él se holgó[4] con ello, y lo llevó a su amo el cacique para que le diese licencia, la cual luego se la dio [para] que se fuese a donde quisiese. Caminó Aguilar a donde estaba su compañero, que se decía Gonzalo Guerrero, en otro pueblo, cinco leguas de allí, y como le leyó las cartas, Gonzalo Guerrero le respondió:

—Hermano Aguilar: Yo soy casado y tengo tres hijos, y tiénenme por cacique y capitán cuando hay guerras; idos con Dios, que yo tengo labrada la cara y horadadas[5] las orejas. ¡Qué dirán de mí desde que me vean esos españoles ir de esta manera! Y ya veis estos mis hijitos cuán bonicos son. Por vida vuestra que me deis de esas cuentas verdes que traéis para ellos, y diré que mis hermanos me las envían de mi tierra.

---

[2] Dos días.
[3] Del náhuatl **amatl,** nombre que se daba tanto al árbol como al papel que se hacía de su madera.

[4] Se complació.
[5] Agujereadas de parte a parte.

Asimismo[,] la india[,] mujer del Gonzalo[,] habló a Aguilar en su lengua,
45 muy enojada, y le dijo:

—Mira con qué viene este esclavo a llamar a mi marido; idos vos y no
curéis[6] de más pláticas.

Aguilar tornó a hablar a Gonzalo que mirase que era cristiano, que por una
india no se perdiese el ánima, y si por mujer e hijos lo hacía, que la llevase con-
50 sigo si no los quería dejar. Por más que le dijo y amonestó,[7] no quiso venir. Parece
ser [que] aquel Gonzalo Guerrero era hombre de mar, natural de Palos. Desde
que Jerónimo de Aguilar vio que no quería venir, se vino luego con los dos indios
mensajeros adonde había estado el navío aguardándole. [Cuando] llegó no le
halló, que ya era ido, porque ya se habían pasado los ocho días y aun uno más,
55 que llevó de plazo el Ordaz para que aguardase; porque desde que Aguilar no
venía, se volvió a Cozumel sin llevar recado a lo que había venido. Y [como]
Aguilar vio que no estaba allí el navío, quedó muy triste y se volvió a su amo, al
pueblo donde antes solía vivir. Y dejaré esto y diré que cuando Cortés vio volver
a Ordaz sin recado ni nueva de los españoles ni de los indios mensajeros, estaba
60 tan enojado y dijo con palabras soberbias a Ordaz que había creído que otro
mejor recado trajera que no venirse así, sin los españoles ni nuevas de ellos,
porque ciertamente estaban en aquella tierra. [...]

*(Capítulo XXVII)*

*Cómo el español que estaba en poder de indios [que] se llamaba Jerónimo de
Aguilar, supo cómo habíamos arribado a Cozumel, y se vino a nosotros, y lo que más pasó.*

Cuando tuvo noticia cierta el español que estaba en poder de indios, que
habíamos vuelto a Cozumel con los navíos, se alegró en gran manera y dio gracias a Dios, y mucha prisa en venirse él y los dos indios que le llevaron las cartas
y rescate, a embarcarse en una canoa. Como la pagó bien, en cuentas verdes del
5 rescate que le envíamos, luego la halló alquilada con seis indios remeros con ella;
y dan tal prisa en remar, que en espacio de poco tiempo pasaron el golfete que
hay de una tierra a la otra, que serían cuatro leguas, sin tener contraste de la mar.
Llegados a la costa de Cozumel, ya que estaban desembarcando, dijeron a Cortés
unos soldados que iban a cazar—porque había en aquella isla puercos de la
10 tierra—que había venido una canoa grande, allí, junto del pueblo, y que venía de
la punta de Cotoche. Mandó Cortés a Andrés de Tapia y a otros dos soldados que
fuesen a ver qué cosa nueva era venir allí junto a nosotros indios sin temor
ninguno, con canoas grandes. Y luego fueron. Desde que los indios que venían
en la canoa que traían a Aguilar vieron los españoles, tuvieron temor y queríanse
15 tornar a embarcar y hacer a lo largo con la canoa. Aguilar les dijo en su lengua
que no tuviesen miedo, que eran sus hermanos. Andrés de Tapia, como los vio
que eran indios—porque Aguilar ni más ni menos era que indio—, luego mandó
a decir a Cortés con un español que siete indios de Cozumel son los que allí llegaron en la canoa. Después que hubieron saltado en tierra, en español, mal mas-
20 cado y peor pronunciado, dijo: "Dios y Santa María y Sevilla". Y luego le fue a
abrazar a Tapia; y otro soldado, de los que habían ido con Tapia a ver qué cosa

―――――――――
[6] Poner cuidado o atención.
[7] Reprendió, advirtió que hacía mal.

era, fue a mucha prisa a demandar albricias a Cortés, cómo era español el que venía en la canoa, de que todos nos alegramos. Luego se vino Tapia con el español adonde estaba Cortés. Antes que llegasen ciertos soldados preguntaban a
25 Tapia: "¿Qué es del español?", aunque iba junto con él, porque le tenían por indio propio, porque de suyo era moreno y tresquilado[8] a manera de indio esclavo, y traía un remo al hombro, una cotara[9] vieja calzada y la otra atada en la cintura, y una manta vieja muy ruin, y un braguero peor, con que cubría sus vergüenzas, y traía atada en la manta un bulto que eran Horas[10] muy viejas. Pues desde que
30 Cortés los vio de aquella manera también picó, como los demás soldados, que preguntó a Tapia que qué era del español. Él español, como le entendió, se puso en cuclillas, como hacen los indios, y dijo: "Yo soy". Luego le mandó dar de vestir, camisa y jubón[11] y zaragüelles,[12] y caperuza[13] y alpargatas,[14] que otros vestidos no había, y le preguntó de su vida, y cómo se llamaba, y cuándo vino [a]
35 aquella tierra. Él dijo, aunque no bien pronunciado, que se decía Jerónimo de Aguilar, y que era natural de Ecija, y que tenía órdenes de Evangelio,[15] que hacía ocho años que se había perdido él y otros quince hombres y dos mujeres que iban desde el Darién a la isla de Santo Domingo, cuando hubo unas diferencias y pleitos de un Enciso y Valdivia. Dijo que llevaban diez mil pesos de oro y los
40 procesos de los unos contra los otros, y que el navío en que iban dio en los Alacranes,[16] que no pudo navegar; y que en el batel[17] del mismo navío se metieron él y sus compañeros y dos mujeres, creyendo tomar la isla de Cuba o Jamaica, y que las corrientes eran muy grandes, que les echó en aquella tierra; y que los calachiones[18] de aquella comarca los repartieron entre sí, y que habían
45 sacrificado a los ídolos muchos de sus compañeros, y de ellos se habían muerto de dolencia, y las mujeres, que poco tiempo pasado había que de trabajo también se murieron, porque las hacían moler. Y que a él tenían para sacrificar, y una noche se huyó y se fue a aquel cacique con quien estaba. Ya no se me acuerda el nombre, que allí le nombró. Y que no habían quedado de todos sino él y un Gon-
50 zalo Guerrero. Y dijo que le fue a llamar y no quiso venir, y dio muchas gracias a Dios por todo.

Le dijo Cortés que de él sería bien mirado y gratificado, y le preguntó por la tierra y pueblos. Aguilar dijo que, como lo tenían por esclavo, no sabía sino servir de traer leña y agua y en cavar los maizales, que no había salido sino hasta cua-
55 tro leguas, que le llevaron con una carga, y que no la pudo llevar y cayó malo de ello; y que ha entendido que hay muchos pueblos. Luego le preguntó por Gonzalo Guerrero, y dijo que estaba casado y tenía tres hijos, y que tenía labrada la cara y horadadas las orejas y el bezo[19] de abajo, y que era hombre de la mar, de

---

[8] O trasquilar. Con el cabello cortado sin arte.
[9] O cutara. Zapato sin tacón de rudimentaria confección, chancleta.
[10] Libro devocional.
[11] Vestimenta ajustada que cubre la parte superior del cuerpo, desde los hombros hasta la cintura.
[12] Calzones, largos, anchos y de mala hechura.
[13] Bonete terminado en punta.

[14] Calzado muy sencillo, hecho de lona y ajustado con cintas.
[15] La segunda de las cuatro órdenes menores (portero, lector, exorcista y acólito).
[16] Islotes cercanos a la costa de Yucatán.
[17] Barco pequeño.
[18] Grupo indígena de la región yucateca.
[19] Labio grueso.

Palos, y que los indios le tienen por esforzado; y que hacía poco más de un año
60 cuando vinieron a la punta de Cotoche un capitán con tres navíos (parece ser que
fueron cuando vinimos los de Francisco Hernández de Córdoba), que él fue inventor que nos diesen la guerra que nos dieron, y que vino él allí juntamente con
un cacique de un gran pueblo. [...] Después que Cortés lo oyó, dijo: "En verdad
que le querría haber a las manos, porque jamás será bueno". Y dejarlo he. Diré
65 cómo los caciques de Cozumel, desde que vieron a Aguilar que hablaba su
lengua, le daban muy bien de comer, y Aguilar les aconsejaba que siempre tuviesen acato y reverencia a la santa imagen de Nuestra Señora y a la cruz, y que
conocerían que por ello les venía mucho bien. Los caciques, por consejo de
Aguilar, demandaron una carta de favor a Cortés para que si viniesen a aquel
70 puerto otros españoles, que fuesen bien tratados y no les hiciesen agravios;[20] la
cual carta luego se la dio. Y después de despedidos, con muchos halagos y ofre-
cimientos, nos hicimos a la vela para el río de Grijalva. De esta manera que he dicho se hubo Aguilar, y no de otra, como lo escribe el cronista Gómara; y no me
maravillo, pues lo que dice es por nuevas. Y volvamos a nuestra relación.

*(Capítulo XXIX)*

*Cómo doña Marina era cacica, e hija de grandes señores, y señora de pueblos y
vasallos, y de la manera que fue traída a Tabasco.*

Antes que más meta la mano en lo del gran Moctezuma y su gran México y
5 mexicanos, quiero decir lo de doña Marina, cómo desde su niñez fue gran señora
y cacica de pueblos y vasallos. Es de esta manera: Que su padre y madre eran
señores y caciques de un pueblo que se dice Painala[21] y tenía otros pueblos suje-
5 tos a él, obra de ocho leguas de la villa de Guazacualco.[22] Murió el padre,
quedando muy niña, y la madre se casó con otro cacique mancebo,[23] y hubieron
un hijo, y, según pareció, queríanlo bien al hijo que habían habido. Acordaron entre el padre y la madre de darle el cacicazgo después de sus días. Porque en ello
no hubiese estorbo, dieron de noche a la niña Marina a unos indios de Xicalango,
10 porque no fuese vista, y echaron fama de que había muerto. En aquella sazón
murió una hija de una india esclava suya y publicaron que era la heredera; por
manera que los de Xicalango la dieron a los de Tabasco[24] y los de Tabasco a
Cortés. Conocí a su madre y a su hermano de madre, hijo de la vieja, que era ya
hombre y mandaba juntamente con la madre a su pueblo, porque el marido
15 postrero de la vieja ya era fallecido. Después de vueltos cristianos se llamó la
vieja Marta y el hijo Lázaro. Esto lo sé muy bien, porque en el año de mil quinientos veinte y tres, después de conquistado México y otras provincias—y de que se
había alzado Cristóbal de Olid en la Hibueras[25]—fue Cortés allí y pasó por
Guazacualco. Fuimos con él aquel viaje toda la mayor parte de los vecinos de
20 aquella villa, como diré en su tiempo y lugar; y como doña Marina, en todas las
guerras de la Nueva España y Tlaxcala y México, fue tan excelente mujer y buena

---

[20] Daños.
[21] Pueblo hoy desaparecido.
[22] Cotzacoalco, cercana a Veracruz, a la orilla
del río del mismo nombre.
[23] Joven.

[24] Actual estado de la República Mexicana,
cercano a Chiapas y al istmo de Tehuantepec.
[25] Zona de México cercana a Guatemala. Allí se
sublevó Cristóbal de Olid (¿1488?–1524) contra
Cortés.

lengua,[26] como adelante diré, a esta causa la traía siempre Cortés consigo. En aquella sazón y viaje se casó con ella un hidalgo que se decía Juan Jaramillo, en un pueblo que se decía Orizaba, delante de ciertos testigos, que uno de ellos se
25 decía Aranda, vecino que fue de Tabasco. Aquel contaba el casamiento y no como lo dice el cronista Gómara. La doña Marina tenía mucho ser[27] y mandaba absolutamente entre los indios en toda la Nueva España.

Estando Cortés en la villa de Guazacualco, envió a llamar a todos los caciques de aquella provincia para hacerles un parlamento acerca de la santa
30 doctrina, y sobre su buen tratamiento. Entonces vino la madre de doña Marina y su hermano de madre, Lázaro[,] con otros caciques. Días había que me había dicho la doña Marina que era de aquella provincia y señora de vasallos, y bien lo sabía el capitán Cortés y Aguilar, la lengua. Por manera que vino la madre y su hijo, el hermano, y se conocieron, que claramente era su hija, porque se le
35 parecía mucho. Tuvieron miedo de ella, que creyeron que los enviaba [a] hallar para matarlos, y lloraban. Como así los vio llorar, la doña Marina les consoló y dijo que no hubiesen miedo: que cuando la traspusieron con los de Xicalango que no supieron lo que hacían, y se los perdonaba,—les dio muchas joyas de oro y ropa—; y que se volviesen a su pueblo; y que Dios la había hecho mucha
40 merced en quitarla de adorar ídolos ahora y ser cristiana, y tener un hijo de su amo y señor Cortés, y ser casada con un caballero como era su marido Juan Jaramillo; que aunque la hicieran cacica de todas cuantas provincias había en la Nueva España, no lo sería; que en más tenía servir a su marido y a Cortés que cuanto en el mundo hay. Y todo esto que digo lo sé yo muy certificadamente.
45 Esto me parece que quiere remedar lo que le acaeció con sus hermanos en Egipto a Josef, que vinieron en su poder cuando lo del trigo. Esto es lo que pasó y no la relación que dieron a Gómara (también dice otras cosas que dejo por alto). Volviendo a nuestra materia, doña Marina sabía la lengua de Guazacualco, que es la propia de México,[28] y sabía la de Tabasco, como Jerónimo Aguilar sabía la
50 de Yucatán y Tabasco que es toda una. Entendíanse bien, y Aguilar lo declaraba en castellano a Cortés. Fue gran principio para nuestra conquista, y así se nos hacían todas las cosas, loado sea Dios muy prósperamente. He querido declarar esto porque sin ir doña Marina no podíamos entender la lengua de la Nueva España y México [...].

*(Capítulo XXXVII)*

*Cómo nos dieron guerra en México, y los combates que nos daban, y otras cosas que pasamos.*

[...] Cortés vio que en Tezcoco no nos habían hecho ningún recibimiento ni aun dado de comer, sino mal y por mal cabo, y que no hallamos principales con quien hablar, y lo vio todo remontado y de mal arte,[29] y venido a México lo mismo; y vio que no hacían tiánguez,[30] sino todo levantado; y oyó a Pedro de Al-
5 varado de la manera y desconcierto con que les fue a dar guerra. Parece ser había

---

[26] Intérprete.
[27] Influencia.
[28] El náhuatl.

[29] Con cautela.
[30] Mercado.

dicho Cortés en el camino a los capitanes de Narváez,[31] alabándose de sí mismo, el gran acato y mando que tenía, y que por los caminos le saldrían a recibir y hacer fiestas, y que darían oro, y que en México mandaba tan absolutamente así al gran Moctezuma como a todos sus capitanes, y que le darían muchos presentes
10 de oro como solían. Viendo que todo estaba muy al contrario de sus pensamientos, que aun de comer no nos daban, estaba muy airado y soberbio con la mucha gente de españoles que traía, y muy triste y mohino.[32] En este instante envió el gran Moctezuma dos de sus principales a rogar a nuestro Cortés que le fuese a ver, que le quería hablar: y la respuesta que les dio dijo: "Vaya para perro, que
15 aun tiánguez no quiere hacer, ni de comer no nos manda dar". Entonces como aquello le oyeron a Cortés nuestros capitanes, que fueron Juan Velázquez de León y Cristóbal de Olid y Alonso de Avila y Francisco de Lugo, dijeron: "Señor, temple su ira, y mire cuánto bien y honra nos ha hecho este rey de estas tierras
20 que es tan bueno que si por él no fuese ya fuéramos muertos y nos habrían comido, y mire que hasta las hijas le ha dado".

Como esto oyó Cortés, se indignó más de las palabras que le dijeron, como parecían represión, y dijo: "¿Qué complimiento he yo de tener con un perro que se hacía con Narváez secretamente, y ahora veis que aun de comer no nos dan?" Y dijeron nuestros capitanes: "Esto nos parece que debe hacer, y es buen con-
25 sejo". Como Cortés tenía allí en México tantos españoles, así de los nuestros como de los de Narváez, no se le daba nada por cosa ninguna, y hablaba tan airado y descomedido. Por manera que tornó a hablar a los principales que dijesen a su señor Moctezuma que luego mande hacer tiánguez y mercados; si no, que hará y acontecerá. Los principales bien entendieron las palabras injuriosas
30 que Cortés dijo de su señor y aun también la represión que nuestros capitanes dieron a Cortés sobre ello: porque bien los conocían que habían sido los que solían tener en guarda a su señor, y sabían que eran grandes servidores de su Moctezuma. Según y de la manera que lo entendieron se lo dijeron a Moctezuma, y de enojo, o porque ya estaba concertado que nos diesen guerra, no tardó un
35 cuarto de hora que vino un soldado a gran prisa, muy mal herido. Venía de un pueblo que está junto a México que se dice Tacuba, y traía unas indias que eran de Cortés, y la una hija de Moctezuma, que parece ser las dejó a guardar allí al señor de Tacuba, que eran sus parientes del mismo señor, cuando fuimos a lo de Narváez. Dijo aquel soldado que estaba toda la ciudad y camino por donde venía
40 lleno de gente de guerra, con todo género de armas, y que le quitaron las indias que traía y le dieron dos heridas, y que si no les soltara, que le tenían ya asido para meterle en una canoa y llevarle a sacrificar, y habían deshecho un puente.

Duraron estos combates todo el día; y aun la noche estaban sobre nosotros tantos escuadrones de ellos, y tiraban varas y piedras y flechas a bulto y piedra
45 perdida, que de lo del día y lo de entonces estaban todos aquellos patios y suelos hechos parvas[33] de ellos. Pues nosotros aquella noche en curar heridos, y en

---

[31] Pánfilo de Narváez (¿1480–1528?): militar español que fue enviado por Diego Velázquez, el conquistador de Cuba, para someter a Cortés y fue derrotado por éste en Cempoala.
[32] Disgustado.
[33] Llenos, con gran cantidad.

poner remedio en los portillos[34] que habían hecho, y en apercibirnos para otro día, en esto pasó. Pues desde que amaneció acordó nuestro capitán que con todos los nuestros y los de Narváez saliésemos a pelear con ellos, y que llevásemos
50 tiros y escopetas y ballestas, y procurásemos de vencerlos; al menos que sintiesen más nuestras fuerzas y esfuerzo mejor que el del día pasado. Y digo que si nosotros teníamos hecho aquel concierto, que los mexicanos tenían concertado lo mismo. Peleábamos muy bien; mas ellos estaban tan fuertes y tenían tantos escuadrones—que se remudaban[35] de rato en rato—que aunque estuvieran allí diez
55 mil Héctores troyanos y tantos Roldanes no les pudieran entrar; porque saberlo ahora yo aquí decir cómo pasó y vimos el tesón[36] en el pelear, digo que no lo sé escribir; porque ni aprovechaban tiros, ni escopetas, ni ballestas, ni apechugar con ellos, ni matarles treinta ni cuarenta de cada vez que arremetíamos, que tan enteros y con más vigor peleaban que al principio. Si algunas veces les íbamos
60 ganando alguna poca de tierra, o parte de calle, hacían que se retraían: [mas] era para que les siguiésemos por apartarnos de nuestra fuerza y aposento, para dar más a su salvo en nosotros, creyendo que no volveríamos con las vidas a los aposentos, porque al retraer[37] nos hacían mucho mal.

No sé yo para qué lo escribo así tan tibiamente, porque unos tres o cuatro
65 soldados que se habían hallado en Italia, que allí estaban con nosotros, juraron muchas veces a Dios que guerras tan bravosas jamás habían visto en algunas que se habían hallado entre cristianos y contra la artillería del rey de Francia, ni del gran turco; ni gente como aquellos indios, con tanto ánimo cerrar los escuadrones vieron. [...] Diré cómo con harto trabajo nos retrajimos[38] a nuestros aposentos, y
70 todavía muchos escuadrones de guerreros sobre nosotros, con grandes gritos y silbos y trompetillas y atambores, llamándonos de bellacos[39] y para poco, que no osábamos[40] atenderles todo el día en batalla, sino volvernos retrayendo. [...]

Volvamos a los grandes combates que nos daban. Que Moctezuma se puso a[l] pretil[41] de una azotea con muchos de nuestros soldados que le guardaban, y
75 les comenzó a hablar con palabras muy amorosas que dejasen la guerra y que nos iríamos de México. Muchos principales y capitanes mexicanos bien le conocieron, y luego mandaron que callasen sus gentes y no tirasen varas ni piedras ni flechas. Cuatro de ellos se llegaron en parte que Moctezuma les podía hablar, y ellos a él, y llorando le dijeron: "¡Oh señor y nuestro gran señor, y cómo
80 nos pesa de todo vuestro mal y daño y de vuestros hijos y parientes! Os hacemos saber que ya hemos levantado a un vuestro pariente por señor". Y allí le nombró cómo se llamaba, que se decía Coadlavaca, señor de Iztapalapa, que no fue Guatemuz[42] el que luego fue señor. Y más dijeron: que la guerra la habían de acabar, y que tenían prometido a sus ídolos de no dejarla hasta que todos
85 nosotros muriésemos, y que rogaban cada día a su Uichilobos y a Tezcatepuca que le guardase libre y sano de nuestro poder; y como saliese como deseaban,

---

[34] Aberturas que hay en las murallas o paredes.
[35] Cambiaban.
[36] Firmeza, constancia.
[37] Retirarnos.
[38] Volvimos.
[39] Pícaro, ruin, malo.

[40] Atrevíamos.
[41] Muro pequeño que se pone en lugares peligrosos para evitar caídas.
[42] Se refiere a Cuauhtemoc o Guatimozín (¿1495–1525), escrito Guatemuz o Guatimuz por el autor.

que no le dejarían de tener muy mejor que de antes por señor, y que les perdonase. No hubieron bien acabado el razonamiento, cuando en aquella sazón tiran tanta piedra y vara, que los nuestros que le arrodeaban,[43] desde que vieron que entre tanto que hablaba con ellos no daban guerra, se descuidaron un momento de rodelarle[44] de presto; y le dieron tres pedradas, una en la cabeza, otra en un brazo y otra en una pierna; y puesto que le rogaban se curase y comiese y le decían sobre ello buenas palabras, no quiso, antes cuando no nos catamos[45] vinieron a decir que era muerto. Cortés lloró por él, y todos nuestros capitanes y soldados, y hombres hubo entre nosotros, de los que le conocíamos y tratábamos, de que fue tan llorado como si fuera nuestro padre, y no nos hemos de maravillar de ello viendo que tan bueno era. Decían que hacía diez y siete años que reinaba, y que fue el mejor rey que en México había habido, y que por su persona había vencido tres desafíos que tuvo sobre las tierras que sojuzgó. Y pasemos adelante.

*(Capítulo CXXVI)*

### ■ Preguntas generales

1. ¿Por qué Bernal Díaz del Castillo emplea el adjetivo "verdadera" en el título de su obra? ¿Cree Ud. que su historia es "verdadera"? Explique su respuesta.
2. ¿Quién es Gómara, por qué escribió y qué influencia tuvo sobre Bernal Díaz del Castillo? ¿Qué circunstancias afectan su visión de la conquista?
3. ¿Qué entiende Ud. por "testigo presencial" y cómo se relaciona con el punto de vista?
4. ¿En qué etapa de su vida escribió Bernal Díaz? ¿Cómo cree Ud. que la época en que escribió afectó su visión de los hechos?
5. ¿Cómo y por qué rompen con la tradición los esfuerzos historiográficos de Bernal Díaz?

### ■ Preguntas de análisis

1. ¿Quién es Jerónimo de Aguilar? ¿Qué reacción tiene ante la llegada de Cortés y por qué es importante?
2. ¿Qué entiende Ud. por transculturación y cómo observamos este fenómeno en Gonzalo Guerrero? ¿Rechaza o aprueba la decisión de Guerrero? Explique su respuesta.
3. ¿Quién es doña Marina y qué papel desempeñó en la conquista de México? ¿Qué debates hay en torno a su actuación y personalidad?
4. En la *Historia verdadera* de Bernal Díaz predomina el punto de vista europeo; sin embargo, encontramos también la perspectiva del Otro. Indique en qué pasajes trasciende una visión americana de los hechos.

---

[43] Lo rodeaban.
[44] Cubrirlo con la rodela.
[45] Dimos cuenta.

5. Estudie los párrafos donde hay referencias a Cortés y explique cómo lo caracteriza el autor.
6. ¿Quién es Moctezuma y cuándo y en qué circunstancias aparece? ¿Qué relación hay entre los conquistadores y Moctezuma y qué indica?

## ■ Temas para informes escritos

1. Gómara, Bernal Díaz y la historiografía de la conquista de México.
2. Doña Marina: su papel en la conquista de México.
3. La cultura literaria de Bernal Díaz del Castillo.
4. Cortés y Moctezuma vistos por Bernal Díaz del Castillo.
5. Los traductores y su representación literaria en la *Historia verdadera*.

## ■ Temas de reflexión y comentario

1. Los cronistas indígenas y su versión de la conquista.
2. Dos conquistas y dos intérpretes: doña Marina y Felipillo.
3. Los mitos aztecas y su relación con la llegada de los españoles.
4. Rivalidades entre conquistadores: Diego Velázquez, Hernán Cortés y Pánfilo de Narváez.
5. Versiones de la muerte de Moctezuma.

# ALONSO DE ERCILLA Y ZUÑIGA

1533–94, Madrid, España

*Photo reproduced with permission of the
General Secretariat of the Organization of
American States.*

Como Bernal Díaz del Castillo, Ercilla debe su fama a la única obra que escribió, *La Araucana*, poema épico cuyas tres partes se publicaron respectivamente en 1569, 1578 y 1589. Paje de Felipe II, Ercilla estaba en Londres como parte de la comitiva del futuro soberano español cuando éste contrajo matrimonio (1554) con María Tudor, la reina de Inglaterra. A Londres llegaron noticias sobre la marcha de la guerra de Chile y la muerte del conquistador Pedro de Valdivia a manos de indígenas de la etnia mapuche, conocidos como araucanos por el nombre del territorio que habitaban, Arauco. A Ercilla, de apenas 21 años, le fue concedido el permiso para unirse a una expedición que combatiría contra ellos.

Don Alonso, ya en Chile para 1557, pronto entró en combate con los araucanos y comenzó a escribir su obra. El mismo nos dice en el "Prólogo" de *La Araucana:* "[el poema] se hizo en la misma guerra y en los mismos pasos y sitios, escribiendo muchas veces en cuero por falta de papel, y en pedazos de cartas, algunos tan pequeños que apenas cabían seis versos...". En efecto, la realidad histórica y la biografía del autor se entrelazan y proveen uno de los niveles más sostenidos en *La Araucana.* Este enlace da por resultado la presentación de batallas, emboscadas y encuentros personales, desde la primera rebelión de los araucanos contra Valdivia, el conquistador de Chile, hasta la muerte de Caupolicán, el cacique y guerrero indígena.

Siguiendo las novedades de la épica italiana del Renacimiento que había remozado los modelos grecolatinos, el poeta recurre a lo romántico y a lo fantástico para romper la monotonía de la narración de temas puramente bélicos. Introduce, por ejemplo, los idilios de Tegualda y Crepino, y de Glaura y Cariolano, y referencias a la mítica reina Dido. Como su propósito es alabar la grandeza de la España imperial y de su rey, Felipe II, incluye tanto descripciones del triunfo español sobre los franceses en la batalla de San Quintín (1557), como de la batalla naval de Lepanto (1571), donde las fuerzas aliadas de España, Venecia y Malta vencieron a la armada turca, y un alegato sobre los derechos de Felipe II al trono de Portugal. De carácter autobiográfico son los cantos en que describe la visión en sueños de su esposa.

En líneas generales el poema sigue el modelo de la épica renacentista fijado en Italia por *Orlando furioso* (1516, ed. def., 1532) de Ariosto. A este modelo España añade otras características entre las cuales sobresalen el realismo y la simpatía por los adversarios. La octava real (ABABABCC) de versos endecasílabos (11 sílabas) y la división en cantos —*La Araucana* está dividida en tres partes y tiene 37 cantos— integran la fórmula épica utilizada y renovada por Ercilla. Cada canto va precedido por un *exordium,* o sea, una estrofa de carácter moralizador que presenta la materia a tratarse y que la coloca en un contexto ético y universal. Por las primeras octavas del Canto I, sabemos que Ercilla contará tanto las proezas españolas en las guerras chilenas como el arrojo de los araucanos. Esto ha hecho comentar a algunos críticos que el poema es un canto al pueblo araucano escrito bajo la influencia de las ideas de fray Bartolomé de las Casas. También por esto se ha dicho que *La Araucana* es una obra acéfala, o una obra con un protagonista múltiple donde los caciques araucanos opacan a los capitanes españoles. ¿Parecería más justo hablar de un protagonista doble, de españoles y araucanos?

Al contrario de otros poemas épicos dedicados a dioses y a musas, Ercilla le dedica la obra a Felipe II, rey de España. En cuanto a la presentación del paisaje se le ha reprochado al autor la exclusión de la flora y la fauna americanas. En este sentido es importante recordar que don Alonso siguió la retórica paisajista tan en boga durante el Renacimiento. Recreó la naturaleza chilena siguiendo la fórmula del *locus amoenus* o lugar ideal donde nunca faltan el árbol frondoso, el prado florido y el arroyo cristalino. Como escritor de su tiempo, ni intentó ni quiso presentar la naturaleza tal y como era. Ercilla también se valió de fórmulas tradicionales para describir el comportamiento de enamorados, tales como Caupolicán y Fresia, Tegualda y Crepino. Las acciones de estos personajes corresponden a las reglas del "amor cortés", donde los sentimientos, en especial los del pretendiente, se ponen a prueba con el cumplimiento de hazañas y el servicio noble a la dama.

En *La Araucana,* Ercilla da dimensión literaria a hechos verídicos ocurridos en la época de la conquista. No obstante este nivel histórico ya señalado, no se debe olvidar que el autor ve su obra como una creación artística, y de ahí los episodios aparentemente alejados del tema central. Don Alonso los incluye como contrapunto para los pasajes bélicos, como adornos retóricos—pensemos en las heroínas indígenas, figuras idealizadas que se expresan y actúan de acuerdo con modelos literarios renacentistas—siguiendo nuevamente lo propuesto por la épica italiana. Y por eso, al valorar el primer poema épico sobre América, sería más exacto hablar de verosimilitud que de veracidad histórica. Reconociendo la elaboración artística llevada a cabo por el autor, Pablo Neruda (1904–73) justamente llamó a Ercilla el "inventor de Chile".

## ■ Bibliografía mínima

Cevallos, Francisco Javier. "Don Alonso de Ercilla and the American Indian: History and Myth". *Revista de Estudios Hispánicos* 23.3 (1989): 1–20.

Davis, Elizabeth B. *Myth and Identity in the Epic of Imperial Spain.* Columbia: U of Missouri Press, 2000.

Ercilla y Zúñiga, Alonso de. *La Araucana.* Ed. e introducción de Isaías Lerner. Madrid: Cátedra, 1993.

Lerner, Isaías. "Don Alonso de Ercilla y Zúñiga". *Latin American Writers.* Eds. Carlos A. Solé y Maria Isabel Abreu. Vol 1. New York: Scribner's, 1989. 23–31.

———. "Felipe II y Alonso de Ercilla". *Edad de Oro* 18 (1999): 87–101.

Marrero Fente, Raúl. " 'De la región antártica podría / eternizar ingenios soberanos' La poesía épica de la conquista de América". En su *Epica, imperio y comunidad en el Nuevo Mundo. Espejo de paciencia de Silvestre de Balboa.* Salamanca: CEIAS, 2002. 51–96.

Mejías-López, William. "La relación ideológica de Alonso de Ercilla con Francisco de Vitoria y fray Bartolomé de las Casas". *Revista Iberoamericana* 61.170-171 (1995): 197–217.

Nicolopulos, James. "Reading and Responding to the Amorous Episodes of the *Araucana* in Colonial Peru". " 'Esta, de nuestra América pupila'. Estudios de Poesía Colonial". Ed. Georgina Sabat de Rivers. Houston: Caliope, 1998. 227–47.

Pastor, Beatriz. *Discursos narrativos de la conquista: mitificación y emergencia.* Hanover, NH: Norte, 1988, 349–452.

Perelmuter, Rosa. "El paisaje idealizado en *La Araucana". Hispanic Review* 54.2 (1986): 129–46.

# La Araucana[1]

*PARTE I*

## CANTO I

*El cual declara el asiento y descripción de la provincia de Chile y estado de Arauco. Con las costumbres y modos de guerra que los naturales tienen. Y asimismo trata en suma la entrada y conquista que los españoles hicieron hasta que Arauco se comenzó a rebelar.*

No las damas, amor, no gentilezas
de caballeros canto enamorados,
ni las muestras, regalos y ternezas

---

[1] Escrita en octavas reales; ocho versos endecasílabos de rima consonante (ABABABCC). Muchas de las notas de esta selección se han tomado de la edición de Isaías Lerner citada en la bibliografía.

de amorosos afectos y cuidados;
5  mas el valor, los hechos, las proezas
de aquellos españoles esforzados,
que a la cerviz[2] de Arauco no domada
pusieron duro yugo por la espada.

Cosas diré también harto notables
10  de gente que a ningún rey obedecen,
temerarias empresas memorables
que celebrarse con razón merecen,
raras industrias[2a], términos loables
que más los españoles engrandecen
15  pues no es el vencedor más estimado
de aquello en que el vencido es reputado.

Suplícoos, gran Felipe[3] que mirada
esta labor, de vos sea recebida,
que, de todo favor necesitada,
20  queda con darse a vos favorecida.
Es relación sin corromper sacada
de la verdad, cortada a su medida;
no despreciéis el don, aunque tan pobre,
para que autoridad mi verso cobre. [...]

25  Chile, fértil provincia y señalada[3a]
en la región antártica famosa,
de remotas naciones respetada
por fuerte, principal y poderosa;
la gente que produce es tan granada,
30  tan soberbia, gallarda y belicosa,
que no ha sido por rey jamás regida
ni a estranjero dominio sometida. [...]

Es Arauco, que basta, el cual sujeto
lo más deste gran término tenía
35  con tanta fama, crédito y conceto,[4]
que del un polo al otro se estendía,
y puso al español en tal aprieto
cual presto se verá en la carta[4a] mía;
veinte leguas contienen sus mojones,[5]
40  poséenla diez y seis fuertes varones. [...]

Son de gestos[6] robustos, desbarbados,
bien formados los cuerpos y crecidos,

--------

[2] Parte dorsal del cuello.
[2a] Diligencias, comportamientos.
[3] Felipe II (1527–98): rey de España desde 1556
hasta su muerte.
[3a] Grande.

[4] Concepto; opinión.
[4a] La obra, el texto de Ercilla.
[5] Límites.
[6] Caras.

espaldas grandes, pechos levantados,
recios miembros, de niervos[7] bien fornidos;
45 ágiles, desenvueltos, alentados,
animosos, valientes, atrevidos,
duros en el trabajo y sufridores
de fríos mortales, hambres y calores.

No ha habido rey jamás que sujetase
50 esta soberbia gente libertada[7a],
ni estranjera nación que se jatase[8]
de haber dado en sus términos pisada,
ni comarcana tierra que se osase
mover en contra y levantar espada;
55 siempre fue esenta[8a], indómita, temida,
de leyes libre y de cerviz erguida.

## Canto II

*Pónese la discordia que entre los caciques del Arauco hubo sobre la elección del capitán general, y el medio que se tomó por el consejo del cacique Colocolo [...]*

[...] Ufano andaba el bárbaro y contento
de haberse más que todos señalado
cuando Caupolicán aquel asiento
sin gente, a la ligera, había llegado;
5 tenía un ojo sin luz de nacimiento
como un fino granate colorado
pero lo que en la vista le faltaba
en la fuerza y esfuerzo le sobraba.

Era este noble mozo de alto hecho[9]
10 varón de autoridad, grave y severo,
amigo de guardar todo derecho,
áspero y riguroso, justiciero;
de cuerpo grande y relevado pecho,
hábil, diestro, fortísimo y ligero,
15 sabio, astuto, sagaz, determinado,
y en casos de repente[10] reportado.

Fue con alegre muestra recebido
—aunque no sé si todos se alegraron—:
el caso en esta suma[11] referido
20 por su término y puntos le contaron.
Viendo que Apolo[12] ya se había escondido
en el profundo mar, determinaron

---

[7] Nervios.
[7a] Atrevida.
[8] Se jactase, se vanagloriase.
[8a] Libre.

[9] De valor y esforzado.
[10] Casos imprevistos o inesperados.
[11] Resumen.
[12] El sol.

que la prueba de aquél se dilatase
hasta que la esperada luz llegase. [...]

25      Con un desdén y muestra[13] confiada
asiendo del troncón duro y ñudoso[14]
como si fuera vara delicada
se le pone en el hombro poderoso.
La gente enmudeció maravillada
30 de ver el fuerte cuerpo tan nervoso;[15]
la color a Lincoya se le muda,
poniendo en su vitoria mucha duda.

      El bárbaro sagaz de espacio[16] andaba,
y a todo priesa entraba el claro día;
35 el sol las largas sombras acortaba
mas él nunca descrece[17] en su porfía;
al ocaso la luz se retiraba
ni por esto flaqueza en él había;
las estrellas se muestran claramente,
40 y no muestra cansancio aquel valiente.

      Salió la clara luna a ver la fiesta
del tenebroso albergue húmido y frío,[18]
desocupando el campo y la floresta
de un negro velo lóbrego[19] y sombrío,
45 Caupolicán no afloja de su apuesta,
antes con mayor fuerza y mayor brío
se mueve y representa de manera
como si peso alguno no trujera.[20]

      Por entre dos altísimos ejidos[21]
50 la esposa de Titón[22] ya parecía,
los dorados cabellos esparcidos
que de la fresca helada sacudía,
con que a los mustios prados florecidos
con el húmido humor reverdecía,
55 y quedaba engastado así en las flores
cual perlas entre piedras de colores.

      El carro de Faetón[23] sale corriendo
del mar por el camino acostumbrado,
sus sombras van los montes recogiendo

---

[13] Actitud.
[14] Nudoso.
[15] Nervioso: fuerte.
[16] Despacio.
[17] Disminuye.
[18] Húmedo; se refiere al fondo del mar.
[19] Oscuro.
[20] Trajera.
[21] Campos.
[22] La Aurora.
[23] Hijo de Helios (el Sol) y de la Aurora. Se le permitió guiar el carro del Sol y, por su inexperiencia, estuvo a punto de abrasar el universo.

60 de la vista del sol, y el esforzado
varón, el grave peso sosteniendo,
acá y allá se mueve no cansado,
aunque otra vez la negra sombra espesa
tornaba a parecer corriendo a priesa.

65       La luna su salida provechosa
por un espacio largo dilataba;
al fin, turbia, encendida y perezosa,
de rostro y luz escasa se mostraba.
Paróse al medio curso[23a] más hermosa
70 a ver la estraña prueba en qué paraba,
y viéndola en el punto y ser primero,
se derribó en el ártico hemisfero

      y el bárbaro, en el hombro la gran viga,
sin muestra de mudanza y pesadumbre,
75 venciendo con esfuerzo la fatiga
y creciendo la fuerza por costumbre.
Apolo[24] en seguimiento de su amiga
tendido había los rayos de su lumbre
y el hijo de Leocán,[25] en el semblante
80 más firme que al principio y más constante.

      Era salido el sol cuando el inorme
peso de las espaldas despedía
y un salto dio en lanzándole disforme,
mostrando que aún más ánimo tenía;
85 el circunstante pueblo en voz conforme
pronunció la sentencia y le decía;
"Sobre tan firmes hombros descargamos
el peso y grave carga que tomamos".

      El nuevo juego y pleito difinido,
90 con las más cerimonias que supieron
por sumo capitán fue recibido
y a su gobernación se sometieron.
Creció en reputación, fue tan temido
y en opinión tan grande le tuvieron,
95 que ausentes muchas leguas dél temblaban
y casi como a rey le respetaban.

      Es cosa en que mil gentes han parado[26]
y están en duda muchos hoy en día,
pareciéndoles que esto que he contado
100 es alguna fición y poesía;

---

[23a] Carrera.
[24] Identificado con Helios, sigue a la Aurora.
[25] Es Caupolicán.
[26] Advertido.

pues en razón no cabe que un senado
de tan gran diciplina y pulicía[27]
pusiese una elección de tanto peso
en la robusta fuerza y no en el seso.

105    Sabed que fue artificio, fue prudencia
del sabio Colocolo que miraba
la dañosa discordia y diferencia
y el gran peligro en que su patria andaba,
conociendo el valor y suficiencia
110  deste Caupolicán que ausente estaba,
varón en cuerpo y fuerzas estremado,
de rara industria y ánimo dotado.

Así propuso astuta y sabiamente
(para que la elección se dilatase[28])
115  la prueba al parecer impertinente
en que Caupolicán se señalase,
y en esta dilación tan conveniente
dándole aviso, a la elección llegase,
trayendo así el negocio por rodeo
120  a conseguir su fin y buen desco. [...]

## PARTE II

### CANTO XX

*Retíranse los araucanos con pérdida de mucha gente; escápase Tucapel muy herido, rompiendo por los enemigos; cuenta Tegualda a don Alonso de Ercilla el estraño y lastimoso proceso de su historia. [Tegualda explica cómo conoció a Crepino, el vencedor de unas justas, y se enamoró de él].*

"Ruégote pues, señor, si por ventura
o desventura, como fue la mía,
con amor verdadero y fe pura
amaste tiernamente en algún día,
5  me dejes dar a un cuerpo sepultura,
que yace entre esta muerta compañía.
Mira que aquel que niega lo que es justo
lo malo aprueba ya y se hace injusto. [...]

"Yo soy Tegualda, hija desdichada
10  del cacique Brancol desventurado,
de muchos por hermosa en vano amada,
libre un tiempo de amor y de cuidado;
pero muy presto la fortuna, airada
de ver mi libertad y alegre estado,

---

[27] Orden.
[28] Retardase.

15 turbó de tal manera mi alegría
que al fin muero del mal que no temía.

"De muchos fui pedida en casamiento,
y a todos igualmente despreciaba,
de lo cual mi buen padre descontento,
20 que yo acetase[29] alguno me rogaba;
pero con franco y libre pensamiento
de su importuno[30] ruego me escusaba,
que era pensar mudarme desvarío
y martillar sin fruto en hierro frío.

25 "No por mis libres y ásperas respuestas
los firmes pretensores[31] aflojaron,
antes con nuevas pruebas y requestas[32]
en su vana demanda más instaron,
y con danzas, con juegos y otras fiestas
30 mudar mi firme intento procuraron,
no les bastando maña ni artificio
a sacar mi propósito de quicio. [...]

"Luego de mucha gente acompañado
a mi asiento los jueces le trujeron [a Crepino],[33]
35 el cual ante mis pies arrodillado,
que yo le diese el precio[34] me dijeron.
No sé si fue su estrella o fue mi hado
ni las causas que en esto concurrieron,
que comencé a temblar y un fuego ardiendo
40 fue por todos mis huesos discurriendo.

"Halléme tan confusa y alterada
de aquella nueva causa y acidente,[35]
que estuve un rato atónita y turbada
en medio del peligro y tanta gente;
45 pero volviendo en mí más reportada,
al vencedor en todo dignamente,
que estaba allí inclinado ya en mi falda,
le puse en la cabeza la guirnalda.

"Pero bajé los ojos al momento
50 de la honesta vergüenza reprimidos,
y el mozo con un largo ofrecimiento
inclinó a sus razones mis oídos.
Al fin se fue, llevándome el contento
y dejando turbados mis sentidos

---

[29] Aceptase.
[30] Inoportuno.
[31] Pretendientes.
[32] Peticiones.

[33] Trajeron.
[34] Premio.
[35] Accidente.

55   pues que llegué de amor y pena junto
     de solo el primer paso al postrer punto.

       Sentí una novedad que me apremiaba
     la libre fuerza y el rebelde brío,
     a la cual sometida se entregaba
60   la razón, libertad y el albedrío.
     Yo, que cuando acordé,[36] ya me hallaba
     ardiendo en vivo fuego el pecho frío,
     alcé los ojos tímidos cebados,[37]
     que la vergüenza allí tenía abajados.[38] [...]

65       "Vile que a la sazón se apercebía
     para correr el palio[39] acostumbrado,
     que una milla de trecho y más tenía
     el término del curso[40] señalado
     y al suelto[41] vencedor se prometía
70   un anillo de esmaltes rodeado
     y una gruesa esmeralda bien labrada,
     dado por esta mano desdichada.

      "Más de cuarenta mozos en el puesto
     a pretender el precio parecieron[42]
75   donde, en la raya y el pie cada cual puesto,
     promptos[43] y apercebidos atendieron:[44]
     que no sintieron la señal tan presto
     cuando todos en hila[45] igual partieron
     con tal velocidad que casi apenas
80   señalaban la planta en las arenas.

      "Pero Crepino, el joven estranjero,
     que así de nombre propio se llamaba,
     venía con tanta furia el delantero
     que al presuroso viento atrás dejaba.
85   El rojo palio al fin tocó el primero
     que la larga carrera remataba,
     dejando con su término[46] agraciado
     el circunstante pueblo aficionado.

      "Y con solene triunfo rodeando
90   la llena y ancha plaza, le llevaron
     pero después a mi lugar tornando,

---

[36] Me recobré.
[37] Heridos.
[38] Bajados.
[39] La carrera; tradicionalmente era el premio recibido por el ganador en la carrera. Este premio, un palio de seda, se colocaba en la meta.
[40] La carrera.

[41] Veloz.
[42] Aparecieron.
[43] Prontos.
[44] Esperaron.
[45] Hilera.
[46] Modo.

que le diese el anillo me rogaron.
Yo, un medroso temblor disimulando
(que atentamente todos me miraron),
95  del empacho[47] y temor pasado el punto,
le di mi libertad y anillo junto.

     "El me dijo:—Señora, te suplico
le recibas de mí, que aunque parece
pobre y pequeño el don, te certifico
100  que es grande la afición con que se ofrece;
que con este favor quedaré rico
y así el ánimo y fuerzas me engrandece,
que no habrá empresa grande ni habrá cosa
que ya me pueda ser dificultosa.

105      "Yo, por usar de toda cortesía
(que es lo que a las mujeres perficiona[48]),
le dije que el anillo recebía
y más la voluntad de tal persona;
en esto toda aquella compañía
110  hecha en torno de mi espesa corona,
del ya agradable asiento me bajaron
y a casa de mi padre me llevaron.

     "No con pequeña fuerza y resistencia,
por dar satisfación de mí a la gente,
115  encubrí tres semanas mi dolencia,
siempre creciendo el daño y fuego ardiente;
y mostrando venir a la obediencia
de mi padre y señor, mañosamente
le di a entender por señas y rodeo
120  querer cumplir su ruego y mi deseo

     "diciendo que pues él me persuadía
que tomase parientes y marido,
al parecer según que convenía,
yo por le obedecer le había elegido;
125  el cual era Crepino, que tenía
valor, suerte y linaje conocido,
junto con ser discreto, honesto, afable,
de condición y término loable.

     "Mi padre, que con sesgo[49] y ledo gesto[50]
130  hasta el fin escuchó el parecer mío,
besándome en la frente, dijo:—En esto
y en todo me remito a tu albedrío,

---

[47] Vergüenza.  
[48] Perfecciona.  

[49] Sereno.  
[50] Rostro.

pues de tu discreción e intento[51] honesto
que elegirás lo que conviene fío,
135 y bien muestra Crepino en su crianza
ser de buenos respetos y esperanza.

"Ya que con voluntad y mandamiento
a mi honor y deseo satisfizo
y la vana contienda y fundamento
140 de los presentes jóvenes deshizo,
el infelice[52] y triste casamiento
en forma y acto público se hizo.
Hoy hace justo un mes, ¡oh suerte dura,
qué cerca está del bien la desventura!

145 "Ayer me vi contenta de mi suerte,
sin temor de contraste ni recelo;
hoy la sangrienta y rigurosa muerte
todo lo ha derribado por el suelo.
¿Qué consuelo ha de haber a mal tan fuerte?
150 ¿qué recompensa puede darme el cielo
adonde ya ningún remedio vale
ni hay bien que con tan grande mal se iguale?

"Este es, pues, el proceso: ésta es la historia
y el fin tan cierto de la dulce vida:
155 he aquí mi libertad y breve gloria
en eterna amargura convertida.
Y pues que por tu causa la memoria
mi llaga ha renovado encrudecida,[53]
en recompensa del dolor te pido
160 me dejes enterrar a mi marido; [...]

Aquí acabó su historia y comenzaba
un llanto tal que el monte enternecía
con una ansia y dolor que me obligaba
a tenerle en el duelo compañía;
165 que ya el asegurarle no bastaba
de cuanto prometer yo le podía:
sólo pedía la muerte y sacrificio
por último remedio y beneficio. [...]

---

[51] Intención.
[52] Infeliz.

[53] Irritada; ha empeorado.

## ■ Preguntas generales

1. ¿Dónde estaba Ercilla cuando tuvo noticias de la guerra del Arauco y qué nos dice esto de su situación social?
2. ¿Qué modelos literarios sigue *La Araucana*? Señale algunas características de esos modelos.
3. ¿Cómo inicia Ercilla los cantos de su obra y por qué?
4. ¿Qué han comentado los críticos sobre el protagonista o los protagonistas de *La Araucana*?
5. ¿Por qué *La Araucana* incluye episodios alejados del tema central?

## ■ Preguntas de análisis

1. ¿Quién es Caupolicán, en qué circunstancia aparece y cómo lo representa la voz poética? En contraste con la carta de Colón, ¿qué novedad hay en esta representación?
2. ¿Quién es Colocolo y por qué Ercilla lo caracteriza como "astuto"?
3. ¿Qué entiende Ud. por verosimilitud y verdad? ¿Cómo maneja Ercilla estos conceptos?
4. ¿En qué circunstancias aparece Tegualda en la obra y cómo logra la simpatía de sus oyentes?
5. ¿Qué espera el padre de Tegualda de su hija? ¿Cómo describe Tegualda sus sentimientos por Crepino? ¿Qué tipo de adjetivos predominan en esa descripción?
6. ¿Qué se entiende por "amor cortés" y cómo lo ejemplifica el relato de Tegualda y Crepino?
7. ¿Cómo aparece la naturaleza americana en las partes leídas de *La Araucana* y qué modelos ha seguido Ercilla para representarla?

## ■ Temas para informes escritos

1. *La Araucana* y su popularidad en el Siglo de Oro.
2. Las heroínas indígenas de Ercilla.
3. Pedro de Valdivia: figura histórica y personaje literario.
4. Caupolicán y su importancia en *La Araucana*.
5. Otros poemas épicos que imitan *La Araucana*.

## ■ Temas de reflexión y comentario

1. La popularidad de la épica en los siglos áureos.
2. *La Araucana,* uno de los "best sellers" de la época.
3. Las referencias mitológicas en *La Araucana*.
4. La resistencia mapuche a la colonización de europeos y criollos.
5. Parejas épicas: Fresia y Caupolicán; Tegualda y Crepino.

# EL INCA GARCILASO DE LA VEGA

1539, Cuzco, Perú–1616, Córdoba, España

El Inca Garcilaso de la Vega es el primer gran escritor hispanoamericano. Hijo de una princesa incaica y de un capitán español, hablaba quechua y castellano. El Inca Garcilaso vivió en Cuzco, su ciudad natal, hasta que, poco después de la muerte de su padre, viajó a España (1560) para completar su educación. Hacia 1565 pasó a Montilla, villa andaluza donde tenía parientes. En esta época el Inca leyó, estudió y proyectó el plan de importantes obras futuras. Participó en la guerra de las Alpujarras (1570) contra los moriscos de Granada y por su actuación recibió el grado de capitán. A partir de 1591 se estableció en Córdoba donde, gracias a una herencia y a varios negocios, gozó de una situación acomodada.

En 1590 apareció en Madrid la traducción al español que el Inca Garcilaso de la Vega hizo de los *Dialoghi,* famosa obra neoplatónica escrita en italiano. Consciente de su doble herencia, el Inca la tituló *La traducción del indio de los tres diálogos de amor de León Hebreo;* después publicó *La Florida del Inca* (1605), donde cuenta los trabajos de la expedición de Hernando de Soto (¿1500?–42), antiguo compañero de armas de Francisco Pizarro (¿1475?–1541) en Perú. La primera parte de la obra maestra del Inca Garcilaso, *Comentarios Reales,* apareció en Lisboa (1609); la segunda parte, también conocida como *Historia general del Perú,* fue publicada póstumamente en Córdoba (1617). *Comentarios Reales* ofrece una extensa visión del origen y desarrollo de la civilización incaica, mientras que *Historia general del Perú* se ocupa de las guerras civiles entre los conquistadores y la imposición del coloniaje. Traducida a otros idiomas europeos, la obra pronto alcanzó fama literaria en los círculos de estudiosos, tanto por la novedad del material incluido como por el origen del autor. El Inca Garcilaso insiste en su ascendencia indígena, su conocimiento del quechua o lengua general del imperio incaico, su acceso a fuentes primarias y el hecho de haber sido testigo presencial de muchos de los sucesos narrados. De esta forma el autor, mestizo peruano e hijo natural, se reviste de autoridad para corregir los errores y malas interpretaciones de otros cronistas.

*Comentarios Reales* ha sido apreciado por su valor histórico y su calidad literaria. Por mucho tiempo fue considerado como uno de los documentos más importantes para el estudio de la civilización incaica y las primeras décadas de la colonización en Perú. Sin embargo, investigaciones más recientes han cambiado nuestra concepción del mundo aborigen. Esto no desmerece el valor de la obra que se debe justipreciar no sólo por los datos comprobables que aporta, sino por la forma pulida y novedosa con que el autor presenta los hechos. Como los historiadores modernos, el Inca Garcilaso reconoce el valor de la anécdota, del mito y de las fábulas, lo cual le confiere a *Comentarios Reales* un carácter singular.

Mediante esta obra nos acercamos a lo que el escritor español Miguel de Unamuno (1864–1936) llamó tan acertadamente la "intrahistoria" ya que los conocimientos del Inca nos ayudan a entender mejor tanto el hecho particular como la historia general de su pueblo.

Al escribir su obra, el Inca Garcilaso tuvo muy en cuenta el modelo clásico de la concepción heroica de la historia. El autor les da carácter de héroes a los soberanos incas y a los conquistadores europeos para lograr en sus escritos la armonía aprendida de los neoplatónicos. Curiosamente, la cruel realidad de la conquista y de la colonización se hace evidente en el discurso y rompe el plan armónico ideado por el Inca. Debe señalarse que el autor hace que los reyes incas desempeñen una labor de igual importancia a la de los conquistadores: la obra civilizadora de los primeros preparó el camino para la introducción del cristianismo por los segundos. El Inca Garcilaso valoriza así el aporte de ambos grupos. Pero aun más importante es reconocer cómo esta apología de los incas le sirve para contradecir las ideas divulgadas por el régimen colonial acerca de la tiranía y la barbarie de los soberanos del Tahuantinsuyu o Incario. Vistos de este modo, los textos garcilasianos se ofrecen como una crítica al colonialismo español cuyas bondades proclamaban los cronistas oficiales.

Por su equilibrio y nitidez, la obra del Inca Garcilaso encaja dentro del Renacimiento. Es preciso destacar que si bien los principales libros del Inca aparecieron a principios del siglo XVII, fueron pensados y escritos cuando el autor residía en Montilla a mediados del siglo XVI. Si a esto añadimos la influencia del pensamiento neoplatónico, sus contactos con destacados humanistas cordobeses, sus lecturas y la edad a la que comenzó a escribir (después de cumplir los cincuenta años), sin duda vemos que la formación intelectual del peruano es ante todo renacentista.

El autor recurre frecuentemente al detalle curioso, al dato autobiográfico y a la nota moralizadora, para ofrecer otra dimensión de los hechos narrados. Sus escritos están teñidos de ternura y nostalgia por la patria que dejó atrás y a la cual no retornará nunca. La característica más sobresaliente de la obra del Inca es el afán de perfección que se hace evidente en pasajes donde la belleza formal, lograda a través del empleo del vocablo exacto para evocar el pasado, tiñe de nostalgia el discurso y nos acerca a ese mundo representado por la palabra. A través de la escritura, el Inca, siempre entre dos culturas, supo darle sentido a lo mejor del pasado incaico y del presente colonial, enaltecer sus dos estirpes, honrar a la princesa Chimpu Ocllo y al capitán Garcilaso de la Vega.

## ■ Bibliografía mínima

Durand, José, *El Inca Garcilaso de América*. Lima: Biblioteca Nacional del Perú, 1988.

Garcilaso de la Vega, el Inca. *Comentarios Reales*. Ed., prólogo e índice analítico de Carlos Araníbar. 2 Vols. Lima-México: FCF., 1991.

Heid, Patricia. "Constructing a Peaceful Imperialism: Manipulating Gender Identity in the *Comentarios reales de los Incas*". *Sixteenth Century Journal: Journal of Early Modern Studies* 33:1 (2002): 93–108.

Hernández, Max. "A Childhood Memory: Time, Place and Subjective Experience". *Modern Language Notes* (1990): 316–30.

Mazzotti, José Antonio. *Coros mestizos del Inca Garcilaso. Resonancias andinas*. Lima-México: FCE, 1996.

Miró Quesada, Aurelio. *El Inca Garcilaso*. Lima: Pontificia Universidad Católica del Perú, 1994.

Ortega, Julio. "The Discourse of Abundance". *Review* 43 (1990): 3–7.

Pupo-Walker, Enrique. "El Inca Garcilaso de la Vega". *Latin American Writers*. Eds. Carlos A. Solé y Maria Isabel Abreu. Vol 1. New York: Scribner's, 1989. 39–51.

Zamora, Margarita. *Language, Authority and Indigenous History* in Comentarios Reales de los Incas. New York: Cambridge UP, 1988.

# Comentarios Reales de los Incas

## PROEMIO AL LECTOR

Aunque ha habido españoles curiosos que han escrito[1] las repúblicas del Nuevo Mundo, como la de México y la del Perú, y las de otros reinos de aquella gentilidad, no ha sido con la relación entera que de ellos se pudiera dar, que lo he notado particularmente en las cosas que del Perú he visto escritas, de las cuales,

5 como natural de la ciudad del Cuzco, que fue otra Roma en aquel imperio, tengo más larga y clara noticia que la que hasta ahora los escritores han dado. Verdad es que tocan muchas cosas de las muy grandes que aquella república tuvo; pero escríbenlas tan cortamente[1a], que aun las muy notorias para mí (de la manera que las dicen) las entiendo mal. Por lo cual, forzado del amor natural a la patria, me

10 ofrecí al trabajo de escribir estos Comentarios, donde clara y distintamente se verán las cosas que en aquella república había antes de los españoles, así en los ritos de su vana religión, como en el gobierno que en paz y en guerra sus reyes tuvieron, y todo lo demás que de aquellos indios se puede decir, desde lo más ínfimo del ejercicio de los vasallos, hasta lo más alto de la corona real. Escribimos

15 solamente del imperio de los Incas, sin entrar en otras monarquías, porque no tengo la noticia de ellas que de ésta. En el discurso de la historia protestamos[1b] la verdad de ella, y que no diremos cosa grande, que no sea autorizándola con los mismos historiadores españoles que la tocaron en parte o en todo; que mi intención no es contradecirles, sino servirles de comento y glosa, y de intérprete en

20 muchos vocablos indios, que como estranjeros en aquella lengua interpretaron fuera de la propiedad de ella, según que largamente se verá en el discurso de la Historia, la cual ofrezco a la piedad del que la leyere, no con pretensión de otro interés más que de servir a la república cristiana, para que se den gracias a Nuestro Señor Jesucristo y a la Virgen María su Madre, por cuyos méritos e intercesión

25 se dignó la Eterna Majestad sacar del abismo de la idolatría tantas y tan grandes naciones, y reducirlas al gremio de su iglesia católica romana, Madre y Señora nuestra. Espero que se recibirá con la misma intención que yo la ofrezco, porque es la correspondencia que mi voluntad merece, aunque la obra no la merezca. Otros dos libros se quedan escribiendo de los sucesos que entre los españoles en

30 aquella mi tierra pasaron, hasta el año de 1560 que yo salí de ella: deseamos verlos ya acabados, para hacer de ellos la misma ofrenda que de éstos. Nuestro Señor, etc.

---

[1] Descrito.
[1a] Brevemente.

[1b] Aseguramos.

## El origen de los Incas reyes del Peru.

[...] Después de haber dado muchas trazas[2] y tomado muchos caminos para entrar a dar cuenta del origen y principio de los Incas, reyes naturales que fueron del Perú, me pareció que la mejor traza[3] y el camino más fácil y llano, era contar lo que en mis niñeces oí muchas veces a mi madre y a sus hermanos y tíos, y a
5 otros sus mayores, acerca de este origen y principio; porque todo lo que por otras vías se dice de él, viene a reducirse en lo mismo que nosotros diremos, y será mejor que se sepa por las propias palabras que los Incas lo cuentan, que no por las de otros estraños. Es así que residiendo mi madre en el Cuzco, su patria, venían a visitarla casi cada semana los pocos parientes y parientas que de las
10 crueldades y tiranías de Atahualpa[4] (como en su vida contaremos) escaparon; en las cuales visitas, siempre sus más ordinarias pláticas,[5] eran tratar del origen de sus reyes, de la majestad de ellos, de la grandeza de su imperio, de sus conquistas y hazañas, del gobierno que en paz y en guerra tenían, de las leyes que tan en provecho y en favor de sus vasallos ordenaban. En suma, no dejaban cosa de las
15 prósperas que entre ellos hubiese acaecido[6] que no la trajesen a cuenta.

De las grandezas y prosperidades pasadas venían a las cosas presentes: lloraban sus reyes muertos, enajenado[7] su imperio, y acabada su república, etc. Estas y otras semejantes pláticas tenían los Incas y Pallas[8] en sus visitas, y con la memoria del bien perdido, siempre acababan su conversación en lágrimas y
20 llanto, diciendo: trocósenos el reinar en vasallaje, etc. En estas pláticas yo como muchacho entraba y salía muchas veces donde ellos estaban, y me holgaba de las oír, como huelgan los tales de oír fábulas. Pasando pues días, meses y años, siendo ya yo de diez y seis o diez y siete años, acaeció que estando mis parientes un día en esta su conversación hablando de sus reyes y antiguallas,[9] al más an-
25 ciano de ellos, que era el que daba cuenta de ellas, le dije: Inca, tío, pues no hay escritura entre vosotros, que es la que guarda la memoria de las cosas pasadas, ¿qué noticias tenéis del origen y principios de nuestros reyes? Porque allá los españoles, y las otras naciones sus comarcanas,[9a] como tienen historias divinas y humanas saben por ellas cuándo empezaron a reinar sus reyes y los ajenos, y el
30 trocarse unos imperios en otros, hasta saber cuantos mil años ha que Dios crió[10] el cielo y la tierra; que todo esto y mucho más saben por sus libros. Empero vosotros que carecéis de ellos, ¿qué memorias tenéis de vuestras antiguallas? ¿quién fue el primero de vuestros Incas? ¿cómo se llamó? ¿qué origen tuvo su linaje? ¿de qué manera empezó a reinar? ¿con qué gente y armas conquistó este
35 grande imperio? ¿qué origen tuvieron nuestras hazañas?

El Inca, como que holgándose[11] de haber oído las preguntas, por gusto que recibía de dar cuenta de ellas, se volvió a mí (que ya otras muchas veces lo había oído, mas ninguna con la atención que entonces) y me dijo: sobrino, yo te las diré

---

[2] Medios. Estudiado muchos medios.
[3] Medio.
[4] Atahualpa: soberano Inca apresado y ejecutado (1533) por orden de Francisco Pizarro, conquistador del Perú.
[5] Conversaciones.
[6] Sucedido.

[7] Apartado, separado.
[8] Princesas reales.
[9] Antigüedades.
[9a] Cercanas.
[10] Creó.
[11] Alegrándose.

de muy buena gana, a ti te conviene oírlas y guardarlas en el corazón (es frase de
40 ellos por decir en la memoria). Sabrás que en los siglos antiguos toda esta región
de tierra que ves, eran unos grandes montes de breñales,[12] y las gentes en aquellos tiempos vivían como fieras y animales brutos, sin religión ni policía,[13] sin
pueblo ni casa, sin cultivar ni sembrar la tierra, sin vestir ni cubrir sus carnes,
porque no sabían labrar algodón ni lana para hacer de vestir. Vivían de dos en
45 dos, y de tres en tres, como acertaban a juntarse en las cuevas y resquicios[13a] de
peñas y cavernas de la tierra: comían como bestias yerbas de campo y raíces de
árboles, y la fruta inculta[14] que ellos daban de suyo, y carne humana. Cubrían sus
carnes con hojas y cortezas de árboles, y pieles de animales; otros andaban en
cueros.[14a] En suma vivían como venados y salvaginas,[15] aun en las mujeres se
50 habían como los brutos, porque no supieron tenerlas propias y conocidas.[16]

Adviértase, porque no enfade el repetir tantas veces estas palabras "Nuestro Padre el Sol", que era lenguaje de los Incas, y manera de veneración y
acatamiento decirlas siempre que nombraban al sol, porque se preciaban de descender de él, y al que no era Inca, no le era lícito tomarlas[17] en la boca, que fuera
55 blasfemia, y lo apedrearan. Dijo el Inca: nuestro padre el sol, viendo los hombres
tales, como te he dicho, se apiadó y hubo lástima de ellos, y envió del cielo a la
tierra un hijo y una hija de los suyos para que los doctrinasen en el conocimiento
de nuestro padre el sol, para que lo adorasen y tuviesen por su dios, y para que
les diesen preceptos y leyes en que viviesen como hombres en razón y urba-
60 nidad; para que habitasen en casas y pueblos poblados, supiesen labrar las tierras, cultivar las plantas y mieses,[17a] criar los ganados y gozar de ellos y de los
frutos de la tierra como hombres racionales, y no como bestias. Con esta orden y
mandato puso nuestro padre el sol estos dos hijos[18] en la laguna Titicaca, que está
[a] ochenta leguas de aquí, y les dijo que fuesen por do[19] quisiesen, y doquiera
65 que parasen a comer o a dormir, procurasen hincar[19a] en el suelo una varilla de
oro, de media vara de largo y dos dedos de grueso, que les dio para señal y muestra que donde aquella barra se les hundiese, con un solo golpe que con ella diesen
en tierra, allí quería el sol nuestro padre que parasen e hiciesen su asiento y corte.
A lo último les dijo: cuando hayáis reducido esas gentes a nuestro servicio, los
70 mantendréis en razón y justicia, con piedad, clemencia y mansedumbre haciendo
en todo oficio de padre piadoso para con sus hijos tiernos y amados, a imitación
y semejanza mía que a todo el mundo hago bien, que les doy mi luz y claridad
para que vean y hagan sus haciendas, y las caliento cuando han frío, y crío sus
pastos y sementeras;[20] hago fructificar sus árboles y multiplico sus ganados;
75 lluevo y sereno a sus tiempos, y tengo cuidado de dar una vuelta cada día al
mundo por ver las necesidades que en la tierra se ofrecen, para las proveer y socorrer, como sustentador y bienhechor de las gentes; quiero que vosotros imitéis

---

[12] Tierra entre peñas y poblada de malezas.
[13] Orden.
[13a] Aberturas pequeñas.
[14] Silvestre; no cultivada.
[14a] Desnudos; sin ropa.
[15] Animales montaraces.
[16] Se refiere a una edad prehistórica, anterior al
señorío de los Incas.

[17] Ponerlas en la boca; decirlas.
[17a] Sembrados.
[18] Se refiere a Manco Capac y Mama Ocllo;
según uno de los mitos fundacionales, crearon
la dinastía y el imperio incaicos.
[19] Donde.
[19a] Trataran de hundir.
[20] Tierra sembrada.

este ejemplo como hijos míos, enviados a la tierra sólo para la doctrina y beneficio de esos hombres, que viven como bestias. Y desde luego os constituyo y nom
80 bro por reyes y señores de todas las gentes que así doctrináredes con vuestras buenas razones, obras y gobierno. Habiendo declarado su voluntad nuestro padre el sol a sus dos hijos, los despidió de sí. Ellos salieron de Titicaca, y caminaron al Septentrión, y por todo el camino, doquiera[20a] que paraban, tentaban hincar la barra de oro y nunca se les hundió. Así entraron en una venta o dormi
85 torio pequeño, que está [a] siete u ocho leguas al Mediodía de esta ciudad, que hoy llaman Pacarec Tampu, que quiere decir venta, o dormida, que amanece. Púsole este nombre el Inca, porque salió de aquella dormida al tiempo que amanecía. Es uno de los pueblos que este príncipe mandó poblar después, y sus moradores se jactan[21] hoy grandemente del nombre, porque lo impuso nuestro
90 Inca: de allí llegaron él y su mujer, nuestra reina, a este valle del Cuzco, que entonces todo él estaba hecho montaña brava.

*(Libro I, Capítulo XV)*

### Protestacion del autor sobre la historia

Ya que hemos puesto la primera piedra de nuestro edificio (aunque fabulosa) en el origen de los Incas, reyes del Perú, será razón pasemos adelante en la conquista y reducción de los indios, extendiendo algo más la relación sumaria que me dio aquel Inca, con la relación de otros muchos Incas e indios, naturales
5 de los pueblos que este primer Inca Manco Capac[22] mandó poblar, y redujo a su imperio, con los cuales me crié y comuniqué hasta los veinte años. En este tiempo tuve noticia de todo lo que vamos escribiendo, porque en mis niñeces me contaban sus historias, como se cuentan las fábulas a los niños. Después, en edad más crecida, me dieron larga noticia de sus leyes y gobierno; cotejando[23] el nuevo go
10 bierno de los españoles con el de los Incas; dividiendo en particular los delitos y las penas, y el rigor de ellas: decíanme cómo procedían sus reyes en paz y en guerra, de qué manera trataban a sus vasallos, y cómo eran servidos de ellos. Además de esto, me contaban, como a propio hijo, toda su idolatría, sus ritos, ceremonias y sacrificios; sus fiestas principales y no principales, y cómo las cele
15 braban; decíanme sus abusos y supersticiones, sus agüeros[23a] malos y buenos, así los que miraban en sus sacrifícios como fuera de ellos. En suma, digo que me dieron noticia de todo lo que tuvieron en su república, que si entonces lo escribiera, fuera más copiosa esta historia. Además de habérmelo dicho los indios, alcancé y ví por mis ojos mucha parte de aquella idolatría, sus fiestas y supersti
20 ciones, que aun en mis tiempos, hasta los doce o trece años de mi edad, no se habían acabado del todo. Yo nací ocho años después que los españoles ganaron mi tierra, y como lo he dicho, me crié en ella hasta los veinte años, y así ví muchas cosas de las que hacían los indios en aquella su gentilidad,[24] las cuales contaré diciendo que las ví. Sin la relación que mis parientes me dieron de las
25 cosas dichas, y sin lo que yo ví, he habido otras muchas relaciones de las conquis-

---

[20a] Donde quiera.
[21] Enorgullecen.
[22] Fundador del Incario, de la ciudad de Cuzco y de la dinastía incaica.

[23] Comparando.
[23a] Pronósticos.
[24] Idolatría.

tas y hechos de aquellos reyes; porque luego que propuse escribir esta historia, escribí a los condiscípulos de escuela y gramática, encargándoles que cada uno me ayudase con la relación que pudiese haber de las particulares conquistas que los Incas hicieron de las provincias de sus madres; porque cada provincia tiene

30 sus cuentas y nudos[25] con sus historias, anales y la tradición de ellas; y por esto retiene mejor lo que en ella pasó que lo que pasó en la ajena. Los condiscípulos, tomando de veras[25a] lo que les pedí, cada cual de ellos dio cuenta de mi intención a su madre y parientes; los cuales, sabiendo que un indio, hijo de su tierra, quería escribir los sucesos de ella, sacaron de sus archivos las relaciones que tenían de

35 sus historias, y me las enviaron; y así tuve la noticia de los hechos y conquistas de cada Inca, que es la misma que los historiadores españoles tuvieron, sino que ésta será más larga, como lo advertiremos en muchas partes de ella. Y porque todos los hechos de este primer Inca son principio y fundamento de la historia que hemos de escribir, nos valdrá mucho decirlos aquí, a lo menos los más impor-

40 tantes, porque no los repitamos adelante en las vidas y hechos de cada uno de los Incas sus descendientes; porque todos ellos generalmente, así los reyes como los no reyes, se preciaron de imitar en todo y por todo la condición, obras y costumbres de este primer príncipe Manco Capac; y dichas sus cosas, habremos dicho las de todos ellos. Iremos con atención de decir las hazañas más historiales, de-

45 jando otras muchas por impertinentes y prolijas,[26] y aunque algunas cosas de las dichas, y otras que se dirán, parezcan fabulosas, me pareció no dejar de escribirlas, por no quitar los fundamentos sobre que los indios se fundan para las cosas mayores y mejores que de su imperio cuentan; porque en fin de estos principios fabulosos procedieron las grandezas que en realidad de verdad posee hoy Es-

50 paña; por lo cual se me permitirá decir lo que conviniere para la mejor noticia que se pueda dar de los principios, medios y fines de aquella monarquía; que yo protesto decir llanamente[27] la relación que mamé en la leche, y la que después acá he habido, pedida a los propios míos, y prometo que la afición de ellos no sea parte para dejar de decir la verdad del hecho, sin quitar de lo malo ni añadir a lo

55 bueno que tuvieron; que bien sé que la gentilidad es un mar de errores, y no escribiré novedades que no se hayan oído, sino las mismas cosas que los historiadores españoles han escrito de aquella tierra, y de los reyes de ella, y alegaré las mismas palabras de ellos donde conviniere, para que se vea que no finjo ficciones en favor de mis parientes, sino que digo lo mismo que los españoles di-

60 jeron; sólo serviré de comento para declarar y ampliar muchas cosas que ellos asomaron a decir, y las dejaron imperfectas, por haberles faltado relación entera. Otras muchas se añadirán que faltan de sus historias, y pasaron en hecho de verdad, y algunas se quitarán, que sobran, por falsa relación que tuvieron, por no saberla pedir el español con distinción de tiempos y edades, y division de provin-

65 cias y naciones, o por no entender al indio que se la daba, o por no entender el uno al otro, por la dificultad del lenguaje; que el español que piensa que sabe más de él, ignora de diez partes las nueve, por las muchas cosas que un mismo vocablo significa, y por las diferentes pronunciaciones que una misma dicción tiene

---

[25] Referencia a los **quipus,** el sistema de hilos y nudos utilizado por los Incas para contar y conservar registros.

[25a] Tomando en serio.
[26] Largas.
[27] Simplemente.

para muy diferentes significaciones, como se verá adelante en algunos vocablos
70 que será forzoso traerlos a cuenta.

Además de esto, en todo lo que de esta república, antes destruida que conocida, dijere, será contando llanamente lo que en su antigüedad tuvo de su idolatría, ritos, sacrificios y ceremonias, y en su gobierno, leyes y costumbres, en paz y
en guerra, sin comparar cosa alguna de éstas a otras semejantes que en las histo-
75 rias divinas y humanas se hallan, ni al gobierno de nuestros tiempos, porque
toda comparación es odiosa. El que las leyere podrá cotejarlas a su gusto, que
muchas hallará semejantes a las antiguas, así de la Santa Escritura, como de las
profanas y fábulas de la gentilidad antigua: muchas leyes y costumbres verá que
[se] parecen a las de nuestro siglo; otras muchas oirá en todo contrarias: de mi
80 parte he hecho lo que he podido, no habiendo podido lo que he deseado. Al discreto lector suplico reciba mi ánimo, que es de darle gusto y contento, aunque
[ni] las fuerzas, ni la habilidad de un indio, nacido entre los indios, criado entre
armas y caballos pueden llegar allá.

*(Libro I, Capítulo XIX)*

## ■ Preguntas generales

1. ¿Quiénes son los padres del Inca Garcilaso y cómo cree Ud. que afecta esta
   parte de su biografía a su personalidad y obra?
2. ¿Qué título le dio el Inca a la primera y segunda parte de *Comentarios Reales*
   y por qué es esto significativo?
3. ¿Qué cambios ha habido en la apreciación de *Comentarios Reales* al correr de
   los siglos?
4. ¿Qué aspectos singulares han señalado los críticos al estudiar *Comentarios
   Reales*?
5. ¿Qué otras obras escribió el Inca Garcilaso y cuál de ellas está relacionada
   con la historia de los actuales Estados Unidos?

## ■ Preguntas de análisis

1. En el "Proemio al lector", ¿por qué compara el Inca Garcilaso a Roma con el
   Cuzco? ¿Qué quiere decir el autor cuando indica que su obra servirá de "comento y glosa"?
2. ¿Cuáles son las fuentes empleadas por el Inca para fundamentar su relato?
3. Según el Inca Garcilaso, ¿por qué se han equivocado otros autores al escribir sobre los Incas y la conquista de Perú?
4. ¿Cómo se vivía antes de la época incaica? ¿Quiénes son Manco Capac y
   Mama Ocllo y cuál ha sido su papel en la fundación del Incario?
5. ¿Por qué cree Ud. que el Inca Garcilaso insiste, tanto en ésta como en otras
   obras suyas, en declarar su origen indio? ¿Qué le da autoridad para
   escribir?
6. ¿Cómo transmitían los Incas el pasado y qué referencias a este tipo de transmisión encuentra Ud. en la selección leída?
7. ¿A qué se refiere el autor cuando comenta: "esta república, antes destruida
   que conocida"? ¿Qué tipo de recurso retórico emplea cuando se dirige al
   lector al final de la selección ofrecida?

■ Temas para informes escritos

1. Cronistas indígenas y mestizos de Perú.
2. La juventud del Inca Garcilaso en Perú.
3. Retratos de Incas y conquistadores en *Comentarios Reales*.
4. *La Florida del Inca* y la presencia española en la historia colonial de los Estados Unidos.
5. El Inca Garcilaso y las ideas historiográficas del Renacimiento.

■ Temas de reflexión y comentario

1. El Inca Garcilaso y su vida en Montilla y Córdoba.
2. *Comentarios Reales:* reinterpretación subversiva o armónica de la historia peruana.
3. *La Florida del Inca* o la historia de una conquista fallida.
4. *Diálogos de amor:* traducciones al español e impacto en las ideas del Inca Garcilaso.
5. "Comentar" y "glosar" como prácticas humanistas en la época del Inca.

# JUAN DEL VALLE CAVIEDES

c. 1645, Porcuna, España–c. 1697,
Lima, Perú

Por el testamento (1683) de Juan del Valle Caviedes se sabe con certeza que el poeta nació en Porcuna, pasó a Lima cuando era pequeño y allí contrajo matrimonio en 1671. Otros documentos han confirmado que, para la década de 1660, Caviedes trabajaba en un establecimiento minero del Perú. En un romance dedicado a la mexicana sor Juana Inés de la Cruz (ver pp. 75–85), menciona haberse criado "entre peñas de minas"; en la misma composición, el poeta hace alarde de su formación autodidacta.

Los escritos de Caviedes están constituidos por más de 265 poemas y tres piezas dramáticas. Su obra más conocida es *Diente del Parnaso,* título que aparece en tres de los manuscritos que recogen las composiciones del poeta. Como criticó en sus versos a famosos personajes coloniales utilizando un lenguaje vulgar, los poemas del autor circularon mayormente en forma manuscrita. Las diferentes versiones han dificultado el establecimiento de una versión fidedigna de su obra, ya que en vida suya sólo se imprimieron tres de sus poemas. Las composiciones más conocidas de Caviedes son las satíricas. Mediante ellas se propone divertir a sus lectores como también criticar a la sociedad peruana. Aunque son famosos sus denuestos contra los médicos, también condena a los clérigos, a las mujeres de mal vivir, a los abogados y a los sastres. Siguiendo la estética barroca y más específicamente la corriente conceptista representada por Quevedo, hace hincapié en lo feo, lo grotesco, lo escatológico y lo inmoral para ridiculizar a sus enemigos.

En cuanto a sus ataques a la profesión médica en general y a varios médicos en particular, es bueno recordar que se enmarcan en una tradición que arranca de poetas latinos como Marcial y Juvenal. Pero Caviedes parece haber escogido el tema más por motivos personales que literarios. Su arma principal contra los médicos es el humor. Se vale del sarcasmo y la ironía, y de recursos literarios como la antítesis,* la hipérbole,* las comparaciones y los retruécanos* para atacar a los representantes de la odiada profesión en sus puntos más vulnerables.

Caviedes imita la manera de hablar de los indios y usa los varios niveles del lenguaje popular para desmitificar a la sociedad colonial y exponer sus vicios. Tal lenguaje relaciona nuevamente la obra de Caviedes con una tradición centrada en el juego lingüístico y la parodia literaria vinculada al conceptismo barroco. Pero sería injusto resaltar solamente la vena satírica de su obra, pues Caviedes también escribió poesía amorosa, religiosa y de temática variada. Muchos poemas amorosos están dirigidos a Lisi, Filis y Catalina, pseudónimos que ocultan el verdadero nombre de la dama. Estas composiciones son refinadas y exquisitas; en ellas abundan las escenas bucólicas, así como los sentidos lamentos del amante desdichado. La poesía religiosa suya es de corte tradicional y se ocupa de temas bastante conocidos como la Ascensión, la Crucifixión, la Inmaculada Concepción o el culto a Cristo, a la Virgen y a los santos.

El autor escribió tres piezas dramáticas—dos bailes y un entremés*— descubiertas y publicadas en el pasado siglo. Las tres tienen mucho en común en cuanto a tema, estructura y movimiento escénico. El personaje principal es el Amor (aparece como Cupido, un alcalde o un médico) a quien los otros personajes le piden consejos. No se sabe si estas obras fueron puestas en escena en vida del poeta.

Dentro de la variada producción literaria de Caviedes sobresalen los poemas satíricos. Ellos retoman la veta popular ya anunciada por romances anónimos de la conquista. Aunque esta tendencia a lo popular y al señalamiento de lo feo y lo grotesco fue nutrida por la estética barroca, en Caviedes el uso del humor, la burla y el chiste se revisten de un carácter propio debido al genio del autor.

■ Bibliografía mínima

Caviedes, Juan del Valle. *Obras completas.* Ed. y prólogo de Daniel R. Reedy. Caracas: Biblioteca Ayacucho, 1984.

Costigan, Lucía Helena S. "Colonial Literature and Social Reality in Brazil and the Viceroyalty of Peru: The Satirical Poetry of Gregório de Matos and Juan del Valle Caviedes". *Coded Encounters. Writing, Gender, and Ethnicity in Colonial Latin America.* Eds. Francisco Javier Cevallos-Candau et al. Amherst, MA: U of Massachusetts P, 1994. 87–100.

Johnson, Julie G. *Satire in Spanish America. Turning the World Upside Down.* Austin: U of Texas P, 1993. 86–106.

Lasarte, Pedro. "En torno al sujeto americano en la poesía de Juan del Valle y Caviedes". Ed. Claire J. Paolini. *La Chispa '97: Selected Proceedings.* New Orleans: Tulane U, 1997. 233–44.

Reedy, Daniel R. "Juan del Valle y Caviedes". *Latin American Writers.* Eds. Carlos A. Solé y Maria Isabel Abreu. Vol. 1. New York: Scribner's, 1989. 79–83.

Torres, Daniel. "*Diente del Parnaso* de Caviedes": de la sátira social a la literaria". *Mester* 18.2 (1989): 115–21.

# Diente del Parnaso

## COLOQUIO QUE TUVO CON LA MUERTE UN MEDICO ESTANDO ENFERMO DE RIESGO[1]

El mundo todo es testigo,
muerte de mi corazón,
que no has tenido razón
de estrellarte así conmigo.
5 Repara[2] que soy tu amigo

y que de tus tiros tuertos
en mí tienes los aciertos;
excúsame la partida,[3]
que por cada mes de vida
10 te daré treinta y un muertos.

---

[1] Composición escrita en décimas o espinelas.
[2] Date cuenta.

[3] La ida o viaje al otro mundo.

Muerte, si los labradores
dejan siempre qué sembrar
¿cómo quieres agotar
la semilla de doctores?
15 Frutas te damos mayores,
pues, con purgas y con untos,
damos a tu hoz[4] asuntos
para que llenes los trojes,[5]
y por cada doctor coges
20 diez fanegas de difuntos.

No seas desconocida
ni conmigo uses rigores,
pues la muerte sin doctores
no es muerte, que es media vida.
25 Pobre, ociosa y destruida
quedarás en esta suerte,
sin quien tu aljaba[6] concierte,
siendo en tan grande mancilla[7]
una pobre muertecilla,
30 o muerte de mala muerte.

Muerte sin médico es llano,
que será, por lo que infiero,
mosquete sin mosquetero,
espada o lanza sin mano.
35 Temor te tendrán en vano,

porque aunque la muerte sea,
tal que todo cuanto vea,
se lo lleve por delante,
que a nadie mata es constante
40 si el doctor no la menea.[8]

Muerte injusta, a mí también
me tiras por la tetilla,
mas ya sé no es maravilla
pagar mal el servir bien.
45 Por Galeno[9] juro, a quien
venero, que si el rigor
no conviertes en amor,
mudándome de repente,
y muero de este accidente,
50 que no he de ser más doctor.

Mira que en estos afanes,
si así a los médicos tratas,
que han de andar después a gatas
los curas y sacristanes.
55 Porque soles ni desmanes,[10]
la suegra y suegro peor,
fruta y nieve sin licor,
bala, estocada, ni canto,
no matan al año tanto
60 como el médico mejor. [...]

# Privilegios del pobre[11]

El pobre es tonto, si calla,
y si habla es majadero;
si sabe, es sólo hablador,
y si afable, es embustero.

5 Si es cortés, entremetido,
cuando no sufre, soberbio;
cobarde, cuando es humilde,
y loco cuando es resuelto.

Si es valiente, es temerario,
10 presumido, si discreto;

adulador, si obedece;
y si se excusa, grosero.

Si pretende, es atrevido,
si merece, es sin aprecio;
15 su nobleza es nada vista,
y su gala sin aseo.

Si trabaja, es codicioso,
y, por el contrario extremo,
un perdido, si descansa.
20 ¡Miren qué buen privilegio!

---

[4] Instrumento con una hoja curva de acero muy afilada que sirve para cortar mieses y yerbas.
[5] Espacio limitado por tablas donde se guardan frutas y cereales.
[6] Caja para llevar flechas u otras armas.
[7] Mancha.

[8] De menear o mover; usado en el sentido de intervenir.
[9] Galeno (131–201): célebre médico de la antigüedad griega.
[10] Asoleos y excesos.
[11] Romance con rima asonante en e- o en los versos pares.

# Para labrarse fortuna en los palacios

Para hallar en palacio estimaciones
se ha de tener un poco de embustero,
poco y medio de infame lisonjero,[12]
y dos pocos cabales de bufones,

5      tres pocos y un poquito de soplones[13]
y cuatros de alcahuete[14] recaudero,[15]
cinco pocos y un mucho de parlero,[16]
las obras censurando y las acciones.

Será un amén[17] continuo a cuanto hablare
10   al señor, o al virrey a quien sirviere;
y cuando más el tal disparatare,

aplaudir con más fuerza se requiere;
y si con esta ganga[18] continuare,
en palacio tendrá cuanto quisiere.

# A una dama en un baño[19]

El cristal de una fuente, Anarda bella,
en sus ondas, bañándose, aumentaba,
al paso mismo que también lavaba
sus corrientes, por ser más blanca ella.

5      Roca de plata o condensada pella[20]
de nieve, entre las aguas se ostentaba,
con tal candor que al hielo deslustraba
y el cielo se paró sólo por vella.[21]

Venus, que de la espuma fue congelo,[22]
10   viendo beldad en ella más hermosa,
su hermosura envidiando, desde el cielo,

bajó a la fuente, a competirla airosa.
Adonis[23] llegó en esto y con anhelo
despreció por Anarda allí a la Diosa.[24]

---

[12] Adulador.
[13] Persona que acusa a otra en secreto.
[14] Persona que sirve para encubrir algo que se desea ocultar.
[15] La persona que cobra.
[16] Hablador.
[17] Será decir que sí.
[18] Ruido inútil.
[19] Soneto clásico.

[20] Masa apretada de forma redonda.
[21] Verla.
[22] Producto.
[23] Adonis: divinidad de origen fenicio; su nombre es sinónimo de belleza. Era tan hermoso que la diosa Venus se enamoró de él.
[24] Se refiere a Venus, diosa de la belleza y del amor nacida entre la espuma del mar.

## ■ Preguntas generales

1. ¿Qué noticias tenemos de la vida de Caviedes?
2. ¿Qué problemas presentan los escritos de Caviedes para los estudiosos?
3. ¿Cuáles son las composiciones más conocidas de Caviedes y qué temas tratan?
4. En sus poemas Caviedes ataca a los médicos. ¿De dónde arranca esa tradición? ¿Qué recursos literarios emplea Caviedes en estos poemas?
5. ¿Cómo se relaciona la obra de Caviedes con el lenguaje popular?

## ■ Preguntas de análisis

1. ¿Cómo maneja Caviedes la ironía en su "Coloquio"?
2. ¿Qué ejemplos de antítesis encontramos en el "Coloquio"?
3. ¿Cómo deconstruye Caviedes los privilegios del pobre en el poema del mismo nombre?
4. ¿Qué critica Caviedes en "Para labrarse" y qué comentario social se puede resumir de este poema?
5. En "A una dama en un baño", analice la descripción de Anarda e indique qué elementos comparte con otros poemas del Renacimiento escritos en alabanza de la belleza femenina.
6. Identifique y exponga dos conceptos desarrollados por Caviedes en los poemas estudiados.

## ■ Temas para informes escritos

1. Dos poetas satíricos del Perú colonial: Mateo Rosas de Oquendo y Juan del Valle Caviedes.
2. La poesía amorosa de Juan del Valle Caviedes.
3. Juan del Valle Caviedes y su posición dentro del barroco hispanoamericano.
4. Caracterización de los médicos en la poesía de Caviedes.
5. Quevedo y Caviedes: puntos de contacto.

## ■ Temas de reflexión y comentario

1. La mujer en la poesía de Caviedes.
2. La sociedad virreinal peruana en la época de Caviedes.
3. La medicina y sus practicantes en el Perú del siglo XVII.
4. Contactos líricos entre Caviedes y sor Juana.
5. Las piezas dramáticas de Caviedes.

# SOR JUANA INES DE LA CRUZ

1651, San Miguel de Neplanta, México–1695,
Ciudad de México, México

*Photo reproduced with permission of the General
Secretariat of the Organization of American States.*

Sor Juana Inés de la Cruz, hija natural de un militar español y de una criolla mexicana, es una de las figuras más sobresalientes de la literatura escrita en español. Por la *Respuesta a sor Filotea de la Cruz* (1691), documento autobiográfico donde sor Juana defiende su derecho y el de las mujeres a estudiar, sabemos que esta niña precoz aprendió a leer a muy temprana edad. Cuando tenía alrededor de ocho años fue enviada a la capital, al cuidado de unos parientes en cuya casa comenzó a "deprender gramática", o sea, a estudiar latín. La fama de la niña Juana de Asbaje pronto llegó a la corte virreinal y allí la llevaron los virreyes de Nueva España (México), los Marqueses de Mancera (1666–73). La virreina aparecerá después en los poemas de la monja con el seudónimo de Laura.

A pesar de su éxito en la corte, sor Juana decidió hacerse monja. Ingresó primero al aristocrático convento de las Carmelitas para abandonarlo tres meses más tarde. Finalmente, el 24 de febrero de 1669, profesó en el convento de San Jerónimo. Desde su celda conventual y con el nombre de sor Juana Inés de la Cruz, inició un diálogo intelectual con sobresalientes figuras de la época entre las cuales se destaca el erudito escritor y científico mexicano Carlos de Sigüenza y Góngora.

Su simpatía e inteligencia le ganaron a sor Juana el afecto de los virreyes Marqueses de la Laguna (1680–86) y especialmente el de la virreina quien aparecerá en muchos poemas de la monja bajo el seudónimo de Fili, Lisi o Lísida. Gracias al esfuerzo de la nueva virreina, apareció en Madrid la primera edición de una parte de los escritos de la mexicana, *Inundación castálida* (1689).

La obra de sor Juana alcanzó gran difusión en vida de la autora y llegó a conocerse tanto en España como en otras partes de Hispanoamérica. Sin embargo, sor Juana tuvo que defender incesantemente su vocación intelectual en una sociedad donde ésta se veía como patrimonio exclusivo de los varones. El descubrimiento y publicación en 1981 de una carta de sor Juana a su confesor, titulada modernamente *Autodefensa espiritual* (c. 1682), parece indicar que el conflicto con la Iglesia, que intentaba limitar sus actividades, es muy anterior a la publicación de la llamada *Carta atenagórica* (1690). Escrita a pedido del arzobispo de Puebla, Manuel Fernández de Santa Cruz (1637–99), esta última fue un documento de gran repercusión donde la autora mexicana criticó un sermón del jesuita portugués Antonio de Vieyra (1608–97) pronunciado en Lisboa décadas antes. Probablemente después de la aparición de la *Carta atenagórica,* así llamada por considerarse digna de Atenas o Minerva, la diosa de la sabiduría, aumentaron las críticas contra sor Juana. Más tarde, en una carta firmada con el seudónimo de "Sor Filotea de la Cruz" (1690), su amigo y protector, el arzobispo de Puebla, la instó a ocuparse de la salvación de su alma y abandonar los menesteres profanos. En su *Respuesta,* sor Juana refutó las ideas del arzobispo y explicó con argumentos contundentes por qué ella y todas las mujeres tenían derecho a estudiar.

Poco después sor Juana se deshizo de su biblioteca y de sus instrumentos científicos. ¿Lo hizo por voluntad propia o porque cedió a presiones eclesiásticas? ¿Representa este cambio el triunfo de la Iglesia sobre su vocación intelectual? Los estudiosos de la vida y obra de sor Juana continúan buscando pruebas documentales para responder satisfactoriamente a estas preguntas. La Décima Musa, como la llamaron sus contemporáneos, murió víctima de la peste que asoló a México en 1695. Sin lugar a dudas, las constantes de su vida fueron el amor al saber y una inclaudicable convicción del derecho de las mujeres a educarse.

Sor Juana cultivó diversos géneros literarios. Sus maestros predilectos fueron los escritores españoles Lope de Vega, Quevedo, Góngora, Calderón de la Barca y Gracián. Pero la abundante obra de la monja no es simple copia de modelos peninsulares. Los escritos de la mexicana, siempre dentro de las corrientes culteranas y conceptistas del barroco, son innovadores porque ellos muestran gran profundidad intelectual; esa profundidad les otorga originalidad y riqueza a los modelos heredados de España. En su obra el estilo se encauza mediante recursos conceptistas y por eso abundan los paralelismos,* las antítesis, los juegos de palabras y el énfasis en lo ingenioso.

Dentro de la poesía de sor Juana hallamos gran variedad de metros y temas. Tuvo suma facilidad para la versificación como bien lo demuestran sus romances, endechas,* liras,* redondillas* y sonetos. En sus poemas elabora tradicionales temas barrocos: el desengaño, la brevedad de la vida, los encontrados sentimientos provocados por el amor, lo efímero de lo material, el engaño de los sentidos. Se vale de los recursos expresivos del barroco (hipérbaton,* cultismos, perífrasis*) para dejarnos una poesía marcada por lo intelectual. Como sus maestros peninsulares, sor Juana incluye héroes y dioses de la literatura greco-latina en sus versos. Prefiere las figuras históricas o mitológicas distinguidas por su saber; frecuentemente la monja aparece en diálogo con el Entendimiento o la Sabiduría. Muchas veces sor Juana selecciona como ejemplos personajes femeninos de la historia antigua y de la Biblia y diosas de diversas tradiciones y épocas.

Entre los escritos de sor Juana sobresalen los villancicos* cantados en diversas iglesias para celebrar fiestas religiosas. Algunos de ellos tienen un toque popular, ya sea afromexicano, mestizo, indígena o criollo, que les da la nota exótica tan gustada por los escritores barrocos. De sus autos sacramentales* es notable *El divino Narciso* (1690) por los pasajes de inspiración bíblica. En el teatro secular sobresale la comedia de enredos, *Los empeños de una casa* (c. 1683), donde el gracioso aparece disfrazado de mujer. El aporte literario más importante de sor Juana es *El sueño o Primero sueño* (1692), silva de 975 versos. *El sueño,* tal y como lo llamó la monja en la *Respuesta,* es una de las más notables creaciones poéticas del siglo XVII. Allí el alma se propone llegar al conocimiento total del universo; no obstante, fracasa al darse cuenta de las limitaciones del intelecto y de la imposibilidad de comprender el universo en su totalidad. La autora acepta esta derrota a la vez que destaca la importancia de seguir adelante, de atreverse a aceptar el reto aun a riesgo de caer. No debe sorprender entonces que Faetón, el hijo del Sol o Apolo, quien al conducir el carro de su padre se acercó tanto a la tierra que el dios se vio obligado a destruirlo antes que ésta se incendiara, sea uno de sus personajes favoritos. Sor Juana se vale de este héroe mitológico para subrayar la importancia de comenzar la tarea, aun consciente de su fracaso eventual. Ciertamente la biografía y los escritos de la monja mexicana encarnan el desafío ejemplificado por el hijo de Apolo.

## ■ Bibliografía mínima

Avilés, Luis F. "Sor Juana en el punto de fuga: La mirada en 'Este que ves, engaño colorido'". *Bulletin of Hispanic Studies* 77 (2000): 413–31.

De la Cruz, Sor Juana Inés. *Poesía lírica.* Ed., introducción y notas de José Carlos González Boixo. Madrid: Cátedra, 1992.

Luciani, Frederick. "Anecdotal Self-Invention in Sor Juana's *Respuesta a Sor Filotea*". *Colonial Latin American Review* 4.2 (1995): 73-83.

Martínez San Miguel, Yolanda. *Saberes americanos: subalternidad y epistemología en los escritos de Sor Juana.* Pittsburgh: Instituto Internacional de Literatura Iberoamericana, 1999.

McKenna, Susan M. "Rational Thought and Female Poetics in Sor Juana's *Primero Sueño:* The Circumvention of Two Traditions". *Hispanic Review* 68.1 (2000): 37–52.

Merrim, Stephanie. *Early Modern Women's Writing and Sor Juana Inés de la Cruz.* Nashville: Vanderbilt UP, 1999.

Myers, Kathleen A. "Sor Juana's *Respuesta:* Rewriting the Vitae". *Revista Canadiense de Estudios Hispánicos* 14.3 (1990): 459–71.

Paz, Octavio. *Sor Juana Inés de la Cruz o las trampas de la fe.* México: Fondo de Cultura Económica, 1982.

Sabat de Rivers, Georgina. *En busca de Sor Juana.* México: UNAM, 1998.

___. "Sor Juana Inés de la Cruz". En *La cultura letrada en la Nueva España del siglo XVII*. Ed. Raquel Chang-Rodríguez. *Historia de la literatura mexicana*. Vol. 2. México: Siglo XXI, 2002. 619–71.

Scott, Nina M. "Gender and Authority in Sor Juana Inés de la Cruz". *Women Studies International Forum* 2.5 (1988): 429–38.

# Respuesta de la poetisa a la muy ilustre sor Filotea de la Cruz

*[Sor Juana le explica a su amigo, el arzobispo de Puebla o sor Filotea de la Cruz, la pasión por aprender, por escribir, que siente desde la niñez.]*

[...] El escribir nunca ha sido dictamen propio, sino fuerza ajena; que les pudiera decir con verdad: *Vos me coegistis*.[1] Lo que sí es verdad que no negaré (lo uno porque es notorio a todos, y lo otro, porque, aunque sea contra mí, me ha hecho Dios la merced de darme grandísimo amor a la verdad) que desde que me
5 rayó la primera luz de la razón, fue tan vehemente y poderosa la inclinación a las letras, que ni ajenas reprehensiones—que he tenido muchas—, ni propias reflejas—que he hecho no pocas—, han bastado a que deje de seguir este natural impulso que Dios puso en mí: Su Majestad sabe por qué y para qué; y sabe que le he pedido que apague la luz de mi entendimiento dejando sólo lo que baste para
10 guardar su Ley, pues lo demás sobra, según algunos, en una mujer; y aun hay quien diga que daña. Sabe también Su Majestad que no consiguiendo esto, he intentado sepultar con mi nombre mi entendimiento, y sacrificársele sólo a quien me lo dio; y que no otro motivo me entró en Religión, no obstante que al desembarazo y quietud que pedía mi estudiosa intención eran repugnantes los ejerci-
15 cios y compañía de una comunidad; y después, en ella, sabe el Señor, y lo sabe en el mundo quien sólo lo debió saber, lo que intenté en orden a esconder mi nombre, y que no me lo permitió, diciendo que era tentación; y sí sería. Si yo pudiera pagaros algo de lo que os debo, Señora mía,[2] creo que sólo os pagara en contaros esto, pues no ha salido de mi boca jamás, excepto para quien debió salir. Pero
20 quiero que con haberos franqueado[3] de par en par las puertas de mi corazón, haciéndoos patentes sus más sellados secretos, conozcáis que no desdice de mi confianza lo que debo a vuestra venerable persona y excesivos favores.

Prosiguiendo en la narración de mi inclinación, de que os quiero dar entera noticia, digo que no había cumplido los tres años de mi edad cuando enviando
25 mi madre a una hermana mía, mayor que yo, a que se enseñase a leer en una de las que llaman Amigas,[4] me llevó a mí tras ella el cariño y la travesura; y viendo que le daban lección, me encendí yo de manera en el deseo de saber leer, que engañando, a mi parecer, a la maestra, le dije que mi madre ordenaba me diese lección. Ella no lo creyó, porque no era creíble; pero, por complacer al donaire,[5] me

---

[1] "Vosotros me obligasteis" (II, Corintios, xii, 11).
[2] Sor Filotea, o sea, el Arzobispo de Puebla, Manuel Fernández de Santa Cruz.
[3] Abierto.
[4] Amiga: escuela donde las niñas aprendían a leer y escribir, aritmética y labores manuales.
[5] Mi gracia.

30 la dio. Proseguí yo en ir y ella prosiguió en enseñarme, ya no de burlas, porque
la desengañó la experiencia; y supe leer en tan breve tiempo, que ya sabía cuando
lo supo mi madre, a quien la maestra lo ocultó por darle el gusto por entero y
recibir el galardón por junto; y yo lo callé, creyendo que me azotarían por haberlo
hecho sin orden. Aún vive la que me enseñó (Dios la guarde) y puede testificarlo.

35     Acuérdome que en estos tiempos, siendo mi golosina la que es ordinaria en
aquella edad, me abstenía de comer queso, porque oí decir que hacía rudos,[6] y
podía conmigo más el deseo de saber que el de comer, siendo éste tan poderoso
en los niños. Teniendo yo después como seis o siete años, y sabiendo ya leer y escribir, con todas las otras habilidades de labores y costura que deprenden[7] las
40 mujeres, oí decir que había Universidad y Escuelas en que se estudiaban las ciencias, en México; y apenas lo oí cuando empecé a matar a mi madre con instantes
e importunos ruegos sobre que, mudándome el traje, me enviase a México, en
casa de unos deudos[8] que tenía, para estudiar y cursar la Universidad; ella no lo
quiso hacer, e hizo muy bien, pero yo despiqué[9] el deseo en leer muchos libros
45 varios que tenía mi abuelo, sin que bastasen castigos ni represiones a estor-
barlo[9a]; de manera que cuando vine a México, se admiraban, no tanto del ingenio, cuanto de la memoria y noticias que tenía en edad que parecía que apenas
había tenido tiempo para aprender a hablar.

    Empecé a deprender gramática,[10] en que creo no llegaron a veinte las lec-
50 ciones que tomé; y era tan intenso mi cuidado, que siendo así que en las mujeres—y más en tan florida juventud, era tan apreciable el adorno natural del
cabello, yo me cortaba de él cuatro o seis dedos, midiendo hasta dónde llegaba
antes, e imponiéndome ley de que si cuando volviese a crecer hasta allí no sabía
tal o tal cosa, que me había propuesto deprender en tanto que crecía me lo había
55 de volver a cortar en pena de la rudeza. Sucedía así que él crecía y yo no sabía lo
propuesto, porque el pelo crecía aprisa, y yo aprendía despacio, y con efecto lo
cortaba en pena de la rudeza que no me parecía razón que estuviese vestida de
cabellos cabeza que estaba tan desnuda de noticias, que era más apetecible
adorno. Entréme religiosa, porque aunque conocía que tenía el estado cosas (de
60 las accesorias hablo, no de las formales), muchas repugnantes a mi genio, con
todo, para la total negación que tenía al matrimonio, era lo menos desproporci-
cionado y lo más decente que podía elegir, en materia de la seguridad que
deseaba de mi salvación; a cuyo primer respeto (como al fin más importante)
cedieron y sujetaron la cerviz todas las impertinencillas de mi genio, que eran de
65 querer vivir sola; de no querer tener ocupación obligatoria que embarazase la libertad de mi estudio, ni rumor de comunidad que impidiese el sosegado silencio
de mis libros. Esto me hizo vacilar algo en la determinación, hasta que alumbrán-
dome personas doctas de que era tentación, la vencí con el favor divino, y tomé
el estado que tan indignamente tengo. Pensé yo que huía de mí misma; pero
70 ¡miserable de mí! trájeme a mí conmigo y traje mi mayor enemigo en esta inclinación, que no sé determinar si por prenda[11] o castigo me dio el Cielo, pues de

---

[6] Entorpecía, embrutecía.
[7] Aprenden.
[8] Parientes.
[9] Satisfice.

[9a] Impedirlo.
[10] Aprender latín.
[11] Regalo.

apagarse o embarazarse con tanto ejercicio que la religión tiene, reventaba como pólvora, y se verificaba en mí el *privatio est causa apetitus*.[12]

Volví (mal dije, pues nunca cesé): proseguí, digo, a la estudiosa tarea (que
75 para mí era descanso en todos los ratos que sobraban a mi obligación) de leer y más leer, de estudiar y más estudiar, sin más maestro que los mismos libros. Ya se ve cuán duro es estudiar en aquellos caracteres sin alma, careciendo de la voz viva y explicación del maestro; pues todo este trabajo sufría yo muy gustosa, por amor de las letras. ¡Oh, si hubiese sido por amor de Dios, que era lo acertado,
80 cuánto hubiera merecido! Bien que yo procuraba elevarlo cuanto podía y diri- girlo a su servicio, porque el fin a que aspiraba era a estudiar Teología[13] pareción- dome menguada inhabilidad, siendo católica, no saber todo lo que en esta vida se puede alcanzar, por medios naturales, de los divinos misterios; y que siendo monja y no seglar, debía, por el estado eclesiástico, profesar letras; y más siendo
85 hija de un San Jerónimo,[14] y de una Santa Paula,[15] que era degenerar de tan doc- tos padres ser idiota la hija. Esto me proponía yo de mí misma y me parecía razón; si no es que era (y eso es lo más cierto) lisonjear[15a] y aplaudir a mi propia inclinación, proponiéndole como obligatorio su propio gusto. [...]

# Redondillas

### I

Hombres necios que acusáis
a la mujer sin razón,
sin ver que sois la ocasión
de lo mismo que culpáis;

5  Si con ansia sin igual
solicitáis su desdén,
¿por qué queréis que obren bien,
si las incitáis al mal?

Combatís su resistencia
10 y luego, con gravedad,
decís que fue liviandad
lo que hizo la diligencia.

Parecer[16] quiere el denuedo[17]
de vuestro parecer loco,
15  al niño que pone el coco[18]
y luego le tiene miedo.

Queréis, con presunción necia,
hallar a la que buscáis,
para pretendida, Thais,[19]
20  y en la posesión, Lucrecia.[20]

¿Qué humor puede ser más
raro que el que, falto de consejo,
él mismo empaña el espejo,
y siente que no esté claro?

---

[12] "La privación es causa de apetito".
[13] Teología: se consideraba que esta ciencia era la reina de las diversas ramas del saber.
[14] San Jerónimo: padre y doctor de la Iglesia (¿347?–420). Tradujo la Biblia al latín en la versión llamada *Vulgata*. El convento donde profesó sor Juana era de la Orden de San Jerónimo y por eso ella se considera hija espiritual del Santo.
[15] Santa Paula: discípula de San Jerónimo. Sor Juana profesó en el Monasterio de Santa Paula, de la Orden de San Jerónimo.
[15a] Halagar.

[16] Parecerse.
[17] Valor.
[18] Aparición o fantasma con que se atemoriza a los niños.
[19] Thais: o Tais, cortesana griega del siglo IV a. de J.C., amante de Alejandro Magno y su acompañante en el viaje que éste hizo al Asia.
[20] Lucrecia: esposa de Tarquino Colatino que, violada por el hijo del Rey de Roma, se suicidó avergonzada. El ofendido esposo se convirtió en líder de la rebelión que dio fin a la monarquía romana.

25     Con el favor y el desdén
tenéis condición igual,
quejándoos, si os tratan mal,
burlándoos, si os quieren bien.

    Opinión, ninguna gana;
30 pues la que más se recata,[21]
si no os admite, es ingrata,
y si os admite, es liviana.

    Siempre tan necios andáis
que, con desigual nivel,
35 a una culpáis por crüel
y a otra por fácil culpáis.

    ¿Pues cómo ha de estar templada[22]
la que vuestro amor pretende,
si la que es ingrata, ofende,
40 y la que es fácil, enfada?

    Mas, entre el enfado y pena
que vuestro gusto refiere,
bien haya la que no os quiere
y quejaos en hora buena.

45     Dan vuestras amantes penas
a sus libertades alas,
y después de hacerlas malas
las queréis hallar muy buenas.

    ¿Cuál mayor culpa ha tenido
50 en una pasión errada:
la que cae de rogada,
o el que ruega de caído?

    ¿O cuál es más de culpar,
aunque cualquiera mal haga:
55 la que peca por la paga,
o el que paga por pecar?

    Pues, ¿para qué os espantáis
de la culpa que tenéis?
Queredlas cual las hacéis
60 o hacedlas cual las buscáis.

    Dejad de solicitar,
y después, con más razón,
acusaréis la afición
de la que os fuere a rogar.

65     Bien con muchas armas
fundo que lidia[23] vuestra arrogancia,
pues en promesa e instancia
juntáis diablo, carne y mundo.[24]

## II

    Este amoroso tormento
que en mi corazón se ve,
sé que lo siento y no sé
la causa por qué lo siento.

5     Siento una grave agonía
por lograr un devaneo[25]
que empieza como deseo
y para en melancolía.

    Y cuando con más terneza
10 mi infeliz estado lloro
sé que estoy triste
e ignoro la causa de mi tristeza.

    Siento un anhelo tirano
por la ocasión a que aspiro
15 y cuando cerca la miro
yo misma aparto la mano.

    Porque, si acaso se ofrece,
después de tanto desvelo,
la desazona[26] el recelo
20 o el susto la desvanece.

    Y si alguna vez sin susto
consigo tal posesión,
cualquiera leve ocasión
me malogra todo el gusto.

---

[21] Se esconde.
[22] Hecha, formada.
[23] Batalla, lucha.
[24] Diablo, carne y mundo: los tres enemigos del

alma según la doctrina católica.
[25] Delirio, fantasía.
[26] Le quita el gusto.

Siento mal del mismo bien
con receloso temor,
y me obliga el mismo amor
tal vez a mostrar desdén.

Cualquier leve ocasión labra
en mi pecho, de manera,
que el que imposibles venciera
se irrita de una palabra.

Con poca causa ofendida
suelo, en mitad de mi amor,
negar un leve favor
a quien le diera la vida.

Ya sufrida, ya irritada,
con contrarias penas lucho:
que por él sufriré mucho,
y con él sufriré nada.

No sé en qué lógica cabe
el que tal cuestión se pruebe:
que por él lo grave es leve,
y con él lo leve es grave.

Sin bastantes fundamentos
forman mis tristes cuidados,
de conceptos engañados,
un monte de sentimientos.

Y en aquel fiero conjunto
hallo, cuando se derriba,
que aquella máquina altiva
sólo estribaba en un punto.

Tal vez el dolor me engaña
y presumo, sin razón,
que no habrá satisfacción
que pueda templar mi saña;[27]

y cuando a averiguar llego
el agravio porque riño
es como espanto de niño
que para en burlas y juego.

Y aunque el desengaño toco,
con la misma pena lucho,
de ver que padezco mucho
padeciendo por tan poco.

A vengarse se abalanza
tal vez el alma ofendida;
y después, arrepentida,
toma de mí otra venganza.

Y si al desdén satisfago,
es con tan ambiguo error,
que yo pienso que es rigor
y se remata en halago.

Hasta el labio desatento
suele, equívoco, tal vez,
por usar de la altivez
encontrar el rendimiento.

Cuando por soñada culpa
con más enojo me incito,
yo le acrimino[28] el delito
y le busco la disculpa.

No huyo el mal, ni busco el bien:
porque en mi confuso error,
ni me asegura el amor
ni me despecha el desdén.

En mi ciego devaneo,
bien hallada[29] con mi engaño,
solicito el desengaño
y no encontrarlo deseo.

Si alguno mis quejas oye
más a decirlas me obliga,
porque me las contradiga,
que no porque las apoye.

Porque si con la pasión
algo contra mi amor digo,
es mi mayor enemigo
quien me concede razón.

Y si acaso en mi provecho
hallo la razón propicia,
me embaraza la injusticia
y ando cediendo el derecho.

Nunca hallo gusto cumplido,
porque entre alivio y dolor,
hallo culpa en el amor
y disculpa en el olvido.

---

[27] Furor, enojo.
[28] Acuso.

[29] Satisfecha, contenta.

<sup>105</sup>    Esto de mi pena dura
es algo de dolor fiero,
y mucho más no refiero
porque pasa de locura.

    Si acaso me contradigo
<sup>110</sup> en este confuso error,
aquél que tuviere amor
entenderá lo que digo.

## Sonetos[30]

### I

Este que ves, engaño colorido,[31]
que del arte ostentando los primores,
con falsos silogismos de colores
es cauteloso engaño del sentido;

<sup>5</sup>    éste, en quien la lisonja[32] ha pretendido
excusar de los años los horrores,
y venciendo del tiempo los rigores
triunfar de la vejez y del olvido,

    es un vano artificio del cuidado,
<sup>10</sup> es una flor al viento delicada,
es un resguardo inútil para el hado:

    es una necia diligencia errada,
es un afán caduco y, bien mirado,
es cadáver, es polvo, es sombra, es nada.

### II

Rosa divina que en gentil cultura
eres, con tu fragante sutileza,
magisterio purpúreo en la belleza,[33]
enseñanza nevada a la hermosura.

<sup>5</sup>    Amago[34] de la humana arquitectura,
ejemplo de la vana gentileza,
en cuyo ser unió naturaleza
la cuna alegre y triste sepultura.

---

[30] El tradicional se compone de catorce versos de rima aconsonantada distribuidos en dos cuartetos y dos tercetos casi siempre con versos de once sílabas (endecasílabos). Hay otras variaciones. La primera composición de sor Juana fechada con certeza (1666) fue un soneto. Los críticos coinciden en que la escritora dio lo mejor de su obra en este tipo de poemas.

[31] Aquí sor Juana presenta dos temas favoritos del barroco: el engaño de los sentidos y lo perecedero de lo material.
[32] Alabanza falsa.
[33] La rosa ofrece una enseñanza por su belleza.
[34] Amenaza.

¡Cuán altiva en tu pompa, presumida,
10  soberbia, el riesgo de morir desdeñas,
y luego desmayada y encogida

de tu caduco ser das mustias señas,
con que con docta muerte y necia vida,
viviendo engañas y muriendo enseñas!

### III

Detente, sombra de mi bien esquivo,
imagen del hechizo que más quiero,
bella ilusión por quien alegre muero,
dulce ficción por quien penosa vivo.

5  Si al imán de tus gracias, atractivo,
sirve mi pecho de obediente acero,
¿para qué me enamoras lisonjero[35]
si has de burlarme luego fugitivo?

Mas blasonar[36] no puedes, satisfecho,
10  de que triunfa de mí tu tiranía:
que aunque dejas burlado el lazo estrecho

que tu forma fantástica ceñía,
poco importa burlar brazos y pecho
si te labra prisión mi fantasía.

### IV

Al que ingrato me deja, busco amante;
al que amante me sigue, dejo ingrata;
constante adoro a quien mi amor maltrata;
maltrato a quien mi amor busca constante.

5  Al que trato de amor, hallo diamante,
y soy diamante al que de amor me trata;
triunfante quiero ver al que me mata,
y mato al que me quiere ver triunfante.

Si a éste pago, padece mi deseo;
10  si ruego a aquél, mi pundonor enojo:
de entrambos modos infeliz me veo.

Pero yo, por mejor partido, escojo
de quien no quiero, ser violento empleo,
que, de quien no me quiere, vil despojo.

---

[35] Con falsas alabanzas.    [36] Hacer ostentación, alardear de algo.

## ■ Preguntas generales

1. ¿Por qué se ha usado el término "feminista" para caracterizar a sor Juana?
2. ¿Por qué entró sor Juana al convento?
3. ¿Cuáles fueron las relaciones de la monja mexicana con la corte virreinal y en especial con las virreinas?
4. ¿Quién es sor Filotea de la Cruz y por qué le escribió sor Juana?
5. Sor Juana usó modelos del barroco peninsular; ¿cómo le dio originalidad a esa tradición?
6. ¿Qué temas barrocos aprovechó la escritora mexicana en sus poesías?
7. ¿Quién es Faetón, qué simboliza y por qué cree Ud. que aparece con frecuencia en la obra de sor Juana?

## ■ Preguntas de análisis

1. ¿Cómo muestra la autora en la *Respuesta* que su vocación intelectual no es incompatible con su devoción religiosa?
2. ¿Qué datos ofrece la *Respuesta* para confirmar el constante deseo de saber de sor Juana?
3. ¿Qué conceptos antitéticos encontramos en "Hombres necios"? ¿Qué actitud contradictoria de los hombres critica la voz poética?
4. ¿Cómo se caracteriza el amor en "Este amoroso tormento"? ¿Por qué es frecuente este tipo de caracterización en el período barroco?
5. En "Este que ves, engaño colorido", identifique los paralelismos y explique por qué el retrato es "nada".
6. ¿Por qué en "Rosa divina" esta flor sintetiza la "cuna alegre" y la "triste sepultura"?
7. ¿A quién se dirige la voz poética en "Detente"? ¿Qué comentarios encontramos aquí sobre el amor, el cuerpo y la imaginación?
8. ¿Qué antítesis encontramos en "Al que ingrato"? ¿Cómo resuelve la voz poética su dilema?

## ■ Temas para informes escritos

1. Sor Juana y otras poetas coloniales.
2. Sor Juana y sus relaciones con la Iglesia novohispana.
3. *Respuesta a sor Filotea de la Cruz* y la defensa de sor Juana de los derechos de la mujer al estudio.
4. La representación de los indígenas y afromexicanos en los villancicos de sor Juana.
5. Análisis de tres sonetos amorosos de sor Juana.

## ■ Temas de reflexión y comentario

1. Escritoras de la época de sor Juana.
2. La educación de la mujer en el siglo XVII.
3. Sor Juana y su triple marginalidad.
4. Las representaciones teatrales en la Nueva España del siglo XVII.
5. Sor Juana y las virreinas.

# JOSE JOAQUIN FERNANDEZ DE LIZARDI

1776–1827, Ciudad de México, México

Las ideas reformadoras de la Ilustración francesa fueron acogidas y defendidas tenazmente por Fernández de Lizardi. Proveniente de una familia con cierto prestigio profesional, pero sin muchos recursos, hizo estudios universitarios que no llegó a terminar. Cuando se casó en 1805, la pequeña dote de la esposa sirvió para aliviar preocupaciones económicas familiares.

Los primeros escritos del autor, sátiras de personajes conocidos y críticas al gobierno, circularon en forma de folletos que vendía por unos centavos para subsistir y difundir sus ideas. Aprovechando un breve período de libertad de prensa a raíz de la instalación de las Cortes de Cádiz en 1812, Lizardi fundó un periódico, *El Pensador Mexicano* (1812–14), nombre que después adoptó como seudónimo. Esta y otras empresas periodísticas suyas fueron víctimas de los vaivenes políticos y la cada día más estricta censura de prensa.

Apasionado por las reformas sociales y sin otro medio para hacer llegar sus ideas al público, el autor decidió escribir *El Periquillo Sarniento,* una novela cuyos primeros tres tomos se publicaron por entregas en 1816; el cuarto no pasó la censura por expresarse contra la esclavitud, pero apareció más tarde. Entusiasmado con el género y convencido de la misión didáctica de la obra literaria sostenida por los neoclásicos, "El Pensador Mexicano" escribió otras tres novelas: *Noches tristes y día alegre* (1818–19), fantasía romántica donde imita la melancólica elegía *Noches lúgubres* (1798) del militar y escritor español José Cadalso; *La Quijotita y su prima* (1818), orientada a mejorar la educación femenina; y *Don Catrín de la Fachenda* (1832), obra publicada póstumamente y centrada en la biografía de un orgulloso joven que rehusa trabajar y termina suicidándose. Lizardi también escribió fábulas y dramas en muchos de los cuales utilizó la forma poética para llegar a un público más variado.

Cuando se restauró la libertad de prensa en México (1820), Lizardi volvió a utilizar vías más directas de propaganda. Apoyó vigorosamente la causa independentista y se unió al Partido Federal de cuño liberal; pero las ideas reformadoras del "Pensador Mexicano", seguramente muy avanzadas para la época, tampoco encontraron acogida allí. Infatigable en su lucha, dos meses antes de fallecer, publicó un amplio folleto donde resumía los males que aquejaban a México y asimismo daba indicaciones de cómo quería que lo enterraran.

Es fácil entender por qué Lizardi escogió la novela picaresca como vehículo para expresar sus ideas. Conocía bien la literatura española y sabía cómo este género había servido para hacer crítica social durante el Siglo de Oro. Además, muchas de las cartas y relaciones a la metrópoli de soldados y colonizadores

—pensemos en Bernal Díaz— se escribieron utilizando la primera persona. Estos documentos contribuyeron a darle prestigio a la narración autobiográfica. Con todo, el autor no es fiel al modelo picaresco presentado por Quevedo y Mateo Alemán. Está más cerca del francés Lesage y su *Gil Blas de Santillana* (1715–35), del padre Isla, autor de la novela satírica *Fray Gerundio de Campazas* (1758) y de la *Vida* (1743–85), autobiografía del trotamundos Diego Torres de Villarroel. Como Lizardi, estos autores critican fuertemente las lacras sociales, pero ofrecen una visión menos pesimista que la de algunos de los escritores del Siglo de Oro. De ahí que Periquillo, al contrario de otros protagonistas picarescos, se redima. Y no podía ser de otra forma, pues las ideas ilustradas del autor se centran en la posibilidad de mejorar la condición de la mayoría a través del perfeccionamiento de las instituciones sociales.

Como en la picaresca, en *El Periquillo* el protagonista cuenta su vida al servicio de varios amos retratados con realismo. Sus andanzas lo llevan a diferentes ciudades de México, a las Filipinas, a una isla fantástica. Lizardi no pierde tiempo para sacar de cada aventura de Periquillo una lección que ofrece en largas digresiones moralizadoras. Haciendo alarde de erudición, cita con frecuencia diversas fuentes para apoyar su punto de vista.

En esta obra "El Pensador Mexicano" ataca los muchos males que agobian a México, pero su blanco preferido es el sistema educativo. Siguiendo a Feijoo en su *Teatro crítico universal* (1726–39), se manifiesta contra la lógica y la metafísica y aboga por métodos de enseñanza modernos basados en la experimentación. Dentro de una larga tradición literaria —recordemos a Caviedes y sus modelos clásicos— están sus ataques a médicos y farmacéuticos ignorantes y charlatanes. Critica también el código legal de México y el atraso económico de España y sus colonias. Seguidor del ideario ilustrado, ve en la agricultura, y no en la minería, una fuente de trabajo y riqueza. Ataca también la avaricia de la Iglesia y la deshonestidad e hipocresía de los clérigos. Al mismo tiempo, la obra incluye detalladas descripciones de costumbres y tipos mexicanos de diversas clases sociales. Al presentar sus ideas, Lizardi no olvida uno de los puntos importantes del credo neoclásico, "enseñar deleitando". Si a esto añadimos las variadas situaciones en las cuales coloca al protagonista y la agilidad y gracia del relato, es fácil comprender el continuado éxito de *El Periquillo Sarniento*.

■ Bibliografía mínima

Alba-Koch, Beatriz de. " 'Enlightened Absolutism' and Utopian Thought: Fernández de Lizardi and Reform in New Spain". *Revista Canadiense de Estudios Hispánicos* 24.2 (2000): 295–306.

Benítez-Rojo, Antonio and Susan Griswold. "José Joaquín Fernández de Lizardi and the Emergence of the Spanish American Novel as National Project". En *The Places of History: Regionalism Revisited in Latin America*. Ed. Doris Sommer. Durham: Duke UP, 1999. 199–213.

Fernández de Lizardi, José Joaquín. *El Periquillo Sarniento*. Ed. de Luis Sáinz de Medrano. 2 Vols. Madrid, 1976.

Flores, Enrique. "Periquillo emblemático. Aguafuertes del *Periquillo Sarniento* (1816)". *Colonial Latin American Review* 11.1 (2002): 89–108.

Knowlton, E.C. "China and the Philippines in *El Periquillo Sarniento*". *Hispanic Review* 30.4 (1962–63): 336–47.

Vogeley, Nancy. "José Joaquín Fernández de Lizardi". *Latin American Writers*. Eds. Carlos A. Solé y Maria Isabel Abreu. Vol 1. New York: Scribner's, 1989. 119–28.

———. *Lizardi and the Birth of the Novel in Spanish America*. Gainesville: UP of Florida, 2001.

# El Periquillo Sarniento

*[Periquillo sirvió en la casa del doctor Purgante. Con éste como tutor aprendió de las hipocresías, trampas, trucos y falsas curaciones de los médicos. Cansado de los abusos del Dr. Purgante y su hermana, creyéndose capaz de ganarse la vida como médico, huyó de la casa llevándose libros en español y latín, la ropa y los títulos de bachiller en medicina de su amo. Se apropió de estos últimos borrando nombres y fechas y reemplazándolos con sus datos. Después de robarle al Dr. Purgante, Periquillo se encuentra con Andrés, un modesto joven, a quien ya conocía porque los dos habían servido en casa de don Agustín, el barbero. Le miente y le dice que se ha recibido de médico y lo invita a ser su ayudante. Los dos abandonan la ciudad de México y se establecen en Tula,[1] Periquillo como médico y Andrés de maestro barbero.]*

[...] Como en los pueblos son muy noveleros, lo mismo que en las ciudades, al momento corrió por toda aquella comarca la noticia de que había médico y barbero en la cabecera, y de todas partes iban a consultarme sobre sus enfermedades.

Por fortuna, los primeros que me consultaron fueron aquellos que sanan
5 aunque no se curen, pues les bastan los auxilios de la sabia naturaleza y otros padecían porque no querían o no sabían sujetarse a la dieta que les interesaba. Sea como fuere, ellos sanaron con lo que les ordené, y en cada uno labré un clarín a mi fama.

A los quince o veinte días, ya yo no me entendía de enfermos,[2] especial-
10 mente indios, los que nunca venían con las manos vacías, sino cargando gallinas, frutas, huevos, verduras, quesos y cuanto los pobres encontraban. De suerte que el tío Bernabé[3] y sus viejas estaban contentísimos con su huésped. Yo y Andrés no estábamos tristes, pero más quisiéramos monedas; sin embargo de que Andrés estaba mejor que yo, pues los domingos desollaba indios a medio real, que
15 era una gloria, llegando a tal grado su atrevimiento, que una vez se arriesgó a sangrar a uno y por accidente quedó bien. Ello es que con lo poco que había visto y el ejercicio que tuvo, se le agilitó la mano, en términos que un día me dijo: Ora[4] sí, señor, ya no tengo miedo, y soy capaz de afeitar al *Sursum corda*.[5]

---

[1] Tula: ciudad a unos ochenta kilómetros de México, famosa por sus ruinas toltecas.
[2] Tenía muchos pacientes.
[3] El dueño de la casa donde se hospedan Periquillo y Andrés.
[4] Ahora.

[5] "Sursum corda" o "elevemos nuestros corazones", palabras que pronuncia el sacerdote al comenzar la misa. Expresión usada aquí como disparate por Andrés, quien cree que es el nombre de un personaje importante.

Volaba mi fama de día en día, pero lo que me encumbró a los cuernos de la luna fue una curación que hice (también de accidente como Andrés) con el alcabalero,[6] para quien una noche me llamaron a toda prisa.

Fui corriendo, y encomendándome a Dios para que me sacara con bien de aquel trance, del que no sin razón pensaba que pendía mi felicidad.

Llevé conmigo a Andrés con todos sus instrumentos, encargándole en voz baja, porque no lo oyera el mozo, que no tuviera miedo como yo no lo tenía; que para el caso de matar a un enfermo, lo mismo tenía que fuera indio que español, y que nadie llevaba su pelea más segura que nosotros; pues si el alcabalero sanaba, nos pagarían bien y se aseguraría nuestra fama; y si se moría, como de nuestra habilidad se podía esperar, con decir que ya estaba de Dios[7] y que se le había llegado su hora, estábamos del otro lado, sin que hubiera quien nos acusara de homicidio.

En estas pláticas llegamos a la casa, que la hallamos hecha una Babilonia,[8] porque unos entraban, otros salían, otros lloraban y todos estaban aturdidos.

A este tiempo llegó el señor cura y el padre vicario con los santos óleos.

—Malo —dije a Andrés;— ésta es enfermedad ejecutiva, aquí no hay remedio; o quedamos bien o quedamos mal. Vamos a ver cómo nos sale este albur.[9]

Entramos todos juntos a la recámara y vimos al enfermo tirado boca arriba en la cama, privado de sentidos, cerrados los ojos, la boca abierta, el semblante denegrido y con todos los síntomas de un apoplético.

Luego que me vieron junto a la cama, la señora su esposa y sus niñas, se rodearon de mí y me preguntaron, hechas un mar de lágrimas:

—¡Ay, señor! ¿Qué dice usted, se muere mi padre? Yo, afectando mucha serenidad de espíritu y con una confianza de un profeta, les respondí:

—Callen ustedes, niñas, ¡qué se ha de morir! Estas son efervescencias del humor sanguíneo que oprimiendo los ventrículos del corazón embargan el cerebro, porque cargan con el pondus[10] de la sangre sobre la espina medular y la traquearteria pero todo esto se quitará en un instante, pues si *evaquatio fit, recedet pletora*, con la evacuación nos libraremos de la plétora.

Las señoras me escuchaban atónitas, y el cura no se cansaba de mirarme de hito en hito,[11] sin duda mofándose de mis desatinos, los que interrumpió diciendo:

—Señoras, los remedios espirituales nunca dañan ni se oponen a los temporales. Bueno será absolver a mi amigo por la bula y olearlo, y obre Dios.

—Señor cura—dije yo con toda la pedantería que acostumbraba, que era tal que no parecía sino que la había aprendido con escritura;—señor cura, usted dice bien, y yo no soy capaz de introducir mi hoz en mies ajena; pero, *venia tanti*,[12] digo que esos remedios espirituales, no sólo son buenos, sino necesarios, *necesitate medii y necesitate praecepii in articulo mortis: sed sic est*,[13] que no estamos en ese caso; *ergo*, etc.

---

[6] El que administraba o cobraba el impuesto de la alcabala.
[7] Que era la voluntad de Dios.
[8] Casa en desorden.
[9] Suerte, azar.

[10] Peso.
[11] Mirar fijamente.
[12] Con su permiso.
[13] Se necesitan esos remedios cuando el paciente está de muerte pero ése no es el caso.

60     El cura, que era harto prudente e instruido, no quiso hacer alto[14] en mis charlatanerías, y así me contestó:

—Señor doctor, el caso en que estamos no da lugar a argumentos, porque el tiempo urge; yo sé mi obligación y esto importa.

Decir esto y comenzar a absolver al enfermo, y el vicario a aplicarle el santo
65 sacramento de la unción, todo fue uno. Los dolientes, como si aquellos socorros espirituales fueran el fallo cierto de la muerte del deudo, comenzaron a aturdir la casa a gritos. Luego que los señores eclesiásticos concluyeron sus funciones, se retiraron a otra pieza, cediéndome el campo y el enfermo.

Inmediatamente me acerqué a la cama, le tomé el pulso, miré a las vigas del
70 techo por largo rato; después le tomé el otro pulso haciendo mil monerías, como eran arquear las cejas, arrugar la nariz, mirar el suelo, morderme los labios, mover la cabeza a uno y otro lado y hacer cuantas mudanzas pantomímicas me parecieron oportunas para aturdir a aquellas pobres gentes que, puestos los ojos en mí, guardaban un profundo silencio, teniéndome sin duda por un segundo
75 Hipócrates; a lo menos ésa fue mi intención, como también ponderar el gravísimo riesgo del enfermo y lo difícil de la curación, arrepentido de haberles dicho que no era cosa de cuidado.

Acabada la tocada del pulso, le miré el semblante atentamente, le hice abrir la boca con una cuchara para verle la lengua, le alcé los párpados, le toqué el
80 vientre y los pies, e hice dos mil preguntas a los asistentes sin acabar de ordenar ninguna cosa, hasta que la señora, que ya no podía sufrir mi cachaza,[15] me dijo:

—Por fin, señor, ¿qué dice usted de mi marido, es de vida o de muerte?

—Señora—le dije,—no sé de lo que será; sólo que Dios puede decir que es de vida y resurrección como lo fue *Lazarum quem resuscitavit a monumento*
85 *foetidum,*[16] y si lo dice, vivirá aunque esté muerto. *Ego sum resurrectio et vita, qui credit in me, etiam si mortuus fuerit, viviet.*[17]

—¡Ay, Jesús!—gritó una de las niñas,—ya se murió mi padrecito.

Como ella estaba junto al enfermo, su grito fue tan extraño y doloroso, y cayó privada de la silla, pensamos todos que en realidad había espirado, y nos
90 rodeamos de la cama.

El señor cura y el vicario, al oír la bulla,[18] entraron corriendo, y no sabían a quién atender, si al apoplético o a la histérica, pues ambos estaban privados. La señora ya medio colérica, me dijo:

—Déjese usted de latines, y vea si cura o no cura a mi marido. ¿Para qué me
95 dijo, cuando entró, que no era cosa de cuidado y me aseguró que no se moría?

—Yo lo hice, señora, por no afligir a usted—le dije,—pero no había examinado al enfermo *methodice vel juxta artis nostrae praecepta,* esto, con método o según las reglas del arte; pero encomiéndese usted a Dios y vamos a ver. Primeramente que se ponga una olla grande de agua a calentar.

100     —Esto sobra—dijo la cocinera.

---

[14] Prestar atención.
[15] Lentitud.
[16] Lázaro a quién El [Jesús] resucitó de la tumba fétida.

[17] Yo soy la resurrección y la vida; todo el que creyere en mí, aunque estuviere muerto, vivirá (Juan XI: 25).
[18] Escándalo.

—Pues bien, maestro Andrés—continué yo,—usted, como buen fleboto-miano,[19] déle luego luego un par de sangrías de la vena cava.

Andrés, aunque con miedo y sabiendo tanto como yo de venas cavas, le ligó los brazos y le dio dos piquetes que parecían puñaladas, con cuyo auxilio, al cabo
105 de haberse llenado dos borcelanas[20] de sangre, cuya profusión escandalizaba a los espectadores, abrió los ojos el enfermo, y comenzó a conocer a los circuns-tantes y a hablarles.

Inmediatamente hice que Andrés aflojara las vendas y cerrara las cisuras[21], lo que no costó poco trabajo, tales fueron de prolongadas.

110 Después hice que se le untase vino blanco en el cerebro y pulsos, que se le confortara el estómago por dentro con atole[22] de huevos y por fuera con una tor-tilla de los mismos, condimentada con aceite rosado, vino, culantro y cuantas porquerías se me antojaron; encargando mucho que no lo resupinaran.[23]

—¿Qué es eso de resupinar, señor doctor?—preguntó la señora. Y el cura,
115 sonriéndose, le dijo:

—Que no lo tengan boca arriba.

—Pues tatita, por Dios—siguió la matrona,—hablemos en lengua que nos entendamos como la gente.

A ese tiempo, ya la niña había vuelto de su desmayo y estaba en la conver-
120 sación, y luego que oyó a su madre, dijo:

—Sí, señor, mi madre dice muy bien; sepa usted que por eso me privé en-denantes,[24] porque como empezó a rezar aquello que los padres les cantan a los muertos cuando los entierran, pensé que ya se había muerto mi padrecito y que usted le cantaba la vigilia.

125 Rióse el cura de gana[25] por la sencillez de la niña y los demás lo acom-pañaron, pues ya todos estaban contentos al ver al señor alcabalero fuera de riesgo, tomando su atole y platicando muy sereno como uno de tantos.

Le prescribí su régimen para los días sucesivos, ofreciéndome a continuar su curación hasta que estuviera enteramente bueno.

130 Me dieron todos las gracias, y al despedirme, la señora me puso en la mano una onza de oro, que yo la juzgué peso en aquel acto, y me daba al diablo de ver mi acierto tan mal pagado; y así se lo iba diciendo a Andrés, el que me dijo:

—No, señor; no puede ser plata, sobre que[26] a mí me dieron cuatro pesos.

En efecto, dices bien—le contesté. Y acelerando el paso llegamos a la casa
135 donde vi que era una onza de oro amarilla como un azafrán refino.

### ■ Preguntas generales

1. ¿Con qué propósito escribió Lizardi *El Periquillo* y cómo se publicó?
2. ¿Qué relación hay entre las novelas de Lizardi y la censura de prensa?

---

[19] El que se ocupa de hacer sangrías.
[20] Recipientes pequeños.
[21] Aperturas, heridas.
[22] Bebida caliente de harina de maíz disuelta en agua o leche y endulzada con otros sabores.

[23] No ponerlo de espaldas.
[24] Antes.
[25] Con gusto.
[26] Porque.

3. Además de *El Periquillo*, ¿qué otras novelas escribió Lizardi y cuáles son sus temas?
4. ¿Por qué se le conoce al autor como "El Pensador Mexicano"?
5. ¿Cómo revela la obra de Lizardi su interés en el progreso?

## ■ Preguntas de análisis

1. ¿Por qué Lizardi utilizó el modelo picaresco? ¿En qué aspectos se distancia su obra de este género?
2. El neoclasicismo indica que la literatura debe "enseñar deleitando". Explique este aspecto del ideario neoclásico e indique cómo lo cumple Lizardi en *El Periquillo*.
3. ¿En qué medida introduce Lizardi elementos innovadores y subversivos con respecto a la tradición literaria y a la sociedad de su época?
4. Analice la personalidad y las acciones de Periquillo y explique si Ud. lo considera un maleante o una víctima.
5. Describa la curación del alcabalero y comente sobre el tipo de crítica evidente en este episodio.

## ■ Temas para informes escritos

1. La labor periodística de Lizardi.
2. *La Quijotita y su prima* y las ideas de Lizardi sobre la educación de la mujer.
3. El ideario neoclásico y la redención de Periquillo.
4. Periquillo Sarniento, ¿pelado o pícaro?
5. Humor e ironía en *Don Catrín de la Fachenda*.

## ■ Temas de reflexión y comentario

1. Presencia del Asia en *El Periquillo Sarniento*.
2. El periodismo mexicano en la época de Fernández de Lizardi.
3. Antecedentes literarios del Dr. Purgante.
4. Origen del nombre Periquillo Sarniento.
5. Periquillo y otros pícaros: convergencias y diferencias.

# ANDRES BELLO

1781, Caracas, Venezuela—1865, Santiago, Chile

Andrés Bello es considerado el padre intelectual de las nuevas repúblicas americanas. Maestro de Simón Bolívar (1783–1830), fue enviado a Londres (1810) por
las fuerzas revolucionarias para recaudar fondos a favor de la causa independentista y establecer contacto con políticos europeos influyentes. La etapa londinense de Bello (1810–29) fue decisiva en su formación literaria. Allí conoció a los
liberales españoles exiliados, José Joaquín de Mora y Blanco White [José María
Blanco y Crespo (1775–1841)], y a destacados literatos ingleses. Allí fundó las revistas *Biblioteca Americana* (1823) y *Repertorio Americano* (1826–27) con el propósito de dar a conocer la cultura hispánica y, a su vez, difundir las nuevas ideas
europeas en América. Allí comenzó a reunir los datos que culminarían en sus estudios sobre *el Poema del Mío Cid.*

A pedido del gobierno chileno, viajó a ese país (1829) donde impulsó la vida
intelectual, creó el periódico *El Araucano,* reformó el sistema educativo y fundó la
universidad de la cual fue elegido rector en 1843. En Chile, Bello y sus discípulos
sostuvieron una polémica (1842) con jóvenes argentinos exiliados por el dictador
Juan Manuel Rosas (1793–1877). Capitaneados por Juan Bautista Alberdi y por
Domingo F. Sarmiento (ver pp. 156–172), futuro presidente de su país, postula-
ban ellos la independencia política y cultural de España. Equivocadamente veían
a Bello, defensor de la unidad lingüística entre España e Hispanoamérica y autor
de *Gramática de la lengua castellana* (1847), como una figura académica, apegada a
las reglas y al orden. En realidad, el educador venezolano y los jóvenes argentinos no estaban muy alejados en sus propuestas sobre el futuro cultural hispanoamericano. Así pareció admitirlo después el romántico argentino Esteban
Echeverría (ver pp. 137–153) cuando reconoció la necesidad de cuidar y enriquecer el castellano sin alterar su esencia. Recogida en periódicos santiaguinos, la
polémica fue representativa de un conflicto generacional y, al mismo tiempo,
anunciaba el auge en Hispanoamérica del romanticismo de filiación francesa.

Filólogo, jurisconsulto, poeta, crítico literario, gramático, maestro, periodista y ensayista, por la profundidad y la amplitud de su saber Bello fue un humanista en el exacto sentido de la palabra. Su temperamento equilibrado lo hizo
más neoclásico que romántico; sin embargo, nunca fue intransigente. Familiarizado con los postulados del romanticismo desde su residencia en Londres, el
venezolano abrazó el culto a la libertad, tan central al credo romántico.

De entre sus creaciones poéticas "La alocución a la poesía" (1823) y la silva
"La agricultura de la zona tórrida" (1826) son las más afamadas. Se publicaron
respectivamente en *Biblioteca Americana y Repertorio Americano* e iniciaron la

tradición descriptiva en la lírica continental. La primera, considerada como declaración de la independencia intelectual de Hispanoamérica, se abre con una invitación a la Poesía para que abandone la vieja Europa y se establezca en América; en la segunda predomina la intención moral, pues el poeta subraya cómo la agricultura puede ser ayuda y defensa de las nuevas repúblicas. La nota descriptiva y utilitaria se hace presente cuando Bello menciona diferentes tipos de productos agrícolas, destacando sus características y su valor comercial. Siguiendo el tema horaciano de "menosprecio de corte y alabanza de aldea", condena los vicios de la ciudad y exalta las virtudes del campo. Bello abandona toda referencia mitológica para ofrecer una visión objetiva de la naturaleza, enriquecida con imágenes americanas. Por eso se ha observado que "La agricultura de la zona tórrida" bien podría considerarse antecesora del *Canto general* (1950) del chileno Pablo Neruda (ver pp. 392–401).

Preocupado por el destino de las nuevas repúblicas y por la educación de su juventud, Bello se dedicó a orientar la cultura chilena y la hispanoamericana. Escribió manuales educativos y artículos periodísticos que publicó en *El Araucano*. Sus artículos nos dan una idea muy clara de su propuesta cultural: crear una base que combine lo mejor del saber europeo y del americano. Estas ideas revelan tanto al equilibrado humanista como al maestro excepcional que era Bello.

## ■ Bibliografía mínima

Bello, Andrés. *Obra literaria*. Ed. Pedro Grases. Caracas: Biblioteca Ayacucho, 1979.

Cussen, Antonio. *Bello and Bolívar. Poetry and Politics in the Spanish American Revolution.* New York: Cambridge UP, 1992.

Chang-Rodríguez, Eugenio. "Andrés Bello: ¿neoclásico, romántico o precursor del modernismo?" *Memoria del XX Congreso del Instituto Internacional de Literatura Iberoamericana.* Ed. Mátyás Horányi, Budapest: Universidad Eötvös Lorand, 1982. 109–20.

Concha, Jaime. "Bello y su gestión superestructural en Chile". *Revista de Crítica Literaria Latinoamericana* 22. 43–44 (1996): 139–61.

Grases, Pedro. "Andrés Bello". *Latin American Writers.* Eds. Carlos A. Solé y Maria Isabel Abreu. Vol. 1. New York: Scribner's, 1989. 129–34.

Lynch, John, ed. *Andrés Bello: The London Years.* London: Richmond Publishing Co., 1982.

# La agricultura de la zona tórrida[1]

¡Salve,[2] fecunda zona,
que al sol enamorado circunscribes
el vago curso, y cuanto ser se anima
en cada vario clima,
5  acariciada de su luz, concibes!

---

[1] El poema es una silva donde hay versos heptasílabos (7 sílabas) y endecasílabos (11 sílabas) combinados arbitrariamente.

[2] Saludo usado en poesía. Algunos críticos han notado que este verso se asemeja al "Salve, magna parens frugum..." de las *Geórgicas* de Virgilio.

Tú tejes al verano su guirnalda
de granadas espigas; tú la uva
das a la hirviente cuba;[3]
no de purpúrea fruta, roja o gualda,[4]
10   a tus florestas bellas
falta matiz alguno; y bebe en ellas
aromas mil el viento;
y greyes[5] van sin cuento
paciendo[6] tu verdura, desde el llano
15   que tiene por lindero[7] el horizonte,
hasta el erguido[8] monte,
de inaccesible nieve siempre cano.

Tú das la caña hermosa
de do[9] la miel se acendra,[10]
20   por quien desdeña el mundo los panales;[11]
tú en urnas de coral cuajas la almendra[12]
que en la espumante jícara[13] rebosa;
bulle carmín viviente en tus nopales,[14]
que afrenta fuera al múrice de Tiro,[15]
25   y de tu añil[16] la tinta generosa
émula[17] es de la lumbre del zafiro.
El vino es tuyo, que la herida agave[18]
para los hijos vierte
del Anáhuac[19] feliz; y la hoja es tuya,[20]
30   que, cuando de süave
humo en espiras vagarosas huya,
solazará el fastidio al ocio inerte.
Tú vistes de jazmines
el arbusto sabeo[21]

---

[3] Recipiente hecho de madera, usado para fermentar bebidas.
[4] Amarilla.
[5] Rebaño de ganado.
[6] De pacer, comer el ganado la hierba de los campos.
[7] Límite.
[8] Alto.
[9] Donde.
[10] Se purifica.
[11] Se refiere a la miel de las abejas.
[12] Se refiere al cacao.
[13] Recipiente pequeño hecho de calabaza o güira.
[14] Se refiere a la cochinilla, insecto originario de México que vive sobre el nopal. Reducido a polvo, se lo empleaba para teñir la seda y la lana de rojo.

[15] Se refiere a un molusco que segrega un licor usado antiguamente para teñir.
[16] Planta de índigo de cuyos tallos y hojas se saca una pasta de color azul.
[17] Competidora.
[18] Se refiere al maguey o pita, planta de donde se saca el pulque, bebida con cierto contenido de alcohol muy gustada en México.
[19] Nombre dado por los nahuas o aztecas al valle de México.
[20] Se refiere al tabaco.
[21] Café; se le llamaba así porque el mejor café solía venir del Reino de Sabá.

35 y el perfume le das que en los festines
la fiebre insana templará a Lieo.[22]
Para tus hijos la procera[23] palma
su vario feudo cría,
y el ananás[24] sazona su ambrosía;[25]
40 su blanco pan la yuca,
sus rubias pomas[26] la patata educa,
y el algodón despliega al aura[27] leve
las rosas de oro y el vellón[28] de nieve.
Tendida para ti la fresca parcha[29]
45 en enramadas de verdor lozano,
cuelga de sus sarmientos trepadores
nectáreos globos[30] y franjadas[31] flores;
y para ti el maíz, jefe altanero
de la espigada[32] tribu, hinche su grano;
50 y para ti el banano
desmaya al peso de su dulce carga;
el banano, primero
de cuantos concedió bellos presentes
Providencia a las gentes
55 del Ecuador feliz, con mano larga.
No ya de humanas artes obligado
el premio rinde ópimo;[33]
no es a la podadera, no al arado,
deudor de su racimo:
60 escasa industria bástale, cual puede
hurtar a sus fatigas mano esclava:
crece veloz, y cuando exhausto acaba,
adulta prole en torno le sucede.

      Mas, ¡oh, si cual no cede[34]
65 el tuyo, fértil zona, a suelo alguno,
y como de natura esmero ha sido,
de tu indolente[35] habitador lo fuera!
¡Oh, si al falaz[36] ruido
la dicha al fin supiese verdadera
70 anteponer, que del umbral le llama
del labrador sencillo,
lejos del necio y vano

---

[22] Lieo: otro nombre para Baco, el dios del vino.
[23] Alta.
[24] Piña.
[25] Manjar.
[26] Frutas.
[27] Viento suave.
[28] Copos blancos como la lana de un carnero u oveja después de cortada.
[29] Planta también conocida como granadilla.

[30] Se refiere al fruto que tiene forma de huevo y una pulpa sabrosa y agridulce.
[31] Son rojas por dentro y con los filamentos de diversos colores.
[32] Alta.
[33] Abundante.
[34] No es inferior.
[35] Perezoso, flojo.
[36] Engañoso.

fausto,[37] el mentido brillo,
el ocio pestilente ciudadano!
75 ¿Por qué ilusión funesta
aquellos que fortuna hizo señores
de tan dichosa tierra y pingüe[38] y varia,
al cuidado abandona
y a la fe mercenaria
80 las patrias heredades,[39]
y en el cielo tumulto se aprisionan
de míseras ciudades,
do[40] la ambición proterva[41]
sopla la llama de civiles bandos,
85 o al patriotismo la desidia[42] enerva;
do el lujo las costumbres atosiga,[43]
y combaten los vicios
la incauta edad en poderosa liga? [...]

   ¡Oh jóvenes Naciones, que ceñida
90 alzáis sobre el atónito[44] Occidente
de tempranos laureles la cabeza!
Honrad el campo, honrad la simple vida
del labrador, y su frugal llaneza.
Así tendrán en vos perpetuamente
95 la libertad morada,
y freno la ambición y la ley templo.
Las gentes a la senda
de la inmortalidad ardua y fragosa,
se animarán, citando vuestro ejemplo.
100 Lo emulará[45] celosa
vuestra posteridad; y nuevos nombres
añadiendo la fama
a los que ahora aclama,
"Hijos son éstos, hijos
105 —pregonará a los hombres—
de los que vencedores superaron
de los Andes la cima:
de los que en Boyacá, los que en la arena
de Maipo, y en Junín,[46] y en la campaña
110 gloriosa de Apurima,[47]
postrar supieron al león de España".

---

[37] Lujo extraordinario.
[38] Abundante.
[39] Campos.
[40] Donde.
[41] Perversa.
[42] Inercia, negligencia.
[43] Fatiga.

[44] Sorprendido.
[45] Imitará.
[46] Batallas decisivas en la guerra por la independencia hispanoamericana: Maipo (1818), Boyacá (1819) y Junín (1824).
[47] Apurimac: río cercano a Ayacucho, campo donde se libró la batalla del mismo nombre.

# Autonomía cultural de América[48]

[...] Nuestra juventud ha tomado con ansia el estudio de la historia; acabamos de ver pruebas brillantes de sus adelantamientos en ella; y quisiéramos que se penetrase bien en la verdadera misión de la historia para estudiarla con fruto.

5     Quisiéramos sobre todo precaverla[49] de una servilidad excesiva a la ciencia de la civilizada Europa.

Es una especie de fatalidad la que subyuga las naciones que empiezan a las que las han precedido. Grecia avasalló a Roma; Grecia y Roma, a los pueblos modernos de Europa, cuando en ésta se restauraron las letras; y nosotros somos 10 ahora arrastrados más allá de lo justo por la influencia de la Europa, a quien—al mismo tiempo que nos aprovechamos de sus luces—debiéramos imitar en la independencia del pensamiento [...]

Es preciso además no dar demasiado valor a nomenclaturas filosóficas: generalizaciones que dicen poco o nada por sí mismas al que no ha contemplado la 15 naturaleza viviente en las pinturas de la historia y, si ser puede, en los historiadores primitivos y originales. No hablamos aquí de nuestra historia solamente sino de todas. ¡Jóvenes chilenos! Aprended a juzgar por vosotros mismos; aspirad a la independencia del pensamiento. Bebed en las fuentes; a lo menos en los raudales[50] más cercanos a ellas. El lenguaje mismo de los historiadores originales, 20 sus ideas, hasta sus preocupaciones y sus leyendas fabulosas, son una parte de la historia, y no la menos instructiva y verídica. ¿Queréis, por ejemplo, saber qué cosa fue el descubrimiento y conquista de América? Leed el diario de Colón,[51] las cartas de Pedro de Valdivia,[52] las de Hernán Cortés. Bernal Díaz[53] os dirá mucho más que Solís[54] y Robertson.[55] Interrogad a cada civilización en sus obras; pedid 25 a cada historiador sus garantías. Esa es la primera filosofía que debemos aprender de la Europa.

Nuestra civilización será también juzgada por sus obras; y si se la ve copiar servilmente a la europea aun en lo que ésta no tiene de aplicable, ¿cuál será el juicio que formará de nosotros un Michelet,[56] un Guizot?[57] Dirán: la América no 30 ha sacudido aún sus cadenas; se arrastra sobre nuestras huellas con los ojos vendados; no respira en sus obras un pensamiento propio, nada original, nada característico; remeda[58] las formas de nuestra filosofía y no se apropia su espíritu. Su civilización es una planta exótica que no ha chupado todavía sus jugos a la tierra que la sostiene. [...]

*(El Araucano, 1848)*

---

[48] Es una selección del artículo "Modo de escribir la historia" donde Bello comenta la obra del historiador chileno Jacinto Chacón.
[49] Prevenir a la juventud.
[50] Caudal de agua que corre violentamente.
[51] Cristóbal Colón: ver pp. 23–27.
[52] Pedro de Valdivia (1510–69): conquistador de Chile.
[53] Bernal Díaz del Castillo: ver pp. 37–47.
[54] Antonio Solís (1610–86): historiador y poeta español que escribió *Historia de la conquista de Méjico.*

[55] William Robertson (1721–93): historiador escocés, autor de, entre otras obras, *History of America.*
[56] Jules Michelet (1798–1874): historiador francés famoso por su *Historia de Francia.*
[57] Francois Guizot (1787–1874): estadista y escritor francés.
[58] Imita.

## ■ Preguntas generales

1. ¿Por qué fue Bello a Londres, cuánto tiempo residió allí y cuál es la importancia de su estadía en esa ciudad?
2. ¿Qué labor cultural realizó Bello en Chile?
3. ¿Con quiénes sostuvo una polémica en Santiago y por qué razones?
4. ¿Cuáles son sus dos poemas más afamados y qué propone Bello en ellos?
5. ¿Qué aspecto del credo romántico adoptó Bello y cómo lo contrasta Ud. con los postulados neoclásicos?

## ■ Preguntas de análisis

1. ¿Cómo relaciona Bello en "La agricultura" el tema de la naturaleza con el de la utilidad?
2. ¿Por qué es importante en la época de Bello describir la naturaleza americana y qué interés científico impulsó estas descripciones?
3. ¿Qué les garantizará a las generaciones futuras el cuidado del campo?
4. ¿De qué previene Bello a los jóvenes en "Autonomía"?
5. ¿En qué se debe imitar a Europa?
6. ¿Por qué deben conocer la historia los países hispanoamericanos y a qué fuentes deben acudir para estudiarla?
7. ¿De qué "cadenas" habla Bello en "Autonomía"?
8. ¿Cómo pueden lograr las naciones su autonomía cultural?

## ■ Temas para informes escritos

1. La etapa londinense de Andrés Bello.
2. Andrés Bello y sus relaciones con Simón Bolívar.
3. Importancia de la "Alocución a la poesía" de Andrés Bello.
4. Andrés Bello y su polémica con los románticos argentinos.
5. El magisterio de Bello en Chile.

## ■ Temas de reflexión y comentario

1. El viaje de Alejandro von Humboldt a Caracas y sus contactos con Bello.
2. Bello y sus relaciones con los liberales españoles de Londres.
3. Las expediciones científicas de la época y su impacto en las letras.
4. Bello y la reforma de la enseñanza en Chile.
5. Bello y la importancia de sus ideas sobre la autonomía cultural hispanoamericana.

2

# Búsqueda de la emancipación cultural

1825–1882

## 2.1  Política y literatura

Las ideas del filósofo Descartes y, más tarde, las de los enciclopedistas* Diderot, D'Alambert, Montesquieu, Rosseau y Voltaire contribuyeron a desarrollar el pensamiento revolucionario del Siglo de las Luces en Francia. La proclamación de la independencia de Haití en 1804, el primer país libre de Latinoamérica, estuvo directamente relacionada con el triunfo de la Revolución Francesa (1789) y la Declaración de los Derechos del Hombre. Pétion, uno de los primeros presidentes de Haití (1807–18), contribuyó a financiar las campañas de Simón Bolívar contra el régimen colonial; su única condición fue que, una vez lograda la independencia, se aboliera la esclavitud en Hispanoamérica.

La doctrina de la soberanía popular, las ideas sobre la división de los poderes y el rechazo de la monarquía absoluta, llegaron a España y, por medio de viajeros y contrabandistas, se dieron a conocer también en Hispanoamérica. El neoclásico español Benito Jerónimo Feijoo (1675–1764) también contribuyó a difundir las nuevas ideas, comentándolas en sus escritos.

Los aportes ingleses expresados en la filosofía de Hobbes, Locke y Hume, y las contribuciones científicas de Newton, le otorgaron una sólida base al pensamiento ilustrado. Cuando en 1776 las trece colonias inglesas en Norteamérica se declararon independientes y el pensamiento de Jefferson y Franklin se difundió en el continente, los criollos liberales discutieron y analizaron con pasión las consecuencias de acontecimientos tan cercanos.

*2.1.1  La lucha independentista.*  Ya a lo largo del siglo XVIII rebeliones como la de José de Antequera en Paraguay, Tupac Amaru en Perú y los comuneros de Zipaquirá, cerca de Bogotá, habían mostrado descontento y resentimiento contra el gobierno colonial. La invasión napoleónica de la Península Ibérica (1807) y las reuniones en cabildo* abierto en las diferentes capitales hispanoamericanas para rechazar esa invasión y apoyar a Fernando VII, quien al retornar al trono (1814) gobernó como monarca absolutista, contribuyeron a precipitar el estallido independentista.

*2.1.2  El nuevo camino político.*  La independencia no trajo a las jóvenes repúblicas ni la paz ni la justicia anheladas por los patriotas. A la época bélica siguió un agitado período de turbulencia política y social. Muchas veces los antiguos generales del ejército libertador se convirtieron en caudillos y hasta hubo uno, el mexicano Agustín de Iturbide (1783–1824), que, apoyado por sus partidarios, llegó a hacerse coronar emperador. La dictadura se convirtió en forma de gobierno prevaleciente y así lo prueban los regímenes de José Gaspar Rodríguez

Francia (1814–40) en Paraguay, Juan Manuel de Rosas (1835–52) en Argentina y Gabriel García Moreno (1861–75) en Ecuador. Hubo conflictos bélicos internos tales como las luchas civiles argentinas entre los defensores de la autonomía de las provincias y los propugnadores de la hegemonía de la ciudad de Buenos Aires; guerras entre las nuevas repúblicas, como las dos de Chile contra Perú y Bolivia (1836–39 y 1879–83); y luchas armadas entre los países latinoamericanos y las potencias europeas deseosas de ocupar el vacío dejado por España. Francia, por ejemplo, ideó un plan para contrarrestar el imperialismo norteamericano e impuso a Maximiliano de Hapsburgo como emperador de México (1864–67). En el Caribe continuó la lucha por la independencia política y los levantamientos patrióticos fueron duramente reprimidos por las autoridades coloniales.

**2.1.3 El nuevo camino literario.** En esta etapa de formación y búsqueda de la personalidad nacional llegó a Hispanoamérica el romanticismo* europeo surgido mayormente en Alemania, Francia e Inglaterra a fines del siglo XVIII. El nuevo movimiento literario, con su énfasis en la originalidad, en el individualismo y en el liberalismo político y literario, ganó adeptos fácilmente. Entre los seguidores se encontraban jóvenes intelectuales, deseosos de trazar una nueva senda cultural para las nacientes repúblicas. Para lograr sus objetivos proponían abandonar la influencia española y buscar inspiración en Francia. Al adoptar a los románticos franceses como modelo, no se dieron cuenta de que caían nuevamente en la imitación. Este período de exaltación, sin embargo, fue pasajero. Poco a poco los escritores fueron incorporando las nuevas ideas y apropiándose de ellas para crear obras que, si bien estaban marcadas por el romanticismo, mostraban la diversidad cultural del continente y el genio de sus creadores.

## 2.2 El romanticismo en Europa y en los Estados Unidos

En términos generales los románticos auspiciaban: 1) la vuelta a la naturaleza donde, según el precursor Rousseau, el hombre podía desarrollar su bondad natural —de ahí se originó el culto al "buen salvaje", la atención al campo y la admiración por los héroes; 2) la suprema individualidad de cada artista; y 3) el predominio de los sentimientos y las emociones sobre el intelecto y la razón.

**2.2.1 Alemania.** En Alemania el camino para la recepción de estas ideas lo preparó hacia 1770 el movimiento prerromántico del "Sturm und Drang" ("tempestad e impulso"). Este consistía en una fuerte reacción contra el racionalismo y el clasicismo, mezclada con un gran interés en el estudio del pasado medieval. Los hermanos Friedrich y August Wilhelm von Schlegel fueron los teóricos y difusores más importantes del romanticismo en ese país. El primero acuñó el término romanticismo cuando lo usó en oposición al clasicismo; el segundo subrayó la importancia que Calderón de la Barca, el dramaturgo barroco, había tenido para el teatro español, en particular, y para el europeo en general. Sus ideas se dieron a conocer en España por la traducción que hizo el hispanista alemán Johann Nikolaus Böhl von Faber (padre de la novelista Fernán Caballero [Cecilia Böhl von Faber]) de las *Reflexiones de Schlegel sobre el teatro* (1814).

Entre los románticos alemanes más influyentes están el poeta y dramaturgo Schiller; Goethe, autor del drama filosófico *Fausto*; y especialmente J. G. Herder, quien, con sus tesis sobre la espontaneidad de la poesía y la singularidad del espíritu de cada pueblo (*Volkgeist*), se convirtió en el teórico más reconocido del movimiento.

**2.2.2 Inglaterra.**  La publicación en 1798 de *Lyrical Ballads* de los poetas "lakistas" Wordsworth y Coleridge señala el comienzo del romanticismo inglés. En el prólogo a la segunda edición de esta obra, los autores hacen hincapié en la poesía como resultado de emociones poderosas, la importancia de la lengua común y el predominio de los sentimientos del artista sobre reglas arbitrarias. Siguiendo estos postulados, Byron, Shelley y Keats expresaron en versos armoniosos y de acento melancólico su reacción personal ante diferentes acontecimientos. Tanto los románticos ingleses como los alemanes veían el pasado medieval como una época misteriosa, heroica y llena de aventuras, tal y como Walter Scott lo representó en *Ivanhoe* y en otras novelas históricas.

**2.2.3 Francia.**  El credo de los románticos franceses fue expresado por Víctor Hugo en el prefacio de su drama *Cromwell* (1828) y lo reconfirmó en el estreno de *Hernani* (1830). En su famosa frase "El romanticismo es el liberalismo en la literatura", el autor francés proclamó el derecho del artista a escoger y desarrollar sus temas. La modalidad romántica francesa, con su énfasis en la libertad creadora y política, fue la que más influyó entre los jóvenes intelectuales hispanoamericanos, especialmente en los de la zona del Río de la Plata (Argentina y Uruguay). Los escritores rioplatenses se sintieron atraídos por el trágico fin, la fuerza descriptiva, el tono melancólico y la interpretación del sentimiento de la naturaleza presentes en obras como *Paul et Virgine* (1788) de Bernardin de Saint Pierre y *Atala* (1801) de Chateaubriand.

**2.2.4 Italia.**  Manzoni, autor de la novela histórica *Los novios* (1827), y el poeta y novelista Foscolo se encuentran entre los pocos románticos italianos conocidos en Hispanoamérica durante aquella época.

**2.2.5 España.**  En ese país, el movimiento comenzó como una reacción contra el neoclasicismo. Las ideas del romanticismo inglés se propagaron cuando en 1833 regresaron a España los exiliados liberales, refugiados en Inglaterra durante el reinado absolutista de Fernando VII. Su retorno trajo consigo el apogeo de la nueva escuela literaria y del liberalismo político que forjó la Primera República española (1873).

Entre los románticos españoles que tuvieron más influencia en Hispanoamérica están: en poesía, Espronceda, autor de la famosa "Canción del pirata", Bécquer, cuyas rimas aportan el acento íntimo y emotivo, y Campoamor, conocido por sus "doloras" y "humoradas"; en drama, el Duque de Rivas, cuyo *Don Alvaro o la fuerza del sino* es una de las obras más representativas del romanticismo español, y José Zorrilla, autor de *Don Juan Tenorio*, drama inspirado en una antigua leyenda ya aprovechada en el Siglo de Oro por Tirso de Molina; y en prosa, Larra, quien se dio a conocer con artículos de costumbres firmados con los seudónimos de "El pobrecito hablador" y "Fígaro".

Una modalidad que se desarrolló con éxito dentro del romanticismo español y después dentro del hispanoamericano, fue el costumbrismo.* Entre los escritores hispanoamericanos influidos por el costumbrismo a lo largo del siglo XIX se encuentran el chileno José Joaquín Vallejo (1811–58), que usó el seudónimo de "Jotabache", el mexicano Guillermo Prieto (1818–97), creador de tipos urbanos y rurales, el peruano Ricardo Palma (1833–1919), cuyas "tradiciones"\* sobrepasan el marco costumbrista, y el argentino José S. Alvarez (1858–1903), más conocido como "Fray Mocho". Muchas veces los "cuadros" o relatos breves escritos por los costumbristas servían para señalar males sociales. Algunos críticos sostienen que estos relatos, al volverse más complejos y anecdóticos, se convirtieron en eslabones importantes en el desarrollo del cuento. Los críticos en desacuerdo destacan las diferencias entre el cuadro de costumbres y el cuento: el primero presenta una realidad muy específica, con gran afán didáctico y detallista; el segundo hace hincapié en la búsqueda de efectos y en lo anecdótico.

*2.2.6 Los norteamericanos: James Fenimore Cooper y su visión del indígena y la naturaleza.*   En cuanto al papel de los indígenas como protagonistas y la recreación directa de la naturaleza, es imprescindible reconocer la influencia de James Fenimore Cooper. Las novelas de "el Walter Scott de América", y en especial *The Last of the Mohicans* (1826), subrayan temas como la destrucción del amerindio y el heroísmo de la población nativa. Tanto los aportes de Rousseau y de Chateaubriand antes mencionados, como los de Cooper, contribuirán a crear una visión idealizada y rígida de los indígenas evidente después en personajes de las novelas y los cuentos del indianismo\* literario hispanoamericano.

En suma, en la obra literaria los preceptos románticos se manifestaron en: el culto al individualismo y la libertad creadora, el predominio de las emociones, la utilización de la naturaleza para reflejar los sentimientos del artista, el deseo de libertad política, el interés en lo popular, la vuelta al pasado y el gusto por lo típico y pintoresco.

## 2.3  La difusión y transformación del romanticismo

*2.3.1 Los viajeros.*   El deseo de formarse en un ambiente cultural más cosmopolita, así como la inestabilidad política del continente debida a las luchas por la independencia, hicieron que muchos de los jóvenes de familias criollas acomodadas viajaran a Europa y permanecieran allí por largos períodos de tiempo. París era la meta de este peregrinaje. La cultura francesa, considerada como la más refinada y avanzada, era la fuente donde los jóvenes americanos buscaban inspiración para construir las nuevas naciones. A su regreso, muchos de ellos ejercieron la docencia en universidades y colegios, formaron tertulias, ocuparon altos puestos políticos o se dedicaron a escribir. Las ideas europeas en el arte, la política y la literatura se dieron a conocer a través de vías muy diversas.

En 1810 Andrés Bello (ver pp. 93–99) viajó a Londres como comisionado de la junta de gobierno patriota de Venezuela para conseguir aliados europeos y fondos para la lucha por la independencia. Durante su larga residencia en esa ciudad aparecieron importantes obras de Scott, Byron, Shelley, Keats y Wordsworth que Bello pudo leer y apreciar, pues dominaba el inglés. Asimismo, las traducciones de varios románticos ingleses y los relatos del español Blanco White publicados en *Biblioteca Americana y Repertorio Americano*, revistas fundadas por Bello, testimonian su apreciación de la nueva estética.

Más tarde, cuando Bello se instaló en Chile (1829), comentó con lucidez y autoridad los puntos principales del nuevo credo romántico. Con tino, advirtió que las reglas no eran el objetivo del arte; reconoció también la importancia de la libertad en la política y en la literatura, así como la de la pasión en la obra creadora. Su docencia y escritos contribuyeron a difundir las nuevas ideas, matizadas por él con un sentido de equilibrio, producto de su formación clásica.

Otro viajero clave fue Esteban Echeverría (ver pp. 120–36). En 1825 se embarcó para la capital francesa y allí permaneció por cuatro años absorbiendo las últimas corrientes estéticas, políticas y filosóficas. A su regreso a Buenos Aires (1830) comenzó a escribir una poesía de tono diferente, destacando los tipos, las costumbres y el paisaje locales para lograr una expresión más ajustada a la realidad nacional. Por medio de tertulias y charlas, primero en el "Salón Literario", y después en la "Asociación de Mayo", Echeverría divulgó y afianzó el romanticismo de filiación francesa en Argentina.

Con el exilio de los liberales argentinos que huían de la dictadura rosista, las nuevas ideas pasaron a Uruguay y a Chile. En este último país, las polémicas entre Bello, erróneamente caracterizado como un neoclásico tradicional, y Sarmiento, fogoso emigrado argentino, contribuyeron también a difundir el romanticismo. De ahí el movimiento pasó a Perú, Bolivia, Ecuador y Colombia.

**2.3.2 Las adaptaciones y traducciones.** En México, Venezuela y el Caribe, el romanticismo apareció alrededor de 1830. Un factor importante en este desarrollo fueron las traducciones e imitaciones que hizo el cubano José María Heredia (1803–39) (ver pp. 111–19) de románticos franceses, ingleses e italianos. Algunos viajeros españoles como José Joaquín de Mora, Fernando Velarde y José Zorrilla estimularon con sus escritos y charlas a los creadores hispanoamericanos.

**2.3.3 La apropiación del modelo.** Los signos más distintivos del romanticismo hispanoamericano son el énfasis en la libertad política y literaria, la exaltación del yo y la búsqueda de una literatura nacional. El último aspecto es de particular interés porque llevó a los escritores a preguntarse cómo Hispanoamérica se diferenciaba culturalmente de Europa. Estas discusiones condujeron tanto al examen detenido del pasado y del presente, como de la geografía y de la gente. En consecuencia, se idealizó el pasado pre-hispánico y el colonial y se luchó con las armas y la pluma por un presente mejor; asimismo, el paisaje y los tipos nacionales—el gaucho, el indígena—se incorporaron definitivamente a la literatura.

Para configurar los nuevos ambientes y personajes, algunos escritores intentaron crear una lengua diferente. Además del vocabulario romántico tradicional, que incluía términos tales como: horrible, fatídico, meditabundo, delirio, ruinas y proscritos, se introdujeron en la lengua literaria de Hispanoamérica palabras provenientes del francés y de las lenguas indígenas, así como vocablos típicos de diferentes regiones. Estos intentos de independencia lingüística subrayaron la necesidad de remozar y afinar el instrumento expresivo. Esta preocupación la experimentaron más tarde los modernistas. Uno de los escritores que más contribuyó en esta dirección fue el ecuatoriano Juan Montalvo (1832–89). Su lujosa y cuidada prosa anticipó la renovación modernista (ver pp. 159–63).

El debate planteado sobre la búsqueda de la personalidad nacional y continental que iniciaron los románticos hispanoamericanos durante el siglo XIX no ha terminado todavía. Las generaciones posteriores han hecho idénticas preguntas y el tema aún suscita intensas polémicas.

## 2.4 Matices del romanticismo hispanoamericano

Los críticos han señalado dos etapas bien marcadas en el desarrollo del romanticismo en Hispanoamérica. La primera abarca un período de más o menos treinta años, entre 1830 y 1860, y se caracteriza por la postura exaltada, la pasión política y el ansia de libertad. La segunda se extiende desde 1860 hasta 1880, y muestra una actitud más íntima y contenida donde el autor expresa delicadamente sus sentimientos.

*2.4.1 La literatura como arma política.* Por su vehemente espíritu de libertad, la obra poética del cubano José María Heredia anticipó algunas de las características de la primera etapa romántica conocida como "romanticismo social"* y centrada después en Buenos Aires. Su líder indiscutible fue Esteban Echeverría, quien pronto se rodeó de jóvenes liberales opuestos a la dictadura de Rosas. Además de Echeverría, entre los más destacados seguidores de esta modalidad se encuentra Domingo Faustino Sarmiento (1811–88), quien en *Civilización y barbarie o vida de Juan Facundo Quiroga* (1845), obra que desafía la clasificación genérica, reinterpreta la historia argentina, aprovechando muchos de los postulados románticos (ver pp. 137–53).

Como se ha notado, los argentinos utilizaron la literatura para condenar y combatir al tirano Rosas. El propio Echeverría escribió "El matadero", cuento publicado en 1871 donde simultáneamente aparecen elementos románticos, realistas y naturalistas que dan como resultado una narración de gran tensión. Entre las novelas más conocidas de esta época está *Amalia* (1852) de José Mármol (1818–71), narración sentimental y de denuncia política donde los amantes están románticamente condenados a la separación y al sufrimiento en un Buenos Aires aterrorizado por la tiranía.

*2.4.2 La recuperación del pasado.* De acuerdo con el interés romántico por el pasado, se escribieron novelas históricas que evocaban la época de la conquista y la colonia con tramas cargadas de intriga, de heroísmo y de episodios de honor y amor. Entre las más conocidas está *Enriquillo*, donde su autor, el dominicano Manuel de Jesús Galván, se vale, entre otras fuentes, de una de las obras históricas del padre Bartolomé de las Casas (ver pp. 28–36). Sin embargo, quien recreó el pasado hispanoamericano con mayor éxito y chispa fue Ricardo Palma. Este autor peruano aprovechó el material histórico y lo mezcló con una buena dosis de ficción para dejarnos relatos marcados por el humor, la burla y el chiste, donde predomina la presencia del lenguaje popular. El crecido número de imitadores de este tipo de narración, que Palma llamó "tradiciones", testimonia su aceptación en el continente (ver pp. 164–74).

*2.4.3 Indianismo, indigenismo y abolicionismo.* El examen de la realidad continental dio lugar a dos modalidades importantes en la prosa narrativa: la novela indianista y la novela abolicionista o antiesclavista. El indianismo idealizaba la figura del indígena hasta presentarlo como adorno literario. Como se ha notado, en la época romántica esta visión se basaba en las ideas de Rousseau, que veía al indígena como un "buen salvaje" corrompido por la civilización, y en libros tales como *Atala*, la conocida obra de Chateaubriand. Entre las novelas indianistas se destacan *Guatimozín* (1846), de la cubana Gertrudis Gómez de Avellaneda (1814–73), por ser la primera escrita con esta temática, y *Cumandá* (1871), relato de trama legendaria del ecuatoriano Juan León Mera (1832–94). Si bien esta última también podría considerarse como novela sentimental, su planteamiento del conflicto entre amos y siervos representa un importante eslabón en la narrativa de defensa del indio. Esta temática de reivindicación alcanzaría mayor desarrollo en la novela *Aves sin nido* (1889), donde la peruana Clorinda Matto de Turner (1852–1909), presentó la explotación del indígena e inició el indigenismo* literario. Escritora de ideas avanzadas, Matto de Turner trató en sus novelas, tradiciones y ensayos dos temas centrales: la integración del indio a la sociedad peruana, y el papel de la mujer tanto en el hogar como en la sociedad (ver pp. 187–95).

Si la novela indianista floreció sobre todo en países donde había una numerosa población indígena, la abolicionista apareció en las Antillas, zona de alta concentración de esclavos africanos traídos para la explotación de la caña de azúcar durante los siglos coloniales. Gertrudis Gómez de Avellaneda presentó en *Sab* (1841), publicada diez años antes que *Uncle Tom's Cabin*, las trágicas consecuencias de la esclavitud para amos y esclavos. Aunque no es la primera obra cubana con esta temática, *Sab* expuso una situación bien conocida para la autora. Es importante recordar que durante esta época algunos afrohispanoamericanos contaron su biografía en páginas llenas de dolor así como escribieron poemas donde exigían la abolición de la esclavitud. Entre estos autores se destaca en Cuba el poeta y narrador Juan Francisco Manzano (1797–1845). Algunos de sus escritos se publicaron en traducción al inglés (1840) porque un funcionario británico los consideró útiles para la campaña antiesclavista promovida por su país.

**2.4.4 La novela sentimental.** La exaltación de los sentimientos tiene su más conocido representante en el colombiano Jorge Isaacs (1837–95), autor de *María* (1867), trágica historia de amor en la que se nota la huella de *Atala, Paul et Virginie* y *Werther*, obras muy divulgadas del romanticismo europeo. El puertorriqueño Eugenio María de Hostos (1839–1903) escribió una novela, *La peregrinación de Bayoán* (1863), que ha merecido juicios disímiles. La obra presenta, por medio de personajes alegóricos, el tema de la libertad de Puerto Rico y de la unidad antillana. Hostos compartió con Montalvo el interés por la renovación del lenguaje.

**2.4.5 El drama.** En cuanto al teatro, las influencias más marcadas fueron la española y la francesa. En verdad, el público prefería las comedias y los dramas de autores extranjeros. Por su parte, los escritores hispanoamericanos se consideraban primero novelistas y poetas y después dramaturgos. Quizá debido a esa actitud no encontramos aportaciones muy singulares a ese género. Además de la cubana Gertrudis Gómez de Avellaneda, cuyos dramas se presentaron en España con singular éxito, en el Caribe sobresalió el puertorriqueño Alejandro Tapia Rivera (1827–82) con *La cuarterona* (1878), obra en la que criticó los prejuicios raciales. En México, José Peón Contreras (1843–1907) consiguió la admiración del público con tragedias como *La hija del rey* (1876), pieza en la que padre e hijo aman a la misma mujer. El costumbrismo se hizo patente en Perú en las obras de Felipe Pardo y Aliaga (1806–68) y Manuel Ascensio Segura (1805–71), en cierta forma continuadoras de la tradición satírica iniciada en la época colonial. En Argentina, la dictadura rosista aprovechó el teatro para hacer propaganda a su favor. Si bien algunos talentosos exiliados como Alberdi, Mitre y Mármol escribieron piezas teatrales, éstas fueron de escaso valor.

*2.4.6 La poesía gauchesca.* La poesía de la época encontró su expresión más brillante dentro del género gauchesco. En busca de tipos originales, el escritor romántico descubrió al gaucho, habitante de las pampas argentinas que hablaba un dialecto cercano al español del siglo XVI y tenía su propio código de honor. Ya antes se habían copiado los cantos o payadas* transmitidos oralmente por los gauchos, pero imprimiéndoles una nota de patriotismo para realzar sus contribuciones en las luchas por la independencia. En este proceso sobresalen los *Cielitos y Diálogos patrióticos* de Bartolomé Hidalgo (1788–1822) que elevaron los temas gauchescos a categoría literaria. Después aparecieron importantes obras— *Santos Vega* de Hilario Ascasubi (1807–75), *Fausto* de Estanislao del Campo (1834–80)—que intentaban representar la vida del gaucho y reproducir su manera de hablar. *Martín Fierro* de José Hernández (1834–86) es la obra cumbre de la literatura gauchesca. Valiéndose de diversos procedimientos artísticos, este autor argentino recurrió a las fuentes populares para recrear la vida del gaucho y describir con maestría sus ideales, sus costumbres y su medio ambiente (ver pp. 175–86).

El romanticismo hispanoamericano no logró la anunciada emancipación literaria. Sin embargo, forzó a los escritores a examinar más detenidamente su entorno y a preguntarse cómo las influencias europeas y las aportaciones americanas podrían integrarse para crear una literatura que configurara los anhelos estéticos nacionales y continentales.


## 2.5 Sumario

I. Política y literatura.
    A.    Las luchas por la independencia.
    B.    El nuevo camino político: de generales a dictadores.
    C.    El nuevo modelo literario: Francia.

II. El romanticismo en Europa y en los Estados Unidos.
    A.    Los alemanes: el "Sturm und Drang".
    B.    Los ingleses: los sentimientos poderosos.
    C.    Los franceses: el liberalismo político y literario.
    D.    Los españoles: la vuelta al pasado y el examen del presente.
    E.    Los norteamericanos: James Fenimore Cooper y su visión del indígena y la naturaleza.

III. La difusión y transformación del romanticismo.
    A.    Los viajeros: Andrés Bello y Esteban Echeverría.
    B.    Las adaptaciones y traducciones: José María Heredia.
    C.    La apropiación del modelo.

IV. Matices del romanticismo hispanoamericano.
   A. La literatura como arma política: Esteban Echeverría y Domingo Faustino Sarmiento.
   B. La recuperación del pasado: Ricardo Palma.
   C. Indianismo, indigenismo y abolicionismo: Clorinda Matto de Turner y Gertrudis Gómez de Avellaneda.
   D. La novela sentimental: Jorge Isaacs.
   E. El drama: Gertrudis Gómez de Avellaneda.
   F. La poesía gauchesca: José Hernández.

# JOSE MARIA HEREDIA

1803, Santiago de Cuba, Cuba–1839,
Ciudad de México, México

La poesía de Heredia se distingue por versos cargados de nostalgia por Cuba, la patria lejana cuya libertad tanto deseó. De familia dominicana emigrada a la vecina isla debido a la invasión de Santo Domingo por los haitianos (1801), Heredia adquirió de muy joven una amplia formación humanística. Guiado por su padre, magistrado al servicio de España, desde temprana edad leyó a Homero y tradujo a conocidos poetas latinos. Ya adolescente, completó su preparación literaria leyendo la obra de escritores neoclásicos españoles, sobre todo la del poeta lírico Juan Meléndez Valdés (1754–1817). A estas lecturas siguieron traducciones e imitaciones de románticos franceses (Chateaubriand, Lamartine, probablemente Victor Hugo), ingleses (Byron) e italianos (Foscolo); más tarde (1821) se recibió de Bachiller en Leyes por la Universidad de La Habana y ejerció la carrera en Cuba y México. Poeta precoz, Heredia dejó una extensa producción literaria donde sobresalen la poesía amorosa, la descriptiva y la patriótica, además de dramas, adaptaciones, artículos y ensayos cuyos temas predominantes fueron la historia y la literatura.

La influencia del neoclasicismo en la obra de Heredia se refleja en una visión del mundo donde las ansias de justicia y libertad aparecen matizadas por el culto a la razón y el afán didáctico. Por ejemplo, en el poema "En el teocalli de Cholula" (1820), escrito a los diecisiete años, el autor cubano reflexiona sobre la fugacidad del tiempo y lo efímero de la vida. En este poema, condena la tiranía, defiende la libertad e inserta la nota moralizante propia de obras neoclásicas. Como se observa en la mayoría de sus poemas descriptivos de la naturaleza, el escritor cubano aprendió de los románticos la importancia de la imaginación y de los sentimientos en la creación literaria.

Además de residir en su tierra natal, Heredia, vivió en Pensacola, Caracas, Boston, Nueva York y México. Estas andanzas contribuyeron a intensificar el sentimiento de ruptura y de nostalgia tan evidente en su obra. Al principio, los cambios de lugar de residencia se debieron a las responsabilidades paternas como funcionario judicial de la Corona española en América; después, Heredia fue condenado al destierro por participar en una conspiración a favor de la emancipación de Cuba. Aunque regresó a la isla por unos meses (1836–37), la constante añoranza de la patria lo hizo idealizar el paisaje cubano que, descrito con acento lírico, le sirvió para dar expresión a angustiosas emociones y reflejar su estado de ánimo.

Cuando Heredia contemplaba el paisaje, ya fuera en México o en Canadá, se sentía libre para reflexionar, para expresar su sentir más íntimo. En su oda o canto al "Niágara" (1824), su poema más conocido, esta actitud tan característica de los poetas románticos se manifiesta muy claramente. El cubano describe la catarata de modo realista; inesperadamente, evoca a la patria lejana y sufriente, las hermosas palmas de la isla y su propia condición de desterrado. Lo exterior o puramente objetivo pasa a un plano secundario: la atención se centra en el paisaje interior o emocional, y en cómo éste y la naturaleza se funden para mostrar los sentimientos de la voz lírica. Al dar rienda suelta a sus pasiones, el poeta se aleja de los moldes ordenados y didácticos propuestos por los neoclásicos y reafirma la libertad creadora y la importancia del yo, postulados claves del romanticismo. La poesía de Heredia confirma el temprano impacto de esta escuela literaria cuyos patrones adoptaron y modificaron los escritores hispanoamericanos.

### ■ Bibliografía mínima

Altenberg, Tilmann. *Melancolía en la poesía de José María Heredia*. Frankfurt-Madrid: Vervuert—Iberoamericana, 2001.

Augier, Angel. "José María Heredia: novela y realidad de América Latina". *Revista Iberoamericana* 56. 152–53 (1990): 733–46.

Heredia, José María. *Poesías*. La Habana: Consejo Nacional de Cultura, 1965.

Martínez, Luis. "Las dos alas de la poesía herediana". *Círculo* 19 (1990): 9–18.

Rexach, Rosario. "Heredia como crítico literario". *Círculo* 26 (1997):149–57

Roggiano, Alfredo A. "José María Heredia". *Latin American Writers*. Eds. Carlos A. Solé y Maria Isabel Abreu. Vol. 1. New York: Scribner's, 1989. 135–43.

# En una tempestad[1]

Huracán, huracán, venir te siento,
y en tu soplo abrasado
respiro entusiasmado
del señor de los aires el aliento.

5      En las alas del viento suspendido
vedle rodar por el espacio inmenso,
silencioso, tremendo, irresistible,
en su curso veloz.[2] La tierra en calma,
siniestra, misteriosa,
10  contempla con pavor[3] su faz terrible.
¿Al toro no miráis? El suelo escarban[4]
de insoportable ardor[5] sus pies heridos:
la frente poderosa levantando,
y en la hinchada nariz fuego aspirando,
15  llama la tempestad con sus bramidos.[6]

¡Qué nubes! ¡Qué furor! El sol temblando
vela[7] en triste vapor su faz gloriosa,

---

[1] Silva escrita dos años antes que la oda al Niágara.
[2] Rápido.
[3] Temor, miedo.

[4] Remover la superficie de la tierra.
[5] Calor grande.
[6] Voz del toro y otros animales.
[7] Oscurece.

y su disco nublado sólo vierte
luz fúnebre y sombría,
20 que no es noche ni día...
¡Pavoroso color, velo de muerte!
Los pajarillos tiemblan y se esconden
al acercarse el huracán bramando,
y en los lejanos montes retumbando[8]
25 le oyen los bosques, y a su voz responden.

      Llega ya...¿No lo veis? ¡Cuál desenvuelve
su manto aterrador y majestuoso!...
¡Gigante de los aires, te saludo!...
En fiera confusión el viento agita
30 las orlas[9] de su parda[10] vestidura...
¡Ved!...¡En el horizonte
los brazos rapidísimos enarca[11]
y con ellos abarca[12]
cuanto alcanzo a mirar de monte a monte!

35       ¡Oscuridad universal!...¡Su soplo
levanta en torbellinos
el polvo de los campos agitado!...
En las nubes retumba despeñado[13]
el carro del Señor, y de sus ruedas
40 brota el rayo veloz, se precipita,
hiere y aterra el suelo,
y su lívida[14] luz inunda el cielo.

      ¿Qué rumor? ¿Es la lluvia?...Desatada
cae a torrentes, oscurece al mundo,
45 y todo es confusión, horror profundo.
Cielo, nubes, colinas, caro bosque,
¿dó[15] estáis?...Os busco en vano:
Desaparecisteis...La tormenta umbría[16]
en los aires revuelve un océano
50 que todo lo sepulta[17]...
Al fin, mundo fatal, nos separamos:
el huracán y yo solos estamos.

      ¡Sublime tempestad! ¡Cómo en tu seno,
de tu solemne inspiración henchido,[18]
55 al mundo vil y miserable olvido
y alzo la frente, de delicia lleno!

---

[8] Haciendo mucho ruido, gran estruendo.
[9] Los adornos.
[10] De color oscuro; se refiere al cielo oscuro o nublado.
[11] Poner en forma de arco.
[12] Abraza, ciñe.
[13] Caído.
[14] Azulada.
[15] Dónde.
[16] Sombría.
[17] Entierra.
[18] Lleno.

¿Dó está el alma cobarde
que teme tu rugir[19]?...Yo en ti me elevo
al trono del Señor; oigo en las nubes
60  el eco de su voz; siento a la tierra
escucharle y temblar. Ferviente[20] lloro
desciende por mis pálidas mejillas,
y su alta majestad trémulo[21] adoro.

# Niágara[22]

Dadme mi lira, dádmela que siento
en mi alma estremecida y agitada,
arder la inspiración. ¡Oh, cuánto tiempo
en tinieblas pasó, sin que mi frente
5  brillase con su luz!...Niágara undoso,[23]
sólo tu faz sublime ya podría
tornarme[24] el don divino, que ensañada,[25]
me robó del dolor la mano impía.[26]

Torrente prodigioso, calma, acalla,
10  tu trueno aterrador: disipa un tanto
las tinieblas que en torno te circundan,[27]
y déjame mirar tu faz serena,
y de entusiasmo ardiente mi alma llena.
Yo digno soy de contemplarte: siempre
15  lo común y mezquino[28] desdeñando,[29]
ansié[30] por lo terrífico y sublime.
Al despeñarse el huracán furioso,
al retumbar sobre mi frente el rayo,
palpitando gocé: vi al oceano,
20  azotado por austro[31] proceloso,[32]
combatir mi bajel,[33] y ante mis plantas
sus abismos abrir, y amé el peligro,
y sus iras amé: mas su fiereza
en mi alma no dejara
25  la profunda impresión que tu grandeza.

---

[19] Gritar.
[20] Cálido.
[21] Tembloroso.
[22] Oda escrita en forma de silva. Seguimos la edición de 1825, la primera recopilación que hizo Heredia de sus poemas y publicó en Nueva York con el título de *Poesías*.
[23] Con ondas, ondulante.
[24] Devolverme.
[25] Cruelmente.

[26] Antes de escribir este poema, Heredia fue obligado a salir de Cuba por haber participado en una conspiración contra el gobierno colonial.
[27] Rodean.
[28] Vulgar.
[29] Despreciando.
[30] Deseé, quise.
[31] Viento del sur.
[32] Tormentoso.
[33] Barco.

Corres sereno, y majestuoso, y luego
en ásperos peñascos[34] quebrantado,
te abalanzas violento, arrebatado,
como el destino irresistible y ciego.
30 ¿Qué voz humana describir podría
de la sirte[35] rugiente
la aterradora faz? El alma mía
en vago pensamiento se confunde,
al contemplar la férvida[36] corriente,
35 que en vano quiere la turbada vista
en su vuelo seguir al borde oscuro
del precipicio altísimo: mil olas,
cual pensamiento rápidas pasando,
chocan, y se enfurecen;
40 otras mil, y otras mil ya las alcanzan,
y entre espuma y fragor[37] desaparecen.

Mas llegan...saltan...El abismo horrendo
devora los torrentes despeñados;
crúzanse en él mil iris, y asordados[38]
45 vuelven los bosques el fragor tremendo.
Al golpe violentísimo en las peñas
rómpese el agua, salta, y una nube
de revueltos vapores
cubre el abismo en remolinos, sube,
50 gira en torno, y al cielo
cual pirámide inmensa se levanta,
y por sobre los bosques que le cercan
al solitario cazador espanta.

Mas, ¿qué en ti busca mi anhelante vista
55 con inquieto afanar? ¿Por qué no miro
alrededor de tu caverna inmensa
las palmas ¡ay! las palmas deliciosas,
que en las llanuras de mi ardiente patria
nacen del sol a la sonrisa, y crecen,
60 y al soplo de las brisas del océano
bajo un cielo purísimo se mecen?

Este recuerdo a mi pesar me viene...[39]
Nada ¡oh Niágara! falta a tu destino,
ni otra corona que el agreste[40] pino

---

[34] Rocas.
[35] Banco de arena.
[36] Ardiente.
[37] Ruido, estruendo.

[38] Hacer sordos.
[39] El recuerdo de Cuba ensombrece la alegría que siente al evocar el Niágara.
[40] Silvestre.

65 a tu terrible majestad conviene.
La palma, y mirto,[41] y delicada rosa,
muelle[42] placer inspiren y ocio[43] blando
en frívolo jardín; a ti la suerte
guardó más digno objeto y más sublime.
70 El alma libre, generosa, fuerte,
viene, te ve, se asombra,
menosprecia los frívolos deleites,
y aun se siente elevar cuando te nombra.

¡Dios, Dios de la verdad! En otros climas
75 vi monstruos execrables,[44]
blasfemando tu nombre sacrosanto,
sembrar terror y fanatismo impío,
los campos inundar en sangre y llanto,
de hermanos atizar[45] la infanda[46] guerra,
80 y desolar frenéticos la tierra.
Vilos,[47] y el pecho se inflamó a su vista
en grave indignación. Por otra parte
vi mentidos[48] filósofos que osaban
escrutar[49] tus misterios, ultrajarte,[50]
85 y de impiedad al lamentable abismo
a los míseros hombres arrastraban.
Por eso siempre te buscó mi mente
en la sublime soledad: ahora
entera se abre a ti; tu mano siente
90 en esta inmensidad que me circunda,
y tu profunda voz baja a mi seno
de este raudal[51] en el eterno trueno.

¡Asombroso torrente!
¡Cómo tu vista el ánimo enajena[52]
95 y de terror y admiración me llena!
¿Dó tu origen está? ¿Quién fertiliza
por tantos siglos tu inexhausta fuente?
¿Qué poderosa mano
hace que al recibirte,
100 no rebose[53] en la tierra el oceano?

---

[41] Arrayán, un tipo de arbusto.
[42] Blando.
[43] Descanso.
[44] Aborrecibles; que deben ser condenados en nombre de ideas sagradas. Es una crítica al gobierno español de Cuba y a los liberales cuya fe en Dios se ha debilitado con la lectura de los filósofos ilustrados franceses.
[45] Avivar.

[46] Torpe.
[47] Los vi.
[48] Falsos.
[49] Examinar.
[50] Insultarte.
[51] Torbellino.
[52] Aliena.
[53] Se derrame.

Abrió el Señor su mano omnipotente,
cubrió tu faz de nubes agitadas,
dio su voz a tus aguas despeñadas,
y ornó[54] con su arco tu terrible frente.
105 Miro tus aguas que incansables corren,
como el largo torrente de los siglos
rueda en la eternidad ... ¡Así del hombre
pasan volando los floridos días,
y despierta al dolor! ... ¡Ay! agostada[55]
110 siento mi juventud, mi faz marchita,
y la profunda pena que me agita
ruga[56] mi frente de dolor nublada.

Nunca tanto sentí como este día
mi mísero aislamiento, mi abandono,
115 mi lamentable desamor ... ¿Podría
un alma apasionada y borrascosa[57]
sin amor ser feliz? ... ¡Oh! ¡si una hermosa
digna de mí me amase,
y de este abismo al borde turbulento
120 mi vago pensamiento
y mi andar solitario acompañase!
¡Cuál gozara al mirar su faz cubrirse
de leve palidez, y ser más bella
en su dulce terror, y sonreírse
125 al sostenerla mis amantes brazos! ...
¡Delirios de virtud!...¡Ay! desterrado,
sin patria, sin amores,
sólo miro ante mí, llanto y dolores.

130 ¡Niágara poderoso!
oye mi última voz: en pocos años
ya devorado habrá la tumba fría
a tu débil cantor. ¡Duren mis versos
cual tu gloria inmortal! ¡Pueda piadoso
135 al contemplar tu faz algún viajero,
dar un suspiro a la memoria mía!
¡Y yo, al hundirse el sol en occidente,
vuele gozoso do el Creador me llama,
y al escuchar los ecos de mi fama,
140 alce en las nubes la radiosa[58] frente!

---

[54] Adornó.
[55] Seca.
[56] Arruga.

[57] Tormentosa, desordenada.
[58] De radiante o brillante; se refiere al gozo que sentirá si sus deseos se cumplen.

# A mi esposa[59]

  Cuando en mis venas férvidas ardía
la fiera juventud, en mis canciones
el tormentoso afán de mis pasiones
con dolorosas lágrimas vertía.

5  Hoy a ti las dedico, esposa mía,
cuando el amor, más libre de ilusiones,
inflama nuestros puros corazones,
y sereno y de paz me luce el día.

  Así perdido en turbulentos mares
10 mísero navegante al cielo implora,
cuando le aqueja la tormenta grave;

  y del naufragio libre, en los altares
consagra fiel a la deidad que adora
15 las húmedas reliquias de su nave.

## ■ Preguntas generales

1. ¿Quién se encargó de la educación de Heredia y cómo influyó ésta en su carrera literaria?
2. ¿Cómo se refleja la influencia del neoclasicismo en la obra de Heredia?
3. ¿En qué circunstancias Heredia abandonó a Cuba y cómo marca esta ausencia su obra poética?
4. Muchos de los poemas de Heredia expresan su estado de ánimo. ¿Qué recursos utilizó para dar a conocer sus sentimientos?
5. Repase la introducción a este capítulo y explique cómo Heredia contribuyó a difundir las ideas de la escuela romántica.

## ■ Preguntas de análisis

1. ¿Por qué aparece la figura del toro y cómo la utiliza Heredia "En una tempestad"?
2. ¿Por qué goza el poeta al contemplar las cataratas y con qué otras experiencias asocia sus sentimientos?
3. Estudie la tercera estrofa del "Niágara" y explique cómo se describe la furia del torrente.
4. ¿Qué sentimientos sobre la fama expresa la voz poética?
5. Una de las estrofas expresa el deseo del poeta de encontrar una compañera. ¿Cómo la describe y cómo aprovecha el poeta este tema para dar rienda suelta a otros sentimientos?
6. ¿A qué 'monstruos' alude la voz poética y cuáles son las consecuencias de sus acciones? ¿Quiénes son los 'filósofos' y cómo se relaciona su caracterización con la búsqueda del sujeto lírico?
7. ¿Cómo se presenta el yo en "A mi esposa" y qué representa la amada?

---

[59] Soneto de catorce versos endecasílabos con rima consonante (ABBA, ABBA, CDE, CDE).

### ■ Temas para informes escritos

1. Los románticos franceses y su influencia en Heredia.
2. Heredia y su lucha por la libertad de Cuba.
3. El tema del exilio en "Niágara" y otros poemas de Heredia.
4. La naturaleza y su representación en "En una tempestad".
5. El yo lírico y su admiración por la tempestad y las cataratas.

### ■ Temas de reflexión y comentario

1. El destino individual y de la patria como tema romántico.
2. La situación política de Cuba en la época de Heredia.
3. La representación de la naturaleza y la expresión de las ideas de libertad.
4. Lea "El Teocalli de Cholula" y explique cómo se percibe el paso del tiempo.
5. Los exilios de Heredia y su relación con su poesía.

# ESTEBAN ECHEVERRIA

1805, Buenos Aires, Argentina—1851,
Montevideo, Uruguay

Echeverría fue el iniciador del romanticismo en el Río de la Plata. Nació en Buenos Aires, pocos años antes de los sucesos políticos y militares que aseguraron la independencia argentina. Luego de una adolescencia rebelde, buscó orientación y disciplina en los cursos del departamento de Estudios Preparatorios de la universidad. Su estancia en las aulas fue breve y, a fines de 1823, comenzó a trabajar como despachante de aduana. Poco después, en 1825, viajó a Europa con el propósito de ampliar sus horizontes intelectuales, proyecto que se generalizaría más tarde entre los jóvenes argentinos. En marzo del año siguiente se instaló en París, donde permaneció, fuera de una visita de un mes y medio a Inglaterra, hasta 1830.

Los cuatro años de residencia en la capital francesa fueron decisivos en la formación de Echeverría. Allí se puso en contacto con las manifestaciones más significativas del movimiento romántico francés. Leyó a Victor Hugo, Lamartine, Vigny, Musset y Chateaubriand. Conoció también la obra de los alemanes Goethe y Schiller, del italiano Manzoni y de los ingleses Walter Scott y Byron. Estas lecturas lo impulsaron a escribir poesía, vocación de la que no había dado pruebas antes de su viaje. Se dio cuenta que necesitaba mayor preparación en el idioma y en las formas de la versificación española, por lo cual leyó cuidadosamente a Fray Luis de León, Santa Teresa, Cervantes, Quevedo, Lope y Tirso. Para Echeverría, tan importantes como la literatura eran las ideas filosóficas y políticas que había recogido en París. Vico (1668–1744) y Herder le proporcionaron la base teórica a su americanismo literario; el socialismo utópico de Saint-Simon (1760–1825) y Leroux (1797–1871) inspiró su teoría social.

Cuando regresó a Argentina, Echeverría se encontró con un Buenos Aires aterrorizado por los partidarios del caudillo Rosas (1793–1877), hostil a los proyectos intelectuales para los cuales se había preparado, por lo que se refugió en la poesía. Publicó *Elvira* o *La novia del Plata* (1832) y *Los consuelos* (1834), obras iniciadoras del romanticismo en la poesía argentina. Más adelante, con *Rimas* (1837), libro donde se halla el poema "La cautiva", marcó el rumbo de la literatura nacional. Echeverría adaptó las ideas estéticas europeas a un ideal americanista. Afirmó que la poesía debía ser reflejo del paisaje, las costumbres, las ideas y la historia del pueblo del que había surgido; la literatura debía ser expresión del modo de ser de un pueblo y de su propia naturaleza.

Estas publicaciones, tanto como su magisterio en el Salón Literario de Marcos Sastre, le dieron al escritor prestigio y discípulos. Entre éstos se contaban Sarmiento, Juan María Gutiérrez (1809–78), Alberdi (1810–84) y Mitre (1821–1906), las mentes más brillantes de la intelectualidad argentina. Con ellos fundó en 1838 la Joven Generación Argentina, una asociación que sustituía al Salón Literario, que habia sido disuelto por Rosas, quien gobernaba despóticamente a Buenos Aires desde 1835. El programa político y cultural de esta organización se basaba en la continuación y desarrollo de las doctrinas progresistas de la Revolución de Mayo de 1810. Perseguidos por Rosas, los miembros del grupo se vieron obligados a emigrar. Echeverría se refugió en la estancia Los Talas (Luján, Provincia de Buenos Aires) donde, según recientes investigaciones, se cree que escribió alrededor de 1839 su relato testimonial "El matadero". Apremiado por las circunstancias políticas, se exilió en Uruguay a fines de 1840. En Montevideo publicó el *Dogma socialista de la Asociación de Mayo* (1846), ensayo donde recogió el credo romántico-liberal del grupo ya desaparecido. Murió en la capital uruguaya sin haber previsto el cercano fin de la tiranía de Rosas.

Echeverría quiso ser reconocido como poeta romántico y como ideólogo de un movimiento generacional. Sin embargo, la crítica literaria lo considera mejor prosista que poeta y valora como su obra más meritoria y perdurable "El matadero". Este relato, que se encuentra entre el cuadro de costumbres y el cuento, fue publicado por primera vez en 1871, a los veinte años de su muerte, en la *Revista del Río de la Plata*. "El matadero" es obra de testimonio y denuncia. El autor vuelca en ella toda su indignación al condenar el despotismo, mientras retrata con despiadada crudeza a la masa degradada que le sirve de base. Su descripción de la matanza de animales, en medio de una multitud enceguecida por el hambre e insensibilizada por el hábito de la violencia, es de un vigor realista inusitado en esa época. El predominio de los elementos grotescos en la caracterización del gentío que se disputa las partes de los animales carneados, es ya anticipador del naturalismo. Al mismo tiempo, la matización del lenguaje, en el que la expresión culta alterna con las formas más groseras del habla popular, ofrece un claro antecedente para los posteriores narradores del realismo hispanoamericano. Sin embargo, Echeverría permanece dentro de las pautas románticas en la idealización del joven héroe unitario, símbolo de las virtudes con las que identifica a los enemigos de Rosas. A través de este personaje, el autor transmite su liberalismo exaltado y su propia percepción de la realidad: la de la clase culta víctima de Rosas.

A pesar de su intención política y de su visión parcial, la veracidad esencial de la descripción del ambiente y de los tipos humanos hace que "El matadero" comunique una realidad de variadas dimensiones, que rebasa el proyecto inicial del autor. Así se revela, por ejemplo, la situación económica y social de los diferentes grupos: negros, mulatos, criollos y gringos, denominación esta última que se empleaba para los extranjeros, especialmente para los ingleses. Aunque el autor demuestra escasa simpatía por la población pobre e inculta que describe, el lector no deja de percibir a esas masas sometidas y envilecidas por el hambre y la ignorancia como las primeras y más desamparadas víctimas de Rosas. Este texto de Echeverría, casi aislado del resto de su obra y tardíamente conocido y apreciado, ha sido, con el correr del tiempo, modelo y estímulo para la narrativa del siglo XX.

■ Bibliografía mínima

Alazraki, Jaime. "Sobre el género literario de 'El matadero'". Ed. Peter Frohlicher and Georges Guntert. *Teoría e interpretación del cuento*. Bern: Peter Lang, 1995. 421–36.

Bauza, Hugo F. "'El matadero': estampa de un sacrificio ritual". *Revista de Crítica Literaria Latinoamericana* 26.51 (2000): 191–98.

Echeverría, Esteban. *Obras escogidas*. Eds. Beatriz Sarlo y Carlos Altamirano. Caracas: Biblioteca Ayacucho, 1991.

Gimbernat González, Ester. "Esteban Echeverría". *Latin American Writers*. Eds. Carlos A. Solé y Maria Isabel Abreu. Vol. 1. New York: Scribner's, 1989. 141–45.

Lojo, María Rosa. "(El matadero) de Esteban Echeverría: la sangre derramada y la estética de la mezcla". *Alba de América* 9. 16–7 (1991): 41–63.

Mercado, Juan Carlos. *Building a Nation. The Case of Echeverría*. Lanham, MD: UP of America and Rowman & Littlefield Publishers, 1995.

Pérez, Alberto Julián. "Echeverría, la revolución de mayo y la literatura nacional". *Alba de América* 20. 37–38 (2001): 377–403.

Rossiello, Leonardo. "El primer cuento del Río de la Plata". *Anales del Instituto Iberoamericano* 2 (1990): 103–13.

# El matadero[1]

A pesar de que la mía es historia, no la empezaré por el arca de Noé y la genealogía de sus ascendientes como acostumbraban hacerlo los antiguos historiadores españoles de América, que deben ser nuestros prototipos. Tengo muchas razones para no seguir ese ejemplo, las que callo por no ser difuso.[2] Diré sola-
5   mente que los sucesos de mi narración pasaban por los años de Cristo de 183... Estábamos, a más, en cuaresma, época en que escasea la carne en Buenos Aires, porque la Iglesia, adoptando el precepto de Epicteto,[3] *sustine, abstine* (sufre, abstente), ordena vigilia y abstinencia a los estómagos de los fieles, a causa de que la carne es pecaminosa, y, como dice el proverbio, busca a la carne. Y como la Igle-
10  sia tiene *ab initio*[4] y por delegación directa de Dios el imperio inmaterial sobre las conciencias y los estómagos, que en manera alguna pertenecen al individuo, nada más justo y racional que vede lo malo.

Los abastecedores, por otra parte, buenos federales, y por lo mismo buenos católicos, sabiendo que el pueblo de Buenos Aires atesora una docilidad singular
15  para someterse a toda especie de mandamiento, sólo traen en días cuaresmales al matadero los novillos[5] necesarios para el sustento de los niños y los enfermos dispensados de la abstinencia por la bula,[6] y no con el ánimo de que se harten algunos herejotes, que no faltan, dispuestos siempre a violar los mandamientos carnificinos[6a] de la Iglesia, y a contaminar la sociedad con el mal ejemplo.

20  Sucedió, pues, en aquel tiempo, una lluvia muy copiosa. Los caminos se anegaron; los pantanos se pusieron a nado y las calles de entrada y salida a la ciudad rebosaban en acuoso barro. Una tremenda avenida se precipitó de repente por el Riachuelo[7] de Barracas, y extendió majestuosamente sus turbias aguas

---

[1] Se reproduce aquí el texto según la versión completa y definitiva editada por el Instituto de Literatura Argentina, bajo el cuidado de Jorge Max Rohde. Buenos Aires, 1926.

[2] Extenso y poco preciso.

[3] Epicteto (Siglo 1): Filósofo estoico nacido en Frigia.

[4] Desde el inicio (latín).

[5] Becerros de dos o tres años.

[6] Indulgencia concedida por la Iglesia.

[6a] Relativos a la carne.

[7] Pequeño afluente del río de la Plata que pasa por Buenos Aires.

hasta el pie de las barrancas del Alto.[8] El Plata, creciendo embravecido, empujó esas aguas que venían buscando su cauce y las hizo correr hinchadas por sobre campos, terraplenes, arboledas, caseríos, y extenderse como un lago inmenso por todas las bajas tierras. La ciudad circunvalada del norte al oeste por una cintura de agua y barro, y al sud por un piélago[8a] blanquecino en cuya superficie flotaban a la ventura algunos barquichuelos y negreaban las chimeneas y las copas de los árboles, echaba desde sus torres y barrancas atónitas miradas al horizonte como implorando la protección del Altísimo. Parecía el amago[8b] de un nuevo diluvio. Los beatos y beatas gimoteaban haciendo novenarios y continuas plegarias. Los predicadores atronaban el templo y hacían crujir el púlpito a puñetazos. "Es el día del juicio ---decían---, el fin del mundo está por venir. La cólera divina rebosando se derrama en inundación. ¡Ay de vosotros, pecadores! ¡Ay de vosotros, unitarios[9] impíos que os mofáis de la Iglesia, de los santos, y no escucháis con veneración la palabra de los ungidos[9a] del Señor! ¡Ay de vosotros si no imploráis misericordia al pie de los altares! Llegará la hora tremenda del vano crujir de dientes y de las frenéticas imprecaciones. Vuestra impiedad, vuestras herejías, vuestras blasfemias, vuestros crímenes horrendos, han traído sobre nuestra tierra las plagas del Señor. La justicia del Dios de la Federación os declarará malditos".

Las pobres mujeres salían sin aliento, anonadadas del templo, echando, como era natural, la culpa de aquella calamidad a los unitarios.

Continuaba, sin embargo, lloviendo a cántaros, y la inundación crecía, acreditando el pronóstico de los predicadores. Las campanas comenzaron a tocar rogativas por orden del muy católico Restaurador[10] quien parece no las tenía todas consigo. Los libertinos, los incrédulos, es decir, los unitarios, empezaron a amedrentarse al ver tanta cara compungida, oír tanta batahola de imprecaciones. Se hablaba ya, como de cosa resuelta, de una procesión en que debía ir toda la población descalza y a cráneo descubierto, acompañando al Altísimo, llevado bajo palio[10a] por el obispo, hasta la barranca de Balcarce,[11] donde millares de voces, conjurando al demonio unitario de la inundación, debían implorar la misericordia divina.

Feliz, o mejor, desgraciadamente, pues la cosa habría sido de verse, no tuvo efecto la ceremonia, porque bajando el Plata, la inundación se fue poco a poco escurriendo en su inmenso lecho, sin necesidad de conjuro ni plegarias.

Lo que hace principalmente a mi historia es que por causa de la inundación estuvo quince días el matadero de la Convalecencia[12] sin ver una sola cabeza

---

[8] Barrio de Buenos Aires, originalmente llamado el Alto de San Pedro.

[8a] Mar.

[8b] Síntoma o principio.

[9] Partidarios de la constitución centralista de 1819. Se oponían al federalismo y eran enemigos del tirano Rosas.

[9a] Personas signadas con el óleo sagrado para investirlas de una alta dignidad. Se aplica a reyes y sacerdotes.

[10] Rosas se presentaba como el Restaurador de las leyes, y así lo llamaban sus partidarios.

[10a] Cubierta de tela rica colocada en cuatro o más barras con las que es transportada, cubriendo con ella al que lleva la Eucaristía, al Papa, a una imagen o a un soberano.

[11] Barrio de Buenos Aires.

[12] Uno de los sitios donde se mataba el ganado para proveer de carne a la ciudad.

60 vacuna, y que en uno o dos, todos los bueyes de quinteros[13] y *aguateros*[14] se consumieron en el abasto de la ciudad. Los pobres niños y enfermos se alimentaban con huevos y gallinas, y los gringos y herejotes bramaban por el *beefsteak* y el asado. La abstinencia de carne era general en el pueblo, que nunca se hizo más digno de la bendición de la Iglesia, y así fue que llovieron sobre él millones y mi-
65 llones de indulgencias plenarias. Las gallinas se pusieron a 6 pesos y los huevos a 4 reales, y el pescado carísimo. No hubo en aquellos días cuaresmales promiscuaciones ni excesos de gula; pero, en cambio, se fueron derecho al cielo innumerables ánimas, y acontecieron cosas que parecen soñadas.

No quedó en el matadero ni un solo ratón vivo de muchos millares que allí
70 tenían albergue. Todos murieron o de hambre o ahogados en sus cuevas por la incesante lluvia. Multitud de negras rebusconas de *achuras*,[15] como los caranchos[16] de presa, se desbandaron por la ciudad como otras tantas arpías[17] prontas a devorar cuanto hallaran comible. Las gaviotas y los perros, inseparables rivales suyos en el matadero, emigraron en busca de alimento animal. Porción de viejos
75 achacosos[18] cayeron en consunción por falta de nutritivo caldo; pero lo más notable que sucedió fue el fallecimiento casi repentino de unos cuantos gringos herejes que cometieron el desacato de darse un hartazgo de chorizos de Extremadura, jamón y bacalao, y se fueron al otro mundo a pagar el pecado cometido por tan abominable promiscuación.

80 Algunos médicos opinaron que si la carencia de carne continuaba, medio pueblo caería en síncope por estar los estómagos acostumbrados a su corroborante jugo; y era de notar el contraste entre estos tristes pronósticos de la ciencia y los anatemas lanzados desde el púlpito por los reverendos padres contra toda clase de nutrición animal y de promiscuación en aquellos días destinados por la
85 Iglesia al ayuno y la penitencia. Se originó de aquí una especie de guerra intestina[19] entre los estómagos y las conciencias, atizada por el inexorable apetito, y las no menos inexorables vociferaciones de los ministros de la Iglesia, quienes, como es su deber, no transigen con vicio alguno que tienda a relajar las costumbres católicas; a lo que se agregaba el estado de flatulencia intestinal de los
90 habitantes, producido por el pescado y los porotos[20] y otros alimentos algo indigestos.

Esta guerra se manifestaba por sollozos y gritos descompasados[20a] en la peroración[20b] de los sermones y por rumores y estruendos subitáneos[21] en las casas y calles de la ciudad o dondequiera concurrían gentes. Alarmóse un tanto
95 el gobierno, tan paternal como previsor, del Restaurador, creyendo aquellos tumultos de origen revolucionario y atribuyéndolos a los mismos salvajes unitarios, cuyas impiedades, según los predicadores federales, habían traído sobre el país la inundación de la cólera divina; tomó activas providencias, desparramó a

---

[13] El que tiene arrendada una quinta o finca.
[14] Aguador, el que vende agua de casa en casa.
[15] Las entrañas de la res sacrificada. Las tripas del animal.
[16] Uno de los nombres del caracará, especie de gallinazo o ave de rapiña.
[17] Aves fabulosas que tenían rostro de mujer y cuerpo de ave de rapiña.

[18] Enfermizos.
[19] Lucha interna.
[20] Frijoles.
[20a] Desmedidos, excesivos.
[20b] Discurso.
[21] Súbitos, imprevistos.

sus esbirros[21a] por la población, y por último, bien informado, promulgó un decreto tranquilizador de las conciencias y de los estómagos, encabezado por un
considerando muy sabio y piadoso para que a todo trance, y arremetiendo por
agua y todo, se trajese ganado a los corrales.

En efecto, el décimosexto día de la carestía, víspera del día de Dolores, entró a vado[21b] por el paso de Burgos al matadero del Alto una tropa de cincuenta
novillos gordos; cosa poca por cierto para una población acostumbrada a consumir diariamente de 250 a 300, y cuya tercera parte al menos gozaría del fuero
eclesiástico de alimentarse con carne. ¡Cosa extraña que haya estómagos sujetos
a leyes inviolables y que la Iglesia tenga la llave de los estómagos!

Pero no es extraño, supuesto que el diablo con la carne suele meterse en el
cuerpo y que la Iglesia tiene el poder de conjurarlo: el caso es reducir al hombre a
una máquina cuyo móvil principal no sea su voluntad sino la de la Iglesia y el gobierno. Quizá llegue el día en que sea prohibido respirar aire libre, pasearse y
hasta conversar con un amigo, sin permiso de autoridad competente. Así era,
poco más o menos, en los felices tiempos de nuestros beatos abuelos, que por
desgracia vino a turbar la Revolución de Mayo.[22] Sea como fuera, a la noticia de
la providencia gubernativa, los corrales del Alto se llenaron, a pesar del barro, de
carniceros, de *achuradores*[23] y de curiosos, quienes recibieron con grandes vociferaciones y palmoteos los cincuenta novillos destinados al matadero.

—Chica, pero gorda—exclamaban.—¡Viva la Federación! ¡Viva el Restaurador!

Porque han de saber los lectores que en aquel tiempo la Federación estaba
en todas partes, hasta entre las inmundicias del matadero, y no había fiesta sin
Restaurador como no hay sermón sin San Agustín.[24] Cuentan que al oír tan de-
saforados gritos las últimas ratas que agonizaban de hambre en sus cuevas, se
reanimaron y echaron a correr desatentadas,[24a] conociendo que volvían a aquellos lugares la acostumbrada alegría y la algazara precursora de abundancia.

El primer novillo que se mató fue todo entero de regalo al Restaurador,
hombre muy amigo del asado. Una comisión de carniceros marchó a ofrecérselo
en nombre de los federales del matadero, manifestándole *in voce* su agradecimiento por la acertada providencia del gobierno, su adhesión ilimitada al
Restaurador y su odio entrañable a los salvajes unitarios, enemigos de Dios y de
los hombres. El Restaurador contestó a la arenga, *rinforzando* sobre el mismo
tema, y concluyó la ceremonia con los correspondientes vivas y vociferaciones de
los espectadores y actores. Es de creer que el Restaurador tuviese permiso especial de su Ilustrísima[25] para no abstenerse de carne, porque siendo tan buen observador de las leyes, tan buen católico y tan acérrimo[25a] protector de la religión,
no hubiera dado mal ejemplo aceptando semejante regalo en día santo.

---

[21a] Los que ejecutan actos abusivos y violentos ordenados por quien les paga.
[21b] Vadear; atravesar a pie un río u otra superfi-cie en la que se ha acumulado agua.
[22] La revolución del 25 de mayo de 1810 fue el primer paso hacia la independencia argentina de España.

[23] Los que se llevaban, sin tener que pagar, las achuras del matadero.
[24] San Agustín (354–430): célebre filósofo cris-tiano, uno de los Padres de la Iglesia.
[24a] Desatinadas, sin tino o prudencia.
[25] Referencia al Obispo.
[25a] Máximo.

Siguió la matanza, y en un cuarto de hora cuarenta y nueve novillos se hallaban tendidos en la plaza del matadero, desollados unos, los otros por desollar.
140 El espectáculo que ofrecía entonces era animado y pintoresco, aunque reunía todo lo horriblemente feo, inmundo y deforme de una pequeña clase proletaria peculiar del Río de la Plata. Pero para que el lector pueda percibirlo a un golpe de ojo, preciso es hacer un croquis[25b] de la localidad.

El matadero de la Convalecencia o del Alto, sito en las quintas al sur de la
145 ciudad, es una gran playa en forma rectangular, colocada al extremo de dos calles, una de las cuales allí termina y la otra se prolonga hasta el este. Esta playa, con declive al sur, está cortada por un zanjón labrado por la corriente de las aguas pluviales, en cuyos bordes laterales se muestran innumerables cuevas de ratones y cuyo cauce recoge en tiempo de lluvia toda la sangraza seca o reciente
150 del matadero. En la junción del ángulo recto, hacia el oeste, está lo que llaman la casilla, edificio bajo, de tres piezas de media agua con corredor al frente que da a la calle y palenque para atar caballos, a cuya espalda se notan varios corrales de palo a pique de ñandubay[26] con sus fornidas puertas para encerrar el ganado.

Estos corrales son en tiempo de invierno un verdadero lodazal, en el cual
155 los animales apeñuscados[26a] se hunden hasta el encuentro, y quedan como pegados y casi sin movimiento. En la casilla se hace la recaudación del impuesto de corrales, se cobran las multas por violación de reglamentos y se sienta el juez del matadero, personaje importante, caudillo de los carniceros y que ejerce la suma del poder en aquella pequeña república, por delegación del Restaurador. Fácil es
160 calcular qué clase de hombre se requiere para el desempeño de semejante cargo. La casilla, por otra parte, es un edificio tan ruin y pequeño que nadie lo notaría en los corrales a no estar asociado su nombre al del terrible juez y no resaltar sobre su blanca cintura los siguientes letreros rojos: "Viva la Federación", "Viva el Restaurador y la heroica doña Encarnación Ezcurra", "Mueran los salvajes uni-
165 tarios". Letreros muy significativos, símbolo de la fe política y religiosa de la gente del matadero. Pero algunos lectores no sabrán que la tal heroína es la difunta esposa del Restaurador, patrona muy querida de los carniceros, quienes, ya muerta, la veneraban por sus virtudes cristianas y su federal heroísmo en la revolución contra Balcarce.[27] Es el caso que en un aniversario de aquella memorable
170 hazaña de la Mazorca,[28] los carniceros festejaron con un espléndido banquete en la casilla de la heroína, banquete a que concurrió con su hija y otras señoras federales, y que allí, en presencia de un gran concurso, ofreció a los señores carniceros en un solemne brindis su federal patrocinio, por cuyo motivo ellos la proclamaron entusiasmados patrona del matadero, estampando su nombre en las paredes de la
175 casilla, donde estará hasta que lo borre la mano del tiempo.

---

[25b] Diseño.

[26] Arbol, especie de mimosa, de madera durísima y pesada, resistente al agua.

[26a] Amontonados.

[27] Juan Ramón Balcarce (1773–1835): general argentino, enemigo de Rosas quien lo expulsó del gobierno (1833) en una revolución en la que participó su esposa.

[28] Mazorca—espiga de maíz. Grupo de terroristas leales a Rosas, quienes cometieron toda clase de atrocidades y crímenes en apoyo de su dictadura. Pronunciado como "más horca", el nombre del grupo es buen indicio de su conducta violenta.

La perspectiva del matadero a la distancia era grotesca, llena de animación. Cuarenta y nueve reses estaban tendidas sobre sus cueros, y cerca de doscientas personas hollaban aquel suelo de lodo regado con la sangre de sus arterias. En torno de cada res resaltaba un grupo de figuras humanas de tez[28a] y raza distinta.
180 La figura más prominente de cada grupo era el carnicero con el cuchillo en mano, brazo y pecho desnudos, cabello largo y revuelto, camisa y chiripá[29] y rostro embadurnado de sangre. A sus espaldas se rebullían, caracoleando y siguiendo los movimientos, una comparsa[29a] de muchachos, de negras y mulatas *achuradoras*, cuya fealdad transuntaba[29b] las arpías de la fábula, y entremezclados con ellas al-
185 gunos enormes mastines, olfatcaban, gruñían o se daban de tarascones[30] por la presa. Cuarenta y tantas carretas, toldadas con negruzco y pelado cuero, se escalonaban irregularmente a lo largo de la playa, y algunos jinetes con el poncho calado[30a] y el lazo prendido al tiento cruzaban por entre ellas al tranco o reclinados sobre el pescuezo de los caballos echaban ojo indolente sobre uno de
190 aquellos animados grupos, al paso que, más arriba, en el aire, un enjambre de gaviotas blanquiazules, que habían vuelto de la emigración al olor de la carne, revoloteaban, cubriendo con su disonante graznido todos los ruidos y voces del matadero y proyectando una sombra clara sobre aquel campo de horrible carnicería. Esto se notaba al principio de la matanza.
195 Pero a medida que adelantaba, la perspectiva variaba; los grupos se deshacían, venían a formarse tomando diversas actitudes y se desparramaban corriendo como si en medio de ellos cayese alguna bala perdida, o asomase la quijada[30b] de algún encolerizado mastín. Esto era que el carnicero en un grupo descuartizaba a golpe de hacha, colgaba en otros los cuartos en los ganchos de su
200 carreta, despellejaba en éste, sacaba el sebo[31] en aquél; de entre la chusma que ojeaba y aguardaba la presa de achura, salía de cuando en cuando una mugrienta mano a dar un tarascón con el cuchillo al sebo o a los cuartos de la res, lo que originaba gritos y explosión de cólera del carnicero y el contínuo hervidero de los grupos, dichos y gritería descompasada de los muchachos.
205 —Ahí se mete el sebo en las tetas, la tipa— gritaba uno.

—Aquél lo escondió en el alzapón[32]—replicaba la negra.

—Che, negra bruja, salí de aquí antes de que te pegue un tajo— exclamaba el carnicero.

—¿Qué le hago, ño[33] Juan? ¡No sea malo! Yo no quiero sino la panza y las
210 tripas.

—Son para esa bruja: a la m...

—¡A la bruja! ¡A la bruja!—repitieron los muchachos—¡Se lleva la riñonada y el tongorí![34]—Y cayeron sobre su cabeza sendos cuajos de sangre y tremendas pelotas de barro.

---

[28a] Piel del rostro, cutis.

[29] Prenda de vestir del hombre de campo. Consiste en un paño que se pasa por entre las piernas hacia adelante y se sujeta en el cinturón.

[29a] Grupo de personas que van por la calle, para divertirse o para divertir a la gente.

[29b] Trasuntar: copiar, imitar.

[30] Mordiscones.

[30a] Echado sobre sus hombros.

[30b] Mandíbula; suele aplicarse sólo a las de gran tamaño.

[31] Grasa.

[32] Bragueta, abertura delantera del pantalón.

[33] Señor.

[34] Parte de los intestinos de un animal.

215      Hacia otra parte, entretanto, dos africanas llevaban arrastrando las entrañas de un animal; allá una mulata se alejaba con un ovillo de tripas y resbalando de repente sobre un charco de sangre, caía a plomo, cubriendo con su cuerpo la codiciada presa. Acullá se veían acurrucadas en hileras 400 negras destejiendo sobre las faldas el ovillo y arrancando, uno a uno, los sebitos que el avaro cuchillo
220 del carnicero había dejado en la tripa como rezagados, al paso que otras vaciaban panzas y vejigas y las henchían de aire de sus pulmones para depositar en ellas, luego de secas, la achura.

     Varios muchachos, gambeteando a pie ya caballo, se daban de vejigazos[34a] o se tiraban bolas de carne, desparramando con ellas y su algazara la nube de
225 gaviotas que, columpiándose en el aire, celebraban chillando la matanza. Oíanse a menudo, a pesar del veto del Restaurador y de la santidad del día, palabras inmundas y obscenas, vociferaciones preñadas de todo el cinismo bestial que caracteriza a la chusma de nuestros mataderos, con las cuales no quiero regalar a los lectores.

230      De repente caía un bofe[35] sangriento sobre la cabeza de alguno, que de allí pasaba a la de otro, hasta que algún deforme mastín lo hacía buena presa, y una cuadrilla de otros, por si estrujo o no estrujo,[36] armaba una tremenda de gruñidos y mordiscones. Alguna tía vieja salió furiosa en persecución de un muchacho que le había embadurnado el rostro con sangre, y acudiendo a sus gritos y
235 puteadas los compañeros del rapaz, la rodeaban y azuzaban como los perros al toro, y llovían sobre ella zoquetes[37] de carne, bolas de estiércol, con groseras carcajadas y gritos frecuentes, hasta que el juez mandaba restablecer el orden y despejar el campo.

     Por un lado dos muchachos se adiestraban en el manejo del cuchillo, tirán-
240 dose horrendos tajos y reveses; por otro, cuatro, ya adolescentes, ventilaban a cuchilladas el derecho a una tripa gorda y un mondongo[38] que habían robado a un carnicero; y no de ellos distante, porción de perros, flacos ya de la forzosa abstinencia, empleaban el mismo medio para saber quién se llevaría un hígado envuelto en barro. Simulacro en pequeño era éste del modo bárbaro con que se
245 ventilan en nuestro país las cuestiones y los derechos individuales y sociales. En fin, la escena que se representaba en el matadero era para vista, no para escrita.

     Un animal había quedado en los corrales, de corta y ancha cerviz, de mirar fiero, sobre cuyos órganos genitales no estaban conformes los pareceres, porque tenía apariencias de toro y de novillo. Llególe la hora. Dos enlazadores a caballo
250 penetraron en el corral en cuyo contorno hervía la chusma a pie, a caballo y horqueteada[39] sobre sus nudosos palos. Formaban en la puerta el más grotesco y sobresaliente grupo, varios pialadores[40] y enlazadores de a pie con el brazo desnudo y armado del certero lazo, la cabeza cubierta con un pañuelo punzó[41] y chaleco y chiripá colorado, teniendo a sus espaldas varios jinetes y espectadores
255 de ojo escrutador y anhelante.

---

[34a] Golpes dados, por broma o burla, con una vejiga llena de aire.
[35] Pulmón.
[36] Por si obtengo algo o no.
[37] Pedazos.

[38] Intestino y panza de la res.
[39] A horcajadas.
[40] Enlazadores. Echan el lazo a las patas del animal para inmovilizarlo.
[41] Rojo.

El animal, prendido ya al lazo por las astas,[42] bramaba echando espuma furibundo, y no había demonio que lo hiciera salir del pegajoso barro, donde estaba como clavado y era imposible pialarlo. Gritábanle, lo azuzaban en vano con las mantas y pañuelos los muchachos que estaban prendidos sobre las horquetas[42a] del corral, y era de oír la disonante batahola de silbidos, palmadas y voces tiples y roncas que se desprendían de aquella singular orquesta.

Los dicharachos, las exclamaciones chistosas y obscenas rodaban de boca en boca, y cada cual hacía alarde espontáneamente de su ingenio y de su agudeza, excitado por el espectáculo o picado por el aguijón de alguna lengua locuaz.

—Hi de p...en el toro.

—Al diablo los torunos del Azul.

—Malhaya el tropero que nos da gato por liebre.

—Si es novillo.

—¿No está viendo que es toro viejo?

—Como toro le ha de quedar. ¡Muéstreme los c...si le parece, c...o!

—Ahí los tiene entre las piernas. ¿No los ve, amigo, más grandes que la cabeza de su castaño, o se ha quedado ciego en el camino?

—Su madre sería la ciega, pues que tal hijo ha parido. ¿No ve que todo ese bulto es barro?

—Es emperrado y arisco como un unitario.

Y al oír esta mágica palabra, todos a una voz exclamaron: —¡Mueran los salvajes unitarios!

—Para el tuerto los h...

—Sí, para el tuerto, que es hombre de c... para pelear con los unitarios.

—El matambre[43] a Matasiete, degollador de unitarios. ¡Viva Matasiete!

—A Matasiete el matambre!

—Allá va—gritó una voz ronca, interrumpiendo aquellos desahogos de la cobardía feroz—, ¡Allá va el toro!

—¡Alerta! ¡Guarda los de la puerta! ¡Allá va furioso como un demonio!

Y en efecto, el animal acosado por los gritos y sobre todo por dos picanas[44] agudas que le espoleaban la cola, sintiendo flojo el lazo, arremetió bufando a la puerta, lanzando a entrambos lados una rojiza y fosfórica mirada. Diole el tirón el enlazador sentando su caballo, desprendió el lazo del asta, crujió por el aire un áspero zumbido y al mismo tiempo se vio rodar desde lo alto de una horqueta del corral, como si un golpe de hacha lo hubiese dividido a cercén, una cabeza de niño cuyo tronco permaneció inmóvil sobre su caballo de palo, lanzando por cada arteria un largo chorro de sangre.

—¡Se cortó el lazo!—gritaron unos—. ¡Allá va el toro!

Pero otros, deslumbrados y atónitos, guardaron silencio, porque todo fue como un relámpago.

---

[42] Cuernos.
[42a] Angulo formado por dos ramas que concurren en un punto. Horquilla de madera hecha de una rama de árbol que tiene una horqueta natural.

[43] Carne de la res que está entre las costillas y la piel.
[44] Aguijadas. Varas largas con punta de hierro.

Desparramóse un tanto el grupo de la puerta. Una parte se agolpó sobre la cabeza y el cadáver palpitante del muchacho degollado por el lazo, manifestando horror en su atónito semblante, y la otra parte, compuesta de jinetes que no
300 vieron la catástrofe, se escurrió en distintas direcciones en pos del toro, vociferando y gritando: ¡Allá va el toro! ¡Atajen! ¡Guarda! ¡Enlaza, Sietepelos! ¡Que te agarra, Botija! ¡Va furioso; no se le pongan delante! ¡Ataja, ataja, Morado! ¡Dale espuela al mancarrón![45] ¡Ya se metió en la calle sola! ¡Que lo ataje el diablo!

El tropel y vocifería era infernal. Unas cuantas negras achuradoras,
305 sentadas en hilera al borde del zanjón, oyendo el tumulto se acogieron y agazaparon[45a] entre las panzas y tripas que desenredaban y devanaban con la paciencia de Penélope,[46] lo que sin duda las salvó, porque el animal lanzó al mirarlas un bufido aterrador, dio un brinco sesgado y siguió adelante perseguido por los jinetes. Cuentan que una de ellas se fue de cámaras;[46a] otra rezó diez salves en
310 dos minutos, y dos prometieron a San Benito no volver jamás a aquellos malditos corrales y abandonar el oficio de achuradoras. No se sabe si cumplieron la promesa.

El toro, entretanto, tomó la ciudad por una larga y angosta calle que parte de la punta más aguda del rectángulo anteriormente descripto, calle encerrada
315 por una zanja y un cerco de tunas,[47] que llaman *sola* por no tener más de dos casas laterales, y en cuyo apozado centro había un profundo pantano que tomaba de zanja a zanja. Cierto inglés, de vuelta de su saladero, vadeaba este pantano a la sazón, paso a paso, en un caballo algo arisco, y, sin duda, iba tan absorto en sus cálculos que no oyó el tropel de jinetes ni la gritería sino cuando el toro arremetía
320 el pantano. Azoróse de repente su caballo dando un brinco al sesgo y echó a correr, dejando al pobre hombre hundido media vara en el fango. Este accidente, sin embargo, no detuvo ni frenó la carrera de los perseguidores del toro, antes al contrario, soltando carcajadas sarcásticas: "Se amoló[48] el gringo; levántate gringo"—exclamaron, cruzando el pantano, y amasando con barro bajo las patas
325 de sus caballos su miserable cuerpo. Salió el gringo, como pudo, después a la orilla, más con la apariencia de un demonio tostado por las llamas del infierno que un hombre blanco pelirrubio. Más adelante, al grito de ¡al toro!, cuatro negras achuradoras que se retiraban con su presa, se zambulleron en la zanja llena de agua, único refugio que les quedaba.

330 El animal, entretanto, después de haber corrido unas 20 cuadras en distintas direcciones azorando con su presencia a todo viviente, se metió por la tranquera de una quinta, donde halló su perdición. Aunque cansado, manifestaba brío y colérico ceño; pero rodeábalo una zanja profunda y un tupido cerco de pitas,[49] y no había escape. Juntáronse luego sus perseguidores que se hallaban
335 desbandados, y resolvieron llevarlo en un señuelo de bueyes para que expiase su atentado en el lugar mismo donde lo había cometido.

---

[45] Matalón, caballo malo.

[45a] Encogerse y pegarse al suelo o ponerse detrás de algo para ocultarse.

[46] Personaje de la *Odisea* de Homero. Esposa de Ulises y madre de Telémaco.

[46a] Se orinó.

[47] Planta cactácea, con hojas carnosas y llenas de espinas.

[48] Se fastidió.

[49] Cardos. Plantas espinosas.

Una hora después de su fuga el toro estaba otra vez en el matadero, donde la poca chusma que habia quedado no hablaba sino de sus fechorías. La aventura del gringo en el pantano excitaba principalmente la risa y el sarcasmo. Del niño 340 degollado por el lazo no quedaba sino un charco de sangre; su cadáver estaba en el cementerio.

Enlazaron muy luego por las astas al animal, que brincaba haciendo hincapié y lanzando roncos bramidos. Echáronle uno, dos, tres piales; pero infructuosos; al cuarto quedó prendido de una pata: su brío y su furia redoblaron; su 345 lengua, estirándose convulsiva, arrojaba espuma, su nariz humo, sus ojos miradas encendidas.

—¡Desjarreten[50] ese animal!—exclamó una voz imperiosa. Matasiete se tiró al punto del caballo, cortóle el garrón[51] de una cuchillada y gambeteando en torno de él con su enorme daga en mano, se la hundió al cabo hasta el puño en la 350 garganta, mostrándola en seguida humeante y roja a los espectadores. Brotó un torrente de la herida, exhaló algunos bramidos roncos, y cayó el soberbio animal entre los gritos de la chusma que proclamaba a Matasiete vencedor y le adjudicaba en premio el matambre. Matasiete extendió, como orgulloso, por segunda vez el brazo y el cuchillo ensangrentado, y se agachó a desollarlo con otros 355 compañeros.

Faltaba que resolver la duda sobre los órganos genitales del muerto, clasificado provisoriamente de toro por su indomable fiereza; pero estaban todos tan fatigados de la larga tarea, que lo echaron por lo pronto en olvido. Mas de repente una voz ruda exclamó:

360 —Aquí están los huevos—sacando de la barriga del animal y mostrando a los espectadores dos enormes testículos, signo inequívoco de su dignidad de toro. La risa y la charla fue grande; todos los incidentes desgraciados pudieron fácilmente explicarse. Un toro en el matadero era cosa muy rara, y aun vedada. Aquél, según reglas de buena policía, debía arrojarse a los perros; pero había 365 tanta escasez de carne y tantos hambrientos en la población que el señor Juez tuvo que hacer ojo lerdo.[52]

En dos por tres estuvo desollado, descuartizado y colgado en la carreta el maldito toro. Matasiete colocó el matambre bajo el pellón de su recado[53] y se preparaba a partir. La matanza estaba concluida a las doce, y la poca chusma que 370 había presenciado hasta el fin, se retiraba en grupos de a pie y de a caballo, o tirando a la cincha algunas carretas cargadas de carne.

Mas de repente la ronca voz de un carnicero gritó:

¡Allí viene un unitario!—y al oír tan significativa palabra toda aquella chusma se detuvo como herida de una impresión subitánea.

375 —¿No le ven la patilla en forma de U? No trae divisa en el fraque ni luto en el sombrero.

—Perro unitario.

---

[50] Corten el jarrete (la corva de la pata del animal).

[51] Corvejón. Parte del hueso o caña en la que se encuentra la articulación de la pierna de una res.

[52] Hacerse el distraído.

[53] Tela o paño de la silla de montar.

—Es un cajetilla.[54]

—Monta en silla como los gringos.

380  —La Mazorca con él.

—¡La tijera!

—Es preciso sobarlo.[55]

—Trae pistoleras por pintar.[56]

—Todos estos cajetillas unitarios son pintores como el diablo.

385  —¿A que no te le animás, Matasiete?

—¿A que no?

—A que sí.

Matasiete era hombre de pocas palabras y de mucha acción. Tratándose de violencia, de agilidad, de destreza en el hacha, el cuchillo o el caballo, no hablaba
390 y obraba. Lo habían picado: prendió la espuela a su caballo y se lanzó a brida suelta al encuentro del unitario.

Era éste un joven como de 25 años, de gallarda y bien apuesta persona, que mientras salían en borbotones de aquellas desaforadas bocas las anteriores exclamaciones, trotaba hacia Barracas, muy ajeno de temer peligro alguno. Notando,
395 empero, las significativas miradas de aquel grupo de dogos[57] de matadero, echa maquinalmente la diestra sobre las pistoleras de su silla inglesa, cuando una pechada al sesgo del caballo de Matasiete lo arroja de los lomos del suyo tendiéndolo a la distancia boca arriba y sin movimiento alguno.

—¡Viva Matasiete!—exclamó toda aquella chusma, cayendo en tropel sobre
400 la víctima como los caranchos rapaces sobre la osamenta de un buey devorado por el tigre. Atolondrado todavía el joven, fue, lanzando una mirada de fuego sobre aquellos hombres feroces, hacia su caballo que permanecía inmóvil no muy distante, a buscar en sus pistolas el desagravio y la venganza. Matasiete, dando un salto, le salió al encuentro y con fornido brazo asiéndolo de la corbata lo
405 tendió en el suelo tirando al mismo tiempo la daga de la cintura y llevándola a su garganta.

Una tremenda carcajada y un nuevo viva estentóreo volvió a vitorearlo.

¡Qué nobleza de alma! ¡Qué bravura en los federales! ¡Siempre en pandillas cayendo como buitres sobre la víctima inerte!

410  —Degüéllalo, Matasiete; quiso sacar las pistolas. Degüéllalo como al toro.

—Pícaro unitario. Es preciso tusarlo.[58]

—Tiene buen pescuezo para el violín.

—Mejor es la resbalosa.[59]

—Probaremos—dijo Matasiete, y empezó sonriendo a pasar el filo de su
415 daga por la garganta del caído, mientras con la rodilla izquierda le comprimía el pecho y con la siniestra mano le sujetaba por los cabellos.

—No, no lo degüellen—exclamó de lejos la voz imponente del Juez del Matadero que se acercaba a caballo.

---

[54] Se dice despectivamente del porteño excesivamente elegante y presumido.

[55] Manosearlo, maltratarlo físicamente.

[56] Forma coloquial de "alardear" o "presumir".

[57] Perros de presa, robustos y valientes.

[58] Cortarle el pelo como a los animales.

[59] Baile y tonada popular entre los federales. Tocar la resbalosa: degollar.

—A la casilla con él, a la casilla. Preparen mazorca y las tijeras. ¡Mueran los
420 salvajes unitarios! ¡Viva el Restaurador de las leyes!

—¡Viva Matasiete!

"¡Mueran!" "¡Vivan!"—repitieron en coro los espectadores, y atándolo codo
con codo, entre moquetes y tirones, entre vociferaciones e injurias, arrastraron al
infeliz joven al banco del tormento, como los sayones[60] al Cristo.

425 La sala de la casilla tenía en su centro una grande y fornida mesa de la cual
no salían los vasos de bebida y los naipes sino para dar lugar a las ejecuciones y
torturas de los sayones federales del matadero. Notábase además, en un rincón,
otra mesa chica con recado de escribir y un cuaderno de apuntes y porción de sillas entre las que resaltaba un sillón de brazos destinado para el juez. Un hom-
430 bre, soldado en apariencia, sentado en una de ellas, cantaba al son de la guitarra
la resbalosa, tonada de inmensa popularidad entre los federales, cuando la
chusma llegando en tropel al corredor de la casilla lanzó a empellones al joven
unitario hacia el centro de la sala.

—A ti te toca la resbalosa—gritó uno.

435 —Encomienda tu alma al diablo.

—Está furioso como toro montaraz.

—Ya te amansará el palo.

—Es preciso sobarlo.

—Por ahora verga[60a] y tijera.

440 —Si no, la vela.

—Mejor será la mazorca.

—Silencio y sentarse—exclamó el juez dejándose caer sobre un sillón. Todos obedecieron, mientras el joven, de pie, encarando al juez, exclamó con voz
preñada de indignación:

445 —¡Infames sayones! ¿Qué intentan hacer de mí?

—¡Calma!—dijo sonriendo el juez—. No hay que encolerizarse. Ya lo verás.

El joven, en efecto, estaba fuera de sí de cólera. Todo su cuerpo parecía estar en convulsión. Su pálido y amoratado rostro, su voz, su labio trémulo,
mostraban el movimiento convulsivo de su corazón, la agitación de sus nervios.
450 Sus ojos de fuego parecían salirse de la órbita, su negro y lacio cabello se levantaba erizado. Su cuello desnudo y la pechera de su camisa dejaban entrever
el latido violento de sus arterias y la respiración anhelante de sus pulmones.

—¿Tiemblas?—le dijo el juez.

—De rabia porque no puedo sofocarte entre mis brazos.

455 —¿Tendrías fuerza y valor para eso?

—Tengo de sobra voluntad y coraje para ti, infame.

—A ver las tijeras de tusar mi caballo: túsenlo a la federala.

Dos hombres le asieron, uno de la ligadura del brazo, otro de la cabeza y en
un minuto cortáronle la patilla que poblaba toda su barba por bajo, con risa es-
460 trepitosa de sus espectadores.

—A ver—dijo el juez—, un vaso de agua para que se refresque.

—Uno de hiel te daría yo a beber, infame.

---

[60] Verdugos.
[60a] Palo, garrote.

Un negro petiso[61] púsosele al punto delante con un vaso de agua en la mano. Diole el joven un puntapié en el brazo y el vaso fue a estrellarse en el techo, salpicando el asombrado rostro de los espectadores.

—Este es incorregible.

—Ya lo domaremos.

—Silencio—dijo el juez—. Ya estás afeitado a la federala, sólo te falta el bigote. Cuidado con olvidarlo. Ahora vamos a cuenta. ¿Por qué no traes divisa?

—Porque no quiero.

—¿No sabes que lo manda el Restaurador?

—La librea es para vosotros, esclavos, no para los hombres libres.

—A los libres se les hace llevar a la fuerza.

—Sí, la fuerza y la violencia bestial. Esas son vuestras armas, infames. ¡El lobo, el tigre, la pantera, también son fuertes como vosotros! Deberíais andar como ellos, en cuatro patas.

—¿No temes que el tigre te despedace?

—Lo prefiero a que maniatado me arranquen, como el cuervo, una a una las entrañas.

—¿Por qué no llevas luto en el sombrero por la heroína?

—Porque lo llevo en el corazón por la patria que vosotros habéis asesinado, infames.

—¿No sabes que así lo dispuso el Restaurador?

—Lo dispusisteis vosotros, esclavos, para lisonjear el orgullo de vuestro señor, y tributarle vasallaje infame.

—¡Insolente! Te has embravecido mucho. Te haré cortar la lengua si chistas. Abajo los calzones a ese mentecato cajetilla y a nalga pelada denle verga, bien atado sobre la mesa.

Apenas articuló esto el juez, cuatro sayones salpicados de sangre, suspendieron al joven y lo tendieron largo a largo sobre la mesa comprimiéndole todos sus miembros.

—Primero degollarme que desnudarme, infame canalla.

Atáronle un pañuelo a la boca y empezaron a tironear sus vestidos. Encogíase el joven, pateaba, hacía rechinar los dientes. Tomaban ora sus miembros la flexibilidad del junco, ora la dureza del fierro y su espina dorsal era el eje de un movimiento parecido al de la serpiente. Gotas de sudor fluían por su rostro, grandes como perlas; echaban fuego sus pupilas, su boca espuma, y las venas sobre su blanco cutis como si estuvieran repletas de sangre.

—Atenlo primero—exclamó el juez.

—Está rugiendo de rabia—articuló un sayón.

En un momento liaron sus piernas en ángulo a los cuatro pies de la mesa, volcando su cuerpo boca abajo. Era preciso hacer igual operación con las manos, para lo cual soltaron las ataduras que las comprimían en la espalda. Sintiéndolas libres el joven, por un movimiento brusco en el cual pareció agotarse toda su fuerza y vitalidad, se incorporó primero sobre sus brazos, después sobre sus rodillas y se desplomó al momento murmurando:

—Primero degollarme que desnudarme, infame canalla.

---

[61] Bajo, pequeño de estatura.

Sus fuerzas se habían agotado.

Inmediatamente quedó atado en cruz y empezaron la obra de desnudarlo.
510 Entonces un torrente de sangre brotó borbolloneando de la boca y las narices del joven, y extendiéndose empezó a caer a chorros por entrambos lados de la mesa. Los sayones quedaron inmóviles y los espectadores estupefactos.

—Reventó de rabia el salvaje unitario—dijo uno.

—Tenía un río de sangre en las venas—articuló otro.

515 —Pobre diablo, queríamos únicamente divertirnos con él y tomó la cosa demasiado a lo serio—exclamó el juez frunciendo el ceño de tigre. Es preciso dar parte; desátenlo y vamos.

Verificaron la orden; echaron llave a la puerta y en un momento se escurrió la chusma en pos del caballo del juez cabizbajo y taciturno.

520 Los federales habín dado fin a una de sus innumerables proezas.

En aquel tiempo los carniceros degolladores del matadero eran los apóstoles que propagaban a verga y puñal la federación rosina, y no es difícil imaginarse qué federación saldría de sus cabezas y cuchillas. Llamaban ellos salvaje unitario, conforme a la jerga inventada por el Restaurador, patrón de la cofradía,
525 a todo el que no era degollador, carnicero, ni salvaje, ni ladrón; a todo hombre decente y de corazón bien puesto, a todo patriota ilustrado amigo de las luces y de la libertad; y por el suceso anterior puede verse a las claras que el foco de la federación estaba en el matadero.

## ■ Preguntas generales

1. ¿Qué movimiento literario y qué ideas filosóficas y políticas influyeron en la formación de Echeverría?
2. ¿En qué consiste el americanismo de este autor y cómo se refleja en su obra?
3. ¿En qué grupos literarios y políticos actuó Echeverría durante la tiranía de Rosas?
4. ¿Cuál era el programa político y cultural de los intelectuales antirrosistas?
5. ¿En qué circunstancias personales escribió el autor "El matadero"?
6. ¿De qué modo se adelanta Echeverría a formas posteriores del realismo literario en Hispanoamérica?

## ■ Preguntas de análisis

1. ¿Cuál es el contexto histórico de esta obra? Refiérase al conflicto político y social aquí representado.
2. ¿Contra quiénes dirige el narrador sus comentarios irónicos? Dé ejemplos de frases irónicas.
3. ¿De qué modo sirve la descripción del matadero a los propósitos ideológicos del autor?
4. ¿Cuál es la actitud del narrador hacia los personajes que describe?
5. ¿Por qué comunica "El matadero" una visión histórico—social que trasciende el punto de vista del autor?
6. ¿Cuáles son los aspectos románticos y cuáles son los aspectos realistas del texto?

## ■ Temas para informes escritos

1. Romanticismo y naturalismo en la obra de Esteban Echeverría.
2. Etnias y clases sociales en "El matadero".
3. Los registros del habla y su utilización literaria en "El matadero".
4. La mezcla de géneros literarios en "El matadero".
5. "El matadero" como modelo de la novela de los dictadores.

## ■ Temas de reflexión y comentario

1. La explotación política del hambre y de la ignorancia como tema de "El matadero".
2. El antagonismo entre las clases sociales en el texto de Echeverría.
3. El narrador de "El matadero" como testigo y crítico de la realidad que describe.
4. Los ingleses en Buenos Aires durante la época de Rosas y su presencia literaria.
5. El lenguaje de la violencia en los diálogos del relato y su efecto en el lector.

# DOMINGO FAUSTINO SARMIENTO

1811, San Juan, Argentina—1888,
Asunción, Paraguay

© *Bettmann/Corbis*

Entre los intelectuales que combatieron contra la tiranía de Rosas se destaca la vigorosa figura de Sarmiento. Educador, político y escritor, fue Sarmiento hombre de acción y de ideas, para quien la palabra escrita era instrumento de análisis, vehículo de persuasión y arma de lucha. Desde niño, Sarmiento tuvo una gran curiosidad intelectual y fue ávido lector, pero por ser pobre no pudo continuar estudios regulares más allá de la escuela primaria y de las enseñanzas de un tío suyo que era sacerdote. A los quince años era ya maestro en una escuelita rural. Se formó en un ambiente religioso y favorecedor de la causa federal, defensora de la autonomía de las provincias frente al poder central de Buenos Aires. Sarmiento descubrió, sin embargo, el fanatismo y la violencia de los partidarios de la Federación y pronto se convirtió en enemigo de los caudillos federales. Atrapado por el torbellino de la guerra civil, varias veces cruzó la cercana frontera para refugiarse en Chile, donde vivió desde 1831 hasta 1836 y desde 1840 hasta 1851. Su segundo y más largo exilio sobrevino luego de ser detenido y maltratado a causa de su actuación política.

    La prolongada estancia en Chile fue decisiva en la vida del autor. Durante esos años colaboró en el periódico *El Mercurio*, escribió libros y artículos, tradujo textos escolares, fundó revistas, polemizó a favor del romanticismo con el grupo neoclasicista de Andrés Bello, viajó a Europa y los Estados Unidos para estudiar nuevos métodos pedagógicos, y contribuyó a la renovación de la educación en Chile. Allí publicó, por entregas, en el diario *El Progreso* su obra maestra, *Civilización y barbarie o vida de Juan Facundo Quiroga* (1845). Del mismo período son también sus memorias de viajes y el libro autobiográfico *Recuerdos de provincia* (1850).

Luego de la derrota de Rosas (1852) y después de resolver algunas desavenencias con los nuevos gobernantes, Sarmiento volvió a Argentina e inició una intensa carrera política. En los años siguientes ocupó importantes puestos públicos hasta llegar a ser presidente de la República Argentina (1868–74). Vale notar que durante su permanencia en los Estados Unidos como ministro diplomático (1864–68), Sarmiento se familiarizó con las instituciones y costumbres del país y conoció a destacadas figuras políticas e intelectuales. Hizo amistad con Mary Mann, viuda del educador Horace Mann (1796–1859), quien tradujo al inglés su libro *Facundo*. Cuando dejó la presidencia, Sarmiento continuó sus actividades políticas y literarias. A este período corresponde el ensayo sociológico, *Conflicto y armonía de las razas en América* (1883), donde presenta, apoyado en las ideas científicas de Darwin (1809–82) y de Spencer (1820–1903), una explicación racista de los problemas latinoamericanos.

*Facundo* tiene características de varios géneros—historia, biografía, novela, estudio sociológico—sin pertenecer estrictamente a ninguno de ellos. Sarmiento ofrece en este libro una interpretación de la historia argentina que explica los orígenes del caudillismo y propone un programa de gobierno para superar los problemas del país después del derrocamiento de Rosas. Para este análisis histórico y social, sin precedente en Hispanoamérica, Sarmiento contaba con un repertorio de ideas donde confluían la teoría racionalista del progreso tomada de la Ilustración francesa y el historicismo de Vico y Herder, con su concepto de la cultura como producto de las condiciones de vida propias de cada nación. Sabemos por los textos y nombres citados en *Facundo* que su autor conocía las ideas de Michelet (1798–1874), Humboldt y de Tocqueville (1805–59), quienes, del mismo modo que Herder, habían señalado la influencia del medio geográfico sobre la personalidad social y cultural de los pueblos. Entre otros representantes del romanticismo social, había leído a Villemain (1790–1870) y a Cousin (1792–1867), de cuyos textos extrae los epígrafes para dos capítulos de su libro.

Por una parte, Sarmiento ve en el caudillo Facundo Quiroga "una manifestación de la vida argentina tal como la han hecho la colonización y las peculiaridades del terreno". Al mismo tiempo, afirma su fe en el triunfo del progreso sobre "las tradiciones envejecidas". Sarmiento veía en las inmensas extensiones despobladas el gran mal que aquejaba al país. Las ciudades eran islotes de civilización rodeados por la barbarie, esto es, por las condiciones primitivas de la vida en las llanuras desiertas. El gaucho era producto de este medio, donde la fuerza física imperaba a expensas del intelecto, la disciplina, el hábito de trabajo y el respeto a la ley. En Facundo Sarmiento ve, sin embargo, no sólo estas características negativas sino, también, una sagacidad y un conocimiento de la naturaleza humana que lo hacen superior a los hombres primitivos que aterroriza y domina. Como romántico, Sarmiento se siente atraído por los tipos originales de la pampa argentina. Sus descripciones del *rastreador*, del *baqueano*, del *gaucho malo* y del *payador* o *gaucho cantor* muestran admiración por el arrojo y la valentía, por la destreza y el ingenio natural del habitante de la pampa. Como civilizador, sin embargo, creía que el gaucho y su forma de vida debían desaparecer para dar paso a la civilización y al progreso. Además, si el caudillo Facundo era, según él, producto natural del suelo, el dictador Rosas era, en cambio, el frío explotador de las condiciones creadas por la barbarie. Para curar estos males proponía poblar, cultivar la tierra, educar, introducir la ciencia y la técnica y transplantar los modelos de organización creados por la cultura europea.

Con *Facundo*, Sarmiento inició el ensayo de interpretación de la realidad americana. Su identificación del progreso con lo anglosajón y su rechazo de lo español, lo indio y lo negro son limitaciones que la posteridad ha reconocido y censurado. Aunque discutibles y polémicos, tanto su planteamiento del conflicto entre la civilización y la barbarie, como su ideario político-cultural han gravitado en el pensamiento y la imaginación de ensayistas y novelistas de todo el continente. La visión del país y el programa de acción propuestos en *Facundo* guiaron a Sarmiento como gobernante. Desafortunadamente, su ambicioso proyecto liberal y progresista se vio frustrado por poderosos intereses, que él sólo pudo identificar demasiado tarde, debido a su escasa comprensión de los factores económicos y de la dinámica de los grupos sociales. No obstante, su gran obra de educador y de gobernante impulsó el desarrollo material, cultural e institucional que sentó las bases de la Argentina moderna.

## ■ Bibliografía mínima

Allen, Esther. "The Paradoxes of Admiration: Sarmiento, Tocqueville, and the United States". *Annals of Scholarship: An International Quarterly in the Humanities and Social Sciences* 11. 1–2 (1996): 61–81.

Carilla, Emilio. "Los epígrafes y la elaboración del *Facundo*". *Boletín de la Academia Argentina de Letras* 54. 211–12 (1989): 131–69.

Earle, Peter G. "Domingo Faustino Sarmiento". *Latin American Writers*. Eds. Carlos A. Solé y Maria Isabel Abreu. Vol. 1. New York: Scribner's, 1989. 159–67.

Fuente, Ariel de la. *Children of* Facundo: *Caudillo and Gaucho Insurgency during the Argentine State-Formation Process (La Rioja, 1853–1870)*. Durham, NC: Duke UP, 2000.

Goodrich, Diana Sorensen. Facundo *and the Construction of Argentine Culture*. Austin, TX: U of Texas P, 1996.

Katra, William H. *The Argentine Generation of 1837. Echeverría, Alberdi, Sarmiento, Mitre*. Madison, New Jersey: Fairleigh Dickinson UP, 1996.

Sarmiento, Domingo Faustino. *Facundo: civilización y barbarie*. Ed. Roberto Yahni. Madrid: Cátedra, 1990.

Zea, Leopoldo. "El proyecto de Sarmiento y su vigencia". *Cuadernos Americanos* 3. 13 (1989): 85–96.

# Facundo

## PRIMERA PARTE

### CAPITULO I

*Aspecto físico de la República Argentina, y caracteres, hábitos e ideas que engendra.*

[...] El mal que aqueja a la República Argentina es la extensión; el desierto la rodea por todas partes, se le insinúa en las entrañas; la soledad, el despoblado sin una habitación humana, son por lo general los límites incuestionables entre unas y otras provincias. Allí, la inmensidad por todas partes; inmensa la llanura, in-
5 mensos los bosques, inmensos los ríos, el horizonte siempre incierto, siempre confundiéndose con la tierra entre celajes[a] y vapores tenues, que no dejan en la lejana perspectiva señalar el punto en que el mundo acaba y principia el cielo. Al sur y al norte acéchanla los salvajes, que aguardan las noches de luna para caer, cual enjambres de hienas, sobre los ganados[1] que pacen en los campos y en las
10 indefensas poblaciones. En la solitaria caravana de carretas que atraviesa pesadamente las pampas, y que se detiene a reposar por momentos, la tripulación, reunida en torno del escaso fuego, vuelve maquinalmente la vista hacia el sur al más ligero susurro del viento que agita las hierbas secas, para hundir sus miradas en las tinieblas profundas de la noche en busca de los bultos siniestros de la
15 horda salvaje que puede soprenderla desapercibida de un momento a otro.

Si el oído no escucha rumor alguno, si la vista no alcanza a calar[1a] el velo oscuro que cubre la callada soledad, vuelve sus miradas, para tranquilizarse del todo, a las orejas de algún caballo que está inmediato al fogón, para observar si están inmóviles y negligentemente inclinadas hacia atrás.
20 Entonces continúa la conversación interrumpida, o lleva a la boca el tasajo[2] de carne medio sollamado[2a] de que se alimenta. Si no es la proximidad del salvaje lo que inquieta al hombre del campo, es el temor de un tigre que lo acecha, de una víbora que puede pisar. Esta inseguridad de la vida, que es habitual y permanente en las campañas, imprime, a mi parecer, en el carácter argentino cierta
25 resignación estoica para la muerte violenta, que hace de ella uno de los percances inseparables de la vida, una manera de morir como cualquiera otra; y puede quizá explicar en parte la indiferencia con que dan y reciben la muerte, sin dejar en los que sobreviven impresiones profundas y duraderas.

La parte habitada de este país, privilegiado en dones y que encierra todos
30 los climas, puede dividirse en tres fisonomías distintas, que imprimen a la población condiciones diversas, según la manera como tiene que entenderse con la naturaleza que la rodea. Al norte, confundiéndose con el Chaco,[3] un espeso bosque cubre con su impenetrable ramaje extensiones que llamáramos inauditas si en formas colosales hubiese nada inaudito en toda la extensión de la América.
35 Al centro, y en una zona paralela, se disputan largo tiempo el terreno la pampa y la selva; domina en partes el bosque, se degrada en matorrales enfermizos y es-

---

[a] Conjunto de nubes.
[1] Conjunto de reses que se llevan juntas a pastar. Vacas, toros, ovejas, etc.
[1a] Atravesar, penetrar.

[2] Carne seca.
[2a] Chamuscado, quemado ligeramente con la llama.
[3] Territorio que limita con Bolivia y Paraguay.

pinosos, preséntase de nuevo la selva a merced de algún río que la favorece, hasta que al fin, al sur, triunfa la pampa y ostenta su lisa y velluda frente infinita, sin límite conocido, sin accidente notable; es la imagen del mar en la tierra; la tierra como en el mapa; la tierra aguardando todavía que se le mande producir las plantas y toda clase de simiente.

Pudiera señalarse como un rasgo notable de la fisonomía de este país la aglomeración de ríos navegables que al este se dan cita de todos los rumbos del horizonte, para reunirse en el Plata, y presentar dignamente su estupendo tributo al Océano, que lo recibe en sus flancos no sin muestras visibles de turbación y respeto. Pero estos inmensos canales excavados por la solícita mano de la naturaleza, no introducen cambio ninguno en las costumbres nacionales. El hijo de los aventureros españoles que colonizaron el país detesta la navegación, y se considera como aprisionado en los estrechos límites del bote o la lancha. Cuando un gran río le ataja el paso, se desnuda tranquilamente, apresta su caballo y lo endilga nadando a algún islote que se divisa a lo lejos; arriba a él, descansan caballo y caballero, y de islote en islote, se completa al fin la travesía.

De este modo, el favor más grande que la Providencia depara a un pueblo, el gaucho argentino lo desdeña, viendo en él más bien un obstáculo opuesto a sus movimientos, que el medio más poderoso de facilitarlos. [...]

*[Sarmiento cree que el predomino de las tierras llanas es un elemento unificador para la Argenlina y que la geografía del país dicta la necesidad de un gobierno centralizado. Al mismo tiempo, ve en las extensas llanuras despobladas el origen de circunstancias y hábitos contrarios a la libertad y al progreso.]*

[...] Muchos filósofos han creído que las llanuras preparaban las vías al despotismo, del mismo modo que las montañas prestaban asidero a las resistencias de la libertad. Esta llanura sin límites que desde Salta[4] a Buenos Aires, y de allí a Mendoza,[5] por una distancia de más de setecientas leguas permite rodar enormes y pesadas carretas, sin encontrar obstáculo alguno, por caminos en que la mano del hombre apenas ha necesitado cortar algunos árboles y matorrales; esta llanura constituye uno de los rasgos más notables de la fisonomía interior de la República.

Para preparar vías de comunicación basta sólo el esfuerzo del individuo y los resultados de la naturaleza bruta; si el arte quisiera prestarle su auxilio, si las fuerzas de la sociedad intentaran suplir la debilidad del individuo, las dimensiones colosales de la obra arredrarían a los más emprendedores, y la incapacidad del esfuerzo lo haría inoportuno.

Así, en materia de caminos, la naturaleza salvaje dará la ley por mucho tiempo, y la acción de la civilización permanecerá débil e ineficaz.

Esta extensión de las llanuras imprime, por otra parte, a la vida del interior cierta tintura asiática que no deja de ser bien pronunciada. Muchas veces, al salir la luna tranquila y resplandeciente por entre las hierbas de la tierra, la

---

[4] Provincia del noroeste argentino. Limita con Chile y Bolivia.
[5] Provincia situada en latitud ligeramente superior a la de Buenos Aires, cuyo límite al oeste es la cordillera de los Andes que la separa de Chile. La Pampa (actualmente una provincia), se encuentra entre la provincia de Buenos Aires y la de Mendoza.

he saludado maquinalmente con estas palabras de Volney[6] en su descripción de
las Ruinas: "La pleine lune a l'Orient s'élevait sur un fond bleuâtre aux plaines
rives de l'Euphrate".[7] Y en efecto, hay algo en las soledades argentinas que trae a
la memoria las soledades asiáticas; alguna analogía encuentra el espíritu entre la
pampa y las llanuras que median entre el Tigris y el Éufrates, algún parentesco
en la tropa de carretas solitarias que cruza nuestras soledades para llegar, al fin
de una marcha de meses, a Buenos Aires, y la caravana de camellos que se dirige
hacia Bagdad o Esmirna. Nuestras carretas viajeras son una especie de escuadra
de pequeños bajeles, cuya gente tiene costumbres, idiomas y vestidos peculiares
que la distinguen de los hombres de tierra.

Es el capataz un caudillo, como en Asia el jefe de la caravana; necesítase
para este destino una voluntad de hierro, un carácter arrojado hasta la temeridad,
para contener la audacia y turbulencia de los filibusteros de tierra que ha de
gobernar y dominar él solo en el desamparo del desierto. A la menor señal de in-
subordinación, el capataz enarbola su chicote[7a] de hierro, y descarga sobre el insolente golpes que causan contusiones y heridas; si la resistencia se prolonga,
antes de apelar a las pistolas, cuyo auxilio por lo general desdeña, salta del
caballo con el formidable cuchillo en mano y reivindica bien pronto su autoridad
por la superior destreza con que sabe manejarlo.

El que muere en estas ejecuciones del capataz no deja derecho a ningún
reclamo, considerándose legítima la autoridad que lo ha asesinado.

Así es como en la vida argentina empieza a establecerse por estas peculiaridades el predominio de la fuerza brutal, la preponderancia del más fuerte, la autoridad sin límites y sin responsabilidad de los que mandan, la justicia administrada sin formas y sin debate. La tropa de carretas lleva además armamento,
un fusil o dos por carreta, y a veces un cañoncito giratorio en la que va a la delantera. Si los bárbaros la asaltan, forma un círculo atando unas carretas con
otras, y casi siempre resiste victoriosamente a la codicia de los salvajes ávidos de
sangre y de pillaje.

La arria de mulas cae con frecuencia indefensa en manos de estos beduinos
americanos, y rara vez los troperos escapan de ser degollados. En estos largos
viajes, el proletario argentino adquiere el hábito de vivir lejos de la sociedad y de
luchar individualmente con la naturaleza, endurecido en las privaciones, y sin
contar con otros recursos que su capacidad y maña personal para precaverse de
todos los riesgos que le cercan de continuo. [...]

Por aquella extensión sin límites, tal como la hemos descrito, están esparci-
das aquí y allá catorce ciudades capitales de provincia, que, si hubiéramos de
seguir el orden aparente clasificaríamos por su colocación geográfica: Buenos
Aires, Santa Fe, Entre Ríos y Corrientes a las márgenes del Paraná; Mendoza, San
Juan, La Rioja, Catamarca, Tucumán, Salta y Jujuy, casi en línea paralela con los
Andes chilenos; Santiago, San Luis y Córdoba, al centro. [...]

Las ciudades argentinas tienen la fisonomía regular de casi todas las ciudades americanas: sus calles cortadas en ángulos rectos, su población disemi-

---

[6] Constantin Volney (1757–1820): escritor
francés, autor de *Ruínes ou Méditations sur les
révolutions des empires*.

[7] "La luna llena en el Oriente se elevaba sobre un
fondo azulado en las riberas llanas del Éufrates".
[8] Látigo.

nada en una ancha superlìcie, si se exceptúa a Córdoba, que, edificada en corto y limitado recinto, tiene todas las apariencias de una ciudad europea, a que dan mayor realce la multitud de torres y cúpulas de sus numerosos y magníficos tem-
120 plos. La ciudad es el centro de la civilización argentina, española, europea; allí están los talleres de las artes, las tiendas del comercio, las escuelas y colegios, los juzgados, todo lo que caracteriza, en fin, a los pueblos cultos.

La elegancia en los modales, las comodidades del lujo, los vestidos europeos, el frac y la levita, tienen allí su teatro y su lugar conveniente. No sin ob-
125 jeto hago esta enumeración trivial. La ciudad capital de las provincias pastoras existe algunas veces ella sola sin ciudades menores y no falta alguna en que el terreno inculto llegue hasta ligarse con las calles. El desierto las circunda a más o menos distancia, las cerca, las oprime; la naturaleza salvaje las reduce a unos estrechos oasis de civilización enclavados en un llano inculto de centenares de mi-
130 llas cuadradas, apenas interrumpido por una que otra villa de consideración. Buenos Aires y Córdoba son las que mayor número de villas han podido echar sobre la campaña, como otros tantos focos de civilización y de intereses municipales; ya esto es un hecho notable.

El hombre de la ciudad viste el traje europeo, vive de la vida civilizada tal
135 como la conocemos en todas partes; allí están las leyes, las ideas de progreso, los medios de instrucción, alguna organización municipal, el gobierno regular, etc. Saliendo del recinto de la ciudad, todo cambia de aspecto; el hombre de campo lleva otro traje, que llamaré americano, por ser común a todos los pueblos; sus hábitos de vida son diversos, sus necesidades peculiares y limitadas; parecen dos
140 sociedades distintas, dos pueblos extraños uno de otro. Aún hay más; el hombre de la campaña, lejos de aspirar a semejarse al de la ciudad, rechaza con desdén su lujo y sus modales corteses; y el vestido del ciudadano, el frac, la capa o la silla, ningún signo europeo puede presentarse impunemente en la campaña. Todo lo que hay de civilizado en la ciudad está bloqueado por allí, proscrito
145 afuera; y el que osara mostrarse con levita, por ejemplo, y montado en silla inglesa, atraería sobre sí las burlas y las agresiones brutales de los campesinos. [...]

El progreso moral, la cultura de la inteligencia descuidada en la tribu árabe o tártara, es aquí no sólo descuidada, sino imposible. ¿Dónde colocar la escuela para que asistan a recibir lecciones los niños diseminados a diez leguas de dis-
150 tancia en todas direcciones? Así, pues, la civilización es del todo irrealizable, la barbarie es normal,[9] y gracias si las costumbres domésticas conservan un corto depósito de moral. La religión sufre las consecuencias de la disolución de la sociedad; el curato es nominal, el púlpito no tiene auditorio, el sacerdote huye de la capilla solitaria, o se desmoraliza en la inacción y en la soledad; los vicios, el si-
155 moniaquismo,[10] la barbarie normal, penetran en su celda, y convierten su superioridad moral en elementos de fortuna y de ambición, porque al fin concluye por hacerse caudillo de partido. [...]

---

[9] Nota del autor: "El año 1826, durante una residencia de un año en la sierra de San Luis, enseñé a leer a seis jóvenes de familias pudientes, el menor de los cuales tenía veintidós años".

[10] Acción de negociar con cosas espirituales religiosas; por ejemplo, con los sacramentos o con los cargos eclesiásticos.

A falta de todos los medios de civilización y de progreso, que no pueden desenvolverse sino a condición de que los hombres estén reunidos en sociedades
160 numerosas, ved la educación del hombre en el campo. Las mujeres guardan la casa, preparan la comida, esquilan las ovejas, ordeñan las vacas, fabrican los quesos y tejen las groseras telas de que se visten; todas las ocupaciones domésticas, todas las industrias caseras, las ejerce la mujer; sobre ella pesa casi todo el trabajo; y gracias si algunos hombres se dedican a cultivar un poco de maíz para el ali-
165 mento de la familia, pues el pan es inusitado como manutención ordinaria. Los niños ejercitan sus fuerzas y se adiestran por placer en el manejo del lazo y de las boleadoras,[11] con que molestan y persiguen sin descanso a las terneras y cabras; cuando son jinetes, y esto sucede luego de aprender a caminar, sirven a caballo en algunos quehaceres; más tarde, y cuando ya son fuertes, recorren los campos
170 cayendo y levantando, rodando a designio en las vizcacheras, salvando precipicios y adiestrándose en el manejo del caballo; cuando la pubertad asoma, se consagran a domar potros salvajes y la muerte es el castigo menor que les aguarda, si un momento les faltan las fuerzas o el coraje. Con la juventud primera viene la completa independencia y la desocupación. [...]
175 La vida del campo, pues, ha desenvuelto en el gaucho las facultades físicas, sin ninguna de las de la inteligencia. Su carácter moral se resiente de su hábito de triunfar de los obstáculos y del poder de la naturaleza: es fuerte, altivo, enérgico. Sin ninguna instrucción, sin necesitarla tampoco, sin medios de subsistencia como sin necesidades, es feliz en medio de su pobreza y de sus privaciones, que
180 no son tales para el que nunca conoció mayores goces, ni extendió más altos sus deseos, de manera que, si en esta disolución de la sociedad radica hondamente la barbarie por la imposibilidad y la inutilidad de la educación moral e intelectual, no deja, por otra parte, de tener sus atractivos. El gaucho no trabaja; el alimento y el vestido lo encuentra preparado en su casa; uno y otro se lo proporcionan sus
185 ganados, si es propietario; la casa del patrón o del pariente, si nada posee. Las atenciones que el ganado exige se reducen a correrías y partidas de placer. La hierra, que es como la vendimia de los agricultores, es una fiesta cuya llegada se recibe con transportes de júbilo; allí es el punto de reunión de todos los hombres de veinte leguas a la redonda; allí la ostentación de la increíble destreza en el
190 lazo.

## Capitulo II

*Originalidad y caracteres argentinos.—El rastreador.—El baqueano.—El gaucho malo.—El cantor.*

Si de las condiciones de la vida pastoril, tal como la han constituido la colonización y la incuria, nacen graves dificultades para una organización política cualquiera, y muchas más para el triunfo de la civilización europea, de sus instituciones y de la riqueza y libertad, que son sus consecuencias, no puede, por otra
5 parte, negarse que esta situación tiene su costado poético, frases dignas de la pluma del romancista. Si un destello de literatura nacional puede brillar momen-

---

[11] Dos o tres bolas de piedra, forradas de cuero, que se unen por correas a una anilla. Los gau chos aprendieron de los indígenas a usar boleadoras para cazar animales.

táneamente en las nuevas sociedades americanas, es el que resultará de la descripción de las grandiosas escenas naturales, y sobre todo, de la lucha entre la civilización europea y la barbarie indígena, entre la inteligencia y la materia; lucha imponente en América, y que da lugar a escenas tan peculiares, tan características y tan fuera del círculo de ideas en que se ha educado el espíritu europeo, porque los resortes dramáticos se vuelven desconocidos fuera del país donde se toman, los usos sorprendentes, y originales los caracteres.

El único romancista norteamericano que haya logrado hacerse un nombre europeo es Fenimore Cooper, y eso, porque transportó la escena de sus descripciones fuera del círculo ocupado por los plantadores al límite entre la vida bárbara y la civilizada, al teatro de la guerra en que las razas indígenas y la raza sajona están combatiendo por la posesión del terreno.

No de otro modo nuestro joven poeta Echeverría ha logrado llamar la atención del mundo literario español con su poema titulado *La Cautiva*. Este bardo argentino dejó a un lado a Dido y Arjea,[12] que sus predecesores los Varela[13] trataron con maestría clásica y estro poético, pero sin suceso y sin consecuencia, porque nada agregaban al caudal de nociones europeas, y volvió sus miradas al desierto, y allá en la inmensidad sin límites, en las soledades en que vaga el salvaje, en la lejana zona de fuego que el viajero ve acercarse cuando los campos se incendian, halló las inspiraciones que proporciona a la imaginación el espectáculo de una naturaleza solemne, grandiosa, inconmensurable, callada, y entonces el eco de sus versos pudo hacerse oír con aprobación aun por la península española.

Hay que notar de paso un hecho que es muy explicativo de los fenómenos sociales de los pueblos. Los accidentes de la naturaleza producen costumbres y usos peculiares a estos accidentes, haciendo que donde estos accidentes se repiten, vuelvan a encontrarse los mismos medios de parar a ellos, inventados por pueblos distintos. Esto me explica por qué la flecha y el arco se encuentran en todos los pueblos salvajes, cualesquiera que sean su raza, su origen y su colocación geográfica. Cuando leía en *El último de los Mohicanos*, de Cooper, que Ojo de Halcón y Uncas habían perdido el rastro de los Mingos en un arroyo, dije: "Van a tapar el arroyo". Cuando en *La pradera*, el Trampero mantiene la incertidumbre y la agonía mientras el fuego los amenaza, un argentino habría aconsejado lo mismo que el Trampero sugiere, al fin, que es limpiar un lugar para guarecerse, e incendiar a su vez, para poderse retirar del fuego que invade sobre las cenizas del que se ha encendido. Tal es la práctica de los que atraviesan la pampa para salvarse de los incendios del pasto. Cuando los fugitivos de *La pradera* encuentran un río, y Cooper describe la misteriosa operación del Pawnie con el cuero de búfalo que recoge, "va a hacer la *pelota*"[14] me dije a mí mismo: "Lástima es que no haya una mujer que la conduzca, que entre nosotros son las mujeres las que cruzan los ríos con la *pelota* tomada con los dientes por un lazo".

---

[12] Personajes de la mitología griega. Se refiere a la historia del amor de Dido, fundadora de Cartago, por Eneas, el troyano hijo de Afrodita. Argía era la esposa de Polinices, hijo de Edipo y de Yocasta.

[13] P. Félix Varela (1788–1853) y Juan Cruz Varela (1794–1839). El segundo de ellos fue au-

tor de dos tragedias seudoclásicas: *Dido* (1823) y *Argía* (1824).

[14] Suerte de balsa o flotador que se hacía de un cuero de vaca disecado al que con unas varas se daba la forma aproximada de una batea. Servía para pasar ríos o arroyos tirando de ella por medio de una cuerda.

El procedimiento para asar una cabeza de búfalo en el desierto es el mismo que nosotros usamos para *batear*[15] una cabeza de vaca o un lomo de ternera. En fin, mil otros accidentes que omito prueban la verdad de que modificaciones análo-
50 gas del suelo traen análogas costumbres, recursos y expedientes. No es otra la razón de hallar en Fenimore Cooper descripciones de usos y costumbres que parecen plagiadas de la pampa; así, hallamos en los hábitos pastoriles de la América, reproducidos hasta los trajes, el semblante grave y hospitalidad árabes.

Existe, pues, un fondo de poesía que nace de los accidentes naturales del
55 país y de las costumbres excepcionales que engendra. La poesía, para desper-
tarse, porque la poesía es, como el sentimiento religioso, una facultad del espíritu humano, necesita el espectáculo de lo bello, del poder terrible, de la inmensidad de la extensión, de lo vago, lo incomprensible; porque sólo donde acaba lo palpable y vulgar, empiezan las mentiras de la imaginación, el mundo ideal. Ahora, yo
60 pregunto: ¿qué impresiones ha de dejar en el habitante de la República Argentina el simple acto de clavar los ojos en el horizonte, y ver…, no ver nada? Porque cuanto más hunde los ojos en aquel horizonte incierto, vaporoso, indefinido, más se aleja, más lo fascina, lo confunde y lo sume en la contemplación y la duda. ¿Dónde termina aquel mundo que quiere en vano penetrar? ¡No lo sabe! ¿Qué
65 hay más allá de lo que ve? La soledad, el peligro, el salvaje, la muerte. He aquí ya la poesía. El hombre que se mueve en estas escenas se siente asaltado de temores e incertidumbres fantásticas, de sueños que lo preocupan despierto. […]

*[Sarmiento hace una distinción entre la poesía culta de la ciudad y la poesía "popu-
lar, candorosa y desaliñada del gaucho". En las páginas siguientes escribe sobre la música
y los cantares del pueblo campesino.]*

El pueblo campesino tiene sus cantares propios.

El *triste*, que predomina en los pueblos del norte, es un canto frigio,[16]
70 plañidero,[17] natural al hombre en el estado primitivo de barbarie, según Rousseau.

La *vidalita*, canto popular con coros, acompañado de la guitarra y un tam-
boril, a cuyos redobles se reúne la muchedumbre y va engrosando el cortejo y el estrépito de las voces; este canto me parece heredado de los indígenas, porque lo
75 he oído en una fiesta de indios en Copiapó,[18] en celebración de la Candelaria,[19] y como canto religioso, debe ser antiguo, y los indios chilenos no lo han de haber adoptado de los españoles argentinos. La *vidalita* es el metro popular en que se cantan los asuntos del día, las canciones guerreras; el gaucho compone el verso que canta, y lo populariza por las asociaciones que su canto exige.
80 Así, pues, en medio de la rudeza de las costumbres nacionales, estas dos artes que embellecen la vida civilizada y dan desahogo a tantas pasiones ge-
nerosas, están honradas y favorecidas por las masas mismas que ensayan su áspera musa en composiciones líricas y poéticas. El joven Echeverría residió algunos meses en la campaña en 1840, y la fama de sus versos sobre la pampa le

---

[15] Arcaísmo de bautizar, usado aquí en el sentido de sazonar.
[16] De Frigia, país de la antigua Asia Menor, hoy parte de Turquía.
[17] Que gime o se queja.

[18] Ciudad de la provincia de Atacama, Chile.
[19] Fiesta religiosa que se celebra el 2 de febrero. Ese día se bendicen las velas que se usarán durante el año.

85 había precedido ya; los gauchos lo rodeaban con respeto y afición, y cuando un recién venido mostraba señales de desdén hacia el *cajetilla*,[20] alguno le insinuaba al oído: "es poeta", y toda prevención hostil cesaba al oír este título privilegiado.

Sabido es, por otra parte, que la guitarra es el instrumento popular de los españoles, y que es común en América. En Buenos Aires, sobre todo, está todavía 90 muy vivo el tipo popular español, el *majo*.[21] Descúbresele en el compadrito[22] de la ciudad y en el gaucho de la campaña. El *jaleo* español vive en el *cielito*; los dedos sirven de castañuelas. Todos los movimientos del compadrito revelan al majo; el movimiento de los hombros, los ademanes, la colocación del sombrero, hasta la manera de escupir por entre los colmillos, todo es aún andaluz genuino.

95 Del centro de estas costumbres y gustos generales se levantan especialidades notables, que un día embellecerán y darán un tinte original al drama y al romance nacional. Yo quiero sólo notar aquí algunos que servirán para completar la idea de las costumbres, para trazar en seguida el carácter, causas y efectos de la guerra civil.

100 El más conspicuo de todos, el más extraordinario, es el *rastreador*. Todos los gauchos del interior son rastreadores. En llanuras tan dilatadas en donde las sendas y caminos se cruzan en todas direcciones, y los campos en que pacen o transitan las bestias son abiertos, es preciso saber seguir las huellas de un animal, y distinguirlas de entre mil; conocer si va despacio o ligero, suelto o tirado, car- 105 gado o de vacío. Esta es una ciencia casera y popular. Una vez caía yo de un camino de encrucijada al de Buenos Aires, y el peón que me conducía echó, como de costumbre, la vista al suelo. "Aquí va—dijo luego—una mulita mora, muy buena..., ésta es la tropa de don N. Zapata..., es de muy buena silla..., va ensillada..., ha pasado ayer"...Este hombre venía de la sierra de San Luis, la tropa 110 volvía de Buenos Aires, y hacía un año que él había visto por última vez la mulita mora cuyo rastro estaba confundido con el de toda una tropa en un sendero de dos pies de ancho. Pues esto, que parece increíble, es con todo, la ciencia vulgar; éste era un peón de arria, y no un rastreador de profesión.

El rastreador es un personaje grave, circunspecto, cuyas aseveraciones ha- 115 cen fe en los tribunales inferiores. La conciencia del saber que posee le da cierta dignidad reservada y misteriosa. Todos lo tratan con consideración: el pobre, porque puede hacerle mal, calumniándolo o denunciándolo; el propietario, porque su testimonio puede fallarle. Un robo se ha ejecutado durante la noche; no bien se nota, corren a buscar una pisada del ladrón, y encontrada, se cubre con 120 algo para que el viento no la disipe. Se llama en seguida al rastreador, que ve el rastro, y lo sigue sin mirar sino de tarde en tarde el suelo, como si sus ojos vieran de relieve esta pisada que para otro es imperceptible. Sigue el curso de las calles, atraviesa los huertos, entra en una casa, y señalando un hombre que encuentra, dice fríamente, "¡Este es!" El delito está probado, y raro es el delincuente que re- 125 siste a esta acusación. Para él, más que para el juez, la deposición del rastreador es la evidencia misma; negarla sería ridículo, absurdo. [...]

---

[20] Joven culto y elegante.
[21] Tipo guapo y elegante de Madrid, Cádiz y otras ciudades españolas.

[22] Hombre jactancioso, provocador y pendenciero.

Después del rastreador, viene el baqueano, personaje eminente y que tiene en sus manos la suerte de los particulares de las provincias. El baqueano es un gaucho grave y reservado, que conoce a palmo veinte mil leguas cuadradas de
130 llanuras, bosques y montañas. Es el topógrafo más completo: es el único mapa que lleva un general para dirigir los movimientos de su campaña. El baqueano va siempre a su lado. Modesto y reservado como una tapia; está en todos los secretos de la campaña; la suerte del ejército, el éxito de una batalla, la conquista de una provincia, todo depende de él. [...]
135 En lo más oscuro de la noche, en medio de los bosques o en las llanuras sin límites, perdidos sus compañeros, extraviados, [el baqueano] da una vuelta en círculo de ellos, observa los árboles; si no los hay, se desmonta, se inclina a tierra, examina algunos matorrales y se orienta de la altura en que se halla; monta en seguida, y les dice para asegurarlos: "Estamos en dereseras de[23] tal lugar, a tan-
140 tas leguas de las habitaciones; el camino ha de ir al sur", y se dirige hacia el rumbo que señala, tranquilo, sin prisa de encontrarlo, y sin responder a las objeciones que el temor o la fascinación sugiere a los otros.
Si aun esto no basta, o si se encuentra en la pampa y la oscuridad es impenetrable, entonces arranca pastos de varios puntos, huele la raíz y la tierra, las
145 masca, y después de repetir este procedimiento varias veces, se cerciora de la proximidad de algún lago, o arroyo salado; o de agua dulce, y sale en su busca para orientarse fijamente. El general Rosas, dicen, conoce por el gusto el pasto de cada estancia del sur de Buenos Aires. [...]
[...] *El Gaucho Malo*. Este es un tipo de ciertas localidades, un *outlaw*, un
150 *squatter*, un misántropo particular. Es el *"Ojo del Halcón"*, el *"Trampero"* de Cooper, con toda su ciencia del desierto, con toda su aversión a las poblaciones de los blancos; pero sin su moral natural y sin sus conexiones con los salvajes. Llámanle el *Gaucho Malo*, sin que este epíteto le desfavorezca del todo. La justicia lo persigue desde muchos años; su nombre es temido, pronunciado en voz baja,
155 pero sin odio y casi con respeto. Es un personaje misterioso; mora en la pampa; son su albergue los cardales;[24] vive de perdices y *mulitas*; si alguna vez quiere regalarse con una lengua, enlaza una vaca, la voltea solo, la mata, saca su bocado predilecto, y abandona lo demás a las aves montecinas. De repente se presenta el *Gaucho Malo* en un pago de donde la partida acaba de salir; conversa pacífica-
160 mente con los buenos gauchos, que lo rodean y lo admiran; se provee *de los vicios*,[25] y si divisa la partida, monta tranquilamente en su caballo, y lo apunta hacia el desierto, sin prisa, sin aparato, desdeñando volver la cabeza. La partida rara vez lo sigue; mataría inútilmente sus caballos, porque el que monta el *Gaucho Malo* es un parejero *pangaré*[26] tan célebre como su amo. Si el acaso lo echa al-
165 guna vez de improviso entre las garras de la justicia, acomete a lo más espeso de la partida, y a merced de cuatro tajadas que con su cuchillo ha abierto en la cara o en el cuerpo de los soldados, se hace paso por entre ellos, y tendiéndose sobre el lomo del caballo para substraerse a la acción de las balas que lo persiguen, endilga hacia el desierto, hasta que, poniendo espacio conveniente entre él y sus

---

[23] En dirección a.
[24] Lugar donde hay cardos, plantas silvestres de hojas espinosas.

[25] Tabaco y alcohol.
[26] Caballo adiestrado en la carrera, de color amarillento.

170 perseguidores, refrena su trotón y marcha tranquilamente. Los poetas de los alrededores agregan esta nueva hazaña a la biografía del héroe del desierto, y su nombradía vuela por toda la vasta campaña. [...]

*El cantor*. Aquí tenéis la idealización de aquella vida de revueltas, de civilización, de barbarie y de peligros. El *gaucho cantor* es el mismo bardo, el vate,[27] el
175 trovador de la Edad Media, que se mueve en la misma escena, entre las luchas de las ciudades y del feudalismo de los campos, entre la vida que se va y la vida que se acerca. El *cantor* anda de pago en pago, "de tapera[28] en galpón",[29] cantando sus héroes de la pampa perseguidos por la justicia, los llantos de la viuda a quien los indios robaron sus hijos en un malón[30] reciente, la derrota y la muerte del va-
180 liente Rauch,[31] la catástrofe de Facundo Quiroga y la suerte que cupo a Santos Pérez.[32] El *cantor* está haciendo candorosamente el mismo trabajo de crónica, costumbres, historia, biografía, que el bardo de la Edad Media, y sus versos serían recogidos más tarde como los documentos y datos en que habría de apoyarse el historiador futuro, si a su lado no estuviese otra sociedad culta con superior in-
185 teligencia de los acontecimientos, que la que el infeliz despliega en sus rapsodias ingenuas. En la República Argentina se ven a un tiempo dos civilizaciones distintas en un mismo suelo: una naciente, que sin conocimiento de lo que tiene sobre su cabeza, está remedando los esfuerzos ingenuos y populares de la Edad Media; otra, que sin cuidarse de lo que tiene a sus pies, intenta realizar los últimos resul-
190 tados de la civilización europea. El siglo XIX y el siglo XII viven juntos: el uno dentro de las ciudades, y el otro en las campañas.

El *cantor* no tiene residencia fija; su morada está donde la noche lo sorprende; su fortuna en sus versos y en su voz. Dondequiera que el *cielito* enreda sus parejas sin tasa,[33] dondequiera que se apure una copa de vino, el *cantor* tiene
195 su lugar preferente, su parte escogida en el festín. El gaucho argentino no bebe, si la música y los versos no lo excitan, y cada pulpería tiene su guitarra para poner en manos del cantor, a quien el grupo de caballos estacionados en la puerta anuncia a lo lejos dónde se necesita el concurso de su gaya ciencia.[34]

El *cantor* mezcla entre sus cantos heroicos la relación de sus propias haza-
200 ñas. Desgraciadamente, el *cantor*, con ser el bardo argentino, no está libre de tener que habérselas con la justicia. También tiene que dar la cuenta de sendas puñaladas que ha distribuido, una o dos *desgracias* (muertes) que tuvo y algún caballo o alguna muchacha que robó. En 1840, entre un grupo de gauchos y a orillas del majestuoso Paraná, estaba sentado en el suelo y con las piernas
205 cruzadas un *cantor* que tenía azorado y divertido a su auditorio con la larga y animada historia de sus trabajos y aventuras. Había ya contado lo del rapto de la querida, con los trabajos que sufrió; lo de la "desgracia" y la disputa que la motivó; estaba refiriendo su encuentro con la partida y las puñaladas que en su defensa dio, cuando el tropel y los gritos de los soldados le avisaron que esta vez
210 estaba cercado. La partida, en efecto, se había cerrado en forma de herradura; la

---

[27] Poeta.
[28] Ruinas de una casa o rancho.
[29] Cobertizo.
[30] Incursión, ataque de los indios.
[31] Rauch: un coronel del ejército de Lavalle (enemigo de Rosas) que murió peleando en 1829.

[32] Santos Pérez: capitán de la banda que asesinó a Facundo Quiroga en Barranca Yaco el 16 de febrero de 1835. Rosas lo hizo ejecutar.
[33] Costo, norma regla.
[34] Maestría en el arte de rimar y combinar las estrofas.

abertura quedaba hacia el Paraná que corría veinte varas más abajo; tal era la altura de la barranca. El *cantor* oyó la grita sin turbarse, viósele de improviso sobre el caballo, y echando una mirada escudriñadora sobre el círculo de soldados con las tercerolas³⁵ preparadas, vuelve el caballo hacia la barranca, le pone el poncho en los ojos y clávale las espuelas. Algunos instantes después se veía salir de las profundidades del Paraná, el caballo sin freno, a fin de que nadase con más libertad, y el cantor, tomado de la cola, volviendo la cara quietamente, cual si fuera en un bote de ocho remos, hacia la escena que dejaba en la barranca. Algunos balazos de la partida no estorbaron que llegase sano y salvo al primer islote que sus ojos divisaron.

Por lo demás, la poesía original del *cantor* es pesada, monótona, irregular, cuando se abandona a la inspiración del momento. Más narrativa que sentimental, llena de imágenes tomadas de la vida campestre, del caballo y las escenas del desierto, que la hacen metafórica y pomposa. Cuando refiere sus proezas o las de algún afamado malévolo, parécese al improvisador napolitano, desarreglado, prosaico de ordinario, elevándose a la altura poética por momentos, para caer de nuevo al recitado insípido y casi sin versificación. Fuera de esto, el cantor posee su repertorio de poesías populares, quintillas, décimas y octavas, diversos géneros de versos octosílabos. Entre éstos hay muchas composiciones de mérito, y que descubren inspiración y sentimiento.

Aún podría añadir a estos tipos originales muchos otros igualmente curiosos, igualmente locales, si tuviesen, como los anteriores, la peculiaridad de revelar las costumbres nacionales, sin lo cual es imposible comprender nuestros personajes políticos, ni el carácter primordial y americano de la sangrienta lucha que despedaza a la República Argentina. Andando esta historia, el lector va a descubrir por sí solo dónde se encuentra el *rastreador*, el *baqueano*, el *gaucho malo*, el *cantor*. Verá en los caudillos cuyos nombres han traspasado las fronteras argentinas, y aun en aquéllos que llenan el mundo con el horror de su nombre, el reflejo vivo de la situación interior del país, sus costumbres y su organización.

## *SEGUNDA PARTE*

### Capítulo 1

*Infancia y juventud de Juan Facundo Quiroga*
*[Sarmiento presenta aquí una semblanza de Quiroga y relata algunos hechos significativos de su vida.]*

[...] Un hombre iliterato, un compañero de infancia y de juventud de Quiroga, que me ha suministrado muchos de los hechos que dejo referidos, me incluye en su manuscrito, hablando de los primeros años de Quiroga, estos datos curiosos: "Que no era ladrón, antes de figurar como hombre público; que nunca robó, aun en sus mayores necesidades; que no sólo gustaba de pelear, sino que pagaba por hacerlo, y por insultar al más pintado;³⁶ *que tenía mucha aversión a los*

---

³⁵ Arma de fuego, más corta que la carabina.
³⁶ El menos expuesto, por su situación o cualidades, a sufrir ese tratamiento.

*hombres decentes*; que no sabía tomar licor nunca; que de joven era muy reservado, y no sólo quería infundir miedo, sino aterrar, para lo que hacía entender a hombres de su confianza que tenía agoreros[37] o era adivino; que con los que tenía
10 relación los trataba como esclavos; *que jamás se ha confesado, rezado ni oído misa;* que cuando estuvo de general, lo vio una vez en misa; que él mismo le decía que no creía en nada". El candor con que estas palabras están escritas revela su verdad.

Toda la vida pública de Quiroga me parece resumida en estos datos. Veo en
15 ellos el hombre grande, el hombre de genio a su pesar, sin saberlo él ... Ha nacido así y no es culpa suya; descenderá en las escalas sociales para mandar, para dominar, para combatir el poder de la ciudad, la partida de la policía. Si le ofrecen una plaza en los ejércitos, la desdeñará, porque no tiene paciencia para aguardar los ascensos, porque hay mucha sujeción, muchas trabas puestas a la indepen-
20 dencia individual; hay generales que pesan sobre él, hay una casaca que oprime el cuerpo y una táctica que regla los pasos; ¡Todo es insufrible! La vida a caballo, la vida de peligros y emociones fuertes, han acerado su espíritu y endurecido su corazón; tiene odio invencible, instintivo, contra las leyes que lo han perseguido, contra toda esa sociedad y esa organización a que se ha sustraído desde la infan-
25 cia, y que lo mira con prevención y menosprecio.

[...] Es inagotable el repertorio de anécdotas de que está llena la memoria de los pueblos con respecto a Quiroga; sus dichos, sus expedientes, tienen un sello de originalidad que le daba ciertos visos orientales, cierta tintura de sabiduría salomónica en el concepto de la plebe. ¿Qué diferencia hay, en efecto, entre aquel
30 famoso expediente de mandar partir en dos al niño disputado, a fin de descubrir la verdadera madre, y este otro para encontrar un ladrón? Entre los individuos que formaban una compañía, habíase robado un objeto, y todas las diligencias practicadas para descubrir al raptor habían sido infructuosas. Quiroga forma la tropa, hace cortar tantas varitas de igual tamaño cuantos soldados había; hace en
35 seguida que se distribuyan a cada uno, y luego con voz segura dice: "Aquel cuya varita amanezca mañana más grande que las demás, ése es el ladrón". Al día siguiente, formase de nuevo la tropa, y Quiroga procede a la verificación y comparación de las varitas. Un soldado hay, empero, cuya vara aparece más corta que las otras. "¡Miserable! —le grita Facundo con voz aterrante—, ¡tú eres!..." Y,
40 en efecto, él era; su turbación lo dejaba conocer demasiado. El expediente es sencillo: el crédulo gaucho, temiendo que efectivamente creciese su varita, le había cortado un pedazo. Pero se necesita superioridad y cierto conocimiento de la naturaleza humana para valerse de estos medios.

Habíanse robado algunas prendas de la montura de un soldado, y todas las
45 pesquisas habían sido inútiles para descubrir al raptor. Facundo hace formar la tropa y que desfile por delante de él, que está con los brazos cruzados, la mirada fija, escudriñadora,[38] terrible. Antes ha dicho: "Yo sé quién es", con una seguridad que nada desmiente. Empiezan a desfilar, desfilan muchos, y Quiroga

---

[37] El que presagia desgracias.
[38] Mira intensamente para averiguar los detalles menos manifiestos o las interioridades de una cosa o la intimidad de alguien.

permanece inmóvil; es la estatua de Júpiter tonante,[39] es la imagen del Dios del
50 Juicio Final. De repente se abalanza sobre uno, le agarra el brazo, le dice con voz
breve y seca: "¿Dónde está la montura?"..."Allí, señor", contesta, señalando un
bosquecillo. _"¡Cuatro tiradores", grita entonces Quiroga. ¿Qué revelación era
ésta? La del terror y la del crimen hecha ante un hombre sagaz. Estaba otra vez
un gaucho respondiendo a los cargos que se le hacían por un robo; Facundo le in-
55 terrumpe diciendo: "Ya este pícaro está mintiendo; a ver ... cien azotes...".
Cuando el reo[40] hubo salido, Quiroga dijo a alguno que se hallaba presente: "Vea,
patrón: cuando un gaucho al hablar esté haciendo marcas con el pie, es señal que
está mintiendo". Con los azotes, el gaucho contó la historia como debía ser, esto
es, que se había robado una yunta[41] de bueyes.
60      [...] De estos hechos hay a centenares en la vida de Facundo, y que al paso
que descubren un hombre superior, han servido eficazmente para labrarle una
reputación misteriosa entre los hombres groseros[42], que llegaban a atribuirle
poderes sobrenaturales.

## ■ Preguntas generales

1. ¿En qué ambiente transcurrió la infancia de Sarmiento y qué educación
recibió?
2. ¿Cuáles son algunos de los logros de Sarmiento durante su exilio en Chile?
¿Qué obras publicó allí?
3. ¿Qué ideas orientaron al autor de *Facundo* en su interpretación de la realidad argentina?
4. ¿Qué cargos públicos desempeñó Sarmiento luego de la derrota de Rosas?
5. ¿Qué objetivos se propuso como gobernante?
6. ¿En qué es limitada y criticable la visión de Sarmiento?

## ■ Preguntas de análisis

1. ¿Qué relación establece Sarmiento entre la geografía física de Argentina y el
fenómeno del caudillismo?
2. ¿Cuáles son los obstáculos que el medio ambiente opone al progreso y la
cultura?
3. ¿Con qué otras regiones del mundo compara las llanuras argentinas?
4. ¿Cómo describe el autor a los habitantes de la pampa? ¿Qué aptitudes y
modos de conducta destaca en ellos?
5. ¿Ve Ud. alguna contradicción en la actitud de Sarmiento hacia el gaucho?
6. ¿De qué modo establece Sarmiento un vínculo entre la naturaleza y la expresión poética y artística?

---

[39] Que produce truenos. Se aplica exclusivamente a Júpiter, el dios del rayo y del trueno,
cuyo nombre contiene este calificativo: "Júpiter
tonante".
[40] Persona acusada de un delito, que está siendo
juzgada por un juez o tribunal de justicia.

[41] Par de bueyes que se uncen juntos, que se
sujetan al mismo yugo.
[42] Aquí "groseros" significa: incivilizados, sin
educación , toscos.

## ■ Temas para informes escritos

1. Las ideas deterministas de Sarmiento.
2. El eurocentrismo de Sarmiento en su contexto histórico.
3. La contraposición de civilización y barbarie en *Facundo* y sus repercusiones en la literatura y el pensamiento hispanoamericanos.
4. Sarmiento como educador.
5. La Ilustración francesa y el romanticismo en la obra de Sarmiento.

## ■ Temas de reflexión y comentario

1. El eurocentrismo de Sarmiento desde la perspectiva de nuestra época.
2. El contraste entre la ciudad y las zonas rurales en Hispanoamérica y su repercusión política y económica.
3. La dimensión hispanoamericana y universal de los tipos humanos descritos por Sarmiento.
4. Los paralelismos y las diferencias entre Norte y Sur del continente, a la luz de la obra de Sarmiento.
5. *Facundo* como obra iniciadora del ensayo hispanoamericano de interpretación histórica.

# GERTRUDIS GOMEZ DE AVELLANEDA

1814, Camagüey, Cuba–
1873, Madrid, España

Novelista, poeta y dramaturga, Gertrudis Gómez de Avellaneda es una de las figuras más destacadas del romanticismo hispanoamericano. Escritora de extraordinarias dotes y singular personalidad, vivió y sufrió sus amores con impetuosidad romántica. Se rebeló contra los prejuicios y las convenciones sociales de su época, demostró entereza frente a la muerte prematura de sus seres queridos y fue valiente y generosa en la defensa de la justicia y de la libertad. De distinguida familia, la joven Gertrudis fue educada por tutores con los cuales aprendió francés y adquirió una pasión por la lectura. A los doce años ya había escrito odas, una novela y una tragedia y dirigido obras de teatro que representaba con sus amigas. Adolescente aún, tuvo la suerte de contar entre sus maestros al poeta José María Heredia, quien ejerció una influencia duradera sobre la precoz discípula.

La carrera literaria de "La Avellaneda" se desarrolló en España, donde vivió desde 1836, con excepción de unos años que pasó en Cuba (1859–64). Admiró ella a las figuras más importantes del neoclasicismo español (Meléndez Valdés, Manuel José Quintana y Gallegos), no obstante su evidente afinidad con los grandes autores románticos (Chateaubriand, Sand, Scott, Byron, Lamartine, Espronceda y Zorrilla). En Madrid se representaron sus dramas y comedias con gran éxito, tanto por la entusiasta acogida del público como por la excelente respuesta de la crítica. Entre ellos se destacan *Munio Alfonso* (1844), drama histórico, *Saúl* (1849) y *Baltasar* (1858), ambos dramas de tema bíblico, y una comedia de intriga, *La hija de las flores* (1852). Entre sus obras de ficción son de particular interés *Sab* (1841), su primera novela, y *Guatimozín, último emperador de México* (1846), extenso relato con base histórica. En *Sab* la Avellaneda describe con singular maestría el paisaje y las costumbres de su país, a la vez que expone las trágicas consecuencias de la esclavitud. Al mismo tiempo, aprovecha uno de los temas clásicos del romanticismo —el amor imposible— representado aquí en un contexto interracial en los sentimientos del esclavo por su ama. La obra apareció diez años antes que *Uncle Tom's Cabin* (1851–52) de Harriet Beecher Stowe (1811–96), con lo cual la autora cubana llega a ser la primera en publicar una novela antiesclavista; pues aunque en Cuba ya se habían escrito otras novelas sobre el tema, éstas no se imprimieron sino hasta fines del siglo XIX. Con *Guatimozín* la Avellaneda es también la primera en idealizar románticamente al héroe indígena y en crear una novela "indianista" de mérito literario. La autora también escribió narraciones breves o leyendas entre las cuales se distingue "El aura blanca", basada en hechos ocurridos en Puerto Príncipe o Camagüey. Otra leyenda suya, "El Cacique de Tumerqué", es también interesante, pues recoge una historia de celos y venganza de *El carnero* (1638), divertida crónica colombiana escrita por Juan Rodríguez Freile.

Recogida en dos volúmenes, la obra poética de la autora muestra gran virtuosismo y dominio de las distintas posibilidades métricas y rítmicas del verso español. Entre los temas representativos de su poesía están: 1) Cuba, a la que dedicó su juvenil y famoso poema "Al partir"; 2) el amor, en los poemas titulados "A él"; 3) la naturaleza vista, como lo hacían los neoclásicos, en paisajes pastoriles e idílicos, en "La primavera"; 4) temas típicos del romanticismo, en poemas como "Al mar", y "Al destino"; 5) temas filosóficos y religiosos, entre los últimos "A la Virgen", "La cruz", "Dios y el hombre". Ejemplo del virtuosismo técnico de la autora es "Noche de insomnio y alba" que, a semejanza de "El estudiante de Salamanca" del español José de Espronceda (1808–42), comienza con un verso de dos sílabas y se expande sucesivamente en los versos siguientes hasta llegar a un verso de dieciséis sílabas.

La crítica sólo ha apreciado, y muy limitadamente, la poesía de Gertrudis Gómez de Avellaneda. Recientemente empieza, sin embargo, a revalorarse su producción dramática y novelística, y se propone una más justa estimación del calibre intelectual y el talento creador de esta distinguida figura de las letras hispánicas.

## ■ Bibliografía mínima

Albin, María. *Género, poesía y esfera pública. Gertrudis Gómez de Avellaneda y la tradición romántica*. Madrid: Trotta, 2002.

Alzaga, Florinda. "La poesía religiosa de la Avellaneda: una dimensión olvidada". *Monographic Review* 6 (1990): 192–210.

Araújo, Nora. "Constantes ideotemáticas en la Avellaneda". *Revista Iberoamericana* 56 (1990): 715–22.

Branche, Jerome. "Ennobling Savagery? Sentimentalism and the Subaltern in *Sab*". *Afro-Hispanic Review* 17.2 (1998 Fall): 12–23.

Gómez de Avellaneda, Gertrudis. *Obra selecta*. Ed. Mary Cruz. Caracas: Biblioteca Ayacucho, 1990.

Ianes, Raúl. "Metaficción y 'elaboraciones al vapor': la novela histórica de Gertrudis Gómez de Avellaneda". *Letras Peninsulares* 10.2 (1997 Fall): 249–62.

López Cruz, Humberto. "Gertrudis Gómez de Avellaneda y la exaltación a la libertad". *Círculo: Revista de Cultura* 29 (2000): 211–18.

Mata-Kolster, Elba. "Gertrudis Gómez de Avellaneda". *Latin American Writers*. Eds. Carlos A. Solé y Maria Isabel Abreu. Vol. 1. New York: Scribner's, 1989. 175–80.

Ward, Thomas. "Nature and Civilization in *Sab* and the Nineteenth-Century Novel in Latin America". *Hispanófila* 126 (1999): 25–40.

# Al partir[1]

¡Perla del mar! ¡Estrella de Occidente!
¡Hermosa Cuba! Tu brillante cielo
la noche cubre con su opaco velo,
como cubre el dolor mi triste frente.

5      ¡Voy a partir!... La chusma[2] diligente,
para arrancarme del nativo suelo,
las velas iza,[3] y pronta a su desvelo
la brisa acude de tu zona ardiente.

      ¡Adiós, patria feliz, edén querido!
10  ¡Doquier[4] que el hado en su furor me impela,
tu dulce nombre halagará mi oído!

      ¡Adiós!... ¡Ya cruje la turgente[5] vela...
en ancla se alza... el buque, estremecido,
las olas corta y silencioso vuela!

# Romance

## CONTESTANDO A OTRO DE UNA SEÑORITA

(Fragmento)

No soy maga ni sirena,
ni querub ni pitonisa,
como en tus versos galanos
me llamas hoy, bella niña.

5      Gertrudis tengo por nombre,
cual recibido en la pila;
me dice Tula mi madre,
y mis amigos la imitan.

      Prescinde, pues, te lo ruego,
10  de las Safos[6] y Corinas,[7]
y simplemente me nombra
Gertrudis, Tula o amiga [...]

      No, no aliento ambición noble,
como engañada imaginas,

15  de que en páginas de gloria
mi humilde nombre se escriba.

      Canto como canta el ave,
como las ramas se agitan,
como las fuentes murmuran,
20  como las auras suspiran.

      Canto porque al cielo plugo[8]
darme el estro[9] que me anima;
como dio brillo a los astros,
como dio al orbe armonías.

25      Canto porque hay en mi pecho
secretas cuerdas que vibran
a cada afecto del alma,
a cada azar de la vida.

---

[1] Soneto escrito por la autora a la edad de veintidós años, cuando salía para España en 1836.
[2] La tripulación.
[3] Proceso de desenrollar las velas del barco para alistarlo a navegar.
[4] Dondequiera.

[5] Hinchada, abultada.
[6] Safo: poeta de la antigua Grecia (VII–VI a de C.).
[7] Corina: poeta de la antigua Grecia (V a de C.).
[8] Dio placer.
[9] Inspiración.

Canto porque hay luz y sombras,
30 porque hay pesar y alegría,
porque hay temor y esperanza,
porque hay amor y hay perfidia.

Canto porque existo y siento,
porque lo grande me admira,
35 porque lo bello me encanta,
porque lo malo me irrita.

Canto porque ve mi mente
concordancias infinitas,
y placeres misteriosos,
40 y verdades escondidas.

Canto porque hay en los seres
sus condiciones precisas:
corre el agua, vuela el ave,
silba el viento, y el sol brilla.

45 Canto sin saber yo propia
lo que el canto significa,
y si al mundo que lo escucha,
asombro o lástima inspira.

El ruiseñor no ambiciona
50 que lo aplaudan cuando trina...
Latidos son de su seno
sus nocturnas melodías.

Modera, pues, tu alabanza,
y de mi frente retira
55 la inmarchitable corona
que tu amor me pronostica.

Premiando nobles esfuerzos,
sienes más heroicas ciña;
que yo al cantar solo cumplo
60 la condición de mi vida.

# A él[10]

No existe lazo ya: todo está roto.
Plúgole[11] al ciclo así: ¡Bendito sea!
Amargo cáliz con placer agoto;
Mi alma reposa al fin, nada desea.

5 Te amé, no te amo ya: piénsolo al menos.
¡Nunca, si fuere error, la verdad mire!
Que tantos años de amarguras llenos
Trague el olvido; el corazón respire.

Lo has destrozado sin piedad: Mi orgullo,
10 Una vez y otra vez, pisaste insano...
Mas nunca el labio exhalará un murmullo
Para acusar tu proceder tirano.

De graves faltas vengador terrible,
Dócil llenaste tu misión: ¿lo ignoras?
15 No era tuyo el poder que irresistible
Postró ante ti mis fuerzas vencedoras.

Quísolo Dios y fue: ¡Gloria a su nombre!
Todo se terminó; recobro aliento.
¡Angel de las venganzas!, ya eres hombre...
20 Ni amor ni miedo al contemplarte siento.

---

[10] Poema dirigido a Ignacio de Cepeda y Alcalde, el gran amor de la poeta, a quien también dedicó otro poema con el mismo título. Se compone de versos endecasílabos.
[11] Le dio placer.

Cayó tu cetro,[12] se embotó tu espada...
Mas, ¡ay!, ¡Cuán triste libertad respiro!
Hice un mundo de ti, que hoy se anonada,
Y en honda y vasta soledad me miro.

25     ¡Vive dichoso tú! Si en algún día
Ves este adiós que te dirijo eterno,
Sabe que aún tienes en el alma mía
Generoso perdón, cariño tierno.

## ■ Preguntas generales

1. ¿Qué cualidades distinguieron a Gertrudis Gómez de Avellaneda en su actitud frente a la vida?
2. ¿Dónde se desarrolló su carrera literaria y en qué géneros se destacó?
3. ¿Qué aspectos románticos están representados en su obra?
4. ¿Qué temas introdujo Gómez de Avellaneda con sus novelas *Sab* y *Guatimozín, último emperador de México*?

## ■ Preguntas de análisis

1. ¿Cuáles son los temas más frecuentes en la obra poética de Gertrudis Gómez de Avellaneda? ¿Puede identificar algunos de ellos en los poemas aquí incluidos?
2. ¿Cómo explica ella su vocación poética?
3. ¿Qué sentimientos expresan sus versos en "A él"?
4. ¿Qué imágenes utiliza para configurar al amado en "A él"?

## ■ Temas para informes escritos

1. La idealización del esclavo en *Sab*.
2. La condición de la mujer como tema en la narrativa de Gómez de Avellaneda.
3. La naturaleza en la poesía de la Avellaneda.
4. El desengaño amoroso en la obra de Gómez de Avellaneda.

## ■ Temas de reflexión y comentario

1. La función concientizadora de las obras indianistas. Posibles paralelismos entre ese tipo de literatura en Estados Unidos y Latinoamérica.
2. Las causas de que Gertrudis Gómez de Avellaneda sea más reconocida como poeta que como dramaturga o novelista.
3. La relación entre vida y poesía en la obra de Gómez de Avellaneda.
4. Cuba y el tema del exilio en la obra de Gómez de Avellaneda y dentro de la tradición literaria del exilio.

---

[12] Vara, generalmente de oro, que llevaban los reyes como insignia de poder supremo.

# JUAN MONTALVO

1832, Ambato, Ecuador–
1889, París, Francia

Luchador infatigable contra la tiranía, la ignorancia, el fanatismo y la corrupción, Juan Montalvo es uno de los más ilustres prosistas de la lengua castellana. Lector de los clásicos, estudioso de la obra de los grandes escritores españoles, hablaba y leía las lenguas modernas más importantes. Su habilidad periodística y su fama de joven culto contribuyeron a que, a los veinticinco años, fuera nombrado para un puesto diplomático en Francia (1857–60). En París conoció a Alfonse de Lamartine, famoso poeta romántico. Cuando Gabriel García Moreno llegó a la presidencia del Ecuador (1861–65; 1869–75) e impuso, debido a su fanatismo religioso, lo que se conoce como "estado teocrático", encontró en el escritor recién llegado de Francia a su más acérrimo enemigo. En efecto, Montalvo fundó la revista quiteña *El Cosmopolita* (1866–69) para combatir a García Moreno. Clausurada esta publicación, en 1869 se exilió en Ipiales, pueblecito fronterizo de Colombia. Allí, por medio de unos estudiantes, recibió la noticia del asesinato del dictador y exclamó: "¡Mi pluma lo mató!".

Pero la lucha de Montalvo contra la tiranía continuó: a García Moreno lo sucedió otro déspota, el general Ignacio de Veintemilla (1876–83). Y para atacarlo el ensayista fundó otra revista, *El Regenerador* (1876–78). Las críticas a Veintemilla le ganaron un segundo destierro en Ipiales; en esta época (1880–82) comenzó a escribir una serie de ensayos acusatorios recogidos después en *Las catilinarias*. En 1881 Montalvo viajó a París, ciudad donde residió hasta su muerte. En esa capital escribió artículos en francés para la prensa local; allí fundó *El Espectador* (1886–88), revista muy personal, inspirada por el *Spectator*, del ensayista inglés Joseph Addison (1672–1719). Montalvo vivió como un héroe romántico, combatiendo la opresión en el destierro. Elegante en su estilo literario y en su concepción de la vida, esperó la muerte vestido de frac. Había dado instrucciones de que no se olvidaran de ponerle flores, pues el ver un cadáver sin ellas siempre lo había entristecido.

Entre los muchos y variados escritos del autor ecuatoriano sobresale *Siete tratados* (1882–83). La obra maestra de Montalvo nos hace recordar a los famosos *Ensayos* del moralista francés Michel de Montaigne (1533–92) por la variedad de asuntos enfocados —la belleza, la nobleza, el intelecto— y por sus abundantes metáforas e imágenes. Para defenderse de los ataques del arzobispo de Quito, quien lo criticó severamente después de la aparición de esta última obra, Montalvo publicó *Mercurial eclesiástica o Libro de las verdades* (1884), donde defiende sus creencias religiosas y critica la intolerancia y la superstición.

En *Capítulos que se le olvidaron a Cervantes* (1895), escrito a comienzos de la década de los años setenta, pero publicado más tarde, el ensayista intenta imitar al gran escritor español. Continúa las aventuras de don Quijote, quien ahora utiliza el credo romántico liberal para exigir justicia. Estas aventuras del caballero de la Mancha le sirven al escritor ecuatoriano para presentar sus puntos de vista sobre la pobreza, el valor y la integridad, entre otros temas. Otra obra suya, *Geometría moral* (1902), pasa revista a famosos amantes como Cleopatra, Julio César, Fausto, Romeo, Julieta y don Juan Tenorio, a la vez que describe los diferentes tipos de pasión amorosa. Los escritos más combativos de Montalvo son *Las catilinarias* (1880–82). El título de esta serie de ensayos contra el dictador Veintemilla alude al patricio Catilina (¿109?–62 a. de C.), líder de una conspiración contra el senado romano denunciada por Cicerón. Con igual o mayor fuerza que éste, Montalvo expone y condena los abusos del tiránico general para dejar páginas donde su verbo directo destroza la figura de Veintemilla.

Basándose en tres conceptos muy específicos —la justicia, la honradez y la tolerancia—, Montalvo atacó quijotescamente las ambiciones de los militares y del clero, la ignorancia del pueblo, la injusticia contra los pobres y desvalidos, males comunes de los países latinoamericanos durante el siglo XIX. Expresó estas ideas en una prosa donde abundan el juego metafórico, la erudición, las digresiones, los vocablos arcaicos y las imágenes cromáticas.* Montalvo creó un estilo caracterizado por la riqueza lingüística, las frases lapidarias y la inclusión de parábolas y acontecimientos sacados de la historia y la mitología. Por su lujo verbal y cuidada expresión los escritos del autor ecuatoriano anticiparon la renovación literaria del Modernismo.

■ Bibliografía mínima

Agramonte, Roberto D. "Preámbulo a los *Siete tratados* de Montalvo". *Círculo* 19 (1990): 39–46.

Flores Jaramillo, Renán. "Juan Montalvo". *Del neoclasicismo al modernismo. Historia de la literatura hispanoamericana*. Coord. Luis Iñigo Madrigal. Vol. 2. Madrid: Cátedra, 1987. 355–458.

Montalvo, Juan. *Siete tratados*. Ed. José L. Abellán. Madrid: Nacional, 1977.

Ochoa Penroz, Marcela. "Juan Montalvo: una reescritura del *Quijote* en América". *Revista de Literatura Hispánica* 46-47 (1997–1998): 57–70.

Pareja Diezcanseco, Alfredo. "Juan Montalvo". *Latin American Writers*. Eds. Carlos A. Solé and Maria Isabel Abreu. Vol. 1. New York: Scribner's, 1989. 215–19.

Roig, Arturo Andrés. *El pensamiento social de Montalvo*. Quito: Tercer Mundo, 1984.

# Siete tratados

## WASHINGTON Y BOLIVAR

El renombre de Washington no finca[1] tanto en sus proezas militares, cuanto en el éxito mismo de la obra que llevó adelante y consumó[2] con tanta felicidad como buen juicio. El de Bolívar trae consigo el ruido de las armas, y a los resplandores que despide esa figura radiosa, vemos caer y huir y desvanecerse los

---

[1] No está basado.
[2] Terminó.

5 espectros de la tiranía; suenan los clarines, relinchan los caballos, todo es guerrero estruendo en torno al héroe hispanoamericano. Washington se presenta a la memoria y la imaginación como gran ciudadano antes que como gran guerrero, como filósofo antes que como general. Washington estuviera muy bien en el senado romano al lado del viejo Papirio Cursor,[3] y en siendo monarca antiguo,
10 fuera Augusto, ese varón sereno y reposado que gusta de sentarse en medio de Horacio y Virgilio, en tanto que las naciones todas giran reverentes alrededor de su trono. Entre Washington y Bolívar hay de común la identidad de fines, siendo así que el anhelo de cada uno se cifra[4] en la libertad de un pueblo y el establecimiento de la democracia. En las dificultades sin medida que el uno tuvo que
15 vencer, y la holgura con que el otro vio coronarse su obra, ahí está la diferencia de esos dos varones perilustres,[5] ahí la superioridad del uno sobre el otro. Bolívar, en varias épocas de la guerra, no contó con el menor recurso, ni sabía dónde ir a buscarlo; su amor inapelable hacia la patria, ese punto de honra subido que obraba en su pecho, esa imaginación fecunda, esa voluntad soberana, esa activi-
20 dad prodigiosa que constituían su carácter, le inspiraban la sabiduría de hacer factible lo imposible; le comunicaban el poder de tornar de la nada al centro del mundo real. Caudillo inspirado por la providencia, hiere la roca con su varilla de virtudes, y un torrente de agua cristalina brota murmurando afuera; pisa con intención, y la tierra se puebla de numerosos combatientes, esos que la patrona de
25 los pueblos oprimidos envía sin que sepamos de dónde. Los americanos del norte eran de suyo ricos, civilizados y pudientes aun antes de su emancipación de la madre Inglaterra; en faltando su caudillo, cien Washingtons se hubieran presentado al instante a llenar ese vació, y no con desventaja. A Washington le rodeaban hombres tan notables como él mismo, por no decir más beneméritos:
30 Jefferson, Madison, varones de alto y profundo consejo, Franklin, genio del cielo y de la tierra, que al tiempo que arranca el cetro a los tiranos, arranca el rayo a las nubes,[6] *Eripuit celo fulmen sceptrumque tyrannis.*[7] Y éstos y todos los demás, cuán grandes eran y cuán numerosos se contaban, eran unos en la causa, rivales en la obediencia, poniendo cada cual su contingente en el raudal[7a] inmenso que corrió
35 sobre los ejércitos y las flotas enemigas, y destruyó el poder británico. Bolívar tuvo que domar a sus tenientes, que combatir y vencer a sus propios compatriotas, que luchar con mil elementos conjurados contra él y la independencia, al paso que batallaba con las huestes españolas y las vencía o era vencido. La obra de Bolívar es más ardua, y por el mismo caso más meritoria.
40 Washington se presenta más respetable y majestuoso a la contemplación del mundo; Bolívar más alto y resplandeciente. Washington fundó una República que ha venido a ser después de poco una de las mayores naciones de la tierra; Bolívar fundó asimismo una gran nación, pero, menos feliz que su hermano primogénito, la vio desmoronarse, y aunque no destruida su obra, por lo menos des-
45 figurada y apocada. Los sucesores de Washington, grandes ciudadanos, filósofos

---

[3] Papirio Cursor: general romano del siglo IV a. de C.

[4] Se resume.

[5] Muy ilustres.

[6] Benjamin Franklin (1786–1841): político, publicista e inventor norteamericano. A él le debemos la invención del pararrayos.

[7] "Arrancó a los tiranos el cetro y a los cielos el rayo".

[7a] Conjunto de eventos que suceden rápidamente.

y políticos, jamás pensaron en despedazar el manto sagrado de su madre, para
echarse cado uno por adorno un jirón de púrpura sobre sus cicatrices; los compañeros de Bolívar todos acometieron a degollar[7b] a la real Colombia[8] y tomar
para sí la mayor presa posible, locos de ambición y tiranía. En tiempo de los
50   dioses, Saturno devoraba a sus hijos; nosotros hemos visto y estamos viendo a
ciertos hijos devorar a su madre. Si Páez,[9] a cuya memoria debemos el más profundo respeto, no tuviera su parte en este crimen, ya estaba yo aparejado para
hacer una terrible comparación, tocante a esos asociados del parricidio que nos
destruyeron nuestra grande patria; y como había además que mentar a un gu-
55   sanillo y rememorar el triste fin del héroe de Ayacucho,[10] del héroe de la guerra y
las virtudes, vuelvo a mi asunto ahogando en el pecho esta dolorosa indignación
mía. Washington, menos ambicioso, pero menos magnánimo; más modesto, pero
menos elevado que Bolívar; Washington, concluida su obra, acepta los casi humildes presentes de sus compatriotas; Bolívar rehusa los millones ofrecidos por
60   la nación peruana. Washington rehusa el tercer período presidencial de los Estados Unidos, y cual un patriarca se retira a vivir tranquilo en el regazo de la vida
privada, gozando sin mezcla de odio las consideraciones de sus semejantes, venerado por el pueblo, amado por sus amigos; enemigos, no los tuvo, ¡hombre
raro y feliz! Bolívar acepta el mando tentador que por tercera vez, y ésta de fuente
65   impura, viene a molestar su espíritu, y muere repelido, perseguido, escarnecido[11]
por una buena parte de sus contemporáneos. El tiempo ha borrado esta leve mancha, y no vemos sino el resplandor que circunda al mayor de los sudamericanos.
Washington y Bolívar, augustos personajes, gloria del Nuevo Mundo, honor del
género humano, junto con los varones más insignes de todos los pueblos y de
70   todos los tiempos.

## ■ Preguntas generales

1. ¿A quién se refería Montalvo cuando dijo "¡Mi pluma lo mató!" y por qué?
2. Se ha dicho que Montalvo vivió y murió como un héroe romántico. Explique este comentario.
3. ¿Por qué se ha relacionado *Siete tratados* con la obra de Montaigne?
4. *Las catilinarias* se han considerado los escritos más combativos de Montalvo.
   ¿En qué circunstancias escribió esta serie de ensayos y con qué figura
   histórica se asocia su título?
5. ¿Qué recursos caracterizan la prosa de Montalvo y por qué se considera
   ésta precursora de la renovación modernista?

---

[7b] Cortar la garganta, destruir.
[8] Referencia a la República de la Gran Colombia,
después dividida en cuatro países; Colombia,
Venezuela, Ecuador y, posteriormente, Panamá.
[9] José Antonio Páez (1790–1873): general de las
guerras de Independencia y presidente de
Venezuela tres veces (1830–35; 1839–43;

1861–63). Su actuación contribuyó a la
desunión entre los patriotas.
[10] Antonio José de Sucre (1793–1830): general
de las guerras de Independencia y héroe de la
batalla de Ayacucho (1824). Murió asesinado en
1830.
[11] Afrentado, ofendido.

## ■ Preguntas de análisis

1. ¿Cómo caracteriza Montalvo a Washington y a Bolívar? Dé ejemplos.
2. ¿Qué aspectos de los escritos del autor ecuatoriano se manifiestan en esta selección?
3. ¿Por qué cree Montalvo que la labor de Bolívar fue más ardua que la de Washington? ¿Está Ud. de acuerdo o no? Explique su respuesta.
4. ¿Cuál era el sueño de Bolívar, qué "gran nación" fundó y qué causas contribuyeron al fracaso de sus planes?
5. ¿Cómo caracteriza Montalvo a Washington?

## ■ Temas para informes escritos

1. El gobierno de Gabriel García Moreno y las protestas de Montalvo.
2. Las revistas literarias fundadas por Montalvo.
3. Veintemilla y el propósito de *Las catilinarias*.
4. El concepto del héroe romántico y su relación con la biografía de Montalvo.
5. Don Juan Tenorio visto por Montalvo en *Geometría moral*.

## ■ Temas de reflexión y comentario

1. Don Quijote visto por Montalvo.
2. El estado "teocrático" de Gabriel García Moreno.
3. Los destierros de Montalvo.
4. Montalvo como precursor del Modernismo.
5. Montalvo y sus retratos de amantes famosos.

# RICARDO PALMA

1833, Lima, Perú–1919

Ricardo Palma es conocido y admirado por haber creado la "tradición", una original forma narrativa. Para elaborar estos relatos cercanos al cuento y al cuadro de costumbres, Palma mezcló material histórico con elementos ficticios y recreó un lenguaje arcaico, matizado con giros populares. La "tradición" se acerca al cuento porque incluye una ligera trama rematada generalmente con un desenlace inesperado; se aproxima al cuadro de costumbres porque retrata con muchos detalles tipos y costumbres sociales de diversas etapas de la historia peruana. Pero la modalidad creada por Palma e imitada por tantos escritores hispanoamericanos se aleja de ambos, cuando el narrador interrumpe con frecuencia el hilo del relato para comentar sobre la etimología de una palabra, el origen de un refrán, un acontecimiento gracioso o un suceso incidental.

Inspirado en parte por las ideas románticas, las novelas históricas de Walter Scott, y sus intereses lingüísticos, Palma se dedicó a estudiar y a recrear el pasado peruano. A partir de 1872 comenzaron a aparecer las diferentes series de *Tradiciones peruanas* (1872–83) seguidas de otras con títulos diversos, *Ropa vieja* (1889), *Ropa apolillada* (1891), *Tradiciones y artículos históricos* (1899), *Mis últimas tradiciones peruanas y cachivachería* (1906), *Apéndice a mis últimas tradiciones peruanas* (1910) y *Tradiciones en salsa verde* (1973), estas últimas inéditas por mucho tiempo debido a su tono subido y lenguaje soez.

En la creación de las "tradiciones" Palma supo aprovechar las crónicas e historias que leyó durante los años que fue director de la Biblioteca Nacional del Perú. Entre sus fuentes más prominentes figuran *Comentarios Reales* del Inca Garcilaso de la Vega (ver pp. 61–69) y obras de los grandes escritores del Sigo de Oro español, especialmente de Cervantes y Quevedo. En este sentido conviene recordar que la vena satírico-humorística tan activamente cultivada en España durante los siglos áureos tuvo muchos seguidores en América. Entre estos cultivadores se destaca Juan del Valle Caviedes, cuya poesía Palma contribuyó a dar a conocer (ver pp. 70–74), y Esteban de Terralla y Landa con su largo poema satírico *Lima por dentro y fuera*. Sin duda, los escritos de ambos autores, tanto como los de Quevedo, ayudaron a conformar el estilo mordaz y directo del "tradicionista".

Aunque Palma repudió los extremos del romanticismo tal y como lo afirma en *La bohemia de mi tiempo* (1887), su obra se apropió de varias características de esta escuela: 1) el entusiasmo y la admiración por el pasado, 2) el gusto por el individualismo y 3) el deseo de progreso social y político. Sin embargo, para comprender el ingenio de las "tradiciones" es necesario resaltar el interés del autor por el estudio del léxico, especialmente de las formas populares de expresión. En efecto, Palma publicó *Neologismos y americanismos* (1895) y *Papeletas lexicográficas*

(1903), donde estudió y definió vocablos que debían incluirse en el diccionario preparado por la Real Academia de la Lengua Española. Sin embargo, sus gestiones no tuvieron éxito.

La obra de Palma se caracteriza por el aprovechamiento del lenguaje popular, particularmente en sus chistes y refranes, sus burlas y "lisuras" (según Palma, "palabra o acción irrespetuosa") que violentan el lenguaje estrictamente literario. El "tradicionista" se valía de este viejo recurso para mostrar la historia y sus héroes desde un ángulo menos distante. A través del uso de diminutivos, de arcaísmos, de construcciones peculiares y de giros populares, Palma recrea el pasado peruano a su gusto. Vale recordar la fórmula dada por él mismo para escribir "tradiciones": "Algo, y aun algos, de mentira, y tal cual dosis de verdad, por infinitesimal u homeopática que ella sea, muchísimo de esmero y pulimento en el lenguaje, y cata la receta para escribir Tradiciones".

■ Bibliografía mínima

Andreu, Alicia G. "Una nueva aproximación al lenguaje en las *Tradiciones peruanas* de Ricardo Palma". *Revista de Estudios Hispánicos* 23.2 (1989): 21–36.

Holguín Callo, Oswaldo. *Tiempos de infancia y bohemia. Ricardo Palma*. Lima: PUCP, 1994.

Ortega, Julio. "Las *Tradiciones peruanas* y el proceso cultural del XIX hispanoamericano". Ed., introd. y notas de Julio Ortega et al. *Tradiciones peruanas*. Madrid: UNESCO, 1996. 409–38.

Oviedo, José Miguel. "Ricardo Palma". *Latin American Writers*. Eds. Carlos A. Solé y Maria Isabel Abreu. Vol. 1. New York: Scribner's, 1989. 221–28.

Palma, Ricardo. *Cien tradiciones peruanas*. Ed., prólogo y cronología de José Miguel Oviedo. Caracas: Biblioteca Ayacucho, 1977.

Tanner, Roy L. *The Humor of Irony and Satire in the* Tradiciones peruanas. Columbia: U of Missouri P, 1986.

Zúñiga, Maximiliano E. "El narrador cómplice de las *Tradiciones peruanas* de Ricardo Palma". Ed. and introd. Juan Cruz Mendizábal and Juan Fernández Jiménez. *Visión de la narrativa hispánica: Ensayos*. Indiana, PA: Department of Spanish and Classical Languages, Indiana U of Pennsylvania, 1999. 253–64.

# Tradiciones peruanas
# Amor de madre

## Cronica de la epoca del Virrey "Brazo de Plata"

### A Juana Manuela Gorriti[1]

Juzgamos conveniente alterar los nombres de los principales personajes de esta tradición, pecado venial que hemos cometido en "La emplazada" y alguna otra. Poco significan los nombres si se cuida de no falsear la verdad histórica; y

---

[1] Juana Manuela Gorriti (1818–92): escritora argentina de larga residencia en Lima donde animó un importante salón literario.

bien barruntará[2] el lector qué razón, y muy poderosa, habremos tenido para des-
bautizar prójimos.

## I

En agosto de 1690 hizo su entrada en Lima el excelentísimo señor don Melchor Portocarrero Lazo de la Vega, conde de la Monclova, comendador de Zarza en la Orden de Alcántara y vigésimo tercio virrey del Perú por su majestad don Carlos II. Además de su hija doña Josefa, y de su familia y servidumbre, acompañábanlo desde México, de cuyo gobierno fue trasladado a estos reinos, algunos soldados españoles. Distinguíase entre ellos, por su bizarro[2a] y marcial aspecto, don Fernando de Vergara, hijodalgo extremeño, capitán de gentiles-hombres lanzas[3] y contábase de él que entre las bellezas mexicanas no había dejado la reputación austera de monje benedictino. Pendenciero, jugador y amante de dar guerra a las mujeres, era más que difícil hacerle sentar la cabeza; y el virrey, que le profesaba paternal afecto, se propuso en Lima casarlo de su mano, por ver si resultaba verdad aquello de *estado muda costumbres*.

Evangelina Zamora, amén de su juventud y belleza, tenía prendas que la hacían el partido más codiciable de la ciudad de los Reyes.[3a] Su bisabuelo había sido, después de Jerónimo de Aliaga, del alcalde Ribera, de Martín de Alcántara y de Diego Maldonado el Rico, uno de los conquistadores más favorecidos por Pizarro con repartimientos en el valle del Rimac.[4] El emperador le acordó el uso del Don, y algunos años después, los valiosos presentes que enviaba a la corona le alcanzaron la merced de un hábito de Santiago.[5] Con un siglo a cuestas, rico y ennoblecido, pensó nuestro conquistador que no tenía ya misión sobre este valle de lágrimas, y en 1604 lió el petate[6] legando al mayorazgo,[7] en propiedades rústicas y urbanas, un caudal[7a] que se estimó entonces en un quinto de millón.

El abuelo y el padre de Evangelina acrecieron[8] la herencia; y la joven se halló huérfana a la edad de veinte años, bajo el amparo de un tutor y envidiada por su riqueza.

Entre la modesta hija del conde de la Monclova y la opulenta limeña se estableció, en breve, la más cordial amistad. Evangelina tuvo así motivo para encontrarse frecuentemente en palacio en sociedad con el capitán de gentiles-hombres, que a fuer[9] de galante no desperdició coyuntura[10] para hacer su corte a la doncella; la que al fin, sin confesar la inclinación amorosa que el hidalgo extremeño había sabido hacer brotar en su pecho, escuchó con secreta complacencia la propuesta de matrimonio con don Fernando. El intermediario era el virrey nada menos, y una joven bien doctrinada no podía inferir desaire[10a] a tan encumbrado padrino.

---

[2] Presentirá.

[2a] Valiente.

[3] Cuerpo en la organización militar colonial española.

[3a] Lima.

[4] Río vecino al lugar donde Francisco Pizarro fundó la ciudad de Lima.

[5] Prestigiosa orden religiosa y militar fundada en el reino de León en el siglo XII.

[6] Murió.

[7] El hijo mayor y único heredero de todos los bienes, según la ley española de la época.

[7a] Una fortuna.

[8] Aumentaron.

[9] A fuerza.

[10] Situación.

[10a] Humillar.

35    Durante los cinco primeros años de matrimonio, el capitán Vergara olvidó su antigua vida de disipación. Su esposa y sus hijos constituían toda su felicidad: era, digámoslo así, un marido ejemplar.

Pero un día fatal hizo el diablo que don Fernando acompañase a su mujer a una fiesta de familia, y que en ella hubiera una sala, donde no sólo se jugaba la
40    clásica malilla abarrotada,[11] sino que, alrededor de una mesa con tapete verde, se hallaban congregados muchos devotos de los cubículos.[11a] La pasión del juego estaba sólo adormecida en el alma del capitán, y no es extraño que a la vista de los dados se despertase con mayor fuerza. Jugó, y con tan aviesa[12] fortuna, que perdió en esa noche veinte mil pesos.

45    Desde esa hora, el esposo modelo cambió por completo su manera de ser, y volvió a la febricitante existencia del jugador. Mostrándosele la suerte cada día más rebelde, tuvo que mermar[13] la hacienda de su mujer y de sus hijos para hacer frente a las pérdidas, y lanzarse en ese abismo sin fondo que se llama el desquite.[14]

50    Entre sus compañeros de vicio había un joven marqués a quien los dados favorecían con tenacidad, y don Fernando tomó a capricho luchar contra tan loca fortuna. Muchas noches lo llevaba a cenar a la casa de Evangelina y, terminada la cena, los dos amigos se encerraban en una habitación a descamisarse,[14a] palabra que en el tecnicismo de los jugadores tiene una repugnante exactitud.

55    Decididamente, el jugador y el loco son una misma entidad. Si algo empequeñece, a mi juicio, la figura histórica del emperador Augusto[15] es que, según Suetonio,[15a] después de cenar jugaba a pares y nones.[16]

En vano Evangelina se esforzaba para apartar del precipicio al desenfrenado jugador. Lágrimas y ternezas, enojos y reconciliaciones fueron inútiles. La
60    mujer honrada no tiene otras armas que emplear sobre el corazón del hombre amado.

Una noche la infeliz esposa se encontraba ya recogida en su lecho, cuando la despertó don Fernando pidiéndole el anillo nupcial. Era éste un brillante de crecidísimo valor. Evangelina se sobresaltó; pero su marido calló su zozobra, di-
65    ciéndole que trataba sólo de satisfacer la curiosidad de unos amigos que dudaban del mérito de la preciosa alhaja.[17]

¿Qué había pasado en la habitación donde se encontraban los rivales de tapete? Don Fernando perdía una gran suma, y no teniendo ya prenda que jugar, se acordó del espléndido anillo de su esposa.

70    La desgracia es inexorable. La valiosa alhaja lucía pocos minutos más tarde en el dedo anular del gananciosa marqués. Don Fernando se estremeció de vergüenza y remordimiento. Despidióse el marqués, y Vergara lo acompañaba a la sala; pero al llegar a ésta, volvió la cabeza hacia una mampara[18] que

---

[11] Juego de naipes en el cual la *malilla* es una de las cartas más valiosas. *Abarrotada*, cuando no se juega la *malilla* y se gana con cartas menores.
[11a] Dados.
[12] Mala.
[13] Disminuir.
[14] Reintegrarse lo perdido.
[14a] Jugar hasta perderlo todo.

[15] General romano del siglo I.
[15a] Historiador latino (¿69–126?), autor de *Vida de los doce Césares*.
[16] Cuando se sortea algo y en el puño cerrado se tiene un número cualquiera.
[17] Joya.
[18] División movible que sirve para separar una habitación de otra.

comunicaba al dormitorio de Evangelina y a través de los cristales vióla so-
llozando de rodillas ante una imagen de María.

Un vértigo horrible se apoderó del espíritu de don Fernando, y rápido como el tigre, se abalanzó[18a] sobre el marqués y le dio tres puñaladas por la espalda.

El desventurado huyó hacia el dormitorio y cayó exánime[19] delante del lecho de Evangelina.

## II

El conde de la Monclova, muy joven a la sazón,[20] mandaba una compañía en la batalla de Arras, dada en 1654. Su denuedo[21] lo arrastró a lo más reñido[22] de la pelea, y fue retirado del campo casi moribundo. Restablecióse al fin, pero con pérdida del brazo derecho, que hubo necesidad de amputarle. El lo substituyó con otro plateado, y de aquí vino el apodo con que, en México y en Lima lo bautizaron.

El virrey *Brazo de plata*, en cuyo escudo de armas se leía este mote: *Ave Maria gratia plena*,[23] sucedió en el gobierno del Perú al ilustre don Melchor de Navarra y Rocafull. "Con igual prestigio que su antecesor, aunque con menos dotes administrativas —dice Lorente—, de costumbres puras, religioso, conciliador y moderado, el conde de la Monclova, edificaba al pueblo con su ejemplo, y los necesitados le hallaron siempre pronto a dar de limosna sus sueldos y las rentas de su casa".

En los quince años y cuatro meses que duró el gobierno de *Brazo de plata*, período a que ni hasta entonces ni después llegó ningún virrey, disfrutó el país de completa paz; la administración fue ordenada, y se edificaron en Lima magníficas casas. Verdad que el tesoro público no anduvo muy floreciente: pero por causas extrañas a la política. Las procesiones y fiestas religiosas de entonces recordaban, por su magnificencia y lujo, los tiempos del conde de Lemos.[23a] Los portales, con sus ochenta y cinco arcos, cuya fábrica se hizo con gasto de veinticinco mil pesos, el Cabildo y la galería de palacio fueron obra de esa época.

En 1694 nació en Lima un monstruo con dos cabezas y rostros hermosos, dos corazones, cuatro brazos y dos pechos unidos por un cartílago. De la cintura a los pies poco tenía de fenomenal, y el enciclopédico limeño don Pedro de Peralta[24] escribió con el título de *Desvíos de la naturaleza* un curioso libro, en que, a la vez que hace una descripción anatómica del monstruo, se empeña en probar que estaba dotado de dos almas.

Muerto Carlos el Hechizado en 1700, Felipe V, que lo sucedió, recompensó al conde de la Monclova haciéndolo grande de España.

Enfermo, octogenario y cansado del mando, el virrey *Brazo de plata* instaba a la corte para que se le reemplazase. Sin ver logrado este deseo, falleció el conde

---

[18a] Se lanzó violentamente.
[19] Muerto.
[20] Por esa época.
[21] Valor.
[22] Riesgoso.
[23] Ave María llena de gracia.

[23a] Virrey de Perú (1666–1672).
[24] Pedro de Peralta Barnuevo (1664–1743): sabio peruano, tres veces rector de la Universidad de San Marcos. Autor de más de cincuenta libros en prosa y verso.

de la Monclova el 22 de septiembre de 1702, siendo sepultado en la Catedral; y su sucesor, el marqués de Casteldos Ruis, no llegó a Lima sino en julio de 1707.

35 Doña Josefa, la hija del conde de la Monclova, siguió habitando en palacio después de la muerte del virrey; mas una noche, concertada ya con su confesor, el padre Alonso Mesía, se descolgó por una ventana y tomó asilo en las monjas de Santa Catalina, profesando con el hábito de Santa Rosa, cuyo monasterio se hallaba en fábrica.[25] En mayo de 1710 se trasladó doña Josefa Portocarrero Lazo de la Vega al nuevo convento, del que fue la primera abadesa.

## III

Cuatro meses después de su prisión, la Real Audiencia condenaba a muerte a don Fernando de Vergara. Este desde el primer momento había declarado que mató al marqués con alevosía, en un arranque de desesperación de jugador arruinado. Ante tan franca confesión no quedaba al tribunal más que aplicar la pena.

5 Evangelina puso en juego todo resorte para libertar a su marido de una muerte infamante; y en tal desconsuelo, llegó el día designado para el suplicio del criminal. Entonces la abnegada y valerosa Evangelina resolvió hacer, por amor al nombre de sus hijos, un sacrificio sin ejemplo.

Vestida de duelo se presentó en el salón de palacio en momentos de hallarse
10 el virrey conde de la Monclova en acuerdo con los oidores, y expuso: que don Fernando había asesinado al marqués, amparado por la ley; que ella era adúltera, y que, sorprendida por el esposo, huyó de su ira, recibiendo su cómplice justa muerte del ultrajado[26] marido.

La frecuencia de las visitas del marqués a la casa de Evangelina, el anillo de
15 ésta como gaje[27] de amor en la mano del cadáver, las heridas por la espalda, la circunstancia de habérsele hallado al muerto al pie del lecho de la señora, y otros pequeños detalles eran motivos bastantes para que el virrey, dando crédito a la revelación, mandase suspender la sentencia.

El juez de la causa se constituyó en la cárcel para que don Fernando rati-
20 ficara la declaración de su esposa. Mas apenas terminó el escribano la lectura, cuando Vergara, presa de mil encontrados sentimientos, lanzó una espantosa carcajada.

¡El infeliz se había vuelto loco!

Pocos años después, la muerte cernía sus alas sobre el casto lecho de la no-
25 ble esposa, y un austero sacerdote prodigaba a la moribunda los consuelos de la religión.

Los cuatro hijos de Evangelina esperaban arrodillados la postrera[28] bendición maternal. Entonces la abnegada víctima, forzada por su confesor, les reveló el tremendo secreto: —El mundo olvidará—les dijo—el nombre de la mujer que
30 os dio la vida; pero habría sido implacable para con vosotros si vuestro padre hubiese subido los escalones del cadalso. Dios, que lee en el cristal de mi conciencia, sabe que ante la sociedad perdí mi honra porque no os llamasen un día los hijos del ajusticiado.

---

[25] En construcción.
[26] Ofendido.

[27] Prenda.
[28] Ultima.

# El alacrán de fray Gómez

### A Casimiro Prieto Valdés

Principio, principiando;
        principiar quiero,
por ver si principiando
        principiar puedo.

*In diebus illis*,[29] digo, cuando yo era muchacho, oía con frecuencia a las viejas exclamar, ponderando[30] el mérito y precio de una alhaja:—¡Esto vale tanto como el alacrán de fray Gómez!

Tengo una chica, remate de lo bueno, flor de la gracia y espumita de la sal, con unos ojos más pícaros y trapisondistas[31] que un par de escribanos[32]:
        chica que se parece
        al lucero del alba
        cuando amanece,
al cual pimpollo[33] he bautizado, en mi paternal chochera,[34] con el mote de *alacrancito de fray Gómez*. Y explicar el dicho de las viejas, el sentido del piropo con que agasajo a mi Angélica, es lo que me propongo amigo y camarada Prieto, con esta tradición.

El sastre paga deudas con puntadas, y yo no tengo otra manera de satisfacer la literaria que con usted he contraído que dedicándole estos cuatro palotes.[35]

## I

Este era un lego[35a] contemporáneo de don Juan de la Pipirindica, el de la valiente pica, y de San Francisco Solano;[35b] el cual lego desempeñaba en Lima, en el convento de los padres seráficos,[36] las funciones de refitolero[37] en la enfermería u hospital de los devotos frailes. El pueblo lo llamaba fray Gómez, y fray Gómez lo llaman las crónicas conventuales, y la tradición lo conoce por fray Gómez. Creo que hasta en el expediente que para su beatificación y canonización existe en Roma no se le da otro nombre.

Fray Gómez hizo en mi tierra milagros a mantas,[38] sin darse cuenta de ellos y como quien no quiere la cosa. Era de suyo milagrero, como aquel que hablaba en prosa sin sospecharlo.

Sucedió que un día iba el lego por el puente, cuando un caballo desbocado arrojó sobre las losas al jinete. El infeliz quedó patitieso,[39] con la cabeza hecha una criba[40] y arrojando sangre por boca y narices.

---

[29] En aquellos días.
[30] Alabando.
[31] Enredadores.
[32] Ocupación similar a la de los notarios.
[33] Joven que se distingue por su belleza.
[34] Extremo del cariño.
[35] Los trazos que hace el niño en el papel con líneas cuando aprende a escribir. En este caso el autor se refiere al propio escrito que le dedica al amigo.

[35a] Religioso sin órdenes sagradas.
[35b] Franciscano español (1549–1610), apóstol de los guaraníes y querandíes.
[36] De la orden de San Francisco de Asís.
[37] Cuidador del refectorio.
[38] Abundantes.
[39] Sin vida.
[40] Muy rota.

—¡Se descalabró, se descalabró![40a]—gritaba la gente—¡Qué vayan a San
15 Lázaro por el santo óleo!

Y todo era bullicio y alharaca.[41]

Fray Gómez acercóse pausadamente al que yacía en la tierra, púsole sobre
la boca el cordón de su hábito, echóle tres bendiciones, y sin más médico ni más
botica el descalabrado se levantó tan fresco, como si golpe no hubiera recibido.

20 —¡Milagro, milagro! ¡Viva fray Gómez!—exclamaron los infinitos espectadores.

Y en su entusiasmo intentaron llevar en triunfo al lego. Este, para substraerse a la popular ovación, echó a correr camino de su convento y se encerró en
su celda.

25 La crónica franciscana cuenta esto último de manera distinta. Dice que fray
Gómez, para escapar de sus aplaudidores, se elevó en los aires y voló desde el
puente hasta la torre de su convento. Yo ni lo niego ni lo afirmo. Puede que sí y
puede que no. Tratándose de maravillas, no gasto tinta en defenderlas ni en
refutarlas.

30 Aquel día estaba fray Gómez en vena[42] de hacer milagros, pues cuando
salió de su celda se encaminó a la enfermería, donde encontró a San Francisco
Solano acostado sobre una tarima,[43] víctima de una furiosa jaqueca.[44] Pulsólo el
lego y le dijo:

—Su paternidad está muy débil, y haría bien en tomar algún alimento.

35 —Hermano—contestó el santo—, no tengo apetito.

—Haga un esfuerzo, reverendo padre, y pase siquiera un bocado.

Y tanto insistió el refitolero, que el enfermo, por librarse de exigencias que
picaban ya en majadería, ideó pedirle lo que hasta para el virrey habría sido imposible conseguir, por no ser la estación propicia para satisfacer el antojo.

40 —Pues mire, hermanito, sólo comería con gusto un par de pejerreyes.[44a]

Fray Gómez metió la mano derecha dentro de la manga izquierda, y sacó
un par de pejerreyes tan fresquitos que parecían acabados de salir del mar.

—Aquí los tiene su paternidad, y que en salud se le conviertan. Voy a
guisarlos.

45 Y ello es que con los benditos pejerreyes quedó San Francisco curado como
por ensalmo.[45]

Me parece que estos dos milagritos de que incidentalmente me he ocupado
no son paja picada.[46] Dejo en mi tintero otros muchos de nuestro lego, porque no
me he propuesto relatar su vida y milagros.

50 Sin embargo, apuntaré, para satisfacer curiosidades exigentes, que sobre la
puerta de la primera celda del pequeño claustro, que hasta hoy sirve de enfermería, hay un lienzo pintado al óleo representando estos dos milagros, con la
siguiente inscripción:

---

[40a] Se hirió en la cabeza y otras partes.
[41] Extraordinaria demostración de sentimientos, en este caso de lástima por el accidentado.
[42] En disposición.
[43] Banco.

[44] Dolor de cabeza muy fuerte, migraña.
[44a] Variedad de pez de carne muy sabrosa.
[45] Encantamiento.
[46] Cosa ordinaria.

"El Venerable Fray Gómez.—Nació en Extremadura en 1560. Vistió el
55 hábito en Chuquisaca[47] en 1580. Vino a Lima en 1587.—Enfermero fue cuarenta
años, ejercitando todas las virtudes, dotado de favores y dones celestiales. Fue su
vida un continuado milagro. Falleció en 2 de mayo de 1631, con fama de santidad. En el año siguiente se colocó el cadáver en la capilla de Aranzazú, y en 13
de octubre de 1810 se pasó debajo del altar mayor, a la bóveda donde son sepul-
60 tados los padres del convento. Presenció la traslación de los restos el señor doctor don Bartolomé María de las Heras. Se restauró este venerable retrato en 30
noviembre de 1882, por M. Zamudio".

## II

Estaba una mañana fray Gómez en su celda entregado a la meditación,
cuando dieron a la puerta unos discretos golpecitos, y una voz de quejumbroso
timbre dijo:
—*Deo gratias*... ¡Alabado sea el Señor!
5 —Por siempre jamás, amén. Entre, hermanito—contestó fray Gómez.
Y penetró en la humildísima celda un individuo algo desarrapado, *vera effi-*
*gies*[48] del hombre a quien acongojan pobrezas, pero en cuyo rostro se dejaba adivinar la proverbial honradez del castellano viejo.
Todo el mobiliario de la celda se componía de cuatro sillones de vaqueta,[49]
10 una mesa mugrienta,[50] y una tarima sin colchón, sábanas ni abrigo, y con una
piedra por cabezal o almohada.
—Tome asiento, hermano, y dígame sin rodeos[51] lo que por acá le trae—dijo
fray Gómez.
—Es el caso, padre, que yo soy hombre de bien a carta cabal ...
15 —Se le conoce y que persevere deseo, que así merecerá en esta vida terrena
la paz de la conciencia, y en la otra la bienaventuranza.
—Y es el caso que soy buhonero,[52] que vivo cargado de familia y que mi
comercio no cunde[52a] por falta de medios, que no por holgazanería y escasez de
industria en mí.
20 —Me alegro, hermano, que a quien honradamente trabaja Dios le acude.
—Pero es el caso, padre, que hasta ahora Dios se me hace el sordo, y en
acorrerme[52b] tarda.
—No desespere, hermano, no desespere.
—Pues es el caso que a muchas puertas he llegado en demanda de habi-
25 litación[53] por quinientos duros, y todas las he encontrado con cerrojo y cerrojillo.
Y es el caso que anoche, en mis cavilaciones, yo mismo me dije a mí mismo:—
¡Ea!, Jerónimo, buen ánimo y vete a pedirle el dinero a fray Gómez, que si él lo
quiere, mendicante y pobre como es, medio encontrará para sacarte del apuro. Y
es el caso que aquí estoy porque he venido, y a su paternidad le pido y ruego que

---

[47] Ciudad en la zona sudeste del virreinato del
Perú; actualmente está en territorio holiviano y
su nombre es Sucre.
[48] Verdadera imagen.
[49] De cuero de ternera curtido.
[50] Muy sucia.

[51] Directamente.
[52] Vendedor callejero de objetos como botones,
agujas, cintas.
[52a] No prospera.
[52b] Socorrerme, ayudarme.
[53] Préstamo.

30 me preste esa puchuela[54] por seis meses, seguro que no será por mí por quien se diga:

> En el mundo hay devotos
> de ciertos santos;
> la gratitud les dura
35 lo que el milagro;
> que un beneficio
> da siempre vida a ingratos
> desconocidos.

—¿Cómo ha podido imaginarse, hijo, que en esta triste celda encontraría 40 ese caudal?

—Es el caso, padre, que no acertaría a responderle;[55] pero tengo fe en que no me dejará ir desconsolado.

—La fe lo salvará, hermano. Espere un momento.

Paseando los ojos por las desnudas y blanqueadas paredes de la celda, vio 45 un alacrán que caminaba tranquilamente sobre el marco de la ventana. Fray Gómez arrancó una página de un libro viejo, dirigióse a la ventana, cogió con delicadeza a la sabandija,[56] la envolvió en el papel, y tornándose hacia el castellano viejo le dijo:

—Tome, buen hombre, y empeñe esta alhajita; no olvide, sí devolvérmela 50 dentro de seis meses.

El buhonero se deshizo en frases de agradecimiento, se despidió de fray Gómez y más que de prisa se encaminó a la tienda de un usurero.

La joya era espléndida, verdadera alhaja de reina morisca, por decir lo menos. Era un prendedor figurando un alacrán. El cuerpo lo formaba una mag- 55 nífica esmeralda engarzada sobre oro, y la cabeza un grueso brillante con dos rubíes por ojos.

El usurero, que era hombre conocedor, vio la alhaja con codicia, y ofreció al necesitado adelantarle dos mil duros por ella; pero nuestro español se empeñó en no aceptar otro préstamo que el de quinientos duros por seis meses, y con un 60 interés judaico, se entiende. Extendiéronse y firmáronse los documentos o papeletas de estilo, acariciando el agiotista[57] la esperanza de que a la postre el dueño de la prenda acudiría por más dinero, que con el recargo de intereses lo convertiría en propietario de joya tan valiosa por su mérito intrínseco y artístico.

Y con este capitalito fuele tan prósperamente en su comercio, que a la ter- 65 minación del plazo pudo desempeñar la prenda, y, envuelta en el mismo papel en que la recibiera, se la devolvió a fray Gómez.

Este tomó el alacrán, lo puso sobre el alféizar[58] de la ventana, le echó una bendición y dijo:

—Animalito de Dios, sigue tu camino.

70 Y el alacrán echó a andar libremente por las paredes de la celda.

> Y vieja, pelleja,
> aquí dio fin la conseja.

---

[54] Suma muy pequeña de dinero.
[55] No sabría como contestarle.
[56] Insecto.

[57] El especulador.
[58] Marco de la ventana.

## ■ Preguntas generales

1. ¿Cómo se relaciona la tradición con el cuento y el cuadro de costumbres?
2. ¿Qué fuentes históricas aprovechó Palma y cómo recrea la historia del Perú en sus tradiciones?
3. ¿Cómo reflejan las tradiciones los intereses lingüísticos del autor?
4. ¿Qué ideas del romanticismo aprovechó Palma en la creación de su obra?
5. ¿Por qué son originales las tradiciones?

## ■ Preguntas de análisis

1. ¿Cómo utiliza Palma los hechos históricos para ambientar "Amor de madre"?
2. Cree Ud. que el "tradicionista" presenta a Evangelina como heroína o que sólo ofrece una crítica del código de honor?
3. ¿Qué rasgos del romanticismo encuentra Ud. en "Amor de madre"?
4. ¿Qué aspectos del lenguaje oral o popular incorpora Palma en "El alacrán"?
5. "El alacrán" comienza y termina con unos versos graciosos. Explique qué función desempeñan en el relato.
6. ¿Quién es fray Gómez y qué recursos usa el narrador para presentarlo como personaje histórico?
7. Indique el tema de las dos tradiciones estudiadas y comente su relación con las ideas del romanticismo.

## ■ Temas para informes escritos

1. Ricardo Palma y su labor en la Biblioteca Nacional.
2. *La bohemia de mi tiempo* y las ideas de Palma sobre el romanticismo.
3. El interés de Palma en la lexicografía.
4. Los "tradicionistas" imitadores de Palma.
5. La historia incaica y la republicana en dos tradiciones de Palma.

## ■ Temas de reflexión y comentario

1. La relación entre Juan del Valle Caviedes y Ricardo Palma.
2. La renovación lingüística y las ideas de Palma sobre este tema.
3. El aspecto lúdico de las *Tradiciones peruanas*.
4. Palma como retratista en las *Tradiciones peruanas*.
5. Relación de las *Tradiciones peruanas* con el cuento y el cuadro de costumbres.

# JOSE HERNANDEZ

1834, Pcia. de Buenos
Aires, Argentina—1886,
Buenos Aires, Argentina

El nombre de José Hernández está inseparablemente ligado al de su poema gauchesco *Martín Fierro*, y a la causa de los gauchos a quienes defendió como político y como hombre de letras. Razones de salud y circunstancias familiares hicieron que viviera su niñez en pleno campo, donde se adiestró en los trabajos de la ganadería y cultivó libremente su inteligencia, aunque no tuvo acceso a la educación formal. La tiranía de Rosas dividió a la familia: mientras su padre y sus tíos eran rosistas, algunos miembros de la familia materna se contaron entre las víctimas del tirano. Hernández era federalista por sentimiento y por convicción, pero nunca justificó el despotismo de Rosas cuyo régimen era la antítesis del federalismo que le había servido de bandera política. Por esta razón, luchó con el ejército que derrotó a Rosas (1852), y militó luego contra la política centralista de Sarmiento, en defensa de los derechos del gaucho y del interior del país.

En 1868, Sarmiento fue elegido presidente y Hernández inició, en Buenos Aires, la publicación de *El Río de la Plata*, periódico de oposición donde criticaba la política oficial de persecución y explotación de los gauchos. Denunció allí el reclutamiento forzoso de éstos, que eran obligados a abandonar sus escasas posesiones para ir a la frontera a luchar contra los indios. Señaló la arbitrariedad del poder que la ciudad ejercía sobre el habitante del campo, despojándolo de sus tierras e imponiéndole un régimen de servicio personal en beneficio de los jefes estancieros. También condenó la expulsión de los indios de sus tierras y los planes para su exterminio. Tituló uno de sus artículos de 1869 "¿Qué civilización es la de las matanzas?" y afirmó: "La civilización sólo puede darnos derechos que se deriven de ella misma". Debe señalarse que, aunque en *Martín Fierro* los indios están presentados como criaturas de impulsos feroces, capaces de las más inhumanas atrocidades, Hernández no olvida que el indio se ha vuelto un enemigo cruel por haber sufrido persecución y despojo por parte de los blancos.

En estos artículos periodísticos se encuentra el trasfondo ideológico del poema *Martín Fierro*. Hernández comenzó a escribirlo cuando, obligado a suspender la publicación de su periódico y luego de intervenir en fracasadas acciones militares contra el gobierno de Sarmiento, tuvo que emigrar a Brasil y luego a Uruguay. En 1872 se acogió a un decreto de amnistía, volvió a Buenos Aires y publicó *El gaucho Martín Fierro*, la primera de las dos partes que componen el libro. La segunda, bajo el título *La vuelta de Martín Fierro*, apareció en 1879 y refleja un cambio de perspectiva del autor, concordante con el nuevo clima político—para él más favorable—creado por la presidencia de Nicolás Avellaneda (1874–80). El Martín Fierro de la primera parte era el gaucho anárquico, rebelde contra la injusticia, dispuesto a buscar refugio con los indios, del otro lado de la frontera. El que regresa en *La vuelta* no es un rebelde, sino el gaucho resignado a la necesidad de adaptarse a los cambios irreversibles ocurridos en el campo y en el país entero. Paralelamente, Hernández había dejado de ser un irreconciliable opositor político y participaba activamente en la labor del gobierno.

El poema *Martín Fierro* es la culminación de la literatura gauchesca, género que a lo largo del siglo había ya producido composiciones para bailes y canciones, como los *Cielitos y diálogos patrióticos* de Bartolomé Hidalgo (1788–1822), la visión retrospectiva, por momentos nostálgica, de la vida en la pampa en *Santos Vega* de Hilario Ascasubi (1807–75) y el humorístico *Fausto* de Estanislao del Campo (1834–80). Trabajando, como sus predecesores, con los elementos de la tradición oral, compenetrado de las fuentes populares y con la maestría de un poeta culto, Hernández hizo surgir, ennoblecida y bella, la voz del payador o gaucho cantor. Escribió cual si improvisara, tal y como lo hacían los payadores, pero logró el efecto de improvisación mediante conscientes procedimientos artísticos. El dialecto gauchesco de la obra no es mera transcripción, sino una recreación de la lengua española tal como la hablaban los gauchos e interiorizada por el autor. El arte de José Hernández salva para la posteridad la figura del gaucho ya en vías de desaparecer. *Martín Fierro* transforma al humilde habitante de la pampa en arquetipo, en símbolo de la nacionalidad argentina. Los refranes, las metáforas, la sabiduría y el humor populares contenidos en sus versos han entrado a formar parte viva de la lengua, culta e inculta, de los argentinos y han influido en las artes y en otras expresiones de su cultura. Este poema, vehículo de las convicciones y sentimientos del autor e indisolublemente asociado a su actuación política, ha conquistado por su originalidad y su calidad artística un lugar permanente en las letras hispanoamericanas.

## ■ Bibliografía mínima

Alazraki, Jaime. "El género literario del *Martín Fierro*". *Revista Iberoamericana* 40 (1974): 433–58. Volumen dedicado a Martín Fierro.

Borello, Rodolfo A. "La poesía gauchesca". *Del neoclasicismo al modernismo*. Coord. Luis Iñigo Madrigal. Madrid: Cátedra, 1987. Vol. 2 de *Historia de la literatura hispanoamericana*. 2 Vols. 1982–87. 345–58.

Cala Carvajal, Rafael. "Consideraciones sobre la lengua del *Martín Fierro*". *Sintagma: Revista de Lingüística* 9 (1997): 47–60.

Dellepiane, Angela B. "Trayectoria del personaje gaucho en la literatura gauchesca". *Le gaucho dans la littérature argentine. América* (Cahiers du Centre de Recherches Interuniversitaires sur les Champs Culturels en Amérique Latino 11). París: Presses de la Sorbonne Nouveile, 1992. 21–31.

Halperín Donghi, Tulio. *José Hernández y sus mundos*. Buenos Aires: Sudamericana, 1985.

Hernández, José. *Martín Fierro: el gaucho Martín Fierro. La vuelta de Martín Fierro*. Buenos Aires: Biblos, 1986.

González Cruz, Luis F. "*Martín Fierro*: escritura y significado". *Círculo* 20 (1991): 137–45.

Pagés Larraya, Antonio. "José Hernández". *Latin American Writers*. Eds. Carlos A. Solé y Maria Isabel Abreu. Vol. 1. New York: Scribner's, 1989. 235–45.

Verdugo, Iber. *Teoría aplicada del estudio literario: análisis del* Martín Fierro. México: UNAM, 1980.

# Martín Fierro

*PRIMERA PARTE*

# El Gaucho Martín Fierro[1]

## I

### Martín Fierro

Aquí me pongo a cantar
al compás de la vigüela,[2]
que el hombre que lo desvela
una pena estrordinaria,
5 como la ave solitaria,
con el cantar se consuela.

Pido a los santos del cielo
que ayuden mi pensamiento;
les pido en este momento
10 que voy a cantar mi historia
me refresquen la memoria
y aclaren mi entendimiento.

Vengan santos milagrosos,
vengan todos en mi ayuda,
15 que la lengua se me añuda[3]
y se me turba la vista;
pido a mi dios que me asista
en una ocasión tan ruda.

Yo he visto muchos cantores,
20 con famas bien otenidas,
y que después de alquiridas
no las quieren sustentar:
parece que sin largar
se cansaron en partidas.[4]

25 Mas ande otro criollo pasa
Martín Fierro ha de pasar;
nada lo hace recular
ni las fantasmas lo espantan;
y dende[5] que todos cantan
30 yo también quiero cantar. [...]

Yo no soy cantor letrao;
Mas si me pongo a cantar
no tengo cuándo acabar
y me envejezco cantando;
35 las coplas me van brotando
como agua de manantial.

Con la guitarra en la mano
ni las moscas se me arriman;
naides me pone el pie encima,[6]
40 y cuando el pecho se entona,
hago gemir a la prima[7]
y llorar a la bordona.[8]

Yo soy toro[9] en mi rodeo
y torazo[10] en rodeo[11] ajeno;
45 siempre me tuve por güeno,[12]
y si me quieren probar,
salgan otros a cantar
y veremos quién es menos.

---

[1] El poema está escrito en sextillas de versos octosílabos con rima *xaabba*, siendo libre el primero. El nombre de Martín Fierro, colocado antes de comenzar el poema, indica que él es quien canta. Más adelante se le unen otras voces.
[2] Vihuela: instrumento de seis cuerdas, parecido a la guitarra.
[3] Anuda.
[4] Actividad previa a la carrera de caballos, en la que se procuraba cansar al caballo del competidor.

[5] Desde que, ya que.
[6] Nadie me aventaja.
[7] Cuerda más delgada de la guitarra o vihuela.
[8] Cuerda más gruesa, que hace el bajo.
[9] Significa aquí que siempre es un hombre valiente.
[10] Aumentativo de toro. En este caso, aun más valiente.
[11] Grupo de animales de ganado vacuno que andan y descansan juntos.
[12] Bueno.

No me hago al lao de la güeya[13]
aunque vengan degollando;
con los blandos yo soy blando
y soy duro con los duros,
y ninguno en un apuro
me ha visto andar tutubiando.[14]

En el peligro ¡qué Cristos!
el corazón se me enancha,[15]
pues toda la tierra es cancha,[16]
y de esto naides se asombre:
el que se tiene por hombre
donde quiera hace pata ancha.[17]

Soy gaucho, y entiendanló
como mi lengua lo esplica:
para mí la tierra es chica
y pudiera ser mayor.
Ni la víbora me pica
ni quema mi frente el sol.

Nací como nace el peje,[18]
en el fondo de la mar;
naides me puede quitar
aquello que Dios me dio:
lo que al mundo truje[19] yo
del mundo lo he de llevar.

Mi gloria es vivir tan libre
como el pájaro del cielo;
no hago nido en este suelo,
ande hay tanto que sufrir;
y naides me ha de seguir
cuando yo remuento[20] el vuelo.

Yo no tengo en el amor
quien me venga con querellas;
como esas aves tan bellas
que saltan de rama en rama,
yo hago en el trébol mi cama
y me cubren las estrellas.

Y sepan cuantos escuchan
de mis penas el relato,
que nunca peleo ni mato
sino por necesidá,
y que a tanta alversidá
sólo me arrojó el mal trato.

Y atiendan la relación
que hace un gaucho perseguido,
que padre y marido ha sido
empeñoso y diligente,
y sin embargo la gente
lo tiene por un bandido.

## II

[...] Yo he conocido esta tierra
en que el paisano vivía
y su ranchito tenía
y sus hijos y mujer...
Era una delicia el ver
cómo pasaba sus días.

Entonces...cuando el lucero
brillaba en el cielo santo
y los gallos con su canto

nos decían que el día llegaba,
a la cocina rumbiaba[21]
el gaucho...que era un encanto.

Y sentao junto al jogón[22]
a esperar que venga el día,
al cimarrón[23] le prendía[24]
hasta ponerse rechoncho,
mientras su china[25] dormía
tapadita con su poncho.

---

[13] Huella, camino.
[14] Titubeando.
[15] Ensancha.
[16] Lugar despejado, propio para competencias deportivas.
[17] Enfrenta el peligro con valentía.
[18] Voz que forma parte de los nombres de distintos peces, como "pejespada" y "pejerrey".

[19] Traje.
[20] Remonto.
[21] Tomaba rumbo hacia, se dirigía.
[22] Fogón, cocina.
[23] Mate amargo.
[24] Bebía, tomaba.
[25] Mujer, compañera.

Y apenas la madrugada
20 empezaba a coloriar,
los pájaros a cantar
y las gallinas a apiarse,[26]
era cosa de largarse
cada cual a trabajar [...]

25 ¡Ah tiempos!... Si era un orgullo
ver jinetiar un paisano.
Cuando era gaucho baquiano
aunque el potro se boliase,[27]
no había uno que no parase
30 con el cabresto[28] en la mano.

Y mientras domaban unos,
otros al campo salían,
y la hacienda recogían,
las manadas repuntaban,[29]
35 y ansí sin sentir pasaban
entretenidos el día.

Y verlos al cáir la noche
en la cocina riunidos,
con el juego[30] bien prendido
40 y mil cosas que contar,
platicar muy divertidos
hasta después de cenar.

Y con el buche[31] bien lleno,
era cosa superior
45 irse en brazos del amor
a dormir como la gente,[32]
pa empezar al día siguiente
las fáinas[33] del día anterior.

Ricuerdo ¡qué maravilla!
50 cómo andaba la gauchada,

siempre alegre y bien montada
y dispuesta pa el trabajo...
Pero hoy en el día... ¡barajo!
no se le ve de aporriada.

55 El gaucho más infeliz
tenía tropilla de un pelo,[34]
no le faltaba un consuelo
y andaba la gente lista...
tendiendo al campo la vista,
60 no vía sino hacienda y cielo.

Cuando llegaban las yerras,[35]
¡cosa que daba calor!
tanto gaucho pialador[36]
y tironiador sin yel.[37]
65 ¡Ah tiempos!... pero si en él
se ha visto tanto primor.

Aquello no era trabajo,
más bien era una junción,[38]
y después de un güen tirón
70 en que uno se daba maña,[39]
pa darle un trago de caña
solía llamarlo el patrón.

Pues siempre la mamajuana[40]
vivía bajo la carreta,
75 y aquel que no era chancleta,[41]
en cuanto el goyete vía,
sin miedo se le prendía
como güérfano a la teta.

Y ¡qué jugadas se armaban
80 cuando estábamos riunidos!
Siempre íbamos prevenidos,
pues en tales ocasiones,

---

[26] Bajar de las ramas o de las perchas donde duermen.
[27] Se pusiera difícil.
[28] Rienda.
[29] Reunían, juntaban.
[30] Fuego.
[31] Estómago.
[32] Con comodidad.
[33] Faenas, tareas.
[34] De un solo color, lo cual era un verdadero lujo.
[35] Hierra, acto de marcar el ganado con hierros calentados al rojo.

[36] Persona experta en lazar por las patas de lanteras al animal en plena carrera.
[37] Incansable.
[38] Función, espectáculo.
[39] Darse maña: arreglárselas bien para determinada cosa.
[40] Damajuana. Botellón grande para transportar agua o vino, habitualmente forrado de mimbre.
[41] Se usa con referencia a la mujer, pero también al hombre que no bebe.

a ayudarles a los piones
caiban muchos comedidos.[42]

85      Eran los días del apuro
y alboroto pa el hembraje,
pa preparar los potajes
y osequiar bien a la gente;
y ansí, pues, muy grandemente,
90 pasaba siempre el gauchaje.

      Venía la carne con cuero,
la sabrosa carbonada,
mazamorra bien pisada,
los pasteles y el güen vino...
95 Pero ha querido el destino
que todo aquello acabara.

      Estaba el gaucho en su pago
con toda siguridá;
pero aura... ¡barbaridá!,
100 la cosa anda tan fruncida,[43]
que gasta el pobre la vida
en juir[44] de la autoridá.

      Pues si usté pisa en su rancho
y si el alcalde lo sabe,
105 lo caza lo mesmo que ave,
aunque su mujer aborte...
¡No hay tiempo que no se acabe
ni tiento[45] que no se corte!

      Y al punto dese por muerto
110 si el alcalde lo bolea,
pues áhi no más se le apea[46]
con una felpa de palos.
Y después dicen que es malo
el gaucho si los pelea.

115      Y el lomo le hinchan a golpes
y le rompen la cabeza,
y luego, con ligereza,
ansí lastimao y todo,
lo amarran codo con codo
120 y pa el cepo[47] lo enderiezan,[48]

      Ahi comienzan sus desgracias,
áhi principia el pericón;[49]
porque ya no hay salvación,
y que usté quiera o no quiera,
125 lo mandan a la frontera
o lo echan a un batallón.

      Ansí empezaron mis males,
lo mesmo que los de tantos.
Si gustan... en otros cantos
130 les diré lo que he sufrido.
Después que uno está perdido
no lo salvan ni los santos.

## III

      Tuve en mi pago[50] en un tiempo
hijos, hacienda y mujer;
pero empecé a padecer,
me echaron a la frontera,
5 y ¡qué iba a hallar al volver!
Tan sólo hallé la tapera.[51]

      Sosegao vivía en mi rancho,
como el pájaro en su nido.

      Allí mis hijos queridos
10 iban creciendo a mi lao...
Sólo queda al desgraciao
lamentar el bien perdido.

      Mi gala en las pulperías
era cuando había más gente
15 ponerme medio caliente,
pues cuando puntiao[52] me encuentro

---

[42] Entrometidos.
[43] Tan apretada, tan mala.
[44] Huir.
[45] Tira delgada de cuero sin curtir, que se emplea para atar, hacer trenzas, etc.
[46] Le descarga.
[47] Madero con agujeros para sujetar al prisionero por las piernas y el cuello.

[48] Lo enderezan, lo llevan.
[49] Baile tradicional argentino y uruguayo. Aquí es sinónimo de baile, en el sentido de calamidades o problemas.
[50] Lugar donde ha nacido o está arraigada una persona.
[51] Vivienda abandonada y en ruinas.
[52] Alegre, algo bebido.

me salen coplas de adentro
como agua de la virtiente.

Cantando estaba una vez
20 en una gran diversión,
y aprovechó la ocasión
como quiso el juez de paz:
se presentó y áhi no más
hizo una arriada en montón,[53]

25 Juyeron los más matreros[54]
y lograron escapar.
Yo no quise disparar:
soy manso y no había por qué.
Muy tranquilo me quedé
30 y ansí me dejé agarrar.

Allí un gringo con un órgano
y una mona que bailaba
haciéndonos rair estaba
cuando le tocó el arreo.
35 ¡Tan grande el gringo y tan feo!
¡Lo viera cómo lloraba!

Hasta un inglés sanjiador[55]
que decía en la última guerra
que él era de Inca-la-perra
40 y que no quería servir,
tuvo también que juir
a guarecerse en la sierra.

Ni los mirones salvaron
de esa arriada de mi flor,
45 fue acoyarao[56] el cantor
con el gringo de la mona;
a uno solo, por favor,
logró salvar la patrona.

Formaron un contingente
50 con los que en el baile arriaron;
con otros nos mesturaron,[57]
que habían agarrao también.
Las cosas que aquí se ven
ni los diablos las pensaron.

55 A mí el juez me tomó entre ojos[58]
en la última votación.
Me le había hecho el remolón
y no me arrimé ese día,
y él dijo que yo servía
60 a los de la esposición.[59]

Y ansí sufrí ese castigo
tal vez por culpas ajenas.
Que sean malas o sean güenas
las listas, siempre me escondo.
65 Yo soy un gaucho redondo
y esas cosas no me enllenan.[60]

Al mandarnos nos hicieron
más promesas que a un altar.
El juez nos jue a ploclamar
70 y nos dijo muchas veces:
—"Muchachos, a los seis meses
los van a ir a revelar".[61]

Yo llevé un moro[62] de número.
¡Sobresaliente el matucho![63]
75 Con él gané en Ayacucho[64]
más plata que agua bendita.
Siempre el gaucho necesita
un pingo[65] pa fiarle un pucho.[66]

Y cargué sin dar más güeltas
80 con las prendas que tenía
jergas, poncho, cuanto había

---

[53] Se los llevó a todos detenidos.
[54] Astutos. Se llamaba así a los bandoleros y a otros individuos que vivían fuera de la ley.
[55] Zanjero. Persona que tiene por oficio excavar zanjas.
[56] Acollarar: poner collar a los perros. Acollarados: Unidos como perros por sus collares.
[57] Mezclaron.
[58] Se puso en contra mía.
[59] Oposición.
[60] Satisfacen, gustan.

[61] Relevar.
[62] Caballo de pelo negro con una mancha blanca en la frente.
[63] Caballo.
[64] Ciudad en el sur de la provincia de Buenos Aires.
[65] Caballo brioso y resistente, buen corredor.
[66] Pucho: pizca, residuo, cosa pequeña sin valor. Colilla de cigarrillo. "Fiarle un pucho" significa aquí "en el que pueda confiarse".

en casa, tuito[67] lo alcé.
A mi china la dejé
medio desnuda ese día.

No me faltaba una guasca;[68]
esa ocasión eché el resto:
bozal maniador, cabresto,
lazo, bolas y manea...[69]
¡El que hoy tan pobre me vea
90 tal vez no crerá todo esto!

Ansí en mi moro escarciando[70]
enderecé a la frontera.
¡Aparcero!,[71] si usté viera
lo que se llama cantón...
95 Ni envidia tengo al ratón
en aquella ratonera.

De los pobres que allí había
a ninguno lo largaron;
los más viejos rezongaron,
100 pero a uno que se quejó,
en seguida lo estaquiaron[72]
y la cosa se acabó.

En la lista de la tarde
el jefe nos cantó el punto,[73]
105 diciendo:—"Quinientos[74] juntos
llevará el que se resiente;
lo haremos pitar del juerte;[75]
más bien dese por dijunto".

A naides le dieron armas,
110 pues toditas las que había
el coronel las tenía,
sigún dijo esa ocasión,

pa repartirlas el día
en que hubiera una invasión.

115 Al principio nos dejaron
de haraganes, criando sebo;
pero después... no me atrevo
a decir lo que pasaba...
¡Barajo!... si nos trataban
120 como se trata a malevos.

Porque todo era jugarle
por los lomos con la espada,
y aunque usté no hiciera nada,
lo mesmito que en Palermo,[76]
125 le daban cada cepiada
que lo dejaban enfermo.

Y ¡qué indios ni qué servicio!
¡Si allí no había ni cuartel!
Nos mandaba el coronel
130 a trabajar en sus chacras,[77]
y dejábamos las vacas
que las llevara el infiel.

Yo primero sembré trigo
y después hice un corral;
135 corté adobe pa un tapial,
hice un quincho,[78] corté paja...
¡La pucha que se trabaja
sin que le larguen ni un rial!

Y es lo pior de aquel enriedo
140 que si uno anda hinchando el lomo
ya se le apean como plomo...
¡Quién aguanta aquel infierno!
Si eso es servir al Gobierno,
a mí no me gusta el cómo. [...]

---

[67] Todito.
[68] Ramal de cuero o cuerda que sirve de rienda o de látigo.
[69] Látigo.
[70] Hacer escarceos, movimiento de inquietud que hace el caballo mordiendo el freno.
[71] Compañero y amigo.
[72] Estaquear: tormento que consiste en atar a alguien de manos y pies a cuatro estacas, tirando luego de las correas hasta dejar el cuerpo suspendido.
[73] Nos advirtió.

[74] Quinientos azotes.
[75] Expresión con la que se alude a la gravedad del castigo.
[76] Barrio residencial en la zona norte de Buenos Aires donde estuvieron, en su época, los cuarteles del dictador Juan Manuel Rosas.
[77] Finca rural cerca de un poblado, en la que se cultivan cereales y se crían aves de corral y ganado porcino.
[78] Rancho cuyo techo y paredes están hechos de juncos, cañas o varillas. Se acostumbra recubrirlos de barro por dentro y fuera.

## V

Yo andaba desesperao,
aguardando una ocasión;
que los indios un malón[79]
nos dieran y entre el estrago
5  hacérmelés cimarrón[80]
y volverme pa mi pago.

Aquello no era servicio
ni defender la frontera;
aquello era ratonera
10  en que sólo gana el juerte;
era jugar a la suerte
con una taba culera.[81]

Allí tuito va al revés:
los milicos[82] se hacen piones
15  y andan por las poblaciones
emprestaos pa trabajar;
los rejuntan pa peliar
cuando entran indios ladrones.

## VI

[...] Una noche que riunidos
estaban en la carpeta[84]
empinando una limeta[85]
el jefe y el juez de paz,
5  yo no quise aguardar más,
y me hice humo en un sotreta.[86]

Para mí el campo son flores
dende que libre me veo;
10  donde me lleva el desco
allí mis pasos dirijo,
y hasta en las sombras, de fijo
que a donde quiera rumbeo.

Entro y salgo del peligro
sin que me espante el estrago;
15  no aflojo al primer amago

Yo he visto en esa milonga
20  muchos jefes con estancia,
y piones en abundancia,
y majadas y rodeos;
he visto negocios feos,
a pesar de mi inorancia.

25  Y colijo que no quieren
la barunda[83] componer.
Para esto no ha de tener
el jefe aunque esté de estable
más que su poncho y su sable,
30  su caballo y su deber.

Ansina, pues, conociendo
que aquel mal no tiene cura,
que tal vez mi sepultura
si me quedo iba a encontrar,
35  pensé en mandarme mudar
como cosa más sigura. [...]

ni jamás fí gaucho lerdo;
soy pa rumbiar como el cerdo,
y pronto cái a mi pago.

Volvía al cabo de tres años
20  de tanto sufrir al ñudo.[87]
Resertor, pobre y desnudo,
a procurar suerte nueva;
y lo mesmo que el peludo
enderecé pa mi cueva.

25  No hallé ni rastro del rancho;
¡sólo estaba la tapera!
¡Por Cristo, si aquello era
pa enlutar el corazón.
Yo juré en esa ocasión
30  ser más malo que una fiera!

---

[79] Incursiones o ataques de los indios.
[80] Alzado o montaraz. [81] Pieza de juego falseada por jugadores tramposos que cae siempre del lado perdedor. Se hacían con huesos de carnero.
[82] Soldados conscriptos.
[83] Baraúnda o barahúnda: confusión o desorden grandes.

[84] Carpa.
[85] Botella de vientre ancho y corto y cuello largo. Garrafa o damajuana.
[86] Un caballo inútil por lo viejo.
[87] En vano.

¡Quien no sentirá lo mesmo
cuando ansí padece tanto!
Puedo asigurar que el llanto
como una mujer largué.
35 ¡Ay mi Dios si me quedé
más triste que Jueves Santo!

Sólo se oiban los aullidos
de un gato que se salvó;
el pobre se guareció
40 cerca, en una vizcachera;[88]
venía como si supiera
que estaba de güelta yo.

Al dirme dejé la hacienda,
que era todito mi haber;
45 pronto debíamos volver,
según el juez prometía,
y hasta entonces culdaría
de los bienes la mujer.

Después me contó un vecino
50 que el campo se lo pidieron,
la hacienda se la vendieron
pa pagar arrendamientos,
y qué se yo cuántos cuentos;
pero todo lo fundieron.

55 Los pobrecitos muchachos,
entre tantas afliciones
se conchabaron[89] de piones;
mas ¡qué iban a trabajar,
60 si eran como los pichones
sin acabar de emplumar!

Por áhi andarán sufriendo
de nuestra suerte el rigor.
Me han contado que el mayor
nunca dejaba a su hermano.
65 Puede ser que algún cristiano
los recoja por favor.

¡Y la pobre mi mujer
Dios sabe cuánto sufrió!
Me dicen que se voló
70 con no sé qué gavilán:
sin duda a buscar el pan
que no podía darle yo.

No es raro que a uno le falte
lo que a algún otro le sobre:
75 Si no le quedó ni un cobre,
sinó de hijos un enjambre,
¿qué más iba a hacer la pobre
para no morirse de hambre?

Tal vez no te vuelva a ver,
80 prenda de mi corazón;
Dios te dé su proteción,
ya que no me la dio a mí.
Y a mis hijos dende aquí
les echo mi bendición.

85 [...] Mas también en este juego
voy a pedir mi bolada[90]
a naides le debo nada,
ni pido cuartel ni doy,
y ninguno dende hoy
90 ha de llevarme en la armada.

Yo he sido manso primero
y seré gaucho matrero[91]
en mi triste circustancia:
aunque es mi mal tan projundo,
95 nací y me he criao en estancia,
pero ya conozco el mundo.

Ya le conozco sus mañas,
le conozco sus cucañas,[92]
sé cómo hacen la partida,
100 la enriedan y la manejan.
Desaceré la madeja,
aunque me cueste la vida.

---

[88] Nido de vizcachas, tipo de roedor de la pampa parecido a la liebre.
[89] Conchabarse: servir a sueldo en trabajos humildes.
[90] Mi parte. Participar en el juego.

[91] Bandolero, vagabundo, que se interna a vivir en los montes para ocultarse de la justicia.
[92] Mañas, trucos.

Y aguante el que no se anime
a meterse en tanto engorro
105 Si no aprétesé el gorro
o para otra tierra emigre;
pero yo ando como el tigre
que le roban los cachorros.

Aunque muchos cren que el gaucho
70 tiene un alma de reyuno,[93]
no se encontrará ninguno
que no lo dueblen las penas;
mas no debe aflojar uno
mientras hay sangre en las venas.

## ■ Preguntas generales

1. ¿Cuál era la posición de José Hernández frente al conflicto entre unitarios y federales?
2. ¿Qué actuación tuvo en la lucha contra Rosas?
3. ¿Por qué se opuso Hernández a la política de Sarmiento?
4. ¿Cómo dio a conocer sus ideas?
5. ¿Cuándo se familiarizó el autor de *Martín Fierro* con las formas de vida del gaucho y con sus peculiaridades lingüísticas?
6. ¿Qué cambios influyeron en la actuación política y en la producción literaria de Hernández luego de publicar la primera parte de *Martín Fierro*?

## ■ Preguntas de análisis

1. ¿Qué abusos cometidos contra los gauchos describe y denuncia la obra?
2. ¿Cómo recuerda el gaucho épocas más felices?
3. ¿Cómo muestra el poema la relación entre hombre y mujer?
4. ¿Cuáles son los antecedentes literarios de *Martín Fierro*?
5. ¿Cómo caracterizaría Ud. el lenguaje del poema?
6. ¿Cómo se expresa en el poema la idea de la libertad?
7. ¿Cuál ha sido la contribución de *Martín Fierro* a la tradición cultural argentina e hispanoamericana?

## ■ Temas para informes escritos

1. El contexto histórico de *Martín Fierro*. Circunstancias y hechos aludidos en el poema.
2. Los personajes de *Martín Fierro*. Un análisis comparativo.
3. Los refranes y la sabiduría popular en *Martín Fierro*.
4. La participación del gaucho en las guerras de frontera y su actitud hacia el indio, según *Martín Fierro*.
5. *Martín Fierro* y la formación del concepto de nacionalidad argentina.

---

[93] Caballo mostrenco con las orejas cortadas o mutiladas; antiguamente pertenecía a la hacienda del rey.

## ■ Temas de reflexión y comentario

1. Las contradicciones del liberalismo progresista y su programa civilizador con respecto a su tratamiento del gaucho.
2. El relato de Martín Fierro como testimonio de un período de transición en la historia argentina.
3. La violencia en la vida del gaucho.
4. La actitud del gaucho hacia la mujer y las condiciones de vida de ésta entre los gauchos.
5. Las raíces hispánicas del género gauchesco.

# CLORINDA MATTO DE TURNER

1852, Paullu, Cuzco, Perú—
1909, Buenos Aires, Argentina

Entre las mujeres que gozaron de fama literaria en Hispanoamérica durante el siglo XIX resalta Clorinda Matto de Turner. La escritora peruana se inició en el mundo de las letras con poemas y "tradiciones" escritos en Tinta, pequeño pueblo cercano al Cuzco, donde se radicó después de su matrimonio (1871) con José Turner, un ciudadano británico. En estos primeros escritos marcados por la influencia de Ricardo Palma (ver pp. 164–74) y recogidos en publicaciones periódicas cuzqueñas, ya asoman dos temas que se convertirán en constantes de su obra: 1) el papel de la mujer en el hogar y la sociedad, y 2) el destino de la población indígena. Algunas de estas "tradiciones" se difundieron a nivel nacional e internacional cuando se publicaron en periódicos limeños y, traducidas al inglés, en diarios londinenses. En esta etapa inicial Matto de Turner mostró una afición al periodismo que se fortaleció con los muchos artículos patrióticos escritos durante la Guerra del Pacífico (1879–83), conflicto fronterizo entre Chile por un lado, y Perú y Bolivia por otro. Esta vocación se reafirmó después cuando, al fallecer su esposo, se mudó a Arequipa y allí se le encargó dirigir *La Bolsa*, un prestigioso periódico de esa ciudad.

*Tradiciones cuzqueñas*, el primer libro de Matto de Turner, apareció en 1884; seguidamente publicó una antología literaria dirigida a las mujeres. En ese mismo año se puso en escena *Hima-Sumac*, drama suyo basado en una de las novelas de la escritora argentina Juana Manuela Gorriti, de larga residencia en Lima. En ese drama Matto de Turner presenta a la protagonista, la princesa incaica Hima-Sumac, como una figura heroica que muere antes que revelarles a los españoles el escondite del tesoro de sus antepasados. Mediante este personaje la autora eleva a dos grupos marginados dentro de la sociedad peruana: la mujer y el indígena.

En 1886 Clorinda Matto de Turner se trasladó a Lima; en esa ciudad volvió a ponerse en contacto con Juana Manuela Gorriti y Mercedes Cabello de Carbonera, otra novelista peruana; patrocinó veladas literarias a las que asistieron conocidos escritores, entre ellos Manuel González Prada (1844–1918); creó su propia imprenta; y se le encargó de la dirección de *El Perú Ilustrado* (1889–91), publicación donde daría a conocer la obra de escritores hispanoamericanos de la talla de Rubén Darío.

La influencia de Manuel González Prada en Matto de Turner y en su obra es clave. Horrorizado por la derrota peruana en la Guerra del Pacífico, este maestro quería transformar radicalmente el país. Según González Prada, era necesario educar tanto a la clase alta como al pueblo y reducir el poder del clero; a estas ideas añadiría más tarde, en 1904, la necesidad de conceptualizar el llamado "problema del indio" dentro de parámetros económicos. *Aves sin nido* (1889), la obra que cimentó para la posteridad la fama de Matto de Turner, recoge varias ideas de González Prada. En efecto, la novela presenta la explotación de los indígenas de Kíllac, una remota aldea andina, por una "trinidad" formada por el cura, el cacique y el juez, contra el intento de ayuda de una pareja limeña y el idilio de las dos "aves sin nido", Manuel y Margarita. En un desenlace muy romántico, los jóvenes resultan ser hermanos, hijos del obispo en dos mujeres diferentes. Por presentar la situación del indígena peruano dentro de un contexto social más amplio, algunos críticos ven en *Aves sin nido* una superación del "indianismo" y de la idealización del amerindio; otros, sin embargo, consideran la visión de Matto de Turner tan superficial como la indianista y muy fiel a las ideas de la burguesía. A pesar de estas críticas, la obra marcó el inicio de la novela de tema indigenista con la presentación del indio dentro de una compleja problemática social.

*Indole* (1891) y *Herencia* (1895), dos novelas posteriores, se ocupan de temas tratados en su obra más aclamada. La primera cuenta la resistencia de una respetable dama ante los intentos de seducción de un sacerdote, mientras la segunda vuelve a tratar de la historia de Margarita, una de las "aves sin nido".

Clorinda Matto de Turner recopiló muchos de sus artículos periodísticos y conferencias en diferentes colecciones, como *Hojas sueltas* (1886), *Bocetos al lápiz de americanos célebres* (1890), *Leyendas y recortes* (1893) y *Boreales, miniaturas y porcelanas* (1902). La lectura de estos trabajos hace evidente que Matto de Turner había reflexionado mucho sobre cómo lograr la integración del indígena a la sociedad peruana, y cómo mejorar la situación de la mujer. En cuanto a lo primero, creía necesario conocer la lengua y la cultura del amerindio como vía de penetración en su mundo. Lamentablemente, en su deseo de homogeneizar a la sociedad peruana, pretendía borrar las diferencias culturales del indígena a la vez que proponía a Lima como modelo nacional. Su contribución más perdurable ha sido mirar con luz nueva al amerindio, destacar aspectos positivos de su personalidad y cultura, y colocar su problemática dentro de un contexto social más amplio. En cuanto a la situación de la mujer, la autora veía el matrimonio como una institución idónea, y la maternidad como la culminación de un deber sagrado. Según Matto de Turner, la mujer debía instruirse para ser mejor esposa y madre, y también para serle útil a la sociedad. Se opuso a que las mujeres fueran apreciadas únicamente por la apariencia o por los bienes que aportarían al matrimonio y a que se torturaran con prendas —como el corsé, por ejemplo— para hacerse más atractivas, pero menos saludables.

Consecuente con este credo, cuando se exilió en Argentina (1895) después del saqueo de su casa e imprenta por elementos proclericales partidarios del presidente Piérola, la autora fundó una revista literaria, *El Búcaro Americano* (1896–1901), y se dedicó a la enseñanza en colegios para señoritas de Buenos Aires, ciudad donde murió después de un viaje a Europa. Quizá por las ideas que la habían marcado como mujer independiente y avanzada para su época, algunos escritores a quienes ella admiraba no la tomaron muy en cuenta. Con todo, su periodismo combativo, así como la diversidad de sus intereses y escritos, la muestran como una autora que vio la realidad nacional y usó la pluma, dentro de las limitaciones impuestas por la época, para proponer un cambio en el destino de dos de sus sectores más marginados: el indígena y la mujer.

### ▪ Bibliografía mínima

Berg, Mary G. "Writing for Her Life: The Essays of Clorinda Matto de Turner". Ed. Doris Meyer. *Reinterpreting the Spanish American Essay: Women Writers of the 19th and 20th Centuries*. Austin: U of Texas P, 1995. 80–89.

Cornejo Polar, Antonio. *La novela peruana*. 2a ed. Lima: Horizonte, 1989. 11–36.

Denegri, Francesca. *El abanico y la cigarrera. La primera generación de mujeres ilustradas en el Perú*. Lima: Instituto de Estudios Peruanos-Centro Flora Tristán, 1996.

Kristal, Efraín. "Clorinda Matto de Turner". *Latin American Writers*. Eds. Carlos A. Solé y Maria Isabel Abreu. Vol. 1. New York: Scribner's, 1989. 305–09.

Matto de Turner, Clorinda. *Aves sin nido*. Prólogo de Luis Mario Schneider. México: Oasis, 1981.

Reisz, Susana. "When Women Speak of Indians and Other Minor Themes . . . Clorinda Matto's *Aves sin nido*. An Early Peruvian Feminist Voice". *Renaissance and Modern Studies* 35 (1992): 75–93.

Tanner, Roy L. "La presencia de Ricardo Palma en *Aves sin nido*". *Hispanic Journal* 8.1 (1986): 97–107.

Torres Pou, Joan. "Clorinda Matto de Turner y el ángel del hogar". *Revista Hispánica Moderna* 43.1 (1990): 3–15.

Ward, Thomas. "La ideología nacional de Clorinda Matto de Turner". *Neophilologus* 86:3 (2002): 401–15.

# Para ellas[1]

Hermosura perfecta no consiste
en dar diversas formas al cabello,
perlas a las orejas y oro al cuello,
ni en la costosa ropa que se viste.

5      Creo que las lectoras no dirán mal de nosotras, por haber comenzado estas humildes líneas con los versos de Argensola,[2] puesto que somos amigas y nuestro anhelo es repetirles lo que antes ya han dicho otras escritoras de notable reputación, revelando el secreto de hacerse agradables desde la primera edad hasta 10 la vejez. Basta, pues, enriquecerse con los encantos del espíritu de donde ha de desprenderse lo demás, accesorio a una buena educación fundada en aquéllos.

El alma no envejece, el espíritu ilustrado se refleja aun al través de las rugosas[3] mejillas, y de las cabezas pobladas de canas.

El orgullo, la vanidad, la soberbia, la envidia y todo aquel horrible cortejo 15 que tras de sí lleva una mala educación, huye despavorido ante la dignidad que ha comunicado el estudio, llevándonos a la práctica de las virtudes cristianas.

El espíritu atrofiado por la ignorancia es como el organismo inerte por la acción de la parálisis.

---

[1] Se han modernizado la ortografía y la puntuación.
[2] Lupercio Leonardo Argensola (1559–1613) y Bartolomé Leonardo (1562–1631): poetas españoles autores de admirables sonetos; el citado por Matto de Turner pertenece al más joven de los Argensola.
[3] Arrugadas.

Concepción Gimeno de Flaquer, esa brillante lumbrera del cielo literario de
España, ha juzgado e instruido a la mujer con admirable tacto y arrobadora expresión, y entre la multitud de cuadros que ha pintado con pincel maestro, de ricos coloridos, descuella la mujer estudiosa, como que no es ligera ni superficial.
La noble pasión del estudio,—dice,—extingue en ella pequeñas pasiones, y mientras fortalece su inteligencia, no se ocupa en atisbar[4] a la vecina, ni en murmurar
a la parienta, ni en fiscalizar a la amiga; no hace crónica personal, clavando el
aguijón de la envidia, o disparando las saetas de la calumnia.

La instrucción es el precioso talismán que la mujer lleva en sí misma, contra
las puerilidades que, abundando en doloroso número, han llegado a invadir
hasta el corazón del sexo llamado fuerte.

La instrucción ha declarado la guerra a la necedad. "¿Quién soportará la
conversación de los necios, cuando todas las mujeres sean ilustradas? Aflije pensar en el porvenir de ellos".

Ya que hemos llamado, en apoyo de nuestra idea, la autoridad de una celebridad literaria femenina, no nos acusen **ellos** de parcialidad, y por esto,
escuchemos a la vez la opinión de otras dos entidades masculinas, Stendhal[5] y
Rousseau,[6] espiritual uno, descreído el segundo. "Una mujer instruida que
adquiere conocimientos sin perder las gracias de su sexo, está segura de encontrar entre los hombres la más distinguida consideración". Pensamos que Stendhal se refiera a la consideración de los hombres ilustrados.

Oigamos ahora al segundo de los escritores citados: "Sólo un ingenio cultivado hace agradable el trato, y es muy triste para un padre de familia amante de
su casa, el estar obligado a concentrarse en sí mismo y no poder ser entendido
por nadie".

Páginas escribiríamos citando el testimonio de ingenios que se han hecho
respetables ante el mundo del saber, lo cual nos llenaría de las complacencias
del triunfo de la verdad y la justicia, tratándose de los hombres, para nosotras,
acostumbradas en la antigua educación, a que ellos nos llamen ángeles cuando
nos aman, y nos apelliden demonios cuando los menospreciamos. La instrucción
ha traído el término propio para la mujer, conquistándonos el respeto de todos,
cuando con frente serena podamos mirarlos del cielo brillante de la instrucción
como a pigmeos encerrados en la vanidad de su saber, hasta hace poco,
exclusivista.

Mujeres, ilustraos, aspirad a la gloria cuyo resplandor es tan vívido que
puede iluminar siglos, generaciones y mundos, sin aquel brillo efímero del oro.

Educaos, y podréis leer, serenas y satisfechas, los versos que tal vez alar-
maron vuestra delicada susceptibilidad, al tomar la modesta hoja que os visita,
poniéndonos en contacto intelectual.

*(Hojas sueltas, 1886.)*

---

[4] Mirar con cuidado.
[5] Stendhal (Henri Bayle, 1783–1842): escritor romántico francés famoso por novelas como *Rojo y negro* (1831) y *La cartuja de Parma* (1839).
[6] Juan Jacobo Rousseau (1712–78): escritor en lengua francesa nacido en Ginebra; muy cono-
cido por sus ideas sobre la bondad del hombre natural y la fuerza corruptora de la sociedad. Su amor a la naturaleza y su sentimentalismo influyeron en el desarrollo del romanticismo.

# Malccoy

*(Leyenda india)*
*Al doctor don Leonardo Villar*

### I

Si bien es cierto que el cautiverio ha hecho degenerar la raza indígena, dejando caer un denso velo sobre sus facultades intelectuales, que al presente parecen adormecidas en la atonía;[7] no menos verdad es la de que en sus épocas primaverales, los indios dejan correr un tanto aquel funesto velo, y como quien

5 vuelve a la alborada de la vida se entregan a las fiestas tradicionales de sus mayores.

Una de esas es el **malccoy**. Traduciendo libremente al castellano ésta, diríamos: la juventud con sus umbrales encantados de amor y de ensueños; la primera ilusión del niño trocado en hombre, la primera sonrisa intencionada,

10 después de reír de la felicidad, que no deja cuenta clara para quien se reconcentre en su examen psicológico.

¡**Malccoy**! Infinitas veces hemos asistido a esas fiestas campesinas, compartiendo la sencilla alegría de nuestros compatriotas, sentadas sobre el surco abierto por el arado en tierra húmeda, apagando la sed, en igual vasija de barro

15 legendario, con la chicha[8] de maíz y cebada elaborada por la feliz madre del *malcco*, allá en esas poéticas praderas, así se llamen Calca, Urubamba o Tinta.[9] Los nombres de aquellos indios casi los podríamos apuntar, tan frescos viven en la mente. Pero, entre ellos descuellan los de una pareja que aun vive resignada y feliz tras la cima de los Andes, allá muy al otro lado de las saladas aguas del mar.

20 Su historia no es un secreto, y a narrarla voy, ofreciéndola como el fruto de nuestras observaciones.

### II

Conviene saber lo que es un *malcco*, para la ordenada narración de esta leyenda.

Todos los jóvenes varones que frisan[10] ya con los 16 años están obligados a correr la carrera del **malcco** (pichón).

5 Los padres se afanan y los hijos llevan la mente abstraída desde uno o dos meses antes, con la idea de la carrera.

Generalmente se elige la época de los sembríos o de la cosecha para hacer la carrera, al finalizar las labores consiguientes.

Se reúnen todos los mocetoncitos[11] de un **aillo**[12], entrados en la edad, y el

10 más caracterizado de los indios, que ya está por lo regular jubilado de cargos,

---

[7] Falta de vigor, debilidad.

[8] Bebida alcohólica que se obtiene de la fermentación del maíz.

[9] Pueblos cercanos al Cuzco.

[10] Se acercan.

[11] De mozo; jóvenes.

[12] *Ayllu*, voz quechua: "parcialidad," "genealogía", "linaje". Es la unidad familiar, política y económica que existe en los Andes desde antes de los incas. Su principal vínculo consistía en la propiedad común de la tierra y su cultivo por los miembros del *ayllu*.

elige los dos que han de ser el malcco y correr la carrera: el que la gana, ha de casarse aquel año.

Figúrese el lector los aprietos de los mancebos que ya tienen el corazón en cuerpo[13] de alguna ñusta.[14]

15     Su felicidad queda a merced de la pujanza de sus pies y pulmones.

### III

Pedro y Pituca, nacidos en chozas vecinas, desde los tres años al cuidado de las manadas de ovejas, habían crecido compartiendo el pobre fiambre de mote[15] frío y chuño[16] cocido al vapor, corriendo campos iguales y contándose cuentos alrededor de las zanjas festoneadas[16a] de **mateccllos**[17] y de grama. Allí, en esos
5 bordes aprendieron tanto los tejidos de sus ondas como el hilado de los vellones que caían en el tiempo de la trasquila.[18]

Ya no eran niños.

Pituca, aunque la menor, entró la primera en la edad de las efervescencias del alma que suspira por otra alma. Sus negros ojos adquirieron mayor brillo y
10 sus pupilas respiraban fuego.

Pedro, tal vez más tranquilo, comenzó a ver que sólo al lado de Pituca se sentía bien, y los días de faena, en que tenía que suplir a su padre e iba al pueblo, taciturno y caviloso, suspiraba por la choza, por la manada y por la zanja.

—¡Pituca!—se decía, al tomar la ración de coca ofrecida por su cacique, en
15 cuyos campos labraba, sin otra recompensa. ¡Pituca! al mirar las **llicllas**[19] coloradas y de **puitos**[20] verdes tramados con vicuña[21] que lucían las esposas del alcalde o del regidor de su **aillo**.

Un día, sentando a Pituca sobre su falda,

—¡**Hurpillay**[22], le dijo: —mi padre, mi hermano mayor, el compadre
20 Huancachoqque, todos tiene su mujercita. ¿Quieres tú ser mi palomita compañera? Yo correré el **malcco** este año, ¡ay! lo correré por ti, y, si tengo tu palabra, no habrá venado que me dispute la carrera.

—Córrela, Pedrucha—contestó Pituca—porque yo seré buena mujercita para ti, pues, dormida, sueño contigo; tu nombre soplan a mi oído los **machulas**[23]
25 de otra vida; y, despierta, cuando te ausentas, me duele el corazón.

—Escupe al suelo—respondióle Pedro abrazándola, y aquel compromiso quedó sellado así.

---

[13] Que están enamorados.

[14] En el imperio incaico era la doncella de sangre real.

[15] *Muti*, voz quechua: maíz blanco, desgranado y cocido.

[16] Papa seca o curada al sol y al hielo para que dure por muchos meses como los alimentos en conserva.

[16a] Adornadas.

[17] Planta que crece en los arroyos y terrenos pantanosos de la zona andina. Tiene propiedades medicinales.

[18] Epoca de cortarle la lana a los animales.

[19] Manta que las mujeres indígenas usan para cubrirse los hombros y la cabeza.

[20] Franjas y rombos.

[21] Lana de vicuña, un mamífero rumiante de los Andes muy apreciado por su vellón.

[22] Paloma mía.

[23] Antepasados.

## IV

Los maizales verde esmeralda se tornaron amarillos como el oro.

El balido de las ovejas y el bufar de los bueyes, los nidos de las palomitas, cenizas multiplicadas en las ramas de los algarrobos, las retamas y manzanos, anuncian en aquellos campos que ha llegado la estación del otoño: los tendales se preparan para la cosecha, el agricultor suspira con inquietud codiciosa y las indiecitas casaderas comienzan a componer las cantatas del **yaravy**[24] con el cual han de celebrar el **malccoy**.

Es el día de la faena.

Los mayordomos, cabalgados en lomillos[25] puestos sobre los lomos de vetusto **repasiri mayordomil**,[26] que de estos hay dos o tres en las fincas, recorren al galope, las cabañas. Suena la bocina del indio *segunda* y pronto los prados se cubren de indios que llevan la segadera[27] y la coyunta con asa de fierro[28] lustroso.

Son los alegres afanes de la cosecha.

Terminado el recojo de las mieses, viene luego el **malccoy**.

## V

Aquella vez eran las planicies de Atuncolla, en la finca de mi padre, las que servían de teatro a las poéticas fiestas de esos buenos indios.

Comenzaron a llegar las indias acompañadas de sus hijas.

En el solar de la izquierda, llamado Tinaco, se reunieron los varones para la designación de los **malccos**.

La voz unánime señaló a Pedro y a Sebastián. Este último era un indiecito de carrillos de terebinto,[29] trenza de azabache y mirada de cernícalo.[30] En la comarca no le designaban con otro nombre que con el de Chapacucha, y tenía como tres cosechas de más sobre la edad de Pedro.

Chapacucha llevaba el alma enferma: su dolor casi podía distinguirse al través de la indiferencia con la cual se adelantó de la fila cuando escuchó su nombre.

Toda la alegre comitiva se fue derecho al campo de Atuncolla.

Al salir, se cruzó entre Pedro y Sebastián este breve diálogo:

**Sebastián.**—¿Tienes tú novia aquí?

**Pedro.**—Presente y muy hermosa. ¿La tuya?

**Sebastián.**—Duerme en el seno del Allpamama. Murió la pobre de pena cuando me llevaron en la leva[31] para servir de redoblante en el Batallón 60 de línea, dispersado en las alturas de Quilinquilin.

En aquel momento llegaron al lugar donde aguardaban las mujeres. La mirada de su madre produjo ligera reacción en el semblante de Chapacucha, y con rapidez prodigiosa quedaron, él y su contendor, adornados con **lliclla** colorada,

---

[24] Canción de ausencia que ha fusionado elementos melódicos incaicos e hispánicos.

[25] Monturas muy primitivas.

[26] Caballos viejos.

[27] Hoz.

[28] Hierro.

[29] Mejillas rojas, como los frutos del árbol de ese nombre.

[30] Ave de rapiña.

[31] Reclutamiento para el servicio militar.

terciada como banda, un birrete de lana de colores y ojotas[32] con tientos corredizos. Se midió la distancia, la señal de la vocina sonó y los dos mancebos se lanzaron al aire como gamos perseguidos por tirano cazador.

## VI

Pituca tenía el corazón en los ojos.

Llevaba pendiente del brazo una guirnalda de claveles rojos y yedra morada, como las llevaban, casi todas las mujeres para coronar al ganancioso.

Veinte pasos más, y Pedro traspasó el lindero.

La victoria quedó por él. Chapacucha, con calmosa indiferencia, fue el primero que abrazó a su vencedor diciéndolo al oído.—¡Tuya es, pero ¡me duele por mi madre!

La algaraza[32a] no tuvo límites, coronas, flores y abrazos fueron para Pedrucha, a quien preocupaba un solo pensamiento. Pituca tardaba en abrazarlo porque es usanza aguardar que lo hagan los mayores. Por fin, adelantóse hermosa y risueña con la felicidad del alma, y antes que coronase las sienes de Pedrucha, vio caer a sus pies todas las flores con que aquél estaba adornado, señalándola ante la asamblea y diciendo en voz alta: —Esta es la virgen que he ganado.

Los indios tienen el corazón lleno de ternura y de generosidad; sus goces se confunden íntimamente. Chapacucha y su madre olvidaron que formaban número en la contienda, y sólo pensaron en cumplimentar a la dichosa pareja, por cuya felicidad fueron todos los **yaravíes** cantados en el **malccoy**.

## VII

Tres meses después, tuvimos, muy cordial, el gusto de servir de madrina de las bodas de Pituca y Pedro, en cuya celebración epitalámica podríamos escribir: Amor.

*(Hojas sueltas, 1886)*

■ Preguntas generales

1. ¿Cómo se inició Matto de Turner en la literatura y qué preocupaciones se advierten en sus escritos tempranos?
2. ¿Con qué figuras literarias femeninas se relacionó en Lima y por qué se las conoce?
3. ¿Qué ideas tenía la autora sobre la mujer y la población indígena de Perú?
4. ¿Quiénes fueron los maestros de Matto de Turner y cómo influyeron en su obra?
5. ¿Qué entiende Ud. por "indianismo" y por "indigenismo"? ¿En cuál de estas modalidades situaría Ud. la obra de Matto de Turner? Explique su respuesta.

---

[32] Del quechua **ushuta:** especie de sandalia hecha de cuero o de fibra vegetal.

[32a] El alboroto.

### ■ Preguntas de análisis

1. ¿Qué les recomienda Matto de Turner a las mujeres en "Para ellas"? ¿Cómo juzga Ud. estas recomendaciones en un contexto actual?
2. Para apoyar su punto de vista, en "Para ellas" la autora cita a Stendhal y Rousseau. Analice estas citas y explique si Ud. está de acuerdo o no, con las ideas expresadas por estos autores.
3. ¿Cómo mirarán las mujeres a los hombres en el futuro y por qué cree Ud. que Matto de Turner usa el adjetivo "exclusivista" para caracterizar el saber?
4. Según la autora, ¿qué ocurre en las fiestas tradicionales de los indígenas y cómo los representa a lo largo de "Malccoy"?
5. ¿Qué aspectos románticos observa Ud. en esta leyenda? ¿Dónde encuentra Ud. notas de protesta?
6. ¿Qué función cumplen las palabras quechuas en "Malccoy"?

### ■ Temas para informes escritos

1. Las tertulias literarias de Lima: Matto de Turner, Juana Manuela Gorriti y Mercedes Cabello de Carbonera.
2. Clorinda Matto de Turner, discípula de Ricardo Palma.
3. Las ideas renovadoras de Manuel González Prada y su impacto en la obra de Matto de Turner.
4. Clorinda Matto de Turner y sus ideas sobre la educación de la mujer.
5. Clorinda Matto de Turner y su visión del indígena.

### ■ Temas de reflexión y comentario

1. La Guerra del Pacífico y sus consecuencias políticas.
2. La actividad editorial de Matto de Turner.
3. Los personajes femeninos de *Aves sin nido*.
4. Comparación y contraste: dos tradiciones de Palma y de Matto de Turner.
5. Realidad social y escritura femenina en la Lima decimonónica.

# La realidad americana y la renovación literaria

1882–1910

## 3.1 El crecimiento urbano y la nueva literatura

Durante los años comprendidos entre 1880 y 1910, la mayoría de los países hispanoamericanos experimentaron un acelerado crecimiento demográfico, especialmente en los centros urbanos, lo cual produjo profundos cambios sociales y culturales. El proceso inmigratorio y la expansión de las compañías y capitales extranjeros impulsaron decisivamente el desarrollo de esas sociedades. Al mismo tiempo, sin embargo, las nuevas fuerzas sociales —el proletariado urbano, la clase media y sus intelectuales progresistas— entraron en conflicto con una rígida estructura político-económica al servicio de la oligarquía terrateniente y de las empresas inversionistas. Así, como a mediados de siglo el desgarramiento de las guerras civiles había encontrado expresión en la obra de los escritores románticos, esta nueva realidad dinámica y conflictiva haría surgir la literatura realista* y naturalista en Hispanoamérica.

**3.1.1 Los modelos literarios.**   Estos eran, también como en la época anterior, predominantemente franceses: Balzac (1779–1850), con su vigoroso y fiel retrato de la burguesía en las novelas de la serie conocida como *La Comédie humaine;* Flaubert (1821–80), en su estudio minucioso y objetivo de los tipos humanos y el ambiente en *Madame Bovary* (1856) y *L'Education sentimentale* (1870); Zola (1840–1902), quien se caracterizó por presentar con crudo realismo la vida de las clases bajas en obras como *L'Assommoir* (1877), *Nana* (1880) y *Germinal* (1885). Esta última describe las luchas y las penurias de los trabajadores de las minas de carbón, tema que se encuentra luego en la obra del chileno Baldomero Lillo (1867–1923). El naturalismo de Zola, dirigido por su visión sociológica y su preocupación moral, tuvo una fuerte y duradera influencia sobre los escritores hispanoamericanos. Además de los citados, y de otros autores franceses como Stendhal, los Goncourt, Daudet, también les sirvieron de modelos algunos regionalistas españoles tales como José María de Pereda (1833–1906), Emilia Pardo Bazán (1851–1920) y Leopoldo Alas, "Clarín" (1852–1901), junto a Benito Pérez Galdós (1843–1920), el máximo representante del realismo español. Este último, en novelas como *Doña Perfecta* (1876), *La de Bringas* (1884) y *Fortunata y Jacinta* (1886–87) hizo el retrato y la crítica de la sociedad española de su tiempo. La lectura de los rusos Tolstoy y Dostoievsky y del inglés Dickens fue también parte de la formación literaria de los escritores hispanoamericanos.

**3.1.2 El realismo y el naturalismo tardíos. Bases filosóficas.**   Estos movimientos llegaron a la literatura hispanoamericana con considerable atraso, cuando ya declinaban en Europa. La mezcla de dichas corrientes, con grados distintos de naturalismo según cada autor, prevaleció en la narrativa hasta bien entrado el siglo XX. Las bases filosóficas de estos movimientos literarios se encuentran en el positivismo, corriente del cientificismo iniciada en Francia por Auguste Comte (1798–1857); el determinismo* de Hippolyte Taine (1828–93), quien señaló la influencia decisiva que tienen la raza, el medio ambiente y el momento histórico sobre la sociedad y la cultura; y las teorías evolucionistas de Spencer y Darwin. Basadas en esas teorías, las obras de los autores hispanoamericanos se presentan como descripciones veraces y objetivas de regiones y ambientes sociales. Tanto los escritores realistas como los naturalistas se sentían impelidos a señalar los males que aquejaban a sus pueblos y a prescribir remedios para ellos. Sin embargo, aunque unos y otros buscaban conmover, persuadir y provocar un cambio social, la actitud y los procedimientos literarios diferían. El escritor realista preservaba la fe en la libertad de sus personajes y evitaba presentarlos como seres degradados. El naturalista, en cambio, se adhería a un determinismo más rígido que lo llevaba a crear una visión pesimista de la realidad, acentuando lo feo y lo repugnante, tanto en las situaciones como en la caracterización física y moral de sus personajes.

## 3.2 Autores representativos

**3.2.1 *La transición del romanticismo al realismo en Chile.*** Excelente expresión de la misma es la obra de Alberto Blest Gana (1830–1929), cuya novela *Martín Rivas* (1862) tiene, en efecto, características románticas. Esto puede verse en la conducta del protagonista y en el desenlace de la trama que revela el triunfo final del amor sobre las condiciones sociales. Al mismo tiempo, *Martín Rivas* es una novela costumbrista fuertemente influida por Balzac, donde el autor presenta la ciudad de Santiago y la sociedad chilena de 1850, recreando el lenguaje, y los hábitos de pensamiento y conducta de las distintas clases sociales. En las obras de sus últimos años, como *Los transplantados* (1904), novela que trata de los hispanoamericanos que viven en París, la crítica de costumbres se expresa con decidido realismo y muestra, incluso, algunos rasgos naturalistas. A partir de la década del 80, la narrativa realista en Chile tiene, entre sus figuras representativas, a Baldomero Lillo, quien describe con despiadada objetividad las penurias de los mineros en sus cuentos de *Sub-terra* (1904), y a Augusto D'Halmar (1882–1950), con su novela naturalista *Juana Lucero* (1902).

**3.2.2 *La influencia de Zola en Argentina.*** Entre los discípulos de Zola se destaca Eugenio Cambaceres (1843–88), cuya novela, *Sin rumbo* (1885) describe conductas brutales y patológicas. Su crítica al progreso ya refleja, sin embargo, el escepticismo de la novela moderna. Otros representantes del género son Lucio V. López (1848–94), con *La gran aldea* (1884), obra de costumbres y crítica de la sociedad porteña, y José Miró, también conocido por el seudónimo de Julián Martel (1867–96), quien describió, en *La Bolsa* (1890), el ambiente de especulación y la crisis financiera de 1890 en el mercado de valores de Buenos Aires. La novela naturalista alcanzó su máxima expresión artística en Argentina con la obra de Manuel Gálvez (1882–1962), autor de *Nacha Regules* (1918), cuyo tema—el de la prostitución y sus víctimas—le sirve al autor para expresar ideales de reforma social.

### 3.2.3 *Teatro realista y novela naturalista en Uruguay.*   En el teatro realista se distingue el uruguayo Florencio Sánchez (1875–1910), quien produjo y estrenó la mayoría de sus obras en Argentina. En *M'hijo el dotor* (1903), *La gringa* (1904) y *Barranca abajo* (1905) Sánchez presentó con verismo pictórico y severidad crítica tipos humanos, ambientes y conflictos sociales de ese país a comienzos del siglo XX. La influencia del naturalismo en Uruguay puede observarse en Carlos Reyles (1868–1938), autor de *Beba* (1894), novela ilustrativa del determinismo biológico-social, donde critica tanto la barbarie del campo como la hipocresía y los convencionalismos burgueses del medio urbano.

### 3.2.4 *El realismo en Perú.*   Junto a Clorinda Matto de Turner, considerada en el capítulo anterior y cuya obra ya indica la transición del romanticismo al realismo, este último movimiento está representado en Perú por Mercedes Cabello de Carbonera (1847–1909). Su novela *Blanca Sol* (1888), en la que trata de las aventuras y desventuras de una dama limeña de clase alta, es una aguda crítica a la sociedad peruana de su tiempo. Con su fuerte pintura de tipos humanos, ambientes y costumbres, esta autora documenta un período de la historia política nacional con un enfoque sociológico y moral.

### 3.2.5 *Realismo costumbrista en Colombia.*   En Colombia, el máximo representante del realismo es Tomás Carrasquilla (1858–1940), cuyo arte narrativo se afirma en el paisaje, los tipos humanos, las costumbres y tradiciones de su tierra antioqueña en obras como *Frutos de mi tierra* (1896) y *La Marquesa de Yolombó* (1928). Otros autores, comparables a Carrasquilla por su regionalismo y por su empleo de la oralidad son: Samuel Velásquez, autor de *Al pie del Ruiz* (1898) y de *Madre* (1908), Eduardo Zuleta, con *Tierra virgen* (1897), y Francisco de Paula Rendón, con *Inocencia* y *Lenguas y corazones* (1907).

### 3.2.6 *El realismo en México, precursor de la Novela de la Revolución.*   En México sobresalieron varios escritores realistas cuya obra precedió y, en alguna medida, fue precursora de la Novela de la Revolución: Emilio Rabasa (1856–1930), autor de la serie *Novelas mexicanas* (1887–88) a la que pertenece *La bola,* donde describió el caciquismo,* la política oportunista y la burocracia corrompida del régimen de Porfirio Díaz; José López-Portillo y Rojas (1850–1923), quien denunció los vicios del caciquismo rural en *La parcela* (1898); y Federico Gamboa (1864–1939), autor de *Santa* (1903), con su pintura de escenas y personajes típicos de la sociedad mexicana, a quienes presentó como productos y víctimas del medio.

### 3.2.7 *El naturalismo en Puerto Rico.*   Puerto Rico tuvo un ilustre representante del naturalismo en Manuel Zeno Gandía (1855–1930), autor de *La charca* (1895), donde describió la degradación física y moral de un pueblo sometido a la explotación y la violencia.

### 3.2.8 *El realismo y el naturalismo, bases de la literatura regionalista.*   Estos autores sentaron las bases de la literatura regionalista de temática social que produjo, entre 1910 y 1941, novelas como las siguientes: *Los de abajo* (1915) de Mariano Azuela, testimonio de la lucha entre los distintos caudillos de la Revolución Mexicana; *Raza de bronce* (1919) de Alcides Arguedas, novela telúrica e indigenista; *La vorágine* (1924) de José Eustasio Rivera, con su evocación del mundo

tropical americano y su denuncia de los abusos cometidos por las compañías explotadoras del caucho; *Don Segundo Sombra* (1926) de Ricardo Güiraldes, novela en la que se recrea el mito del gaucho; *Dona Bárbara* (1929) de Rómulo Gallegos, una representación del conflicto entre la civilización y la barbarie del cual Sarmiento había ofrecido una primera versión en *Facundo* (ver pp. 140–153); *Huasipungo* (1934) de Jorge Icaza, obra que describe, acentuando los aspectos más crueles, la impotencia del indio despojado de sus tierras; *El indio* (1935) de Gregorio López y Fuentes, donde se muestra cómo el indígena mexicano ha sido sacrificado por los caudillos de la Revolución; y *El mundo es ancho y ajeno* (1941) de Ciro Alegría, de temática parecida a la de las dos últimas, que cuenta la tragedia de una pequeña comunidad indígena violentamente expulsada de sus tierras.

## 3.3 El modernismo. Coexistencia de estéticas opuestas.

Simultáneamente con el desarrollo del realismo y el naturalismo se produjo, hacia fines del siglo XIX, otro movimiento estéticamente opuesto y de expresión poética, más que narrativa, conocido como modernismo. Las dos tendencias, que en Europa se habían dado en períodos históricos sucesivos, coexistieron en Hispanoamérica. Esto se explica, en parte, por el atraso con que se había introducido la primera de ellas. Mientras el realismo y el naturalismo reflejaban en la narrativa las condiciones y los conflictos político-sociales de la época, el modernismo dio expresión a una actitud crítica frente a los valores de la sociedad burguesa, particularmente el materialismo y la secularización de la vida, con la pérdida de la fe religiosa y de todo tipo de espiritualidad. Con características derivadas de sus propias condiciones socio-económicas y culturales, el modernismo hispanoamericano es parte de la crisis del arte, la ciencia, la religión, la política y, eventualmente, de todos los aspectos de la vida, que afectó al mundo occidental hacia el fin de siglo. En una sociedad mercantilizada que lo margina y lo desvaloriza, el poeta se siente incomprendido, cuando no víctima, sin otro recurso que el escape por la imaginación y la fantasía. Este es, efectivamente, el tema de "El rey burgués" y "El velo de la reina Mab", dos cuentos de Rubén Darío (*Azul*). El modernismo introduce una nueva sensibilidad caracterizada por una preocupación por el estilo, y por una apertura hacia lo fantástico y lo esotérico. El ocultismo fue, también una de sus manifestaciones, como se observa, por ejemplo, en *De sobremesa,* novela de José Asunción Silva. Aunque predominantemente poética, la obra de los modernistas tuvo una influencia decisiva en la renovación de la prosa, primeramente en el cuento y, más adelante, en la profundización y el enriquecimiento estilístico de la novela regionalista, en autores como José Eustacio Rivera y Ricardo Güiraldes, en cuyas obras confluyeron el realismo y el modernismo finiseculares.

***3.3.1 Parnasianismo\* y simbolismo.\**** El modernismo revitalizó y transformó los modos de expresión. Conservó, al mismo tiempo, preocupaciones y actitudes románticas, como el culto a la muerte y los sentimientos de descontento y melancolía. Los modernistas hispanoamericanos se inspiraron, principalmente, en dos escuelas de la nueva poesía francesa: el parnasianismo y el simbolismo. Entre los parnasianos de mayor influencia se encontraban Théophile Gautier (1811–72), el autor de *Emaux et camées,* con su anhelo de perfección en la forma, el lema de "el arte por el arte" y el gusto por los objetos decorativos del Oriente. Gautier influyó en los primeros modernistas, particularmente en José Martí (1853–95), Manuel Gutiérrez Nájera (1859–95) y Julián del Casal (1863–93), así como en Rubén Darío (1867–1916). Estos aprendieron de él el uso de palabras que sugerían colores, joyas o piedras preciosas. En el caso de Martí, la influencia parnasiana es evidente cuando declara que "el escritor ha de pintar", y "las palabras han de ser brillantes como el oro, ligeras como el ala, sólidas como el mármol". Otro importante parnasiano fue Charles Leconte de Lisle (1818–94) quien, en sus *Poèmes antiques* y *Poèmes barbares*, revivió los mitos griegos y las leyendas antiguas y medievales de los pueblos nórdicos de Europa. Este material erudito ejerció una gran atracción sobre Rubén Darío, quien incorporó algunos de sus temas, como el de "la espada de Argantir" y su versión del mito de Leda, en el poema "El cisne". José María de Heredia (1842–1905), primo del poeta cubano y autor de *Les trophées,* fue también uno de los parnasianos que tuvo influencia sobre los hispanoamericanos, como puede observarse en Julián del Casal. Darío siguió, además, a Catulle Mendès (1841–1909) en la evocación de gnomos y hadas en cuentos como "El rubí" y "El velo de la reina Mab".

Los modernistas adoptaron del parnasianismo el culto a la belleza, la inclinación hacia los temas históricos y la evocación de épocas pasadas. De los simbolistas aprendieron a valorar el sonido y el ritmo, siguiendo a Paul Verlaine (1844–96), quien prescribía: "de la musique avant toute chose"; a cultivar la metáfora con Stéphane Mallarmé (1842–98); a emplear las sinestesias* o correspondencias entre las sensaciones con Charles Baudelaire (1821–67) y Arthur Rimbaud (1854–91). La influencia de Verlaine, a través de su obra *Fêtes galantes*, es visible en el poema "El reino interior" de Rubén Darío, quien rindió un homenaje póstumo al venerado poeta en su "Responso a Verlaine". En la narrativa, el interés por tiempos y tierras lejanas llevó a novelistas hacia la historia de España. Este es el caso del argentino Enrique Larreta (1875–1961), autor de *La gloria de Don Ramiro* (1908), novela donde evoca la época de Felipe II.

### 3.3.2 *Otras influencias: Poe y D'Annunzio.*

Además de los autores ya citados, debe recordarse la influencia que Edgar Allan Poe (1809–49) tuvo en José Asunción Silva (1865–96), y el hecho de que Darío le hubiera consagrado un poema y escrito su semblanza literaria en el libro *Los raros* (1896). La narrativa modernista tuvo también por modelo, en la última década del siglo, al italiano Gabriele D'Annunzio (1863–1938). Su prosa poética fue imitada en novelas como *Idolos rotos* (1901) del venezolano Manuel Díaz Rodríguez (1868–1927). Recordemos también que un libro de D'Annunzio, *Triunfo de la muerte,* acompañó al colombiano José Asunción Silva en el momento de suicidarse.

### 3.3.3 *Americanismo* y mundonovismo**

Dentro del contexto de la modernidad y de las corrientes socio-culturales que ella introdujo en el mundo occidental, el modernismo hispanoamericano tuvo carácter y objetivos propios. El escritor modernista buscaba enriquecer sus propios medios expresivos y establecer pautas artísticas más elevadas dentro del ambiente cultural de Hispanoamérica. El americanismo fue parte del espíritu modernista, desde la obra de José Martí, el luchador y mártir de la independencia cubana, hasta Rodó, con su ensayo *Ariel* (1900), y Darío, con sus *Cantos de vida y esperanza* (1905). La etapa madura del movimiento, a la que se ha dado el nombre de mundonovismo, se caracterizó por obras de tema americano, en las que se exaltaban la naturaleza y la historia de Hispanoamérica y se expresaban ideas y preocupaciones acerca de su futuro. Este americanismo se tradujo en la revitalización del idioma español como lengua literaria, en el progreso realizado hacia la autonomía cultural y en un sentimiento renovado de solidaridad continental e hispánica.

## 3.4 Los primeros modernistas

El primer grupo de escritores modernistas tuvo como máximos representantes a Martí, Gutiérrez Nájera, del Casal, y Silva. La producción literaria de estos cuatro poetas y escritores, desaparecidos todos antes de 1896, se inició con anterioridad a la publicación de *Azul* (1888), el libro de Rubén Darío que aún recientemente se identificaba con el comienzo del modernismo. Verdad es que Darío le dio nombre al movimiento y que, desde 1896, fue su figura de mayor brillo y prestigio. No obstante, la crítica contemporánea ha corregido la tendencia a circunscribir el movimiento alrededor de la figura de Darío y ha señalado el aporte de los autores citados, así como su influencia sobre la obra del poeta nicaragüense.

**3.4.1 *José Martí.*** Martí fue el gran creador de la prosa modernista. Encontramos esta nueva prosa rítmica, plástica y musical en los cuentos de *La Edad de Oro* (1889), en ensayos, artículos y discursos. Innovador también en el verso, el autor se destacó por su poesía rica en imágenes pictóricas, cual puede verse en *Ismaelillo* (1882), y por poemas intimistas como los de sus *Versos sencillos* (1891). Martí asimiló las nuevas corrientes literarias francesas sin subordinarse a ellas. Su sentido del deber patriótico y sus preocupaciones de orden ético y social lo alejaron del esteticismo y lo impulsaron en sus últimos años a formas de expresión cada vez más austeras.

**3.4.2 *Manuel Gutiérrez Nájera.*** Con gracia natural de estilo y cierta inclinación al misticismo, Gutiérrez Nájera inició con sus *Cuentos frágiles* (1883) una forma narrativa que anticipa, en alguna medida, los cuentos de Darío. Fue de los primeros en profesar especial devoción por los colores, mencionándolos con frecuencia en títulos como "Musa blanca", "El hada verde" y "Crónica color de rosa". Irónicamente, a pesar de su afrancesamiento, el poeta mexicano nunca viajó fuera de su propio país. Dice de él Max Henríquez Ureña: "¡Fue un parisiense que nunca estuvo en París!"

**3.4.3 *Julián del Casal.*** La obra de este poeta introspectivo y melancólico es ilustrativa de todos los aspectos característicos del modernismo. En ella encontramos el culto a la forma, la evocación de épocas remotas y de ambientes cortesanos, el exotismo y símbolos de belleza, como el cisne, y el empleo de palabras sugerentes de brillo y color. Estos rasgos se destacan en su segundo libro, *Nieve* (1892). Prevalecía en el poeta, sin embargo, una hipersensibilidad, una inquietud y angustia muy propias de su época, como se observa en poemas que expresan desencanto y pesimismo.

**3.4.4** *José Asunción Silva.*    Afín a Casal en temperamento, Silva fue un poeta angustiado cuya obsesión con la muerte se revela en composiciones tales como "Día de difuntos" y "Nocturno", su obra consagratoria. La musicalidad, la métrica y el ritmo novedosos del "Nocturno" fueron emulados por poetas tan distinguidos como Darío y el peruano José Santos Chocano (1875–1934).

## 3.5  La segunda generación modernista. Rubén Darío

La presencia de Rubén Darío abarcó, en verdad, ambos períodos del modernismo. Se dio a conocer con *Azul*, su primer libro, en 1888. A partir de 1896, con la publicación de *Prosas profanas,* y ya desaparecidos los cuatro autores más representativos de la generación literaria anterior, Darío se volvió la figura central del movimiento.

**3.5.1** *Influencia de Darío en los poetas rioplatenses.*    En Buenos Aires, donde permaneció desde 1893 hasta 1898, el nicaragüense estuvo rodeado por talentosos poetas sobre los cuales ejerció gran influencia. Tal es el caso de Leopoldo Lugones (1874–1938), cuya obra poética, especialmente la recogida en *Lunario sentimental* (1909), representa una aportación innovadora. Influido por ambos, el uruguayo Julio Herrera y Reissig (1875–1910) se identificó con las nuevas tendencias desde 1900, como se puede ver en sus ocho poemas reunidos bajo el título de *Las pascuas del tiempo.* El boliviano Ricardo Jaimes Freyre (1868–1933), quien vivió muchos años en Argentina, fue un activo y leal colaborador de Darío. Su libro *Castalia bárbara* (1897), cuyo título indica la influencia de Leconte de Lisle, lo muestra como un poeta de virtuosidad métrica y expresión exquisita.

**3.5.2** *Otros modernistas. Poesía y ensayo.*    Entre los modernistas deben también incluirse al peruano José Santos Chocano, conocido por su libro *Alma América,* quien adoptó las innovaciones métricas del movimiento, así como algunos de sus símbolos y temas, y al mexicano Amado Nervo (1870–1919), autor de *La amada inmóvil,* poeta de inquietudes místicas, marcado por la angustia y el pesimismo finiseculares.

El modernismo tuvo en el uruguayo José Enrique Rodó (1871–1917) tanto un pensador de alto nivel intelectual y moral como un fino artífice de la prosa. De acuerdo con los ideales de este movimiento, la obra de Rodó expresó una aspiración hacia valores estéticos y morales superiores. Al mismo tiempo, con clara visión hispanoamericanista, criticó los excesos de afrancesamiento de algunos poetas modernistas, así como la exagerada admiración que los jóvenes universitarios de su época sentían por los Estados Unidos. Su ensayo *Ariel* (1900) reafirmó el valor de la herencia cultural común a los pueblos hispanoamericanos y fue, asimismo, un llamado a la solidaridad que tuvo eco en todo el mundo hispánico.

**3.5.3** *Superposición y mezcla de los tres movimientos literarios.*    El realismo, el naturalismo y el modernismo no sólo se superponen cronológicamente en Hispanoamérica, sino que a veces están presentes, en distintos grados, en un mismo autor a través de su obra. Darío tiene, por ejemplo, un cuento naturalista como "El fardo", y en Reyles se dan, junto al naturalismo, algunos rasgos modernistas. Estas tendencias, ya sea en sus manifestaciones más definidas como en

combinaciones de distintos grados, sentaron las bases sobre las que se ha desarrollado la literatura hispanoamericana contemporánea.

## 3.6 Sumario

I. El crecimiento urbano y la nueva literatura.
- A.    Los modelos literarios: predominio de los franceses.
- B.    El realismo y el naturalismo tardíos. Bases filosóficas: el positivismo y el determinismo.

II. Autores representativos.
- A.    La transición del romanticismo al realismo en Chile.
  1.  Alberto Blest Gana. *Martín Rivas* y la recreación de la sociedad chilena.
  2.  Baldomero Lillo. *Sub-terra* y el drama de los mineros.
- B.    La influencia de Zola en Argentina.
  1.  Eugenio Cambaceres. *Sin rumbo* y el cientificismo literario.
  2.  Lucio V. López. *La gran aldea* y la crítica de la sociedad porteña.
  3.  Julián Martel. *La bolsa* y la crisis financiera de 1890.
  4.  Manuel Gálvez. *Nacha Regules* y las víctimas de la prostitución.
- C.    Teatro realista y novela naturalista en Uruguay.
  1.  Florencio Sánchez. *Barranca abajo* y los conflictos sociales en Argentina.
  2.  Carlos Reyles. *Beba* y el determinismo biológico social.
- D.    El realismo en Perú.
  1.  Clorinda Matto de Turner. *Aves sin nido* y la nueva visión del indio.
  2.  Mercedes Cabello de Carbonera. *Blanca Sol* y la "caída" de una aristócrata.
- E.    Realismo costumbrista en Colombia.
  1.  Tomás Carrasquilla y el regionalismo. *La Marquesa de Yolombó*.
  2.  Otros regionalistas. Samuel Velásquez, Eduardo Zuleta y Francisco de Paula Rendón.
- F.    El realismo en México, precursor de la Novela de la Revolución.
  1.  Emilio Rabasa. *La bola* y el régimen de Porfirio Díaz.
  2.  José López-Portillo y Rojas. *La parcela* y el caciquismo rural.
  3.  Federico Gamboa. *Santa* y el retrato de los explotadores y sus víctimas.
- G.    El naturalismo en Puerto Rico: Manuel Zeno Gandía. *La charca* y la crónica de una degradación colectiva.
- H.    El realismo y el naturalismo, bases de la literatura regionalista.

III. El modernismo. Coexistencia de estéticas opuestas.
- A.    Parnasianismo y simbolismo.
- B.    Otras influencias: Poe y D'Annunzio.
- C.    Americanismo y mundonovismo.

IV. Los primeros modernistas.
- A.    José Martí, el gran renovador del verso y la prosa.
- B.    Manuel Gutiérrez Nájera, un modernista afrancesado.

C.   Julián del Casal y el escapismo modernista.

D.   José Asunción Silva y su obsesión con la muerte.

V. La segunda generación modernista. Rubén Darío y el apogeo del movimiento modernista.

    A.   Influencia de Darío en los poetas ríoplatenses.

        1. Leopoldo Lugones y la expansión de la poética modernista.

        2. Julio Herrera y Reissig, poeta intimista de expresión barroca.

    B.   Otros modernistas. Poesía y ensayo.

        1. José Santos Chocano, la celebración de la naturaleza y el hombre de América.

        2. Amado Nervo, poeta de inquietudes místicas y expresión depurada.

        3. José Enrique Rodó y el humanismo hispanoamericanista.

    C.   Superposición y mezcla de los tres movimientos literarios.

# JOSE MARTI

1853, La Habana, Cuba—1895,
Dos Ríos, Cuba

© Bettmann/CORBIS

La biografía y los escritos de Martí están signados por su constante lucha por la libertad de Cuba; por su tenacidad y dedicación a este empeño ha pasado a la posteridad con el título de "Apóstol de la Independencia". A tal punto están ligados en Martí el arte y la vida que es casi imposible separarlos. A los diecisiete años el joven fue acusado de deslealtad por el gobierno colonial, hecho prisionero, condenado a trabajo forzado y desterrado a España. Recogió sus experiencias de esta etapa carcelaria en *El presidio político en Cuba* (1871), obra a la cual siguió *La república española ante la revolución cubana* (1873). Por su fuerza y claridad expresivas ambos trabajos anticiparon las reformas en la prosa propuestas más adelante por los modernistas.

Como el escritor y patriota Eugenio María de Hostos, también Martí aprovechó su estancia en España (1871–74), especialmente durante la época de la Primera República (1873), para conseguir el apoyo de políticos liberales en favor de la causa independentista. Como el autor puertorriqueño, pronto el escritor cubano se desengañó y decidió continuar sus estudios de filosofía y letras y derecho en las universidades de Zaragoza y Madrid. La etapa española de Martí fue muy importante en su formación, pues entonces adquirió una sólida preparación intelectual; allá también tuvo la oportunidad de reflexionar sobre los problemas latinoamericanos y las relaciones de las jóvenes repúblicas con los Estados Unidos, el "coloso del Norte".

Después de un corto viaje a Francia, Martí se estableció en México, país que abandonó en 1876, a causa del triunfo del dictador Porfirio Díaz. En ese mismo año visitó brevemente La Habana para más tarde pasar a Guatemala. En 1878 viajó de nuevo a Cuba de donde fue deportado un año después por sus actividades revolucionarias. En los años siguientes hizo cortos periplos a España y a los Estados Unidos, luego decidió radicarse en Venezuela (1881). Participó activamente en la vida literaria de Caracas hasta que rehusó elogiar al dictador Guzmán Blanco (1870–88), por lo cual nuevamente se vio obligado a cambiar de residencia. A partir de 1881, Martí se radicó permanentemente en Nueva York, ciudad donde escribió la mayor parte de su obra literaria y en la que mantuvo una febril actividad a favor de la causa independentista. En Montecristi, un pueblecito de la hoy República Dominicana, Martí redactó el *Manifiesto de Montecristi,* documento donde reafirma su respeto por la libertad de ideas. Tres años después de fundar el Partido Revolucionario Cubano en Key West, en el año de 1892, viajó a su patria para unirse al ejército libertador y allí murió luchando contra las tropas españolas.

El conocimiento de Martí del "coloso del Norte", país que admiraba y cuya lengua hablaba correctamente, se profundizó aun más durante su segunda y larga residencia en Nueva York (1881–95). Durante esos años escribió artículos y crónicas para revistas y periódicos hispanoamericanos, en particular para *La Nación* de Buenos Aires; hizo traducciones para la casa Appleton; bajo el seudónimo de Adelaida Ral publicó la novela *Amistad funesta* (1885), también conocida como *Lucía Jerez;* fundó la revista infantil *La Edad de Oro* (1889); escribió *Versos libres* (1913) y *Flores del destierro* (1933), colecciones que vieron luz póstumamente; y publicó dos poemarios, *Ismaelillo* (1882) y *Versos sencillos* (1891).

Por las imágenes novedosas, la fuerza emotiva, la sinceridad de la expresión y el ritmo poético, *Ismaelillo,* colección integrada por quince poemas que Martí dedicó a su hijo José, marcó el inicio de la renovación literaria modernista. En *Versos sencillos* Martí empleó un metro tradicional de la lírica española, el octosílabo, para expresar sus más hondos sentimientos. Los poemas se distinguen por el diestro manejo de las imágenes cromáticas y la musicalidad de sus estrofas. *Versos libres* y *Flores del destierro* confirmaron al escritor cubano como uno de los más importantes renovadores de la poesía hispánica. Esta renovación, sin embargo, no implicaba el olvido del pasado, sino su reactualización para lograr una forma de expresión sincera e individual, más adecuada a las transformaciones de la época moderna. En la poesía, en los artículos y en las crónicas que el autor escribió para diversos periódicos del continente, se perfilan los temas esenciales de su obra: el americanismo, la amistad, la libertad, la justicia y la dignidad humana.

Martí fue una figura igualmente clave en la renovación de la prosa castellana. Como el escritor ecuatoriano Montalvo, poseía una amplia cultura y enriquecía su obra con referencias históricas y alusiones literarias. Familiarizado con los clásicos españoles (Santa Teresa, Quevedo, Cervantes, Gracián) y con los innovadores franceses (Gautier, Flaubert, Hugo, los Goncourt), combinaba el refinamiento y el colorido de los últimos con la riqueza de ideas de los primeros. El estilo impecable y la preocupación por la humanidad evidentes en los escritos martianos, así como su visión de la libertad, la dignidad y la justicia como derechos de todos, hacen del cubano un escritor universal. Revolucionaria e inno-vadora en múltiples aspectos, la obra de José Martí representa uno de los puntos más altos de la renovación modernista y de la literatura escrita en castellano.

## ■ Bibliografía mínima

Febles, Jorge. "Martí, el deporte y los Estados Unidos: el ludismo dialéctico como estrate-gia crítica en las *Escenas norteamericanas*". *Revista Hispánica Moderna* 51.2 (1998): 273–90.

Fernández Retamar, Roberto. "En el centenario de *Nuestra América,* obra del caribeño José Martí". *Cuadernos Americanos* 27 (1991): 112–26.

Jiménez, José O. "José Martí a las puertas de la poesía hispánica moderna". *La Torre* 6.23 (1992): 293–314.

Kocher, Suzanne. "Angels and Criminals: The Representation of Women in José Martí's Love Poetry". *Confluencia: Revista Hispánica de Cultura y Literatura* 15.2 (2000): 3–16.

Lagmanovich, David. "Lectura de un ensayo: *Nuestra América* de José Martí". *Nuevos asedios al modernismo.* Ed. Ivan A. Schulman. Madrid: Taurus, 1987. 235–45.

Martí, José. *Ismaelillo. Versos libres. Versos sencillos.* Ed. Ivan A. Schulman. Madrid: Cátedra, 1982.

Rodríguez, Pedro Pablo. " 'En el fiel de América': las Antillas hispánicas en el concepto de identidad latinoamericana de José Martí". *Cuadernos Americanos* 9.3 (1995): 232–44.

Rodríguez-Luis, Julio. *Re-Reading José Martí (1853–1895): One Hundred Years Later.* Albany, NY: State U of New York P, 1999.

Rotker, Susana. *The American Chronicles of José Martí: Journalism and Modernity in Spanish America.* Trads. Jennifer French y Catherine Semler. Hanover, NH: UP of New England, 2000.

Santí, Enrico Mario. "*Ismaelillo,* Martí y el modernismo". *Revista Iberoamericana* 52 (1986): 811–40.

Schulman, Ivan A. "José Martí". *Latin American Writers.* Eds. Carlos A. Solé y Maria Isabel Abreu. Vol. 1. New York: Scribner's, 1989, 311–19.

# Ismaelillo[1] (1882)

## MI CABALLERO

Por las mañanas
Mi pequeñuelo
Me despertaba
Con un gran beso.
5 Puesto a horcajadas[2]
Sobre mi pecho,

Bridas[3] forjaba
Con mis cabellos.
Ebrio[4] él de gozo,
10 De gozo yo ebrio,
Me espoleaba[4a]
Mi caballero:

---

[1] Hijo de Abraham y Agar, del cual se originó el pueblo ismaelita o árabe. El libro está dedicado a José, su hijo de cuatro años.
[2] Como montado a caballo, echando cada pierna a un lado.

[3] Los frenos del caballo; en este caso el niño se sujeta por medio de los cabellos del padre.
[4] Borracho, poseído por el gozo.
[4a] Picar a la cabalgadura para que ande; esti-mular a una persona para que haga algo.

¡Qué suave espuela
Sus dos pies frescos!
15 ¡Cómo reía mi jinetuelo![4b]
Y yo besaba

Sus pies pequeños,
Dos pies que caben
En solo un beso!

### SOBRE MI HOMBRO

Ved: sentado lo llevo
Sobre mi hombro:
Oculto va, y visible
Para mí solo!
5 El me ciñe[5] las sienes
Con su redondo
Brazo, cuando a las fieras
Penas me postro:[6]—
Cuando el cabello hirsuto[7]
10 Yérguese[8] y hosco,
Cual de interna tormenta
Símbolo torvo,[9]
Como un beso que vuela

Siento en el tosco
15 Cráneo: su mano amansa
El bridón[10] loco!—
Cuando en medio del recio
Camino lóbrego,[10a]
Sonrío, y desmayado
20 Del raro gozo,
La mano tiendo en busca
De amigo apoyo,—
Es que un beso invisible
Me da el hermoso
25 Niño que va sentado
Sobre mi hombro.

# Versos sencillos[11] (1891)

### I

Yo soy un hombre sincero
De donde crece la palma,[12]
Y antes de morirme quiero
Echar mis versos del alma.

5 Yo vengo de todas partes,
Y hacia todas partes voy:
Arte soy entre las artes,
En los montes, monte soy.

Yo sé los nombres extraños
10 De las yerbas y las flores,
Y de mortales engaños,
Y de sublimes dolores.

Yo he visto en la noche oscura
Llover sobre mi cabeza
15 Los rayos de lumbre pura
De la divina belleza.

Alas nacer vi en los hombros
De las mujeres hermosas:
Y salir de los escombros,
20 Volando las mariposas.

He visto vivir a un hombre
Con el puñal al costado,
Sin decir jamás el nombre
De aquella que lo ha matado.

---

[4b] Persona que cabalga; en este caso el niño sobre el pecho del padre.
[5] Rodea.
[6] Me rindo.
[7] Disperso.
[8] Se levanta.
[9] Fiero.

[10] Caballo brioso y arrogante.
[10a] Oscuro, triste.
[11] Martí escribió casi todos los poemas de esta colección en versos octosílabos, en cuartetas (abab) o redondillas (abba) de rima aconsonantada.
[12] Símbolo de Cuba, la patria lejana.

25     Rápida, como un reflejo,
Dos veces vi el alma, dos:
Cuando murió el pobre viejo,[13]
Cuando ella me dijo adiós.

    Temblé una vez,—en la reja,
30 A la entrada de la viña,—
Cuando la bárbara abeja
Picó en la frente a mi niña.

    Gocé una vez, de tal suerte
Que gocé cual nunca:—cuando
35 La sentencia de mi muerte
Leyó el alcaide llorando.

    Oigo un suspiro, a través
De las tierras y la mar,
Y no es un suspiro,—es
40 Que mi hijo va a despertar.

    Si dicen que del joyero
Tome la joya mejor,
Tomo a un amigo sincero
Y pongo a un lado el amor.

45     Yo he visto al águila herida
Volar al azul sereno,
Y morir en su guarida
La víbora del veneno.

### V

    Si ves un monte de espumas,
Es mi verso lo que ves:
Mi verso es un monte, y es
Un abanico de plumas.

5     Mi verso es como un puñal
Que por el puño echa flor:
Mi verso es un surtidor
Que da un agua de coral.

### VII

Para Aragón,[17] en España,
Tengo yo en mi corazón

Yo sé bien que cuando el mundo
50 Cede, lívido, al descanso,
Sobre el silencio profundo
Murmura el arroyo manso.

    Yo he puesto la mano osada,
De horror y júbilo yerta,[14]
55 Sobre la estrella apagada
Que cayó frente a mi puerta.

    Oculto en mi pecho bravo
La pena que me lo hiere:
El hijo de un pueblo esclavo
60 Vive por él, calla y muere.

    Todo es hermoso y constante,
Todo es música y razón,
Y todo, como el diamante,
Antes que luz es carbón.

65     Yo sé que el necio se entierra
Con gran lujo y con gran llanto,—
Y que no hay fruta en la tierra
Como la del camposanto.[15]

    Callo, y entiendo, y me quito
70 La pompa del rimador:
Cuelgo de un árbol marchito
Mi muceta[16] de doctor.

    Mi verso es de un verde claro
10 Y de un carmín encendido:
Mi verso es un ciervo herido
Que busca en el monte amparo.

    Mi verso al valiente agrada:
Mi verso, breve y sincero,
15 Es del vigor del acero
Con que se funde la espada.

    Un lugar todo Aragón,
Franco, fiero, fiel, sin saña.[18]

---

[13] Se refiere a la muerte del padre.
[14] Rígida, tiesa.
[15] Cementerio.
[16] Prenda de vestir de seda o piel que cubre el pecho y la espalda y es usada en señal de distinción por prelados, doctores y licenciados.
[17] Martí estudió en la Universidad de Zaragoza.
[18] Enojo.

5     Si quiere un tonto saber
Por qué lo tengo, le digo
Que allí tuve un buen amigo,
Que allí quise a una mujer.[19]

     Allá, en la vega florida,
10 La de la heroica defensa,[20]
Por mantener lo que piensa
Juega la gente la vida.

     Y si un alcalde lo aprieta
O lo enoja un rey cazurro,[21]
15 Calza la manta el baturro[22]
Y muere con su escopeta.

     Quiero a la tierra amarilla
Que baña el Ebro lodoso:

Quiero el Pilar[23] azuloso
20 De Lanuza[24] y de Padilla.[25]

     Estimo a quien de un revés[26]
Echa por tierra a un tirano:
Lo estimo, si es un cubano;
Lo estimo, si aragonés.

25     Amo los patios sombríos
Con escaleras bordadas;
Amo las naves calladas
Y los conventos vacíos.

     Amo la tierra florida,
30 Musulmana o española,
Donde rompió su corola
La poca flor de mi vida.

# X

     El alma trémula[26a] y sola
Padece al anochecer:
Hay baile; vamos a ver
La bailarina española.

5     Han hecho bien en quitar
El banderón de la acera;
Porque si está la bandera,
No sé, yo no puedo entrar.

     Ya llega la bailarina:
10 Soberbia y pálida llega:
¿Cómo dicen que es gallega?
Pues dicen mal: es divina.

     Lleva un sombrero torero
Y una capa carmesí:
15 ¡Lo mismo que un alelí
Que se pusiese un sombrero!

     Se ve, de paso, la ceja,
Ceja de mora traidora:
Y la mirada, de mora:
20 Y como nieve la oreja.

     Preludian, bajan la luz,
Y sale en bata y mantón,
La virgen de la Asunción
Bailando un baile andaluz.

25     Alza, retando, la frente:
Crúzase al hombro la manta:
En arco el brazo levanta:
Mueve despacio el pie ardiente.

     Repica con los tacones
30 El tablado zalamera,[27]
Como si la tabla fuera
Tablado de corazones.

---

[19] Referencia a Blanca de Montalvo, su novia cuando estudiaba en Zaragoza.
[20] Se refiere a la guerra de la independencia contra los invasores franceses (1808) y especialmente al sangriento sitio de Zaragoza por las tropas de Napoleón.
[21] Arrogante.
[22] Campesino aragonés.
[23] Referencia al santuario de la Virgen del Pilar, en Zaragoza, a orillas del río Ebro.
[24] Juan de Lanuza (1510–92): Justicia Mayor de Aragón y defensor del médico Alonso Pérez contra las acusaciones de la Inquisición y de Felipe II.
[25] Juan de Padilla (1484–1531): líder de la rebelión de los Comuneros de Castilla contra Carlos V.
[26] Golpe.
[26a] Temblorosa, agitada.
[27] Con excesivas y afectadas demostraciones de cariño.

Y va el convite creciendo
En las llamas de los ojos,
35 Y el manto de flecos rojos
Se va en el aire meciendo.

Súbito, de un salto arranca:
Húrtase, se quiebra, gira:
Abre en dos la cachemira,[28]
40 Ofrece la bata blanca.

El cuerpo cede y ondea;
La boca abierta provoca;

Es una rosa la boca:
Lentamente taconea.

45 Recoge, de un débil giro,
El manto de flecos rojos:
Se va, cerrando los ojos,
Se va, como en un suspiro...

Baila muy bien la española;
50 Es blanco y rojo el mantón:
¡Vuelve, fosca,[29] a su rincón
El alma trémula y sola!

## XXXIV

¡Penas! ¿quién osa[30] decir
Que tengo yo penas? Luego,
Después del rayo, y del fuego,
Tendré tiempo de sufrir.

5 Yo sé de un pesar profundo
Entre las penas sin nombres:

¡La esclavitud de los hombres
Es la gran pena del mundo!

Hay montes, y hay que subir
Los montes altos; ¡después
10 Veremos, alma, quién es
Quien te me ha puesto al morir!

## XXXIX

Cultivo una rosa blanca,
En julio como en enero,
Para el amigo sincero
Que me da su mano franca,

5 Y para el cruel que me arranca
El corazón con que vivo,
Cardo[31] ni ortiga[32] cultivo;
Cultivo la rosa blanca.

## XLIV

Tiene el leopardo un abrigo
En su monte seco y pardo:
Yo tengo más que el leopardo,
Porque tengo un buen amigo.
5

Duerme, como en un juguete,
La mushma[33] en su cojinete
De arce[34] del Japón: yo digo:
"No hay cojín como un amigo".

Tiene el conde su abolengo:
10 Tiene la aurora el mendigo:
Tiene ala el ave: ¡yo tengo
Allá en México un amigo![35]

Tiene el señor presidente
15 Un jardín con una fuente,
Y un tesoro en oro y trigo:
Tengo más, tengo un amigo.

---

[28] Prenda de vestir tejida con pelo de cabra mezclada, a veces, con lana; se refiere al manto de la bailarina.
[29] Hosca, áspera, intratable.
[30] Se atreve a.
[31] Planta anual de hojas grandes y espinosas.

[32] Planta de carácter herbáceo cuyas hojas segregan un líquido ardiente y abrasador.
[33] Del japonés *musume*, chica joven.
[34] Cabecera o almohada hecha de la madera del arce.
[35] Referencia al mexicano Manuel Mercado, uno de sus mejores amigos.

# Versos libres (1913)

## COPA CON ALAS

Una copa con alas: quién la ha visto
Antes que yo? Yo ayer la vi. Subía
Con lenta majestad, como quien vierte
Óleo sagrado: y a sus bordes dulces
5 Mis regalados labios apretaba:—
Ni una gota siquiera, ni una gota
Del bálsamo perdí que hubo en tu beso!

Tu cabeza de negra cabellera
—Te acuerdas?—con mi mano requería,[36]
10 Porque de mí tus labios generosos
No se apartaran.—Blanda como el beso
Que a ti me transfundía, era la suave
Atmósfera en redor:[37] la vida entera
Sentí que a mí abrazándote, abrazaba!
15 Perdí el mundo de vista, y sus ruidos
Y su envidiosa y bárbara batalla!
Una copa en los aires ascendía
Y yo, en brazos no vistos reclinado
Tras ella, asido[38] de sus dulces bordes:
20 Por el espacio azul me remontaba!

Oh amor, oh inmenso, oh acabado artista:
En rueda o riel[39] funde el herrero el hierro:
Una flor o mujer o águila o ángel
En oro o plata el joyador[40] cincela:[41]
25 Tú sólo, sólo tú, sabes el modo
De reducir el Universo a un beso!

## POETICA

La verdad quiere cetro.[42] El verso mío
Puede, cual paje amable, ir por lujosas
Salas, de aroma vario y luces ricas,
Temblando enamorado en el cortejo
5 De una ilustre princesa o gratas nieves
Repartiendo a las damas. De espadines[43]
Sabe mi verso, y de jubón[44] violeta

---

[36] Solicitar con pasión amorosa.
[37] Alrededor.
[38] Agarrado.
[39] Barra pequeña de metal.
[40] Joyero.
[41] Grabar en piedras o metales con el cincel.

[42] Vara de oro u otro metal precioso usada por reyes y emperadores como símbolo de su autoridad.
[43] Espada de hoja estrecha y triangular usada con ciertos uniformes.
[44] Vestidura ajustada al cuerpo que cubría desde los hombros hasta la cintura.

Y toca[45] rubia, y calza[46] acuchillada.
Sabe de vinos tibios y de amores
10   Mi verso montaraz;[47] pero el silencio
Del verdadero amor, y la espesura
De la selva prolífica prefiere:
Cuál gusta del canario, cuál del águila!

# Flores del destierro (1933)

## DOS PATRIAS

Dos patrias tengo yo: Cuba y la noche.
¿O son una las dos? No bien retira
su majestad el sol,[48] con largos velos
y un clavel en la mano, silenciosa
5   Cuba cual viuda triste me aparece.
¡Yo sé cuál es ese clavel sangriento
que en la mano le tiembla! Está vacío
mi pecho, destrozado está y vacío
en donde estaba el corazón. Ya es hora
10   de empezar a morir. La noche es buena
para decir adiós. La luz estorba
y la palabra humana. El universo
habla mejor que el hombre.
           Cual bandera
15   que invita a batallar, la llama roja
de la vela flamea. Las ventanas
abro, ya estrecho en mí. Muda, rompiendo
las hojas del clavel, como una nube
que enturbía el cielo, Cuba, viuda, pasa...

## DOMINGO TRISTE

Las campanas, el Sol, el cielo claro
me llenan de tristeza, y en los ojos
llevo un dolor que el verso compasivo mira,
un rebelde dolor que el verso rompe
5   Y es ¡oh mar! la gaviota pasajera
que rumbo a Cuba va sobre tus olas!
    Vino a verme un amigo, y a mí mismo
me preguntó por mí: ya en mí no queda
más que un reflejo mío, como guarda

---

[45] Especie de pañuelo con el que se cubría la cabeza.
[46] Prenda de vestir que cubría ajustadamente el muslo y la pierna.

[47] Acostumbrado a andar por los montes.
[48] Anochece.

10 la sal del mar la concha de la orilla.
Cáscara soy de mí, que en tierra ajena
gira, a la voluntad del viento huraño,[49]
vacía, sin fruta, desgarrada, rota.
Miro a los hombres como montes; miro
15 como paisajes de otro mundo, el bravo
codear,[50] el mugir,[51] el teatro ardiente
de la vida en mi torno: Ni un gusano
es ya más infeliz: suyo es el aire,
y el lodo en que muere es suyo!
20 Siento la coz[52] de los caballos, siento
las ruedas de los carros; mis pedazos
palpo[53] ya no soy vivo: ni lo era
cuando el barco fatal levó las anclas
que me arrancaron de la tierra mía!

# Nuestra América

*[Este ensayo fue publicado en el número correspondiente a enero de 1891 de la* **Revista Ilustrada** *de Nueva York; apareció también en* **El Partido Liberal** *de México, el 30 de enero de 1891. Martí exhorta a los hispanoamericanos a conocerse mejor, a buscar formas de gobierno adaptables a las necesidades de los nuevos países. Al mismo tiempo, reitera su preocupación sobre las relaciones de los Estados Unidos con las nacientes repúblicas hispanoamericanas.]*

[...] Ni ¿en qué patria puede tener un hombre más orgullo que en nuestras repúblicas dolorosas de América, levantadas entre las masas mudas de indios, al ruido de pelea del libro con el cirial,[54] sobre los brazos sangrientos de un centenar de apóstoles? De factores tan descompuestos, jamás, en menos tiempo
5 histórico, se han creado naciones tan adelantadas y compactas. Cree el soberbio que la tierra fue hecha para servirle de pedestal, porque tiene la pluma fácil o la palabra de colores y acusa de incapaz e irremediable a su república nativa, porque no le dan sus selvas nuevas modo continuo de ir por el mundo de gamonal[55] famoso, guiando jacas[56] de Persia y derramando champaña. La incapaci-
10 dad no está en el país naciente, que pide formas que se le acomoden y grandeza útil, sino en los que quieren regir pueblos originales, de composición singular y violenta, con leyes heredadas de cuatro siglos de práctica libre en los Estados Unidos, de diecinueve siglos de monarquía en Francia. Con un decreto de Hamil-

---

[49] Poco amistoso.
[50] Mover los codos, dar golpes con ellos.
e refiere a la lucha por la existencia diaria.
[51] El gran ruido.
[52] Golpe de la pata de un caballo.
[53] Toco.

[54] Los candeleros altos que llevan los acólitos en algunos servicios religiosos.
[55] Terrateniente.
[56] Caballos de poca alzada.

ton no se le para la pechada[56a] al potro del llanero.[57] Con una frase de Sieyés[58] no
15 se desestanca la sangre cuajada de la raza india. A lo que es, allí donde se gobierna, hay que atender para gobernar bien: y el buen gobernante en América no
es el que sabe cómo se gobierna el alemán o el francés, sino el que sabe con qué
elementos está hecho su país, y cómo puede ir guiándolos en junto, para llegar,
por métodos e instituciones nacidas del país mismo, a aquel estado apetecible,
20 donde cada hombre se conoce y ejerce, y disfrutan todos de la abundancia que la
Naturaleza puso para todos en el pueblo que fecundan con su trabajo y defien-
den con sus vidas. El gobierno ha de nacer del país. El espíritu del gobierno ha
de ser el del país. La forma del gobierno ha de avenirse[59] a la constitución propia
del país. El gobierno no es más que el equilibrio de los elementos naturales del
25 país.

Por eso el libro importado ha sido vencido en América por el hombre natural. Los hombres naturales han vencido a los letrados artificiales. El mestizo
autóctono[60] ha vencido al criollo exótico.[61] No hay batalla entre la civilización y
la barbarie, sino entre la falsa erudición y la naturaleza. El hombre natural es
30 bueno y acata[62] y premia la inteligencia superior, mientras ésta no se vale de su
sumisión para dañarle, o le ofende prescindiendo de él, que es cosa que no perdona el hombre natural, dispuesto a recobrar por la fuerza el respeto de quien le
hiere la susceptibilidad o le perjudica el interés. Por esta conformidad con los elementos naturales desdeñados han subido los tiranos de América al poder; y han
35 caído en cuanto les hicieron traición. Las repúblicas han purgado[62a] en las tiranías
su incapacidad para conocer los elementos verdaderos del país, derivar de ellos
la forma de gobierno y gobernar con ellos. Gobernante, en un pueblo nuevo,
quiere decir creador.

En pueblos compuestos de elementos cultos e incultos, los incultos go-
40 bernarán, por su hábito de agredir y resolver las dudas con su mano, allí donde los
cultos no aprendan el arte del gobierno. La masa inculta es perezosa, y tímida en
las cosas de la inteligencia, y quiere que la gobiernen bien; pero si el gobierno le
lastima, se lo sacude y gobierna ella. ¿Cómo han de salir de las universidades los
gobernantes, si no hay universidad en América donde se enseñe lo rudimentario
45 del arte del gobierno, que es el análisis de los elementos peculiares de los pueblos
de América? A adivinar salen los jóvenes al mundo, con antiparras[63] yankees o
francesas, y aspiran a dirigir un pueblo que no conocen. En la carrera de la
política habría de negarse la entrada a los que desconocen los rudimentos de la
política. El premio de los certámenes no ha de ser para la mejor oda, sino para el
50 mejor estudio de los factores del país en que se vive. En el periódico, en la cátedra, en la academia, debe llevarse adelante el estudio de los factores reales del
país. Conocerlos basta, sin vendas ni ambages[64]; porque el que pone de lado, por

---

[56a] Golpe que da el jinete con el pecho del caballo.
[57] Habitante de los llanos de Venezuela y Colombia.
[58] El Abate Emmanuel Joseph Sieyés, estadista jacobino y miembro de la Asamblea Nacional que le dio su primera constitución a Francia en 1791.

[59] Adaptarse.
[60] Nativo del lugar
[61] Extranjerizante.
[62] Obedece.
[62a] Sufrido.
[63] Anteojos.
[64] Rodeos, circunloquios.

voluntad u olvido, una parte de la verdad, cae a larga por la verdad que le faltó, que crece en la negligencia, y derriba lo que se levanta sin ella. Resolver el pro-
55 blema después de conocer sus elementos es más fácil que resolver el problema sin conocerlos. Viene el hombre natural, indignado y fuerte, y derriba la justicia acumulada de los libros, porque no se la administra en acuerdo con las necesidades patentes del país. Conocer es resolver. Conocer el país, y gobernarlo conforme al conocimiento, es el único modo de librarlo de tiranías. La universidad
60 europea ha de ceder a la universidad americana. La historia de América, de los Incas a acá, ha de enseñarse al dedillo,[65] aunque no se enseñe la de los arcontes[66] de Grecia. Nuestra Grecia es preferible a la Grecia que no es nuestra. Nos es más necesaria. Los políticos nacionales han de reemplazar a los políticos exóticos. Injértese[67] en nuestras repúblicas el mundo; pero el tronco ha de ser el de nuestras
65 repúblicas. Y calle el pedante vencido; que no hay patria en que pueda tener el hombre más orgullo que en nuestras dolorosas repúblicas americanas.

Con los pies en el rosario, la cabeza blanca y el cuerpo pinto[68] de indio y criollo, vinimos, denodados,[69] al mundo de las naciones. Con el estandarte de la Virgen salimos a la conquista de la libertad. Un cura,[70] unos cuantos tenientes y
70 una mujer alzan en México la república, en hombros de los indios. Un canónigo español,[71] a la sombra de su capa, instruye en la libertad francesa a unos cuantos bachilleres magníficos, que ponen de jefe de Centro América contra España al general de España. Con los hábitos monárquicos, y el sol por pecho, se echaron a levantar pueblos los venezolanos por el Norte y los argentinos por el Sur.
75 Cuando los dos héroes chocaron,[72] y el continente iba a temblar, uno, que no fue el menos grande, volvió riendas.[73] Y como el heroísmo en la paz es más escaso, porque es menos glorioso que el de la guerra; como al hombre le es más fácil morir con honra que pensar con orden; como gobernar con los sentimientos exaltados y unánimes es más hacedero[74] que dirigir, después de la pelea, los pen-
80 samientos diversos, arrogantes, exóticos o ambiciosos; [...] como la constitución jerárquica de las colonias resistía la organización democrática de la República, o las capitales de corbatín dejaban en el zaguán[75] al campo de bota-de-potro, o los redentores biblógenos[76] no entendieron que la revolución que triunfó con el alma de la tierra, desatada a la voz del salvador, con el alma de la tierra había de go-
85 bernar, y no contra ella ni sin ella, entró a padecer América, y padece, de la fatiga

---

[65] Enseñarse muy bien.

[66] Magistrados.

[67] Cuando una parte de una planta con una o más yemas se suelda al patrón; en este caso el patrón, la base, son las repúblicas americanas; las culturas ajenas serían lo injertado o añadido.

[68] De varios colores.

[69] Atrevidos.

[70] Referencia a Miguel Hidalgo y Costilla (1753–1811), sacerdote que dio inicio a las luchas por la independencia de México con el Grito de Dolores (15 de setiembre de 1810), en la ciudad del mismo nombre.

[71] Alusión al sacerdote español José María Castilla; desempeñó un importante papel en la lucha por la independencia de Guatemala.

[72] Se refiere a José de San Martín (1778–1850) que, después de la famosa entrevista de Guayaquil (1822), generosamente dejó en manos de Bolívar el mando militar de las tropas independentistas. San Martín se expatrió a Francia y allí murió.

[73] Se retiró.

[74] Provechoso.

[75] Entrada de una casa inmediata a la puerta principal.

[76] Con sabiduría adquirida mediante la lectura de libros.

de acomodación entre los elementos discordantes y hostiles que heredó de un colonizador despótico y avieso,[77] y las ideas y formas importadas que han venido retardando, por su falta de realidad local, el gobierno lógico. [...] El problema de la independencia no era el cambio de formas, sino el cambio de espíritu. Con los oprimidos había que hacer causa común, para afianzar el sistema opuesto a los intereses y hábitos de mando de los opresores. El tigre, espantado del fogonazo,[78] vuelve de noche al lugar de la presa. Muere echando llamas por los ojos y con las zarpas[79] al aire. No se le oye venir, sino que viene con zarpas de terciopelo. Cuando la presa despierta, tiene al tigre encima. La colonia continuó viviendo en la república; y nuestra América se está salvando de sus grandes yerros[80]—de la soberbia de las ciudades capitales, del triunfo ciego de los campesinos desdeñados, de la importación excesiva de las ideas y fórmulas ajenas, del desdén inicuo e impolítico de la raza aborigen—por la virtud superior, abonada con sangre necesaria, de la república que lucha contra la colonia. El tigre espera, detrás de cada árbol, acurrucado[81] en cada esquina. Morirá, con las zarpas al aire, echando llamas por los ojos.

[...] Éramos una visión, con el pecho de atleta, las manos de petimetre[82] y la frente de niño. Éramos una máscara, con los calzones de Inglaterra, el chaleco parisiense, el chaquetón de Norte América y la montera de España. El indio, mudo, nos daba vueltas alrededor, y se iba al monte, a la cumbre del monte, a bautizar sus hijos. El negro, oteado,[83] cantaba en la noche la música de su corazón, solo y desconocido, entre las olas y las fieras. El campesino, el creador, se revolvía, ciego de indignación, contra la ciudad desdeñosa, contra su criatura. Éramos charreteras[84] y togas,[85] en países que venían al mundo con la alpargata en los pies y la vincha[86] en la cabeza. El genio hubiera estado en hermanar, con la caridad del corazón y con el atrevimiento de los fundadores, la vincha y la toga; en desestancar al indio; en ir haciendo lado[86a] al negro suficiente; en ajustar la libertad al cuerpo de los que se alzaron y vencieron por ella. Nos quedó el oidor,[87] y el general; y el letrado, y el prebendado.[87a] [...]

Los jóvenes de América se ponen la camisa al codo, hunden las manos en la masa, y la levantan con la levadura de su sudor. Entienden que se imita demasiado, y que la salvación está en crear. Crear es la palabra de pase de esta generación. El vino, de plátano; y si sale agrio, ¡es nuestro vino! [...] En pie, con los ojos alegres de los trabajadores, se saludan, de un pueblo a otro, los hombres nuevos americanos. Surgen los estadistas naturales del estudio directo de la naturaleza. Leen para aplicar, pero no para copiar. Los economistas estudian la dificultad en sus orígenes. Los oradores empiezan a ser sobrios. Los dramaturgos

---

[77] Torcido, mal inclinado.
[78] Llama que resulta de un disparo.
[79] La 'mano' de ciertos animales.
[80] Errores.
[81] Encogido.
[82] Persona preocupada de su apariencia y de seguir las modas.
[83] Espiado.
[84] Divisa militar en forma de pala que se sujeta al hombro y de la cual cuelga un fleco.
[85] Traje de ceremonia que los magistrados, letrados y catedráticos usan sobre el ordinario.
[86] Cinta o pañuelo usado por los indígenas para ceñirse la frente.
[86a] Dándole lugar.
[87] Juez.
[87a] Canónigo o racionero de la iglesia catedral o colegial.

traen los caracteres nativos a la escena. Las academias discuten temas viables. La poesía se corta la melena zorrillesca y cuelga del árbol glorioso el chaleco co-
125 lorado.[88] La prosa, centelleante y cernida va cargada de idea. Los gobernadores, en las repúblicas de indios, aprenden indio.

[...] Otras repúblicas acendran,[89] con el espíritu épico de la independencia amenazada, el carácter viril. Otras crían, en la guerra rapaz contra el vecino, la soldadesca que puede devorarlas. Pero otro peligro corre, acaso, nuestra
130 América, que no le viene de sí, sino de la diferencia de orígenes, métodos e intereses entre los dos factores continentales, y es la hora próxima en que se le acerque, demandando relaciones íntimas, un pueblo emprendedor y pujante que la desconoce y la desdeña.[90] [...] El desdén del vecino formidable, que no la conoce, es el peligro mayor de nuestra América; y urge, porque el día de la visita está
135 próximo, que el vecino la conozca, la conozca pronto, para que no la desdeñe. Por ignorancia llegaría, tal vez, a poner en ella la codicia. Por el respeto, luego que la conociese, sacaría de ella las manos. Se ha de tener fe en lo mejor del hombre y desconfiar de lo peor de él. Hay que dar ocasión a lo mejor para que se revele y prevalezca sobre lo peor. Si no, lo peor prevalece. [...]
140 No hay odio de razas, porque no hay razas. Los pensadores canijos,[91] los pensadores de lámpara, enhebran y recalientan las razas de librería, que el viajero justo y el observador cordial buscan en vano en la justicia de la Naturaleza, donde resalta, en el amor victorioso y el apetito turbulento, la identidad universal del hombre. El alma emana, igual y eterna, de los cuerpos diversos en forma
145 y en color. Peca contra la Humanidad el que fomente y propague la oposición y el odio de las razas. [...] Pensar es servir. Ni ha de suponerse, por antipatía de aldea, una maldad ingénita[92] y fatal al pueblo rubio del continente, porque no habla nuestro idioma, ni ve la casa como nosotros la vemos, ni se nos parece en sus lacras políticas, que son diferentes de las nuestras; ni tiene en mucho a los
150 hombres biliosos[93] y trigueños,[93a] ni mira caritativo, desde su eminencia aún mal segura, a los que, con menos favor de la Historia, suben a tramos heroicos la vía de las repúblicas; ni se han de esconder los datos patentes del problema que puede resolverse, para la paz de los siglos, con el estudio oportuno y la unión tácita y urgente del alma continental. ¡Porque ya suena el himno unánime; la ge-
155 neración actual lleva a cuestas, por el camino abonado por los padres sublimes, la América trabajadora; del Bravo a Magallanes,[94] sentado en el lomo del cóndor, regó el Gran Semí,[95] por las naciones románticas del continente y por las islas dolorosas del mar, la semilla de la América nueva!

---

[88] Referencia a dos escritores románticos, el español Zorrilla y el francés Gautier.
[89] Depurar, dejar sin mancha.
[90] Martí siempre se preocupó de las relaciones interamericanas.
[91] Débiles.
[92] Maldad propia de una persona.

[93] Temperamento pronto al enojo.
[93a] De piel oscura.
[94] Del río Bravo (Grande) al Estrecho de Magallanes.
[95] Alusión a una deidad taína.

■ Preguntas generales

1. ¿Por qué se le ha llamado a Martí el "Apóstol de la Independencia"?
2. ¿Cómo caracterizaría Ud. la etapa española de Martí?
3. ¿Por qué se ha dicho que la estancia de Martí en Nueva York fue decisiva para su obra?
4. ¿Qué tipo de renovación literaria propone la obra martiana?
5. ¿Cuáles son los temas principales de los escritos de José Martí y cómo están ligados a su cosmovisión?

■ Preguntas de análisis

1. ¿Qué simbolizan los montes, las alas, y el brillante en la lírica de Martí?
2. ¿Cuál es la importancia de *Ismaelillo?* Analice "Sobre mi hombro" y explique cómo se alivia el sufrimiento que comunica la voz poética.
3. ¿De qué modo el apartado V de *Versos sencillos* ilustra la influencia parnasiana sobre el ideario estético de Martí?
4. ¿Cuáles son los recursos modernistas más sobresalientes de "La bailarina española" (X) en *Versos sencillos?*
5. En los apartados XXXIX y XLIV de *Versos sencillos* la voz poética habla de la amistad. ¿De qué imágenes se vale para caracterizarla y cuál es la enseñanza ética que se desprende de estos versos? ¿Por qué menciona primero "una" rosa blanca y después "la" rosa blanca?
6. ¿Qué momento describe la voz poética en "Copa con alas" y cómo se transforma a través de esa experiencia?
7. Tanto "Dos patrias" como "Domingo triste" se centran en el tema del exilio. Explique cómo se diferencia la presentación del tema en ambas composiciones.
8. ¿Cuáles son las preocupaciones centrales de Martí en "Nuestra América"? ¿Qué entiende el autor por "hombre natural"?

■ Temas para informes escritos

1. Martí y las actividades políticas de su juventud.
2. Análisis temático de *Amistad funesta.*
3. Martí y su residencia en Nueva York.
4. Hostos y Martí: sus ideas sobre el futuro de las Antillas.
5. *La Edad de Oro,* ¿revista infantil?

■ Temas de reflexión y comentario

1. Martí y su visión de las relaciones entre las repúblicas hispanoamericanas y los Estados Unidos.
2. El "hombre nuevo" y la "América nueva" según José Martí.
3. "El vino de plátano; y si sale agrio, ¡es nuestro vino!", pertinencia de esta idea.
4. Martí y su visión de los Estados Unidos en *Escenas norteamericanas.*
5. Martí ante España.

# MANUEL GUTIERREZ NAJERA

1859–95, Ciudad de México, México

Gutiérrez Nájera fue uno de los modernistas más afrancesados, pero nunca visitó Francia ni viajó fuera de México. De niño leyó a los místicos españoles, compuso versos, aprendió francés, latín e inglés y adquirió gusto por la lectura. Se inició en la carrera periodística a los dieciséis años; y, como era costumbre, firmó sus artículos con varios seudónimos. Además de piezas periodísticas, escribió crónicas, cuentos y poemas recopilados en cuarenta volúmenes después de su muerte; sin embargo, a pesar de su abundante producción literaria, en vida del autor sólo apareció una obra suya: la innovadora colección *Cuentos frágiles* (1883). El refinamiento de estos relatos muestra cómo manejaba el escritor mexicano la llamada "prosa parisiense", llena de gracia, humor y elegancia.

En efecto, los escritos de Gutiérrez. Nájera muestran una búsqueda constante de la belleza, la elegancia y la perfección. La lectura de autores franceses cuyas ideas muchas veces estaban en conflicto con su fe religiosa, lo afectó profundamente; quizá por eso el pesimismo y la tristeza sean temas constantes de su obra. Estos conflictos se manifiestan incluso en el seudónimo favorito del autor, "el Duque Job": el aristócrata que puede sufrir pacientemente. Con Carlos Díaz Dufoo fundó en 1894 la *Revista Azul*, la primera publicación modernista de México.

Los poemas de Gutiérrez Nájera integran el tono desesperanzado y angustioso de los románticos al culto de la forma y la belleza característico de la nueva escuela. Así, en los escritos del autor mexicano se observa tanto la influencia de los románticos franceses (Hugo, Musset, de Nerval), como la de los poetas parnasianos (Laconte de Lisle, Heredia). De los últimos aprendió a crear imágenes audaces y plásticas, el sentido de la musicalidad y el ritmo, así como el empleo de los colores, especialmente el del blanco, para expresar las emociones. Los temas más frecuentes de su obra son la búsqueda de la fe, la muerte, el amor imposible, la tristeza y la preocupación por los desvalidos.

La prosa de Gutiérrez Nájera presenta características más innovadoras que su poesía. Con el auge del periodismo, introdujo en México la crónica, comentario breve de un suceso, un acontecimiento social, un nuevo libro o la semblanza de un personaje actual, donde predominan la elegancia de la forma, el tono subjetivo y el humor sutil. Asimismo, los primeros cuentos de Gutiérrez Nájera presentan las características que el género desarrollará durante el apogeo modernista: descripción de ambientes, lujo verbal, hondo lirismo, matiz melancólico, papel secundario de la anécdota. Artista hipersensible, el escritor mexicano creó una exquisita prosa poética con la cual pudo captar diversos ambientes y emociones. Sus cuentos ofrecen un delicado equilibrio donde la elegancia y el refinamiento muestran la angustia del artista, así como sus esfuerzos por representar lo bello a través de la palabra. Más tarde, la estética renovadora cultivada por Martí y Gutiérrez Nájera se manifestaría en toda su perfección en la prosa y en la poesía de Rubén Darío, el maestro modernista por excelencia.

## ■ Bibliografía mínima

Carter, Boyd G. "Gutiérrez Nájera y Martí como iniciadores del modernismo". *Revista Iberoamericana* 28 (1962): 295–310.

Fulk, Randal C. "Form and Style in the Short Stories of Manuel Gutiérrez Nájera". *Hispanic Journal* 10.1 (1988): 127–32.

González, Aníbal. "La última metamorfosis de Proteo: Modernismo y ética de la escritura en 'La hija del aire' de Manuel Gutiérrez Nájera". *Nomada: Creación, Teoría, Crítica* 3 (1997): 73–80.

Gutiérrez, José Ismael. *Manuel Gutiérrez Nájera y sus cuentos: De la crónica periodística al relato de ficción.* New York: Peter Lang, 1999.

Gutiérrez Nájera, Manuel. *Cuentos y cuaresmas del Duque Job.* Ed. Francisco Monterde. 6a ed. México: Porrúa, 1978.

———. *Poesías completas.* 2 vols. Ed. Francisco González Guerrero. México, Porrúa, 1953.

Pupo-Walker, Enrique. "El cuento modernista: su evolución y características". *Historia de la literatura hispanoamericana.* Coord. Luis Iñigo Madrigal. Vol. 2. Madrid: Cátedra, 1987. 515–22.

Schulman, Ivan A. "Manuel Gutiérrez Nájera". *Latin American Writers.* Eds. Carlos A. Solé y Maria Isabel Abreu. Vol. 1. New York: Scribner's, 1989. 351–57.

Vera, Catherine. "Los niños y el mensaje social en tres cuentos de Manuel Gutiérrez Nájera". *Explicación de Textos Literarios* 6.1 (1977): 69–72.

# Poesías (1896)

### PARA ENTONCES[1]

Quiero morir cuando decline el día
en alta mar y con la cara al cielo;
donde parezca un sueño la agonía,
y el alma, un ave que remonta el vuelo.

5    No escuchar en los últimos instantes,
ya con el cielo y con la mar a solas,
más voces ni plegarias sollozantes
que el majestuoso tumbo[2] de las olas.

Morir cuando la luz triste retira
10 sus áureas redes de la onda verde,
y ser como ese sol que lento expira;
algo muy luminoso que se pierde.

---

[1] Versos endecasílabos con rima consonante ABAB.

[2] Ondulación de las olas del mar.

Morir, y joven: antes que destruya
el tiempo aleve[3] la gentil corona;
15 cuando la vida dice aún: "soy tuya",
¡aunque sepamos bien que nos traiciona!

### LA DUQUESA JOB[4]

En dulce charla de sobremesa,
mientras devoro fresa tras fresa,
y abajo ronca tu perro Bob,
te haré el retrato de la duquesa,
5 que adora a veces el duque Job.[5]

No es la condesa que Villasana[6]
caricatura, ni la poblana
de enagua roja, que Prieto[7] amó;
no es la criadita de pies nudosos,
10 ni la que sueña con los gomosos
y con los gallos de Micoló.[8]

Mi duquesita, la que me adora,
no tiene humos de gran señora;
es la griseta de Paul de Kock.[9]
15 No baila *Boston*,[10] y desconoce
de las carreras el alto goce,
y los placeres del *five o'clock*.[11]

Pero ni el sueño de algún poeta,
ni los querubes que vio Jacob,[12]
20 fueron tan bellos cual la coqueta
de ojitos verdes, rubia griseta,
que adora a veces el duque Job.

Si pisa alfombras, no es en su casa;
si por Plateros[13] alegre pasa
25 y la saluda Madame Marnat,[14]
no es, sin disputa, porque la vista;
sí porque a casa de otra modista
desde temprano rápida va.

---

[3] Traidor.
[4] La esposa del poeta.
[5] Seudónimo del poeta.
[6] José María de Villasana (1848–1904): periodista y caricaturista mexicano. Escribió numerosos "cuadros de costumbres".
[7] Guillermo Prieto (1818–97): político y poeta mexicano que gustaba de la poesía popular.
[8] Micoló: probablemente fue un café al que asistían jóvenes bien vestidos y presumidos ("gomosos") con el cabello fijado.

[9] Obrera coqueta en las obras del escritor francés Paul de Kock (1794–1871).
[10] Baile muy parecido al vals.
[11] Reunión donde se toma el té a las cinco de la tarde.
[12] Alusión al personaje bíblico que en sueños vio a los ángeles bajar y subir del cielo a la tierra.
[13] Calle de la ciudad de México.
[14] Aclamada modista francesa.

No tiene alhajas mi duquesita;
30 pero es tan guapa, y es tan bonita,
y tiene un cuerpo tan *v'lan*, tan *pschutt*;[15]
de tal manera trasciende a Francia,
que no la igualan en elegancia
ni las clientes de Hélène Kossut.[16]

35 Desde las puertas de la Sorpresa[17]
hasta la esquina del Jockey Club,[18]
no hay española, *yankee* o francesa,
ni más bonita, ni más traviesa
que la duquesa del duque Job.

40 ¡Cómo resuena su taconeo
en las baldosas! ¡Con qué meneo
luce su talle de tentación!
¡Con qué airecito de aristocracia
mira a los hombres, y con qué gracia
45 frunce los labios!—¡Mimí Pinson![19]

Si alguien la alcanza, si la requiebra,
ella, ligera como una cebra,
sigue camino del almacén;
pero ¡ay del tuno[20] si alarga el brazo!
50 ¡nadie le salva del sombrillazo
que le descarga sobre la sien!

¡No hay en el mundo mujer más linda!
Pie de andaluza, boca de guinda,
*esprit* rociado de Veuve Clicquot;[21]
55 talle de avispa, cutis de ala,
ojos traviesos de colegiala
como los ojos de Louise Théo![22]

Agil, nerviosa, blanca, delgada,
media de seda bien estirada,
60 gola de encaje, corsé de ¡crac!,
nariz pequeña, garbosa, cuca,[23]
y palpitantes sobre la nuca
rizos tan rubios como el coñac.

_____

[15] Interjecciones onomatopéyicas francesas usadas para manifestar admiración por la duquesita.
[16] Modista francesa que trabajaba en México.
[17] Almacén mexicano.
[18] Lugar de reunión de la aristocracia porfiriana.
[19] Modista, heroína de un cuento del romántico francés Alfred de Musset.

[20] Pícaro.
[21] Marca de champaña francés.
[22] Cantante francesa de opereta.
[23] Graciosa.

Sus ojos verdes bailan el tango;
65 ¡nada hay más bello que el arremango[24]
provocativo de su nariz!
Por ser tan joven y tan bonita,
cual mi sedosa, blanca gatita,
diera sus pajes la emperatriz.

70 ¡Ah! tú no has visto cuando se peina,
sobre sus hombros de rosa reina
caer los rizos en profusión.
¡Tú no has oído qué alegre canta,
mientras sus brazos y su garganta
75 de fresca espuma cubre el jabón!

¡Y los domingos!... ¡Con qué alegría
oye en su lecho bullir el día
y hasta las nueve quieta se está!
¡Cuál se acurruca[24a] la perezosa,
80 bajo la colcha color de rosa,
mientras a misa la criada va!

La breve cofia de blanco encaje
cubre sus rizos, el limpio traje
aguarda encima del canapé;[25]
85 altas, lustrosas y pequeñitas,
sus puntas muestran las dos botitas,
abandonadas del catre al pie.

Después, ligera, del lecho brinca.[25a]
¡Oh, quién la viera cuando se hinca
90 blanca y esbelta sobre el colchón!
¿Qué valen junto de tanta gracia
las niñas ricas, la aristocracia,
ni mis amigas de cotillón?

Toco; se viste; me abre; almorzamos;
95 con apetito los dos tomamos
un par de huevos y un buen *beefsteak,*
media botella de rico vino,
y en coche juntos, vamos camino
del pintoresco Chapultepec.[26]

100 Desde las puertas de la Sorpresa
hasta la esquina del Jockey Club,

---

[24] La forma levantada.
[24a] Se encoge.
[25] Banquito para sentarse que tiene acolchado
el asiento y el respaldar.

[25a] Salta.
[26] Parque de la ciudad de México.

no hay española, *yankee* o francesa,
ni más bonita ni más traviesa
que la duquesa del duque Job!

### De Blanco[27]

¿Qué cosa más blanca que cándido lirio?
¿Qué cosa más pura que místico cirio?
¿Qué cosa más casta que tierno azahar?
¿Qué cosa más virgen que leve neblina?
5 ¿Qué cosa más santa que el ara divina
          de gótico altar?

¡De blancas palomas el aire se puebla;
con túnica blanca, tejida de niebla,
se envuelve a lo lejos feudal torreón;
10 erguida[27a] en el huerto la trémula acacia
al soplo del viento sacude con gracia su
          níveo pompón![28]

¿No ves en el monte la nieve que albea[29]
La torre muy blanca domina la aldea,
15 las tiernas ovejas triscando[30] se van,
de cisnes intactos el lago se llena,
columpia su copa la enhiesta[31] azucena,
y su ánfora[32] inmensa levanta el volcán.

Entremos al templo: la hostia fulgura;[32a]
20 de nieve parecen las canas del cura,
vestido con alba de lino sutil;
cien niñas hermosas ocupan las bancas,
y todas vestidas con túnicas blancas
en ramos ofrecen las flores de abril.

25 Subamos al coro: la Virgen propicia
escucha los rezos de casta novicia,
y el cristo de mármol expira en la cruz;
sin mancha se yerguen[33] las velas de cera;
de encaje es la tenue cortina ligera
30 que ya transparenta del alba[34] la luz.

Bajemos al campo: tumulto de plumas
parece el arroyo de blancas espumas

---

[27] A excepción de los versos seis y doce de seis sílabas (pie quebrado), las estrofas son de seis versos de doce sílabas. La rima es consonante siguiendo el patrón AABCCB.
[27a] Levantada.
[28] Alusión a una flor de acacia blanca.
[29] Nieve brillosa de tan blanca.

[30] Retozando.
[31] Levantada, derecha.
[32] Vasija, cántaro.
[32a] Brilla.
[33] Se levantan.
[34] De la mañana.

que quieren, cantando, correr y saltar;
su airosa mantilla de fresca neblina
35 terció la montaña; la vela latina
de barca ligera se pierde en el mar.

Ya salta del lecho la joven hermosa,
y el agua refresca sus hombros de diosa,
sus brazos ebúrneos,[35] su cuello gentil;
40 cantando y risueña se ciñe la enagua,
y trémulas brillan las gotas de agua
en su árabe peine de blanco marfil.

¡Oh mármol! ¡Oh nieves! ¡Oh inmensa blancura
que esparces doquiera[36] tu casta hermosura!
45 ¡Oh tímida virgen! ¡O casta vestal![37]
Tú estás en la estatua de eterna belleza;
de tu hábito blanco nació la pureza,
¡al ángel das alas, sudario[38] al mortal!

Tú cubres al niño que llega a la vida,
50 coronas las sienes de fiel prometida,
al paje revistes de rico tisú.[39]
¡Qué blancas son, reinas, los mantos de armiño!
¡Qué blanca es, ¡oh madres! la cuna del niño!
¡Qué blanca, mi amada, qué blanca eres tú!

55 En sueños ufanos de amores contemplo
alzarse muy blancas las torres de un templo
y oculto entre lirios abrirse un hogar;
y el velo de novia prenderse a tu frente,
cual nube de gasa que cae lentamente,
60 y viene en tus hombros su encaje a posar.[39a]

# Cuentos frágiles (1883)

## *LA MAÑANA DE SAN JUAN*

### A Gonzalo Esteva y Cuevas

Pocas mañanas hay tan alegres, tan frescas, tan azules como esta mañana de San Juan. El cielo está muy limpio, "como si los ángeles lo hubieran lavado por la mañana"; llovió anoche y todavía cuelgan de las ramas brazaletes de rocío que se

---

[35] Blancos como el marfil.
[36] Llevas a todos los sitios.
[37] Se decía de las doncellas romanas consagradas a la diosa Vesta.
[38] Tela con la que se envuelve el cuerpo de los difuntos.

[39] Tela de seda entrejida con hilos de oro o plata.
[39a] Colocar.

evaporan luego que el sol brilla, como los sueños luego que amanece; los insectos se ahogan en las gotas de agua que resbalan por las hojas, y se aspira con regocijo[40] ese olor delicioso de tierra húmeda, que sólo puede compararse con el
olor de los cabellos negros, con el olor de la epidermis blanca y el olor de las páginas recién impresas. También la naturaleza sale de la alberca[41] con el cabello
suelto y la garganta descubierta; los pájaros, que se emborrachan con agua, cantan mucho, y los niños del pueblo hunden su cara en la gran palangana[42] de
metal. ¡Oh mañanita de San Juan, la de camisa limpia y jabones perfumados, yo
quisiera mirarte lejos de estos calderos en que hierve grasa humana; quisiera contemplarte al aire libre, allí donde apareces virgen todavía, con los brazos muy
blancos y los rizos húmedos! Allí eres virgen: cuando llegas a la ciudad, tus
labios rojos han besado mucho; muchas guedejas[43] rubias de tu undívago[44] cabello se han quedado en las manos de tus mil amantes, como queda el vellón[45] de
los corderos en los zarzales del camino; muchos brazos han rodeado tu cintura;
traes en el cuello la marca roja de una mordida, y vienes tambaleando, con traje
de raso blanco todavía, pero ya prostituido, profanado, semejante al de Giroflé
después de la comida, cuando la novia muerde sus inmaculados azahares y em-
papa sus cabellos en el vino! ¡No, mañanita de San Juan, así yo no te quiero! Me
gustas en el campo; allí donde se miran tus azules ojitos y tus trenzas de oro. Bajas por la escarpada colina poco a poco; llamas a la puerta o entornas sigilosa-
mente[46] la ventana, para que tu mirada alumbre el interior, y todos te recibimos
como reciben los enfermos la salud, los pobres la riqueza y los corazones el amor.
¿No eres amorosa? ¿No eres muy rica? ¿No eres sana? Cuando vienes, los novios
hacen sus eternos juramentos; los que padecen, se levantan vueltos a la vida; y la
dorada luz de tus cabellos siembra de lentejuelas[47] y monedas de oro el verde oscuro de los campos, el fondo de los ríos, y la pequeña mesa de madera pobre en
que se desayunan los humildes, bebiendo un tarro[48] de espumosa leche, mientras
la vaca muge en el establo. ¡Ah! Yo quisiera mirarte así cuando eres virgen, y be-
sar las mejillas de Ninon... ¡sus mejillas de sonrosado terciopelo y sus hombros
de raso blanco!

Cuando llegas, ¡oh mañanita de San Juan!, recuerdo una vieja historia que
tú sabes y que ni tú ni yo podemos olvidar. ¿Te acuerdas? La hacienda en que yo
estaba por aquellos días, era muy grande; con muchas fanegas de tierra sembrada e incontables cabezas de ganado. Allí está el caserón, precedido de un patio, con su fuente en medio. Allá está la capilla. Lejos, bajo las ramas colgantes de
los grandes sauces, está la presa en que van a abrevarse[49] los rebaños. Vista desde
una altura y a distancia, se diría que la presa es la enorme pupila azul de algún
gigante, tendido a la bartola[50] sobre el césped. ¡Y qué honda[51] es la presa! ¡Tú lo
sabes...!

---

[40] Alegría.
[41] Depósito artificial de agua; piscina.
[42] Lavabo; depósito de agua para lavarse.
[43] Mechón, porción de pelo.
[44] Cabello ondulante como las olas.
[45] Lana que cubre la piel del cordero.
[46] Calladamente.

[47] Planchita de metal redonda y brillante que se cose a los vestidos como adorno.
[48] Recipiente de vidrio o porcelana.
[49] Tomar agua.
[50] Sin cuidado.
[51] Profunda.

Gabriel y Carlos jugaban comunmente en el jardín. Gabriel tenía seis años; Carlos siete. Pero un día, la madre de Gabriel y Carlos cayó en cama, y no hubo
45 quien vigilara sus alegres correrías. Era el día de San Juan. Cuando empezaba a declinar la tarde, Gabriel dijo a Carlos:

—Mira, mamá duerme y ya hemos roto nuestros fusiles. Vamos a la presa. Si mamá nos riñe, le diremos que estábamos jugando en el jardín.

Carlos, que era el mayor, tuvo algunos escrúpulos ligeros. Pero el delito no
50 era tan enorme, y además, los dos sabían que la presa estaba adornada con grandes cañaverales y ramos de zempazúchil.[52] ¡Era día de San Juan!

—¡Vamos!—le dijo—llevaremos un *Monitor* para hacer barcos de papel y les cortaremos las alas a las moscas para que sirvan de marineros.

Y Carlos y Gabriel salieron muy quedito[53] para no despertar a su mamá,
55 que estaba enferma. Como era día de fiesta, el campo estaba solo. Los peones y trabajadores dormían la siesta en sus cabañas. Gabriel y Carlos no pasaron por la tienda, para no ser vistos, y corrieron a todo escape[54] por el campo. Muy en breve llegaron a la presa. No había nadie: ni un peón, ni una oveja. Carlos cortó en pedazos el *Monitor* e hizo dos barcos, tan grandes como los navíos de Guatemala.
60 Las pobres moscas que iban sin alas y cautivas en una caja de obleas,[55] tripularon humildemente las embarcaciones. Por desgracia, la víspera habían limpiado la presa, y estaba el agua un poco baja. Gabriel no la alcanzaba con sus manos. Carlos que era el mayor, le dijo:

—Déjame a mí que soy más grande. Pero Carlos tampoco la alcanzaba.

65 Trepó entonces sobre el pretil[56] de piedra, levantando las plantas de la tierra, alargó el brazo e iba a tocar el agua y a dejar en ella el barco, cuando, perdiendo el equilibrio, cayó al tranquilo seno de las ondas.[57] Gabriel lanzó un agudo grito. Rompiéndose las uñas con las piedras, rasgándose la ropa, a viva fuerza logró también encaramarse[58] sobre la cornisa, teniendo casi todo el busto
70 sobre el agua. Las ondas se agitaban todavía. Adentro estaba Carlos. De súbito, aparece en la superficie, con la cara amoratada, arrojando agua por la nariz y por la boca.

—¡Hermano! ¡hermano!

—¡Ven acá!, ¡ven acá! no quiero que te mueras.

75 Nadie oía. Los niños pedían socorro, estremeciendo el aire con sus gritos; no acudía ninguno. Gabriel se inclinaba cada vez más sobre las aguas y tendía las manos.

—Acércate, hermanito, yo te estiro.

Carlos quería nadar y aproximarse al muro de la presa, pero ya le faltaban
80 fuerzas, ya se hundía. De pronto, se movieron las ondas y asió Carlos una rama, y apoyado en ella logró ponerse junto del pretil y alzó una mano; Gabriel la apretó con las manitas suyas, y quiso el pobre niño levantar por los aires a su her-

---

[52] Flores amarillas, generalmente utilizadas en México para honrar a los muertos.
[53] Calladamente.
[54] Rapidísimo.
[55] Sellos donde se coloca una medicina para tragarla sin percibir su gusto.

[56] Muro.
[57] Olas, elevación del agua.
[58] Subirse.

mano que había sacado medio cuerpo de las aguas y se agarraba a las salientes piedras de la presa. Gabriel estaba rojo y sus manos sudaban, apretando la blanca manecita del hermano.

—¡Si no puedo sacarte! ¡Si no puedo!

Y Carlos volvía a hundirse, y con sus ojos negros muy abiertos le pedía socorro.

—¡No seas malo! ¿Qué te he hecho? Te daré mis cajitas de soldados y el molino de marmaja[59] que te gustan tanto. ¡Sácame de aquí!

Gabriel lloraba nerviosamente, y estirando más el cuerpo de su hermanito moribundo, le decía:

—¡No quiero que te mueras! ¡Mamá! ¡Mamá! ¡No quiero que se muera!

Y ambos gritaban, exclamando luego:

—¡No nos oyen! ¡No nos oyen!

—¡Santo ángel de mi guarda! ¿Por qué no me oyes?

Y entretanto, fue cayendo la noche. Las ventanas se iluminaban en el caserío. Allí había padres que besaban a sus hijos. Fueron saliendo las estrellas en el cielo. ¡Diríase que miraban la tragedia de aquellas tres manitas enlazadas que no querían soltarse, y se soltaban! ¡Y las estrellas no podían ayudarles, porque las estrellas son muy frías y están muy altas!

Las lágrimas amargas de Gabriel caían sobre la cabeza de su hermano. ¡Se veían juntos, cara a cara, apretándose las manos, y uno iba a morirse!'

—Suelta, hermanito, ya no puedes más; voy a morirme.

—¡Todavía no! ¡Todavía no! ¡Soccoro! ¡Auxilio!

—¡Toma! voy a dejarte mi reloj. ¡Toma, hermanito!

Y con la mano que tenía libre sacó de su bolsillo el diminuto reloj de oro que le habían regalado el Año Nuevo. ¡Cuántos meses había pensado sin descanso en ese pequeño reloj de oro! El día en que al fin lo tuvo, no quería acostarse. Para dormir, lo puso bajo su almohada. Gabriel miraba con asombro sus dos tapas, la carátula blanca en que giraban poco a poco las manecitas negras y el instantero que, nerviosamente, corría, corría, sin dar jamás con la salida del estrecho círculo. Y decía:—¡Cuando tenga siete años, como Carlos, también me comprarán un reloj de oro!—No, pobre niño, no cumples aún siete años y ya tienes el reloj. Tu hermanito se muere y te lo deja. ¿Para qué lo quiere? La tumba es muy oscura, y no se puede ver la hora que es.

—¡Toma, hermanito, voy a darte mi reloj; toma, hermanito!

Y las manitas ya moradas, se aflojaron, y las bocas se dieron un beso desde lejos. Ya no tenían los niños fuerza en sus pulmones para pedir socorro. Ya se abren las aguas, como se abre la muchedumbre en una procesión cuando la Hostia pasa. ¡Ya se cierran y sólo queda por un segundo, sobre la onda azul, un bucle lacio de cabellos rubios!

Gabriel soltó a correr en dirección del caserío, tropezando, cayendo sobre las piedras que lo herían. No digamos ya más; cuando el cuerpo de Carlos se encontró, ya estaba frío, tan frío, que la madre, al besarlo, quedó muerta.

¡Oh mañanita de San Juan! ¡Tu blanco traje de novia tiene también manchas de sangre!

---

[59] Arenilla.

## ▪ Preguntas generales

1. ¿Por qué se han asociado los escritos de Gutiérrez Nájera con Francia?
2. ¿Cómo ha explicado la crítica el pesimismo y la tristeza evidentes en la obra del escritor mexicano?
3. Uno de los seudónimos favoritos del autor es "Duque Job". ¿Qué rasgos de su personalidad resalta ese sobrenombre?
4. ¿Qué aspectos románticos aprovecha el autor mexicano y cómo los renueva?
5. ¿Qué entiende Ud. por crónica y cómo contribuyó Gutiérrez Nájera a su desarrollo?

## ▪ Preguntas de análisis

1. En "Para entonces", ¿qué tipo de muerte desea el poeta y cómo encaja en los postulados modernistas?
2. ¿Qué características presenta la mujer de "La duquesa Job"?
3. ¿De qué recursos literarios modernistas se vale el poeta para describir a la duquesa Job?
4. ¿Cómo aprovecha el autor el cromatismo en "De blanco"?
5. Indique las características generales del cuento modernista y explique cuáles de ellas son más sobresalientes en "La mañana de San Juan".
6. Explique cómo cambia la descripción de la mañana y relacione esta evolución con la trama del cuento.

## ▪ Temas para informes escritos

1. Los seudónimos de Gutiérrez Nájera: posibles significados.
2. La *Revista Azul:* su creación e importancia.
3. Los cuentos de Nájera y su relación con los cuadros de costumbres.
4. Los poetas parnasianos y su influencia en Gutiérrez Nájera.
5. Las características de una crónica modernista de Gutiérrez Nájera.

## ▪ Temas de reflexión y comentario

1. Vínculos entre el periodismo y la crónica modernista.
2. La mujer en la poesía de Gutiérrez Nájera.
3. El afrancesamiento de Nájera.
4. El cromatismo en "Mis enlutadas".
5. La recreación del ambiente en dos relatos de *Cuentos frágiles.*

# JOSE ASUNCION SILVA

1865–96 Bogotá, Colombia

José Asunción Silva, poeta de fina sensibilidad y espíritu angustiado, es quien mejor representa, entre los primeros modernistas, las ideas e inquietudes dominantes hacia fines del siglo XIX. De familia distinguida y culta, su padre era comerciante a la vez que escritor de relatos costumbristas. El joven Silva se educó en un ambiente propicio al desarrollo de una temprana vocación literaria. Apenas cumplidos los diez años, escribió sus primeros versos. En ellos se advierte la huella del romántico español Gustavo Adolfo Bécquer, cuya influencia prevaleció en su primera etapa de producción poética. El conocimiento de Bécquer lo preparó, además, para asimilar luego el simbolismo francés. Aunque interrumpió sus estudios secundarios para ayudar al padre, Silva dedicó todo su tiempo libre a la lectura. Conocía la obra de José Eusebio Caro (1817–53), Jorge Isaacs y otros ilustres autores colombianos. Leyó y tradujo a los románticos franceses, entre ellos a Victor Hugo.

En 1883 Silva hizo su primer viaje a Europa, donde permaneció dos años, residiendo en París, en Londres y en varias ciudades de Suiza. Se familiarizó con las corrientes más importantes de la literatura francesa y con escritores de lengua inglesa como Alfred Tennyson (1809–92), cuyas obras tradujo, y Edgar Allan Poe, con el cual tenía especial afinidad. Volvió a Colombia donde escribió versos y artículos y también hizo traducciones. Los jóvenes se reunían en torno suyo para leer y comentar a los autores más prestigiosos de la época. Esta actividad literaria coincidió, sin embargo, con un trágico período en la vida de Silva, durante el cual murió en plena juventud su hermana Elvira, quien había sido su confidente y amiga.

La composición poética publicada por Silva con el título de "Nocturno" (1894) comunica, según se cree, sus sentimientos ante la muerte de Elvira. Por su forma novedosa, su musicalidad y su elevado lirismo, este poema fue acogido con gran entusiasmo por los modernistas. El nombre del autor, hasta entonces poco conocido en Colombia, conquistó con su "Nocturno" un lugar permanente en la poesía hispanoamericana. Silva no llegó a conocer la fama. Víctima del pesimismo y obsesionado por la muerte, se suicidó en 1896, dos años después de la publicación del poema. Con anterioridad, había vivido alrededor de seis meses en Caracas, trabajando en la Legación de Colombia. Publicó artículos en *El Cojo Ilustrado* y se vinculó al grupo vanguardista de la revista *Cosmópolis*; escribió novelas cortas, sonetos y la novela *De sobremesa*. Sólo esta última nos queda, y en forma distinta a la original, ya que la obra producida por Silva en Caracas se perdió en el naufragio del barco que lo llevaba de regreso a su patria. En *De sobremesa* se refleja el nihilismo y el desencanto caracterizados como "el mal del siglo", que ya había descrito el argentino Eugenio Cambaceres en su novela *Sin rumbo.* A estas actitudes contribuyeron, sin duda, las lecturas filosóficas del autor, quien aceptaba las ideas de Arthur Schopenhauer (1788–1860) y Friedrich Nietzsche (1844–1900), y consideraba definitivamente caduco el humanismo optimista representado por Víctor Hugo.

En poesía, Silva rechazó el modernismo preciosista de primera hora, el de las fiestas galantes y objetos decorativos, y se burló de los imitadores de Rubén Darío. Sus poemas comunican, a veces, sentimientos de tristeza y melancolía, y otras, una visión sarcástica, realista y despiadada del mundo. El "Nocturno" es considerado como una de las más altas expresiones líricas de lengua castellana.

### ■ Bibliografía mínima

Camacho Guizado, Eduardo. "José Asunción Silva". *Del neoclasicismo al modernismo.* Coord. Luis Iñigo Madrigal. Madrid: Cátedra, 1987. Vol. 2 de *Historia de la literatura hispanoamericana.* 2 Vols. 1982–87. 597–601.

Cobo Borda, Juan Gustavo, ed. *Leyendo a Silva, III.* Bogotá: Instituto Caro y Cuervo, 1997.

Escandón, Rafael. "Tiempo, vida y muerte en la poesía de José Asunción Silva". *Violencia y literatura en Colombia.* Ed. Jonathan Tittler. Madrid: Orígenes, 1989.

Gutiérrez Girardot, Rafael. *Modernismo.* Barcelona: Montesinos, 1983.

Litvak, Lily. "José Asunción Silva". *Latin American Writers.* Eds. Carlos A. Solé y Maria Isabel Abreu. Vol. 1. New York: Scribner's, 1989, 377–85.

Marún, Gioconda. "*De sobremesa*: el vértigo do lo invisible". *Thesaurus: Boletín del Instituto Caro y Cuervo* 2 (1985): 361–74.

Mejía, Gustavo. "Lector y lectura: Algunas precisiones sobre la poética de Silva." *Revista de Crítica Literaria Latinoamericana* 26.52 (2000): 243–55.

Picón Garfield, Evelyn e Ivan Schulman. *"Las entrañas del vacío". Ensayos sobre la modernidad hispanoamericana.* México: Cuadernos Americanos, 1984.

Silva, José Asunción. *Obra poética.* Ed. Jesús Munárriz, introducción de María Mercedes Carranza. Madrid: Hiperión, 1996.

# Poesías (1908)

## NOCTURNO (III)[1]

Una noche,
una noche toda llena de murmullos, de perfumes y de músicas de alas;
      una noche
en que ardían en la sombra nupcial y húmeda las luciérnagas fantásticas,
a mi lado, lentamente, contra mí ceñida toda, muda y pálida,
5 como si un presentimiento de amarguras infinitas

---

[1] Los versos de "Nocturno" se basan en unidades métricas de cuatro sílabas. Son versos asonantes, de medida elástica, pues tienen 4, 8, 12, 16 y 20 sílabas (siempre múltiples de cuatro).

hasta el fondo más secreto de las fibras te agitara,
por la senda que atraviesa la llanura florecida
        caminabas;
10            y la luna llena
por los cielos azulosos, infinitos y profundos esparcía su luz blanca;
        y tu sombra
        fina y lánguida,
     y mi sombra,
15       por los rayos de la luna proyectadas,
       sobre las arenas tristes de la senda se juntaban;
       y eran una,
       y eran una,
    y eran una sola sombra larga,
20       y eran una sola sombra larga,
       y eran una sola sombra larga,...
       Esta noche
       solo; el alma
llena de las infinitas amarguras y agonías de tu muerte,
25 separado de ti misma por el tiempo, por la sombra y la distancia,
     por el infinito negro
        donde nuestra voz no alcanza,
        mudo y solo
        por la senda caminaba...
30 Y se oían los ladridos de los perros a la luna,
        a la luna pálida,
        y el chirrido
        de las ranas...
Sentí frío. Era el frío que tenían en tu alcoba
35 tus mejillas y tus sienes y tus manos adoradas,
        entre las blancuras níveas
        de las mortuorias sábanas.
Era el frío del sepulcro, era el frío de la muerte,
        era el frío de la nada.
40        Y mi sombra,
       por los rayos de la luna proyectada,
        iba sola,
        iba sola,
iba sola por la estepa solitaria;
45       y tu sombra esbelta y ágil,
        fina y lánguida,
como en esa noche tibia de la muerta primavera,
como en esa noche llena de murmullos, de perfumes y de músicas de alas,
        se acercó y marchó con ella,
50       se acercó y marchó con ella,
se acercó y marchó con ella... ¡Oh las sombras enlazadas!
¡Oh las sombras de los cuerpos que se juntan con las sombras de las almas!
¡Oh las sombras que se buscan y se juntan en las noches de negruras y de
                    lágrimas!

## VEJECES

Las cosas viejas, tristes, desteñidas,
sin voz y sin color, saben secretos
de las épocas muertas, de las vidas
que ya nadie conserva en la memoria,
5  y a veces a los hombres, cuando inquietos
las miran y las palpan, con extrañas
voces de agonizante, dicen, paso,
casi al oído, alguna rara historia
que tiene oscuridad de telarañas,
10  son de laúd[2] y suavidad de raso.

¡Colores de anticuada miniatura,
hoy de algún mueble en el cajón dormida;
cincelado puñal; carta borrosa;
tabla en que se deshace la pintura,
15  por el polvo y el tiempo ennegrecida;
histórico blasón,[3] donde se pierde
la divisa[4] latina, presuntuosa,
medio borrada por el líquen[5] verde;
misales de las viejas sacristías;
20  de otros siglos fantásticos espejos
que en el azogue[6] de las lunas frías
guardáis de lo pasado los reflejos;
arca, en un tiempo de ducados[7] llena;
crucifijo que tanto moribundo
25  humedeció con lágrimas de pena
y besó con amor grave y profundo;
negro sillón de Córdoba; alacena[8]
que guardaba un tesoro peregrino
y donde anida la polilla sola;
30  sortija que adornaste el dedo fino
de algún hidalgo de espadín y gola;[9]
mayúsculas del viejo pergamino;
batista[10] tenue que a vainilla hueles;
seda que te deshaces en la trama
35  confusa de los ricos brocateles;[11]
arpa olvidada, que al sonar te quejas;

---

[2] Antiguo instrumento musical de cuerda.
[3] Escudo de armas, símbolo de gloria y honor.
[4] Insignia.
[5] Planta constituida por la asociación de un hongo y un alga.
[6] Nombre vulgar del mercurio; con él se cubre el vidrio para fabricar espejos.
[7] Antiguas monedas españolas de oro.
[8] Armario.

[9] Pieza de armadura que servía para proteger la garganta.
[10] Tela muy fina, casi transparente, de hilo o de algodón.
[11] Tejido de seda con dibujos brillantes que se destacan sobre un fondo mate. Se emplea para ornamentos de iglesia, vestidos de señora, etc. Con mezcla de cáñamo, lino o lana también se usa en tapicería.

barrotes que formáis un monograma
incomprensible en las antiguas rejas:
el vulgo os huye, el soñador os ama
40 y en vuestra muda sociedad reclama
las confidencias de las cosas viejas!

El pasado perfuma los ensueños
con esencias fantásticas y añejas,
y nos lleva a lugares halagüeños
45 en épocas distantes y mejores;
¡por eso a los poetas soñadores
les son dulces, gratísimas y caras,
las crónicas, historias y consejas,[12]
las formas, los estilos, los colores,
50 las sugestiones místicas y raras
y los perfumes de las cosas viejas!

### PAISAJE TROPICAL

Magia adormecedora vierte el río
en la calma monótona del viaje,
cuando borra los lejos del paisaje
la sombra que se extiende en el vacío.
5 Oculta en sus negruras al bohío[13]
la maraña tupida, y el follaje
semeja los calados de un encaje,
al caer del crepúsculo sombrío.
Venus se enciende en el espacio puro.
10 La corriente dormida, una piragua[14]
rompe en su viaje rápido y seguro,
y con sus nubes el Poniente fragua
otro cielo rosado y verdeoscuro
en los espejos húmedos del agua.

### ... ¿? ...

Estrellas[15] que entre lo sombrío
de lo ignorado y de lo inmenso,
asemejáis en el vacío
jirones pálidos de incienso;
5 Nebulosas que ardéis tan lejos
en el infinito que aterra,

---

[12] Fábulas.
[13] Choza, cabaña.
[14] Embarcación primitiva hecha con un tronco
de árbol, más grande que una canoa.

[15] Este poema se ha publicado con el título
"Estrellas".

que sólo alcanzan los reflejos
de vuestra luz hasta la tierra;
  Astros que en abismos ignotos[16]
10 derramáis resplandores vagos,
constelaciones que en remotos
tiempos adoraron los magos;
  Millones de mundos lejanos,
flores de fantástico broche,
15 islas claras de los océanos
sin fin ni fondo de la noche;
  ¡Estrellas, luces pensativas!
¡Estrellas, pupilas inciertas!
¿Por qué os calláis si estáis vivas
20 y por qué alumbráis si estáis muertas?

## ■ Preguntas generales

1. ¿Qué circunstancias favorecieron el desarrollo de la vocación literaria en Silva?
2. ¿Quiénes fueron los escritores que influyeron en la obra del poeta colombiano?
3. ¿En qué se distingue la poesía de Silva de la de otros modernistas?
4. Además de la poesía, ¿qué otro género literario cultivó Silva?
5. ¿Por qué se dice que Silva es representativo de las ideas e inquietudes que prevalecen a fines del siglo XIX?

## ■ Preguntas de análisis

1. ¿Cómo es la estructura rítmica del *Nocturno* particularmente adecuada para comunicar los sentimientos del poeta?
2. ¿Qué imágenes visuales predominan? ¿Qué otras imágenes son importantes?
3. ¿Qué visión de la vida comunican los poemas de Silva?
4. En "Vejeces", ¿cómo explica el poeta su atracción hacia las cosas viejas? ¿Qué piensa o siente ante un cielo estrellado?
5. ¿Puede Ud. asociar la poesía de Silva con la obra de otros poetas anteriores o contemporáneos suyos? Señale aspectos temáticos y estilísticos comunes.

## ■ Temas para informes escritos

1. Los modelos románticos y simbolistas franceses asimilados por Silva.
2. La influencia de Bécquer en la poesía del autor del "Nocturno".
3. Análisis de las metáforas y las imágenes en la poesía de Silva.
4. *De sobremesa* y las actitudes y preocupaciones de fines del siglo XIX.
5. La idealización del pasado en "Vejeces."

---

[16] Inexplorados, desconocidos.

■ Temas de reflexión y comentario

1. La relación entre vida y obra en José Asunción Silva.
2. La posición de Silva en la sociedad colombiana de su época.
3. La innovación formal y la perduración del romanticismo, aunque superado, en la poesía de Silva.
4. La aparición del anti-héroe en la obra de Silva y en la de sus contemporáneos.
5. Las actitudes estéticas y vitales características del modernismo en la obra de Silva.

# RUBEN DARIO

1867, Metapa, Nicaragua–1916,
León, Nicaragua

*Reproduced with permission of the General Secretariat
of the Organization of American States*

Rubén Darío es la figura más representativa del modernismo cuando éste se encuentra en todo su apogeo. Nació en Metapa, una pequeña población de Nicaragua. Criado por su tía abuela materna en ciudad León, a los trece años ya escribía versos y había establecido fama de "poetaniño". Se trasladó a Managua, capital del país, en busca de un mejor futuro, y entró a trabajar en la Biblioteca Nacional. Allí leyó las obras principales de casi todos los clásicos españoles. A los catorce años se vió envuelto en comprometedoras relaciones amorosas, de las cuales fue rescatado por amigos que lo embarcaron para El Salvador.

A su amistad con el poeta salvadoreño Francisco Gavidia (1864–1955) se ha atribuido —aunque en esto hay desacuerdo— el que se iniciara en la lectura de los autores franceses contemporáneos, particularmente de Victor Hugo. En Santiago de Chile, adonde llegó en 1886, Darío se encontró con un ambiente intelectual estimulante. Amplió y actualizó sus conocimientos de literatura y se dedicó al periodismo. Las influencias francesas fueron decisivas durante ese período. El anhelo de perfección en la forma, el exotismo y la revitalización de los mitos hecha por los parnasianos fueron asimilados por Darío a través de la obra de Théophile Gautier y Leconte de Lisle, entre otros. Con Paul Verlaine y Stéphane Mallarmé aprendió a buscar, como los simbolistas, nuevos ritmos y musicalidad en el verso; frecuentemente empleó la sinestesia, y descubrió, con la mezcla estilística de las sensaciones, nuevos horizontes de expresión poética.

En la primera edición de *Azul* (1888), libro en prosa y verso publicado en Chile, se destaca la influencia de Hugo y Mallarmé, cuyos poemas invocadores del "azul" pudieron haberle sugerido a Darío el título de su obra. El autor recurrió, como sus modelos franceses, al uso de referencias mitológicas, evocó los siglos galantes con sus palacios y escenas cortesanas y privilegió lo exótico y lo sobrenatural. Debe señalarse, sin embargo, que Darío también admiró y emuló a los maestros hispanoamericanos de la primera generación modernista, principalmente a José Martí, cuyos *Versos sencillos* (1891) encontraron eco en algunas de sus composiciones poéticas posteriores.

Luego de publicar *Azul,* Darío viajó por Centroamérica, Cuba, España, Colombia, Nueva York y París. Realizó, al fin, su sueño de visitar la capital francesa, conoció a Verlaine e hizo amistad con otros poetas simbolistas. Nombrado cónsul de Colombia en Argentina, llegó a Buenos Aires, donde fue acogido por un grupo de escritores y poetas que se identificaban con sus ideales de renovación literaria. Figuraban entre ellos el argentino Leopoldo Lugones, el boliviano Ricardo Jaimes Freyre y el uruguayo Julio Herrera y Reissig. Permaneció en la ciudad porteña durante cinco años (1893–98), época en que desarrolló una gran actividad literaria y en la que se inició el apogeo del modernismo. En Buenos Aires publicó *Prosas profanas* (1896), escribó para el periódico *La Nación* y colaboró en empresas periodísticas y editoriales.

Con *Prosas profanas* culminó, en Rubén Darío, el modernismo preciosista caracterizado por la fantasía, la exquisitez, el exotismo y el cosmopolitismo. Estos aspectos, trivializados luego por la imitación de poetas menores, son solamente episódicos en su obra. Años más tarde, en el poema "Yo soy aquel", Darío respondió a la crítica de quienes, como José Enrique Rodó, no habían encontrado en él al "poeta de América". Evoca allí los ideales estéticos de su juventud y recapitula esa etapa ya superada de su obra. El desenlace de la guerra entre España y los Estados Unidos sacudió a todo el mundo hispánico. Sin duda, la derrota española de 1898 y los actos de agresión militar y política de los Estados Unidos en el continente hispanoamericano contribuyeron a que Darío retornara a su raíz hispánica.

Enviado como corresponsal de *La Nación* a Madrid, Darío transmitió desde allí sus impresiones en varias crónicas que recogió luego en el libro *España contemporánea* (1901). *Cantos de vida y esperanza* (1905), obra donde culminó su creación poética, consolidó el prestigio de Darío en la vieja metrópoli. Había depurado su poesía de frivolidades galantes y erudición prestada, y había superado el afán escapista. En *Cantos* Darío manifiesta un renovado interés por la tradición hispánica. "Los cisnes" comunica sus sentimientos de angustia y de incertidumbre sobre el futuro de esa tradición y su cultura, mientras que "A Roosevelt" desafía al representante del país más fuerte con su fe en el valor y la vitalidad del patrimonio religioso, moral y estético de la América indígena y española. Sin embargo, la actitud de Darío hacia los Estados Unidos no siempre fue crítica, como puede observarse en "Salutación al Aguila" (1906), poema donde elogia las virtudes de los ciudadanos del Norte y los propone como ejemplos para los hispanoamericanos. Vale notar que el cisne, símbolo de la belleza a la que aspiraba la nueva poesía, en *Prosas,* es en "Los cisnes" el que interroga al destino y el que puede revelar la respuesta. Finalmente, también es palpable, en los poemas de esa época, la angustia de Darío frente a la vejez y la muerte; en estos versos la intimidad del poeta es dramático reflejo de la condición humana universal. Dicha poesía intimista caracterizó la producción de sus últimos años.

Rubén Darío dio impulso a la transformación de la poesía y la prosa en lengua castellana y promovió una nueva conciencia de la responsabilidad artística entre los poetas y escritores del mundo hispánico.

## ■ Bibliografía mínima

Acereda, Alberto, ed. *Rubén Darío: Y una sed de ilusiones infinita.* Barcelona: Lumen, 2000.

———. "Rubén Darío o el proceso creativo de *Prosas Profanas*". *Anales de Literatura Hispanoamericana* 28.1 (1999): 415–29.

Anderson Imbert, Enrique. "Rubén Darío". *Latin American Writers.* Eds. Carlos A. Solé y Maria Isabel Abreu. Vol. 1. New York: Scribner's, 1989. 397–412.

Burgos, Fernando. "Actuación, fantasía y poética en los cuentos de *Azul*". *La Torre: Revista de la Universidad de Puerto Rico* 1.1–2 (1996): 101–11.

Darío, Rubén. *Antología.* Prólogo de Octavio Paz. Ed. Carmen Ruiz Barrionuevo. Madrid: Espasa-Calpe, 1992.

———. *Ruben Darío esencial.* Ed. Arturo Ramoneda. Madrid: Taurus, 1991.

García Morales, Alfonso, ed. *Rubén Darío: Estudios en el centenario de* Los raros y Prosas profanas. Sevilla: Universidad de Sevilla, 1998.

Gutiérrez Girardot, Rafael. *Modernismo.* Barcelona: Montesinos, 1983.

Jrade, Cathy Logan. *Rubén Darío and the Romantic Search for Unity: The Modernist Recourse to Esoteric Tradition.* Austin: U of Texas P, 1983.

———. "Socio-Political Concerns in the Poetry of Rubén Darío". *Latin American Literary Review* 18.36 (1990): 36–49.

Martínez Domingo, José María. *Los espacios poéticos de Rubén Darío.* New York: Peter Lang, 1995.

Pérez, Alberto Julián. *La poética de Rubén Darío: crisis post-romántica y modelos literarios modernistas.* Madrid: Orígenes, 1992.

Picón Garfield, Evelyn e Ivan Schulman. *"Las entrañas del vacío". Ensayos sobre la modernidad hispanoamericana.* México: Cuadernos Americanos, 1984.

# Prosas profanas (1896)

### ERA UN AIRE SUAVE...[1]

Era un aire suave, de pausados giros:
el hada Harmonía ritmaba sus vuelos;
e iban frases vagas y tenues suspiros
entre los sollozos de los violoncelos.

5    Sobre la terraza, junto a los ramajes,
diríase un trémolo[2] de liras eolias[3]

---

[1] El poema está escrito en versos dodecasílabos, divididos en dos hemistiquios de seis sílabas.
[2] Repetición rápida de un mismo sonido, especialmente en los instrumentos de cuerda.

[3] Lira: instrumento musical antiguo; Eolia: de la Eólida, región del Asia Menor antigua; relativo a Eolo, el dios de los vientos, hijo de Zeus y de la ninfa Menalipa.

cuando acariciaban los sedosos trajes,
sobre el tallo erguidas, las blancas magnolias.

La marquesa Eulalia risas y desvíos
10  daba a un tiempo mismo para dos rivales:
el vizconde rubio de los desafíos
y el abate joven de los madrigales.

Cerca, coronado con hojas de viña,
reía en su máscara Término[4] barbudo,
15  y, como un efebo[5] que fuese una niña,
mostraba una Diana[6] su mármol desnudo.

Y bajo un boscaje del amor palestra,[7]
sobre rico zócalo al modo de Jonia,[8]
con un candelabro prendido en la diestra
20  volaba el Mercurio de Juan de Bolonia.[9]

La orquesta perlaba sus mágicas notas;
un coro de sones alados se oía;
galantes pavanas, fugaces gavotas
cantaban los dulces violines de Hungría.

25  Al oír las quejas de sus caballeros,
ríe, ríe, ríe la divina Eulalia,
pues son su tesoro las flechas de Eros,
el cinto de Cipria,[10] la rueca de Onfalia.[11]

¡Ay de quien sus mieles y frases recoja!
30  ¡Ay de quien del canto de su amor se fíe!
Con sus ojos lindos y su boca roja,
la divina Eulalia, ríe, ríe, ríe.

Tiene azules ojos, es maligna y bella;
cuando mira, vierte viva luz extraña;
35  se asoma a sus húmedas pupilas de estrella
el alma del rubio cristal de Champaña.

Es noche de fiesta, y el baile de trajes
ostenta su gloria de triunfos mundanos.

---

[4] Dios romano con figura humana que se colocaba en jardines y campos para proteger los límites.

[5] Adolescente.

[6] Diosa latina de la caza y de los bosques.

[7] Sentido figurado: sitio adecuado para combates amorosos.

[8] Estilo jónico, uno de los tres órdenes de la arquitectura clásica. Jonia: región del Asia Menor.

[9] Juan de Bolonia, o Giambologna (1524–1608): escultor flamenco, radicado en Florencia. Su obra más famosa es una estatua del dios Mercurio en posición de vuelo.

[10] Cipris, Ciprina: uno de los nombres de Venus; se le rendía culto bajo esa advocación en la isla de Chipre.

[11] Reina de Lidia. Se casó con Hércules después de obligarlo a que hilara a sus pies como una mujer.

La divina Eulalia, vestida de encajes,
40　una flor destroza con sus tersas manos.

　　El teclado harmónico de su risa fina
a la alegre música de un pájaro iguala,
con los *staccati*[12] de una bailarina
y las locas fugas de una colegiala.

45　　　¡Amoroso pájaro que trinos exhala
bajo el ala a veces ocultando el pico;
que desdenes rudos lanza bajo el ala,
bajo el ala aleve del leve abanico!

　　Cuando a medianoche sus notas arranque
50　y en arpegios áureos gima Filomela,[13]
y el ebúrneo[14] cisne, sobre el quieto estanque,
como blanca góndola imprima su estela,[15]

　　la marquesa alegre llegará al boscaje,
boscaje que cubre la amable glorieta
55　donde han de estrecharla los brazos de un paje
que, siendo su paje, será su poeta.

　　Al compás de un canto de artista de Italia
que en la brisa errante la orquesta deslíe,
junto a los rivales, la divina Eulalia,
60　la divina Eulalia, ríe, ríe, ríe.

　　¿Fue acaso en el tiempo del rey Luis de Francia,[16]
sol con corte de astros, en campos de azur,
cuando los alcázares llenó de fragancia
la regia y pomposa rosa Pompadour?[17]

65　　　¿Fue cuando la bella su falda cogía
con dedos de ninfa, bailando el minué,
y de los compases el ritmo seguía,
sobre el tacón rojo, lindo y leve el pie?

　　¿O cuando pastoras de floridos valles
70　ornaban con cintas sus albos corderos
y oían, divinas Tirsis[18] de Versalles,
las declaraciones de sus caballeros?

---

[12] Del italiano. Sonidos o pasos cortos, diferentes y rápidos producidos por la música o los pies de una bailarina.
[13] Hija de Pandión, rey de Atenas, fue convertida en ruiseñor.
[14] Muy blanco (como el marfil).
[15] Huella o rastro visible que deja en la superficie del agua una embarcación o cualquier otro objeto en movimiento.

[16] Luis XIV (1638–1715), llamado el Rey Sol.
[17] Marquesa de Pompadour (1721–64): favorita de Luis XV (1710–74). Su nombre quedó asociado con la frivolidad y el lujo de la vida cortesana.
[18] Pastora de la "Egloga VII" de Virgilio. Se alude con ella a la literatura bucólica o pastoril.

¿Fue en ese buen tiempo de duques pastores,
de amantes princesas y tiernos galanes,
75 cuando entre sonrisas y perlas y flores
iban las casacas de los chambelanes?

¿Fue acaso en el Norte o en el Mediodía?
Yo el tiempo y el día y el país ignoro;
pero sé que Eulalia ríe todavía,
80 ¡y es cruel y eterna su risa de oro!

## SONATINA[19]

La princesa está triste... ¿Qué tendrá la princesa?
Los suspiros se escapan de su boca de fresa
que ha perdido la risa, que ha perdido el color.
La princesa está pálida en su silla de oro,
5 está mudo el teclado de su clave[20] sonoro,
y en un vaso olvidada se desmaya una flor.

El jardín puebla el triunfo de los pavos reales;
parlanchina, la dueña dice cosas banales,
y vestido de rojo piruetea el bufón.
10 La princesa no ríe, la princesa no siente;
la princesa persigue por el cielo de Oriente
la libélula[21] vaga de una vaga ilusión.

¿Piensa acaso en el príncipe de Golconda[22] o de China,
o en el que ha detenido su carroza argentina[23]
15 para ver de sus ojos la dulzura de luz?
¿O en el rey de las islas de las rosas fragantes,
o en el que es soberano de los claros diamantes,
o en el dueño orgulloso de las perlas de Ormuz?[24]

¡Ay! la pobre princesa de la boca de rosa
20 quiere ser golondrina, quiere ser mariposa,
tener alas ligeras, bajo el cielo volar,
ir al sol por la escala luminosa de un rayo,
saludar a los lirios con los versos de mayo,
o perderse en el viento sobre el trueno del mar.

25 Ya no quiere el palacio, ni la rueca de plata,
ni el halcón encantado, ni el bufón escarlata,
ni los cisnes unánimes en el lago de azur.

---

[19] Este es un poema escrito en sextinas de alejandrinos (siete y siete) con rima AABCCB en las que los versos tercero y sexto son siempre agudos.

[20] Clavicordio, instrumento musical.

[21] Insecto arquíptero con cuatro alas estrechas, transparentes y reticuladas, y el abdomen filiforme; los machos tienen bellos colores, lo mismo en el cuerpo que en las alas.

[22] Capital del reino antiguo de Golconda en la India, famosa por sus riquezas.

[23] Con brillo o color de plata.

[24] Isla situada en el Golfo Pérsico, productora de perlas valiosas.

Y están tristes las flores por la flor de la corte;
los jazmines de Oriente, los nelumbos[25] del Norte,
30  de Occidente las dalias y las rosas del Sur.

    ¡Pobrecita princesa de los ojos azules!
Está presa en sus oros, está presa en sus tules,
en la jaula de mármol del palacio real;
el palacio soberbio que vigilan los guardas,
35  que custodian cien negros con sus cien alabardas,[26]
un lebrel[27] que no duerme y un dragón colosal.

    ¡Oh, quién fuera hipsipila[28] que dejó la crisálida!
(La princesa está triste. La princesa está pálida)
¡Oh visión adorada de oro, rosa y marfil!
40  ¡Quién volara a la tierra donde un principe existe
(La princesa está pálida. La princesa está triste)
más brillante que el alba, más hermoso que abril!

    Calla, calla, princesa—dice el hada madrina—
en caballo con alas hacia acá se encamina,
45  en el cinto la espada y en la mano el azor,[29]
el feliz caballero que te adora sin verte,
y que llega de lejos, vencedor de la Muerte,
a encenderte los labios con su beso de amor.

### EL CISNE[30]

*A Ch[arles] Del Gouffre*

    Fue en una hora divina para el género humano.
El cisne antes cantaba sólo para morir.
Cuando se oyó el acento del Cisne wagneriano[31]
fue en medio de una aurora, fue para revivir.

5    Sobre las tempestades del humano océano
se oye el canto del Cisne; no se cesa de oír,
dominando el martillo del viejo Thor[32] germano
o las trompas que cantan la espada de Argantir.[33]

---

[25] Nelumbio, especie de loto, de flores blancas o amarillas.
[26] Alabarda: especie de lanza, cuya punta está cruzada en su base por otra que remata en una media luna por detrás.
[27] Se aplica a un perro muy apto para cazar liebres.
[28] Mariposa.
[29] Ave de rapiña, usada antiguamente en la cacería.
[30] Este poema está escrito en forma de soneto alejandrino.

[31] Referencia al simbolismo del cisne en *Lohengrin,* famosa ópera del compositor alemán Richard Wagner (1813–83).
[32] En la mitología germánica, dios del trueno y de la guerra.
[33] Referencia a Argantyr, guerrero mítico en la saga islandesa *Hyndluljoth,* cuya espada pasa de padres a hijos. Véase nuestra referencia a este tema en la introducción del presente capítulo.

¡Oh Cisne! ¡Oh sacro pájaro! Si antes la blanca Helena
10  del huevo azul de Leda[34] brotó de gracia llena,
siendo de la Hermosura la princesa inmortal,

bajo tus blancas alas la nueva Poesía
concibe en una gloria de luz y de harmonía
la Helena eterna y pura que encarna el ideal.

# Cantos de vida y esperanza (1905)

### YO SOY AQUEL...

*A José Enrique Rodó*

Yo soy aquel que ayer no más decía
el verso azul y la canción profana,
en cuya noche un ruiseñor había
que era alondra de luz por la mañana.

5   El dueño fui de mi jardín de sueño,
lleno de rosas y de cisnes vagos;
el dueño de las tórtolas, el dueño
de góndolas y liras en los lagos;

y muy siglo diez y ocho, y muy antiguo
10  y muy moderno; audaz, cosmopolita;
con Hugo fuerte y con Verlaine ambiguo,
y una sed de ilusiones infinita.

Yo supe del dolor desde mi infancia;
mi juventud..., ¿fue juventud la mía?,
15  sus rosas aún me dejan su fragancia,
una fragancia de melancolía...

Potro sin freno se lanzó mi instinto,
mi juventud montó potro sin freno;
iba embriagada y con puñal al cinto;
20  si no cayó, fue porque Dios es bueno.

En mi jardín se vio una estatua bella;
se juzgó mármol y era carne viva;
una alma joven habitaba en ella,
sentimental, sensible, sensitiva.

25   Y tímida ante el mundo, de manera
que, encerrada, en silencio, no salía
sino cuando en la dulce primavera
era la hora de la melodía...

---

[34] En la mitología griega, Leda, esposa de Tíndaro, fue querida por Zeus, quien tomó la forma de un cisne. De esos amores nació Helena, famosa por su belleza.

Hora de ocaso y de discreto beso;
30 hora crepuscular y de retiro;
hora de madrigal y de embeleso,
de "te adoro", de "¡ay!", y de suspiro.

Y entonces era en la dulzaina[35] un juego
de misteriosas gamas cristalinas,
35 un renovar de notas del Pan[36] griego
y un desgranar de músicas latinas,

con aire tal y con ardor tan vivo,
que a la estatua nacían de repente
en el muslo viril patas de chivo
40 y dos cuernos de sátiro[37] en la frente.

Como la Galatea gongorina[38]
me encantó la marquesa verleniana,
y así juntaba a la pasión divina
una sensual hiperestesia humana;

45 todo ansia, todo ardor, sensación pura
y vigor natural; y sin falsía,
y sin comedia y sin literatura...:
si hay un alma sincera, ésa es la mía.

La torre de marfil tentó mi anhelo;
50 quise encerrarme dentro de mí mismo,
y tuve hambre de espacio y sed de cielo
desde las sombras de mi propio abismo.

Como la esponja que la sal satura
en el jugo del mar, fue el dulce y tierno,
55 corazón mío, henchido de amargura
por el mundo, la carne y el infierno.

Mas, por gracia de Dios, en mi conciencia
el Bien supo elegir la mejor parte;
y si hubo áspera hiel en mi existencia,
60 melificó toda acritud el Arte.

Mi intelecto libré de pensar bajo,
bañó el agua castalia[39] el alma mía,

---

[35] Instrumento musical de viento, semejante a la chirimía.
[36] Dios griego de los pastores, tocaba la flauta mientras acompañaba a Baco, dios del vino.
[37] Semidiós y compañero de Baco en la mitología griega. Tenía busto de hombre, pero dos orejas puntiagudas, dos cuernos pequeños y patas de cabra.

[38] Alusión a la "Fábula de Polifemo y Galatea" de Luis de Góngora (1561–1627).
[39] Alusión a la fuente así llamada en honor a la ninfa Castalia que se encontraba al pie del monte Parnaso, cerca de Delfos, adonde se dice que iban a beber las Musas.

peregrinó mi corazón y trajo
de la sagrada selva la armonía.

65      ¡Oh, la selva sagrada! ¡Oh, la profunda
emanación del corazón divino
de la sagrada selva! ¡Oh, la fecunda
fuente cuya virtud vence al destino!

Bosque ideal que lo real complica,
70 allí el cuerpo arde y vive y Psiquis vuela;
mientras abajo el sátiro fornica,
ebria de azul deslie Filomela.

Perla de ensueño y música amorosa
en la cúpula en flor de laurel verde,
75 Hipsipila sutil liba en la rosa,
y la boca del fauno el pezón muerde.

Allí va el dios en celo tras la hembra
y la caña de Pan se alza del lodo;
la eterna vida sus semillas siembra,
80 y brota la armonía del gran Todo.

El alma que entra allí debe ir desnuda,
temblando de deseo y fiebre santa,
sobre cardo heridor y espina aguda:
así sueña, así vibra y así canta.

85      Vida, luz y verdad, tal triple llama
produce la interior llama infinita;
el Arte puro como Cristo exclama:
*Ego sum lux et veritas et vita!*[40]

Y la vida es misterio; la luz ciega
90 y la verdad inaccesible asombra;
la adusta perfección jamás se entrega,
y el secreto ideal duerme en la sombra.

Por eso ser sincero es ser potente:
de desnuda que está, brilla la estrella;
95 el agua dice el alma de la fuente
en la voz de cristal que fluye de ella.

Tal fue mi intento, hacer del alma pura
mía, una estrella, una fuente sonora,
con el horror de la literatura
100 y loco de crepúsculo y de aurora.

---

[40] "Yo soy la luz, la verdad y la vida" (San Juan,
XIV, 6).

Del crepúsculo azul que da la pauta
que los celestes éxtasis inspira;
bruma y tono menor—¡toda la flauta!
y Aurora, hija del Sol—¡toda la lira!

105      Pasó una piedra que lanzó una honda;
pasó una flecha que aguzó un violento.
La piedra de la honda fue a la onda,
y la flecha del odio fuese al viento.

      La virtud está en ser tranquillo y fuerte;
110 con el fuego interior todo se abrasa;
se triunfa del rencor y de la muerte,
y hacia Belén..., ¡la caravana pasa!

## A Roosevelt[41]

      Es con voz de la Biblia, o verso de Walt Whitman,
que habría de llegar hasta ti, Cazador,
primitivo y moderno, sencillo y complicado,
con un algo de Washington y cuatro de Nemrod.[42]

5      Eres los Estados Unidos, eres el futuro invasor
de la América ingenua que tiene sangre indígena,
que aún reza a Jesucristo y aún habla en español.

      Eres soberbio y fuerte ejemplar de tu raza;
eres culto, eres hábil; te opones a Tolstoy.[43]
10 Y domando caballos, o asesinando tigres,
eres un Alejandro[44]-Nabucodonosor.[45]
(Eres un profesor de Energía
como dicen los locos de hoy.)

15      Crees que la vida es incendio,
que el progreso es erupción,
que en donde pones la bala
el porvenir pones.
          No.

20      Los Estados Unidos son potentes y grandes.
Cuando ellos se estremecen hay un hondo temblor
que pasa por las vértebras enormes de los Andes.
Si clamáis, se oye como el rugir del león.

---

[41] El título de este poema se refiere a Theodore Roosevelt (1858–1919), presidente de los Estados Unidos de 1901 a 1909.

[42] Rey legendario de Caldea, a quien la Biblia llama "robusto cazador ante Yavé" (Génesis X, 8–9).

[43] León Tolstoy (1829–1910): gran novelista ruso. Profesaba una forma de cristianismo primitivo. Era pacifista.

[44] Rey de Macedonia (356–323 a. de C.), Alejandro fue uno de los grandes guerreros y conquistadores de la historia.

[45] Rey de Babilonia (605–562 a. de C.), otro gran guerrero.

Ya Hugo a Grant[46] le dijo: Las estrellas son vuestras.
(Apenas brilla, alzándose, el argentino sol
25  y la estrella chilena se levanta...) Sois ricos.
Juntáis al culto de Hércules[47] el culto de Mammón,[48]
y alumbrando el camino de la fácil conquista,
la Libertad levanta su antorcha en Nueva York.

Mas la América nuestra, que tenía poetas
30  desde los viejos tiempos de Netzahualcoyotl,[49]
que ha guardado las huellas de los pies del gran Baco,[50]
que el alfabeto pánico en un tiempo aprendió;
que consultó los astros, que conoció la Atlántida[51]
cuyo nombre nos llega resonando en Platón,
35  que desde los remotos momentos de su vida
vive de luz, de fuego, de perfume, de amor,
la América del grande Moctezuma, del Inca,
la América fragante de Cristóbal Colón,
la América católica, la América española,
40  la América en que dijo el noble Guatemoc:[52]
"Yo no estoy en un lecho de rosas"; esa América
que tiembla de huracanes y que vive de amor,
hombres de ojos sajones y alma bárbara, vive.
Y sueña. Y ama, y vibra, y es la hija del Sol.
45  Tened cuidado. ¡Vive la América española!
Hay mil cachorros sueltos del León Español.
Se necesitaría, Roosevelt, ser, por Dios mismo,
el Riflero terrible y el fuerte Cazador,
para poder tenernos en vuestras férreas garras.

50  Y, pues contáis con todo, falta una cosa: ¡Dios!

## LO FATAL[53]

*A René Pérez*

Dichoso el árbol que es apenas sensitivo,
y más la piedra dura, porque ésta ya no siente,

---

[46] Ulysses S. Grant (1822–85): General norteamericano y presidente de la Unión (1868–76). Cuando visitó París en 1877, Victor Hugo escribió varios artículos en su contra. La mención de las estrellas es posiblemente una alusión a la bandera de los Estados Unidos.
[47] Semidiós de la mitología romana, simboliza la fuerza.
[48] Dios de la riqueza en la mitología fenicia.
[49] Rey chichimeca de Texcoco, México (1402–71), poeta y filósofo.

[50] El dios del vino, a quien las musas enseñaron el alfabeto de Pan.
[51] Isla que, según la leyenda griega, había existido en el Atlántico, al oeste de Gibraltar. Platón se refiere a ella en dos de sus diálogos.
[52] Cuauhtémoc, sobrino de Moctezuma y último emperador de los aztecas (1500–25). Cayó prisionero de los españoles, quienes lo torturaron, aplicándole fuego a los pies. Fue entonces que dijo la frase citada por Darío.
[53] Este poema consta de versos alejandrinos, eneasílabos y heptasílabos.

pues no hay dolor más grande que el dolor de ser vivo,
ni mayor pesadumbre que la vida consciente.

5   Ser, y no saber nada, y ser sin rumbo cierto,
y el temor de haber sido y un futuro terror...
Y el espanto seguro de estar mañana muerto,
y sufrir por la vida y por la sombra y por

lo que no conocemos y apenas sospechamos,
10  y la carne que tienta con sus frescos racimos
y la tumba que aguarda con sus fúnebres ramos,
¡y no saber adónde vamos, ni de dónde venimos...!

## LOS CISNES

*A Juan Ramón Jiménez*

¿Qué signo haces, oh Cisne, con tu encorvado cuello
al paso de los tristes y errantes soñadores?
¿Por qué tan silencioso de ser blanco y ser bello,
tiránico a las aguas e impasible a las flores?

5
Yo te saludo ahora como en versos latinos
te saludara antaño Publio Ovidio Nasón.[54]
Los mismos ruiseñores cantan los mismos trinos,
y en diferentes lenguas es la misma canción.

A vosotros mi lengua no debe ser extraña.
10  A Garcilaso visteis, acaso, alguna vez...
Soy un hijo de América, soy un nieto de España...
Quevedo pudo hablaros en verso en Aranjuez...

Cisnes, los abanicos de vuestras alas frescas
den a las frentes pálidas sus caricias más puras
15  y alejen vuestras blancas figuras pintorescas
de nuestras mentes tristes las ideas oscuras.

Brumas septentrionales nos llenan de tristezas,
se mueren nuestras rosas, se agostan nuestras palmas;
casi no hay ilusiones para nuestras cabezas,
20  y somos los mendigos de nuestras pobres almas.

Nos predican la guerra con águilas feroces,
gerifaltes[55] de antaño revienen a los puños,
mas no brillan las glorias de las antiguas hoces,
ni hay Rodrigos ni Jaimes, ni hay Alfonsos ni Nuños.[56]

---

[54] Publio Ovidio Nasón (43 a. de C.–16 d. dc
C.): Poeta latino, autor de *Metamorfosis.*
[55] Ave rapaz, especie de halcón grande.

[56] Referencia a reyes y nobles de los reinos
cristianos medievales de Castilla y
Aragón que se distinguieron por su
heroísmo en las guerras de la Reconquista
española.

25     Faltos de los alientos que dan las grandes cosas,
¿qué haremos los poetas sino buscar tus lagos?
A falta de laureles son muy dulces las rosas
y a falta de victorias busquemos los halagos.

    La América Española como la España entera
30 fija está en el Oriente de su fatal destino;
yo interrogo a la Esfinge que el porvenir espera
con la interrogación de tu cuello divino.

    ¿Seremos entregados a los bárbaros fieros?
¿Tantos millones de hombres hablaremos inglés?
35 ¿Ya no hay nobles hidalgos ni bravos caballeros?
¿Callaremos ahora para llorar después?

    He lanzado mi grito, Cisnes, entre vosotros,
que habéis sido los fieles en la desilusión,
mientras siento una fuga de americanos potros
40 y el estertor postrero de un caduco león...

    Y un cisne negro dijo: "La noche anuncia el día".
Y uno blanco: "¡La aurora es inmortal, la aurora
es inmortal!" ¡Oh tierras de sol y de armonía,
aún guarda la Esperanza la caja de Pandora![57]

## CANCION DE OTOÑO EN PRIMAVERA

    Juventud, divino tesoro,
¡ya te vas para no volver!
Cuando quiero llorar, no lloro...
y a veces lloro sin querer...

5
    Plural ha sido la celeste
historia de mi corazón.
Era una dulce niña en este
mundo de duelo y de aflicción.

    Miraba como el alba pura;
10 sonreía como una flor.
Era su cabellera obscura
hecha de noche y de dolor.

    Yo era tímido como un niño.
Ella, naturalmente, fue,
15 para mi amor hecho de armiño,
Herodías[58] y Salomé...[59]

    Juventud, divino tesoro,
¡ya te vas para no volver!
Cuando quiero llorar, no lloro...
20 y a veces lloro sin querer...

    Y más consoladora y más
halagadora y expresiva,
la otra fue más sensitiva,
cual no pensé encontrar jamás.

---

[57] Zeus dio a Pandora, la primera mujer, una caja en la que estaban encerrados todos los males del mundo. Al abrirla su esposo Epimeteo, el primer hombre, se esparcieron por el mundo y sólo quedó en el fondo la Esperanza.
[58] Esposa de Herodes Antipas, tetrarca de Galilea bajo el imperio de Tiberio César, y madre de Salomé. Ver el Evangelio según San Lucas.

[59] Hija de Herodías, quien pidió para su madre la cabeza de Juan el Bautista. Ver el Evangelio según San Mateo.

25    Pues a su continua ternura
una pasión violenta unía.
En un peplo[60] de gasa pura
una bacante[61] se envolvía...

    En sus brazos tomó mi sueño
30  y lo arrulló como a un bebé...
y le mató, triste y pequeño,
falto de luz, falto de fe...

    Juventud, divino tesoro,
¡te fuiste para no volver!
35  Cuando quiero llorar, no lloro...
y a veces lloro sin querer...

    Otra juzgó que era mi boca
el estuche de su pasión;
y que me roería, loca,
40  con sus dientes, el corazón,

    poniendo en un amor de exceso
la mira de su voluntad,
mientras eran abrazo y beso
síntesis de la eternidad;

45    y de nuestra carne ligera
imaginar siempre un Edén,[62]
sin pensar que la primavera
y la carne acaban también...

    Juventud, divino tesoro,
50  ¡ya te vas para no volver!
Cuando quiero llorar, no lloro
y a veces lloro sin querer...

    ¡Y las demás! En tantos climas,
y en tantas tierras, siempre son,
55  si no pretextos de mis rimas,
fantasmas de mi corazón.

    En vano busqué a la princesa
que estaba triste de esperar.
La vida es dura. Amarga y pesa.
60  ¡Ya no hay princesa que cantar!

    Mas a pesar del tiempo terco,
mi sed de amor no tiene fin;
con el cabello gris me acerco
a los rosales del jardín...

65    Juventud, divino tesoro;
¡ya te vas para no volver!
Cuando quiero llorar, no lloro
y a veces lloro sin querer...

    ¡Mas es mía el Alba de oro!

# Azul (1888)

### EL VELO DE LA REINA MAB[63]

    La reina Mab, en su carro hecho de una sola perla, tirado por cuatro coleópteros de petos[64] dorados y alas de pedrería, caminando sobre un rayo de sol, se coló por la ventana de una buhardilia donde estaban cuatro hombres flacos, barbudos e impertinentes, lamentándose como unos desdichados.

5    Por aquel tiempo, las hadas habían repartido sus dones a los mortales. A unos habían dado las varitas misteriosas que llenan de oro las pesadas cajas de comercio; a otros unas espigas maravillosas que al desgranarlas colmaban las trojes[65] de riqueza; a otros unos cristales que hacían ver en el riñón de la madre

---

[60] Vestidura griega usada por las mujeres, suelta y sin mangas, que caía desde los hombros hasta la cintura.

[61] Sacerdotisa de Baco. Mujer que tomaba parte en las bacanales. Puede también significar mujer desenfrenada

[62] Paraíso.

[63] En la tradición céltica la reina Mab es el "hada madrina". Darío se inspiró para su cuento en la descripción que de ella hace Shakespeare en *Romeo y Julieta* (1 acto, IV escena). Se habla allí del hada, su carroza y sus modos de darles sueños a los hombres. No se menciona, sin embargo, ningún velo.

[64] Darío llama "petos" a los élitros, piezas córneas que cubren las alas de ciertos insectos.

[65] Graneros.

tierra oro y piedras preciosas; a quiénes, cabelleras espesas y músculos de
10 Goliat,[66] y mazas enormes para machacar el hierro encendido; y a quiénes, talones fuertes y piernas ágiles para montar en las rápidas caballerías que se beben el viento y que tienden las crines en la carretera.

Los cuatro hombres se quejaban. Al uno le había tocado en suerte una cantera, al otro el iris, al otro el ritmo, al otro el cielo azul.

15 La reina Mab oyó sus palabras. Decía el primero:

—¡Y bien! ¡Heme aquí en la gran lucha de mis sueños de mármol! Yo he arrancado el bloque y tengo el cincel. Todos tenéis, unos el oro, otros la armonía, otros la luz; yo pienso en la blanca y divina Venus, que muestra su desnudez bajo el plafón[67] color del cielo. Yo quiero dar a la masa la línea y la hermosura plástica; y
20 que circule por las venas de la estatua una sangre incolora como la de los dioses. Yo tengo el espíritu de Grecia en el cerebro, y amo los desnudos en que la ninfa huye y el fauno tiende los brazos. ¡Oh, Fidias![68] Tú eres para mí soberbio y augusto como un semidiós, en el recinto de la eterna belleza, rey ante un ejército de hermosuras que a tus ojos arrojan el magnífico Kiton[69] mostrando la esplendidez
25 de la forma en sus cuerpos de rosa y de nieve.

Tú golpeas, hieres y domas el mármol, y suena el golpe armónico como en verso, y te adula la cigarra, amante del sol oculta entre los pámpanos[70] de la viña virgen. Para ti son los Apolos rubios y luminosos, las Minervas severas y soberanas. Tú, como un mago, conviertes la roca en simulacro y el colmillo del ele-
30 fante en copa de festín. Y al ver tu grandeza siento el martirio de mi pequeñez. Porque pasaron los tiempos gloriosos. Porque tiemblo ante las miradas de hoy. Porque contemplo el ideal inmenso y las fuerzas exhaustas. Porque a medida que cincelo el bloque me ataraza[71] el desaliento.

Y decía el otro:

35 —Lo que es hoy romperé mis pinceles. ¿Para qué quiero el iris y esta gran paleta de campo florido, si a la postre mi cuadro no será admitido en el salón? ¿Qué abordaré? He recorrido todas las escuelas, todas las inspiraciones artísticas. He pintado el torso de Diana y el rostro de la Madona. He pedido a las campiñas sus colores, sus matices; he adulado a la luz como a una amada y la he abrazado
40 como a una querida. He sido adorador del desnudo, con sus magnificencias, con los tonos de sus carnaciones y con sus fugaces medias tintas. He trazado en mis lienzos los nimbos de los santos y las alas de los querubines. ¡Ah, pero siempre el terrible desencanto!, ¡el porvenir! ¡Vender una Cleopatra en dos pesetas para poder almorzar!; ¡Y yo que podría, en el estremecimiento de mi inspiración,
45 trazar el gran cuadro que tengo aquí adentro!

Y decía el otro:

—Perdida mi alma en la gran ilusión de mis sinfonías, temo todas las decepciones. Yo escucho todas las armonías, desde la lira de Terpandro[72] hasta las fantasías orquestales de Wagner. Mis ideales brillan en medio de mis audacias de

---

[66] El gigante filistino a quien David mató disparándole una piedra con una honda, según la Biblia.

[67] Cielo raso.

[68] Fidias (c. 500–c. 431): escultor griego a quien Pericles encargó el embellecimiento de Atenas.

[69] Túnica.

[70] Ramas jóvenes de la vid.

[71] Muerde.

[72] Músico griego (Siglo VII a. de C.) a quien se le atribuye haber agregado tres cuerdas a la lira de cuatro cuerdas.

inspirado. Yo tengo la percepción del filósofo que oyó la música de los astros. Todos los ruidos pueden aprisionarse, todos los ecos son susceptibles de combinaciones. Todo cabe en la línea de mis escalas cromáticas.

La luz vibrante es himno, y la melodía de la selva halla un eco en mi
corazón. Desde el ruido de la tempestad hasta el canto del pájaro, todo se confunde y enlaza en la infinita cadencia.

Entretanto, no diviso sino la muchedumbre que befa, y la celda del mani-
comio.

Y el último:

—Todos bebemos del agua clara de la fuente de Jonia. Pero el ideal flota en el
azul; y para que los espíritus gocen de la luz suprema es preciso que asciendan.
Yo tengo el verso que es de miel y el que es oro, y el que es de hierro candente. Yo
soy el ánfora del celeste perfume: tengo el amor. Paloma, estrella, nido, lirio,
vosotros conocéis mi morada. Para los vuelos inconmensurables tengo alas de
águila que parten a golpes mágicos el huracán. Y para hallar consonantes, los
busco en dos bocas que se juntan; y estalla el beso, y escribo la estrofa, y entonces,
si veis mi alma, conoceréis a mi musa. Amo a las epopeyas porque de ellas brota
el soplo heroico que agita las banderas que ondean sobre las lanzas y los penachos[73] que tiemblan sobre los cascos;[74] los cantos líricos, porque hablan de las
diosas y de los amores; y las églogas,[75] porque son olorosas a verbena y a tomillo,
y al santo aliento del buey coronado de rosas. Yo escribiría algo inmortal; mas me
abruma un porvenir de miseria y de hambre.

Entonces la reina Mab, del fondo de su carro hecho de una sola perla, tomó
un velo azul, casi impalpable, como formado de suspiros, o de miradas de ángeles rubios y pensativos. Y aquel velo era el velo de los sueños, de los dulces
sueños, que hacen ver la vida del color de rosa. Y con él envolvió a los cuatro
hombres flacos, barbudos e impertinentes. Los cuales cesaron de estar tristes,
porque penetró en su pecho la esperanza, y en su cabeza el sol alegre, con el dia-
blillo de la vanidad, que consuela en sus profundas decepciones a los pobres
artistas.

Y desde entonces, en las buhardillas de los brillantes infelices, donde flota
el sueño azul, se piensa en el porvenir como en la aurora, y se oyen risas que qui-
tan la tristeza, y se ballan extrañas farándulas[76] alrededor de un blanco Apolo, de
un lindo paisaje, de un violín viejo, de un amarillento manuscrito.

## ■ Preguntas generales

1. ¿Qué corrientes literarias influyeron en la formación poética de Rubén
   Darío?
2. ¿En qué países vivió Darío, y qué actividades literarias desarrolló en cada
   uno de ellos?
3. ¿Qué cambios van produciéndose en la obra de Darío desde *Azul* y *Prosas
   profanas* hasta sus últimos poemas?

---

[73] Plumas de adorno.
[74] Pezuña o parte inferior de la pata de los caballos.

[75] Composiciones poéticas del género bucólico.
[76] Baile de cómicos o farsantes.

4. ¿Cómo se explica su regreso a las raíces hispánicas a partir de *Cantos de vida y esperanza*? ¿En qué poemas expresa su preocupación por el futuro de los pueblos hispanoamericanos?
5. ¿Cuál fue la contribución mayor de Darío a las letras del mundo hispánico?

### ■ Preguntas de análisis

1. ¿Qué aspectos representativos del modernismo se observan en las composiciones de *Prosas profanas*? Señale temas, imágenes y vocabulario.
2. ¿Cómo explicaría Ud. el ideal de la nueva poesía expresado en "El cisne"? ¿Qué hay en común entre éste y la visión mágica de "El velo de la reina Mab"?
3. ¿Qué quiso explicar Darío en "Yo soy aquel...", y por qué dedicó el poema a José Enrique Rodó?
4. ¿Cuál es el simbolismo del cisne en el poema "Los cisnes"? ¿Qué interrogantes angustian al poeta?
5. En "A Roosevelt", ¿por qué dice Darío que Roosevelt no podrá conquistar la América española?
6. ¿Qué poemas son más reflexivos e intimistas? Explique por qué.

### ■ Temas para informes escritos

1. La influencia de Gautier, de Verlaine y de otros poetas franceses en los poemas de *Prosas profanas*.
2. La imagen de la mujer en la poesía de Rubén Darío.
3. Los temas hispánicos en *Cantos de vida y esperanza*.
4. Análisis de las metáforas y las imágenes en los poemas de Rubén Darío.
5. La condición humana en "Lo fatal". Aspectos comunes entre este poema y las ideas de Miguel de Unamuno y de otros pensadores contemporáneos del poeta.
6. La función de los sueños y la magia en los cuentos de Rubén Darío.
7. La influencia de Rubén Darío sobre otros poetas hispanoamericanos.

### ■ Temas de reflexión y comentario

1. El oriente y lo exótico en la obra de Rubén Darío.
2. El papel de las artes plásticas y las imágenes visuales en la poesía de Darío.
3. La manifestación de una conciencia artística en la obra de Darío.
4. La influencia del contexto histórico en la evolución poética de Darío.
5. Ambientes literarios en los que proyectó Darío su influencia.

# BALDOMERO LILLO

1867, Lota, Chile—1903,
Santiago de Chile

Los cuentos de Lillo ocupan un espacio muy singular en el desarrollo de la narrativa hispanoamericana porque presentan, de un modo realista y con colores locales, la tragedia de los trabajadores chilenos cuando no existían leyes de protección obrera. De familia modesta, Lillo escuchó en su niñez el relato de las experiencias mineras de su padre; éste había viajado a California (1848) tocado por la "fiebre del oro" para regresar dos años después con las manos vacías. Por problemas de salud, el joven Lillo no terminó los estudios secundarios, y comenzó a trabajar en Lota, un importante centro minero. Por encargo de sus patrones viajaba con frecuencia a Concepción, donde comenzó a adquirir libros de escritores españoles (Pérez Galdós y Pereda), rusos (Dostoievski, Tolstoi) y franceses (Maupassant y Zola). De todos ellos fue Emile Zola, el portaestandarte del naturalismo, quien más decisiva influencia ejerció sobre Lillo. En efecto, el escritor chileno leyó *Germinal* (1885), novela donde Zola detalla en dramáticos cuadros la miserable existencia de los mineros franceses; la influencia del escritor francés es evidente en los cuentos de Lillo recopilados posteriormente en *Sub-terra* (1904).

Por razones económicas, Lillo se mudó a Santiago donde su hermano Samuel, un poeta de prestigio, lo llevó a las tertulias literarias de la capital. Allí comenzó a trabajar en la editorial universitaria, y conoció a los miembros más distinguidos de la "generación de 1900", grupo deseoso de reformas sociales y literarias. Animado por estos intelectuales, comenzó a escribir, y publicó *Sub-terra*, colección de cuentos mineros cuya primera edición se agotó en tres meses. *Sub-sole* (1907), relatos de temas obreros, campesinos y costumbristas, no despertó igual entusiasmo. Después Lillo comenzó a escribir *La huelga*, novela sobre una masacre obrera, pero no la terminó.

Una de las aportaciones literarias de Baldomero Lillo fue la adaptación de recursos técnicos y postulados teóricos del realismo y del naturalismo a la descripción de la realidad hispanoamericana. Este aprovechamiento de modalidades europeas y de tipos y costumbres regionales dio por resultado una narrativa clasificada por algunos como "criollista" por su descripción verídica de personajes y acontecimientos locales. Siguiendo a los naturalistas franceses, Lillo quería dar a conocer los problemas sociales de un determinado sector, y por eso describió detalladamente el arduo y peligroso trabajo en las minas. Como Zola, también hizo hincapié en los efectos de la miseria en la salud y la mente del obrero.

En su deseo de criticar las injusticias sociales, el autor agrupó a los personajes en dos categorías: explotadores y explotados, ofreciendo una visión un tanto rígida de los hechos narrados. Sin embargo, el escritor chileno logró captar el dolor y el estado indefenso de sus protagonistas a quienes describió en forma sencilla y directa. Su sensibilidad para recrear de manera realista el drama colectivo de estos seres atrapados por la mina y el injusto sistema laboral, le ganó a Baldomero Lillo un sitio permanente dentro de la narrativa hispanoamericana.

## ■ Bibliografía mínima

Ball, Richard E., Jr. "The Contrast of Light and Shadow in Baldomero Lillo's Poetic Vision of Hell". *Revista Interamericana de Bibliografía* 39.3 (1989): 329–33.

Bolden, Millicent. "Gothic Elements in Baldomero Lillo's 'El Chiflón del Diablo' ". *Romance Languages Annual* 8 (1996): 377–83.

Chávarri, Jorge M. "El significado social en la obra de Baldomero Lillo". *Kentucky Foreign Language Quarterly* 13 (1966): 5–13.

Lillo, Baldomero. *Sub-terra.* Santiago: Andrés Bello, 1988.

Preble, Oralia M. "Contrapunto emotivo en 'El Chiflón del Diablo', de Baldomero Lillo". *Romance Notes* 17 (1976): 103–07.

Ramos, José A. "Naturalismo romántico y modernista en los cuentos de Baldomero Lillo, Javier de Viana y Augusto D'Halmar". *Excavatio: Emile Zola and Naturalism* 14.1–2 (2001): 334–43.

# Sub-terra (1904)

### El Chiflon[1] del Diablo

En una sala baja y estrecha, el capataz de turno, sentado en su mesa de trabajo y teniendo delante de sí un gran registro abierto, vigilaba la bajada de los obreros en aquella fría mañana de invierno. Por el hueco de la puerta se veía el ascensor aguardando su carga humana que, una vez completa, desaparecía con
5 él, callada y rápida, por la húmeda abertura del pique.[2]

Los mineros llegaban en pequeños grupos y, mientras descolgaban de los ganchos adheridos a las paredes sus lámparas ya encendidas, el escribiente fijaba en ellas una ojeada penetrante, trazando con el lápiz, una corta raya al margen de cada nombre. De pronto, dirigiéndose a dos trabajadores que iban presurosos
10 hacia la puerta de salida, los detuvo con un ademán, diciéndoles:

—Quédense ustedes.

Los obreros se volvieron sorprendidos y una vaga inquietud se pintó en sus pálidos rostros. El más joven, muchacho de veinte años escasos, pecoso, con una abundante cabellera rojiza, a la que debía el apodo de Cabeza de Cobre, con que
15 todo el mundo lo designaba, era de baja estatura, fuerte y robusto. El otro, más alto, un tanto flaco y huesudo, era ya viejo, de aspecto endeble[3] y achacoso.

Ambos con la mano derecha sostenían la lámpara y con la izquierda un manojo de pequeños trozos de cordel, en cuyas extremidades había atados un

---

[1] Corriente de aire.
[2] El pozo o abertura de la mina.
[3] Débil, de poca resistencia.

botón o una cuenta de vidrio de distintas formas y colores: eran los *tantos* o
20 señales que los barreteros[4] sujetan dentro de las carretillas de carbón para indicar
arriba su procedencia.

La campana del reloj, colgado en el muro, dio pausadamente las seis. De
cuando en cuando un minero jadeante[4a] se precipitaba por la puerta, descolgaha
su lámpara y con la misma prisa abandonaba la habitación, lanzando, al pasar
25 junto a la mesa, una tímida mirada al capataz, quien, sin despegar los labios, impasible y severo, señalaba con una cruz el nombre del rezagado.[5]

Después de algunos minutos de silenciosa espera, el empleado hizo una
seña a los obreros para que se acercasen, y les dijo:

—Son ustedes barreteros de la Alta, ¿no es así?

30 —Sí, señor—respondieron los interpelados.

—Siento decirles que quedan sin trabajo. Tengo orden de disminuir el personal de esa veta.

Los obreros no contestaron y hubo por un instante un profundo silencio.

Por fin, el de más edad dijo:

35 —¿Pero se nos ocupará en otra parte?

El individuo cerró el libro con fuerza y echándose atrás en el asiento, con
tono serio contestó:

—Lo veo difícil, tenemos gente de sobra en todas las faenas.

El obrero insistió:

40 —Aceptaremos el trabajo que se nos dé; seremos torneros,[6] apuntaladores,[7]
lo que usted quiera.

El capataz movía la cabeza negativamente.

—Ya lo he dicho, hay gente de sobra, y si los pedidos de carbón no aumen-
tan, habrá que disminuir también la explotación en algunas otras vetas.

45 Una amarga e irónica sonrisa contrajo los labios del minero y exclamó:

—Sea usted franco, don Pedro, y díganos de una vez que quiere obligarnos
a que vayamos a trabajar al Chiflón del Diablo.

El empleado se irguió en la silla y protestó indignado:

—Aquí no se obliga a nadie. Así como ustedes son libres para rechazar el
50 trabajo que no les agrada, la Compañía, por su parte, está en su derecho para
tomar las medidas que más convengan a sus intereses.

Durante aquella filípica,[7a] los obreros, con los ojos bajos, escuchaban en silencio, y al ver su humilde continente, la voz del capataz se dulcificó.

—Pero, aunque las órdenes que tengo son terminantes—agregó—, quiero
55 ayudarles a salir del paso. Hay en el Chiflón Nuevo o del Diablo, como ustedes
lo llaman, dos vacantes de barreteros; pueden ocuparlas ahora mismo, pues
mañana sería tarde.

Una mirada de inteligencia se cruzó entre los obreros. Conocían la táctica y
sabían de antemano el resultado de aquella escaramuza.[7b] Por lo demás, estaban
60 resueltos a seguir su destino. No había medio de evadirse. Entre morir de ham-

---

[4] El que trabaja con la barra o cuña.
[4a] Con respiración rápida.
[5] El atrasado.
[6] Trabajador en una máquina.

[7] El que ayuda en el trabajo de mantenimiento
de techos y paredes de las minas.
[7a] Invectiva, censura.
[7b] Combate breve, en este caso, verbal.

bre o aplastado por un derrumbe, era preferible lo último: tenía la ventaja de la rapidez. ¿Y adónde ir? El invierno, el implacable enemigo de los desamparados, que convertía en torrente los lánguidos arroyuelos, dejaba los campos desolados y yermos.[7c] Las tierras bajas eran inmensos pantanos de aguas cenagosas y en las colinas y en las laderas de los montes los árboles ostentaban bajo el cielo eternamente opaco la desnudez de sus ramas y de sus troncos.

En las chozas de los campesinos el hambre asomaba su pálida faz a través de los rostros famélicos de sus habitantes, quienes se veían obligados a llamar a las puertas de los talleres y de las fábricas en busca del pedazo de pan que les negaba el mustio suelo de las campiñas exhaustas.

Había, pues, que someterse a llenar los huecos que el fatídico corredor abría constantemente en sus filas de inermes desamparados, en perpetua lucha contra las adversidades de la suerte, abandonados de todos y contra quienes toda injusticia e iniquidad estaban permitidas.

El trato quedó hecho. Los obreros aceptaron sin poner objeciones al nuevo trabajo y un momento después estaban en la jaula, cayendo a plomo en las profundidades de la mina.

La galería del Chiflón del Diablo tenía una siniestra fama. Abierta para dar salida al mineral de un filón recién descubierto, se habían en un principio ejecutado los trabajos con el esmero requerido. Pero, a medida que se ahondaba en la roca, ésta se tornaba porosa e inconsistente. Las filtraciones un tanto escasas al empezar habían ido en aumento, haciendo muy precaria la estabilidad de la techumbre,[8] que sólo se sostenía mediante sólidos revestimientos.[9]

Una vez terminada la obra, como la inmensa cantidad de maderas que había que emplear en los apuntalamientos aumentaba el costo del mineral de un modo considerable, se fue descuidando, poco a poco, esta parte esencialísima del trabajo. Se revestía siempre, sí, pero con flojedad, economizando todo lo que se podía.

Los resultados de este sistema no se dejaron esperar. Continuamente había que extraer de allí un contuso,[10] un herido y también, a veces, algún muerto aplastado por un brusco desprendimiento de aquel techo falto de apoyo y que, minado traidoramente por el agua, era una amenaza constante para la vida de los obreros, quienes, atemorizados por la frecuencia de los hundimientos, empezaron a rehuir las tareas en el mortífero corredor. Pero la Compañía venció muy luego su repugnancia con el cebo[10a] de unos cuantos centavos más en los salarios, y la explotación de la nueva veta continuó.

Muy luego, sin embargo, el alza de jornales fue suprimida sin que por esto se paralizasen las faenas, bastando para obtener ese resultado el método puesto en práctica por el capataz aquella mañana.

Cabeza de Cobre llegó esa noche a su habitación más tarde que de costumbre. Estaba grave, meditabundo, y contestaba con monosílabos las cariñosas

---

[7c] Sin cultivar.

[8] Terreno situado sobre una capa de material, con frecuencia fornado y sostenido por vigas de madera para evitar los derrumbes.

[9] Cubierta con que se resguarda alguna superficie.

[10] El que ha recibido un golpe sin herida exterior.

[10a] La recompensa.

preguntas que le hacía su madre sobre su trabajo del día. En ese hogar humilde había cierta decencia y limpieza, por lo común desusadas en aquellos albergues, donde, en promiscuidad repugnante, se confundían hombres, mujeres y niños y
105  una variedad de animales, que cada uno de aquellos cuartos sugería en el espíritu la bíblica visión del Arca de Noé.

La madre del minero era una mujer alta, delgada, de cabellos blancos. Su rostro, muy pálido, tenía una expresión resignada y dulce que hacía más suave aún el brillo de sus ojos húmedos, donde las lágrimas parecían estar siempre
110  prontas a resbalar. Llamábase María de los Angeles.

Hija y madre de mineros, terribles desgracias la habían envejecido prematuramente. Su marido y dos hijos muertos, uno tras otro, por los hundimientos y las explosiones del grisú,[11] fueron el tributo que los suyos habían pagado a la insaciable avidez de la mina. Sólo le restaba aquel muchacho, por quien su corazón,
115  joven aún, pasaba en continuo sobresalto.

Siempre temerosa de una desgracia, su imaginación no se apartaba un instante de las tinieblas del manto carbonero que absorbía aquella existencia que era su único bien, el único lazo que la sujetaba a la vida.

¡Cuántas veces en esos instantes de recogimiento había pensado, sin acertar
120  a explicárselo, en el porqué de aquellas odiosas desigualdades humanas que condenaban a los pobres, al mayor número, a sudar sangre para sostener el fausto de la inútil existencia de unos pocos! ¡Y si tan sólo se pudiera vivir sin aquella perpetua zozobra por la suerte de los seres queridos, cuyas vidas eran el precio, tantas veces pagado, del pan de cada día!

125  Pero aquellas cavilaciones eran pasajeras, y no pudiendo descifrar el enigma, la anciana ahuyentaba esos pensamientos y tornaba a sus quehaceres con su melancolía habitual.

Mientras la madre daba la última mano a los preparativos de la cena, el muchacho, sentado junto al fuego, permanecía silencioso, abstraído en sus pen-
130  samientos. La anciana, inquieta por aquel mutismo, se preparaba a interrogarlo, cuando la puerta giró sobre sus goznes[12] y un rostro de mujer asomó por la abertura.

—Buenas noches, vecina. ¿Cómo está el enfermo?—preguntó cariñosamente María de los Angeles.

135  —Lo mismo —contestó la interrogada, penetrando en la pieza—. El médico dice que el hueso de la pierna no ha soldado todavía y que debe estar en la cama sin moverse.

La recién llegada era una joven de moreno semblante, demacrado por vigilias y privaciones. Tenía en la diestra una escudilla de hoja de lata, y mientras
140  respondía esforzábase por desviar la vista de la sopa que humeaba sobre la mesa.

La anciana alargó el brazo y cogió el jarro, y en tanto vaciaba en él el caliente líquido, continuó preguntando:

—¿Y hablaste, hija, con los jefes? ¿Te han dado algún socorro?

---

[11] El gas de metano que sale de las minas de hulla o carbón; al mezclarse con el aire, puede producir fuertes explosiones.

[12] Bisagras para fijar las puertas y ventanas que, al abrirse, giran.

La joven murmuró con desaliento:

145 —Sí, estuve allá. Me dijeron que no tenía derecho a nada, que bastante hacían con darnos el cuarto; pero que si él se moría, fuera a buscar una orden para que en el despacho me entregaran cuatro velas y una mortaja.

Y dando un suspiro agregó:

—Espero en Dios que mi pobre Juan no los obligará a hacer ese gasto.

150 María de los Angeles añadió a la sopa un pedazo de pan y puso ambas dádivas en manos de la joven, quien se encaminó hacia la puerta, diciendo agradecida:

—La Virgen se lo pagará, vecina.

—Pobre Juana—dijo la madre, dirigiéndose a su hijo, que había arrimado 155 su silla junto a la mesa—, pronto hará un mes que sacaron a su marido del pique con la pierna rota. ¿En qué se ocupaba?

—Era barretero del Chiflón del Diablo.

—¡Ah, sí, dicen que los que trabajan ahí tienen la vida vendida!

—No tanto, madre—dijo el obrero—, ahora es distinto, se han hecho 160 grandes trabajos de apuntalamiento. Hace más de una semana que no hay desgracias.

—Será así como dices, pero yo no podría vivir si trabajaras allá: preferiría irme a mendigar por los campos. No quiero que te traigan un día como me trajeron a tu padre y a tus hermanos.

165 Gruesas lágrimas se deslizaban por el pálido rostro de la anciana. El muchacho callaba y comía sin levantar la vista del plato.

Cabeza de Cobre se fue a la mañana siguiente a su trabajo, sin comunicar a su madre el cambio de faena efectuado el día anteriror. Tiempo de sobra habría siempre para darle aquella mala noticia. Con la despreocupación propia de la 170 edad, no daba grande importancia a los temores de la anciana. Fatalista, como todos sus camaradas, creía que era inútil tratar de substraerse al destino que cada cual tenía de antemano asignado.

Cuando una hora después de la partida de su hijo, María de los Angeles abría la puerta, se quedó encantada de la radiante claridad que inundaba los 175 campos. Hacía mucho tiempo que sus ojos no veían una mañana tan hermosa. Un nimbo[12a] de oro circundaba el disco del sol que se levantaba sobre el horizonte, enviando a torrentes sus vívidos rayos sobre la húmeda tierra, de la que se desprendían por todas partes azulados y blancos vapores. La luz del astro, suave como una caricia, derramaba un soplo de vida sobre la naturaleza muerta. Ban-180 dadas de aves cruzaban, allá lejos, el sereno azul, y un gallo de plumas tornasoladas, desde lo alto de un montículo[13] de arena, lanzaba un alerta estridente cada vez que la sombra de un pájaro deslizábase junto a él.

Algunos viejos, apoyándose en bastones y muletas, aparecieron bajo los sucios corredores, atraídos por el glorioso resplandor que iluminaba el paisaje. 185 Caminaban despacio, estirando sus miembros entumecidos, ávidos de aquel tibio calor que fluía de lo alto.

---

[12a] Aureola, círculo.

[13] Pequeña elevación del terreno.

Eran los inválidos de la mina, los vencidos del trabajo. Muy pocos eran los que no estaban mutilados y que no carecían ya de un brazo y de una pierna. Sentados en un banco de madera que recibía de lleno los rayos del sol, sus pupi-
190 las fatigadas, hundidas en las órbitas, tenían una extraña fijeza. Ni una palabra se cruzaba entre ellos, y de cuando en cuando, tras una tos breve y cavernosa, sus labios cerrados se entreabrían para dar paso a un escupitajo[14] negro como la tinta.

Se acercaba la hora del mediodía, y en los cuartos las mujeres atareadas
195 preparaban las cestas de la merienda para los trabajadores, cuando el breve repique[15] de la campana de alarma las hizo abandonar la faena y precipitarse despavoridas fuera de las habitaciones.

En la mina el repique había cesado y nada hacía presagiar una catástrofe. Todo tenía allí el aspecto ordinario y la chimenea dejaba escapar sin interrupción
200 su enorme penacho[16] que se ensanchaba y crecía arrastrado por la brisa que lo empujaba hacia el mar.

María de los Angeles se ocupaba en colocar en la cesta destinada a su hijo la botella de café, cuando la sorprendió el toque de alarma y, soltando aquellos objetos, se abalanzó hacia la puerta frente a la cual pasaban a escape,[16a] con las fal-
205 das levantadas, grupos de mujeres seguidas de cerca por turbas de chiquillos que corrían desesperadamente en pos de sus madres. La anciana siguió aquel ejemplo: sus pies parecían tener alas, el aguijón del terror galvanizaba sus viejos músculos y todo su cuerpo se estremecía y vibraba como la cuerda del arco en su máximum de tensión.

210 En breve se colocó en primera fila y su blanca cabeza, herida por los rayos del sol, parecía atraer y precipitar tras sí a la masa sombría del harapiento rebaño.

Las habitaciones quedaron desiertas. Sus puertas y ventanas se abrían y se cerraban con estrépito impulsadas por el viento. Un perro atado en uno de los corredores, sentado en sus cuartos traseros, con la cabeza vuelta hacia arriba, de-
215 jaba oír un aullido lúgubre como respuesta al plañidero[16b] clamor que llegaba hasta él, apagado por la distancia.

Sólo los viejos no habían abandonado su banco calentado por el sol, y mudos e inmóviles seguían siempre en la misma actitud, con los turbios ojos fijos en un más allá invisible y ajenos a cuanto no fuera aquella férvida irradiación que
220 infiltraba en sus yertos[17] organismos un poco de aquella energía y de aquel tibio calor que hacía renacer la vida sobre los campos desiertos.

Como los polluelos que, percibiendo de improviso el rápido descenso del gavilán, corren lanzando pitíos[18] desesperados a buscar un refugio bajo las plumas erizadas de la madre, aquellos grupos de mujeres, con las cabelleras des-
225 trenzadas, gimoteando, fustigadas por el terror, aparecieron en breve bajo los brazos descarnados de la cabria,[19] empujándose y estrechándose sobre la húmeda plataforma. Las madres apretaban a sus pequeños hijos, envueltos en

---

[14] Saliva, flema o sangre escupida.
[15] El sonido.
[16] La masa de aire sobresaturado que sale de la chimenea.
[16a] Corriendo.

[16b] Lloroso.
[17] Tiesos, rígidos.
[18] Sonidos emitidos por los polluellos.
[19] Máquina para levantar pesos.

sucios harapos, contra el seno semidesnudo, y un clamor que no tenía nada de humano brotaba de las bocas entreabiertas, contraídas por el dolor.

230 Una recia barrera de maderos defendía por un lado la abertura del pozo y en ella fue a estrellarse parte de la multitud. En el otro lado unos cuantos obreros, con la mirada hosca, silenciosos y taciturnos, contenían las apretadas filas de aquella turba que ensordecía con sus gritos, pidiendo noticias de sus deudos, del número de muertos y del sitio de la catástrofe.

235 En la puerta de los departamentos de las máquinas se presentó, con la pipa entre los dientes, uno de los ingenieros, un inglés corpulento, de patillas[20] rojas, y con la indiferencia que da la costumbre, paseó una mirada sobre aquella escena. Una formidable imprecación[20a] lo saludó y centenares de voces aullaron:

—¡Asesinos, asesinos!

240 Las mujeres levantaban los brazos por encima de sus cabezas y mostraban los puños ebrias[21] de furor. El que había provocado aquella explosión de odio lanzó al aire algunas bocanadas de humo y, volviendo la espalda, desapareció.

La noticia que los obreros daban del accidente calmó un tanto aquella excitación. El suceso no tenía las proporciones de las catástrofes de otras veces: sólo 245 había tres muertos, de quienes se ignoraban aún los nombres. Por lo demás, y casi no había necesidad de decirlo, la desgracia, un derrumbe, había ocurrido en la galería del Chiflón del Diablo, donde se trabajaba hacía dos horas en extraer las víctimas, esperándose de un momento a otro la señal de izar[22] en el departamento de las máquinas.

250 Aquel relato hizo nacer la esperanza en muchos corazones devorados por la inquietud. María de los Angeles, apoyada en la barrera, sintió que la tenaza que mordía sus entrañas aflojaba sus férreos garfios. No era la suya esperanza, sino certeza: de seguro él no estaba entre aquellos muertos. Y reconcentrada entre sí misma, con ese feroz egoísmo de madre, oía casi con indiferencia los histéri-255 cos sollozos de las mujeres y sus ayes de desolación y angustia.

Entre tanto huían las horas y bajo las arcadas de cal y ladrillo la máquina inmóvil dejaba reposar sus miembros de hierro en la penumbra de los vastos departamentos, los cables, como los tentáculos de un pulpo, surgían estremecidos del pique hondísimo y enroscaban en la bobina sus flexibles y viscosos brazos; la 260 masa humana, apretada y compacta, palpitaba y gemía como una res desangrada y moribunda, y arriba, por sobre la campiña inmensa, el sol, traspuesto ya el meridiano, continuaba lanzando los haces centelleantes de sus rayos tibios y una calma y serenidad celestes se desprendían del cóncavo espejo del cielo azul y diáfano, que no empañaba una nube.

265 De improviso el llanto de las mujeres cesó: un campanazo seguido de otros tres resonaron lentos y agitó la muchedumbre que siguió con avidez las oscilaciones del cable que subía, en cuya extremidad estaba la terrible incógnita que todos ansiaban y temían descifrar.

---

[20] Porción de barba en los lados de la cara.

[20a] Insulto.

[21] Ciegas, apasionadas.

[22] Levantar.

Un silencio lúgubre, interrumpido apenas por uno que otro sollozo, reinaba
270 en la plataforma y el aullido lejano se esparcía en la llanura y volaba por los aires,
hiriendo los corazones como un presagio de muerte.

Algunos instantes pasaron, y de pronto la gran argolla de hierro que corona
la jaula[23] asomó por sobre el brocal.[24] El ascensor se balanceó un momento y
luego se detuvo sujeto por los ganchos del reborde superior.

275 Dentro de él algunos obreros con las cabezas descubiertas rodeaban una
carretilla negra de barro y de polvo de carbón.

Un clamoreo inmenso saludó la aparición del fúnebre carro, la multitud se
arremolinó, y su loca desesperación dificultaba enormemente la extracción de los
cadáveres. El primero que se presentó a las ávidas miradas de la turba estaba fo-
280 rrado en mantas, y sólo dejaba ver los pies descalzos, rígidos y manchados de
lodo. El segundo que siguió inmediatamente al anterior tenía la cabeza desnuda:
era un viejo de barba y cabellos grises.

El tercero y último apareció a su vez. Por entre los pliegues de la tela que lo
envolvía asomaban algunos mechones de pelos rojos que lanzaban a la luz del sol
285 un reflejo de cobre recién fundido. Varias voces profirieron con espanto:

—¡El Cabeza de Cobre!

El cadáver, tomado por los hombros y por los pies, fue colocado trabajosamente en la camilla que lo aguardaba.

María de los Angeles, al percibir aquel lívido rostro y esa cabellera que
290 parecía empapada en sangre, hizo un esfuerzo sobrehumano para abalanzarse
sobre el muerto; pero apretada contra la barrera, sólo pudo mover los brazos, en
tanto que un sonido inarticulado brotaba de su garganta.

Luego, sus músculos se aflojaron, los brazos cayeron a lo largo del cuerpo y
permaneció inmóvil en el sitio como herida por el rayo.

295 Los grupos se apartaron y muchos rostros se volvieron hacia la mujer,
quien, con la cabeza doblada sobre el pecho, sumida en una insensiblidad absoluta, parecía absorta en la contemplación del abismo abierto a sus pies.

Jamás se supo cómo salvó la barrera; detenida por los cables niveles, se la
vio por un instante agitar sus piernas descarnadas en el vacío, y luego, sin un
300 grito, desaparecer en el abismo. Algunos segundos después, un ruido sordo, lejano, casi imperceptible, brotó de la hambrienta boca del pozo, de la cual se
escapaban bocanadas de tenues vapores: era el aliento del monstruo ahito[25] de
sangre en el fondo de su cubil.[26]

## ■ Preguntas generales

1. ¿Cuál era la vinculación de Lillo con las minas?
2. Describa la obra de algunos autores leídos por Lillo y explique cómo influyó Zola en el escritor chileno.
3. ¿Qué diferencia hay entre los personajes de los dos libros de cuentos de
   Lillo?

---

[23] Se refiere al ascensor.
[24] Boca del pozo de la mina.

[25] Saciado, harto.
[26] Sitio donde duermen las fieras.

4. ¿Qué le ha otorgado permanencia a la obra de este autor?
5. ¿Qué entiende Ud. por "criollismo"? ¿Encaja o no la obra de Lillo dentro de este apartado? Explique su respuesta.

### ■ Preguntas de análisis

1. ¿Cuál es el dilema que se les presenta a Cabeza de Cobre y a su compañero? ¿Por qué se le llama así al Chiflón del Diablo?
2. ¿Cómo se describe a los viejos mineros y a las mujeres? ¿Qué función tienen estas descripciones dentro del cuento?
3. ¿Quién es María de los Angeles y qué relación puede Ud. establecer entre su pasado y el desenlace del cuento?
4. ¿Cómo está representada la naturaleza y cuál es su importancia?
5. ¿Cómo caracteriza Lillo la mina?
6. ¿Cuál es la actitud de los administradores hacia los mineros?

### ■ Temas para informes escritos

1. *Germinal* de Zola y su influencia en *Sub-terra.*
2. Lillo y la "generación de 1900" en Chile.
3. Exponga las ideas del naturalismo literario según se manifiestan en "La compuerta número 12".
4. Lillo y su contribución a la narrativa realista.
5. Los mineros de Chile a comienzos de siglo y su representación literaria en los cuentos de Lillo.

### ■ Temas de reflexión y comentario

1. Las luchas sociales en Chile a comienzos del siglo XX.
2. La formación intelectual de Lillo.
3. La "fiebre de oro" de California (1848) y su impacto en Chile.
4. Seguidores literarios de Lillo en Chile.
5. ¿Baldomero Lillo, un Emile Zola americano?

# LEOPOLDO LUGONES

1874, Pcia. de Córdoba,
Argentina—1938, Pcia. de Buenos
Aires, Argentina

Leopoldo Lugones, destacado poeta, escritor de ficción, educador y ensayista, fue una de las más importantes figuras del modernismo, a cuya renovación contribuyó con una rica y variada producción poética. Nació en Villa de Santa María del Río Seco, en la provincia de Córdoba, donde vivió hasta los nueve años. En la ciudad de Córdoba completó su educación secundaria y se inició en la creación literaria y en el periodismo, actividades a las que continuó dedicándose, desde 1896, en Buenos Aires. Muy pronto se vinculó Lugones al grupo de escritores y poetas jóvenes influidos por los ideales y por la obra de Rubén Darío, quien acababa de publicar sus *Prosas profanas* (1896) en la capital porteña. Al mismo tiempo, Lugones se unió a la causa socialista, escribiendo para los periódicos *La Vanguardia y La Montaña,* el segundo de los cuales ayudó él mismo a fundar. Sus convicciones políticas cambiaron luego, y en los últimos años adoptó posiciones conservadoras y militaristas.

El primer libro de Lugones, *Las montañas de oro* (1897), en el que se observan resabios románticos, un sensualismo pagano y cierta rebeldía, muestra que el joven poeta compartía la influencia, común a las distintas generaciones de modernistas, de Victor Hugo, Poe y Baudelaire. *Los crepúsculos del jardín* (1905) es, por otra parte, la más modernista de sus colecciones poéticas. De mayor sutileza en tono e imágenes que la anterior, en esta última convergen la forma parnasiana, con la musicalidad y el colorido del simbolismo. Algunos de sus poemas, como "Delectación morosa" y "El solterón", son particularmente apreciados por antólogos y críticos. En su obra posterior, *Lunario sentimental* (1909), Lugones expandió el horizonte modernista mediante innovadores procedimientos metafóricos y con el empleo del verso libre, dando muestras de una original fantasía, de gracia y humor. *Lunario sentimental* reúne poesía, cuentos, églogas y breves piezas dramáticas, todos ellos relacionados por el tema lunar y por un humor desmitificador que destruye las imágenes románticas de la luna. Esta colección coloca al poeta argentino entre los precursores del futuro vanguardismo.

Después de *Lunario,* Lugones abandonó la experimentación formal de sus obras anteriores. Los poemas de *Odas seculares* (1910), compuestos en ocasión del primer centenario de la independencia argentina, celebran la riqueza del suelo, el variado paisaje y los personajes y hechos heroicos de la historia nacional. Con excepción de *El libro fiel* (1912), colección de poemas de amor dedicada a su esposa, el resto de su producción continúa y diversifica la temática de las *Odas.* La belleza de árboles, pájaros y flores, las impresiones visuales, auditivas y olfativas de una tormenta de verano, son parte del mundo rural que presenta en *El libro de los paisajes* (1917) y en *Horas doradas* (1922). En los años siguientes, los motivos campestres convergen con el interés de Lugones por el pasado heroico y por la poesía épica capaz de evocarlo. Así escribió el *Romancero* (1924), los *Poemas solariegos* (1928) y su obra póstuma, *Romances del Río Seco* (1938).

Aunque aquí sólo hemos presentado selecciones de su obra poética, deben también señalarse otras contribuciones importantes de Lugones a la literatura. Del mismo modo que Martí, Darío y otros modernistas, Lugones escribió obras de un tipo de narrativa considerada como artística. Ejemplo de ésta es *La guerra gaucha* (1905), serie de episodios históricos de carácter más épico que novelesco que recrean la vida y las hazañas de Martín Güemes, el heroico gaucho que defendió con sus montoneros el noreste argentino en la guerra por la independencia. *Las fuerzas extrañas* (1906), totalmente distinta de la obra anterior, aunque también de filiación modernista, es una colección de cuentos que ha contribuido al desarrollo del relato fantástico en Hispanoamérica. En ella es evidente la fascinación del autor por lo oculto y la experimentación científica. Sin duda influido por Poe, Lugones logra, sin embargo, un alto grado de originalidad y maestría en cuentos como "La lluvia de fuego", "Los caballos de Abdera" y, particularmente, en "Yzur".

La producción ensayística de Lugones abarca temas culturales, educativos y políticos. De personalidad fuerte y polémica, tuvo actuación en casi todos lo campos de la vida cultural argentina. Su contribución más valiosa reside, sin embargo, en su obra poética.

### ■ Bibliografía mínima

Báez Báez, Edith María. "El erotismo como forma de armonía en 'Los doce gozos' (*Los crepúsculos del jardín*) de Leopoldo Lugones". *Hispanic Journal* 17.2 (1996): 221–33.

Forster, Merlin H. "Leopoldo Lugones". *Latin American Writers*. Eds. Carlos A. Solé y Maria Isabel Abreu. Vol. 2. New York: Scribner's, 1989. 493–502.

"Homenaje a Leopoldo Lugones (1874–1938)". *Revista Iberoamericana* 30 (1964).

Kason, Nancy M. "The Fantastic Stories in *Las fuerzas extrañas* by Leopoldo Lugones". *The Shape of the Fantastic*. Ed. Olena H. Saciuk. New York: Greenwood, 1990. 93–99.

Lugones, Leopoldo. *Antología poética*. Selección e introducción de Jorge Luis Borges. Madrid: Alianza Editorial, 1982.

Marún, Gioconda. "La presencia de Lugones en Borges". *Palabra y Persona* 3.6 (1999): 69–75.

Premat, Julio. "*Lunario sentimental* o la palabra inhallable: reflexiones sobre la profusión lugoniana". *Revista de Crítica Literaria Latinoamericana* 23.46 (1997): 199–210.

Rocha, Carolina. "Lugones: crítica y construcción del sujeto nacional". *Tropos* 26 (2000): 25–35.

Scari, Robert M. "Algunos procedimientos técnicos y temáticos del *Lunario sentimental,* de Leopoldo Lugones". *Cuadernos Hispanoamericanos* 263–64 (1972): 369–97.

# Los crepúsculos del jardín (1905)

### DELECTACION MOROSA

La tarde, con ligera pincelada
que iluminó la paz de nuestro asilo,
apuntó en su matiz crisoberilo[1]
una sutil decoración morada.

5 Surgió enorme la luna en la enramada;
las hojas agravaban su sigilo,[2]
y una araña en la punta de su hilo,
tejía sobre el astro, hipnotizada.

Poblóse de murciélagos el combo[3]
10 cielo, a manera de chinesco biombo;
tus rodillas exangües[4] sobre el plinto[5]

manifestaban la delicia inerte,
y a nuestros pies un río de jacinto
corría sin rumor hacia la muerte.

# Lunario sentimental (1909)

### DIVAGACION LUNAR

Si tengo la fortuna
de que con tu alma mi dolor se integre,
te diré entre melancólico y alegre
las singulares cosas de la luna.

5 Mientras el menguante[6] exiguo
a cuyo noble encanto ayer amaste,
aumenta su desgaste
de cequín[7] antiguo,
quiero mezclar a tu champaña
10 como un buen astrónomo teórico,
su luz, en sensación extraña
de jarabe hidroclórico.[8]
Y cuando te envenene la pálida mixtura

---

[1] Piedra preciosa de color verde amarillento.
[2] Secreto con que se trata una cosa. También se usa para significar silencio.
[3] Curvado.
[4] Exánimes, muertas.
[5] Basamento cuadrado, de poca altura, sobre el que se asienta una columna. También se usa con el significado de pedestal, que es el que tiene en este poema.
[6] Se aplica a lo que está menguando, disminuyendo, particularmente a la luna.
[7] Cequí, antigua moneda de oro.
[8] Con ácido clorhídrico, que es un ácido muy corrosivo.

como a cualquier romántica Eloísa o Irene,[9]
15 tu espíritu de amable criatura
buscará una secreta higiene
en la pureza de mi desventura.

Amarilla y flacucha,
la luna cruza el azul pleno,
20 como una trucha
por un estanque sereno,
y su luz ligera,
indefiniendo asaz tristes arcanos,[10]
pone una mortuoria translucidez de cera
25 en la gemela nieve de tus manos.

Cuando aún no estaba la luna, y afuera
como un corazón poético y sombrío
palpitaba el cielo de primavera,
la noche, sin ti, no era
30 más que un obscuro frío.
Perdida toda forma, entre tanta
obscuridad, eras sólo un aroma;
y el arrullo[11] amoroso ponía en tu garganta
una ronca dulzura de paloma.
35 En una puerilidad de tactos quedos,[12]
la mirada perdida en una estrella,
me extravié en el roce de tus dedos.
Tu virtud fulminaba como una centella[13]...
Mas el conjuro[14] de los ruegos vanos
40 te llevó al lance dulcemente inicuo,
y el coraje se te fue por las manos
como un poco de agua por un mármol oblicuo.

La luna fraternal, con su secreta
intimidad de encanto femenino,
45 al definirte hermosa te ha vuelto coqueta.

---

[9] Eloísa (1101–64) fue la protagonista de una desdichada historia de amor con Pedro Abelardo (1079–1142), su maestro de filosofía. Castigado Abelardo con la castración, se hizo religiosa y vivieron separados, pero mantuvieron su relación a través de un apasionado epistolario. Esta figura ha inspirado a numerosos escritores, entre ellos Jean Jacques Rousseau. En cuanto a Irene, Lugones puede referirse a la última tragedia escrita por Voltaire, titulada *Irène* (1778), o al poema, mucho más romántico, de François Coppée *La Tête de la Sultane* (1878), en el que una joven griega muere por orden de su enamorado y dueño, el sultán, para que éste pueda acallar a los que lo critican por haber abandonado el gobierno por el amor.

[10] Secretos; misterios.

[11] Acción de arrullar. Deleitar y adormecer a alguien con un sonido agradable.

[12] Silenciosos, calmos.

[13] Rayo.

[14] Acción, como de magia, de palabras, gestos, presencia o cosa semejante.

Sutiliza tus maneras un complicado tino;[15]
en la lunar presencia,
no hay ya ósculo[16] que el labio al labio suelde;
y sólo tu seno de audaz incipiencia,
50 con generosidad rebelde
continúa el ritmo de la dulce violencia.

  Entre un recuerdo de Suiza
y la anécdota de un oportuno primo
tu crueldad virginal se sutiliza;
55 y con sumisión postiza
te acurrucas[17] en pérfido mimo,[18]
como un gato que se hace una bola
en la cabal redondez de su cola.

  Es tu ilusión suprema
60 de joven soñadora,
ser la joven mora
de un antiguo poema.
La joven cautiva que llora
llena de luna, de amor y de sistema.

65   La luna enemiga
que te sugiere tanta mala cosa,
y de mi brazo cordial te desliga,
pone un detalle trágico en tu intriga
de pequeño mamífero rosa.
70 Mas el amoroso reclamo
de la tentación, en tu jardín alerta,
tu grácil juventud despierta
golosa de caricia y de *Yoteamo*.
En el albaricoque
75 un tanto marchito de tu mejilla,
pone el amor un leve toque
de carmín, como una lucecilla.
Lucecilla que a medias con la luna
tu rostro excava en escultura inerte,
80 y con sugestión oportuna
de pronto nos advierte
no sé qué próximo estrago,[19]
como el rizo anacrónico de un lago
anuncia a veces el soplo de la muerte...

---

[15] Habilidad.
[16] Beso.
[17] Ponerse (aplicado a personas) doblado y encogido, ocupando el menos espacio posible.
[18] Zalamería o afectación.

[19] Destrozo o daño muy grande.

# Odas seculares (1910)

### A LOS GAUCHOS

Raza valerosa y dura
que con pujanza silvestre
dio a la patria en garbo[20] ecuestre
su primitiva escultura.
5  Una terrible ventura
va a su sacrificio unida,
como despliega la herida
que al toro desfonda el cuello,
en el raudal[21] del degüello
10  la bandera de la vida.

Es que la fiel voluntad
que al torvo[22] destino alegra,
funde en vino la uva negra
de la dura adversidad.
15  Y en punto de libertad
no hay satisfacción más neta,
que medírsela completa[23]
entre riesgo y corazón,
con tres cuartas de facón[24]
20  y cuatro pies de cuarteta.[25]

En la hora del gran dolor
que a la historia nos paría,
así como el bien del día
trova el pájaro cantor,
25  la copla del payador[26]
anunció el amanecer,
y en el fresco rosicler[27]
que pintaba el primer rayo,
el lindo gaucho de Mayo[28]
30  partió para no volver.

---

[20] Gallardía.
[21] Torbellino.
[22] Terrible, feroz.
[23] Medirse: competir con alguien en fuerza, habilidad o inteligencia. "Medírsela completa" aquí significa medirse resueltamente, con toda la fuerza necesaria.
[24] Puñal, cuchillo grande de punta aguda.
[25] Estrofa de cuatro versos de ocho o menos sílabas métricas.
[26] Cantor y poeta popular que improvisaba composiciones poéticas en las pulperías, ranchos campesinos y fiestas populares. Acompañaba sus versos con música de guitarra.
[27] Color rosado de la aurora.
[28] Esta es una referencia al 25 de mayo de 1810, fecha en la que los ciudadanos de Buenos Aires proclamaron su autonomía del poder español. Lugones evoca aquí, así como también en *La guerra gaucha* (1905), la participación de los gauchos en la lucha por la independencia.

Así salió a rodar tierra
contra el viejo vilipendio,[29]
enarbolando el incendio
como estandarte de guerra.
35 Mar y cielo, pampa y sierra,
su galope al sueño arranca,
y bien sentada en el anca
que por las cuestas se empina,
le sonría su *Argentina*
40 linda y fresca, azul y blanca.[30]

Desde Suipacha a Ayacucho[31]
se agotó en el gran trabajo,
como el agua cuesta abajo
por haber corrido mucho;
45 mas siempre garboso y ducho[32]
aligeró todo mal,
con la gracia natural
que en la más negra injusticia
salpicaba su malicia
50 clara y fácil como un real.

Luego al amor del caudillo
siguió, muriendo admirable,
con el patriótico sable
ya rebajado a cuchillo;
55 pensando, alegre y sencillo,
que en cualesquiera ocasión,
desde que cae al montón
hasta el día que se acaba,
pinta el culo de la taba[33]
60 la existencia del varón.

Su poesía es la temprana
gloria del verdor campero
donde un relincho ligero
regocija la mañana.
65 Y la morocha[34] lozana
de sediciosa cadera,
en cuya humilde pollera[35]

---

[29] Acción de vilipendiar: denigrar, insultar o mostrar desprecio con palabras o actos. Humillación y deshonra que resultan para el que es vilipendiado.

[30] Los colores de la bandera argentina.

[31] Suipacha, en Bolivia, donde los argentinos derrotaron a las fuerzas españolas en 1810; Ayacucho, en Perú, donde tuvo lugar la victoria definitiva que puso fin a la dominación española en la América del Sur (1824).

[32] Hábil.

[33] La taba es un pequeño hueso reseco de animal que el gaucho usa para echar la suerte; el culo de la taba es el extremo del perdedor.

[34] Morena.

[35] Falda de mujer, saya.

primicias de juventud
nos insinuó la inquietud
70 de la loca primavera.

Su recuerdo, vago lloro
de guitarra sorda y vieja,
a la patria no apareja
preocupación ni desdoro.[36]
75 De lo bien que guarda el oro
el guijarro es argumento;
y desde que el pavimento
con su nivel sobrepasa,
va sepultando la casa
80 las piedras de su cimiento.

# El libro de los paisajes (1917)

## *SALMO PLUVIAL*

### TORMENTA

Érase una caverna de agua sombría el cielo;
el trueno, a la distancia, rodaba su peñón;
y una remota brisa de conturbado[37] vuelo,
se acidulaba[38] en tenue frescura de limón.

5 Como caliente polen exhaló el campo seco
un relente[39] de trébol lo que empezó a llover.
Bajo la lenta sombra, colgada en denso fleco,
se vio al cardal con vívidos azules florecer.

Una fulmínea[40] verga[41] rompió el aire al soslayo;
10 sobre la tierra atónita cruzó un pavor mortal,
y el firmamento entero se derrumbó en un rayo,
como un inmenso techo de hierro y de cristal.

### LLUVIA

Y un mimbreral vibrante fue el chubasco[42] resuelto
que plantaba sus líquidas varillas al trasluz,
o en pajonales[43] de agua se espesaba revuelto,
descerrajando[44] al paso su pródigo arcabuz.[45]

---

[36] Deshonor, desprestigio.
[37] Revuelto, turbulento.
[38] Acidularse: volverse ligeramente ácido.
[39] Frescura, humedad atmosférica.
[40] Se aplica a lo que participa de las cualidades del rayo.
[41] Arco de la ballesta.
[42] Aguacero. Lluvia de más o menos violencia, que sólo dura unos momentos.
[43] Yerbazal, en general todo sitio abundante en malezas, paja brava y vegetación similar, que crece en lugares bajos y húmedos.
[44] Descerrajar: disparar, descargar.
[45] Arma de fuego antigua, semejante al fusil.

5  Saltó la alegre lluvia por taludes[46] y cauces;
descolgó del tejado sonoro caracol;
y luego, allá a lo lejos, se desnudó en los sauces,
transparente y dorada bajo un rayo de sol.

### CALMA

Delicias de los árboles que abrevó el aguacero.
Delicia de los gárrulos[47] raudales en desliz.
Cristalina delicia del trino del jilguero.
Delicia serenísima de la tarde feliz.

### PLENITUD

El cerro azul estaba fragante de romero,
y en los profundos campos silbaba la perdiz.

### EL JILGUERO

En la llama del verano
que ondula con los trigales,
sus regocijos triunfales
canta el jilguerillo ufano.[48]

5  Canta, y al son peregrino
de su garganta amarilla,
trigo nuevo de la trilla
tritura el vidrio del trino.

Y con repentino vuelo
que lo arrebata, canoro[49],
10  como una pavesa[50] de oro
cruza la gloria del cielo.

## ■ Preguntas generales

1. ¿Qué circunstancias favorecieron la identificación de Lugones con el modernismo?
2. ¿Cuáles fueron los campos de la cultura y de la vida pública en los que se destacó Lugones?
3. ¿En qué aspectos de su poesía fue precursor del vanguardismo?
4. ¿Cómo pueden caracterizarse los cambios que se producen en su poesía desde *Odas seculares*?
5. ¿A qué géneros literarios contribuyó con su obra?

---

[46] Pendientes de un terreno.
[47] Delgados.
[48] Contento y orgulloso.
[49] Generalmente usado como epíteto, se aplica a las aves o pájaros que cantan o a los pájaros en general.

[50] Chispa encendida que salta de una materia inflamada y se reduce pronto a ceniza.

## ■ Preguntas de análisis

1. ¿Qué rasgos modernistas se observan en "Delectación morosa"?
2. ¿Con qué recursos destruye el texto de "Divagación lunar" las imágenes románticas de la luna?
3. ¿Qué cualidades humanas subraya Lugones en su retrato del gaucho? ¿Cómo valora en su poema "A los gauchos" la participación de éstos en la historia y la cultura argentinas?
4. ¿Cómo describiría Ud. la visión de la naturaleza reflejada en "Salmo pluvial"? ¿Qué indica el título de este poema?
5. ¿Qué imágenes predominan en "El jilguero"?

## ■ Temas para informes escritos

1. El humor y la fantasía de *Lunario sentimental.*
2. La naturaleza y el paisaje en la poesía de Lugones.
3. Los temas históricos en la obra de Lugones.
4. Los cuentos fantásticos de Lugones.
5. La tradición hispánica en el *Romancero*, los *Poemas solariegos* y los *Romances de Río Seco.*

## ■ Temas de reflexión y comentario

1. *Los crepúsculos del jardín*: aspectos que comparte con el modernismo de Rubén Darío.
2. Anticipos de una nueva expresión poética en *Lunario sentimental.*
3. El canto a la naturaleza en Lugones, y su exaltación de la flora y de la fauna, una temática que, en Hispanoamérica, tiene antecedentes en Andrés Bello y en Darío.
4. El gaucho y el concepto de patria en la obra de Lugones.
5. La relación entre la obra de Lugones y su nacionalismo político.

# Continuidad y ruptura: hacia una nueva expresión

1910–1960

## 4.1 La Revolución Mexicana y su impacto

El siglo XX se abrió en Hispanoamérica con un acontecimiento que estremecería la estructura social, política y económica de uno de sus países más importantes y que tendría un gran impacto en el mundo hispanohablante: la Revolución Mexicana. Después de treinta y cinco años en el poder, el dictador Porfirio Díaz fue derrocado (1911) por un terrateniente idealista, Francisco I. Madero, que el 20 de noviembre de 1910 proclamó el comienzo de la Revolución. La lucha armada se intensificó cuando Madero fue asesinado por generales traidores, y terminó en los primeros años de la década de los veinte, después de que la Constitución de 1917 había hecho ley muchas de las reivindicaciones por las cuales los mexicanos habían luchado. Entre los caudillos de la etapa bélica de la Revolución sobresalieron Pancho Villa y Emiliano Zapata. El primero, jefe de la División del Norte, se dio a conocer por los audaces ataques de los "Dorados", su valiente caballería; el segundo, jefe del Ejército Libertador del Sur, se destacó por ser el líder del movimiento que con el lema "Tierra y libertad" exigía la reforma agraria. En la etapa legislativa de la Revolución sobresalieron Venustiano Carranza y Alvaro Obregón. Carranza convocó la Asamblea Constituyente que produjo la carta magna mexicana de 1917; por su parte, Obregón exigió leyes más radicales en cuanto a la redistribución de la tierra y al sistema de trabajo en el campo y la ciudad. Posteriormente, cuando Obregón llegó a ser presidente (1920–24), llevó a cabo trascendentales reformas en el sistema educacional bajo la supervisión de José Vasconcelos (1882–1959), su Secretario de Educación Pública.

***4.1.1 El Ateneo de la Juventud.*** Como es frecuente en Hispanoamérica, los intelectuales mexicanos de la época revolucionaria desempeñaron un papel clave en el proceso de cambio social. Gracias a sus esfuerzos, comenzó la revisión del pensamiento positivista* cuyos postulados habían sido utilizados por los partidarios de Porfirio Díaz para ofrecerle una justificación "científica" al largo régimen dictatorial. En 1909, José Vasconcelos, Antonio Caso (1883–1946), Alfonso Reyes (1889–1959), Pedro Henríquez Ureña (1884–1946) y otros, fundaron el Ateneo de la Juventud (1909–14), importante centro de renovación artística dedicado al estudio de las humanidades. Gracias a la labor de este grupo llegaron a México nuevas ideas filosóficas que contribuirían a darle otro giro político y cultural al país. Interesado en que todos los mexicanos participaran en este desarrollo humanístico, el Ateneo de la Juventud promovió tempranamente el concepto de la cultura como bien público.

Entre los ateneístas más distinguidos se encontraban: José Vasconcelos, futuro Secretario de Educación Pública y autor de una importante obra ensayística en la que sobresale el estudio *La raza cósmica*; Alfonso Reyes, poeta, ensayista, crítico literario y traductor, cuya vasta erudición se hizo evidente en libros como *El deslinde* donde se esforzó por definir la literatura, en ensayos interpretativos de lo americano tales como *Ultima Tule* y en evocaciones líricas cercanas al poema en prosa como *Visión de Anábuac*; y Pedro Henríquez Ureña, investigador, crítico literario y educador cuya obra, *Seis ensayos en busca de nuestra expresión*, manifiesta su vocación americanista.

**4.1.2 *La revisión de la historia.*** Los miembros del Ateneo no sólo dieron a conocer nuevas figuras literarias o ideas filosóficas, sino que, conscientes de la importancia de la educación en el proceso de cambio social, trataron de educar al pueblo para que éste pudiera participar de lleno en la vida del país. Estas inquietudes tuvieron su impacto más allá de México y condujeron a los escritores hispanoamericanos a examinar detenidamente la historia del continente a fin de poder comprender mejor sus problemas. Así surgió una de las importantes direcciones del ensayo contemporáneo. Dentro de ella se destacan: la obra del argentino Ezequiel Martínez Estrada (1895–1964), cuya *Radiografía de la Pampa* (1933) ofrece una interpretación crítica de la historia de su patria; la del cubano Jorge Mañach (1899–1961), que en *Indagación del choteo* (1928) analiza un aspecto del carácter nacional; y la del peruano José Carlos Mariátegui (1894–1930), cuyos *Siete ensayos de interpretación de la realidad peruana* constituyen una novedosa adaptación de las doctrinas filosóficas y políticas que el autor había estudiado en Europa.

**4.1.3 *La narrativa revolucionaria.*** A raíz de los sucesos mexicanos y también debido a la influencia de la Revolución Rusa (1917), los marginados y especialmente los indígenas pasaron a formar parte integral de la literatura hispanoamericana. Estos ya no aparecían descritos como figuras decorativas que daban el toque local, sino como víctimas de una injusta estructura económica y social contra la que estaban dispuestos a luchar para ver realizadas sus aspiraciones. Dentro de esta corriente se destaca *Los de abajo* (1915), novela de Mariano Azuela (1873–1952) con la cual se abrió el ciclo de la narrativa de la Revolución Mexicana. Pertenecieron a la primera etapa de este ciclo creadores que habían participado directamente en la contienda, tales como Martín Luis Guzmán (1887–1976), quien en *El águila y la serpiente* (1928) nos dejó un retrato vívido de Pancho Villa y a la vez caracterizó la violencia de la guerra fratricida; y José Rubén Romero (1890–1952) autor de *Apuntes de un lugareño* (1932), novela que describe los trágicos efectos de la Revolución en una zona remota de México. Vale notar que Romero es más conocido por *La vida inútil de Pito Pérez* (1938), narración que reelabora, como antes había hecho *El Periquillo Sarniento* de Fernández Lizardi (ver pp. 86–92), el modelo de la novela picaresca tan popular en España durante el siglo XVII.

**4.1.4 *La narrativa posrevolucionaria.*** La segunda etapa de este ciclo está integrada por escritores que, sin haber participado en el conflicto bélico, y que desde una perspectiva histórica distante, examinaron los acontecimientos más objetivamente. Entre ellos se encuentran Gregorio López y Fuentes (1895–1967), cuya novela *El indio* (1935) es una protesta contra los abusos cometidos en perjuicio de este sector de la población; Agustín Yáñez (1904–80) cuya obra más conocida, *Al filo del agua* (1947), cuenta la vida de los habitantes de un pueblecito de Jalisco antes de la Revolución; Nellie Campobello (1900–86), autora de la colección de cuentos *Cartucho* (1931), donde se describen personajes y sucesos del acontecer revolucionario tal y como los había visto la autora cuando era niña; y Juan Rulfo (1918–86), uno de los escritores más admirados de Hispanoamérica. En los relatos recogidos en *El llano en llamas* (1953), Rulfo configuró, con un estilo a la vez lírico y objetivo, un mundo de miseria donde la situación de "los de abajo" no había cambiado; en la novela *Pedro Páramo,* el autor, influido por nuevas corrientes literarias, presentó una visión mítica de los hechos, y abandonó la secuencia temporal del relato. En la breve obra de Juan Rulfo —una colección de cuentos y una novela— las letras hispanoamericanas llegaron a uno de sus puntos más altos.

**4.1.5 La narrativa de la Revolución Mexicana y su aporte.** La narrativa de la Revolución Mexicana rompió los esquemas tradicionales de varios modos. A veces, el protagonista individual fue sustituido por un protagonista colectivo— la masa, el pueblo— o por la Revolución misma. El narrador pasó a un plano secundario, y los hechos aparecieron como vistos por una lente cinematográfica; la descripción de personajes y lugares estaba totalmente integrada a la función narrativa. Las obras de ambas etapas del ciclo de la Revolución Mexicana están marcadas por el pesimismo y por un presentimiento de tragedia. Los personajes aparecen condenados a la destrucción en el conflicto bélico, al hastío y a la asfixia de la vida provinciana, o al desencanto y a la humillación frente a la frustración del proceso de cambio social.

## 4.2 Más allá del modernismo*

Tradicionalmente, el conocido poema "Tuércele el cuello al cisne" (1910) del mexicano Enrique González Martínez (1871–1952), ha servido para marcar la frontera entre el modernismo y variadas manifestaciones literarias posteriores. El modernista mexicano criticó en estos versos a los imitadores serviles de Martí, Darío y Lugones que utilizaron hasta el desgaste los símbolos más visibles de ese movimiento. Además, como se ha señalado en el capítulo anterior, el modernismo va más allá de los cisnes y los lagos, las princesas y los palacios, las joyas y los colores. Fue un movimiento de renovación y búsqueda que marcó en la cultura y las letras hispanoamericanas el profundo cambio hacia la modernidad.*

**4.2.1 Coexistencia del modernismo, posmodernismo* y vanguardismo.** Es posible explicar la perdurabilidad del modernismo en función de este deseo de renovación que lo llevó a combinar las tradiciones más disímiles con absoluta libertad. Así, sustentadas por lo que éste tenía de carácter innovador, surgieron dos direcciones importantes en la poesía hispanoamericana. La primera, conocida como posmodernismo, buscaba la sencillez y la expresión de las emociones; influida por el vanguardismo europeo, la segunda llevaría hasta sus últimas consecuencias la búsqueda de la originalidad y la universalidad ya impulsada por los modernistas. Por su complejidad e importancia el vanguardismo se estudiará en un apartado diferente. Conviene recordar que, como ocurrió en épocas anteriores, éstas y otras tendencias más evidentes en el desarrollo de la narrativa coexistieron y se entrecruzaron, dándole un carácter muy variado a la literatura hispanoamericana de las primeras décadas del siglo XX.

**4.2.2  El posmodernismo en la poesía.**  La característica más importante de la poesía posmodernista es su deseo de expresar los sentimientos en la forma más sencilla posible. Con frecuencia tal deseo hizo que los poemas cayeran en el prosaísmo o que tuvieran un tono irónico y sentimental. En contraste con la época modernista, se ponía ahora más énfasis en dar a conocer la profundidad de las emociones, que en la manera de expresarlas.

Entre los posmodernistas más destacados se encuentran: el peruano José M. Eguren (1874–1942), con versos de extraño encanto; el puertorriqueño Luis Lloréns Torres (1874–1944), renovador de la poesía en su país; Carlos Pezoa Véliz (1879–1908), iniciador del posmodernismo en Chile; el colombiano Porfirio Barba Jacob (1880–1942), con poemas en los que se refleja una actitud de desesperanza; la uruguaya María Eugenia Vaz Ferreira (1880–1925), cuya lírica muestra un fuerte conflicto con el ambiente; el argentino Baldomero Fernández Moreno (1886–1950), iniciador del sencillismo poético en su patria; Ramón López Velarde (1888–1921), quien llevó temas provincianos a la poesía de México; el venezolano Andrés Eloy Blanco (1897–1955), que en sus poemas se aprovechó de mitos y leyendas populares; y la cubana Dulce María Loynaz (1902–97), con versos y narraciones de acento íntimo.

Uno de los momentos más importantes del posmodernismo está representado por la lírica de Delmira Agustini (1886–1914), Gabriela Mistral (1889–1957), Alfonsina Storni (1892–1938) y Juana de Ibarbourou (1895–1979). La expresión sincera de los sentimientos es la nota más característica de esta poesía. El empleo de atrevidas imágenes eróticas y del cuerpo como tema poético por Juana de Ibarbourou y Delmira Agustini bien podría interpretarse como una forma de mostrar la rebeldía contra la sociedad patriarcal que por tanto tiempo mantuvo a la mujer fuera del quehacer intelectual. De modo muy explícito Alfonsina Storni dio expresión en sus versos a esta frustración femenina y reclamó para la mujer un lugar justo en la sociedad de su época. Sobre todos los poetas del posmodernismo descolló Gabriela Mistral, ganadora del Premio Nobel (1945); la escritora chilena dio expresión universal al sentimiento amoroso, el cual, en las diferentes etapas de su obra, se extendió del ser amado a la humanidad toda.

**4.2.3  Direcciones de la narrativa.**  En la narrativa de las tres primeras décadas del siglo XX, además de lo ya notado al comentar algunas novelas de la Revolución Mexicana, se encuentran las siguientes direcciones: 1) el cultivo de una prosa poética muy cuidada; 2) la obsesión con los problemas psicológicos y filosóficos; 3) el estudio del individuo en las grandes ciudades; 4) el deseo de describir el paisaje, la tierra y los tipos humanos de una región particular; y 5) la preocupación por los explotados. Las dos últimas direcciones señaladas dieron lugar a la novela regionalista e indigenista. En líneas generales, el predominio del realismo tradicional caracterizó las novelas de esta época.

**4.2.3.1  La prosa poética.**  La primera de estas direcciones continuó la preocupación modernista por la forma, y dio como resultado obras de estilo trabajado y de lenguaje pulido. Ejemplificó esta tendencia el chileno Pedro Prado (1875–1961). Su novela *Alsino* (1920) revivió el mito de Icaro en la figura del protagonista, un joven a quien le salen alas, y aprende a volar.

### 4.2.3.2 *Los problemas psicológicos y filosóficos.*

El interés por los problemas psicológicos se hace evidente en la obra de uno de los cuentistas más destacados de Hispanoamérica, el uruguayo Horacio Quiroga (1872–1937), que comenzó a escribir bajo la influencia modernista, y después evolucionó hacia el realismo y el relato psicológico como se nota en su cuento "El hijo". Dentro de esta tendencia también están situados el poeta, novelista y cuentista guatemalteco Rafael Arévalo Martínez (1884–1975), cuyo relato, "El hombre que parecía un caballo" (1915), muestra la técnica del cuento psicozoológico; el chileno Eduardo Barrios (1884–1963), con su novela *El niño que enloqueció de amor* (1925), penetrante estudio de la psicología infantil; y la venezolana Teresa de la Parra (1891–1936) quien ofreció en la novela *Ifigenia: diario de una señorita que escribió porque se fastidiaba* (1924) un análisis de la vida de la mujer venezolana en las primeras décadas del siglo XX.

### 4.2.3.3 *La novela de la ciudad.*

La "novela de la ciudad" tuvo su más alto representante en la obra del argentino Manuel Gálvez, mencionado antes como exponente del naturalismo en Hispanoamérica. Entre otros destacados cultivadores de esta modalidad se encuentra también el argentino Roberto Arlt (1900–42), cuyas novelas y cuentos recrean lo absurdo de la existencia y el caos del mundo moderno después de la Primera Guerra mundial (1914–18). No debe extrañar entonces que en *Los siete locos* (1929), el protagonista proyecte destruir la sociedad capitalista de la cual se cree víctima. Por su inconformismo, por captar la experiencia urbana desde los márgenes de la sociedad, y por la evasión a través de sueños, incursiones metafísicas y aventuras disparatadas de sus personajes porteños, la obra de Arlt tuvo gran influencia en los narradores argentinos, especialmente en Julio Cortázar.

### 4.2.3.4 *La novela regionalista.*

Las obras narrativas más notables de la década de los años veinte se encuentran dentro de la llamada novela regionalista. Sobresalen el chileno Mariano Latorre (1886–1955) y los argentinos Benito Lynch (1885–1951) y Ricardo Güiraldes (1886–1927), autor este último de *Don Segundo Sombra* (1926), visión idealizada del gaucho y de la pampa argentina. Junto con esta novela alcanzaron reconocimiento internacional *La Vorágine* (1924) del colombiano José Eustasio Rivera (1889–1928), y *Doña Bárbara* (1929) del venezolano Rómulo Gallegos (1884–1969). La primera describe en detalle la selva, zona de amenazante belleza donde se desenvuelve la triste existencia de los trabajadores del caucho; la segunda se desarrolla en los llanos de Venezuela, y encarna en los dos protagonistas la lucha entre civilización y barbarie tratada en el siglo anterior por Sarmiento en su ensayo sobre el caudillo Facundo Quiroga (ver pp. 140–153).

### 4.2.3.5 *El indigenismo.*

La vertiente narrativa de protesta social ha logrado sus mejores obras en México, Guatemala, Ecuador, Perú y Bolivia, en novelas y cuentos que exponen la desesperada situación del indio, y exigen solución a sus problemas. Ya se ha indicado cómo la obra de Bartolomé de las Casas fue precursora de esta literatura de reivindicación en la época colonial (ver pp.

28–36); más adelante, Clorinda Matto de Turner (ver pp. 187–195) expuso la situación de la opresión del indígena peruano dentro de un marco social. Impulsados por el triunfo de la Revolución Mexicana y la Revolución Rusa, los escritores indigenistas utilizaron la literatura como arma de combate. En Bolivia sobresale *Raza de bronce* (1919) de Alcides Arguedas (1879–1946), autor también del ensayo *Pueblo enfermo* (1909), escrito bajo la influencia de discutibles teorías sobre el determinismo geográfico y las características raciales. En Ecuador y Perú los más distinguidos exponentes del indigenismo son: Jorge Icaza (1906–73), cuya novela *Huasipungo* (1934) nos deja una sombría descripción del drama del indio ecuatoriano; y Ciro Alegría (1909–67), autor de *El mundo es ancho y ajeno* (1941), enérgica defensa del derecho de existir de las comunidades indígenas.

## 4.3 Los movimientos de vanguardia en Europa

Para comprender el cambio de orientación que comenzó a afirmarse en la literatura hispanoamericana a fines de la segunda década del siglo XX, conviene recordar la influencia que los movimientos de vanguardia, surgidos en Europa alrededor de la Primera Guerra mundial, tuvieron sobre las nuevas concepciones estéticas. En efecto, en las primeras décadas del siglo XX el fauvismo, el cubismo, el futurismo, el expresionismo, el imaginismo, el dadaísmo y el surrealismo postularon para las artes plásticas y la literatura una manera totalmente diferente de ver el mundo, fundamentada en el irracionalismo.

**4.3.1 El fauvismo.** Fue esencialmente un movimiento pictórico francés que postuló la distorsión de las formas y el uso excesivo de colores. Su exponente más destacado fue Matisse quien, mucho después de 1908, continuó explorando en sus cuadros las posibilidades inicialmente sugeridas por los fauvistas.

**4.3.2 El cubismo.** Comenzó como una rebelión contra la pintura tradicional. En una primera etapa analítica (1907–12) los cubistas querían mostrar el objeto desde todas las perspectivas, tal y como la mente lo percibe. Para lograrlo fragmentaron y recompusieron el objeto, lo cual dio por resultado cuadros donde predominaba una visión geométrica. En la segunda etapa cubista o fase sintética (1913–30), las formas se simplificaron; se usaron colores más vivos y el objeto recreado se volvió más abstracto. El principal exponente del cubismo fue Pablo Picasso, antes miembro del grupo fauvista.

**4.3.3 El futurismo.** Fue un movimiento de la literatura y de las artes plásticas italianas relacionado con el cubismo, y lanzado por Filippo Tomasso Marinetti en un manifiesto de 1909. Los futuristas querían retratar el carácter dinámico del siglo XX glorificando la guerra, el peligro, las máquinas. En su entusiasmo por celebrar la tecnología, Marinetti se atrevió a decir que un automóvil era más hermoso que la Victoria de Samotracia, una célebre escultura griega. En literatura el futurismo abogaba por la imaginación libre, la ruptura de la sintaxis, la abolición o sustitución de los signos ortográficos, la arbitraria combinación de mayúsculas y minúsculas, el empleo de tintas de diversos colores para imprimir el texto, la disposición desordenada de letras, palabras y versos en la página impresa. El futurismo perdió muchos de sus adeptos cuando Marinetti se unió a los fascistas.

**4.3.4  El expresionismo.**  Se usa este término para describir obras de arte en las cuales la realidad se distorsiona para dar una visión interior de ella; el expresionista transforma la realidad de acuerdo con su particular visión de ésta pero evitando imitarla. En literatura el expresionismo está asociado con la obra de Franz Kafka y James Joyce. A comienzos del siglo XX, en Alemania, el término se utilizó para caracterizar a un grupo de dramaturgos que dejaron obras donde esta distorsión de la realidad era la nota más preponderante.

**4.3.5  El imaginismo.**  Atrajo a poetas ingleses y norteamericanos que, influidos por el simbolismo francés y la poesía china y japonesa, se rebelaron contra las imágenes exuberantes y contra el sentimentalismo excesivo del siglo XIX. Ezra Pound fue por un tiempo líder del imaginismo.

**4.3.6  El dadaísmo.**  Fue un movimiento artístico y literario de carácter nihilista originado en Zurich con la poesía del rumano Tristan Tzara. Los dadaístas atacaban la estética tradicional, subrayaban la importancia del absurdo y de la espontaneidad en la creación literaria y popularizaron el uso de palabras incoherentes en el lenguaje poético. Más tarde, basándose en un poema del cubano Mariano Brull (1891–1956), Alfonso Reyes llamó a estos juegos verbales jitanjáforas.*

**4.3.7  El surrealismo.**  Fundado por el francés André Breton en París (1924), fue el más influyente de todos los "ismos". Debe su nombre a una obra del poeta Guillaume Apollinaire, *Les mamelles de Tiresias* (1917), subtitulada por él "drama surrealista". Interesados en la libre asociación y las implicaciones de las palabras más que en su significado, los surrealistas le otorgaron valor supremo al subconsciente en la obra artística, y de ahí su énfasis en los sueños y en la escritura automática. Sostenían que la literatura realista falseaba la realidad al concentrarse en lo exterior. Muchos dadaístas se sumaron al surrealismo. Los antecedentes del surrealismo se encuentran en la obra de escritores franceses tales como Baudelaire, Rimbaud, Apollinaire y del pintor italiano Giorgio de Chirico. Entre sus representantes más notables están: en la plástica, Salvador Dalí y Joan Miró; en la cinematografía, Jean Cocteau y Luis Buñuel; y en literatura, Louis Aragon y Paul Eluard.

Cuando se habla de estos movimientos conviene relacionarlos con el contexto histórico y filosófico que facilitó su génesis, pues ni la literatura ni las artes plásticas permanecieron indiferentes a los profundos cambios por los cuales atravesó Europa en los años que precedieron y siguieron a la Primera Guerra mundial. Recordemos que, como Marx, los surrealistas despreciaban los principios del capitalismo y de la sociedad burguesa. De Freud aprendieron la importancia de la expresión simbólica, que el padre del psicoanálisis descubrió en los sueños y en los aspectos eróticos de la existencia. En 1905 y 1915, Einstein dio a conocer sus teorías de la relatividad con las que integraba el tiempo a las tres dimensiones del espacio. Los dadaístas y los surrealistas se sintieron atraídos por estas ideas científicas que proponían una armonía universal. Por otro lado, *La decadencia de Occidente* (1918–22), obra del filósofo alemán Oswald Spengler, postulaba el ocaso de Europa. Todo ello contribuyó al radical examen de la cultura y de las letras occidentales propuesto por los diversos movimientos de vanguardia.

## 4.4 El vanguardismo poético en Hispanoamérica

La nueva estética se dio a conocer en Hispanoamérica directamente, a través de quienes viajaban a Francia, Inglaterra y España, y por revistas literarias de corta duración. Conviene recordar que en España, con el gobierno de la Segunda República (1931–39), ocurrió un renacimiento cultural al que contribuyeron importantes vanguardistas hispanoamericanos. Si para difundir estas ideas se crearon revistas, para defenderlas, se escribieron y divulgaron múltiples manifiestos. La crítica ha señalado las siguientes características del vanguardismo en su manifestación hispanoamericana: 1) el culto a la imagen, 2) la búsqueda de lo original y de lo sorprendente, 3) el anti-sentimentalismo, 4) el anti-anecdotismo, 5) el anti-retoricismo, 6) la inclusión de nuevos temas (la máquina, la ciudad, el obrero), 7) el irracionalismo, 8) la nota de humor y juego, 9) el olvido de las normas estróficas, y 10) la alteración de la sintaxis, la puntuación y el uso de las mayúsculas.

**4.4.1 El creacionismo y el ultraísmo.** Anticipándose a los franceses, el chileno Vicente Huidobro (1893–1948), leyó en 1914 en Santiago su manifiesto poético "Non serviam", donde elaboró algunos aspectos del movimiento, que después llamó "creacionismo".* Sus teorías se afinaron cuando viajó a París y colaboró con Apollinaire, Tzara y Reverdy, en la revista *Nord-Sud* (1917–18), importante tribuna vanguardista. Más tarde, en Madrid, el poeta chileno contribuyó a crear el "ultraísmo",* movimiento al cual se sumó el argentino Jorge Luis Borges (1899–1986) quien por entonces se hallaba en la capital española. Al regresar a la Argentina, Borges y otros jóvenes escritores, como Oliverio Girondo (1891–1967), Norah Lange (1906–72) y Eduardo González Lanuza (1900–84), difundieron el "ultraísmo", iniciando así el vanguardismo en ese país. Borges renunció después al "ultraísmo" para producir una escritura marcada por la meditación filosófica y el diálogo con la cultura universal; su obra desafía cualquier encasillamiento.

**4.4.2 El estridentismo y los "contemporáneos".** Influido por el futurismo, en México surgió el "estridentismo"* (c. 1922) cuyo exponente más destacado fue el poeta Manuel Maples Arce (1898–1981). Los "estridentistas" fueron reemplazados por el grupo de los "contemporáneos" reunido en torno a dos importantes revistas: *Ulises* (1927–28) y *Contemporáneos* (1928–31). Entre ellos sobresalen Carlos Pellicer (1897–1977), José Gorostiza (1901–73), Jaime Torres Bodet (1902–74) y Xavier Villaurrutia (1903–50). Muchos de estos escritores produjeron lo mejor de su obra más tarde, una vez pasada la etapa más aventurera del vanguardismo.

**4.4.3 Las revistas literarias.** Estas publicaciones, generalmente de corta vida, contribuyeron a difundir las nuevas ideas estéticas. En la Argentina sobresalen *Prisma* (1921), *Proa* (1922–25) y *Martín Fierro* (1924–27). En Cuba, la *Revista de Avance* (1927–30) se convirtió en el vocero del vanguardismo. Como en México las revistas *Ulises* y *Contemporáneos*, en el Perú, *Amauta* (1926–30), fundada por José Carlos Mariátegui, fue la tribuna más importante de las corrientes renovadoras.

**4.4.4 Dos poetas representativos.** En los inicios del vanguardismo poético en Hispanoamérica sobresalen Vicente Huidobro, su teórico y defensor más constante, y César Vallejo (1892–1938), poeta peruano de obra muy personal. El primero dejó una variada producción—poesía, teatro y novela—donde mostró su interés en cumplir lo que tempranamente (1916) había expresado en una conferencia en Buenos Aires: "La primera condición del poeta es crear, la segunda crear, y la tercera crear". *Altazor, o el viaje en paracaídas,* es su obra más ambiciosa. En ella el yo poético deja constancia de una agónica búsqueda para terminar deslizándose hacia el abismo y la nada. Empleando los recursos más atrevidos de la vanguardia, el vate chileno captó en este largo y magistral poema la crisis existencial contemporánea. Como Huidobro, Vallejo dejó una variada obra que comenzó a escribir influido por el modernismo. Sin embargo, a partir de *Trilce* (1922) hizo suyos los postulados de la vanguardia, especialmente los relacionados con la libre asociación de imágenes y la dislocación de la puntuación y la sintaxis. Los versos del escritor peruano muestran una dolorosa visión de la existencia y, al mismo tiempo, su solidaridad con todos los seres sufrientes. Si bien Vallejo se aprovechó de las innovaciones surrealistas, su obra, como la de Borges, desafía toda clasificación.

## 4.5 Más allá de la vanguardia

Para la década de los treinta, las expresiones más extremas de la vanguardia fueron quedándose atrás. No obstante, pasaron a formar parte integral de la visión contemporánea de la literatura: la libre asociación de imágenes, el reconocimiento de la importancia del subconsciente y de los sueños, el deseo de expresar la realidad más allá de la descripción superficial. Se ha llamado posvanguardismo a la época que siguió al vanguardismo, porque aprovechó y asimiló los logros de la nueva estética otorgándoles cierta mesura y sobriedad. Es difícil precisar los límites del posvanguardismo pues su influencia va más allá de la Segunda Guerra mundial. A este período caracterizado por la expansión del horizonte cultural y la asimilación de nuevas ideas y formas expresivas, correspondió la aparición de la revista *Sur,* fundada en Buenos Aires en 1931 por Victoria Ocampo (1890–1979), distinguida escritora y promotora de empresas culturales. En *Sur* colaboraron las figuras más destacadas de Europa y las Américas. Entre sus colaboradores españoles, franceses y norteamericanos sobresalen José Ortega y Gasset, Eugenio d'Ors, Jules Supervielle y Waldo Frank.

*4.5.1 La poesía posvanguardista.* Aunque fundamentada en el vanguardismo, ofrece, sin embargo, varios contrastes notables. Como sus predecesores, los posvanguardistas reconocieron el papel clave de la metáfora pero, al contrario de ellos, no la juzgaron el centro del poema. Los posvanguardistas consideraban que la metáfora debía emplearse para configurar una particular visión del mundo o un estado emotivo determinado. No rechazaron las diversas formas de la realidad ya fuera la externa, ya la personal o la social, pero sí evitaron su simple copia. Asimismo, desecharon la exagerada actitud de rebeldía expresada por algunos de sus predecesores. Dentro del posvanguardismo poético la crítica ha advertido cuatro direcciones: 1) la poesía pura, 2) la metafísica, 3) la personal y 4) la social. Es preciso añadir en seguida que en un mismo poeta muchas veces se hallan representadas varias de estas direcciones.

*4.5.1.1 La poesía pura.* El escritor francés Paul Valéry definió la poesía pura como aquélla que se da después de eliminar los aspectos temáticos, didácticos, filosóficos y sentimentales, que él juzgaba prosaicos. Esta modalidad llegó a Hispanoamérica por dos caminos: por medio de la obra de Valéry y la del crítico e historiador Henry Brémond; a través de los españoles Juan Ramón Jiménez, Ramón Gómez de la Serna y Jorge Guillén; y en general gracias a la influyente generación del '27. El más conocido representante de la poesía pura fue el cubano Mariano Brull (1891–1956), quien vivió en París como diplomático y allí estuvo en contacto con Valéry, una de cuyas obras tradujo al español.

**4.5.1.2 La poesía metafísica.** Los poetas mexicanos vinculados a la revista *Contemporáneos*, el argentino Ricardo A. Molinari (1898–1996), el chileno Humberto Díaz Casanueva (1908–92) y la uruguaya Sara de Ibáñez (1909–71) mostraban en su obra una acusada preocupación metafísica. Dentro de esta tendencia se destaca el mexicano José Gorostiza, autor del elogiado poema *Muerte sin fin* (1939).

**4.5.1.3 La poesía personal.** En la dirección personal, a través de la cual el yo lírico descubría sus sentimientos y ofrecía una particular visión del mundo, está la obra de la salvadoreña Claudia Lars (1899–1974), del ecuatoriano Jorge Carrera Andrade (1903–78), de los chilenos Pablo Neruda (1904–73) y Nicanor Parra (n. 1914) y de la puertorriqueña Julia de Burgos (1917–53). Nicanor Parra es conocido por sus "antipoemas", composiciones donde con lenguaje cotidiano y visión irónica describió experiencias de la vida diaria. El Neruda más personal se encuentra en *Residencia en la tierra*, I y II y los volúmenes que componen *Memorial de Isla Negra* (1964). De larga trayectoria y variados matices, la poesía de Neruda recorre varias de las direcciones señaladas para convertirse en una de las expresiones líricas más originales del siglo XX.

**4.5.1.4 La poesía social.** El nicaragüense Pablo Antonio Cuadra (1912–2002) y la peruana Magda Portal (1903–89) han mostrado en sus versos una intensa preocupación social. Dentro de esta tendencia merece destacarse la modalidad negrista también llamada afroantillana, aunque ha sido cultivada en varios países hispanoamericanos además de Puerto Rico, Cuba y la República Dominicana.

**4.5.1.5 El negrismo literario.** Diferentes factores contribuyeron al auge del negrismo literario. En 1905, después de viajar por Africa, el etnólogo alemán Leo Forbenius dictó varias conferencias sobre sus experiencias en ese continente, y publicó *El decamerón negro* (1910). Por esa época se comenzó a escuchar y a admirar el jazz norteamericano en Europa. El crítico y periodista francés Blaise Cendrars, quien también había viajado por Africa y China, y Philippe Soupault, poeta y novelista asociado con el dadaísmo y el surrealismo, dieron a conocer obras de tema negro. En París se organizaron exhibiciones de objetos africanos y orientales. Los pintores cubistas, especialmente Picasso, descubrieron el arte africano e intentaron imitar sus formas; además, Spengler, en *La decadencia de Occidente*, ya había notado el estado precario de la civilización europea. Era necesario volver la mirada hacia otras culturas para revitalizar a la envejecida Europa.

Por otro lado, en Hispanoamérica el antropólogo cubano Fernando Ortiz (1881–1969) publicó *Los negros brujos* (1905) y *Glosario de afronegrismos* (1924), libros que dieron a conocer la riqueza y la complejidad de las culturas africanas transplantadas a Cuba. Así estimulados, los escritores antillanos se interesaron por llevar a la literatura el mundo del negro. Surgió entonces una poesía que, en su primer momento, se centró en el ritmo y la imitación del habla del afroantillano para después pasar a la protesta social. Entre sus principales cultivadores se encuentran el puertorriqueño Luis Palés Matos (1898–1959), iniciador del movimiento en las Antillas; el cubano Nicolás Guillén (1902–89) que en poemas donde combinó lo tradicional y lo popular mostró el alma mulata de su patria; y el dominicano Manuel del Cabral (1907–99), cuyos versos exaltan diferentes aspectos del carácter del negro. La modalidad negrista se extendió también a la narrativa, donde ha dado importantes obras como *Cuentos negros de Cuba* (1940) de Lydia Cabrera (1900–1991), las novelas *Juyungo* (1942) del ecuatoriano Adalberto Ortiz (n. 1914) y *Chambacú, corral de negros* (rev. 1967) del colombiano Manuel Zapata Olivella (n. 1920).

**4.5.2 *La narrativa posvanguardista.*** Gracias a los aportes del vanguardismo, la narrativa superó el realismo tradicional, ofreciendo novelas y cuentos donde predominan la descripción del mundo interior y la expresión de lo absurdo.

**4.5.2.1 *La superación del realismo tradicional.*** Influida por las vanguardias y por escritores franceses, ingleses y norteamericanos, tales como Proust, Camus, Joyce, Steinbeck, Dos Passos y Faulkner, para mencionar sólo nombres mayores, las obras hispanoamericanas presentan: simultáneamente, diversos niveles de la realidad, ruptura del tiempo cronológico, yuxtaposición de acontecimientos reales e imaginarios, diversos núcleos narrativos y diferentes tipos de lenguaje. Con estos elementos creó Jorge Luis Borges sus cuentos de *Ficciones* (1944), dando nuevas pautas para la literatura fantástica en el idioma español. Por su complejidad y por prestarse a distintas interpretaciones, esta narrativa exige la participación del lector, que se convierte así en un elemento activo en la configuración de la obra literaria.

**4.5.2.2 *Los problemas existenciales y psicológicos.*** Dentro de las direcciones señaladas anteriormente para la narrativa posmodernista, se observa, a partir de los años finales de la década de los treinta, un interés especial en los problemas existenciales en la obra del chileno Manuel Rojas (1896–1972), en la del uruguayo Juan Carlos Onetti (1909–1994) y en la de los argentinos Eduardo Mallea (1903–82), Leopoldo Marechal (1900–70) y Ernesto Sábato (n. 1911). De este último son *El túnel* (1948), novela que muestra la crisis de la sociedad moderna, y *Sobre héroes y tumbas* (1962), alucinada visión de la historia argentina. La novela psicológica encontró altas representantes en las chilenas Marta Brunet (1901–67) y María Luisa Bombal (1910–80). En *La última niebla* (1934) y *La amortajada* (1938) de Bombal la acción se desarrolla entre la realidad y los sueños, entre lo conocido y lo misterioso, para mostrar la frustración de los personajes femeninos.

**4.5.2.3 *Un nuevo regionalismo.*** La naturaleza, el paisaje y los tipos locales continuaron siendo fuente de inspiración en este período, pero se ven a través del mito, la religión, la magia y las voces populares. Se ha llamado "realismo mágico"* a esta forma peculiar de analizar la realidad americana, que por cierto incorpora diferentes categorías del regionalismo anterior. En esta dirección se sitúan la obra del guatemalteco Miguel Angel Asturias (1899–1974), ganador del

Premio Nobel (1967), y parte de la producción del cubano Alejo Carpentier (1904–80), quien elaboró su propio concepto de lo real maravilloso, y la obra del ecuatoriano Demetrio Aguilera Malta (1905–81), cuya novela *Don Goyo* (1933) combina acertadamente lo mágico-realista con la protesta social. En *Leyendas de Guatemala* (1930), Asturias recogió las creencias de los indígenas de su patria. La primera novela del autor, *El señor Presidente* (1946), es un fuerte ataque a la dictadura donde se valió de elementos oníricos para mostrar la crueldad del tirano. Por su parte, Carpentier dejó ensayos, cuentos y novelas que lo muestran como uno de los escritores más logrados de este período y como genuino innovador. Entre sus novelas sobresalen *El reino de este mundo* (1949) y *El siglo de las luces* (1962) donde describió el impacto de la Revolución Francesa en el Caribe.

**4.5.2.4 *Un nuevo indigenismo.*** Durante esta época la narrativa de tema indigenista tuvo su mejor representante en el peruano José María Arguedas (1911–69). El indigenismo había sufrido, sin embargo, cambios importantes. El tono combativo y el énfasis en la descripción de lo exterior, cedieron a la representación del mundo interior del indígena. Este se configura a través de los mitos y de la elaboración del lenguaje, así como de una visión lírica, donde la naturaleza, los animales y los seres humanos aparecen unidos por fuerzas inexplicables. Si antes se presentaba al amerindio en el campo, apegado a la tierra, en el nuevo indigenismo se observa su traslado a la ciudad y el consecuente choque cultural. Arguedas mostró el conflicto entre el mundo indígena y el europeizado en *Los ríos profundos* (1958), su obra más admirada.

En este período de radicales cambios sociales, políticos y estéticos los escritores hispanoamericanos mostraron su capacidad para adaptar nuevas concepciones a esquemas tradicionales. Esta renovación insertó las letras hispanoamericanas en el período contemporáneo, a la vez que realizó una aspiración expresada por José Martí (ver pp. 207–21) en "Nuestra América", su ensayo fundador: "Injértese en nuestras repúblicas el mundo; pero el tronco ha de ser el de nuestras repúblicas".

## 4.6  Sumario

I. La Revolución Mexicana y su impacto.
   A.   El Ateneo de la Juventud: Pedro Henríquez Ureña y Alfonso Reyes.
   B.   La revisión de la historia: José Carlos Mariátegui.
   C.   La narrativa revolucionaria: Mariano Azuela.
   D.   La narrativa posrevolucionaria: Juan Rulfo.
   E.   La narrativa de la Revolución y su aporte.

II. Más allá del modernismo.
   A.   Coexistencia del modernismo, posmodernismo y vanguardismo.
   B.   El posmodernismo en poesía: Delmira Agustini, Gabriela Mistral, Alfonsina Storni y Juana de Ibarbourou.
   C.   Direcciones de la narrativa.
      1.  La prosa poética: Pedro Prado.
      2.  Los problemas psicológicos y filosóficos: Horacio Quiroga.
      3.  La novela de la ciudad: Manuel Gálvez y Roberto Arlt.

      4. La novela regionalista: José Eustasio Rivera y Rómulo Gallegos.
      5. El indigenismo: Jorge Icaza y Ciro Alegría.

III. Los movimientos de vanguardia en Europa:
    A.   El fauvismo.
    B.   El cubismo.
    C.   El expresionismo.
    D.   El imaginismo.
    E.   El dadaísmo.
    F.   El surrealismo.

IV. El vanguardismo poético en Hispanoamérica.
    A.   El creacionismo y el ultraísmo.
    B.   El estridentismo y los "contemporáneos".
    C.   Las revistas literarias.
    D.   Dos poetas representativos: César Vallejo y Vicente Huidobro.

V. Más allá de la vanguardia.
    A.   La poesía posvanguardista.
       1. La poesía pura: Mariano Brull.
       2. La poesía metafísica: José Gorostiza.
       3. La poesía personal: Nicanor Parra y Pablo Neruda.
       4. La poesía social: Magda Portal.
       5. El negrismo literario: Luis Palés Matos Nicolás Guillén y Manuel del Cabral.
    B.   La narrativa posvanguardista.
       1. La superación del realismo tradicional: Jorge Luis Borges.
       2. Problemas existenciales y psicológicos: Juan Carlos Onetti y Ernesto Sábato.
       3. Un nuevo regionalismo: Miguel Angel Asturias y Alejo Carpentier.
       4. Un nuevo indigenismo: José María Arguedas.

# HORACIO QUIROGA

1878, Salto, Uruguay–1937,
Buenos Aires, Argentina

El cuento, género de decisiva importancia en el desarrollo de las letras hispanoamericanas, alcanza su madurez en la obra de Horacio Quiroga. Este maestro de la narrativa breve, junto con Lugones, es el eslabón hacia los grandes cuentistas rioplatenses de las generaciones siguientes: Jorge Luis Borges, Felisberto Hernández, Julio Cortázar. Desde su infancia y adolescencia transcurridas en el Salto, hasta los primeros años vividos en el territorio selvático de Misiones (1909–16), en el noreste argentino, la vida del escritor estuvo marcada por acontecimientos trágicos. Sólo contaba dos meses cuando un disparo accidental de escopeta mató a su padre, vicecónsul argentino descendiente del caudillo Facundo. Adolescente, presenció el suicidio de su padrastro; en 1902 mató accidentalmente a un amigo y en 1915 su primera esposa se suicidó en Misiones. También Quiroga acabaría con su vida, años más tarde, al saberse enfermo de cáncer. Las circunstancias biográficas, así como el contacto con la naturaleza indómita y los peligros de la selva, explican que la muerte accidental, violenta y las anormalidades psicológicas sean temas predominantes en su obra.

Desde 1902, Quiroga vivió en la Argentina; fuera de los años pasados en Misiones, adonde regresó hacia el fin de su vida (1932–36), residió en Buenos Aires, donde publicó la mayor parte de su obra y tuvo activa participación en los círculos literarios. Quiroga se había iniciado en las letras en Montevideo, durante el apogeo del modernismo, a cuyos maestros siguió fielmente en los versos simbolistas y prosas artísticas de *Los arrecifes de coral* (1901). Con dos amigos creó, en la capital uruguaya, el "Consistorio del Gay Saber", especie de laboratorio de experimentación poética. Reconocía como maestros al argentino Lugones a quien trató personalmente y, a través de lecturas, a Poe, Maupassant, Dostoievsky, Chejov y Kipling. Estos modelos y, sobre todo, sus propias experiencias lo impulsaron hacia la prosa realista y la expresión contenidamente dramática y personal que caracterizan sus mejores relatos. Estos se encuentran, particularmente, en *Cuentos de amor, de locura y de muerte* (1917), *Cuentos de la selva* (1918), *Anaconda* (1921), *La gallina degollada y otros cuentos* (1925), *Los desterrados* (1926) y su última colección, *Más allá* (1935), a la que pertenece "El hijo".

"El hijo" es un cuento en el que se observan muchas de las características mencionadas del arte narrativo de Quiroga. El trasfondo autobiográfico se manifiesta, sobre todo, en el papel del padre, el protagonista, en su angustiado presentimiento y en las alucinaciones, que primero presagian y luego niegan la muerte del hijo. El texto comunica estas experiencias del personaje con vívida intensidad. La superposición de elementos reales e irreales anuncia ya aspectos del futuro cuento fantástico. En contraste con Borges, sin embargo, en cuya obra se yuxtaponen la realidad y la fantasía, Quiroga separa prolijamente estos dos planos. El cuento no se desarrolla en una dimensión fantástica o metafísica, sino que permanece dentro de los parámetros del realismo, y la irrealidad queda allí reducida al nivel psicopatológico.

Aunque Quiroga se sentía atraído por la naturaleza, los animales y las condiciones de vida primitiva, él mismo era un hombre culturalmente refinado y espiritualmente complejo. Como escritor, tuvo clara conciencia de su oficio; en "Decálogo del perfecto cuentista" y "La retórica del cuento" así lo demuestra. Debe señalarse que Julio Cortázar, uno de los autores más representativos del cuento en las décadas siguientes, escribió con entusiasmo sobre "el hermano Quiroga" y se identificó con el último precepto de su "decálogo": "Cuenta como si el relato no tuviera interés más que para el pequeño ambiente de tus personajes, de los que pudiste haber sido uno".

## ■ Bibliografía mínima

Alonso, Carlos J. "Muerte y resurrecciones de Horacio Quiroga". *El cuento hispanoamericano ante la crítica.* Ed. Enrique Pupo-Walker. Madrid: Castalia, 1995. 191–210.

Bratosevich, Nicols. "Quiroga y la efectividad del mito". *El realismo mágico en el cuento hispanoamericano.* Ed. Angel Flores. Tlahuapan, México: Premiá, 1985. 99–111.

Fleming Figueroa, Leonor. "Horacio Quiroga y la crítica: Un siglo de gozos y de sombras (1895–1995)". *Cuadernos Hispanoamericanos* 537 (1995): 103–08.

Hernández, Ana María. "Técnicas cinematográficas en tres cuentos de Horacio Quiroga". *Cincinnati Romance Review* 18 (1999): 80–89.

Morales, Leónidas. "Historia de una ruptura: el tema de la naturaleza en Quiroga". *Revista Chilena de Literatura* 22 (1983). 73–92.

Paoli, Roberto. "El perfecto cuentista: comentario a tres textos de Horacio Quiroga". *Revista Iberoamericana* 58 (1992): 953–74.

Quiroga, Horacio. *Cuentos.* Ed. pról. Emir Rodríguez Monegal. Cronología Alberto Oreggioni. Caracas: Biblioteca Ayacucho, 1984.

Schade, George D. "Horacio Quiroga". *Latin American Writers.* Eds. Carlos A. Solé y Maria Isabel Abreu. Vol. 2. New York: Scribner's, 1989. 551–58.

Uribe, Lilian. "Horacio Quiroga: 'Cronista de cinematógrafo'". *Taller de Letras* 29 (2001): 229–33.

# Más allá (1935)

## EL HIJO

Es un poderoso día de verano en Misiones[1] con todo el sol, el calor y la calma que puede deparar la estación. La naturaleza, plenamente abierta, se siente satisfecha de sí.

---

[1] Provincia al norte de la Argentina, en la frontera con Brasil y Paraguay.

Como el sol, el calor y la calma ambiente, el padre abre también su corazón
a la naturaleza.

—Ten cuidado, chiquito—dice a su hijo abreviando en esa frase todas las observaciones del caso y que su hijo comprende perfectamente.

—Sí, pap—responde la criatura, mientras coge la escopeta y carga de cartuchos los bolsillos de su camisa, que cierra con cuidado.

—Vuelve a la hora de almorzar—observa aún el padre.

—Sí, pap—repite el chico.

Equilibra la escopeta en la mano, sonríe a su padre, lo besa en la cabeza y parte.

Su padre lo sigue un rato con los ojos y vuelve a su quehacer de ese día, feliz con la alegría de su pequeño.

Sabe que su hijo, educado desde su más tierna infancia en el hábito y la precaución del peligro, puede manejar un fusil y cazar no importa qué. Aunque es muy alto para su edad, no tiene sino trece años. Y parecería tener menos, a juzgar por la pureza de sus ojos azules, frescos aún de sorpresa infantil.

No necesita el padre levantar los ojos de su quehacer para seguir con la mente la marcha de su hijo: Ha cruzado la picada[2] roja y se encamina rectamente al monte a través del abra de espartillo.[3]

Para cazar en el monte—caza de pelo—se requiere más paciencia de la que su cachorro puede rendir. Después de atravesar esa isla de monte, su hijo costeará la linde de cactus hasta el bañado, en procura de palomas, tucanes[4] o tal cual casal de garzas, como las que su amigo Juan ha descubierto días anteriores.

Sólo ahora, el padre esboza una sonrisa al recuerdo de la pasión cinegética[5] de las dos criaturas. Cazan sólo a veces un yacútoro,[6] un surucuá[6b] menos aún—y regresan triunfales, Juan a su rancho con el fusil de nueve milímetros que él le ha regalado, y su hijo a la meseta, con la gran escopeta Saint-Etienne[7] calibre 16, cuádruple cierre y pólvora blanca.

El fue lo mismo. A los trece años hubiera dado la vida por poseer una escopeta. Su hijo, de aquella edad, la posee ahora;—y el padre sonríe.

No es fácil, sin embargo, para un padre viudo, sin otra fe ni esperanza que la vida de su hijo, educarlo como lo ha hecho él, libre en su corto radio de acción, seguro de sus pequeños pies y manos desde que tenía cuatro años, consciente de la inmensidad de ciertos peligros y de la escasez de sus propias fuerzas.

Ese padre ha debido luchar fuertemente contra lo que él considera su egoísmo. ¡Tan fácilmente una criatura calcula mal, sienta un pie en el vacío, y se pierde un hijo!

El peligro subsiste siempre para el hombre en cualquier edad; pero su amenaza amengua si desde pequeño se acostumbra a no contar sino con sus propias fuerzas.

---

[2] Camino estrecho.
[3] Tipo de hierba que crece en lugares húmedos.
[4] Aves de enorme pico y cabeza pequeña adornada por plumas de vivos colores.
[5] Del arte de la caza.
[6] Yacú de gran tamaño, ave negra.
[6b] Ave de la especie de los *Trogonidae* a la que también pertenece el quetzal. Habita en las zonas selváticas y tropicales.
[7] Fábrica francesa de armas de fuego.

De este modo ha educado el padre a su hijo. Y para conseguirlo ha debido
45  resistir no sólo a su corazón, sino a sus tormentos morales; porque ese padre, de
estómago y vista débiles, sufre desde hace un tiempo de alucinaciones.

Ha visto, concretados en dolorosísima ilusión, recuerdos de una felicidad
que no debía surgir más de la nada en que se recluyó. La imagen de su propio
hijo no ha escapado a este tormento. Lo ha visto una vez rodar envuelto en san-
50  gre cuando el chico percutía en la morsa del taller una bala de parabellum, siendo
así que lo que hacía era limar la hebilla de su cinturón de caza.

Horribles cosas...Pero hoy, con el ardiente y vital día de verano, cuyo amor
su hijo parece haber heredado, el padre se siente feliz, tranquilo y seguro del
porvenir.

55  En ese instante, no muy lejos, suena un estampido.

—La Saint-Etienne...—piensa el padre al reconocer la detonación.—Dos
palomas de menos en el monte...

Sin prestar más atención al nimio acontecimiento, el hombre se abstrae de
nuevo en su tarea.

60  El sol, ya muy alto, continúa ascendiendo. Adonde quiera que se mire—
piedras, tierra, árboles,—el aire, enrarecido como un horno, vibra con el calor. Un
profundo zumbido que llena el ser entero e impregna el ámbito hasta donde la
vista alcanza, concentra a esa hora toda la vida tropical.

El padre echa una ojeada a su muñeca: las doce. Y levanta los ojos al monte.
65  Su hijo debía estar ya de vuelta. En la mutua confianza que depositan el uno en
el otro—el padre de sienes plateadas y la criatura de trece años,—no se engañan
jamás. Cuando su hijo responde:—Sí, pap, haré lo que dice. Dijo que volvería
antes de las doce, y el padre ha sonreído al verlo partir.

Y no ha vuelto.

70  El hombre torna a su quehacer, esforzándose en concentrar la atención en
su tarea. Es tan fácil, tan fácil perder la noción de la hora dentro del monte, y sentarse un rato en el suelo mientras se descansa inmóvil...

Bruscamente, la luz meridiana, el zumbido tropical y el corazón del padre
se detienen a compás de lo que acaba de pensar: su hijo descansa inmóvil...

75  El tiempo ha pasado; son las doce y media. El padre sale de su taller, y al
apoyar la mano en el banco de mecánica sube del fondo de su memoria el estallido de una bala de parabellum, e instantáneamente, por primera vez en las tres
horas transcurridas, piensa que tras el estampido de la Saint-Etienne no ha oído
nada más. No ha oído rodar el pedregullo bajo un paso conocido. Su hijo no ha
80  vuelto, y la naturaleza se halla detenida a la vera del bosque, esperándolo...

¡Oh! No son suficientes un carácter templado y una ciega confianza en la
educación de un hijo para ahuyentar el espectro de la fatalidad que un padre de
vista enferma ve alzarse desde la línea del monte. Distracción, olvido, demora
fortuita: ninguno de estos nimios motivos que pueden retardar la llegada de su
85  hijo, hallan cabida en aquel corazón.

Un tiro, un solo tiro ha sonado, y hace ya mucho. Tras él el padre no ha oído
un ruido, no ha visto un pájaro, no ha cruzado el abra una sola persona a anun-
ciarle que al cruzar un alambrado, una gran desgracia...

La cabeza al aire y sin machete, el padre va. Corta el abra de espartillo, entra
90  en el monte, costea la línea de cactus sin hallar el menor rastro de su hijo. Pero la
naturaleza prosigue detenida. Y cuando el padre ha recorrido las sendas de caza

conocidas y ha explorado el bañado en vano, adquiere la seguridad de que cada paso que da en adelante lo lleva, fatal e inexorablemente, al cadáver de su hijo.

Ni un reproche que hacerse, el lamentable. Sólo la realidad fría, terrible y
95 consumada: Ha muerto su hijo al cruzar un...

¡Pero dónde, en qué parte! ¡Hay tantos alambrados allí, y es tan tan sucio el monte!... ¡Oh, muy sucio!... Por poco que no se tenga cuidado al cruzar los hilos con la escopeta en la mano...

El padre sofoca un grito. Ha visto levantarse en el aire...¡Oh, no es su hijo,
100 no!...Y vuelve a otro lado, y a otro y a otro...

Nada se ganaría con ver el color de su tez y la angustia de sus ojos. Ese hombre aún no ha llamado a su hijo. Aunque su corazón clama por él a gritos, su boca continúa muda. Sabe bien que el solo acto de pronunciar su nombre, de llamarlo en voz alta, será la confesión de su muerte...

105 —¡Chiquito!—se le escapa de pronto. Y si la voz de un hombre de carácter es capaz de llorar, tapémonos de misericordia los oídos ante la angustia que clama en aquella voz.

Nadie ni nada ha respondido. Por las picadas rojas de sol, envejecido en diez años, va el padre buscando a su hijo que acaba de morir.

110 —¡Hijito mío!...¡Chiquito mío!—clama en un diminutivo que se alza del fondo de sus entrañas. Ya antes, en plena dicha y paz, ese padre ha sufrido la alucinación de su hijo rodando con la frente abierta por una bala al cromo níquel. Ahora, en cada rincón sombrío del bosque ve centelleos de alambre; y al pie de un poste, con la escopeta descargada al lado, ve a su...

115 —¡Chiquito!... ¡Mi hijo!... Las fuerzas que permiten entregar un pobre padre alucinado a la más atroz pesadilla tienen también un límite. Y el nuestro siente que las suyas se le escapan, cuando ve bruscamente desembocar de un pique lateral a su hijo.

A un chico de trece años bástale ver desde cincuenta metros la expresión
120 de su padre sin machete dentro del monte, para apresurar el paso con los ojos húmedos.

—Chiquito...—murmura el hombre. Y, exhausto, se deja caer sentado en la arena albeante, rodeando con los brazos las piernas de su hijo.

La criatura, así ceñida, queda de pie; y como comprende el dolor de su
125 padre, le acaricia despacio la cabeza:—Pobre pap... En fin, el tiempo ha pasado. Ya van a ser las tres. Juntos, ahora, padre e hijo emprenden el regreso a la casa.

—¿Cómo no te fijaste en el sol para saber la hora?...—murmura aún el primero.

—Me fijé, pap...Pero cuando iba a volver vi las garzas de Juan y las seguí...
130 —¡Lo que me has hecho pasar, chiquito!...

—Piapiá...—murmura también el chico.

Después de un largo silencio:

—Y las garzas, ¿las mataste?—pregunta el padre.

—No...

135 Nimio detalle, después de todo. Bajo el cielo y el aire candentes, a la descubierta por el abra de espartillo, el hombre vuelve a casa con su hijo, sobre cuyos hombros, casi del alto de los suyos, lleva pasado su feliz brazo de padre. Regresa empapado de sudor, y aunque quebrantado de cuerpo y alma, sonríe de felicidad...

140     Sonríe de alucinada felicidad...Pues ese padre va solo. A nadie ha encontrado, y su brazo se apoya en el vacío. Porque tras él, al pie de un poste y con las piernas en alto, enredadas en el alambre de púa, su hijo bien amado yace al sol, muerto desde las diez de la mañana.

### ■ Preguntas generales

1. ¿Qué autores influyeron en la formación literaria de Horacio Quiroga?
2. ¿Dónde vivió muchas de las experiencias que ha vertido en sus cuentos?
3. ¿Qué tipos humanos y situaciones presenta en su obra?
4. ¿Dónde comunica Quiroga sus ideas sobre el arte de escribir cuentos?
5. ¿Qué aspectos de su narrativa lo acercan a los posteriores maestros del género fantástico?

### ■ Preguntas de análisis

1. ¿De qué modo refleja "El hijo" circunstancias de la vida del autor?
2. ¿Qué relación se establece entre la naturaleza y el personaje? ¿Dónde observa Ud. la personificación de la naturaleza en este cuento?
3. ¿Cómo lucha el padre contra los temores y contra las imágenes que presagian la muerte de su hijo?
4. ¿En qué forma triunfa la irracionalidad en el cuento?
5. ¿De qué modo se acerca y, al mismo tiempo, se distingue este relato de los caracterizados como fantásticos?

### ■ Temas para informes escritos

1. Aspectos autobiográficos de la obra de Horacio Quiroga.
2. El papel de la naturaleza en sus cuentos.
3. Las manifestaciones de la muerte y la anormalidad en su obra.
4. Las experiencias irreales de los personajes de Quiroga.
5. Características del lenguaje y la forma narrativa de "El hijo".

### ■ Temas de reflexión y comentario

1. Las ideas de Quiroga sobre el cuento como género literario.
2. El conocimiento de la psicopatología y su influencia en los cuentos de Quiroga.
3. Los aspectos cinematográficos en la obra de Quiroga. Las versiones fílmicas de su obra.
4. Los animales de la selva en los cuentos de Quiroga.
5. La contribución de Quiroga al desarrollo del cuento hispanoamericano.

# PEDRO HENRIQUEZ UREÑA

1884, Santo Domingo,
República Dominicana–1946,
Buenos Aires, Argentina

Pedro Henríquez Ureña es una de las figuras más ilustres y veneradas de las letras hispánicas. De sólida formación humanística, con erudición, talento crítico y vocación educadora, este gran dominicano enriqueció el ambiente cultural de cada uno de los países donde transcurrió su azarosa existencia. Pasó la mayor parte de su vida fuera de su patria, a la que tuvo que abandonar en 1901, y a la cual sólo regresó temporalmente treinta años después (1931–33). Había manifestado inclinación literaria desde los nueve años; junto con su hermano Max, un año menor que él, realizó extensas lecturas y empezó a escribir versos guiado por su madre, la poeta Salomé Ureña (1850–97). La inestabilidad política del país motivó el exilio de la familia. El joven escritor vivió y estudió en Nueva York durante tres años (1901–04), etapa de fructífera experiencia personal y cultural de la que surgieron poemas y ensayos. Más tarde, durante su residencia en La Habana, escribió y publicó su primer libro, *Ensayos críticos* (1905). Henríquez Ureña vivió en la Ciudad de México desde 1906 hasta 1914, época de efervescencia política y de nuevas ideas. Fue miembro fundador del Ateneo de la Juventud, importante centro de renovación intelectual y artística, junto con el filósofo Antonio Caso, los escritores José Vasconcelos, Alfonso Reyes y otros ilustres mexicanos. Ejerció la docencia universitaria, el periodismo, y contribuyó a la preparación de la *Antología del Centenario*. Compilada bajo la dirección de Justo Sierra (1848–1912), el fundador de la moderna Universidad Nacional de México, esta antología se propuso recoger la literatura mexicana del primer siglo de independencia. El segundo libro del autor, *Horas de estudio* (1910), abarca lo mejor de su prosa escrita en esos años.

Entre 1914 y 1920, Henríquez Ureña enseñó en la Universidad de Minnesota, donde también obtuvo el doctorado en literatura con la tesis *La versificación irregular en la poesía castellana*, publicada más tarde (1920). Durante el mismo período pasó temporadas extensas en Madrid dedicado a la investigación filológica en el Centro de Estudios Históricos que dirigía el gran hispanista Ramón Menéndez Pidal (1869–1968). Luego de una segunda, pero más breve residencia en México (1921–24), se trasladó a la Argentina, donde transcurrió la última etapa de su vida. En Buenos Aires y en La Plata (Provincia de Buenos Aires), ejerció la docencia secundaria y universitaria, y formó, junto con el distinguido filólogo español Amado Alonso (1896–1952), una generación de lingüistas y críticos. En esos años publicó *Seis ensayos en busca de nuestra expresión* (1928), uno de sus libros más importantes, donde analiza la historia cultural hispanoamericana. Fue ésta una época de intensa actividad literaria, en la cual escribió y trabajó para

revistas y casas editoriales, dictó conferencias y contribuyó con los capítulos sobre Santo Domingo y Puerto Rico a la *Historia de América* publicada bajo la dirección del investigador argentino Ricardo Levene.

Durante el año académico 1940–41, Henríquez Ureña fue invitado por la
Universidad de Harvard a ocupar la cátedra Charles Eliot Norton. Sus conferencias, dictadas en inglés, fueron publicadas en forma de libro por la misma universidad con el título *Literary Currents in Hispanic America* (1945). Este libro,
traducido luego al español (1949), y hoy considerado como uno de los estudios
clásicos del tema, consolidó el prestigio internacional del autor y representó la
culminación de su brillante trayectoria de investigador y de hombre de letras. En
cambio, su *Historia de la cultura en la América Hispana,* de publicación póstuma
(1947), no alcanzó un nivel y una importancia comparables.

En *Seis ensayos en busca de nuestra expresión,* Henríquez Ureña analiza las etapas recorridas, los problemas aún no superados y los caminos posibles en la
evolución hacia una auténtica expresión de la cultura hispanoamericana. Estas
páginas admirablemente concisas son fruto de un conocimiento destilado y de
una gran capacidad de síntesis puestas al servicio de una visión americanista.

## ■ Bibliografía mínima

Álvarez Martínez, María Ángeles. "Pedro Henríquez Ureña y la dialectología hispanoamericana". *La Torre: Revista de la Universidad de Puerto Rico* 3.7–8 (1998): 177–85.

Anderson Imbert, Enrique. "Pedro Henríquez Ureña". *Latin American Writers.* Eds. Carlos
A. Solé y Maria Isabel Abreu. Vol. 2. New York: Scribner's, 1989. 597–601.

Berroa, Rei, ed. "La literatura dominicana en el siglo XX: con una sección dedicada a Pedro
Henríquez Ureña". *Revista Iberoamericana* 54 (1988): 291–357.

De Beer, Gabriella. "El epistolario Reyes–Henríquez Ureña: una trayectoria cultural".
*Nueva Revista de Filología Hispánica* 37.2 (1989): 305–15.

Gelpí, Juan G. "Cultura, sujeto y constitución de una crítica literaria: 'Nuestra América' de
José Martí y 'Seis ensayos en busca de nuestra expresión' de Pedro Henríquez
Ureña". *Revista de Estudios Hispánicos* 24.1 (1997): 69–83.

Henríquez Ureña, Pedro. *Obras Completas.* Ed. de Juan Jacobo de Lara. 10 vols. Santo
Domingo: Universidad Pedro Henríquez Ureña, 1976–80.

——. *Ensayos.* Eds. José Luis Abellán y Ana María Barrenechea. Madrid: Archivos, 1998.

Pitol, Sergio. "Pedro Henríquez Ureña". *La Palabra y el Hombre: Revista de la Universidad Veracruzana* 113 (2000): 21–34.

# Seis ensayos en busca de nuestra expresión (1928)

## EL DESCONTENTO Y LA PROMESA

### LAS FORMULAS DEL AMERICANISMO

Examinaremos las principales soluciones propuestas y ensayadas para el
problema de nuestra expresión en literatura. Y no se me tache prematuramente
de optimista cándido porque vaya dándoles aprobación provisional a todas: al final se verá el por qué.

Ante todo, la naturaleza. La literatura descriptiva habrá de ser, pensamos durante largo tiempo, la voz del Nuevo Mundo. Ahora no goza de favor la idea: hemos abusado en la aplicación; hay en nuestra poesía romántica tantos paisajes como en nuestra pintura impresionista. La tarea de escribir, que nació del entusiasmo, degeneró en hábito mecánico. Pero ella ha educado nuestros ojos: del cuadro convencional de los primeros escritores coloniales, en quienes sólo de raro en raro asomaba la faz genuina de la tierra, como en las serranías peruanas del Inca Garcilaso, pasamos poco a poco, y finalmente llegamos, con ayuda de Alexander von Humboldt y de Chateaubriand, a la directa visión de la naturaleza. De mucha olvidada literatura del siglo XIX sería justicia y deleite arrancar una vivaz colección de paisajes y miniaturas de fauna y flora. Basta detenernos a recordar para comprender, tal vez con sorpresa, cómo hemos conquistado, trecho a trecho, los elementos pictóricos de nuestra pareja de continentes y hasta el aroma espiritual que se exhala de ellos: la colosal montaña; las vastas altiplanicies de aire fino y luz tranquila donde todo perfil se recorta agudamente; las tierras cálidas del trópico, con sus marañas de selvas, su mar que asorda y su luz que emborracha; la pampa profunda; el desierto "inexorable y hosco". Nuestra atención al paisaje engendra preferencias que hallan palabras vehementes: tenemos partidarios de la llanura y partidarios de la montaña. Y mientras aquéllos, acostumbrados a que los ojos no tropiecen con otro límite que el horizonte, se sienten oprimidos por la vecindad de las alturas, como Miguel Cané[1] en Venezuela y Colombia, los otros se quejan del paisaje "demasiado llano", como el personaje de la *Xamaica* de Güiraldes, o bien, con voluntad de amarlo, vencen la inicial impresión de monotonía y desamparo y cuentan cómo, después de largo rato de recorrer la pampa, ya no la vemos: vemos otra pampa que se nos ha hecho en el espíritu (Gabriela Mistral). O acerquémonos al espectáculo de la zona tórrida: para el nativo es rico en luz, calor y color, pero lánguido y lleno de molicie; todo se le deslíe en largas contemplaciones, en pláticas sabrosas, en danzas lentas,

> y en las ardientes noches del estío
> la bandola[2] y el canto prolongado
> que une su estrofa al murmurar del río...

Pero el hombre de climas templados ve el trópico bajo deslumbramiento agobiador: así lo vió Mármol en el Brasil, en aquellos versos célebres, mitad ripio,[3] mitad hallazgo de cosa vivida; así lo vio Sarmiento en aquel breve y total apunte de Río de Janeiro:

Los insectos son carbuncos o rubíes, las mariposas plumillas de oro flotantes, pintadas las aves, que engalanan penachos y decoraciones fantásticas, verde esmeralda la vegetación, embalsamadas y purpúreas las flores, tangible la luz del cielo, azul cobalto el aire, doradas a fuego las nubes, roja la tierra y las arenas entremezcladas de diamantes y topacios.

---

[1] Miguel Cané (1851–1905): escritor argentino conocido por su novela autobiográfica *Juvenilia* (1884).

[2] Instrumento musical pequeño, de cuatro cuerdas, parecido al laúd.

[3] Palabra o frase superflua.

45        A la naturaleza sumamos el primitivo habitante. ¡Ir hacia el indio! Programa que nace y renace en cada generación, bajo muchedumbre de formas, en
todas las artes. En literatura, nuestra interpretación del indígena ha sido irregular y caprichosa. Poco hemos agregado a aquella fuerte visión de los conquistadores como Hernán Cortés, Ercilla, Cieza de León, y de los misioneros como fray
50   Bartolomé de las Casas. Ellos acertaron a definir dos tipos ejemplares, que Europa acogió e incorporó a su repertorio de figuras humanas: el "indio hábil y discreto", educado en complejas y exquisitas civilizaciones propias, singularmente
dotado para las artes y las industrias, y el "salvaje virtuoso", que carece de civilización mecánica, pero vive en orden, justicia y bondad, personaje que tanto
55   sirvió a los pensadores europeos para crear la imagen del hipotético hombre del
"estado de naturaleza" anterior al contrato social.[4] En nuestros cien años de independencia, la romántica pereza nos ha impedido dedicar mucha atención a
aquellos magníficos imperios cuya interpretación literaria exigiría previos estudios arqueológicos; la falta de simpatía humana nos ha estorbado para acer-
60   carnos al superviviente de hoy, antes de los años últimos, excepto en casos como
el memorable de los *indios ranqueles;* y al fin, aparte del libro impar y delicioso de
Mansilla,[5] las mejores obras de asunto indígena se han escrito en países como
Santo Domingo[5b] y el Uruguay, donde el aborigen de raza pura persiste apenas
en rincones lejanos y se ha diluido en recuerdo sentimental. "El espíritu de los
65   hombres flota sobre la tierra en que vivieron, y se le respira", decía Martí.
        Tras el indio, el criollo. El movimiento criollista ha existido en toda la
América española con intermitencias, y ha aspirado a recoger las manifestaciones
de la vida popular, urbana y campestre, con natural preferencia por el campo.
Sus límites son vagos; en la pampa argentina, el criollo se oponía al indio, ene-
70   migo tradicional, mientras en México, en la América Central, en toda la región de
los Andes y su vertiente del Pacífico, no siempre existe frontera perceptible entre
las costumbres de carácter criollo y las de carácter indígena. Así mezcladas las reflejan en la literatura mexicana los romances de Guillermo Prieto[6] y el *Periquillo*
de Lizardi, despertar de la novela en nuestra América, a la vez que despedida de
75   la picaresca española. No hay país donde la existencia criolla no inspire cuadros
de color peculiar. Entre todas, la literatura argentina, tanto en el idioma culto
como en el campesino, ha sabido apoderarse de la vida del gaucho en visión
honda como la pampa. Facundo Quiroga, Martín Fierro, Santos Vega, son figuras definitivamente plantadas dentro del horizonte ideal de nuestros pueblos.
80   Y no creo en la realidad de la querella de Fierro contra Quiroga. Sarmiento,
como civilizador, urgido de acción, atenaceado por la prisa, escogió para el futuro de su patria el atajo europeo y norteamericano en vez del sendero criollo,
informe todavía, largo, lento, interminable tal vez, o desembocando en el calle-

---

[4] Esta es una alusión a las ideas de Jean Jacques
Rousseau (1712–78), el autor de *El contrato social* (1762).
[5] Lucio Mansilla (1831–1913): escritor argentino, autor de *Una excursión a los indios ranqueles* (1870).
[5b] El nombre de Santo Domingo, la ciudad capital, designaba originariamente el territorio de

la actual República Dominicana, así nombrada
en 1844 al lograrse la independencia. El uso de
la antigua designación aún persiste entre los
dominicanos.
[6] Guillermo Prieto (1818–97), novelista romántico mexicano.

jón sin salida; pero nadie sintió mejor que él los soberbios ímpetus, la acre originalidad de la barbarie que aspiraba a destruir. En tales oposiciones y en tales
decisiones está el Sarmiento aquilino:[7] la mano inflexible escoge; el espíritu amplio se abre a todos los vientos. ¿Quién comprendió mejor que él a España, la
España cuyas malas herencias quiso arrojar al fuego, la que visitó "con el santo
propósito de levantarle el proceso verbal", pero que a ratos le hacía agitarse en
ráfagas de simpatía? ¿Quién anotó mejor que él las limitaciones de los Estados
Unidos, de esos Estados Unidos cuya perseverancia constructora exaltó a modelo ejemplar?

Existe otro americanismo, que evita al indígena, y evita el criollismo pintoresco, y evita el puente intermedio de la era colonial, lugar de cita para muchos
antes y después de Ricardo Palma: su precepto único es ceñirse siempre al Nuevo
Mundo en los temas, así en la poesía como en la novela y el drama, así en la
crítica como en la historia. Y para mí, dentro de esa fórmula sencilla como dentro
de las anteriores, hemos alcanzado, en momentos felices, la expresión vívida que
perseguimos. En momentos felices, recordémoslo.

### El afán europeizante

Volvamos ahora la mirada hacia los europeizantes, hacia los que, descontentos de todo americanismo con aspiraciones de sabor autóctono, descontentos
hasta de nuestra naturaleza, nos prometen la salud espiritual si mantenemos recio y firme el lazo que nos ata a la cultura europea. Creen que nuestra función no
será crear, comenzando desde los principios, yendo a la raíz de las cosas, sino
continuar, proseguir, desarrollar, sin romper tradiciones ni enlaces.

Y conocemos los ejemplos que invocarían, los ejemplos mismos que nos
sirvieron para rastrear el origen de nuestra rebelión nacionalista: Roma, o la Edad
Media, el Renacimiento, la hegemonía francesa del siglo XVIII... Detengámonos
nuevamente ante ellos. ¿No tendrán razón los arquetipos clásicos contra la libertad romántica de que usamos y abusamos? ¿No estará el secreto único de la
perfección en atenernos a la línea ideal que sigue desde sus remotos orígenes la
cultura de Occidente? Al criollista que se defienda—acaso la única vez en su
vida—con el ejemplo de Grecia, será fácil demostrarle que el milagro griego, si
más solitario, más original que las creaciones de sus sucesores, recogía vetustas
herencias: ni los milagros vienen de la nada; Grecia, madre de tantas invenciones
estupendas, aprovechó el trabajo ajeno, retocando y perfeccionando, pero en su
opinión, tratando de acercarse a los cánones, a los paradigmas que otros pueblos,
antecesores suyos o contemporáneos, buscaron con intuición confusa.

Todo aislamiento es ilusorio. La historia de la organización espiritual de
nuestra América, después de la emancipación política, nos dirá que nuestros propios orientadores fueron, en momento oportuno, europeizantes: Andrés Bello,
que desde Londres lanzó la declaración de nuestra independencia literaria, fue
motejado de europeizante por los proscriptos argentinos veinte años después,
cuando organizaba la cultura chilena; y los más violentos censores de Bello, de
regreso a su patria, habían de emprender a su turno tareas de europeización, para
que ahora se lo afeen los devotos del criollismo puro.

---

[7] Aguileño, perteneciente o relacionado al águila.

Apresurémonos a conceder a los europeizantes todo lo que les pertenece, pero nada más, y a la vez tranquilicemos al criollista. No sólo sería ilusorio el ais-
30 lamiento—la red de las comunicaciones lo impide—, sino que tenemos derecho a tomar de Europa todo lo que nos plazca: tenemos derecho a todos los beneficios de la cultura occidental. Y en literatura—ciñéndonos a nuestro problema— recordemos que Europa estará presente, cuando menos, en el arrastre histórico del idioma.
35 Aceptemos francamente, como inevitable, la situación compleja: al expre- sarnos habrá en nosotros, junto a la porción sola, nuestra, hija de nuestra vida, a veces con herencia indígena, otra porción substancial, aunque sólo fuere el marco, que recibimos de España. Voy más lejos: no sólo escribimos el idioma de Castilla, sino que pertenecemos a la Romania, la familia románica que constituye
40 todavía una comunidad, una unidad de cultura, descendiente de la que Roma or- ganizó bajo su potestad; pertenecemos—según la repetida frase de Sarmiento— al imperio Romano. Literariamente, desde que adquieren plenitud de vida las lenguas romances, a la Romania nunca le ha faltado centro, sucesor de la Ciudad Eterna: del siglo XI al XIV fue Francia, con oscilaciones iniciales entre Norte y
45 Sur; con el Renacimiento se desplaza a Italia; luego, durante breve tiempo, tiende a situarse en España; desde Luis XIV vuelve a Francia. Muchas veces la Romania ha extendido su influjo a zonas extranjeras, y sabemos cómo París gobernaba a Europa, y de paso a las dos Américas, en el siglo XVIII; pero desde comienzos del siglo XIX se definen, en abierta y perdurable oposición, zonas rivales: la ger-
50 mánica, suscitadora de la rebeldía; la inglesa, que abarca a Inglaterra con su im- perio colonial, ahora en disolución, y a los Estados Unidos; la eslava ... Hasta políticamente hemos nacido y crecido en la Romania. Antonio Caso señala con eficaz precisión los tres acontecimientos de Europa cuya influencia es decisiva sobre nuestros pueblos: el Descubrimiento, que es acontecimiento español, el Re-
55 nacimiento, Italiano; la Revolución, francés. El Renacimiento da forma—en Es- paña sólo a medias—a la cultura que iba a ser trasplantada a nuestro mundo; la Revolución es el antecedente de nuestras guerras de independencia. Los tres acontecimientos son de pueblos románicos. No tenemos relación directa con la Reforma, ni con la evolución constitucional de Inglaterra, y hasta la indepen-
60 dencia y la Constitución de los Estados Unidos alcanzan prestigio entre nosotros merced a la propaganda que de ellas hizo Francia.

## LA ENERGIA NATIVA

Concedido todo eso, que es todo lo que en buen derecho ha de reclamar el europeizante, tranquilicemos al criollo fiel recordándole que la existencia de la Romania como unidad, como entidad colectiva de cultura, y la existencia del cen- tro orientador, no son estorbos definitivos para ninguna originalidad, porque
5 aquella comunidad tradicional afecta sólo a las formas de la cultura, mientras que el carácter original de los pueblos viene de su fondo espiritual, de su energía nativa.

Fuera de momentos fugaces en que se ha adoptado con excesivo rigor una fórmula estrecha, por excesiva fe en la doctrina retórica, o durante períodos en
10 que una decadencia nacional de todas las energías lo ha hecho enmudecer, cada pueblo se ha expresado con plenitud de carácter dentro de la comunidad impe- rial. Y en España, dentro del idioma central, sin acudir a los rivales, las regiones

se definen a veces con perfiles únicos en la expresión literaria. Así, entre los poetas, la secular oposición entre Castilla y Andalucía, el contraste entre fray Luis de
15 León y Fernando de Herrera, entre Quevedo y Góngora, entre Espronceda y
Bécquer.

El compartido idioma no nos obliga a perdernos en la masa de un coro cuya
dirección no está en nuestras manos: sólo nos obliga a acendrar nuestra nota expresiva, a buscar el acento inconfundible. Del deseo de alcanzarlo y sostenerlo
20 nace todo el rompecabezas de cien años de independencia proclamada; de ahí las
fórmulas de americanismo, las promesas que cada generación escribe, sólo para
que la siguiente las olvide o las rechace, y de ahí la reacción, hija del inconfesado
desaliento, en los europeizantes.

### EL ANSIA DE PERFECCION

Llegamos al término de nuestro viaje por el palacio confuso, por el fatigoso
laberinto de nuestras aspiraciones literarias, en busca de nuestra expresión original y genuina. Y a la salida creo volver con el oculto hilo que me sirvió de guía.

Mi hilo conductor ha sido el pensar que no hay secreto de la expresión sino
5 uno: trabajarla hondamente, esforzarse en hacerla pura, bajando hasta la raíz de
las cosas que queremos decir; afinar, definir, con ansia de perfección.

El ansia de perfección es la única norma. Contentándonos con usar el ajeno
hallazgo, del extranjero o del compatriota, nunca comunicaremos la revelación
íntima; contentándonos con la tibia y confusa enunciación de nuestras in-
10 tuiciones, las desvirtuaremos ante el oyente y le parecerán cosa vulgar. Pero
cuando se ha alcanzado la expresión firme de una intuición artística, va en ella,
no sólo el sentido universal, sino la esencia del espíritu que la poseyó y el sabor
de la tierra de que se ha nutrido.

Cada fórmula de americanismo puede prestar servicios (por eso les di a to-
15 das aprobación provisional); el conjunto de las que hemos ensayado nos da una
suma de adquisiciones útiles, que hacen flexible y dúctil el material originario de
América. Pero la fórmula, al repetirse, degenera en mecanismo y pierde su
prístina eficacia; se vuelve receta y engendra una retórica.

Cada grande obra de arte crea medios propios y peculiares de expresión;
20 aprovecha las experiencias anteriores, pero las rehace, porque no es una suma,
sino una síntesis, una invención. Nuestros enemigos, al buscar la expresión de
nuestro mundo, son la falta de esfuerzo y la ausencia de disciplina, hijos de la
pereza y la incultura, o la vida en perpetuo disturbio y mudanza, llena de preocupaciones ajenas a la pureza de la obra: nuestros poetas, nuestros escritores,
25 fueron las más veces, en parte son todavía, hombres obligados a la acción, la
faena política y hasta la guerra, y no faltan entre ellos los conductores e ilumi-
nadores de pueblos.

### EL FUTURO

Ahora, en el Río de la Plata cuando menos, empieza a constituirse la profesión literaria. Con ella debieran venir la disciplina, el reposo que permite los
graves empeños. Y hace falta la colaboración viva y clara del público: demasiado
tiempo ha oscilado entre la falta de atención y la excesiva indulgencia. El público
5 ha de ser exigente; pero ha de poner interés en la obra de América. Para que haya
grandes poetas, decía Walt Whitman, ha de haber grandes auditorios. Sólo un

temor me detiene, y lamento turbar con una nota pesimista el canto de esperanzas. Ahora que parecemos navegar en dirección hacia el puerto seguro, ¿no
llegaremos tarde? ¿El hombre del futuro seguirá interesándose en la creación
artística y literaria, en la perfecta expresión de los anhelos superiores del espíritu? El occidental de hoy se interesa menos en ellas que el de ayer, y mucho
menos que el de tiempos lejanos. Hace cien, cincuenta años, cuando se auguraba
la desaparición del arte, se rechazaba el agüero con gestos fáciles: "siempre habrá
poesía". Pero después —fenómeno nuevo en la historia del mundo, in-
sospechado y sorprendente— hemos visto surgir a existencia próspera sociedades activas y al parecer felices, de cultura occidental, a quienes no preocupa
la creación artística, a quienes les basta la industria, o se contentan con el arte reducido a procesos industriales: Australia, Nueva Zelandia, aun el Canadá. Los
Estados Unidos ¿no habrán sido el ensayo intermedio? Y en Europa, bien que
abunde la producción artistica y literaria, el interés del hombre contemporáneo
no es el que fue. El arte había obedecido hasta ahora a dos fines humanos: uno, la
expresión de los anhelos profundos, del ansia de eternidad, del utópico y siempre renovado sueño de la vida perfecta; otro, el juego, el solaz imaginativo en que
descansa el espíritu. El arte y la literatura de nuestros días apenas recuerdan ya
su antigua función trascendental; sólo nos va quedando el juego ... Y el arte reducido a diversión, por mucho que sea diversión inteligente, pirotecnia del ingenio, acaba en hastío.

... No quiero terminar en el tono pesimista. Si las artes y las letras no se apa-
gan, tenemos derecho a considerar seguro el porvenir. Trocaremos en arca de
tesoros la modesta caja donde ahora guardamos nuestras escasas joyas, y no tendremos por qué temer al sello ajeno del idioma en que escribimos, porque para
entonces habrá pasado a estas orillas del Atlántico el eje espiritual del mundo
español.

## ■ Preguntas generales

1. ¿Qué circunstancias obligaron a Pedro Henríquez Ureña a vivir fuera de su
   país?
2. ¿Cuál fue la actuación del escritor dominicano en el ambiente intelectual de
   México?
3. ¿En qué campos de estudio se destacó? ¿Sobre qué temas escribió?
4. ¿Qué obra educadora realizó en la Argentina?
5. ¿Cuál es su libro más apreciado? ¿Cómo se originó este libro?

## ■ Preguntas de análisis

1. ¿Con qué elementos irá elaborándose una expresión genuinamente americana, según el autor de "El descontento y la promesa"?
2. ¿Qué errores e ilusiones critica?
3. ¿Qué piensa Henríquez Ureña acerca de las posibilidades de expresión
   propia dentro del lenguaje y la cultura heredados?
4. ¿Qué circunstancias y actitudes han obstaculizado, según este ensayo, el desarrollo cultural en Hispanoamérica?
5. ¿Cómo se hace evidente en este texto la formación humanística del autor?

## ■ Temas para informes escritos

1. La posición de Pedro Henríquez Ureña frente a las distintas fórmulas del americanismo.
2. La visión continental de Pedro Henríquez Ureña.
3. La idea de Henríquez Ureña de que la propia expresión es un rehacer de experiencias ajenas. Vigencia actual de este punto de vista.
4. La conjunción de valores éticos y estéticos en el pensamiento de Henríquez Ureña.
5. Las afinidades literarias y humanísticas de Pedro Henríquez Ureña y Alfonso Reyes.

## ■ Temas de reflexión y comentario

1. El estudio de la literatura como vehículo de auto-conocimiento para el hispanoamericano, según Henríquez Ureña.
2. Henríquez Ureña como intérprete y crítico de la literatura hispanoamericana.
3. Las observaciones críticas de Henríquez Ureña acerca del mutuo desconocimiento de los países hispanoamericanos.
4. La participación de Henríquez Ureña en la vida intelectual y literaria de México.
5. Henríquez Ureña como educador. Influencia de su magisterio en México y la Argentina.

# DELMIRA AGUSTINI

1886–1914, Montevideo, Uruguay

*Reproduced with permission of the General Secretariat of the Organization of American States*

De padres acomodados y prominentes, Delmira Agustini fue educada en casa por preceptores que la instruyeron en música, francés, pintura, literatura y bordado. "La Nena", sobrenombre cariñoso de la joven, mostró desde temprano una mente precoz y un carácter sensible: a los cuatro años leía; a los diez años compuso sus primeros versos. En 1913, ya gozando de fama literaria, contrajo matrimonio con Enrique Job Reyes con quien tenía poca afinidad de temperamento. Aunque la pareja se separó pronto, los dos amantes continuaron viéndose a escondidas. En una de estas citas secretas, Reyes mató a la poeta y después se suicidó.

La fama literaria de Delmira Agustini descansa en los poemarios *El libro blanco* (1907), *Cantos de la mañana* (1910) y *Los cálices vacíos* (1913), y en los poemas inéditos reunidos después en los dos tomos de sus obras completas publicados en 1924. El primero de estos volúmenes se denomina *El rosario de Eros*; el segundo, *Los astros del abismo,* lleva el título que la autora había pensado darle a la colección que juzgaba la "cumbre" de su obra.

El amor es el tema central de la lírica de la escritora uruguaya, y lo usó para mostrar el anhelo por satisfacer apetencias carnales y espirituales. En *El libro blanco,* por ejemplo, se encuentran poemas como "Desde lejos" y "El intruso" donde estos anhelos están representados por la seguridad del amor compartido o la unión con el ser querido, todo ello expresado con gran sinceridad. En su segundo poemario, *Cantos de la mañana,* predomina la desilusión. Quizá Agustini, ya más madura, intuía que la realidad —la estrechez de la vida montevideana, las limitaciones impuestas a la mujer por la sociedad patriarcal— la incapacitaba para continuar la búsqueda tal y como ella hubiera querido. Estas percepciones se hacen evidentas en el último verso de "La barca milagrosa" donde exclama, "Yo ya muero de vivir y soñar". También en "Las alas" la voz lírica explicó cuán difícil era satisfacer sus ansias y cómo éstas quedaban frustradas muchas veces. En *Los cálices vacíos,* libro dedicado a Eros, y en los poemas publicados después de su muerte, particularmente en los que Agustini pensaba incorporar en *Los astros del abismo,* sus versos se vuelven más apasionados y oscuros. Junto a los placeres carnales y espirituales del amor, se halla la meditación sobre la muerte, el dolor y el paso del tiempo. Por esta exaltación del sentimiento amoroso marcada por una búsqueda casi mística, así como por su riqueza emotiva, algunos críticos han vinculado los poemas de Delmira Agustini a los escritos de los místicos españoles.

La obra de la poeta uruguaya está ligada, tanto al período romántico por la manera sincera y apasionada en que expuso los sentimientos, como al modernista por la actitud de inconformidad y su apego a la retórica de esta escuela evidente en sus versos. Pero más que nada la obra de Delmira Agustini es innovadora por la manera tan personal con que da rienda suelta a la expresión del sentimiento amoroso en una época en que esto era completamente desusado, y más en la obra de una mujer.

## ■ Bibliografía mínima

Alvar, Manuel. "Delmira Agustini". *Latin American Writers.* Eds. Carlos A. Solé y Maria Isabel Abreu. Vol. 2. New York: Scribner's, 1989. 649–54.

Beaupied, Aída. "Otra lectura de 'El cisne' de Delmira Agustín". *Letras Femeninas* 22.1–2 (1996): 131–42.

Castillo, Jorge Luis. "Delmira Agustini o el modernismo subversivo". *Chasqui: Revista de Literatura Latinoamericana* 27.2 (1998): 70–84.

Escaja, Tina, ed. *Delmira Agustini y el Modernismo: nuevas propuestas de género.* Rosario, Argentina: Viterbo, 2000.

García Pinto, Magdalena. "Eros in Reflection: The Poetry of Delmira Agustini". *Review: Latin American Literature and Arts* 48 (1994): 85–89.

Girón Alvarado, Jacqueline. *Voz poética y máscaras femeninas en la obra de Delmira Agustini.* New York: Peter Lang, 1995.

Horno Delgado, Asunción. "Ojos que me reflejan: poesía autobiográfica en Delmira Agustini". *Letras Femeninas* 16. 1–2(1990): 101–12.

Trambaioli, Marcella. "La estatua y el ensueño: dos claves para la poesía de Delmira Agustini". *Revista Hispánica Moderna* 50.1 (1997): 57–66.

Zum Felde, Alberto. Prólogo. *Poesías completas.* Delmira Agustini. 4ta ed. Buenos Aires: Losada, 1971. 7–28.

# El libro blanco (1907)

### EL INTRUSO[1]

Amor, la noche estaba trágica y sollozante
cuando tu llave de oro cantó en mi cerradura;
luego, la puerta abierta sobre la sombra helante,
tu forma fue una mancha de luz y de blancura.

5      Todo aquí lo alumbraron tus ojos de diamante;
bebieron en mi copa tus labios de frescura,
y descansó en mi almohada tu cabeza fragante;
me encantó tu descaro y adoré tu locura.

Y hoy río si tú ríes, y canto si tú cantas;
10  y si tú duermes, duermo como un perro a tus plantas.
Hoy llevo hasta en mi sombra tu olor de primavera;

y tiemblo si tu mano toca la cerradura,
y bendigo la noche sollozante y oscura
que floreció en mi vida tu boca tempranera!

### EXPLOSIÓN

¡Si la vida es amor, bendita sea!
¡Quiero más vida para amar! Hoy siento
que no valen mil años de la idea
lo que un minuto azul del sentimiento.

5      Mi corazón moría, triste y lento...
Hoy abre en luz como una flor febea[1a]:
¡La vida brota como un mar violento
donde la mano del amor golpea!

Hoy partió hacia la noche, triste y fría,
10  rotas las alas, mi melancolía;
como una vieja mancha de dolor

en la sombra lejana se deslíe[1b]...
¡Mi vida toda canta, besa, ríe!
¡Mi vida toda es una boca en flor!

---

[1] Soneto alejandrino, con versos de catorce
sílabas.
[1a] Perteneciente a Febo o al Sol.
[1b] Se disuelve.

# Cantos de la mañana (1910)

### LAS ALAS[2]

Yo tenía...
       dos alas!...
Dos alas
que del Azur vivían como dos siderales
5  raíces...
Dos alas,
con todos los milagros de la vida, la muerte
y la ilusión. Dos alas,
fulmíneas[3]
10  como el velamen[4] de una estrella en fuga;
dos alas,
como dos firmamentos[5]
con tormentas, con calmas y con astros...

     ¿Te acuerdas de la gloria de mis alas?...
15  El áureo campaneo
del ritmo, el inefable
matiz atesorando
el Iris todo, mas un Iris nuevo,
ofuscante y divino,
20  que adorarán las plenas pupilas del Futuro
(¡las pupilas maduras a toda luz!)... el vuelo...

     El vuelo ardiente, devorante y único,
que largo tiempo atormentó los cielos,
despertó soles, bólidos,[6] tormentas,
25  abrillantó los rayos y los astros;
y la amplitud: tenían
calor y sombra para todo el Mundo,
y hasta incubar un *más allá* pudieron.

     Un día, raramente
30  desmayada a la tierra,
yo me adormí en las felpas profundas de este bosque...

     Soñé divinas cosas!...
Una sonrisa tuya me despertó, paréceme...
Y no siento mis alas!...
35  ¿Mis alas?...
     —Yo las *ví* deshacerse entre mis brazos...
¡Era como un deshielo!

---

[2] Poema compuesto con versos de diferentes
medidas (tres, cuatro, siete y diez, once y
catorce sílabas).
[3] Con las propiedades del rayo.

[4] Las velas de un barco.
[5] Cielos.
[6] Meteoros.

# Los cálices vacíos (1913)

### NOCTURNO[7]

Engarzado[8] en la noche el lago de tu alma,
diríase una tela de cristal y de calma
tramada[9] por las grandes arañas del desvelo.

Nata de agua lustral[10] en vaso de alabastros;
5 espejo de pureza que abrillantas los astros
y reflejas la sima[11] de la Vida en un cielo...

Yo soy el cisne errante de los sangrientos rastros,
voy manchando los lagos y remontando el vuelo.

# El rosario de Eros (1924)

### TU AMOR...[12]

Tu amor, esclavo, es como un sol muy fuerte:
jardinero de oro de la vida,
jardinero de fuego de la muerte,
en el carmen[13] fecundo de mi vida.

5 Pico de cuervo con olor de rosas,
aguijón enmelado[14] de delicias
tu lengua es. Tus manos misteriosas
son garras enguantadas de caricias.

Tus ojos son mis medianoches crueles,
10 panales negros de malditas mieles
que se desangran en mi acerbidad;[15]

crisálida[16] de un vuelo del futuro
en tu abrazo magnífico y oscuro
torre embrujada de mi soledad.

## ■ Preguntas generales

1. ¿Qué tipo de educación recibió Delmira Agustini y cómo se manifestó su precocidad intelectual?
2. ¿En qué circunstancias murió la autora?

---

[7] Poema de dos tercetos y una estrofa de dos versos; la rima es consonante y cada verso tiene catorce sílabas.
[8] Como una piedra preciosa puesta en su montura.
[9] Tejida, hecha.
[10] Usada para rociar a las víctimas que iban al sacrificio.

[11] Abismo, cavidad grande en la tierra.
[12] Soneto de versos endecasílabos (11 sílabas).
[13] Verso o composición poética.
[14] Dulce, con sabor a miel.
[15] Aspereza.
[16] Ninfa de los insectos lepidópteros.

3. ¿Cuál es el tema central de la poesía de Agustini y cómo se manifiesta en algunos de sus poemarios?
4. ¿Cómo interpretaría Ud. el verso de Agustini, "Yo ya muero de vivir y soñar"?
5. ¿Cuál es el principal aporte de Delmira Agustini a la lírica hispanoamericana?

## ■ Preguntas de análisis

1. ¿Qué imágenes se utilizan en "El intruso" para describir al amado? ¿Cuál es la actitud del yo con respecto al intruso: positiva, negativa o ambivalente?
2. ¿Qué significan las alas en el poema de este nombre, y cómo están caracterizadas? ¿Qué pierde y qué encuentra el yo al final de este poema?
3. En "Explosión" ¿Cómo caracteriza el amor la voz lírica? ¿Cuáles son las consecuencias de sentir el amor y qué imágenes se asocian con éste?
4. ¿Cómo rompe "Nocturno" la visión tradicional de la mujer en las relaciones amorosas?
5. En "Tu amor", ¿cómo se describe este sentimiento? ¿Qué consecuencias tiene el amor para el yo? ¿Qué metáforas definen al amante, y qué asociaciones eróticas encuentra Ud. en ellas?
6. ¿Cuáles son las características del posmodernismo? ¿Cómo encaja la lírica de Delmira Agustini dentro de esta tendencia?

## ■ Temas para informes escritos

1. La formación cultural de Delmira Agustini.
2. Erotismo y rebeldía en la obra de Agustini.
3. Delmira Agustini y Juana de Ibarbouru: dos contemporáneas.
4. Rasgos románticos y modernistas en la poesía de Agustini.
5. La muerte y el dolor en *Los astros del abismo.*

## ■ Temas de reflexión y comentario

1. Limitaciones de la retórica modernista en la poesía de Delmira Agustini.
2. El ambiente cultural uruguayo durante la primera década del siglo XX.
3. Una amistad literaria: Delmira Agustini y María Eugenia Vaz Ferreira.
4. La representación de la "femme fatale" en "El vampiro" de *Cantos de la mañana.*
5. El vocabulario erótico en la lírica de Delmira Agustini.

# ALFONSO REYES

1889, Monterrey, México–1959,
Ciudad de México, México

Del mismo modo que Henríquez Ureña, Alfonso Reyes fue un erudito e investigador de amplia formación humanística, pensador e historiador de la cultura. Se destacó en el ensayo, y también fue un excelente narrador y poeta. Reyes pasó los años de su infancia y primera juventud en Monterrey, Nuevo León, en el norte de la república mexicana. Su padre, el general Bernardo Reyes, era gobernador de dicho Estado y murió, después de un fracasado levantamiento en contra del Presidente Madero, durante los hechos violentos en que éste fue despojado del poder (1913). El joven Reyes completó su educación universitaria en la Ciudad de México (1906–13), donde se recibió de abogado. Al mismo tiempo, junto con otros escritores e intelectuales contribuía, en el ya mencionado Ateneo de la Juventud, al movimiento reformista que daría una nueva orientación a la cultura mexicana. Años más tarde evocaría esa época en su ensayo-memoria *Pasado inmediato* (1941). Ya en su primer libro, *Cuestiones estéticas* (1911), se encuentran en germen los temas y el pensamiento modulado por la poesía y la visión artística que caracterizan su monumental obra madura. La cultura clásica, las letras españolas, francesas, inglesas y mexicanas y la obra de Goethe, dan tema desde el comienzo a la mayor parte de su producción ensayística. Reyes pasó diez años muy fructíferos en Madrid (1914–24), y trabajó en la sección de Filología del Centro de Estudios Históricos, donde también hizo investigaciones su amigo Henríquez Ureña. De esa época es *Visión de Anáhuac* (1917), prosa evocadora de "la región más transparente del aire", como Reyes mismo llamó al alto valle de Anáhuac o de México. Mediante la poetización de la geografía y la historia, el autor buscaba en esta obra la revelación de una esencia mexicana. Al mismo período corresponden otros de sus libros representativos: *El cazador* (1921), colección de ensayos basados en experiencias parisienses (1913–14), *Simpatías y diferencias* (1921–26), una compilación de reseñas, comentarios periodísticos y reflexiones sobre temas literarios y culturales, y *El plano oblicuo* (1924) donde se encuentran algunos de sus mejores cuentos.

Junto a su producción literaria, Reyes tuvo una larga carrera diplomática, representando a su país en España, Francia, Argentina, Brasil, Chile y Uruguay. De esos años datan numerosos ensayos de tema americano recogidos luego en *Última Tule* (1942). A esta colección pertenece "Capricho de América", breve ensayo representativo de la fusión de pensamiento, imaginación y poesía con la que Reyes comunica su visión de América. En 1939 dejó la carrera diplomática y regresó a México para dedicarse exclusivamente a las letras. En las dos décadas finales de su vida consolidó su obra literaria y publicó importantes libros como *El deslinde: prolegómenos a la teoría literaria* (1944) y *La experiencia literaria* (1942). Reyes fundó El

Colegio de México (1940), prestigioso centro de estudios humanísticos, y contribuyó de múltiples maneras al progreso educativo y cultural de su país.

## ■ Bibliografía mínima

Díaz Arciniega, Víctor, comp. *Voces para un retrato: ensayos sobre Alfonso Reyes.* Iztapalapa, México: U Autónoma Metropolitana, y Fondo de Cultura Económica, 1990.

Díaz Ruiz, Ignacio. "La afición americana de Alfonso Reyes". *Nueva Revista de Filología Hispánica* 37.2 (1989): 371–81.

Garciadiego, Javier. "Destinos compartidos: Alfonso Reyes y los intelectuales republicanos emigrados a México". *Revista de Occidente* 245 (2001): 68–74.

Glantz, Margo. "Apuntes sobre la obsesión helénica de Alfonso Reyes". *Nueva Revista de Fílología Hispánica* 37.2 (1989): 425–432.

Houvenaghel, Eugenia. "El homenaje de Alfonso Reyes a intelectuales latinoamericanos: un elogio velado de la tradición europea". *Neophilologus* 86.3 (2002): 391–99.

Monsiváis, Carlos. "Las utopías de Alfonso Reyes". *Asedios a Alfonso Reyes: 1889–1989.* México: IMSS/U Autónoma Metropolitana, 1989.

Morales, Angel Luis. *Alfonso Reyes y la literatura española.* Río Piedras, P.R.: Ed. Universitaria, 1980.

Rangel Guerra, Alfonso. "Alfonso Reyes, teórico de la literatura". *Hispania.* 79.2 (1996): 208–14.

———. *Las ideas literarias de Alfonso Reyes.* Ciudad de México: Colegio de México, 1989.

Reyes, Alfonso. *Ultima Tule y otros ensayos.* Selección y prólogo, Rafael Gutiérrez Girardot; cronología, Ana María Erdt y Rafael Gutiérrez Girardot. Caracas: Biblioteca Ayacucho, 1992.

Robb, James Willis. "Alfonso Reyes". *Latin American Writers.* Eds. Carlos A. Solé y Maria Isabel Abreu. Vol. 2. New York: Scribner's, 1989. 693–703.

# Ultima Tule (1942)

## CAPRICHO DE AMERICA

**La imaginación,** la loca de la casa, vale tanto como la historia para la interpretación de los hechos humanos. Todo está en saberla interrogar y en tratarla con delicadeza. El mito es un testimonio fehaciente sobre alguna operación divina. *La Odisea* puede servir de carta náutica al que, entendiéndola, frecuente los pasos del Mediterráneo. Dante, enamorado de las estrellas,

5

> ... *Le divine fiammelle*
> *dànno per gli occhi una dolcezza al core*
> *che intender non la pu chi non la prova,*[1]

---

[1] Esas pequeñas llamas
dan por los ojos miel al corazón,
quién lo puede entender si no lo prueba.
De los tres versos, probablemente citados de
memoria por Reyes, sólo hemos podido identificar la fuente del segundo y el tercero. Estos
proceden, aunque aquí modificados, de *La vita nuova*, XXVI, Soneto XV. El texto original de los mismos (y del verso que les precede) dice:
    Mostrasi si piacente a chi la mira,
    che dá per li occhi una dolcezza al core,
    che 'ntender no puó chi no la prova.

acaba por adelantarse al descubrimiento de la Cruz del Sur.[2] Y asimismo, entre la
10  más antigua literatura, los relatos novelescos de los egipcios (y quién sabe si también entre las memorias de la desaparecida y misteriosa era de Aknatón[3]), encontramos ya que la fantasía se imanta hacia el Occidente, presintiendo la existencia
de una tierra ignota americana. A través de los griegos, Europa hereda esta inclinación de la mente, y ya en el Renacimiento podemos decir que América, antes
15  de ser encontrada por los navegantes, ha sido inventada por los humanistas y los
poetas. La imaginación, la loca de la casa, había andado haciendo de las suyas.
Préstenos la imaginación su caballo con alas y recorramos la historia del mundo
en tres minutos. La masa solar, plástica y blanda—más aun: vaporosa—, solici-
tada un día por la vecindad de algún otro cuerpo celeste que la atrae, levanta una
20  inmensa cresta de marea. Aquella cresta se rompe en los espacios. Los fragmentos son los planetas y nuestra Tierra es uno de ellos. Desde ese remoto día, los
planetas giran en torno a su primitivo centro como verdaderas ánimas en pena.
Porque aquel arrancamiento con que ha comenzado su aventura es el pecado
original de los planetas, y si ellos pudieran se refundirían otra vez en la unidad
25  solar de que sólo son como destrozos.

La Tierra, entregada pues a sí misma, va equilibrando como puede sus
partes de mar y suelo firme. Pero aquella corteza de suelo firme se desgarra un
día por las líneas de menor resistencia, ante las contracciones y encogimientos de
su propia condensación. Y aquí—nueva ruptura y destrozo, segundo pecado—
30  comienzan a alejarse unos de otros los continentes flotantes, según cierta fatalidad geométrica. Uno de los resultados de este destrozo es nuestra América.

Imaginemos todavía. Soñemos, para mejor entender la realidad. Soñemos
que un día nuestra América constituyó, a su vez, una grande comunidad humana, cuyas vinculaciones salvaran mágicamente la inmensidad de los territo-
35  rios, las murallas de las montañas, la cerrazón de los bosques impracticables. A
la hora en que los primeros europeos se asoman a nuestro Continente, esta
unidad se ha roto ya. Quetzalcóatl,[4] el civilizador de México, ha huido hacia el
Sur, precisamente empujado por las tribus sanguinarias que venían del Norte, y
ha dejado allá por Guatemala la impronta de sus plantas, haciéndose llamar Cu-
40  culcán. Semejante fenómeno de disgregación se ha repetido en todos los focos del
Nuevo Mundo. Acaso hay ya pueblos des-civilizados, recaídos en la barbarie a
consecuencia de la incomunicación, del nuevo destrozo o tercer pecado. Los
grandes imperios americanos no son ya centros de cohesión, sino residencias de
un poder militar que sólo mantiene la unión por la fuerza.

45  Todavía la historia hace un nuevo intento de reunificación, atando, ya que
no a una sola, a dos fuertes razas europeas toda esta pedacería de naciones americanas. Sajones e iberos se dividen el Continente. Pero como todo aspira a bas-
tarse a sí mismo, las dos grandes familias americanas que de aquí resultan se

---

[2] Constelación que se ve en el hemisferio sur.
[3] Aknatón: faraón egipcio en el siglo 4 a. de C.
[4] Quetzalcóatl o Serpiente emplumada: es un dios antiquísimo. Se le rindió culto, con distintos nombres, en toda Mesoamérica. Aunque se le atribuyen diversas funciones, Quetzalcóatl es siempre representado como el padre y benefac-

tor de la humanidad. Creó a los hombres con su propia sangre y fue el descubridor del maíz, su principal alimento. Les enseñó la agricultura, las artes y el calendario. Como rey de los toltecas, en su forma humana, Quetzalcóatl fue también el protector y civilizador de su pueblo.

emancipan un día. El proceso de fecundación europea sólo ha servido, como un
recurso lateral, para nutrirlas artificialmente, para devolverles la conciencia de
su ser continental, para restaurar entre ellas otra vez el sueño de una organización coherente y armónica.

Y, en efecto, cuando los padres de las independencias americanas se alzan
contra las metrópolis europeas, bien puede decirse que se sienten animados de
un espíritu continental. En sus proclamas de guerra se dirigen siempre a "los
americanos", de un modo general y sin distinción de pueblos, y cada uno de ellos
se imagina que lucha por todo el Continente. Naturalmente, este fenómeno sólo
es apreciable en los países hispanoamericanos, únicos para los cuales tiene sentido.
Luminosa imagen del planeta que ronda en torno a su sol, Bolívar sueña entonces
en la aparición de la Grande América. Pero el tiempo no está maduro, y la independencia procede por vías de fraccionamientos nacionales.

En las distintas etapas recorridas, asistimos, pues, a un juego cósmico de
rompecabezas. Los tijeretazos de algún demiurgo caprichoso han venido tajando
en fragmentos la primitiva unidad, y uno de los fragmentos en partes, y una de
las partes en pedazos, y uno de los pedazos en trozos. Y la imaginación—cuyo
consejo hemos convenido en seguir para ver a dónde nos lleva—nos está diciendo en voz baja que, aunque esa unidad primitiva nunca haya existido, el
hombre ha soñado siempre con ella, y la ha situado unas veces como fuerza impulsora y otras como fuerza tractora de la historia: si como fuerza impulsora, en
el pasado, y entonces se llama la Edad de Oro; si como fuerza tractora, en el porvenir, y entonces se llama la Tierra Prometida. De tiempo en tiempo, los filósofos
se divierten en esbozar los contornos de la apetecida ciudad perfecta, y estos es-
bozos se llaman Utopías, de que los Códigos Constitucionales (si me permitís
una observación de actualidad) no son más que la última manifestación.

Así pues—y aquí volvemos a la realidad profunda de los mitos con que he
comenzado estas palabras—, hay que concebir la esperanza humana en figura de
la antigua fábula de Osiris:[5] nuestra esperanza está destrozada, y anda poco a
poco juntando sus *disjecti membra*[6] para reconstruirse algún día. Soñamos, como
si nos acordáramos de ella (Edad de Oro a la vez que la Tierra Prometida), en una
América coherente, armoniosa, donde cada uno de los fragmentos, triángulos y
trapecios encaje, sin frotamiento ni violencia, en el hueco de los demás. Como en
el juego de dados de los niños, cuando cada dado esté en su sitio tendremos la
verdadera imagen de América.

Pero —¡Platón nos asista!— ¿existe en algún repliegue de la realidad esta
verdadera imagen de América? ¡Oh, sí: existe en nuestros corazones, y para ella
estamos viviendo! Y he aquí cómo llegamos a la Idea[7] de América, idea que tiene
de paradójico el que casi se la puede ver con los ojos, como aquella *Ur-Pflanze* o
planta de las plantas (verdadero paradigma del reino vegetal) en la célebre conversación de Goethe y Schiller.

---

[5] Osiris: rey y divinidad egipcia. Fue asesinado
por su hermano Set (Tifón), quien cortó el
cadáver en 14 pedazos y los esparció por distintos sitios. Su hermana y esposa Isis recogió
lo pedazos con la ayuda del dios Anubis y lo
resucitó.

[6] Miembros dispersos.
[7] El autor alude aquí a las Ideas de Platón;
según el filósofo griego, las Ideas son modelos
perfectos y eternos de los cuales nuestra realidad sólo es una copia imperfecta.

## ■ Preguntas generales

1. ¿A qué movimiento reformista perteneció Alfonso Reyes como joven universitario?
2. ¿Qué conocimientos literarios dieron base a su visión humanística?
3. ¿Qué estudios realizó en Madrid y de qué modo fue fructífera su permanencia en España?
4. Además de su producción literaria, ¿en qué otro campo hizo carrera?
5. ¿De qué modo contribuyó Reyes al progreso educativo y cultural de su país?

## ■ Preguntas de análisis

1. ¿Por qué dice Reyes que "América, antes de ser encontrada por los navegantes", había sido "inventada por los humanistas y poetas"?
2. ¿De qué modo sitúa el nacimiento y la historia de América dentro de una visión cósmica?
3. ¿Cree Ud. que la alusión a los progresivos fraccionamientos sufridos por el continente americano tiene alguna intención crítica por parte del autor?
4. ¿De qué modo ilustra este ensayo la síntesis de elementos europeos e indígenas en el concepto de América propuesto por Reyes?
5. ¿Cuál es el simbolismo de Osiris aplicable, según el autor, al destino de Hispanoamérica?

## ■ Temas para informes escritos

1. La confluencia del mito, la literatura y la historia en la visión de "Capricho de América".
2. Las imágenes de unidad y disgregación del continente americano en el ensayo de Alfonso Reyes.
3. La base idealista del americanismo de Alfonso Reyes.
4. El poder de la imaginación y la Idea de América en la historia del continente, según Alfonso Reyes.
5. La cultura helénica en la obra de Alfonso Reyes.

## ■ Temas de reflexión y comentario

1. La relación de Reyes con los intelectuales emigrados de la Guerra Civil Española en México.
2. La influencia de Ortega y Gasset en el pensamiento de Reyes.
3. La combinación de géneros narrativos en la obra de Reyes, como el cuento y el ensayo, el ensayo y la poesía, la autobiografía y el cuento.
4. Las imágenes plásticas en el discurso ensayístico de Reyes.
5. Los cuentos fantásticos de Reyes.

# GABRIELA MISTRAL

1889, Vicuña, Chile–1957, Roslyn,
Nueva York, EE. UU.

© Bettmann/CORBIS

Oriunda de un pueblecito del norte de Chile, Lucila Godoy Alcayaga fue maestra en diferentes regiones de su país (1904–22). Después de ganar el primer premio en los Juegos Florales de la Sociedad de Artistas de Santiago por "Los sonetos de la muerte" (1914), adoptó definitivamente el seudónimo de Gabriela Mistral. Los poemas premiados se refieren a un acontecimiento clave en la biografía de la escritora chilena: en 1907, cuando ejercía la docencia en La Cantera, trabó amistad con Romelio Ureta, un empleado de la oficina del ferrocarril que después se suicidó. La poeta, conmovida por la desaparición del joven, recreó sus relaciones con él en estas composiciones.

Con la publicación de *Desolación* (1922), por el Instituto de las Españas de la Universidad de Columbia, creció la fama literaria de Gabriela Mistral. En ese mismo año Alvaro Obregón, el presidente de México, la invitó a colaborar en la reforma educacional posrevolucionaria dirigida por José Vasconcelos, el Secretario de Educación. Los estudiosos de la biografía de Gabriela Mistral coinciden en que esta invitación le dio fama continental a la escritora chilena. Más tarde, la poeta representó a su país en diversas misiones diplomáticas. Viajó después por Centro y Sudamérica y por el Caribe; también dictó conferencias y enseñó en varias universidades norteamericanas (Mills, Barnard, Vassar, Middlebury). En

319

1935 el Congreso de Chile la nombró cónsul vitalicia con autoridad para residir donde quisiera. Vivió en Brasil entre 1940 y 1945. Allí se suicidó Yin, Yin, su sobrino adoptivo; y allí recibió la noticia de que se le había otorgado el Premio Nobel (1945) convirtiéndose en el primer escritor hispanoamericano así honrado. Desde 1953 hasta su fallecimiento en 1957, representó a Chile ante la Organización de las Naciones Unidas (ONU). Muestra de la admiración que la obra de Gabriela Mistral había despertado en círculos literarios de los Estados Unidos, es la traducción al inglés de una selección de sus poemas por el afamado escritor norteamericano Langston Hughes (1902–67).

Reconocida y admirada por sus contribuciones a la poesía hispanoamericana, la autora chilena también escribió ensayos sobre diversos temas publicados en periódicos del continente. Su trayectoria poética puede estudiarse en *Desolación* (1922), *Ternura* (1924), *Tala* (1938) y *Lagar* (1954). *Poema de Chile* (1967), una obra póstuma, no fue revisada del todo por la autora. Los primeros dos libros afirman su concepción de la vida como "valle de lágrimas", y del amor como un todo donde el goce y el dolor son inseparables. En los poemas de ambas colecciones se revelan los temas claves de la autora: el amor, la maternidad, la naturaleza y la religiosidad. El sentimiento amoroso evolucionó para abandonar la instancia personal evidente en "Los sonetos de la muerte", y volcarse en expresión universal, en los niños y los desvalidos. Este tratamiento de la temática amorosa está muy alejado del erotismo de Delmira Agustini, y más cerca del dolorido sentir evidente, por ejemplo, en la lírica del peruano César Vallejo. De igual manera evolucionaría la expresión mistraliana del sentimiento maternal. Al principio se manifestaba como un anhelo muy personal de ser madre. Los niños, sus juegos y caricias, sugerían la ternura y la pureza inalcanzables, la maternidad frustrada. Más tarde, el sentimiento de amor maternal se extendería a toda la humanidad, y en particular a los desamparados.

Gabriela Mistral supo, al igual que su compatriota Pablo Neruda, observar y describir el paisaje americano de modo muy singular. Y no nos referimos únicamente al de su tierra natal, sino al de otras zonas del continente que tuvo oportunidad de visitar. En sus versos se advierte cómo la naturaleza cobra vida y se puebla de seres sencillos. En cuanto a la religiosidad, Mistral se identificaba con el Cristo sufriente a quien acudía en busca de consuelo. Dentro de este núcleo temático a veces se hallan instancias de duda, acentuadas por el paso de los años, así como por circunstancias personales y generales —la trágica muerte de su sobrino, la Guerra Civil de España, las dos Guerras mundiales.

En *Tala* y *Lagar* la escritora chilena utilizó recursos vanguardistas, en particular sueños y alucinaciones, para dejarnos una poesía más hermética y pesimista. Al mismo tiempo, continuó indagando sobre los secretos de la existencia para entenderse tanto a sí misma como a los otros. En esta búsqueda tenaz, la voz lírica de Gabriela Mistral logró sus más genuinos acentos.

## ■ Bibliografía mínima

Cúneo, Ana María. *Para leer a Gabriela Mistral*. Santiago, Chile: Universidad Nacional Andrés Bello, 1998.

De Beer, Gabriella. "Pedagogía y feminismo en una olvidada obra de Gabriela Mistral, *Lecturas para mujeres*". *Monographic Review/Revista Monográfica* 6(1990): 211–20.

Goic, Cedomil. "Gabriela Mistral". *Latin American Writers.* Eds. Carlos A. Solé y Maria Isabel Abreu. Vol. 2. New York: Scribner's, 1989. 677–91.

Gordon Vailakis, Ivonne. "El mar como espacio de resistencia en 'Todas íbamos a ser reinas' de Gabriela Mistral". *ALPHA: Revista de Artes, Letras y Filosofía* 15 (1999): 93–101.

Horan, Elizabeth. "Gabriela Mistral: Language Is the Only Homeland". *A Dream of Light and Shadow: Portraits of Latin American Women Writers.* Ed. Marjorie Agosin. Trad. Nancy Abraham Hall. Albuquerque: U of New Mexico P, 1995. 119–42.

Marchant, Elizabeth A. "The Professional Outsider: Gabriela Mistral on Motherhood and Nation". *Latin American Literary Review* 27.53 (1999): 49–63.

Mistral, Gabriela. *Poesías completas.* Ed. Margaret Bates con introducción de Esther Cáceres. 4ta ed. Madrid: Aguilar, 1970.

Rojo, Grínor. "¿Qué no sé de amor...? Para una nueva lectura de 'Los sonetos de la muerte', de Gabriela Mistral". *Revista Iberoamericana* 60.168–69 (1994): 673–84.

Ryan-Kobler, Maryalice. "Beyond the Mother Icon: Rereading the Poetry of Gabriela Mistral". *Revista Hispánica Moderna* 50.2 (1997): 327–34.

Valdés, Adriana. "Identidades tránsfugas (Lectura de *Tala*)". *Revista Iberoamericana* 60.168–69 (1994): 685–93.

# Desolación (1922)

## *LOS SONETOS DE LA MUERTE*[1]

### 1

Del nicho helado en que los hombres te pusieron,
te bajaré a la tierra humilde y soleada.
Que he de dormirme en ella los hombres no supieron,
y que hemos de soñar sobre la misma almohada.

5    Te acostaré en la tierra soleada, con una
dulcedumbre de madre para el hijo dormido,
y la tierra ha de hacerse suavidades de cuna
al recibir tu cuerpo de niño dolorido.

Luego iré espolvoreando tierra y polvo de rosas,
10  y en la azulada y leve polvareda de luna,
los despojos livianos irán quedando presos.

Me alejaré cantando mis venganzas hermosas,
¡porque a ese honor recóndito[2] la mano de ninguna
bajará a disputarme tu puñado de huesos!

### 2

Este largo cansancio se hará mayor un día,
y el alma dirá al cuerpo que no quiere seguir

---

[1] Los tres son sonetos alejandrinos con versos de catorce sílabas.

[2] Muy escondido.

arrastrando su masa por la rosada vía,
por donde van los hombres, contentos de vivir...

5      Sentirás que a tu lado cavan[3] briosamente,[4]
que otra dormida llega a la quieta ciudad.
Esperaré que me hayan cubierto totalmente...
¡y después hablaremos por una eternidad!

      Sólo entonces sabrás el porqué, no madura
10  para las hondas huesas[4a] tu carne todavía,
tuviste que bajar, sin fatiga, a dormir.

      Se hará luz en la zona de los sinos,[5] oscura;
sabrás que en nuestra alianza signo de astros había
y, roto el pacto enorme, tenías que morir...

**3**

      Malas manos tomaron tu vida desde el día
en que, a una señal de astros, dejara su plantel
nevado de azucenas. En gozo florecía.
Malas manos entraron trágicamente en él...

5      Y yo dije al Señor: "Por las sendas mortales
le llevan. ¡Sombra amada que no saben guiar!
Arráncalo, Señor, a esas manos fatales
o le hundes en el largo sueño que sabes dar!

      ¡No le puedo gritar, no le puedo seguir!
10  Su barca empuja un negro viento de tempestad.
Retórnalo a mis brazos o le siegas[5a] en flor".

      Se detuvo la barca rosa de su vivir...
¿Qué no sé del amor, que no tuve piedad?
¡Tú, que vas a juzgarme, lo comprendes, Señor!

# Ternura (1924)

### Sueño grande

      A niño tan dormido
no me lo recordéis.
Dormía así en mi entraña
con mucha dejadez.

5      Yo lo saqué del sueño
de todo su querer,
y ahora se me ha vuelto
a dormir otra vez.

---

[3] Remueven la tierra.
[4] Con mucha fuerza.
[4a] Fosa, hoyo para enterrar cadáveres.

[5] Hado, de las fuerzas desconocidas que obran sobre las personas y los sucesos.
[5a] Cortas

La frente está parada
10 y las sienes también.
Los pies son dos almejas[6]
y los costados un pez.

Rocío tendrá el sueño,
que es húmeda su sien.
15 Música tendrá el sueño
que le da su vaivén.

Resuello se le oye
en agua de correr;
pestañas se le mueven
20 en hojas de maitén.[7]

Les digo que lo dejen
con tánto y tánto bien,

hasta que se despierte
de sólo su querer...

25 El sueño se lo ayudan
el techo y el dintel,[8]
la Tierra que es Cibeles,[9]
la madre que es mujer.

A ver si yo le aprendo
30 dormir que ya olvidé
y se lo aprende tánta
despierta cosa infiel.

Y nos vamos durmiendo
como de su merced,
35 de sobras de ese sueño,
hasta el amanecer...

# Tala (1938)

### PAN[10]

Dejaron un pan en la mesa,
mitad quemado, mitad blanco,
pellizcado encima y abierto
en unos migajones de ampo.[11]

5 Me parece nuevo o como no visto,
y otra cosa que él no me ha alimentado,
pero volteando su miga, sonámbula,
tacto y olor se me olvidaron.

Huele a mi madre cuando dio su leche,
10 huele a tres valles por donde he pasado:
a Aconcagua, a Pátzcuaro, a Elqui,[12]
y a mis entrañas cuando yo canto.

Otros olores no hay en la estancia
y por eso él así me ha llamado;
15 y no hay nadie tampoco en la casa
sino este pan abierto en un plato,

---

[6] Molusco marino con valvas casi ovales; su carne es comestible y muy apreciada.
[7] Arbol chileno cuyas hojas son muy gustadas por el ganado vacuno.
[8] Parte superior de las puertas y ventanas.
[9] Cibeles: hija del Cielo y de la Tierra, esposa de Saturno. Se adoraba como diosa de la Tierra y se representaba como a una mujer en etapa avanzada de embarazo.

[10] Poema compuesto por ocho cuartetos con rima asonante en a-o en los versos pares, y tres sextinas con rima asonante en a-o en los versos pares. Todos los versos son eneasílabos (de nueve sílabas).
[11] Muy blancos.
[12] Los tres valles por donde ha pasado la escritora. Gabriela Mistral nació en la zona del Valle de Elqui.

que con su cuerpo me reconoce
y con el mío yo reconozco.

20      Se ha comido en todos los climas
el mismo pan en cien hermanos:
pan de Coquimbo,[13] pan de Oaxaca,[14]
pan de Santa Ana[15] y de Santiago.[16]

     En mis infancias yo le sabía
forma de sol, de pez o de halo,
25 y sabía mi mano su miga
y el calor de pichón[17] emplumado...

     Después le olvidé, hasta este día
en que los dos nos encontramos,
yo con mi cuerpo de Sara[18] vieja
30 y él con el suyo de cinco años.

     Amigos muertos con que comíalo[19]
en otros valles, sientan el vaho[20]
de un pan en septiembre molido
y en agosto en Castilla segado.

35      Es otro y es el que comimos
en tierras donde se acostaron.
Abro la miga y les doy su calor;
lo volteo y les pongo su hálito.[21]

     La mano tengo de él rebosada[22]
40 y la mirada puesta en mi mano;
entrego un llanto arrepentido
por el olvido de tantos años,
y la cara se me envejece
o me renace en este hallazgo.[23]

45      Como se halla vacía la casa,
estemos juntos los reencontrados,
sobre esta mesa sin carne y fruta,
los dos en este silencio humano,
hasta que seamos otra vez uno
50 y nuestro día haya acabado...

---

[13] Puerto situado en la parte septentrional de Chile.
[14] Ciudad de México situada en el estado del mismo nombre.
[15] Ciudad peruana situada en las cercanías del Cuzco.
[16] Capital de Chile.
[17] El ave al poco tiempo de nacida.

[18] En el antiguo testamento, es la esposa de Abraham y madre de Isaac.
[19] Lo comía (yo lo comía).
[20] Olor.
[21] Aliento.
[22] Muy llena.
[23] Descubrimiento.

# Lagar (1954)

## LA DESVELADA

—En cuanto engruesa[24] la noche
y lo erguido se recuesta,
y se endereza lo rendido,
le oigo subir las escaleras.
5 Nada importa que no le oigan
y solamente yo lo sienta.
¡A qué había de escucharlo
el desvelo de otra sierva!

En un aliento mío sube
10 y yo padezco hasta que llega
—cascada loca que su destino
una vez baja y otras repecha[25]
y loco espino calenturiento
castañeteando[26] contra mi puerta—.

15 No me alzo, no abro los ojos,
y sigo su forma entera.
Un instante, como precitos,[27]
bajo la noche tenemos tregua;
pero le oigo bajar de nuevo
20 como en una marea eterna.

El va y viene toda la noche
dádiva absurda, dada y devuelta,
medusa[28] en olas levantada
que ya se va, que ya se acerca.
25 Desde mi lecho yo lo ayudo
con el aliento que me queda,
por que no busque tanteando
y se haga daño en las tinieblas.

Los peldaños[29] de sordo leño
30 como cristales me resuenan.
Yo sé en cuáles se descansa,
y se interroga, y se contesta.

Oigo donde los leños fieles,
igual que mi alma, se le quejan,
35 y sé el paso maduro y último
que iba a llegar y nunca llega...

Mi casa padece su cuerpo
como llama que la retuesta.[29a]
Siento el calor que da su cara
40 —ladrillo ardiendo—sobre mi puerta.
Pruebo una dicha que no sabía;
sufro de viva, muero de alerta,
¡y en este trance de agonía
se van mis fuerzas con sus fuerzas!

45 Al otro día repaso en vano
con mis mejillas y mi lengua,
rastreando la empañadura[30]
en el espejo de la escalera.
Y unas horas sosiega[31] mi alma
50 hasta que cae la noche ciega.

El vagabundo que lo cruza
como fábula me lo cuenta.
Apenas él lleva su carne,
apenas es de tanto que era,
55 y la mirada de sus ojos
una vez hiela y otras quema.

No le interrogue quien lo cruce;[32]
sólo le digan que no vuelva,
que no repeche[32a] su memoria,
60 para que él duerma y que yo duerma.
Mate el nombre que como viento
en sus rutas turbillonea[33]
¡y no vea la puerta mía,
recta y roja como una hoguera!

---

[24] Avanza.
[25] Sube.
[26] Tocando la puerta, haciendo ruido.
[27] Condenados al infierno.
[28] Celentéreo de cuerpo gelatinoso y provisto de tentáculos.
[29] Los escalones o peldaños de una escalera.
[29a] Volver a tostar, recalentar.
[30] Mancha en el espejo que es huella del aliento.
[31] Se calma.
[32] Quien se lo encuentre.
[32a] Descanse, que no permanezca o se quede su memoria.
[33] Oscurece, enturbia.

## ■ Preguntas generales

1. ¿Con qué acontecimiento en la biografía de Gabriela Mistral se han relacionado "Los sonetos de la muerte"?
2. ¿Qué participación tuvo la poeta chilena en la reforma educacional de México después del triunfo de la Revolución Mexicana de 1910?
3. ¿Qué vínculos tuvo Mistral con el ambiente cultural de los Estados Unidos?
4. ¿Cómo evoluciona la concepción mistraliana de la existencia?
5. La maternidad es un tema clave en la poesía de Gabriela Mistral. ¿Cómo cambia la expresión de este tema en su obra?

## ■ Preguntas de análisis

1. En el primer soneto de "Los sonetos de la muerte", ¿cómo caracterizaría Ud. el yo y el tú? ¿Con qué se compara la tierra? ¿Cuál es el beneficio de la muerte del otro? En el segundo soneto, ¿qué posibilita la muerte? ¿Qué tipo de alianza se realiza entre el yo y el tú? En el tercer soneto, caracterice el yo, el tú y el él. ¿Qué pide el yo en sus plegarias? ¿A qué alude "la barca"?
2. Además del tema de la muerte, ¿qué comparten los tres sonetos? ¿Son idénticas las necesidades del yo en los tres poemas?
3. ¿Qué imágenes utiliza la poeta para describir al niño? ¿Cuál es la estructura rítmica de esta composición y qué intenta imitar?
4. ¿Qué simboliza el pan en la composición de este nombre? ¿Qué imágenes emplea la autora para llevarlo a una dimensión espiritual?
5. ¿Cómo se proyecta el misterio de la muerte en "La desvelada"? ¿Con qué asocia Ud. la presencia extraña? ¿Qué características vanguardistas encuentra Ud. en esta composición?

## ■ Temas para informes escritos

1. Una amistad literaria: Gabriela Mistral y Langston Hughes.
2. El surrealismo y su influencia en la obra de Gabriela Mistral.
3. México en la obra de Gabriela Mistral.
4. Características de la prosa de Gabriela Mistral.
5. La naturaleza americana en la poesía de Gabriela Mistral.

## ■ Temas de reflexión y comentario

1. Gabriela Mistral y su recreación de lo cotidiano.
2. *Poema de Chile* de Gabriela Mistral y *Poema general de Chile* de Pablo Neruda.
3. Bartolomé de las Casas, Simón Bolívar, José Martí y Augusto César Sandino vistos por Gabriela Mistral en *Recados contando a Chile*.
4. La religiosidad en dos poemas de Gabriela Mistral.
5. Gabriela Mistral y su labor en la Organización de Naciones de Unidas (ONU).

# ALFONSINA STORNI

1892, Sala Capriasca, Suiza–1938,
Mar del Plata, Argentina

Alfonsina Storni nació en un pueblecito de la Suiza de habla italiana durante una visita que sus padres, emigrados a la Argentina, hicieron a la tierra de donde eran oriundos. En el país adoptivo su niñez y adolescencia transcurrieron mayormente en ciudades de provincia (Rosario, San Juan). Cuando tenía catorce años formó parte de una compañía teatral con la cual tuvo la oportunidad de viajar dentro de la Argentina. Más tarde, la joven se recibió de maestra normalista y ejerció la docencia en Rosario, ciudad donde nació su hijo natural, Alejandro Alfonso. Las presiones sociales forzaron a Alfonsina Storni y a su pequeño hijo a trasladarse a Buenos Aires (1912), donde comenzó a asistir a tertulias literarias, a ganar fama por sus versos, y a causar escándalo por su postura en defensa de la mujer. Después de obtener diversos honores en la Argentina, entre 1930 y 1934 la escritora viajó por las capitales europeas más importantes. En 1934 Storni supo que tenía una enfermedad incurable; después de enviar el poema "Voy a dormir" al periódico bonaerense *La Nación,* se suicidó en 1938 arrojándose al mar.

Su obra poética puede dividirse en dos etapas bien marcadas. La primera tiene como tema predominante un resentimiento hacia el hombre, criatura inferior según ella, pero al cual la mujer necesita. Esta actitud contradictoria de desdén y amor, así como la defensa y reafirmación de los derechos de la mujer, marcan los versos de esta primera época, muy especialmente los contenidos en sus colecciones más admiradas, *El dulce daño* (1918) y *Ocre* (1925). Otro aspecto importante dentro de este período es la rebelión de Storni contra el materialismo, como lo muestra "Cuadrados y ángulos".

La segunda etapa lírica de la escritora contiene poemas que reflejan la influencia de la estética vanguardista. Entonces ensayó con el trabajo de la imagen para lograr una poesía más intelectualizada, con diversas formas métricas, y dejar composiciones como los llamados "antisonetos" de la colección *Mascarilla y trébol* (1938). En este período sus poemas se vuelven más herméticos y a la vez predomina en ellos una actitud de desilusión donde están ausentes las preocupaciones por el más allá.

Alfonsina Storni se valió de la poesía para exponer la trágica situación de la mujer en la sociedad argentina e hispanoamericana, y para exigir para ella y sus congéneres un sitio justo y digno en el mundo contemporáneo. La valentía y la sinceridad de sus reclamos expuestos en una lírica de variados acentos le ganaron a ella y a su obra un lugar muy especial dentro de la literatura hispanoamericana.

## ■ Bibliografía mínima

Agosín, Marjorie. "Alfonsina Storni". *Latin American Writers.* Eds. Carlos A. Solé y Maria Isabel Abreu. Vol. 2. New York: Scribner's, 1989. 739–43.

Delgado, Josefina. *Alfonsina Storni. Una biografía.* Buenos Aires: Planeta, 1990.

Fishburn, Evelyn. "Alfonsina Storni: A Feminist Reading of Her Poetry". *Feminist Readings on Spanish and Latin American Literature.* Eds. Lisa P. Conde and Stephen M. Hart. Lewiston: Mellen, 1991.

Jones, Sonia. *Alfonsina Storni.* Boston: Twayne, 1979.

Kirkpatrick, Gwen. "The Creation of Alfonsina Storni". *A Dream of Light and Shadow: Portraits of Latin American Women Writers.* Ed. Marjorie Agosin. Trad. Nancy Abraham Hall. Albuquerque: U of New Mexico P, 1995. 95–117.

Marr, Matthew J. "Formal Subversion and Aesthetic Harmony in *Mascarilla y trébol*: A Reconsideration of Alfonsina Storni's Late Poetics". *Romance Quarterly* 49.1 (2002): 50–60.

Prieto, Julio. "Cimbelina en 1900 y pico: las tácticas de la (re)escritura en el teatro de Alfonsina Storni". *Latin American Theatre Review* 32.1 (1998): 25–49.

Salgado, María. "Alfonsina Storni in Her Self-Portraits: The Woman and the Poet". *Confluencia* 7.2 (1992):37–46.

Storni, Alfonsina. *Obras completas.* Buenos Aires: Sociedad Editora Latinoamericana, 1976.

Titiev, Janice G. "Alfonsina Storni in and out of the Canon". *Monographic Review/Revista Monográfica* 13 (1997): 310–18.

# El dulce daño (1918)

## TU ME QUIERES BLANCA[1]

Tú me quieres alba;
me quieres de espumas;
me quieres de nácar.[2]
Que sea azucena,
5  sobre todas, casta.
De perfume tenue.
Corola cerrada.

Ni un rayo de luna
filtrado me haya,
10  ni una margarita
se diga mi hermana.
Tú me quieres blanca;
tú me quieres nívea;[3]
tú me quieres casta.

15  Tú, que hubiste todas
las copas a mano,
de frutos y mieles
los labios morados.
Tú, que en el banquete
20  cubierto de pámpanos,[4]
dejaste las carnes
festejando a Baco.[5]
Tú, que en los jardines
negros del Engaño,
25  vestido de rojo
corriste al Estrago.[6]

Tú, que el esqueleto
conservas intacto,

---

[1] Composición de versos exasílabos (seis sílabas).

[2] Una de las capas internas que forma la concha de los moluscos. Generalmente estas capas son delgadas, y producen reflejos irisados cuando la luz las atraviesa.

[3] Tan blanca como la nieve.

[4] Rama de la vid.

[5] Dios del vino.

[6] A la destrucción, ruina.

no sé todavía
30 por cuáles milagros
(Dios te lo perdone),
me pretendes casta
(Dios te lo perdone),
me pretendes alba.
35 Huye hacia los bosques;
vete a la montaña;
límpiate la boca;
vive en las cabañas;
toca con las manos
40 la tierra mojada;
alimenta el cuerpo
con raíz amarga;
bebe de las rocas;

duerme sobre la escarcha;
45 renueva tejidos
con salitre y agua;
habla con los pájaros
y lévate[7] al alba.
Y cuando las carnes
50 te sean tornadas,[8]
y cuando hayas puesto
en ellas el alma,
que por las alcobas
se quedó enredada,
55 entonces, buen hombre,
preténdeme blanca,
preténdeme nívea,
preténdeme casta.

### CUADRADOS Y ANGULOS

Casas enfiladas, casas enfiladas,
casas enfiladas.
Cuadrados, cuadrados, cuadrados.
Casas enfiladas.
5 Las gentes ya tienen el alma cuadrada,
ideas en fila
y ángulo en la espalda.
Yo misma he vertido ayer una lágrima,
Dios mío, cuadrada.

# Irremediablemente (1919)

### PESO ANCESTRAL

Tú me dijiste: no lloró mi padre;
tú me dijiste: no lloró mi abuelo;
no han llorado los hombres de mi raza,
eran de acero.

5 Así diciendo te brotó una lágrima
y me cayó en la boca...; más veneno
yo no he bebido nunca en otro vaso
así pequeño.

Débil mujer, pobre mujer que entiende,
10 dolor de siglos conocí al beberlo.
Oh, el alma mía soportar no puede
todo su peso.

---

[7] Levántate.    [8] Devueltas.

### HOMBRE PEQUEÑITO[9]

Hombre pequeñito, hombre pequeñito,
suelta a tu canario que quiere volar...
yo soy el canario, hombre pequeñito,
déjame saltar.

5    Estuve en tu jaula, hombre pequeñito,
hombre pequeñito que jaula me das.
Digo pequeñito porque no me entiendes,
ni me entenderás.

Tampoco te entiendo, pero mientras tanto
10 ábreme la jaula, que quiero escapar;
hombre pequeñito, te amé media hora,
no me pidas más.

# Mascarilla y trébol (1938)

### EL HIJO[10]

Se inicia y abre en ti, pero estás ciega
para ampararlo y si camina ignoras
por flores de mujer o espadas de hombre,
ni qué de alma prende en él, ni cómo mira.

5    Lo acunas balanceando, rama de aire,
y se deshace en pétalos tu boca
porque tu carne ya no es carne, es tibio
plumón de llanto que sonríe y alza.

Sombra en tu vientre apenas te estremece
10 y sientes ya que morirás un día
por aquel sin piedad que te deforma.

Una frase brutal te corta el paso
y aún rezas y no sabes si el que empuja
te arrolla sierpe o ángel se despliega.

### ■ Preguntas generales

1. ¿Qué instancias biográficas considera Ud. importantes para el conocimiento de la obra poética de Alfonsina Storni?
2. ¿Qué ideas animan su lírica?
3. ¿Cuáles son las características de las dos etapas en que se ha dividido su obra?

---

[9] Versos de doce (dodecasílabos) y seis sílabas. La rima es asonante en los versos pares.

[10] Corresponde a las composiciones que la autora llamó anti-sonetos. Los versos endecasílabos están distribuidos en la forma del soneto tradicional, pero no tienen rima.

4. ¿Qué proponen sus "antisonetos"?
5. ¿Qué aporta la obra de Storni a la poesía hispanoamericana?

## ■ Preguntas de análisis

1. ¿A quién se dirige el yo en "Tú me quieres blanca" y cómo caracteriza a ese interlocutor? ¿Dónde encontramos efectos cromáticos?
2. ¿Cuál es la preocupación del yo en "Cuadrados y ángulos"? ¿Qué representan los cuadrados y los ángulos?
3. ¿Cómo está caracterizado el tú en "Peso ancestral"? ¿Cómo desmiente el yo esta caracterización? ¿A qué alude el "dolor de siglos"?
4. En "Hombre pequeñito", ¿cuál es la función del diminutivo? Según el yo, ¿en qué consiste la pequeñez del hombre? ¿Qué representa el canario, y por qué desea salir de la jaula?
5. Haga una comparación entre "El hijo" de Alfonsina Storni y "Sueño grande" de Gabriela Mistral (ver pp. 322–23), y explique las diferencias entre ambas composiciones en cuanto al tono y los recursos expresivos.

## ■ Temas para informes escritos

1. Importancia de los "antisonetos" en la lírica de Alfonsina Storni.
2. Alfonsina Storni y su postura en defensa de la mujer.
3. Análisis de "Tú me quieres blanca" y "Hombres necios..." de sor Juana Inés de la Cruz (ver pp. 75–85).
4. Los autorretratos poéticos de Alfonsina Storni.
5. Alfonsina Storni y su crítica al materialismo.

## ■ Temas de reflexión y comentario

1. Alfonsina Storni frente al matrimonio.
2. El paisaje urbano en "Motivos de ciudad" de *Mundo de siete pozos.*
3. El ambiente vanguardista del Buenos Aires de la década de los años treinta.
4. Alfonsina Storni en España.
5. El teatro de Alfonsina Storni.

# CESAR VALLEJO

1892, Santiago de Chuco,
Perú–1938, París, Francia

La obra de este escritor peruano representa una de las más altas expresiones del lenguaje poético escrito en lengua española. El compromiso con la humanidad presente en su lírica está matizado por la emoción expresiva de una honda angustia. Esta convoca las raíces indígenas y españolas del poeta así como trágicas experiencias personales, y desemboca en versos donde la soledad del individuo es la nota más profundamente arraigada.

Nació Vallejo en un hogar modesto de un pueblecito de la serranía del norte peruano. Después de estudiar letras y derecho en la Universidad de Trujillo, pasó a Lima (1918), donde conoció a José Carlos Mariátegui (ver pp. 347–353) y a otros escritores, algunos de ellos futuros colaboradores en la innovadora revista *Amauta* iniciada después por Mariátegui. En 1918 apareció el primer poemario de Vallejo, *Los heraldos negros.* Por esa época dos acontecimientos trágicos marcaron la vida y los escritos del bardo: el fallecimiento de su madre y la injusta prisión en una cárcel de Trujillo. En prisión escribió varios poemas recopilados después en *Trilce* (1922), su segunda colección.

En 1923 Vallejo viajó a París en busca de horizontes culturales más amplios, y allí vivió con muchas estrecheces económicas hasta su muerte en 1938. En la capital francesa hizo amistad con escritores de vanguardia entre los cuales sobresalen el español Juan Larrea y el francés Louis Aragon. Entre 1928 y 1929 el peruano visitó Rusia dos veces y se adhirió a los postulados marxistas. Vallejo fue expulsado de Francia por sus convicciones políticas, y pasó a establecerse en España donde vivió por varios años (1930–33), e hizo amistad con jóvenes intelectuales socialistas entre los cuales se encontraba Federico García Lorca. Admirador de la Segunda República española (1931–39) y profundamente conmovido por la lucha fratricida de la Guerra Civil (1936–39), el autor escribió emocionados poemas en defensa de la causa republicana. Estos se recogieron en *España, aparta de mí este cáliz,* y se publicaron después, junto con *Poemas en prosa,* en la colección titulada *Poemas humanos* (1939). Vallejo dejó escritos en prosa entre los cuales sobresalen crónicas, cuentos, ensayos y novelas; dentro de su narrativa se destaca *El tungsteno* (1931), novela de tesis donde defiende a los explotados. A esta cuantiosa producción en verso y prosa se suman obras teatrales de desigual valor.

*Los heraldos negros,* el primer poemario de Vallejo, muestra la influencia de los modernistas, especialmente de Darío y de Herrera y Reissig, tanto en el vocabulario, como en el ritmo de los versos. En esta temprana colección, el indígena aparece como símbolo de todo ser doliente, tema alrededor del cual giraría mucha de la posterior lírica vallejiana. Aun en poemas donde es fácilmente reconocible la huella modernista, se encuentra esa carga emocional donde la tristeza y la angustia son las notas predominantes. En efecto, en el poema liminar de la colección, "Los heraldos negros", aparecen los temas fundamentales de la lírica vallejiana: el sufrimiento, la muerte, el destino—esos "golpes" que no sabemos si atribuírselos a la muerte o a Dios, pero que son legado de todos. Inquietud metafísica y preocupación social van de la mano en esta primera obra donde Vallejo se solidariza, mucho antes de su afiliación al marxismo, con "los pobres de la tierra", como antes llamara el cubano José Martí a los desamparados del mundo.

Influido por la estética vanguardista, en *Trilce* el poeta desea lograr una escritura poética de acuerdo con su peculiar visión del mundo. Esta visión está marcada por la ruptura y el absurdo, y se manifiesta en la dislocada sintaxis y en la nueva carga afectiva que adquiere cada palabra según su lugar en la oración. La orfandad del ser humano se afirma de modo rotundo en *Trilce* cuando el poeta describe un mundo donde Dios está ausente o, si aparece, es incapaz de proteger a las personas de las desgracias y la soledad.

Escritos entre 1923 y 1937, los "poemas en prosa" retoman muchos de los temas de *Trilce:* la experiencia de la prisión, el recuerdo de la madre, la muerte. Sobre todo expresan ese sufrimiento que podría definirse como la esencia misma de *Poemas humanos* en versos donde la muerte y la vida caminan indisolublemente unidas. La pregunta más dolorosa que se desprende de esta colección se relaciona, como ocurre constantemente en la lírica vallejiana, con la persona: ¿por qué sufre ese ser que desea vivir feliz?

En *Poemas humanos* la preocupación social de Vallejo se muestra en su esperanza por un porvenir mejor, cuando, a través de la lucha colectiva, se haya construido una sociedad donde el egoísmo y el culto al individuo hayan quedado atrás. Esta esperanza, como bien señaló Américo Ferrari, es "ante todo la esperanza en el hombre, y en la fuerza irreductible, que Vallejo sintió siempre en sí mismo, de decir no al mal, no a la destrucción, no a los límites". En esta fuerza radica la universalidad de la lírica de César Vallejo que, más allá de cualquier influencia literaria o doctrinaria, revela de modo constante su insuperada originalidad.

## ■ Bibliografía mínima

Ferrari Américo. *El universo poético de César Vallejo.* Caracas: Monte Avila, 1972.
———. "Una lectura mestiza de Vallejo". *Inti: Revista de Literatura Hispánica* 48 (1998): 71–78.
Hart, Stephen M. "Vallejo's 'Other': Versions of Otherness in the Work of César Vallejo". *Modern Language Review* 93.3 (1998): 710–23.
Jrade, Cathy J. "César Vallejo's *España, aparta de mí este cáliz:* The Struggle between Two Modes of Discourse". *Hispanic Journal* 18.1 (1997): 127–36.
Miller, Nicola. "Vallejo: The Poetics of Dissent". *Bulletin of Hispanic Studies* 73.3 (1996): 299–321.
Ortega, Julio. "César Vallejo". *Latin American Writers.* Eds. Carlos A. Solé y Maria Isabel Abreu. Vol. 2. New York: Scribner's, 1989. 727–38.
Paoli, Roberto. *Mapas anatómicos de César Vallejo.* Messina-Firenze: Casa Editrice D'Anna, 1981.
Podestá, Guido. *César Vallejo, su estética teatral.* Minneapolis: Institute for The Study of Ideologies & Literature, 1985.

Sharman, Adam, ed. *The Poetry and Poetics of César Vallejo: The Four Angles of the Circle.*
    Lewiston, NY: Mellen, 1997.
Vallejo, César. *Obra poética completa.* Ed., prólogo, notas y cronología de Enrique Ballón.
    Caracas: Biblioteca Ayacucho, 1985.

# Los heraldos negros (1918)

### LOS HERALDOS[1] NEGROS

Hay golpes en la vida, tan fuertes...¡Yo no sé!
Golpes como del odio de Dios; como si ante ellos,
la resaca[2] de todo lo sufrido
se empozara[3] en el alma...¡Yo no sé!

5  Son pocos; pero son...Abren zanjas oscuras
en el rostro más fiero y en el lomo más fuerte.
Serán tal vez los potros de bárbaros atilas;[4]
o los heraldos negros que nos manda la Muerte.

Son las caídas hondas de los Cristos del alma,
10  de alguna fe adorable que el Destino blasfema.
Esos golpes sangrientos son las crepitaciones[5]
de algún pan que en la puerta del horno se nos quema.

¡Y el hombre...Pobre...pobre! Vuelve los ojos, como
cuando por sobre el hombro nos llama una palmada;
15  vuelve los ojos locos, y todo lo vivido
se empoza, como charco de culpa, en la mirada.

Hay golpes en la vida, tan fuertes...¡Yo no sé!

# Trilce (1922)

### XXVIII

He almorzado solo ahora, y no he tenido
madre, ni súplica, ni sírvete, ni agua,
ni padre que, en el fecundo ofertorio
de los choclos,[6] pregunte para su tardanza
5  de imagen, por los broches mayores del sonido.

Cómo iba yo a almorzar. Cómo me iba a servir
de tales platos distantes esas cosas,

---

[1] Mensajeros.
[2] El movimiento de las olas en retroceso, después de llegar a la orilla.
[3] Se metiera en el alma y quedara detenida formando charcos o pozas.

[4] Se refiere a Atila, rey de los hunos (432–53), cuyo ejército fue famoso por su crueldad.
[5] Ruido de algo que chisporrotea en el fuego.
[6] Mazorca de maíz tierno.

cuando habráse quebrado[7] el propio hogar,
cuando no asoma ni madre a los labios.
10 Cómo iba yo a almorzar nonada.[8]

　　　A la mesa de un buen amigo he almorzado
con su padre recién llegado del mundo,
con sus canas[9] tías que hablan
en tordillo[10] retinte de porcelana,
15 bisbiseando[11] por todos sus viudos alvéolos;
y con cubiertos francos de alegres tiroriros,[12]
porque estánse en su casa. Así, qué gracia!
Y me han dolido los cuchillos
de esta mesa en todo el paladar.

20　　　El yantar[13] de estas mesas así, en que se prueba
amor ajeno en vez del propio amor,
torna tierra el bocado que no brinda la
　　　　　　MADRE.
Hace golpe la dura deglución;[14] el dulce,
25 hiel; aceite funéreo, el café.

　　　Cuando ya se ha quebrado el propio hogar,
y el sírvete materno no sale de la
tumba,
la cocina a oscuras, la miseria de amor.

# Poemas en prosa en *Poemas humanos* (1939)

### VOY A HABLAR DE LA ESPERANZA

　　　Yo no sufro este dolor como César Vallejo. Yo no me duelo ahora como artista, como hombre ni como simple ser vivo siquiera. Yo no sufro este dolor como católico, como mahometano ni como ateo. Hoy sufro solamente. Si no me llamase César Vallejo, también sufriría este mismo dolor. Si no fuese artista, también lo sufriría. Si no fuese hombre ni ser vivo siquiera, también lo sufriría. Si no
5 fuese católico, ateo ni mahometano, también lo sufriría. Hoy sufro desde más abajo. Hoy sufro solamente.

　　　Me duelo ahora sin explicaciones. Mi dolor es tan hondo, que no tuvo ya causa ni carece de causa. ¿Qué sería su causa? ¿Dónde está aquello tan importante,
10 que dejase de ser su causa? Nada es su causa; nada ha podido dejar de ser su causa. ¿A qué ha nacido este dolor, por sí mismo? Mi dolor es del viento del norte y del viento del sur, como esos huevos neutros que algunas aves raras ponen del viento. Si hubiera muerto mi novia, mi dolor sería igual. Si me hubieran cortado el cuello

---

7 Roto.
8 Algo de valor insignificante.
9 Viejas.
10 Tipo de caballo de pelo mezclado de negro y blanco.

11 Susurrar, hablar entre dientes.
12 Sonido de los instrumentos musicales de boca.
13 Comer.
14 Tragar.

de raíz, mi dolor sería igual. Si la vida fuese, en fin, de otro modo, mi dolor sería
15 igual. Hoy sufro desde más arriba. Hoy sufro solamente.

Miro el dolor del hambriento y veo que su hambre anda tan lejos de mi
sufrimiento, que de quedarme ayuno[15] hasta morir, saldría siempre de mi tumba
una brizna[16] de yerba al menos. Lo mismo el enamorado. ¡Qué sangre la suya
más engendrada, para la mía sin fuente ni consumo!

20 Yo creía hasta ahora que todas las cosas del universo eran, inevitablemente,
padres o hijos. Pero he aquí que mi dolor de hoy no es padre ni es hijo. Le falta
espalda para anochecer, tanto como le sobra pecho para amanecer y si lo
pusiesen en la estancia oscura, no daría luz y si lo pusiesen en una estancia luminosa, no echaría sombra. Hoy sufro suceda lo que suceda. Hoy sufro solamente.

# Poemas humanos

### PIEDRA NEGRA SOBRE UNA PIEDRA BLANCA[17]

Me moriré en París con aguacero,
un día del cual tengo ya el recuerdo.
Me moriré en París—y no me corro—[18]
tal vez un jueves, como es hoy, de otoño.

5 Jueves será, porque hoy, jueves, que proso[19]
estos versos, los húmeros[20] me he puesto
a la mala y, jamás como hoy, me he vuelto,
con todo mi camino, a verme solo.

César Vallejo ha muerto, le pegaban
10 todos sin que él les haga nada;
le daban duro con un palo y duro

también con una soga; son testigos
los días jueves y los huesos húmeros,
la soledad, la lluvia, los caminos...

---

15 Sin comer.

[16] Hebra.

[17] Versos endecasílabos dispuestos en dos cuartetos y dos tercetos; la rima asonante está dis-
tribuida con libertad. El título alude a una costumbre de la antigüedad de indicar los sucesos
felices con una piedra blanca y los desafortuna-
dos con una negra.

[18] No me escapo.

[19] Escribo.

[20] Hueso entre el hombro y el codo.

# España, aparta de mí este caliz en
# *Poemas humanos*

### MASA

Al fin de la batalla,
y muerto el combatiente, vino hacia él un hombre
y le dijo: "¡No mueras, te amo tanto!"
Pero el cadáver ¡ay! siguió muriendo.

5     Se le acercaron dos y repitiéronle:
"¡No nos dejes! ¡Valor! ¡Vuelve a la vida!"
Pero el cadáver ¡ay! siguió muriendo.

Acudieron a él veinte, cien, mil, quinientos mil,
clamando: "¡Tanto amor y no poder nada contra la muerte!"
10   Pero el cadáver ¡ay! siguió muriendo.

Le rodearon millones de individuos,
con un ruego común: "¡Quédate hermano!"
Pero el cadáver ¡ay! siguió muriendo.

Entonces, todos los hombres de la tierra
15  le rodearon; les vio el cadáver triste, emocionado;
incorporóse lentamente,
abrazó al primer hombre; echóse a andar...


### ■ Preguntas generales

1. ¿De dónde proviene la angustia evidente en la obra de Vallejo?
2. ¿Que experiencias personales han marcado su lírica?
3. ¿Qué visión del indígena observamos en *Los heraldos negros?*
4. ¿Cuáles son los temas constantes de su obra, y cómo los elabora?
5. ¿Cómo se manifiesta la preocupación social en la obra de Vallejo?


### ■ Preguntas de análisis

1. ¿Cómo caracteriza la voz lírica los "golpes" en "Los heraldos negros"? ¿Cómo concluye el poema y a qué actitud remite esta conclusión?
2. En el poema XXVIII, estudie la tercera estrofa y explique por qué son novedosas las imágenes empleadas para describir a las personas sentadas a la mesa. ¿En qué se transforma este almuerzo y de qué recursos expresivos se vale Vallejo para lograr esta transformación?
3. En "Voy a hablar de la esperanza", ¿qué función tienen los vocablos de negación en el primer párrafo? ¿Cómo se explica el sufrimiento del poeta?
4. En "Piedra negra sobre una piedra blanca", explique cómo se configura la soledad del poeta. ¿Cuál es el significado de "los húmeros me he puesto a la mala"?

5. ¿Cuál ha sido el impacto de la Guerra Civil española en la obra de Vallejo? ¿Qué aspecto importante de la cosmovisión vallejiana se observa en "Masa"?

### ■ Temas para informes escritos

1. La influencia modernista en *Los heraldos negros.*
2. *Trilce* y la biografía de César Vallejo.
3. El dolor en la lírica de César Vallejo.
4. El compromiso social en la narrativa de César Vallejo.
5. España en la obra de César Vallejo y Nicolás Guillén.

### ■ Temas de reflexión y comentario

1. César Vallejo y sus viajes a Rusia.
2. La estética de vanguardia y la obra de César Vallejo.
3. Solidaridad y religiosidad como temas en la poesía de César Vallejo.
4. Presencia del Perú en la lírica de César Vallejo.
5. La obra dramática de César Vallejo.

# VICENTE HUIDOBRO

1893, Santiago, Chile–1948,
Cartagena, Chile

Vicente Huidobro es considerado como uno de los fundadores de la poesía moderna en lengua española. De distinguida y adinerada familia chilena, Huidobro escribió versos desde niño. Fue candidato a la presidencia de Chile (1925), partidario de la independencia de Irlanda, defensor de la República española, iniciador del creacionismo, y siempre un espíritu independiente. Su desahogada posición económica le permitió dedicarse por completo a la literatura.

Admirador de Rubén Darío por su labor como renovador de la poesía, el futuro autor vanguardista escribió artículos elogiando la obra del poeta modernista, cuando éste visitó Chile. También en homenaje a Darío, Huidobro fundó después la revista *Azul* (1913). Asimismo, en dos colecciones suyas de 1913, *Canciones en la noche y La gruta del silencio,* se percibe la influencia del modernismo en la creación de ambientes exóticos donde predominan las piedras preciosas y los perfumes extraños. A este primer período pertenece el poema "Nipona", donde Huidobro utilizó un tema modernista, pero abandonó los metros y la disposición tradicionales del verso para dejarnos una composición vanguardista, parecida a los caligramas* del poeta francés Apollinaire.

En su primer libro en prosa, *Pasando y pasando: crónicas y comentarios* (1914), Huidobro confirmó su preferencia por lo nuevo y diferente: "En literatura me gusta todo lo que es innovación. Todo lo que es original. Odio la rutina, el cliché y lo retórico". El deseo de crear una poesía independiente de la realidad se expresa con mayor claridad y efusión en "Non serviam", manifesto poético leído por Huidobro en el Ateneo de Santiago en 1914. Este manifiesto lo confirmó como el primer exponente de las ideas animadoras del creacionismo. En "Arte poética", de la colección *El espejo de agua* (Buenos Aires, 1916), Huidobro expuso un postulado clave de ese movimiento: "Por qué cantáis la rosa, ¡oh Poetas! / hacedla florecer en el poema;...El poeta es un pequeño Dios". Más tarde, para defenderse de quienes le disputaban la paternidad de la nueva estética, y especialmente de su amigo el vanguardista francés Pierre Reverdy, Huidobro recopiló sus escritos teóricos en un libro titulado *Manifestes* (1925).

Cuando el poeta chileno viajó a París en 1916, en seguida se puso en contacto con notables vanguardistas como Tristán Tzara, Paul Derméc, Pierre Reverdy y Guillaume Apollinaire. Pronto fue invitado a colaborar en la revista *Nord-Sud* (1917–18) donde aparecieron poemas suyos en francés, después recogidos en *Horizon carré* (1917). En el prólogo de este poemario Huidobro delineó las pautas del creacionismo: el poeta debe inventar nuevas realidades empleando los procedimientos más audaces, desde las más atrevidas metáforas hasta la arbitraria disposición del texto en la página. En 1918 Huidobro visitó España.

En Madrid trabó amistad con poetas jóvenes como Juan Larrea, Gerardo Diego y Guillermo de Torre. Estos poetas fundaron después el movimiento ultraísta, basado también en los tres pilares de la estética vanguardista: antirrealismo, irracionalismo y afán absoluto de novedad. *Poemas árticos y Ecuatorial*, libros suyos publicados en España en 1918, continuaron las innovaciones creacionistas, como se hace evidente en las metáforas incomprensibles, la curiosa disposición de los versos y el uso arbitrario de mayúsculas.

En 1931 aparecieron en España otros dos libros de Huidobro: *Temblor de cielo*, un poema en prosa; y *Altazor; o, El viaje en paracaídas*, *poema en VII cantos*, valorado por la crítica como uno de los poemas claves del siglo XX. En este último la voz poética alude a las limitaciones existenciales y a instancias sociales y políticas de la época. A partir del canto III, Huidobro hizo una crítica radical de la poesía, del lenguaje y de sus propios objetivos. En este ambicioso poema marcado por numerosos procedimientos innovadores, el poeta dejó constancia de la crisis contemporánea; víctima de ella, descentrado y materializado, el sujeto lírico termina deslizándose en paracaídas hacia el abismo, la nada y la muerte.

Innovador e iconoclasta en el sentido más genuino de estas palabras, Huidobro escribió obras de teatro y novelas. En esta última categoría sobresale *Cagliostro*, su experimental "novela-film", publicada primero en inglés (1931) y después en castellano (1934), donde narra la historia de un nigromante del siglo XVIII. Los escritos del poeta chileno, abiertos siempre a las tendencias más audaces, marcaron el rumbo de la poesía moderna en lengua castellana. Y por eso justamente ha comentado José Olivio Jiménez, "[a Vicente Huidobro] hay que considerarlo el representante más sostenido y cabal del vanguardismo, entendido en su alcance definitivo y permanente".

## ■ Bibliografía mínima

Benko, Susana. *Vicente Huidobro y el cubismo*. Caracas: Monte Avila-FCE, 1993.

Costa, René de. *Vicente Huidobro: The Careers of a Poet*. New York: Oxford UP, 1984.

Ellis, Keith. "Vicente Huidobro y la Primera Guerra Mundial". *Hispanic Review* 67.3 (1999): 333–46.

Forster, Merlin H. "Vicente Huidobro". *Latin American Writers*. Eds. Carlos A. Solé y Maria Isabel Abreu, Vol. 2. New York: Scribner's, 1989. 755–64.

Goic, Cedomil. "Fin del mundo, fin de un mundo: *Ecuatorial*, de Vicente Huidobro". *Revista Chilena de Literatura* 55 (1999): 5–29.

Hahn, Oscar. "Vicente Huidobro: el sentido del sinsentido". *Inti: Revista de Literatura Hispanica* 46–47 (1997–1998): 3–11.

Huidobro, Vicente. *Obra selecta*. Ed., notas, prólogo, bibliografía y cronología de Luis Navarrete Orta. Caracas: Biblioteca Ayacucho, 1989.

Luengo, Enrique. "Unidad, coherencia y transgresión en *Altazor* de Vicente Huidobro". *Romance Languages Annual* 9 (1997): 582–87.

Pérez López, María Angeles. *Los signos infinitos: un estudio de la obra narrativa de Vicente Huidobro*. Lleida: Universitat de Lleida, 1998.

Rodríguez Santibáñez, Marta. "El creacionismo de Vicente Huidobro". *Cuadernos Hispanoamericanos* 556 (1996): 93–105.

# Canciones en la noche (1913)

### NIPONA[1]

Ven
Flor rara
De aquel edén
Que llaman Yoshiwara[2]
Ven muñequita japonesa
Cabe el maravilloso estanque de turquesa
Bajo un cielo que extienda el palio[3] de ónix de su vuelo
Deja que bese
Tu rostro oblicuo
Que se estremece
Por un inicuo[4]
Brutal deseo.
Oh, déjame así
Mientras te veo
Como un biscuit.[5]
Son tus ojos dos gotas ovaladas y enervantes
En tu rostro amarillo y algo marfileño
Y tienes los encantos fascinantes
De un ficticio y raro ensueño.
Mira albas y olorosas
Las rosas
Té.

# El espejo de agua (1916)

### ARTE POETICA

Que el verso sea como una llave
que abra mil puertas.
Una hoja cae; algo pasa volando;
cuanto miren los ojos creado sea,
y el alma del oyente quede temblando.

Inventa mundos nuevos y cuida tu palabra;
el adjetivo, cuando no da vida, mata.

Estamos en el ciclo de los nervios.
El músculo cuelga,
como recuerdo, en los museos;
mas no por eso tenemos menos fuerza:

---

[1] Chica japonesa.
[2] Barrio de las geishas.
[3] Manto, dosel.

[4] Malvado.
[5] Porcelana blanca.

el vigor verdadero
reside en la cabeza.

Por qué cantáis la rosa, ¡oh Poetas!
15 hacedla florecer en el poema;

Sólo para nosotros
viven todas las cosas bajo el sol.

El poeta es un pequeño Dios.

# Poemas árticos (1918)

### LUNA O RELOJ

Las tardes prisioneras

     en los rincones fríos
Y las canciones cónicas de los jardines
Golondrinas sin alas
5     entre la niebla sólida
Angustia en mi garganta
Sobre la frente la corona seca
Y en tus manos una estrella fresca
Después en el valle sin sol
10     un mismo ruido
La luna y el reloj

# Altazor; o, El viaje en paracaídas (1931)

### CANTO I

Altazor, ¿por qué perdiste tu primera serenidad?
¿Qué ángel malo se paró en la puerta de tu sonrisa
Con la espada en la mano?
¿Quién sembró la angustia en las llanuras de tus ojos
5     [como el adorno de un dios?
¿Por qué un día de repente sentiste el terror de ser?
Y esa voz que te gritó vives y no te ves vivir
¿Quién hizo converger tus pensamientos al cruce
    [de todos los vientos del dolor?

10 Se rompió el diamante de tus sueños en un mar de estupor
Estás perdido Altazor
Solo en medio del universo
Solo como una nota que florece en las alturas del vacío
No hay bien no hay mal ni verdad ni orden ni belleza

15     ¿En dónde estás Altazor?

La nebulosa de la angustia pasa como un río
Y me arrastra según la ley de las atracciones

La nebulosa en olores solidificada huye su propia soledad
Siento un telescopio que me apunta como un revólver
20 La cola de un cometa me azota el rostro y pasa relleno de eternidad
Buscando infatigable un lago quieto en donde refrescar su tarea ineludible

Altazor morirás. Se secará tu voz y serás invisible
La Tierra seguirá girando sobre su órbita precisa
Temerosa de un traspié como el equilibrista sobre el alambre que ata las
25        [miradas del pavor
En vano buscas ojo enloquecido
No hay puerta de salida y el viento desplaza los planetas
Piensas que no importa caer eternamente si se logra escapar
¿No ves que vas cayendo ya?
30 Limpia tu cabeza de prejuicio y moral
Y si queriendo alzarte nada has alcanzado
Déjate caer sin parar tu caída sin miedo al fondo de la sombra
Sin miedo al enigma de ti mismo
Acaso encuentres una luz sin noche
35 Perdida en las grietas de los precipicios
Cae

        Cae eternamente
Cae al fondo del infinito
Cae al fondo del tiempo
40 Cae al fondo de ti mismo
Cae lo más bajo que se pueda caer
Cae sin vértigo
A través de todos los espacios y todas las edades
A través de todas las almas de todos los anhelos y todos los naufragios
45 Cae y quema al pasar los astros y los mares
Quema los ojos que te miran y los corazones que te aguardan
Quema el viento con tu voz
El viento que se enreda en tu voz
Y la noche que tiene frío en su gruta de huesos

50 Cae en infancia
Cae en vejez
Cae en lágrimas
Cae en risas
Cae en música sobre el universo
55 Cae de tu cabeza a tus pies
Cae de tus pies a tu cabeza
Cae del mar a la fuente
Cae al último abismo de silencio
Como el barco que se hunde apagando sus luces

60 Todo se acabó
El mar antropófago golpea la puerta de las rocas despiadadas
Los perros ladran a las horas que se mueren
Y el cielo escucha el paso de las estrellas que se alejan

Estás solo
65 Y vas a la muerte derecho como un *iceberg* que se desprende del polo [...]

## CANTO IV

[...] No hay tiempo que perder
Ya viene la golondrina monotémpora
Trae un acento antípoda[6] de lejanías que se acercan
Viene gondoleando[7] la golondrina
5 Al horitaña de la montazonte
La violondrina y el goloncelo
Descolgada esta mañana de la lunala
Se acerca a todo galope
Ya viene viene la golondrina
10 Ya viene viene la golonfina
Ya viene la golontrina
Ya viene la goloncima
Viene la golonchina
Viene la golonclima
15 Ya viene la golonrima
Ya viene la golonrisa
La golonniña
La golongira
La golonlira
20 La golonbrisa
La golonchilla
Ya viene la golondía
Y la noche encoge sus uñas como el leopardo
Ya viene la golontrina
25 Que tiene un nido en cada uno de los dos calores
Como yo lo tengo en los cuatro horizontes
Viene la golonrisa
Y las olas se levantan en la punta de los pies
Viene la golonniña
30 Y siente un vahído[7a] la cabeza de la montaña
Viene la golongira
Y el viento se hace parábola de sílfides[8] en orgía
Se llenan de notas los hilos telefónicos
Se duerme el ocaso[9] con la cabeza escondida
35 Y el árbol con el pulso afiebrado
Pero el cielo prefiere el rodoñol
Su niño querido el rorreñol
Su flor de alegría el romiñol
Su piel de lágrima el rofañol

---

[6] Contrario, opuesto.
[7] Siguen a éste otros vocablos inventados por el poeta.

[7a] Mareo.
[8] Ninfas del aire.
[9] El occidente (el sol en el occidente).

40 Su garganta nocturna el rosolñol
  El rolañol
  El rosiñol [...]

  No hay tiempo que perder
  Los icebergs que flotan en los ojos de los muertos
45 Conocen su camino
  Ciego sería el que llorara
  Las tinieblas del féretro sin límites
  Las esperanzas abolidas[10]
  Los tormentos cambiados en inscripción de cementerio
50 Aquí yace Carlota ojos marítimos
  Se le rompió un satélite
  Aquí yace Matías en su corazón dos escualos[11] se batían
  Aquí yace Marcelo mar y cielo en el mismo violoncelo
  Aquí yace Susana cansada de pelear contra el olvido
55 Aquí yace Teresa ésa es la tierra que araron sus
        [ojos hoy ocupada por su cuerpo
  Aquí yace Angélica anclada en el puerto de sus brazos
  Aquí yace Rosario río de rosas hasta el infinito
  Aquí yace Raimundo raíces del mundo son sus venas
60 Aquí yace Clarisa clara risa enclaustrada en la luz
  Aquí yace Alejandro antro[12] alejado ala adentro
  Aquí yace Gabriela rotos los diques sube en las savias
        [hasta el sueño esperando la resurrección
  Aquí yace Altazor azor[13] fulminado por la altura
65 Aquí yace Vicente antipoeta y mago [...]

## ■ Preguntas generales

1. ¿Cuál es la importancia de Huidobro en la poesía moderna?
2. ¿Qué relación hay entre la poesía modernista y la poesía de Huidobro?
3. ¿Cómo muestra Huidobro su preferencia por lo novedoso e innovador?
4. ¿Qué vínculos había entre el poeta chileno y los vanguardistas franceses?
5. Además de la poesía, ¿en qué otros géneros se interesó Huidobro, y por qué?

## ■ Preguntas de análisis

1. Señale los elementos modernistas y vanguardistas de "Nipona".
2. Según "Arte poética", ¿cuál es el papel del poeta, y por qué esta definición aporta una nueva dimensión al proceso poético? ¿Cómo está caracterizado el verso?
3. En "Luna o reloj", ¿qué representan y cómo se unen la luna y el reloj?

---

[10] Anuladas.
[11] Tiburones.
[12] Cueva.
[13] Ave rapaz diurna.

4. Indique y dé ejemplos de los recursos expresivos de vanguardia más evidentes en *Altazor*.
5. ¿Qué trayectoria sigue el yo poético en *Altazor?* ¿Qué simboliza este viaje en paracaídas?

## ■ Temas para informes escritos

1. Vicente Huidobro y sus relaciones con los vanguardistas franceses.
2. Vicente Huidobro y sus propuestas para una nueva poesía.
3. Vicente Huidobro narrador y dramaturgo.
4. Las innovaciones creacionistas y *Altazor*.
5. El poema en prosa y su importancia: *Temblor del cielo*.

## ■ Temas de reflexión y comentario

1. Comparación de *Altazor* de Huidobro y *Piedra de sol* de Octavio Paz.
2. Biografía y cinematografía en *Mío Cid Campeador* de Huidobro.
3. *Horizon carré* y el cubismo poético.
4. El poder del lenguaje y la búsqueda del creacionismo.
5. Huidobro y las diferentes fases de su activismo político.

# JOSE CARLOS MARIATEGUI

1894, Moquegua, Perú–1930,
Lima, Perú

El infatigable magisterio y profundo saber de este escritor, hicieron que sus discípulos peruanos lo llamaran "Amauta", el antiguo nombre de los filósofos del imperio incaico. En la niñez de este autor que tanto contribuyó a modernizar el pensamiento político hispanoamericano, la religiosidad materna fue una influencia decisiva. Más tarde, con la ayuda del pensamiento del francés Georges Sorel (1847–1922), Mariátegui vio el proceso revolucionario como doctrina redentora cuyo triunfo aseguraría el bienestar social. Como los escasos recursos de la familia apenas le permitieron terminar la escuela primaria, Mariátegui tuvo que trabajar para ayudar a los suyos, mientras estudiaba y leía por cuenta propia. A los diecinueve años el joven autodidacta ya era un periodista respetado en el diario limeño *La Prensa*.

En 1918 comenzó a trabajar de redactor en *El Tiempo* y, con otros colegas, fundó la revista *Nuestra Epoca* que contó entre sus colaboradores a César Vallejo. Durante este período Mariátegui comenzó a tomar conciencia de los problemas nacionales. Por entonces conoció a Víctor Raúl Haya de la Torre (1895–1979), joven dirigente universitario llamado después a fundar la organización política conocida con el nombre de Alianza Popular Revolucionaria Americana (APRA) en 1924. Ya politizado, Mariátegui y otros establecieron el diario *La Razón*, y lo pusieron al servicio de la causa obrera. En 1919, el dictador Augusto B. Leguía clausuró este diario y le ofreció a Mariátegui el cargo de "agente de propaganda periodística" en Europa. A pesar de las críticas, el joven aceptó el puesto porque le ofrecía la oportunidad de prepararse para servir mejor a la causa obrera. Después Mariátegui se referiría a la etapa de su vida anterior al viaje a Europa como la "Edad de Piedra".

Mariátegui permaneció en Europa de 1919 a 1923. Allá visitó varias capitales, se vinculó con importantes líderes de la izquierda y contrajo matrimonio con una joven italiana. Parece que en Italia conoció al filósofo Benedetto Croce, uno de sus autores favoritos, y a Antonio Gramsci (1891–1937), fundador del partido comunista de ese país. Descorazonado ante el avance del fascismo en Italia, pasó a Berlín donde vivió por seis meses. Durante este período europeo el escritor peruano abrazó el marxismo y, junto con otros amigos, hizo planes para concertar una acción socialista en el Perú.

Cuando retornó a Lima (1923), el "Amauta" se vinculó con los elementos progresistas del mundo obrero e intelectual, y se convirtió en una de las primeras figuras de la izquierda peruana. Difundió las ideas socialistas y explicó la situación internacional, a la vez que colaboró en dos revistas conservadoras, *Variedades* (1908–32) y *Mundial* (1920–31). El primer libro suyo, *La escena contemporánea* (1925), es una recopilación de los artículos publicados en *Variedades*. Una segunda recopilación de otros trabajos publicados por Mariátegui en esta misma revista apareció póstumamente con el título de *El alma matinal y otras estaciones del hombre de hoy* (1950). La actividad excesiva hizo que el joven enfermara gravemente en 1924; se le recrudeció una antigua dolencia en una rodilla y no hubo otro remedio que amputarle una pierna. Mariátegui, sin embargo, reanudó sus labores de activista político, a la vez que continuó escribiendo para publicaciones peruanas y extranjeras. Con su hermano Julio César creó la editorial Minerva, donde publicó su obra más renombrada, *Siete ensayos de interpretación de la realidad peruana* (1928).

En esta época fundó la revista *Amauta* (1925–30), donde se difundieron el pensamiento marxista y las ideas vanguardistas en el arte y la literatura. Infatigable, Mariátegui estableció el quincenario *Labor* (1928–29), vocero de los intereses del proletariado. En octubre de 1928, ya separado de Haya de la Torre y del APRA, fundó el Partido Socialista del Perú. Quebrantada su salud y decepcionado por la falta de éxito de sus propuestas políticas, José Carlos Mariátegui falleció en Lima, el 16 de abril de 1930.

Los escritos de Mariátegui son producto de dos períodos bien marcados: el juvenil (1914–19) y el maduro (1920–30). En la primera etapa publicó crónicas, poemas, cuentos y dramas influidos por la estética modernista. Entre los seguidores del modernismo en el Perú, Manuel González Prada ejerció la influencia más poderosa en el joven; de los modernistas extranjeros, Amado Nervo (1870–1919), cuyos versos Mariátegui recitaba de memoria, fue el que más lo atrajo. Abraham Valdelomar (1888–1919), quien en su revista *Colónida* (1916) intentó crear una estética que superara a la modernista, fue otra fuerte influencia de esta época. Aunque vista en conjunto su producción literaria juvenil es menor, en ella asoman preocupaciones evidentes en los escritos maduros del autor: profunda religiosidad, exaltación del heroísmo y antipositivismo romántico.

En la etapa madura, Mariátegui no escribió ningún libro. Como era frecuente entonces, sus artículos periodísticos fueron recopilados, siguiendo ciertos temas y pautas, y después se publicaron como libros. Entre ellos sobresale *Siete ensayos de interpretación de la realidad peruana*, que, desde una perspectiva marxista, ofrece un penetrante análisis de los problemas sociales, económicos y culturales de su patria. Adaptando los postulados marxistas a la realidad americana, y sin caer en el dogmatismo, Mariátegui mostró cómo el desarrollo económico del país estaba condicionado por estructuras coloniales y hasta semi-feudales. Se detuvo a analizar la condición de los indígenas, sector que todavía vivía en estado de servidumbre. En esta obra también sentó las bases de la nueva crítica literaria en el Perú. La exposición directa, el hábil manejo de diversas fuentes y la visión analítica del autor han hecho de *Siete ensayos* una lectura obligada para quienes deseen comprender la realidad peruana e hispanoamericana. La vida y obra de José Carlos Mariátegui lo confirmaron como intelectual comprometido: para él la literatura y la política eran las armas de combate necesarias para transformar la sociedad.

## ■ Bibliografía mínima

Chang-Rodríguez, Eugenio. "Mariátegui y las colaboradoras de *Amauta*". *Indigenismo hacia el fin del milenio: Homenaje a Antonio Cornejo Polar*. Ed. Mabel Moraña. Pittsburgh, PA: Instituto Internacional de Literatura Iberoamericana, 1998. 159–68.

———. *Poética e ideología en José Carlos Mariátegui*. Madrid: José Porrúa Turanzas, 1983.

———. "José Carlos Mariátegui". *Latin American Writers*. Eds. Carlos A. Solé y Maria Isabel Abreu. Vol. 2. New York: Scribner's, 1989. 791–96.

Ferrari, Américo. "La crítica literaria en la obra de José Carlos Mariátegui". *Hispamérica: Revista de Literatura* 26.76–77 (1997): 5–17.

Larsen, Neil. "Indigenismo y lo 'postcolonial': Mariátegui frente a la actual coyuntura teórica". *Revista Iberoamericana* 62.176–177 (1996): 863–73.

Mariátegui, José Carlos. *Siete ensayos de interpretación de la realidad peruana*. Lima: Amauta, 1995.

Unruh, Vicky. "Mariátegui's Aesthetic Thought: A Critical Reading of the Avant-Gardes". *Latin American Research Review* 24.3 (1989): 45–69.

Weinberg, Gregorio. "Mariátegui y la educación". *Cuadernos Americanos* 9.3 (1995): 37–47.

# Siete ensayos de interpretación de la realidad peruana (1928)

## EL PROBLEMA DEL INDIO

*Su nuevo planteamiento*

Todas las tesis sobre el problema indígena, que ignoran o eluden a éste como problema económico-social, son otros tantos estériles ejercicios teoréticos,—y a veces sólo verbales—, condenados a un absoluto descrédito. No las salva a algunas su buena fe. Prácticamente, todas no han servido sino para ocul-
5 tar o desfigurar la realidad del problema. La crítica socialista lo descubre y esclarece, porque busca sus causas en la economía del país y no en su mecanismo administrativo, jurídico o eclesiástico, ni en su dualidad o pluralidad de razas, ni en sus condiciones culturales y morales. La cuestión indígena arranca de nuestra economía. Tiene sus raíces en el régimen de propiedad de la tierra. Cualquier in-
10 tento de resolverla con medidas de administración o policía, con métodos de enseñanza o con obras de vialidad,[1] constituye un trabajo superficial o adjetivo, mientras subsista la feudalidad de los "gamonales".[2]

El "gamonalismo" invalida inevitablemente toda ley u ordenanza de protección indígena. El hacendado, el latifundista,[3] es un señor feudal. Contra su
15 autoridad, sufragiada[4] por el ambiente y el hábito, es impotente la ley escrita. El trabajo gratuito está prohibido por la ley y, sin embargo, el trabajo gratuito, y aun el trabajo forzado, sobreviven en el latifundio. El juez, el subprefecto, el comisario, el maestro, el recaudador, están enfeudados a la gran propiedad. La ley no puede prevalecer contra los gamonales. El funcionario que se obstinase en im-
20 ponerla, sería abandonado y sacrificado por el poder central, cerca del cual son

---

[1] Vías públicas, caminos.
[2] En el Perú, terrateniente explotador de indígenas.

[3] Nombre dado a los propietarios de inmensas fincas o latifundios.
[4] Aprobada.

siempre omnipotentes[5] las influencias del gamonalismo, que actúan directamente o a través del parlamento, por una y otra vía con la misma eficacia. [...]

La derrota más antigua y evidente es, sin duda, la de los que reducen la protección de los indígenas a un asunto de ordinaria administración. Desde los
25 tiempos de la legislación colonial española, las ordenanzas sabias y prolijas,[6] elaboradas después de concienzudas[7] encuestas, se revelan totalmente infructuosas. La fecundidad de la República, desde las jornadas de la Independencia, en decretos, leyes y providencias encaminadas a amparar a los indios contra la exacción[8] y el abuso, no es de las menos considerables. El gamonal de hoy, como
30 el "encomendero"[9] de ayer, tiene, sin embargo, muy poco que temer de la teoría administrativa. Sabe que la práctica es distinta.

El carácter individualista de la legislación de la República ha favorecido, incuestionablemente, la absorción de la propiedad indígena por el latifundismo. La situación del indio, a este respecto, estaba contemplada con mayor realismo por
35 la legislación española. Pero la reforma jurídica no tiene más valor práctico que la reforma administrativa, frente a un feudalismo intacto en su estructura económica. [...]

La suposición de que el problema indígena es un problema étnico, se nutre del más envejecido repertorio de ideas imperialistas. El concepto de razas infe-
40 riores sirvió al Occidente blanco para su obra de expansión y conquista. Esperar la emancipación indígena de un cruzamiento de la raza aborigen con inmigrantes blancos, es una ingenuidad antisociológica... Los pueblos asiáticos, a los cuales no es inferior en un ápice el pueblo indio, han asimilado admirablemente la cultura occidental, en lo que tiene de más dinámica y creadora, sin transfusiones de
45 sangre europea. [...]

La tendencia a considerar el problema indígena como un problema moral, encarna una concepción liberal, humanitaria, ochocentista, iluminista,[10] que en el orden político de Occidente anima y motiva las "ligas de los Derechos del Hombre". Las conferencias y sociedades antiesclavistas, que en Europa han denun-
50 ciado más o menos infructuosamente los crímenes de los colonizadores, nacen de esta tendencia, que ha confiado siempre con exceso en sus llamamientos al sentido moral de la civilización ... La prédica humanitaria ni ha detenido ni embarazado en Europa el imperialismo ni ha modificado sus métodos. La lucha contra el imperialismo no confía ya sino en la solidaridad y en la fuerza de los
55 movimientos de emancipación de las masas coloniales [...]

En el terreno de la razón y la moral, se situaba hace siglos, con mayor energía, o al menos mayor autoridad, la acción religiosa. Esta cruzada no obtuvo, sin embargo, sino leyes y providencias muy sabiamente inspiradas. La suerte de los indios no varió sustancialmente [...]. Más evidentes posibilidades de éxito que la
60 prédica liberal tenía, con todo, la prédica religiosa. Esta apelaba al exaltado y

---

[5] Invencibles.
[6] Abundantes.
[7] Muy pensadas.
[8] Cobro injusto y violento.
[9] La persona que, durante la época colonial, recibía a un grupo de indios y a cambio de su trabajo o tributo tenía la obligación de mante-

nerlos en la fe católica. En la práctica, los encomenderos abusaron de sus privilegios y colocaron a los indígenas en un estado de semi-esclavitud.
[10] Del siglo XVIII también llamado "de las luces".

operante catolicismo español mientras aquélla intentaba hacerse escuchar del exiguo[11] y formal liberalismo criollo.

Pero hoy la esperanza en una solución eclesiástica es indiscutiblemente la más rezagada[12] y antihistórica de todas. Quienes la representan no se preocupan siquiera, como sus distantes —¡tan distantes!— maestros, de obtener una nueva declaración de los derechos del indio, con adecuadas autoridades y ordenanzas, sino de encargar al misionero la función de mediar entre el indio y el gamonal. La obra que la Iglesia no pudo realizar en un orden medioeval, cuando su capacidad espiritual e intelectual podía medirse por frailes como el padre de las Casas,[13] ¿con qué elementos contaría para prosperar ahora? Las misiones adventistas, bajo este aspecto, han ganado la delantera al clero católico [...]

El concepto de que el problema del indio es un problema de educación, no aparece sufragado[14] ni aun por un criterio estricta y autóctonamente pedagógico. La pedagogía tiene hoy más en cuenta que nunca los factores sociales y económicos. El pedagogo moderno sabe perfectamente que la educación no es una mera cuestión de escuela y métodos didácticos. El medio económico social condiciona inexorablemente la labor del maestro. El gamonalismo es fundamentalmente adverso a la educación del indio; su subsistencia tiene en el mantenimiento de la ignorancia del indio el mismo interés que en el cultivo de su alcoholismo. La escuela moderna [...] es incompatible con el latifundio feudal. La mecánica de la servidumbre anularía totalmente la acción de la escuela, si ésta misma, por un milagro inconcebible dentro de la realidad social, consiguiera conservar, en la atmósfera del feudo, su pura misión pedagógica. La más eficiente y grandiosa enseñanza moral no podría operar estos milagros [...]

La solución pedagógica, propugnada[14a] por muchos con perfecta buena fe, está ya hasta oficialmente descartada. Los educacionistas son, repito, los que menos pueden pensar en independizarla de la realidad económico-social. No existe, pues, en la actualidad, sino como una sugestión vaga e informe, de la que ningún cuerpo y ninguna doctrina se hace responsable.

El nuevo planteamiento consiste en buscar el problema indígena en el problema de la tierra.

### EL PROBLEMA DE LA TIERRA

Quienes desde puntos de vista socialistas estudiamos y definimos el problema del indio, empezamos por declarar absolutamente superados los puntos de vista humanitarios o filantrópicos en que, como una prolongación de la apostólica batalla del padre de las Casas, se apoyaba la antigua campaña proindígena. Nuestro primer esfuerzo tiende a establecer su carácter de problema fundamentalmente económico. Insurgimos, primeramente, contra la tendencia instintiva— y defensiva—del criollo [...] a reducirlo a un problema exclusivamente administrativo, pedagógico, étnico o moral, para escapar a toda costa del plano de la economía. Por esto, el más absoluto de los reproches que se nos pueden dirigir es el de lirismo o literaturismo. Colocando en primer plano el problema

---

[11] Insuficiente, escaso.
[12] Atrasada.
[13] Bartolomé de las Cases, sacerdote español defensor de los indígenas (ver pp. 28–36).

[14] Aprobado.
[14a] Propuesta.

económico-social, asumimos la actitud menos lírica y menos literaria posible. No nos contentamos con reivindicar el derecho del indio a la educación, a la cultura, al progreso, al amor y al cielo. Comenzamos por reivindicar, categóricamente, su derecho a la tierra. Esta reivindicación perfectamente materialista, debería bastar
15 para que no se nos confundiese con los herederos o repetidores del verbo evangélico del gran fraile español, a quien, de otra parte, tanto materialismo no nos impide admirar y estimar fervorosamente.

Y este problema de la tierra—cuya solidaridad con el problema del indio es demasiado evidente—tampoco nos avenimos[14b] a atenuarlo o adelgazarlo opor-
20 tunistamente. Todo lo contrario. Por mi parte, yo trato de plantearlo en términos absolutamente inequívocos y netos.

El problema agrario se presenta, ante todo, como el problema de la liquidación de la feudalidad en el Perú. Esta liquidación debía haber sido realizada ya por el régimen demo-burgués formalmente establecido por la revolu-
25 ción de la independencia. Pero en el Perú no hemos tenido en cien años de república una verdadera clase burguesa, una verdadera clase capitalista. La antigua clase feudal—camuflada o disfrazada de burguesía republicana—ha conservado sus posiciones [...] Y el hecho es que durante un siglo de república, la gran propiedad agraria se ha reforzado y engrandecido a despecho[15] del liberal-
30 ismo teórico de nuestra Constitución y de las necesidades prácticas del desarrollo de nuestra economía capitalista.

Las expresiones de la feudalidad sobreviviente son dos: latifundio y servidumbre [...] No se puede liquidar la servidumbre que pesa sobre la raza indígena, sin liquidar el latifundio.
35 Planteado así el problema agrario del Perú, no se presta a deformaciones equívocas. Aparece en toda su magnitud de problema económico social—y por tanto político—del dominio de los hombres que actúan en este plano de hechos e ideas. Y resulta vano todo empeño de convertirlo, por ejemplo, en un problema técnico-agrícola del dominio de los agrónomos.
40 Nadie ignora que la solución liberal de este problema sería, conforme a la ideología individualista, el fraccionamiento de los latifundios para crear la pequeña propiedad [...] Esta fórmula—fraccionamiento de los latifundios en favor de la pequeña propiedad—no es utopista, ni herética, ni revolucionaria, ni bolchevique, ni vanguardista, sino ortodoxa, constitucional, democrática, capi-
45 talista y burguesa [...] Tiene su origen en el ideario liberal en que se inspiran los Estatutos constitucionales de todos los Estados demoburgueses...

Congruentemente con mi posición ideológica, yo pienso que la hora de ensayar en el Perú el método liberal, la fórmula individualista, ha pasado ya. Dejando aparte las razones doctrinales, considero fundamentalmente este factor
50 incontestable y concreto que da un carácter peculiar a nuestro problema agrario; la supervivencia de la comunidad y de elementos de socialismo práctico en la agricultura y la vida indígenas [...]

---

14b Estamos dispuestos.

15 A pesar de.

### ■ Preguntas generales

1. ¿Cómo llamó Mariátegui la primera etapa de su vida adulta? ¿Qué importancia tuvo su viaje a Europa?
2. ¿Cuál es la obra principal de Mariátegui y cuáles son sus aportes?
3. ¿Cuál es la importancia de la revista *Amauta?*
4. Mencione dos escritores que influyeron en Mariátegui y explique quiénes fueron.
5. ¿Qué entiende Ud. por escritor comprometido y cómo encaja Mariátegui en esta categoría?

### ■ Preguntas de análisis

1. ¿Por qué es novedoso el análisis de Mariátegui sobre el problema del indio? ¿En qué se fundamenta?
2. ¿Qué se entiende por "gamonalismo" en el Perú y cómo, según el autor, ha afectado al desarrollo del país?
3. ¿Por qué rechaza Mariátegui la "aproximación pedagógica" para resolver el problema de la población indígena?
4. Según explica el autor, ¿qué relación hay entre el problema indígena y la tenencia de la tierra?
5. ¿Cómo caracterizaría Ud. la prosa de Mariátegui?

### ■ Temas para informes escritos

1. Los escritos de José Carlos Mariátegui durante su "edad de piedra".
2. El pensamiento de Manuel Gónzalez Prada y su influencia en José Carlos Mariátegui.
3. *Siete ensayos* y las ideas de José Carlos Mariátegui sobre la literatura peruana.
4. La revista *Amauta* y su papel de difusión cultural.
5. José Carlos Mariátegui, Haya de la Torre y la renovación del pensamiento político peruano.

### ■ Temas de reflexión y comentario

1. Mariátegui y su visión del imperio incaico.
2. Mariátegui dramaturgo: *Las tapadas.*
3. Características del marxismo de Mariátegui.
4. Mariátegui y las polémicas sobre el indigenismo en el Perú.
5. Mariátegui y sus ideas sobre la función de la crítica literaria.

# JORGE LUIS BORGES

1899, Buenos Aires, Argentina—
1986, Ginebra, Suiza

*Library of Congress, Prints & Photographs Division, NYWT & S Collection, LC-USZG2-115115*

Jorge Luis Borges ha tenido un impacto extraordinario en las letras hispanoamericanas del siglo XX, y autores como Julio Cortázar y Gabriel García Márquez públicamente han reconocido la importancia de esta influencia en el desarrollo de su propia obra. Poeta, ensayista y narrador, Borges revolucionó los géneros literarios. Fue innovador en la técnica narrativa, maestro en el estilo, y guía en el camino que tomarían, décadas más tarde, la teoría y la crítica de la literatura. De ahí el gran interés despertado por su obra y el prestigio conquistado por el autor a nivel internacional. Borges vivió y escribió inmerso en el mundo de los libros, dialogando con las ideas y los temas claves de la cultura universal. De este diálogo surgió su propia escritura, que él concibió como re-escritura, ya que rechazaba el concepto de la originalidad literaria.

El escritor argentino recibió su educación primaria y secundaria en Buenos Aires. Desde 1914 hasta 1918 permaneció en Ginebra, donde continuó sus estudios, leyó vorazmente y descubrió a muchos de los autores—Schopenhauer, Chesterton y Kafka—que luego ocuparían un lugar central en su pensamiento. A este período siguieron tres años de residencia en distintas ciudades de España, y su vinculación con el grupo de ultraístas, entre los que se contaban Guillermo de Torre y Rafael Cansinos Assens. Al regresar a Buenos Aires (1921), Borges inició con otros jóvenes poetas el vanguardismo en la Argentina, movimiento que culminaría con la publicación de la revista *Martín Fierro* (1924–27).

Al período de 1923–29 corresponden sus libros poéticos más importantes: *Fervor de Buenos Aires* (1923), *Luna de enfrente* (1925), *Cuaderno San Martín* (1929). A éstos se sumaría luego *Muertes de Buenos Aires* (1943). Las calles, las casas y los patios de su ciudad, así como los hechos de la historia argentina, motivaron la evocación poética de Borges. El criollismo de su poesía siempre se fundamentaba, sin embargo, en esquemas del pensamiento universal. Los poemas de Borges son meditaciones, indagaciones permeadas de la misma inquietud metafísica que lleva a su libro de prosa y verso *El hacedor* (1960) y a los ensayos y cuentos que durante tres décadas desplazaron la poesía del centro de su producción literaria.

Borges conquistó renombre con los cuentos imbuidos de ideas filosóficas, de escritura paródica y auto-reflexiva recogidos en *Historia universal de la infamia* (1935), *Ficciones* (1944) y *El aleph* (1949). También como ensayista se destacó en *Inquisiciones* (1925), *Historia de la eternidad* (1936), *Nueva refutación del tiempo* (1948) y *Otras inquisiciones* (1952). En los últimos veinte años de su vida volvió a la poesía con libros como *Elogio de la sombra* (1969), *El oro de los tigres* (1972), *La rosa profunda* (1975) y *Los conjurados* (1985); y publicó, entre sus colecciones de cuentos, *El informe de Brodie* (1970) y *El libro de arena* (1975). Debe recordarse, asimismo, su extensa obra escrita en colaboración con autores como Adolfo Bioy Casares (1914–99), excelente cuentista y novelista argentino.

Borges transformó en materia narrativa las ideas filosóficas y teológicas que motivaban sus disquisiciones ensayísticas. Aunque radicalmente escéptico con respecto a dogmas religiosos y a sistemas de pensamiento, consideraba admirable el milenario esfuerzo de la inteligencia y la imaginación humanas que han buscado, mediante la teología o la metafísica, una solución a los enigmas del universo. En su mundo fantástico incorporó estos productos de la fe y el pensamiento, a los que consideraba ficciones. "Tlön, Uqbar, Orbis Tertius" y "La biblioteca de Babel" son especialmente ilustrativos de su posición escéptica, así como de sus intereses filosóficos. En los cuentos de Borges los sueños y la realidad se yuxtaponen ("Las ruinas circulares"), el tiempo cronológico es abolido ("El milagro secreto") o se expande laberínticamente en direcciones simultáneas e infinitas ("El jardín de senderos que se bifurcan"), y un individuo puede ser todos los hombres ("El inmortal"). El relativismo histórico y moral ("Tema del traidor y del héroe"), las hipótesis heterodoxas ("Tres versiones de Judas"), y las formas extremas del idealismo filosófico para el cual la realidad existe sólo como proceso mental ("Tlön"), provocaban su imaginación y su impulso narrativo.

En el poema "Fundación mítica de Buenos Aires", Borges evocó e inventó los orígenes de su ciudad natal. La historia, vista por él como "un pasado ilusorio", fue suplantada por el tiempo y la visión transfiguradora del mito. "Borges y yo" comunica el sentimiento de una identidad fragmentada, el enfrentamiento del yo íntimo, vivencial y el yo-autor configurado por su obra. En "El sur" convergen el mito del coraje, el simbolismo del gaucho Martín Fierro, personaje del famoso poema de José Hernández, y el deseo del protagonista de morir heroicamente, como su antepasado materno. Todo ello se da en un tiempo y un espacio fantásticos regidos por la lógica de los sueños. Los temas y la técnica narrativa están desarrollados con un lenguaje preciso, contenido, que sugiere más que define el desenlace del relato.

## ■ Bibliografía mínima

Aizenberg, Edna, ed. *Borges and His Successors. The Borgesian Impact on Literature and the Arts.* Columbia: U of Missouri P, 1990.

Alazraki, Jaime. "Jorge Luis Borges". *Latin American Writers.* Eds. Carlos A. Solé y Maria Isabel Abreu. Vol. 2. New York: Scribner's, 1989. 845–64.

——. "Lectura estructuralista de 'El sur' de Borges". *Escritura* 3 (1977): 109–19.

Balderston, Daniel. *¿Fuera de contexto? Referencialidad histórica y expresión de la realidad en Borges.* Rosario, Argentina: Beatriz Viterbo, 1996.

Bell-Villada, Gene H. *Borges and His Fiction: A Guide to His Mind and Art.* Austin, TX: U of Texas P, 1999.

González Casanovas, Roberto J. "Borges's Argentinian South: Legend, Fiction, and Myth in 'El sur'". *West Virginia University Philological Papers* 37 (1991): 151–57.

Kristal, Efraín. *Invisible Work. Borges and Translation.* Nashville: Vanderbilt UP, 2002.

Molloy, Sylvia. *Las letras de Borges y otros ensayos.* 2ª ed. Rosario, Argentina: Beatriz Viterbo, 1999.

Sarlo, Beatriz. *Borges, un escritor en las orillas.* Buenos Aires: Ariel, 1995.

Toro, Alfonso de y Fernando de Toro, eds. *Jorge Luis Borges: Pensamiento y saber en el siglo XX.* Frankfurt y Madrid: Vervuert-Iberoamericana, 1999.

# Cuaderno San Martín (1929)

### FUNDACION MITICA DE BUENOS AIRES

¿Y fue por este río de sueñera[1] y de barro
que las proas vinieron a fundarme la patria?
Irían a los tumbos los barquitos pintados
entre los camalotes de la corriente zaina.[2]

5     Pensando bien la cosa, supondremos que el río
era azulejo entonces como oriundo del cielo
con su estrellita roja para marcar el sitio
en que ayunó Juan Díaz[3] y los indios comieron.

Lo cierto es que mil hombres y otros mil arribaron
10  por un mar que tenía cinco lunas de anchura
y aun estaba poblado de sirenas y endriagos[4]
y de piedras imanes que enloquecen la brújula.

Prendieron unos ranchos trémulos en la costa,
durmieron extrañados. Dicen que en el Riachuelo,[5]
15  pero son embelecos fraguados en la Boca.[6]
Fue una manzana entera y en mi barrio: en Palermo.[7]

---

[1] Sueño, modorra.

[2] Color castaño rojizo.

[3] Juan Díaz de Solís: descubridor del Río de la Plata donde murió a manos de los indios en 1516.

[4] Dragones.

[5] Río de poco caudal que desemboca en el Río de la Plata. El poema aquí alude a la primera fundación de Buenos Aires por Pedro de Mendoza en 1534.

[6] Humilde barrio porteño situado junto a la costa.

[7] Barrio residencial en la zona norte de Buenos Aires.

Una manzana entera pero en mitá del campo
expuesta a las auroras y lluvias y suestadas.[8]
La manzana pareja que persiste en mi barrio:
20 Guatemala, Serrano, Paraguay, Gurruchaga.[9]

Un almacén rosado como revés de naipe
brilló y en la trastienda conversaron un truco;[10]
el almacén rosado floreció en un compadre,[11]
ya patrón de la esquina, ya resentido y duro.

25 El primer organito salvaba el horizonte
con su achacoso porte, su habanera[12] y su gringo.[13]
El corralón seguro ya opinaba YRIGOYEN,[14]
algún piano mandaba tangos de Saborido.[15]

Una cigarrería sahumó como una rosa
30 el desierto. La tarde se había ahondado en ayeres,
los hombres compartieron un pasado ilusorio.
Sólo faltó una cosa: la vereda de enfrente.

A mí se me hace cuento que empezó Buenos Aires:
La juzgo tan eterna como el agua y el aire.

# El hacedor (1960)

### BORGES Y YO

Al otro, a Borges, es a quien le ocurren las cosas. Yo camino por Buenos
Aires y me demoro, acaso ya mecánicamente, para mirar el arco de un zaguán[16]
y la puerta cancel;[17] de Borges tengo noticias por el correo y veo su nombre en
una terna de profesores o en un diccionario biográfico. Me gustan los relojes de
5 arena, los mapas, la tipografía del siglo XVIII, las etimologías, el sabor del café y
la prosa de Stevenson; el otro comparte esas preferencias, pero de un modo
vanidoso que las convierte en atributos de un actor. Sería exagerado afirmar que
nuestra relación es hostil; yo vivo, yo me dejo vivir, para que Borges pueda tra-
mar su literatura y esa literatura me justifica. Nada me cuesta confesar que ha lo-
10 grado ciertas páginas válidas, pero esas páginas no me pueden salvar, quizá
porque lo bueno ya no es de nadie, ni siquiera del otro, sino del lenguaje o la

---

[8] Pronunciación popular de "sudestada",
viento del sudeste, fuerte y con frecuencia
tormentoso.
[9] Estos nombres corresponden a calles del
barrio de Palermo.
[10] Juego de naipes muy popular en la
Argentina. Los jugadores se intercambian
ingeniosas frases improvisadas a manera de
aviso. De ahí la expresión "conversar un
truco".
[11] Fanfarrón, bravucón.
[12] Música y danza procedente de La Habana.

[13] Extranjero, aquí aplicado al inmigrante
italiano.
[14] Hipólito Yrigoyen (1850–1933): político
liberal, fue dos veces presidente de la
Argentina.
[15] Saborido: autor popular de tangos.
[16] Pieza cubierta a modo de vestíbulo en la
entrada de una casa.
[17] Contrapuerta que se adosa, por fuera o por
dentro, a la puerta de entrada, para mayor
protección.

tradición. Por lo demás, yo estoy destinado a perderme, definitivamente, y sólo algún instante de mí podría sobrevivir en el otro. Poco a poco voy cediéndole todo, aunque me consta su perversa costumbre de falsear y magnificar. Spinoza[18]
15 entendió que todas las cosas quieren perseverar en su ser; la piedra eternamente quiere ser piedra y el tigre un tigre. Yo he de quedar en Borges, no en mí (si es que alguien soy), pero me reconozco menos en sus libros que en muchos otros o que en el laborioso rasgueo de una guitarra. Hace años yo traté de librarme de él y pasé de las mitologías del arrabal a los juegos con el tiempo y con lo infinito,
20 pero esos juegos son de Borges ahora y tendré que idear otras cosas. Así mi vida es una fuga y todo lo pierdo y todo es del olvido, o del otro.

No sé cuál de los dos escribe esta página.

# Ficciones (1944)

## El sur

El hombre que desembarcó en Buenos Aires en 1871 se llamaba Johannes Dahlmann y era pastor de la iglesia evangélica; en 1939, uno de sus nietos, Juan Dahlmann, era secretario de una biblioteca municipal en la calle Córdoba y se sentía hondamente argentino. Su abuelo materno había sido aquel Francisco Flo-
5 res, del 2 de infantería de línea, que murió en la frontera de Buenos Aires, lanceado por indios de Catriel; en la discordia de sus dos linajes, Juan Dahlmann (tal vez a impulso de la sangre germánica) eligió el de ese antepasado romántico, o de muerte romántica. Un estuche con el daguerrotipo[19] de un hombre inexpresivo y barbado, una vieja espada, la dicha y el coraje de ciertas músicas, el
10 hábito de estrofas del *Martín Fierro*, los años, el desgano y la soledad, fomentaron ese criollismo algo voluntario, pero nunca ostentoso. A costa de algunas privaciones, Dahlmann había logrado salvar el casco[20] de una estancia en el Sur, que fue de los Flores; una de las costumbres de su memoria era la imagen de los eucaliptos balsámicos y de la larga casa rosada que alguna vez fue carmesí. Las
15 tareas y acaso la indolencia lo retenían en la ciudad. Verano tras verano se contentaba con la idea abstracta de posesión y con la certidumbre de que su casa estaba esperándolo, en un sitio preciso de la llanura. En los últimos días de febrero de 1939 algo le aconteció.

Ciego a las culpas, el destino puede ser despiadado con las mínimas dis-
20 tracciones. Dahlmann había conseguido, esa tarde, un ejemplar descabalado de *Las mil y una noches* de Weil; ávido de examinar ese hallazgo, no esperó que bajara el ascensor y subió con apuro las escaleras; algo en la oscuridad le rozó la frente ¿un murciélago, un pájaro? En la cara de la mujer que le abrió la puerta vio grabado el horror, y la mano que se pasó por la frente salió roja de sangre. La
25 artista de un batiente[21] recién pintado que alguien se olvidó de cerrar le habría

---

[18] Baruj Spinoza (1632–77): filósofo holandés.
[19] Imagen fotográfica fijada en una plancha metálica.
[20] El edificio principal de una estancia. Habitualmente incluye la residencia de los dueños,

las habitaciones de servicio, una capilla, y los establos de uso personal.
[21] La hoja de una ventana o puerta.

hecho esa herida. Dahlmann logró dormir, pero a la madrugada estaba despierto y desde aquella hora el sabor de todas las cosas fue atroz. La fiebre lo gastó y las ilustraciones de *Las mil y una noches* sirvieron para decorar pesadillas. Amigos y parientes lo visitaban y con exagerada sonrisa le repetían que lo hallaban muy
30 bien. Dahlmann los oía con una especie de débil estupor y le maravillaba que no supieran que estaba en el infierno. Ocho días pasaron, como ocho siglos. Una tarde, el médico habitual se presentó con un médico nuevo y lo condujeron a un sanatorio de la calle Ecuador, porque era indispensable sacarle una radiografía. Dahlmann, en el coche de plaza que los llevó, pensó que en una habitación que
35 no fuera la suya podría, al fin, dormir. Se sintió feliz y conversador; en cuanto llegó, lo desvistieron; le raparon la cabeza, lo sujetaron con metales a una camilla, lo iluminaron hasta la ceguera y el vértigo, lo auscultaron y un hombre enmascarado le clavó una aguja en el brazo. Se despertó con náuseas, vendado, en una celda que tenía algo de pozo y, en los días y noches que siguieron a la operación
40 pudo entender que apenas había estado, hasta entonces, en un arrabal del infierno. El hielo no dejaba en su boca el menor rastro de frescura. En esos días, Dahlmann minuciosamente se odió; odió su identidad, sus necesidades corporales, su humillación, la barba que le erizaba la cara. Sufrió con estoicismo las curaciones, que eran muy dolorosas, pero cuando el cirujano le dijo que había es-
45 tado a punto de morir de una septicemia,[22] Dahlmann se echó a llorar, condolido de su destino. Las miserias físicas y la incesante previsión de las malas noches no le habían dejado pensar en algo tan abstracto como la muerte. Otro día, el cirujano le dijo que estaba reponiéndose y que, muy pronto, podría ir a convalecer a la estancia. Increíblemente, el día prometido llegó.
50     A la realidad le gustan las simetrías y los leves anacronismos; Dahlmann había llegado al sanatorio en un coche de plaza y ahora un coche de plaza lo llevaba a Constitución.[23] La primera frescura del otoño, después de la opresión del verano, era como un símbolo natural de su destino rescatado de la muerte y la fiebre. La ciudad, a las siete de la mañana, no había perdido ese aire de casa vieja
55 que le infunde la noche; las calles eran como largos zaguanes, las plazas como patios. Dahlmann la reconocía con felicidad y con un principio de vértigo; unos segundos antes de que las registraran sus ojos, recordaba las esquinas, las carteleras, las modestas diferencias de Buenos Aires. En la luz amarilla del nuevo día, todas las cosas regresaban a él.
60     Nadie ignora que el Sur empieza del otro lado de Rivadavia.[24] Dahlmann solía repetir que ello no es una convención y que quien atraviesa esa calle entra en un mundo más antiguo y más firme. Desde el coche buscaba entre la nueva edificación, la ventana de rejas, el llamador, el arco de la puerta, el zaguán, el íntimo patio.
65     En el *hall* de la estación advirtió que faltaban treinta minutos. Recordó bruscamente que en un café de la calle Brasil (a pocos metros de la casa de Yrigoyen) había un enorme gato que se dejaba acariciar por la gente, como una divinidad desdeñosa. Entró. Ahí estaba el gato, dormido. Pidió una taza de café, la endulzó lentamente, la probó (ese placer le había sido vedado en la clínica) y

---

[22] Infección de la sangre.
[23] Estación de ferrocarril.

[24] Calle principal que divide a la ciudad de Buenos Aires entre norte y sur.

70 pensó, mientras alisaba el negro pelaje, que aquel contacto era ilusorio y que estaban como separados por un cristal, porque el hombre vive en el tiempo, en la sucesión, y el mágico animal, en la eternidad del instante.

A lo largo del penúltimo andén el tren esperaba. Dahlmann recorrió los vagones y dió con uno casi vacío. Acomodó en la red la valija; cuando los coches 75 arrancaron, la abrió y sacó, tras alguna vacilación, el primer tomo de *Las mil y una noches.* Viajar con este libro, vinculado a la historia de su desdicha, era una afirmación de que esa desdicha había sido anulada y un desafío alegre y secreto a las frustradas fuerzas del mal.

A los lados del tren, la ciudad se desgarraba en suburbios; esta visión y 80 luego la de jardines y quintas demoraron el principio de la lectura. La verdad es que Dahlmann leyó poco; la montaña de piedra imán y el genio[25] que ha jurado matar a su bienhechor eran, quién lo niega, maravillosos, pero no mucho más que la mañana y que el hecho de ser. La felicidad lo distraía de Shahrazad y de sus milagros superfluos; Dahlmann cerraba el libro y se dejaba simplemente 85 vivir.

El almuerzo (con el caldo servido en boles de metal reluciente, como en los ya remotos veraneos de la niñez) fue otro goce tranquilo y agradecido.

*Mañana me despertaré en la estancia,* pensaba, y era como si a un tiempo fuera dos hombres: el que avanzaba por el día otoñal y por la geografía de la patria, y 90 el otro, encarcelado en un sanatorio y sujeto a metódicas servidumbres. Vio casas de ladrillo sin revocar, esquinadas y largas, infinitamente mirando pasar los trenes; vio jinetes en los terrosos caminos; vio zanjas y lagunas y hacienda; vio largas nubes luminosas que parecían de mármol, y todas estas cosas eran casuales, como sueños de la llanura. También creyó reconocer árboles y sembrados 95 que no hubiera podido nombrar, porque su directo conocimiento de la campaña era harto inferior a su conocimiento nostálgico y literario.

Alguna vez durmió y en sus sueños estaba el ímpetu del tren. Ya el blanco sol intolerable de las doce del día era el sol amarillo que precede al anochecer y no tardaría en ser rojo. También el coche era distinto; no era el que fue en 100 Constitución, al dejar el andén: la llanura y las horas lo habían atravesado y transfigurado. Afuera la móvil sombra del vagón se alargaba hacia el horizonte. No turbaban la tierra elemental ni poblaciones ni otros signos humanos. Todo era vasto, pero al mismo tiempo era íntimo y, de alguna manera, secreto. En el campo desaforado, a veces no había otra cosa que un toro. La soledad era perfecta y tal 105 vez hostil, y Dahlmann pudo sospechar que viajaba al pasado y no sólo al Sur. De esa conjetura fantástica lo distrajo el inspector, que al ver su boleto, le advirtió que el tren no lo dejaría en la estación de siempre sino en otra, un poco anterior y apenas conocida por Dahlmann. (El hombre añadió una explicación que Dahlmann no trató de entender ni siquiera de oír, porque el mecanismo de los he-110 chos no le importaba.)

El tren laboriosamente se detuvo, casi en medio del campo. Del otro lado de las vías quedaba la estación, que era poco más que un andén con un cobertizo.

---

[25] Ser sobrenatural que compartía y regía,
según la mitología, el destino de una persona o
de un lugar.

Ningún vehículo tenían, pero el jefe opinó que tal vez pudiera conseguir uno en un comercio que le indicó a unas diez, doce, cuadras. Dahlmann aceptó la cami-
115 nata como una pequeña aventura. Ya se había hundido el sol, pero un esplendor final exaltaba la viva y silenciosa llanura, antes de que la borrara la noche. Menos para no fatigarse que para hacer durar esas cosas, Dahlmann caminaba despacio, aspirando con grave felicidad el olor del trébol.

El almacén, alguna vez, había sido punzó,[26] pero los años habían mitigado
120 para su bien ese color violento. Algo en su pobre arquitectura le recordó un grabado en acero, acaso de una vieja edición de *Pablo y Virginia*.[27] Atados al palenque[28] había unos caballos. Dahlmann, adentro, creyó reconocer al patrón; luego comprendió que lo había engañado su parecido con uno de los empleados del sanatorio. El hombre, oído el caso, dijo que le haría atar la jardinera;[29] para
125 agregar otro hecho a aquel día y para llenar ese tiempo, Dahlmann resolvió comer en el almacén.

En una mesa comían y bebían ruidosamente unos muchachones, en los que Dahlmann, al principio, no se fijó. En el suelo, apoyado en el mostrador, se acu-rrucaba, inmóvil como una cosa, un hombre muy viejo. Los muchos años lo
130 habían reducido y pulido como las aguas a una piedra o las generaciones de los hombres a una sentencia. Era oscuro, chico y reseco, y estaba como fuera del tiempo, en una eternidad. Dahlmann registró con satisfacción la vincha,[30] pon-cho de bayeta,[31] el largo chiripá[32] y la bota de potro[33] y se dijo, rememorando inú-tiles discusiones con gente de los partidos del Norte o con entrerrianos,[34] que
135 gauchos de ésos ya no quedan más que en el Sur.

Dahlmann se acomodó junto a la ventana. La oscuridad fue quedándose con el campo, pero su olor y sus rumores aún le llegaban entre los barrotes de hie-rro. El patrón le trajo sardinas y después carne asada; Dahlmann las empujó con unos vasos de vino tinto. Ocioso, paladeaba el áspero sabor y dejaba errar la mi-
140 rada por el local, ya un poco soñolienta. La lámpara de kerosén pendía de uno de los tirantes; los parroquianos de la otra mesa eran tres: dos parecían peones de chacra,[35] otro, de rasgos achinados y torpes, bebía con el chambergo puesto. Dahlmann, de pronto, sintió un leve roce en la cara. Junto al vaso ordinario de vidrio turbio, sobre una de las rayas del mantel, había una bolita de miga. Eso era
145 todo, pero alguien se la había tirado.

Los de la otra mesa parecían ajenos a él. Dahlmann, perplejo, decidió que nada había ocurrido y abrió el volumen de *Las mil y una noches*, como para tapar la realidad. Otra bolita lo alcanzó a los pocos minutos, y esta vez los peones se rieron. Dahlmann se dijo que no estaba asustado, pero que sería un disparate que
150 él, un convaleciente, se dejara arrastrar por desconocidos a una pelea confusa.

---

[26] De color rojo brillante.
[27] Novela de Bernardin de Saint-Pierre, autor francés del siglo XVIII.
[28] Poste para sujetar animales.
[29] Carruaje ligero y descubierto.
[30] Faja angosta o cinta de tela para sujetar el cabello.
[31] Tela de lana, floja y poco tupida.
[32] Prenda de vestir del gaucho. Manta con la punta de atrás pasada entre las piernas y sujeta por delante en el cinturón.

[33] Nombre que se da al caballo desde que nace hasta que muda los dientes de leche.
[34] De la provincia de Entre Ríos.
[35] Finca rural cerca de un pueblo, destinada al cultivo de cereales, a la cría de aves de corral y de ganado porcino.

Resolvió salir; ya estaba de pie cuando el patrón se le acercó y lo exhortó con voz alarmada:

—Señor Dahlmann, no les haga caso a esos mozos, que están medio alegres.

Dahlmann no se extrañó de que el otro, ahora, lo conociera, pero sintió que estas palabras conciliadoras agravaban, de hecho, la situación. Antes, la provocación de los peones era a una cara accidental, casi a nadie; ahora iba contra él y contra su nombre y lo sabrían los vecinos. Dahlmann hizo a un lado al patrón, se enfrentó con los peones y les preguntó qué andaban buscando.

El compadrito de la cara achinada se paró, tambaleándose. A un paso de Juan Dahlmann, lo injurió a gritos, como si estuviera muy lejos. Jugaba a exagerar su borrachera y esa exageración era una ferocidad y una burla. Entre malas palabras y obscenidades, tiró al aire un largo cuchillo, lo siguió con los ojos, lo barajó, e invitó a Dahlmann a pelear. El patrón objetó con trémula voz que Dahlmann estaba desarmado.

En ese punto, algo imprevisible ocurrió. Desde un rincón, el viejo gaucho extático, en el que Dahlmann vio una cifra del Sur (del Sur que era suyo), le tiró una daga desnuda que vino a caer a sus pies. Era como si el Sur hubiera resuelto que Dahlmann aceptara el duelo. Dahlmann se inclinó a recoger la daga y sintió dos cosas. La primera, que ese acto casi instintivo lo comprometía a pelear. La segunda, que el arma, en su mano torpe, no serviría para defenderlo, sino para justificar que lo mataran. Alguna vez había jugado con un puñal, como todos los hombres, pero su esgrima no pasaba de una noción de que los golpes deben ir hacia arriba y con el filo para adentro. No hubieran permitido en el sanatorio que me pasaran estas cosas, pensó.—Vamos saliendo—dijo el otro.

Salieron, y si en Dahlmann no había esperanza, tampoco había temor. Sintió, al atravesar el umbral, que morir en una pelea a cuchillo, a cielo abierto y acometiendo, hubiera sido una liberación para él, una felicidad y una fiesta, en la primera noche del sanatorio, cuando le clavaron la aguja. Sintió que si él, entonces, hubiera podido elegir o soñar su muerte, ésta es la muerte que hubiera elegido o soñado. Dahlmann empuña con firmeza el cuchillo, que acaso no sabrá manejar, y sale a la llanura.

## ■ Preguntas generales

1. ¿Cuál fue la participación de Borges en el movimiento vanguardista?
2. ¿Qué temas predominan en su obra poética?
3. ¿Cuál es la posición de Borges acerca de la filosofía, la teología y otros sistemas de pensamiento? ¿Qué papel tiene el mundo de las ideas en sus textos?
4. ¿En qué aspectos de su obra se aparta Borges del realismo literario e inicia una nueva forma de narrar en idioma español?
5. ¿Qué cualidades de la obra de Borges le han conquistado un puesto permanente en la literatura universal?

## ■ Preguntas de análisis

1. ¿Cuál es la actitud de Borges frente al pasado histórico en su poema "Fundación mítica de Buenos Aires"?

2. ¿Cuáles son los dos aspectos de la persona que se enfrentan en "Borges y yo"?
3. ¿Qué significa el Sur para el protagonista del cuento que lleva este título?
4. ¿Cómo introduce Borges al lector en la realidad y la lógica de los sueños?
5. ¿De qué modo el desenlace es revelado indirectamente mediante formas lingüísticas? ¿Cree Ud. que el texto permite dos interpretaciones distintas?

## ■ Temas para informes escritos

1. La influencia de Borges sobre los novelistas hispanoamericanos de la generación siguiente.
2. La contribución de Borges a la teoría y la crítica literarias de nuestro tiempo.
3. Los temas argentinos de Borges.
4. Análisis de algunos recursos borgeanos como la ironía, las citas y bibliografías apócrifas y el suspenso.
5. El contexto histórico de la obra de Borges.

## ■ Temas de reflexión y comentario

1. Las imágenes, símbolos y alegorías en la obra de Borges.
2. Las ideas de Borges sobre los límites del lenguaje para representar el mundo.
3. Las técnicas narrativas del autor de *Ficciones*.
4. La violencia, el coraje y la traición en los cuentos de Borges.
5. Las muertes de los personajes en la obra narrativa de Borges.

# MIGUEL ANGEL ASTURIAS

1899, Ciudad de Guatemala,
Guatemala—1974, Madrid, España

*Reproduced with permission of the General Sec-
retariat of the Organization of American States*

Estudioso e intérprete de los mitos y las leyendas de su tierra, a la vez que novelista comprometido en las luchas político-sociales del mundo hispánico, Miguel
Angel Asturias (Premio Nobel, 1967) es el escritor centroamericano que más reconocimiento internacional ha recibido. Nacido en la Ciudad de Guatemala, las dificultades de su padre con el dictador Estrada Cabrera hicieron que pasara cuatro
años de su infancia (1904–8) en Salam, una ciudad de provincia. Desde allí visitó a
menudo la estancia de su abuelo materno, donde tuvo el primer contacto con los ritos y creencias indígenas que luego evocaría en obras como *Leyendas de Guatemala*
(1930), *Hombres de maíz* (1949) y *El espejo de Lida Sal* (1967). De regreso a la capital,
completó los estudios primarios y secundarios, cursó Leyes y obtuvo el título de Licenciado en Derecho con una tesis, "El problema social del indio", luego premiada
y publicada (1922). Nunca ejerció, sin embargo, la profesión de abogado.

Durante sus años de estudiante, Asturias escribió poemas vanguardistas, inspirados principalmente en el futurismo de Marinetti; colaboró en periódicos y revistas; militó en el movimiento estudiantil reformista y estuvo entre los fundadores
y maestros de la Universidad Popular de Guatemala, institución dedicada a la educación de los obreros. De visita en México en 1921, conoció al escritor español
Ramón del Valle Inclán, quien publicó más tarde *Tirano Banderas* (1926), novela que

tuvo mucha influencia sobre Asturias. Esta obra fue el antecedente inmediato de *El señor presidente* (1946), libro con el que el escritor guatemalteco inició el ciclo de la "novela de los dictadores" en la literatura hispanoamericana.

Desde 1925, el escritor guatemalteco se dedicó a estudiar seriamente la cultura maya en la Escuela de Altos Estudios de París, bajo la dirección del especialista francés Georges Raynaud. En colaboración con el historiógrafo mexicano José María González de Mendoza, y sobre la base de las versiones francesas de Raynaud, tradujo al español el Popol Vuh (1927) y *Anales de los Xahil* (1928). Los textos mayas estudiados por él en esos años fueron asimilados en la composición de las *Leyendas de Guatemala,* y entraron a formar parte de su caudal expresivo en obras posteriores. Sin descuidar sus estudios de las culturas precolombinas, Asturias continuó escribiendo poesía, y ensayó las nuevas técnicas de la escritura automática y onírica con las que experimentaban los grupos vanguardistas. Fue amigo de André Breton, el ideólogo del surrealismo, y de otros escritores y artistas del mismo grupo. De ellos adoptó los postulados irracionalistas y la transmutación de la realidad tangible en otra, creada por la fantasía. El surrealismo de sus libros corresponde, según él dijo, a la mentalidad mágica y primitiva del indígena, quien vive entre lo real y lo soñado, imaginado o inventado. El elemento onírico en *El alhajadito,* obra comenzada en 1928, y la experimentación con el lenguaje en su novela consagratoria, *El señor presidente,* trabajada a lo largo de dos décadas, son algunas de las formas asumidas por las técnicas surrealistas en su obra.

Asturias vivió en Guatemala desde 1933 hasta 1945. En los años siguientes tuvo que exilarse debido a las circunstancias políticas de su patria y pasó largas temporadas en México, Buenos Aires y París. La temática social, presente en toda su obra, lo absorbió por completo al escribir sus novelas de protesta contra los abusos de las compañías bananeras en Guatemala: *Viento fuerte* (1949), *El papa verde* (1954) y *Los ojos de los enterrados* (1960). Del mismo carácter es *Weekend en Guatemala* (1956), una colección de cuentos acerca de la caída del Presidente Arbenz provocada mediante la intervención de los Estados Unidos en 1954. Las novelas de la trilogía bananera, cuyo mayor mérito se encuentra en su sentido de solidaridad humana y en la denuncia de la explotación y la injusticia, no corresponden sin embargo al nivel artístico más alto de la producción del autor representado por *El señor presidente y Hombres de maíz.* Posteriormente Asturias volvió a los temas mitológicos y a la fantasía con obras como *Mulata de tal* (1963) y *El espejo de Lida Sal. Maladrón* (1969) es una novela que evoca el espíritu y los modos de expresión del *Popol Vuh,* al mismo tiempo que describe el nacimiento de la raza mestiza después de la Conquista, tema que sólo había presentado parcialmente en *Leyendas de Guatemala.*

En "Leyenda de la Tatuana" se entrelazan las tradiciones mayas y europeas en un mundo que oscila entre la realidad y el sueño. El relato se sitúa en una Guatemala dominada por las instituciones coloniales. Al mismo tiempo tiene, sin embargo, características de un cuento de hadas, pues hay encantamientos, maldiciones, fantasías y un objeto maravilloso, el barquito tatuado en el brazo de la esclava.

## ■ Bibliografía mínima

Arango, Miguel Antonio. "El surrealismo, elemento estructural en *Leyendas de Guatemala* y en *El señor presidente* de Miguel Angel Asturias". *Thesaurus: Boletín del Instituto Caro y Cuervo* 45.2 (1990): 472–81.

Asturias, Miguel Angel. *Tres Obras. Leyendas de Guatemala. El alhajadito. El señor presidente*. Pról. Arturo Uslar Pietri; notas, cronología Giuseppe Bellini. Caracas: Biblioteca Ayacucho, 1993.

Franco, Jean. "Miguel Angel Asturias". *Latin American Writers*. Eds. Carlos A. Solé y Maria Isabel Abreu. Vol. 2. New York: Scribner's, 1989. 865–73.

Henighan, Stephen. "El indígena y el alma nacional en *El problema social* de Asturias: Fuentes de una investigación". *Hispamérica: Revista de Literatura* 27.80–81 (1998): 207–15.

Hurtado Heras, Saúl. "Los poderes de la seducción: La interpretación del poder en el discurso ideológico y literario de Miguel Ángel Asturias". *Cuadernos Americanos* 14.5 (2000): 261–69.

Minonis, Juan José. "Discurso mítico en *Leyendas de Guatemala*". *Escritura: Revista de Teoría y Crítica Literarias* enero–diciembre, 1988: 25–46.

Prieto, René. "Las *Leyendas de Guatemala* de Miguel Angel Asturias". *El cuento hispanoamericano ante la crítica*. Ed. Enrique Pupo-Walker. Madrid: Castalia, 1995. 235–60.

# Leyendas de Guatemala (1930)

## LEYENDA DE LA TATUANA*[1]

*Ronda por Casa-Mata la Tatuana...*

El MAESTRO Almendro tiene la barba rosada, fue uno de los sacerdotes que los hombres blancos tocaron creyéndoles de oro, tanta riqueza vestían, y sabe el secreto de las plantas que lo curan todo, el vocabulario de la obsidiana—piedra que habla—y leer los jeroglíficos de las constelaciones.

5      Es el árbol que amaneció un día en el bosque donde está plantado, sin que ninguno lo sembrara, como si lo hubieran llevado los fantasmas. El árbol que anda...[2] El árbol que cuenta los años de cuatrocientos días por las lunas que ha visto, que ha visto muchas lunas, como todos los árboles, y que vino ya viejo del Lugar de la Abundancia.

10     Al llenar la luna del Búho-Pescador (nombre de uno de los veinte meses del año de cuatrocientos días), el Maestro Almendro repartió el alma entre los caminos. Cuatro eran los caminos y se marcharon por opuestas direcciones hacia las cuatro extremidades del cielo. La negra extremidad: Noche sortílega. La verde extremidad: Tormenta primaveral. La roja extremidad: Guacamayo o éxtasis de

15    trópico. La blanca extremidad: Promesa de tierras nuevas. Cuatro eran los caminos.

—¡Caminín! Caminito!...—dijo al Camino Blanco una paloma blanca, pero el Caminito Blanco no la oyó. Quería que le diera el alma del Maestro, que cura de sueños. Las palomas y los niños padecen de ese mal.

---

*Las notas 1–3 reproducen parcialmente las proporcionadas por el autor.

[1] O, como debe haber sido primitivamente, de la Tatuada, por tratarse de un tatuaje que tiene la virtud mágica de hacer invisible a la persona.

[2] En el *Popol Vuh*, libro sagrado de los mayas, se habla de árboles que andan ("y crecen de tal modo que no se puede descender de ellos, algunos hasta transportan así al cielo a quienes llegan a su cima"). El maestro Almendro es un "árbol que anda".

20 —¡Caminín! Caminito!—dijo al Camino Rojo un corazón rojo; pero el Camino Rojo no lo oyó. Quería distraerlo para que olvidara el alma del Maestro. Los corazones, como los ladrones, no devuelven las cosas olvidadas.

—¡Caminín! Caminito!... dijo al Camino Verde un emparrado verde, pero el Camino Verde no lo oyó. Quería que con el alma del Maestro le desquitase algo 25 de su deuda de hojas y de sombra.

¿Cuántas lunas pasaron andando los caminos?

El más veloz, el Camino Negro,[3] el camino al que ninguno habló en el camino, se detuvo en la ciudad, atravesó la plaza y en el barrio de los mercaderes, por un ratito de descanso, dio el alma del Maestro al Mercader de Joyas sin 30 precio.

Era la hora de los gatos blancos. Iban de un lado a otro. ¡Admiración de los rosales! Las nubes parecían ropas en los tendederos del cielo.

Al saber el Maestro lo que el Camino Negro había hecho, tomó naturaleza humana nuevamente, desnudándose de la forma vegetal en un riachuelo que 35 nacía bajo la luna ruboroso como una flor de almendro, y encaminóse a la ciudad.

Llegó al valle después de una jornada, en el primer dibujo de la tarde, a la hora en que volvían los rebaños, conversando a los pastores, que contestaban monosilábicamente a sus preguntas, extrañados, como ante una aparición, de su túnica verde y su barba rosada.

40 En la ciudad se dirigió a Poniente. Hombres y mujeres rodeaban las pilas públicas. El agua sonaba a besos al ir llenando los cántaros. Y guiado por las sombras, en el barrio de los mercaderes encontró la parte de su alma vendida por el Camino Negro al Mercader de Joyas sin precio. La guardaba en el fondo de una caja de cristal con cerradores de oro.

45 Sin perder tiempo se acercó al Mercader, que en un rincón fumaba, a ofrecerle por ella cien arrobas de perlas.

El Mercader sonrió de la locura del Maestro. ¿Cien arrobas de perlas? ¡No, sus joyas no tenían precio!

El Maestro aumentó la oferta. Los mercaderes se niegan hasta llenar su 50 tanto. Le daría esmeraldas, grandes como maíces, de cien en cien almudes,[4] hasta formar un lago de esmeraldas.

El Mercader sonrió de la locura del Maestro. ¿Un lago de esmeraldas? ¡No, sus joyas no tenían precio!

Le daría amuletos, ojos de namik[5] para llamar el agua, plumas contra la 55 tempestad, mariguana para su tabaco...

El Mercader se negó.

¡Le daría piedras preciosas para construir, a medio lago de esmeraldas, un palacio de cuento!

---

[3] Antes de llegar a Xibalbá, lugar de la muerte, se cruzaban cuatro caminos: el camino rojo, el camino verde, el camino blanco y el camino negro; este último era, en efecto, Xibalbá, el cual halagaba el orgullo de los viajeros para atraérselos, diciéndoles que era el camino del rey, el camino del jefe.

[4] Medida antigua de capacidad para áridos, aún en uso en muchas regiones de España e Hispanoamérica, con variadísimas equivalencias, La equivalencia más general es la de 5 litros.
[5] Venado.

El Mercader se negó. Sus joyas no tenían precio, y, además ¿a qué seguir
60  hablando?—ese pedacito de alma lo quería para cambiarlo, en un mercado de esclavas, por la esclava más bella.

Y todo fue inútil, inútil que el Maestro ofreciera y dijera, tanto como lo dijo,
su deseo de recobrar el alma. Los mercaderes no tienen corazón.

Una hebra de humo de tabaco separaba la realidad del sueño, los gatos ne-
65  gros de los gatos blancos y al Mercader del extraño comprador, que al salir
sacudió sus sandalias en el quicio de la puerta. El polvo tiene maldición.

Después de un año de cuatrocientos días—sigue la leyenda—cruzaba los
caminos de la cordillera el Mercader. Volvía de países lejanos, acompañado de la
esclava comprada con el alma del Maestro, del pájaro en flor, cuyo pico trocaba
70  en jacintos las gotitas de miel, y de un séquito de treinta servidores montados.

—¡No sabes—decía el Mercader a la esclava, arrendando su caballería—
cómo vas a vivir en la ciudad! ¡Tu casa será un palacio y a tus órdenes estarán todos mis criados, yo el último, si así lo mandas tú!

—Allá—continuaba con la cara a mitad bañada por el sol—todo será tuyo.
75  ¡Eres una joya, y yo soy el Mercader de Joyas sin precio! ¡Vales un pedacito de
alma que no cambié por un lago de esmeraldas!... En una hamaca juntos veremos
caer el sol y levantarse el día, sin hacer nada, oyendo los cuentos de una vieja
mañosa que sabe mi destino. Mi destino, dice, está en los dedos de una mano gigante, y sabrá el tuyo, si así lo pides tú.

80  La esclava se volvía al paisaje de colores diluidos en azules que la distancia
iba diluyendo a la vez. Los árboles tejían a los lados del camino una caprichosa
decoración de güipil.[6] Las aves daban la impresión de volar dormidas, sin alas,
en la tranquilidad del cielo, y en el silencio de granito, el jadeo de las bestias,
cuesta arriba, cobraba acento humano.

85  La esclava iba desnuda. Sobre sus senos, hasta sus piernas, rodaba su cabellera negra envuelta en un solo manojo, como una serpiente. El Mercader iba
vestido de oro, abrigadas las espaldas con una manta de lana de chivo. Palúdico
y enamorado, al frío de su enfermedad se unía el temblor de su corazón. Y los
treinta servidores montados llegaban a la retina como las figuras de un sueño.

90  Repentinamente, aislados goterones rociaron el camino, percibiéndose muy
lejos, en los abajaderos,[7] el grito de los pastores que recogían los ganados,
temerosos de la tempestad. Las cabalgaduras apuraron el paso para ganar un
refugio, pero no tuvieron tiempo: tras los goterones, el viento azotó las nubes,
violentando selvas hasta llegar al valle, que a la carrera se echaba encima las
95  mantas mojadas de la bruma, y los primeros relámpagos iluminaron el paisaje,
como los fogonazos de un fotógrafo loco que tomase instantáneas de tormenta.

Entre las caballerías que huían como asombros, rotas las riendas, ágiles las
piernas, grifa[8] la crin al viento y las orejas vueltas hacia atrás, un tropezón del caballo hizo rodar al Mercader al pie de un árbol, que, fulminado por el rayo en ese
100  instante, le tomó con las raíces como una mano que recoge una piedra, y le arrojó
al abismo.

---

[6] Huipil o Güipil: camisa sin mangas usada por
las indias, hecha de tela tosca con bordados en
vivos colores.

[7] Cuestas, terrenos en declive.
[8] En estado de desorden, revuelta.

En tanto, el Maestro Almendro, que se había quedado en la ciudad perdido, deambulaba como loco por las calles, asustando a los niños, recogiendo basuras y dirigiéndose de palabra a los asnos, a los bueyes y a los perros sin dueño, que
105 para él formaban con el hombre la colección de bestias de mirada triste.

—¿Cuántas lunas pasaron andando los caminos?... —preguntaba de puerta en puerta a las gentes, que cerraban sin responderle, extrañadas, como ante una aparición, de su túnica verde y su barba rosada.

Y pasado mucho tiempo, interrogando a todos, se detuvo en la puerta del
110 Mercader de Joyas sin precio a preguntar a la esclava, única sobreviviente de aquella tempestad:

—¿Cuántas lunas pasaron andando los caminos?...

El sol, que iba sacando la cabeza de la camisa blanca del día, borraba en la puerta, claveteada de oro y plata, la espalda del Maestro, y la cara morena de la
115 que era un pedacito de su alma, joya que no compró con un lago de esmeraldas.

—¿Cuántas lunas pasaron andando los caminos?...

Entre los labios de la esclava se acurrucó la respuesta y endureció como sus dientes. El Maestro callaba con insistencia de piedra misteriosa. Llenaba la luna del Búho-Pescador. En silencio se lavaron la cara con los ojos, al mismo tiempo,
120 como dos amantes que han estado ausentes y se encuentran de pronto.

La escena fue turbada por ruidos insolentes. Venían a prenderles en nombre de Dios y el Rey, por brujo a él, y por endemoniada a ella. Entre cruces y espadas bajaron a la cárcel, el Maestro con la barba rosada y la túnica verde, y la esclava luciendo las carnes que de tan firmes parecían de oro.

125 Siete meses después, se les condenó a morir quemados en la Plaza Mayor. La víspera de la ejecución, el Maestro acercóse a la esclava y con la uña le tatuó un barquito en el brazo, diciéndola:

—Por virtud de este tatuaje, Tatuana, vas a huir siempre que te halles en peligro, como vas a huir hoy. Mi voluntad es que seas libre como mi pen-
130 samiento; traza este barquito en el muro, en el suelo, en el aire, donde quieras, cierra los ojos, entra en él y vete...

¡Vete, pues mi pensamiento es más fuerte que ídolo de barro amasado con cebollín!

¡Pues mi pensamiento es más dulce que la miel de las abejas que liban la
135 flor del suquinay![9]

¡Pues mi pensamiento es el que se torna invisible!

Sin perder un segundo la Tatuana hizo lo que el Maestro dijo: trazó el barquito, cerró los ojos entrando en él—el barquito se puso en movimiento—, escapó de la prisión y de la muerte.
140 Y a la mañana siguiente, la mañana de la ejecución, los alguaciles encontraron en la cárcel un árbol seco que tenía entre las ramas dos o tres florecitas de almendro, rosadas todavía.

---

[9] Arbusto tropical de flores muy aromáticas. En *La recordación de la Florida*, libro sobre la historia de Guatemala terminado en 1695, y publicado en Madrid en 1882, Francisco Antonio de Fuentes y Guzmán (1643–c.1700) comenta que las abejas que liban las flores del suquinay dan una miel dulcísima.

## ■ Preguntas generales

1. ¿Cómo se familiarizó Asturias con los ritos y las creencias indígenas?
2. ¿Qué relación estableció el escritor guatemalteco entre las ideas vanguardistas europeas y su propia percepción del mundo indígena?
3. ¿Cómo contribuyó Asturias al conocimiento de los textos mayas?
4. Además de ser *El señor Presidente,* una novela centrada en la figura paradigmática del dictador, ¿qué otro interés literario tiene esta obra?
5. ¿En qué novelas predomina la preocupación de Asturias por las luchas político-sociales de su país?

## ■ Preguntas de análisis

1. ¿De qué modo se sirve Asturias de elementos mitológicos e históricos para escribir su leyenda?
2. ¿Cómo caracterizaría Ud. el lenguaje de "Leyenda de la Tatuana"?
3. ¿Ve Ud. en los personajes una dimensión universal?
4. ¿Podría Ud. analizar el uso de imágenes visuales y su posible simbolismo en la narración?
5. ¿A qué tradición pertenece esta leyenda como forma narrativa?

## ■ Temas para informes escritos

1. El mito y la realidad social en la obra de Asturias.
2. La influencia del surrealismo en *Leyendas de Guatemala.*
3. Asturias, un estudioso de la cultura maya.
4. La representación literaria de una experiencia histórica en *El señor Presidente.*
5. La calidad pictórica y el ritmo poético de la prosa de Asturias.

## ■ Temas de reflexión y comentario

1. La experiencia europea de Asturias.
2. Asturias y el subgénero de las "novelas de dictadores".
3. La experimentación con el lenguaje narrativo en la obra de Asturias.
4. El tiempo histórico y el tiempo mítico en las novelas de Asturias.
5. El *Popol Vuh* como modelo de Asturias para la cosmovisión de su mundo indígena.

# NICOLAS GUILLEN

1902, Camagüey, Cuba—1989, La
Habana, Cuba

*Reproduced with permission of the General Secretariat of the Organization of American States*

Nicolás Guillén es el poeta cubano de mayor renombre internacional. Nació y terminó sus estudios secundarios en Camagüey, y de allí pasó a La Habana a estudiar derecho. Concluyó el primer año de esa carrera en la universidad, pero dificultades económicas lo obligaron a abandonar los estudios y a ejercer el periodismo. En La Habana (1930), Guillén conoció al escritor español Federico García Lorca, quien ejerció una decisiva influencia en su obra. En 1937, el poeta cubano viajó a México y después a España; allí asistió, con Pablo Neruda, César Vallejo y Octavio Paz, al Segundo Congreso Internacional de Escritores para la Defensa de la Cultura, con sesiones en Valencia, Madrid, Barcelona y París. Como Vallejo y Neruda, Guillén hizo suya la causa de la República española y, también como ellos, escribió una hermosa colección, *España (Poema en cuatro angustias y una esperanza)* (1937), donde recuerda a García Lorca, lamenta la lucha fratricida y expresa su fe en el triunfo de la causa republicana. Por esa misma época el poeta se afilió al partido comunista. Más tarde Guillén recorrió otras ciudades de Europa y de Asia, y visitó varias capitales hispanoamericanas. En 1953 fue expulsado de su patria por razones políticas y se estableció en París hasta 1959, cuando volvió a Cuba después del triunfo de la Revolución.

En la poesía de Nicolás Guillén se entrecruzan y nutren diversas vertientes. Entre las mayores figuran: 1) la negrista, influida por patrones de la lírica española y cubana así como por postulados vanguardistas; y 2) la social, ligada a su deseo de reivindicación de los afrohispanoamericanos y a su preocupación constante por los explotados del mundo. En *Motivos de son* (1930), el primer poemario de Guillén, ya aparecen ambas direcciones poéticas. Aquí el autor configuró literariamente a negros y mulatos habaneros, pobres habitantes de "solares" o casas de vecindad de la capital cubana. Guillén, como lo habían hecho antes escritores del Siglo de Oro español, y la poeta mexicana sor Juana Inés de la Cruz, empleó elementos rítmicos y onomatopéyicos y juegos verbales para imitar la manera de hablar del afrocubano, e imprimirle a su poesía gran musicalidad. La estructura de estos poemas está basada en el son cubano, mezcla de baile y canto con compás africano y letra del romance castellano. El son se originó en la provincia de Oriente y, según ha explicado el antropólogo cubano Fernando Ortiz, estuvo prohibido tocarlo en La Habana por identificarse como la música de la "gente de color". A pesar de tales restricciones, el son se impuso en la década de los treinta en toda la isla, y de allí pasó a ser aclamado en Nueva York y en otras cuidades. Desde un punto de vista técnico, Guillén es el creador de una nueva modalidad, el poema-son. Pero su aporte va más allá de este tipo de innovación.

Cuando Guillén recurrió a la estructura del son para inscribir temas y personajes, dejó atrás estereotipos literarios para buscar la auténtica voz del negro y el significado de su contribución a la cultura cubana y latinoamericana. Así, en el estribillo de muchos de sus poemas emplea vocablos de las lenguas africanas a veces con alteraciones; hasta hace muy poco esas palabras eran vistas como juegos verbales sin sentido. Este retorno lingüístico al origen africano nos lleva a la raíz misma de la identidad negra y al hondo proceso de transculturación forjador de lo cubano. Asimismo, el diálogo, la musicalidad, el humor, los vocablos exóticos, la referencia a rituales africanos, y el continuo vaivén evidentes en la obra de Guillén, contribuyeron a subvertir la tradicional imagen literaria del negro para conformar otra más auténtica.

Guillén profundizó la vertiente social en *Sóngoro cosongo: poemas mulatos* (1931) en cuyo prólogo exaltó el aporte africano a la cultura cubana y caracterizó a sus poemas de versos "mulatos". En *West Indies, Ltd.* (1934), escrito años después de la crisis económica de 1930, esta preocupación social se expresa en una vigorosa protesta contra la injusticia. "Balada de los dos abuelos", uno de los poemas de esta colección, reafirma el carácter mulato de la cultura cubana y antillana. *Cantos para soldados y sones para turistas* (1937) critica el militarismo y ridiculiza al turista que se divierte, indiferente a la miseria del pueblo. En "Un largo lagarto verde", la voz lírica expresa el deseo de cambio social.

Poemas de *La paloma de vuelo popular* (1958) y de anteriores colecciones muestran solidaridad con los oprimidos del mundo. Por ejemplo, en "Little Rock", Guillén recuerda un episodio de las luchas por las libertades cívicas de los afronorteamericanos en 1957. *Tengo* (1964) canta el triunfo de la Revolución Cubana. Otros poemarios como *El gran zoo* (1967), *La rueda dentada* (1972) y *El diario que a diario* (1972), continúan la línea de preocupación social y muestran además otras direcciones—la humorística, por ejemplo—en la obra del poeta nacional de Cuba. En 1975 publicó *Prosa de prisa*, y en 1982 aparecieron sus memorias, *Páginas vueltas*. Nicolás Guillén supo aprovechar y recombinar elementos populares y cultos, africanos y españoles, para lograr una obra cuya esencia remite al proceso de transculturación, fundador de la cultura hispanoamericana.

### ■ Bibliografía mínima

Carballo, Robert. "Place and Otherness: The Consolidation of a National Identity in the Poetry of Nicolás Guillén". *Revista/Review Interamericana* 26.1–4 (1996): 109–15.

Dahl, Anthony G. "Resolving the Question of Identity: Nicolás Guillén's 'La balada de los dos abuelos' ". *Afro-Hispanic Review* 14.1 (1995): 10–17.

Ellis, Keith. "Images of Black People in the Poetry of Nicolás Guillén". *Afro-Hispanic Review* 7.1–3(1988): 19–22.

Guillén, Nicolás. *Grandes elegías y otros poemas.* Ed., prólogo, notas y cronología de Angel Augier. Caracas: Biblioteca Ayacucho, 1985.

Kutzinski, Vera M. "Nicolás Guillén". *Latin American Writers.* Eds. Carlos A. Solé y Maria Isabel Abreu. Vol. 2. New York: Scribner's, 1989. 947–55.

Miller, Marilyn. "(Gypsy) Rhythm and (Cuban) Blues: The Neo-American Dream in Guillén and Hughes". *Comparative Literature* 51.4 (1999): 324–44.

*Nicolás Guillén: A Special Issue. Callaloo* 31 (1987).

Williams, Lorna V. *Self and Society in the Poetry of Nicolás Guillén.* Baltimore: Johns Hopkins UP, 1982.

# Motivos de son (1930)

## BUCATE PLATA[1]

Búcate plata,
búcate plata,
porque no doy un paso má:
etoy a arró con galleta[2]
5  na má.

Yo bien sé cómo etá to[3]
pero viejo, hay que comer:
búcate plata,
búcate plata,
10  porque me voy a correr.

Depué dirán que soy mala,
y no me querrán tratar,
pero amor con hambre, viejo,
¡qué va!
15  Con tanto zapato nuevo,
¡qué va!

---

[1] El poeta intenta reproducir la manera de hablar afrocubana omitiendo ciertas letras (s, z) y sílabas finales (nada = na; todo = to).

[2] La situación del hablante poético es tan precaria que se alimenta únicamente de arroz y galletas.

[3] El hablante poético está consciente de la difícil situación económica.

Con tanto reló, compadre,
¡qué va!
Con tanto lujo, mi negro,
20 ¡qué va!

# Sóngoro cosongo (1931)

## VELORIO DE PAPA MONTERO[4]

Quemaste la madrugada
con fuego de tu guitarra:
zumo de caña en la jícara[5]
de tu carne prieta y viva
5 bajo luna muerta y blanca.

El son te salió redondo[6]
y mulato, como un níspero.[7]
Bebedor de trago largo,
garguero de hoja de lata,[8]
10 en mar de ron barco suelto,
jinete de la cumbancha:[9]
¿Qué vas a hacer con la noche,
si ya no podrás tomártela,
ni qué vena te dará
15 la sangre que te hace falta,
si se te fue por el caño[10]
negro de la puñalada?

¡Ahora sí que te rompieron,[11]
Papá Montero!

20 En el solar[12] te esperaban,
pero te trajeron muerto:
fue bronca de jaladera,[13]
pero te trajeron muerto;
dicen que él era tu ecobio,[14]

25 pero te trajeron muerto;
el hierro no apareció,
pero te trajeron muerto.

Ya se acabó Baldomero:
¡zumba,[15] canalla y rumbero!

30 Sólo dos velas están
quemando un poco de sombra;
para tu pequeña muerte
con esas dos velas sobra.
Y aún te alumbran, más que velas,
35 la camisa colorada
que iluminó tus canciones,
la prieta[16] sal de tus sones
y tu melena planchada.[17]

¡Ahora sí que te rompieron,
40 Papá Montero!

Hoy amaneció la luna
en el patio de mi casa;
de filo cayó en la tierra
y allí se quedó clavada.
45 Los muchachos la cogieron
para lavarle la cara,
y yo la traje esta noche
y te la puse de almohada.

---

[4] Como ha especificado Angel Augier, este poema está basado en un son, "Papá Montero", del compositor cubano Eliseo Grenet. El son y el poema resaltan la vida alegre del personaje a quien al morir se le despide de la forma alegre en que vivió. Los versos son octosílabos con rima asonante en a-a, e-o y o-a.
[5] Recipiente hecho de la corteza del fruto de la güira. El cuerpo de Papá Montero es como una jícara.
[6] Perfecto.
[7] Fruta tropical.

[8] Tenía resistencia para tomar los licores más fuertes.
[9] Fiesta, movida.
[10] Herida.
[11] Mataron.
[12] Casa de vecindad muy pobre.
[13] Borrachera.
[14] Buen amigo.
[15] Interjección que significa "arriba", dale.
[16] Oscura.
[17] Alisada.

# West Indies, Ltd. (1934)

## SENSEMAYA[18]

### CANTO PARA MATAR A UNA CULEBRA

¡Mayombre—bombe—mayombé![19]
¡Mayombe—bombe—mayombé!
¡Mayombe—bombe—mayombé!

La culebra tiene los ojos de vidrio;
5  la culebra viene, y se enreda en un palo;
con sus ojos de vidrio en un palo,
con sus ojos de vidrio.
La culebra camina sin patas;
la culebra se esconde en la yerba;
10  caminando se esconde en la yerba,
caminando sin patas.

¡Mayombe—bombe—mayombé!
¡Mayombe—bombe—mayombé!
¡Mayombe—bombe—mayombé!

15  Tú le das con el hacha y se muere:
¡dale ya!
¡No le des con el pie, que te muerde,
no le des con el pie, que se va!

Sensemayá, la culebra,
20  sensemayá.
Sensemayá, con sus ojos,
sensemayá.
Sensemayá, con su lengua,
sensemayá.
25  Sensemayá, con su boca,
sensemayá.

La culebra muerta no puede comer,
la culebra muerta no puede silbar,
no puede caminar,
30  no puede correr!
La culebra muerta no puede mirar;
la culebra muerta no puede beber,
no puede respirar,
no puede morder.

---

[18] Sensemayá, diosa representada por una serpiente en una de las religiones afrocubanas.

[19] De la secta mayombé del sistema yomba, culto yomba o lucumí que adoraba a varios dioses africanos y al espíritu de los muertos. En Cuba evolucionó hacia la santería.

35       ¡Mayombe—bombe—mayombé!
*Sensemayá, la culebra...*
¡Mayombe—bombe—mayombé!
*Sensemayá, no se mueve...*

      ¡Mayombe—bombe—mayombé!
40 *Sensemayá, la culebra...*
¡Mayombe—bombe—mayombé!
*Sensemayá, se murió.*

### BALADA DE LOS DOS ABUELOS[20]

    Sombras que sólo yo veo,
me escoltan mis dos abuelos.

    Lanza con punta de hueso,
tambor de cuero y madera:
5 mi abuelo negro.
Gorguera[21] en el cuello ancho,
gris armadura guerrera:
mi abuelo blanco.

    Pie desnudo, torso pétreo[22]
10 los de mi negro;
pupilas de vidrio antártico[23]
las de mi blanco.

    Africa de selvas húmedas
y de gordos gongos[24] sordos...
15 —¡Me muero!
(Dice mi abuelo negro.)
Aguaprieta de caimanes,
verdes mañanas de cocos...
—¡Me canso!
20 (Dice mi abuelo blanco.)
Oh velas de amargo viento,
galeón ardiendo en oro...
—¡Me muero!
(Dice mi abuelo negro.)
25 ¡Oh costas de cuello virgen
engañadas de abalorios[25]...!
—¡Me canso!
(Dice mi abuelo blanco.)
¡Oh puro sol repujado,[26]

---

[20] Versos con rima asonante.
[21] Pieza de la armadura antigua que se ajustaba en el cuello para protegerlo.
[22] Fuerte como de piedra.
[23] Duras y blancas.

[24] Instrumento de percusión.
[25] Adornos formados con cuentas de vidrio agujereadas.
[26] Por su resplandor, el sol parece ser de oro y estar labrado de relieve a martillo.

30 preso en el aro del trópico;
oh luna redonda y limpia
sobre el sueño de los monos!

¡Qué de barcos, qué de barcos!
¡Qué de negros, qué de negros!
35 ¡Qué largo fulgor[27] de cañas!
¡Qué látigo el del negrero!
Piedra de llanto y de sangre,
venas y ojos entreabiertos,
y madrugadas vacías,
40 y atardeceres de ingenio,
y una gran voz, fuerte voz,
despedazando el silencio.
¡Qué de barcos, qué de barcos,
qué de negros!

45 Sombras que sólo yo veo,
me escoltan[28] mis dos abuelos.

Don Federico me grita
y Taita Facundo calla;
los dos en la noche sueñan,
50 y andan, andan.
Yo los junto.

—¡Federico!
¡Facundo! Los dos se abrazan.
Los dos suspiran. Los dos
55 las fuertes cabezas alzan;
los dos del mismo tamaño,
bajo las estrellas altas;
los dos del mismo tamaño,
ansia negra y ansia blanca;
60 los dos del mismo tamaño,
gritan, sueñan, lloran, cantan.
Sueñan, lloran, cantan.
Lloran, cantan.
¡Cantan!

# La paloma de vuelo popular (1958)

## UN LARGO LAGARTO VERDE[29]

Por el Mar de las Antillas
(que también Caribe llaman)

---

[27] Brillo, resplandor.
[28] Acompañan.

[29] Romance octosílabo de rima asonante en los versos pares. El poema alude a la forma de lagarto o caimán que tiene la isla de Cuba en el mapa.

batida por olas duras
y ornada[30] de espumas blandas,
5  bajo el sol que la persigue
y el viento que la rechaza,
cantando a lágrima viva
navega Cuba en su mapa:
un largo lagarto verde,
10  con ojos de piedra y agua.

      Alta corona de azúcar
le tejen agudas cañas;
no por coronada libre,
sí de su corona esclava:
15  reina del manto hacia afuera,
del manto adentro, vasalla,
triste como la más triste
navega Cuba en su mapa:
un largo lagarto verde,
20  con ojos de piedra y agua.

      Junto a la orilla del mar,
tú que estás en fija guardia,
fíjate, guardián marino,
en la punta de las lanzas
25  y en el trueno de las olas
y en el grito de las llamas
y en el lagarto despierto
sacar las uñas del mapa:
un largo lagarto verde,
30  con ojos de piedra y agua.

## ■ Preguntas generales

1. ¿Cómo vincularía Ud. a Guillén con Vallejo y Neruda?
2. ¿Qué sabe Ud. de la historia del son cubano y cómo influye en la creación del "poema-son"?
3. ¿Cómo evolucionó la poesía de Guillén?
4. ¿Qué tradiciones influyeron en la obra del poeta cubano?
5. ¿Cómo aparece la cultura africana en la poesía de Guillén?

## ■ Preguntas de análisis

1. ¿Cómo vemos en "Búcate plata" el pintoresquismo negro?
2. ¿Quién es Papá Montero? Identifique las metáforas y explique cómo ayudan a caracterizar a Papá Montero. ¿Por qué es "pequeña" su muerte?

---

[30] Adornada.

3. ¿Cuáles son la función y el significado de vocablos como "sensemayá", "mayombé"? ¿Cómo profundiza Guillén el tema negro en "Sensemayá"?

4. ¿Qué tesis de Guillén sobre la nacionalidad cubana y antillana ejemplifica "Balada de los dos abuelos"? ¿Qué metáforas se emplean para caracterizar a los dos abuelos? Analice los tiempos verbales de esta composición y explique cómo contribuyen a equilibrar las acciones de cada abuelo.

5. ¿Qué metáforas se emplean para caracterizar a Cuba en "Un largo lagarto verde"? ¿Por qué es Cuba "reina del manto hacia fuera, / del manto adentro, vasalla"? ¿Consideraría Ud. esta composición poesía social? Explique su respuesta.

### ■ Temas para informes escritos

1. El son en la lírica de Nicolás Guillén.
2. Estudio temático de tres poemas de Nicolás Guillén, Palés Matos y Manuel del Cabral.
3. Actividad política y preocupación social en Guillén.
4. El humor en *El gran zoo.*
5. La cultura africana y su impacto en la obra de Guillén.

### ■ Temas de reflexión y comentario

1. La poesía ideológica de Nicolás Guillén: aciertos y desaciertos.
2. Nicomedes Santa Cruz y la poesía negrista en el Perú.
3. Vanguardismo y negrismo en el Caribe.
4. Negrismo, *négritude* y el "Harlem Renaissance".
5. Recursos musicales en el "Son número 6" de *El son entero.*

# ALEJO CARPENTIER

1904, Lausanne, Suiza–1980, París,
Francia*

Con vasta cultura y gran habilidad para la evocación de ambientes y de épocas, Carpentier utilizó sus conocimientos de historia, literatura, música y artes plásticas en la producción de sus obras. Educado en La Habana, de padre francés y madre de ascendencia rusa, dominaba el idioma paterno junto con el español, y pasó largos períodos de residencia en la capital francesa. Su íntimo conocimiento de Europa le permitió servir de mediador entre la cultura europea y la hispanoamericana, y al mismo tiempo, analizar los complejos vínculos que unen a ambos mundos. La búsqueda de la identidad americana, preocupación central de los vanguardistas, es una de las constantes en la obra de Carpentier.

El futuro escritor comenzó estudios de arquitectura que debió abandonar para ganarse la vida en el periodismo. En los años veinte se inició en las letras, participando en el movimiento afrocubano con otros jóvenes escritores y artistas opuestos al europeísmo de la generación anterior. Colaboró en la producción de ballets de tema negro y escribió poemas inspirados por los ritos afrocubanos. Después de haber estado en la cárcel en 1927 por su abierta oposición a la dictadura de Gerardo Machado, Carpentier se trasladó a París, donde permaneció once años (1928–39). Allí se vinculó con las figuras más sobresalientes del surrealismo, colaboró en revistas y periódicos y dirigió programas radiofónicos. Su primera novela comenzada en la cárcel, *¡Ecue-Yamba-O!* (¡Dios, loado seas!), fue publicada en Madrid (1933). En ella intentó —sin lograrlo, como él mismo lo admitió— representar desde adentro la cultura afrocubana. Durante esos años, Carpentier se consagró a leer todo lo que encontraba sobre Hispanoamérica, posesionado por el deseo de dar expresión al mundo americano.

Regresó a La Habana en 1939, pero sólo permaneció allí hasta 1945, fecha en que se trasladó a Caracas. Entre tanto había realizado un viaje a Haití (1943) y otro a México (1944), el primero de los cuales lo familiarizó con la historia de Haití y le proporcionó el material para su novela *El reino de este mundo* (1949). En el prólogo de ésta, el autor explicó su idea de lo "real maravilloso", esto es, su percepción del continente americano como un mundo donde los hechos extraordinarios, lo maravilloso y lo mágico son parte integrante de la realidad. De este período datan también *La música en Cuba* (1946) y los relatos (con la excepción de *El acoso*) que luego incluiría en *Guerra del tiempo* (1958): "Viaje a la semilla", "El camino de Santiago" y "Semejante a la noche". En este último la narración superpone distintos tiempos y sucesos históricos. El texto critica las relaciones de poder y explotación que, encubiertas por la retórica del honor, la religiosidad o el patriotismo, han originado las guerras a través de los siglos. Los relatos de *Guerra del tiempo* representan, dentro

---

* Con la reciente aparición del certificado de nacimiento de Alejo Carpentier en Lausanne, Suiza, se ha establecido que fue ésta, y no La Habana, su ciudad natal.

de la obra del autor, una breve etapa de experimentación en la técnica narrativa, durante la cual utilizó algunas formas propias del cuento fantástico.

Residente en Caracas, Carpentier viajó al interior de Venezuela (1947 y 1948); de esa experiencia surgió *Los pasos perdidos* (1953), novela de base autobiográfica y acción contemporánea al momento de su escritura donde se manifiesta una inquietud existencialista. En esta obra culmina, sin éxito, la búsqueda de un reencuentro del artista con una América primordial. Más adelante, en *El acoso* (1956), Carpentier se concentró en la historia política de Cuba; amplió este horizonte en *El siglo de las luces* (1962), novela histórica donde mostró las repercusiones de la Revolución Francesa en los países del Caribe y en el resto del mundo hispánico. Después del triunfo de la Revolución Cubana (1959), el novelista regresó a La Habana y ocupó puestos directivos en las nuevas instituciones culturales. Desde 1967 vivió en París, donde desempeñó funciones diplomáticas representando a su país en Francia. Sus novelas *El recurso del método* y *Concierto barroco* aparecieron en 1974, luego de una larga interrupción en su producción narrativa. La primera, cuyo título es una alusión paródica al *Discurso del método* de Descartes, presenta al dictador hispanoamericano como forma degradada del déspota ilustrado. *Concierto barroco* refleja, por otra parte, la idea central del autor de que la cultura hispanoamericana es necesariamente barroca. La novela muestra humorísticamente la mezcla indiscriminada de elementos culturales que América devuelve a Europa, subvirtiendo la cultura heredada de ella para crear nuevas formas expresivas.

Carpentier publicó hacia el final de su vida novelas representativas de sus mejores cualidades. *La consagración de la primavera* (1978) evoca medio siglo de contiendas y revoluciones, abarcando desde la Guerra Civil española y la Segunda Guerra mundial hasta la Revolución Cubana y la batalla de Playa Girón. *El arpa y la sombra* (1979), su última novela, ficcionaliza la biografía de Cristóbal Colón, presentando una imagen desmitificada del gran almirante. Como novelista, Carpentier se distinguió por su capacidad para recrear vastos escenarios históricos y hacer la crónica de los movimientos colectivos que han sacudido a la humanidad, todo ello desde la perspectiva histórica, cultural y política del continente americano. Los ensayos de *Tientos y diferencias* (1964) y *La novela latinoamericana en vísperas de un nuevo siglo* (1981), de publicación póstuma, confirmaron a Carpentier como uno de los estudiosos y pensadores más lúcidos de la cultura hispanoamericana.

## ■ Bibliografía mínima

González Echevarría, Roberto. *Alejo Carpentier, el peregrino en su patria*. México : Coordinación de Difusión Cultural, Dirección de Literatura, UNAM, 1993.

——. " 'Semejante a la noche' de Carpentier: historia y ficción". *El cuento hispanoamericano ante la crítica*. Ed. Enrique Pupo-Walker. Madrid: Castalia, 1995. 261–84.

Larsen, Neil. "*El siglo de las luces*: Modernism and Epic". *Modernism and Its Margins: Rescribing Cultural Modernity from Spain and Latin America*. Ed. e introducción de Anthony L Geist y José B. Monleón, epílogo de René Jara. New York: Garland, 1999. 260–75.

Leante, César. "Carpentier y la revolución". *Cuadernos Hispanoamericanos* 618 (2001): 125–29.

Lynd, Juliet. "The Problem of Representing the Latin American Other: Alejo Carpentier's *El reino de este mundo* and *Los pasos perdidos*". *Romance Languages Annual* 9 (1997): 593–99.

Márquez Rodríguez, Alexis. "Alejo Carpentier: teorías del barroco y de lo real maravilloso". *Nuevo Texto Crítico* 3.1 (1990): 95–121.

Martin, Claire Emilie. *Alejo Carpentier y las crónicas de Indias: Orígenes de una escritura americana.* Hanover, NH: Ediciones del Norte, 1995.

Müller-Bergh, Klaus. "Alejo Carpentier". *Latin American Writers.* Eds. Carlos A. Solé y Maria Isabel Abreu. Vol. 3. New York: Scribner's, 1989. 1019–31.

——. "Trayectoria vital e itinerario crítico de Alejo Carpentier". *Revista Iberoamericana* 57 (1991): 181–92.

Muñoz, Willy O. "Literatura e historia en 'Semejante a la noche' de Alejo Carpentier". *Siglo XX* 11.1–2 (1993): 181–92.

Unruh, Vicky. "The Performing Spectator in Alejo Carpentier's Fictional World". *Hispanic Review* 66.1 (1998): 57–77.

# Guerra del tiempo (1958)

## SEMEJANTE A LA NOCHE

*Y caminaba, semejante a la noche.*

*ILIADA.—Canto I.*

### I

El mar empezaba a verdecer entre los promontorios todavía en sombras, cuando la caracola[1] del vigía anunció las cincuenta naves negras que nos enviaba el Rey Agamemnón. Al oír la señal, los que esperaban desde hacía tantos días sobre las boñigas[2] de las eras, empezaron a bajar el trigo hacia la playa donde ya
5 preparábamos los rodillos[3] que servirían para subir las embarcaciones hasta las murallas de la fortaleza. Cuando las quillas[4] tocaron la arena, hubo algunas riñas con los timoneles, pues tanto se había dicho a los micenianos que carecíamos de toda inteligencia para las faenas marítimas, que trataron de alejarnos con sus pértigas.[5] Además, la playa se había llenado de niños que se metían entre las piernas
10 de los soldados, entorpecían las maniobras, y se trepaban a las bordas[6] para robar nueces de bajo los banquillos de los remeros. Las olas claras del alba se rompían entre gritos, insultos y agarradas a puñetazos, sin que los notables pudieran pronunciar sus palabras de bienvenida, en medio de la baraúnda.[7] Como yo había esperado algo más solemne, más festivo, de nuestro encuentro
15 con los que venían a buscarnos para la guerra, me retiré, algo decepcionado, ha-

---

[1] Caracol de forma cónica con el que se hace un instrumento musical que suena como una trompa.
[2] Lugares donde se limpian las mieses y las cosechas.
[3] Cilindros.

[4] Bases de los barcos que sostienen toda su estructura.
[5] Varas largas.
[6] Parte superior del costado de un barco.
[7] Alboroto, ruido y confusión grandes.

cia la higuera en cuya rama gruesa gustaba de montarme, apretando un poco las rodillas sobre la madera, porque tenía un no sé qué de flancos de mujer.

A medida que las naves eran sacadas del agua, al pie de las montañas que ya veían el sol, se iba atenuando en mí la mala impresión primera debida sin
20 duda al desvelo de la noche de espera, y también al haber bebido demasiado, el día anterior, con los jóvenes de tierras adentro, recién llegados a esta costa, que habrían de embarcar con nosotros, un poco después del próximo amanecer. Al observar las filas de cargadores de jarras, de odres[8] negros, de cestas, que ya se movían hacia las naves, crecía en mí, con un calor de orgullo, la conciencia de la
25 superioridad del guerrero. Aquel aceite, aquel vino resinado, aquel trigo sobre todo, con el cual se cocerían, bajo ceniza, las galletas de las noches en que dormiríamos al amparo de las proas mojadas, en el misterio de alguna ensenada desconocida, camino de la Magna Cita de Naves, aquellos granos que habían sido echados con ayuda de mi pala, eran cargados ahora para mí, sin que yo tu-
30 viese que fatigar estos largos músculos que tengo, estos brazos hechos al manejo de la pica[9] de fresno,[10] en tareas buenas para los que sólo sabían de oler la tierra; hombres, porque la miraban por sobre el sudor de sus bestias, aunque vivieran encorvados encima de ella, en el hábito de deshierbar y arrancar y rascar, como los que sobre la tierra pacían. Ellos nunca pasarían bajo aquellas nubes que siem-
35 pre ensombrecían, en esta hora, los verdes de las lejanas islas de donde traían el silfión[11] de acre perfume. Ellos nunca conocerían la ciudad de anchas calles de los troyanos, que ahora íbamos a cercar, atacar y asolar. Durante días y días nos habían hablado, los mensajeros del Rey de Micenas, de la insolencia de Príamo,[12] de la miseria que amenazaba a nuestro pueblo por la arrogancia de los súbditos,
40 que hacían mofa de nuestras viriles costumbres; trémulos de ira, supimos de los retos lanzados por los de Ilios[13] a nosotros, acaienos[14] de largas cabelleras, cuya valentía no es igualada por la de pueblo alguno. Y fueron clamores de furia, puños alzados, juramentos hechos con las palmas en alto, escudos arrojados a las paredes, cuando supimos del rapto de Elena de Esparta. A gritos nos contaban
45 los emisarios de su maravillosa belleza, de su porte y de su adorable andar, de-tallando las crueldades a que era sometida en su abyecto cautiverio, mientras los odres derramaban el vino en los cascos.[15] Aquella misma tarde, cuando la indig-nación bullía en el pueblo, se nos anunció el despacho de las cincuenta naves. El fuego se encendió entonces en las fundiciones de los bronceros, mientras las vie-
50 jas traían leña del monte. Y ahora, transcurridos los días, yo contemplaba las em-barcaciones alineadas a mis pies, con sus quillas potentes, sus mástiles al des-canso entre las bordas como la virilidad entre los muslos del varón, y me sentía un poco dueño de esas maderas que un portentoso ensamblaje, cuyas artes igno-raban los de acá, transformaba en corceles de corrientes, capaces de llevarnos a
55 donde desplegábase en acta de grandezas el máximo acontecimiento de todos los

---

[8] Vasijas de cuero para guardar vino o aceite.
[9] Herramienta.
[10] Arbol oleáceo de tronco grueso, cuya madera sirvió por siglos para hacer armas y herramien-tas.
[11] Hierba alta y vivaz.

[12] Ultimo rey de Troya; reinó durante el asedio a la ciudad y murió al ser ésta capturada.
[13] Ciudadanos de Troya, conocida también por Ilión.
[14] Héroes míticos del Atica.
[15] Toneles, barriles.

tiempos. Y me tocaría a mí, hijo de talabartero,[16] nieto de un castrador de toros, la suerte de ir al lugar en que nacían las gestas cuyo relumbre nos alcanzaba por los relatos de los marinos; me tocaría a mí, la honra de contemplar las murallas de Troya, de obedecer a los jefes insignes, y de dar mi ímpetu y mi fuerza a la
60 obra del rescate de Elena de Esparta, másculo[17] empeño, suprema victoria de una guerra que nos daría, por siempre, prosperidad, dicha y orgullo. Aspiré hondamente la brisa que bajaba por la ladera de los olivares, y pensé que sería hermoso morir en tan justiciera lucha, por la causa misma de la Razón. La idea de ser traspasado por una lanza enemiga me hizo pensar, sin embargo, en el dolor de
65 mi madre, y en el dolor, más hondo tal vez, de quien tuviera que recibir la noticia con los ojos secos, por ser el jefe de la casa. Bajé lentamente hacia el pueblo, siguiendo la senda de los pastores.

Tres cabritos retozaban en el olor del tomillo.[18] En la playa, seguía embarcándose el trigo.

## II

Con bordoneos de vihuela[19] y repiques de tejoletas,[20] festejábase, en todas partes, la próxima partida de las naves. Los marinos de La Gallarda andaban ya en zarambeques[21] de negras horras,[22] alternando el baile con coplas de sobado, como aquélla de la Moza del Retoño, en que las manos tentaban el objeto de la
5 rima dejado en puntos por las voces. Seguía el trasiego[23] del vino, el aceite y el trigo, con ayuda de los criados indios del Veedor,[24] impacientes por regresar a sus lejanas tierras. Camino del puerto, el que iba a ser nuestro capellán arreaba dos bestias que cargaban con los fuelles y flautas de un órgano de palo. Cuando me tropezaba con gente de la armada, eran abrazos ruidosos, de muchos aspavien-
10 tos, con risas y alardes para sacar las mujeres a sus ventanas. Eramos como hombres de distinta raza, forjados para culminar empresas que nunca conocerían el panadero ni el cardador[25] de ovejas, y tampoco el mercader que andaba pregonando camisas de Holanda, ornadas de caireles[26] de monjas, en patios de comadres. En medio de la plaza, con los cobres al sol, los seis trompetas del Ade-
15 lantado se habían concertado en folías,[27] en tanto que los atambores borgoñones atronaban los parches, y bramaba, como queriendo morder, un sacabuche[28] con fauces de tarasca.[29]

Mi padre estaba, en su tienda oliente a pellejos y cordobanes,[30] hincando la lezna en un ación[31] con el desgano de quien tiene puesta la mente en espera. Al
20 verme, me tomó en brazos con serena tristeza, recordando tal vez la horrible

---

[16] Trabajador del cuero.

[17] Grande, importante.

[18] Planta muy olorosa, común en España, que se usa para sazonar la comida.

[19] Sonidos graves de la vihuela: instrumento de cuerda parecido a la guitarra.

[20] Castañuelas.

[21] Danzas alegres y bulliciosas.

[22] Esclavas que han obtenido su libertad legalmente.

[23] Traslado.

[24] Inspector.

[25] El que carda (saca) la lana a las ovejas.

[26] Adornos a modo de flecos.

[27] Bailes y cantos populares en las Islas Canarias.

[28] Instrumento de viento parecido al trombón.

[29] Figura de dragón monstruoso llevada en algunas procesiones.

[30] Pieles.

[31] Correa que sostiene el estribo de la silla de montar.

muerte de Cristobalillo, compañero de mis travesuras juveniles, que había sido traspasado por las flechas de los indios de la Boca del Drago. Pero él sabía que era locura de todos, en aquellos días, embarcar para las Indias, aunque ya dijeran muchos hombres cuerdos que aquello era engaño común de muchos y remedio
25　particular de pocos. Algo alabó de los bienes de la artesanía, del honor—tan honor como el que se logra en riesgosas empresas—de llevar el estandarte de los talabarteros en la procesión del Corpus; ponderó la olla segura, el arca repleta, la vejez apacible. Pero, habiendo advertido tal vez que la fiesta crecía en la ciudad y que mi ánimo no estaba para cuerdas[32] razones, me llevó suavemente hacia la
30　puerta de la habitación de mi madre. Aquél era el momento que más temía, y tuve que contener mis lágrimas ante el llanto de la que sólo habíamos advertido de mi partida cuando todos me sabían ya asentado en los libros de la Casa de la Contratación. Agradecí las promesas hechas a la Virgen de los Mareantes por mi pronto regreso, prometiendo cuanto quiso que prometiera, en cuanto a no tener
35　comercio deshonesto con las mujeres de aquellas tierras, que el Diablo tenía en desnudez mentidamente edénica para mayor confusión y extravío de cristianos incautos, cuando no maleados por la vista de tanta carne al desgaire.[33] Luego, sabiendo que era inútil rogar a quien sueña ya con lo que hay detrás de los horizontes, mi madre empezó a preguntarme, con voz dolorida, por la seguridad de
40　las naves y la pericia de los pilotos. Yo exageré la solidez y marinería de La Gallarda, afirmando que su práctico era veterano de Indias, compañero de Nuño García. Y, para distraerla de sus dudas, le hablé de los portentos de aquel mundo nuevo, donde la Uña de la Gran Bestia y la Piedra Bezar curaban todos los males, y existía, en tierra de Omeguas, una ciudad toda hecha de oro, que un buen ca-
45　minador tardaba una noche y dos días en atravesar, a la que llegaríamos, sin duda, a menos de que halláramos nuestra fortuna en comarcas aún ignoradas, cunas de ricos pueblos por sojuzgar. Moviendo suavemente la cabeza, mi madre habló entonces de las mentiras y jactancias de los indianos, de amazonas y antropófagos, de las tormentas de las Bermudas, y de las lanzas enherboladas[34] que dejaban
50　como estatua al que hincaban.[35] Viendo que a discursos de buen augurio ella oponía verdades de mala sombra, le hablé de altos propósitos, haciéndole ver la miseria de tantos pobres idólatras, desconocedores del signo de la cruz. Eran millones de almas, las que ganaríamos a nuestra santa religión, cumpliendo con el mandato de Cristo a los Apóstoles. Eramos soldados de Dios, a la vez que solda-
55　dos del Rey, y por aquellos indios bautizados y encomendados,[36] librados de sus bárbaras supersticiones por nuestra obra, conocería nuestra nación el premio de una grandeza inquebrantable, que nos daría felicidad, riquezas, y poderío sobre todos los reinos de la Europa. Aplacada por mis palabras, mi madre me colgó un escapulario del cuello y me dio varios ungüentos contra las mordeduras de ali-
60　mañas ponzoñosas, haciéndome prometer, además, que siempre me pondría, para dormir, unos escarpines de lana que ella misma hubiera tejido. Y como entonces repicaron las campanas de la catedral, fue a buscar el chal bordado que sólo usaba en las grandes oportunidades. Camino del templo, observé que, a

---

[32] Sensatas.
[33] Exhibida con descuido.
[34] Untadas con el zumo de hierbas venenosas.

[35] Hincar: clavar.
[36] Dados en encomienda.

pesar de todo, mis padres estaban como acrecidos de orgullo por tener un hijo alis-
tado en la armada del Adelantado. Saludaban mucho y con más demostraciones
que de costumbre. Y es que siempre es grato tener un mozo de pelo en pecho,[37]
que sale a combatir por una causa grande y justa. Miré hacia el puerto. El trigo
seguía entrando en las naves.

### III

Yo la llamaba mi prometida, aunque nadie supiera aún de nuestros amores.
Cuando vi a su padre cerca de las naves, pensé que estaría sola, y seguí aquel
muelle triste, batido por el viento, salpicado de agua verde, abarandado de cadenas y argollas verdecidas por el salitre, que conducía a la última casa de ventanas
verdes, siempre cerradas. Apenas hice sonar la aldaba[38] vestida de verdín,[39] se
abrió la puerta, y, con una ráfaga de viento que traía garúa[40] de olas, entré en la
estancia donde ya ardían las lámparas, a causa de la bruma. Mi prometida se
sentó a mi lado, en un hondo butacón de brocado antiguo, y recostó la cabeza sobre mi hombro con tan resignada tristeza que no me atreví a interrogar sus ojos
que yo amaba, porque siempre parecían contemplar cosas invisibles con aire
asombrado. Ahora, los extraños objetos que llenaban la sala cobraban un significado nuevo para mí. Algo parecía ligarme al astrolabio,[41] la brújula, y la Rosa de
los Vientos,[42] algo, también, al pez-sierra que colgaba de las vigas del techo, y a
las cartas de Mercator y Ortellius que se abrían a los lados de la chimenea, revueltos con mapas celestiales habitados por Osas, Canes y Sagitarios. La voz de
mi prometida se alzó sobre el silbido del viento que se colaba por debajo de las
puertas, preguntando por el estado de los preparativos. Aliviado por la posibilidad de hablar de algo ajeno a nosotros mismos, le conté de los sulpicianos[43] y
recoletos[44] que embarcarían con nosotros, alabando la piedad de los gentileshom-
bres y cultivadores escogidos por quien hubiera tomado posesión de las tierras
lejanas en nombre del Rey de Francia. Le dije cuanto sabía del gigantesco río Col-
bert, todo orlado de árboles centenarios de los que colgaban como musgos
plateados, cuyas aguas rojas corrían majestuosamente bajo un cielo blanco de
garzas. Llevábamos víveres para seis meses. El trigo llenaba los sollados[45] de La
Bella y La Amable. Ibamos a cumplir una gran tarea civilizadora en aquellos inmensos territorios selváticos, que se extendían desde el ardiente Golfo de México
hasta las regiones de Chicagúa, enseñando nuevas artes a las naciones que en
ellos residían. Cuando yo creía a mi prometida más atenta a lo que le narraba, la
vi erguirse ante mí con sorprendente energía, afirmando que nada glorioso había
en la empresa que estaba haciendo repicar, desde el alba, todas las campanas de
la ciudad. La noche anterior, con los ojos ardidos por el llanto, había querido
saber algo de ese mundo de allende el mar, hacia el cual marcharía yo ahora, y,

---

[37] Bravo, valiente.
[38] Picaporte, llamador de la puerta.
[39] Moho o sustancia verde que se forma sobre la superficie de los metales.
[40] Llovizna, lluvia muy ligera.
[41] Antiguo instrumento de navegación con el que se observaban los movimientos de los astros.

[42] Círculo que tiene marcados alrededor los cuatro puntos cardinales. Instrumento de navegación.
[43] Miembros de la congregación de San Sulpicio.
[44] Frailes que viven retirados y muy modestamente.
[45] Cubiertas o pisos interiores de un barco.

tomando los ensayos de Montaigne,[46] en el capítulo que trata de los carruajes, había leído cuanto a América se refería. Así se había enterado de la perfidia de
35 los españoles, de cómo, con el caballo y las lombardas,[47] se habían hecho pasar por dioses. Encendida de virginal indignación, mi prometida me señalaba el párrafo en que el bordelés escéptico afirmaba que "nos habíamos valido de la ignorancia e inexperiencia de los indios, para atraerlos a la traición, lujuria, avaricia y crueldades, propias de nuestras costumbres". Cegada por tan pérfida lectura, la
40 joven que piadosamente lucía una cruz de oro en el escote, aprobaba a quien impíamente afirmara que los salvajes del Nuevo Mundo no tenían por qué trocar su religión por la nuestra, puesto que se habían servido muy útilmente de la suya durante largo tiempo. Yo comprendía que, en esos errores, no debía ver más que el despecho de la doncella enamorada, dotada de muy ciertos encantos, ante el
45 hombre que le impone una larga espera, sin otro motivo que la azarosa pretensión de hacer rápida fortuna en una empresa muy pregonada. Pero, aun comprendiendo esa verdad, me sentía profundamente herido por el desdén a mi valentía, la falta de consideración por una aventura que daría relumbre a mi apellido, lográndose, tal vez, que la noticia de alguna hazaña mía, la pacificación de
50 alguna comarca, me valiera algún título otorgado por el Rey aunque para ello hubieran de perecer, por mi mano, algunos indios más o menos. Nada grande se hacía sin lucha, y en cuanto a nuestra santa fe, la letra con sangre entraba. Pero ahora eran celos los que se traslucían en el feo cuadro que ella me trazaba de la isla de Santo Domingo, en la que haríamos escala, y que mi prometida, con ex-
55 presiones adorablemente impropias, calificaba de "paraíso de mujeres malditas". Era evidente que, a pesar de su pureza, sabía de qué clase eran las mujeres que solían embarcar para el Cabo Francés, en muelle cercano, bajo la vigilancia de los corchetes,[48] entre risotadas y palabrotas de los marineros; alguien—una criada tal vez—podía haberle dicho que la salud del hombre no se aviene con ciertas absti-
60 nencias y vislumbraba, en un misterioso mundo de desnudeces edénicas, de calores enervantes, peligros mayores que los ofrecidos por inundaciones, tormentas, y mordeduras de los dragones de agua que pululan en los ríos de América. Al fin empecé a irritarme ante una terca discusión que venía a sustituirse, en tales momentos, a la tierna despedida que yo hubiera apetecido. Comencé a renegar
65 de la pusilanimidad de las mujeres, de su incapacidad de heroísmo, de sus filosofías de pañales y costureros, cuando sonaron fuertes aldabonazos, anunciando el intempestivo regreso del padre. Salté por una ventana trasera sin que nadie, en el mercado, se percatara de mi escapada, pues los transeúntes, los pescaderos, los borrachos —ya numerosos en esta hora de la tarde— se habían
70 aglomerado en torno a una mesa sobre la que a gritos hablaba alguien que en el instante tomé por un pregonero del Elixir de Orvieto,[49] pero que resultó ser un ermitaño que clamaba por la liberación de los Santos Lugares. Me encogí de hombros y seguí mi camino. Tiempo atrás había estado a punto de alistarme en la cruzada predicada por Fulco de Neuilly.[50] En buena hora una fiebre

---

[46] Michel de Montaigne (1533–92): ensayista y pensador francés.
[47] Cañones que disparaban piedras grandes.
[48] Funcionarios de justicia, de rango inferior.

[49] Droga inventada por Ferrante de Orvieto, muy popular durante el siglo XVII.
[50] Foulques, cura párroco de Neuilly, predicador de la cuarta Cruzada en 1198.

75 maligna —curada, gracias a Dios y a los ungüentos de mi santa madre—me tuvo en cama, tiritando, el día de la partida: aquella empresa había terminado, como todos saben, en guerra de cristianos contra cristianos. Las cruzadas estaban desacreditadas. Además, yo tenía otras cosas en qué pensar.

El viento se había aplacado. Todavía enojado por la tonta disputa con mi 80 prometida, me fui hacia el puerto, para ver los navíos. Estaban todos arrimados a los muelles, lado a lado, con las escotillas[51] abiertas, recibiendo millares de sacos de harina de trigo entre sus bordas pintadas de arlequín. Los regimientos de infantería subían lentamente por las pasarelas, en medio de los gritos de los estibadores, los silbatos de los contramaestres, las señales que rasgaban la bruma, 85 promoviendo rotaciones de grúas. Sobre las cubiertas se amontonaban trastos informes, mecánicas amenazadoras, envueltas en telas impermeables. Un ala de aluminio giraba lentamente, a veces, por encima de una borda, antes de hundirse en la obscuridad de un sollado. Los caballos de los generales, colgados de cinchas, viajaban por sobre los techos de los almacenes, como corceles wagneria- 90 nos. Yo contemplaba los últimos preparativos desde lo alto de una pasarela de hierro, cuando, de pronto, tuve la angustiosa sensación de que faltaban pocas horas —apenas trece— para que yo también tuviese que acercarme a aquellos buques, cargando con mis armas. Entonces pensé en la mujer; en los días de abstinencia que me esperaban; en la tristeza de morir sin haber dado mi placer, una 95 vez más, al calor de otro cuerpo. Impaciente por llegar, enojado aún por no haber recibido un beso, siquiera, de mi prometida, me encaminé a grandes pasos hacia el hotel de las bailarinas. Christopher, muy borracho, se había encerrado ya con la suya. Mi amiga se me abrazó, riendo y llorando, afirmando que estaba orgullosa de mí, que lucía más guapo con el uniforme, y que una cartomántica[52] le 100 había asegurado que nada me ocurriria en el Gran Desembarco. Varias veces me llamó *héroe*, como si tuviese una conciencia del duro contraste que este halago establecía con las frases injustas de mi prometida. Salí a la azotea. Las luces se encendían ya en la ciudad, precisando en puntos luminosos la gigantesca geometría de los edificios. Abajo, en las calles, era un confuso hormigueo de cabezas y som- 105 breros.

No era posible, desde este alto piso, distinguir a las mujeres de los hombres en la neblina del atardecer. Y era sin embargo por la permanencia de ese pulular de seres desconocidos, que me encaminaría hacia las naves, poco después del alba. Yo surcaría el Océano tempestuoso de estos meses, arribaría a una orilla le- 110 jana hajo el acero y el fuego, para defender los Principios de los de mi raza. Por última vez, una espada había sido arrojada sobre los mapas de Occidente. Pero ahora acabaríamos para siempre con la nueva Orden Teutónica, y entraríamos, victoriosos, en el tan esperado futuro del hombre reconciliado con el hombre. Mi amiga puso una mano trémula en mi cabeza, adivinando, tal vez, la magnani- 115 midad de mi pensamiento. Estaba desnuda bajo los vuelos de su peinador entreabierto.

---

[51] Aberturas en la cubierta de los barcos para subir y bajar.

[52] Persona que adivina la suerte por medio de los naipes o cartas.

## IV

Cuando regresé a mi casa, con los pasos inseguros de quien ha pretendido burlar con el vino la fatiga del cuerpo ahito[53] de holgarse sobre otro cuerpo, faltaban pocas horas para el alba. Tenía hambre y sueño, y estaba desasosegado, al propio tiempo, por las angustias de la partida próxima. Dispuse mis armas y correajes sobre un escabel[54] y me dejé caer en el lecho. Noté entonces, con sobresalto, que alguien estaba acostado bajo la gruesa manta de lana, y ya iba a echar mano al cuchillo cuando me vi preso entre brazos encendidos en fiebre, que buscaban mi cuello como brazos de náufrago, mientras unas piernas indeciblemente suaves se trepaban a las mías. Mudo de asombro quedé al ver que la que de tal manera se había deslizado en el lecho era mi prometida. Entre sollozos me contó su fuga nocturna, la carrera temerosa de ladridos, el paso furtivo por la huerta de mi padre, hasta alcanzar la ventana, y las impaciencias y los miedos de la espera. Después de la tonta disputa de la tarde, había pensado en los peligros y sufrimientos que me aguardaban, sintiendo esa impotencia de enderezar el destino azaroso del guerrero que se traduce, en tantas mujeres, por la entrega de sí mismas, como si ese sacrificio de la virginidad, tan guardada y custodiada, en el momento mismo de la partida, sin esperanzas de placer, dando el desgarre propio para el goce ajeno, tuviese un propiciatorio poder de ablación[55] ritual. El contacto de un cuerpo puro, jamás palpado por manos de amante, tiene un frescor único y peculiar dentro de sus crispaciones, una torpeza que sin embargo acierta, un candor que intuye, se amolda y encuentra, por obscuro mandato, las actitudes que más estrechamente machihembran los miembros. Bajo el abrazo de mi prometida, cuyo tímido vellón parecía endurecerse sobre uno de mis muslos, crecía mi enojo por haber extenuado mi carne en trabazones de harto tiempo conocidas, con la absurda pretensión de hallar la quietud de días futuros en los excesos presentes. Y ahora que se me ofrecía el más codiciable consentimiento, me hallaba casi insensible bajo el cuerpo estremecido que se impacientaba. No diré que mi juventud no fuera capaz de enardecerse una vez más aquella noche, ante la incitación de tan deleitosa novedad. Pero la idea de que era una virgen la que así se me entregaba, y que la carne intacta y cerrada exigiría un lento y sostenido empeño por mi parte, se me impuso con el temor al acto fallido. Eché a mi prometida a un lado, besándola dulcemente en los hombros, y empecé a hablarle, con sinceridad en falsete, de lo inhábil que sería malograr júbilos nupciales en la premura de una partida; de su vergüenza al resultar empreñada; de la tristeza de los niños que crecen sin un padre que les enseñe a sacar la miel verde de los troncos huecos, y a buscar pulpos debajo de las piedras. Ella me escuchaba, con sus grandes ojos claros encendidos en la noche, y yo advertía que, irritada por un despecho sacado de los trasmundos del instinto, despreciaba al varón que, en semejante oportunidad, invocara la razón y la cordura, en vez de roturarla,[56] y dejarla sobre el lecho, sangrante como un trofeo de caza, de pechos

---

[53] Harto, saciado.
[54] Asiento de madera sin respaldo; taburete.

[55] Mutilación, extirpación.
[56] Arar una tierra por primera vez.

mordidos, sucia de zumos, pero hecha mujer en la derrota. En aquel momento bramaron las reses que iban a ser sacrificadas en la playa y sonaron las caracolas de los vigías.[57] Mi prometida, con el desprecio pintado en el rostro, se levantó bruscamente, sin dejarse tocar, ocultando ahora, menos con gesto de pudor que
45 con ademán de quien recupera algo que estuviera a punto de malbaratar, lo que de súbito estaba encendiendo mi codicia. Antes de que pudiera alcanzarla, saltó por la ventana. La vi alejarse a todo correr por entre los olivos, y comprendí en aquel instante que más fácil me sería entrar sin un rasguño en la ciudad de Troya, que recuperar a la Persona perdida.

50 Cuando bajé hacia las naves, acompañado de mis padres, mi orgullo de guerrero había sido desplazado en mi ánimo por una intolerable sensación de hastío, de vacío interior, de descontento de mí mismo. Y cuando los timoneles hubieron alejado las naves de la playa con sus fuertes pértigas, y se enderezaron los mástiles entre las filas de remeros, supe que habían terminado las horas de
55 alardes, de excesos, de regalos, que preceden las partidas de soldados hacia los campos de batalla. Había pasado el tiempo de las guirnaldas, las coronas de laurel, el vino en cada casa, la envidia de los canijos,[58] y el favor de las mujeres. Ahora, serían las dianas, el lodo, el pan llovido, la arrogancia de los jefes, la sangre derramada por error, la gangrena que huele a almíbares infectos. No estaba
60 tan seguro ya de que mi valor acrecería la grandeza y la dicha de los acaienos de largas cabelleras. Un soldado viejo que iba a la guerra por oficio, sin más entusiasmo que el trasquilador de ovejas que camina hacia el establo, andaba contando ya, a quien quisiera escucharlo, que Elena de Esparta vivía muy gustosa en Troya, y que cuando se refocilaba en el lecho de Paris sus estertores de gozo en-
65 cendían las mejillas de las vírgenes que moraban en el palacio de Príamo. Se decía que toda la historia del doloroso cautiverio de la hija de Leda,[59] ofendida y humillada por los troyanos, era mera propaganda de guerra alentada por Agamemnón con el asentimiento de Menelao. En realidad, detrás de la empresa que se escudaba con tan elevados propósitos, había muchos negocios que en
70 nada beneficiarían a los combatientes de poco más o menos.[60] Se trataba sobre todo—afirmaba el viejo soldado—de vender más alfarería, más telas, más vasos con escenas de carreras de carros, y de abrirse nuevos caminos hacia las gentes asiáticas, amantes de trueques, acabándose de una vez con la competencia troyana. La nave, demasiado cargada de harina y de hombres, bogaba despacio. Con-
75 templé largamente las casas de mi pueblo, a las que el sol daba de frente. Tenía ganas de llorar. Me quité el casco y oculté mis ojos tras de las crines enhiestas de la cimera[61] que tanto trabajo me hubiera costado redondear—a semejanza de las cimeras magníficas de quienes podían encargar sus equipos de guerra a los artesanos de gran estilo, y que, por cierto, viajaban en la nave más velera y de mayor
80 eslora.[62]

---

[57] Personas que vigilan desde una atalaya, torre hecha en lugar alto para observar a la distancia.
[58] Débiles, enclenques.
[59] Figura mitológica. Esposa de un rey de Esparta; fue seducida por Zeus transformado en cisne. De esa unión nació Elena.

[60] Pobres.
[61] Parte superior del caseo o morrión con el que los soldados protegían la cabeza, y que solían adornar con plumas u otras cosas.
[62] Longitud del barco.

## ■ Preguntas generales

1. ¿Cómo refleja la obra de Carpentier sus conocimientos de historia, literatura, música y artes plásticas? Dé ejemplos.
2. ¿De qué modo lo "real maravilloso" forma parte, según Carpentier, de la experiencia del mundo americano? ¿Cómo ilustra esta idea en *El reino de este mundo?*
3. ¿Cómo podría caracterizarse la visión de la historia que presenta Carpentier en sus obras?
4. ¿Por qué cree el escritor cubano que la cultura hispanoamericana es necesariamente barroca?
5. ¿Qué rasgos distintivos tiene el estilo carpenteriano? ¿Cómo emplea el lenguaje para recrear ambientes y épocas?

## ■ Preguntas de análisis

1. ¿De qué modo la despedida del soldado que va a pelear en la guerra de Troya le sirve a Carpentier como eje para el desarrollo de su relato?
2. ¿En qué lapso ocurren los hechos aludidos?
3. ¿Qué vocabulario y qué referencias históricas identifican los distintos períodos abarcados por la narración?
4. ¿Cómo ilustra el autor las actitudes sociales típicas a través de sus personajes?
5. ¿De qué modo emerge una visión crítica de la historia por parte del autor?

## ■ Temas para informes escritos

1. El Caribe como escenario de las obras de Carpentier.
2. Los movimientos revolucionarios, en *El siglo de las luces* y en *La consagración de la primavera.*
3. La experimentación con la técnica narrativa en los relatos de *Guerra del tiempo.*
4. Presencia de la naturaleza en la obra de Carpentier.
5. Carpentier como pensador y ensayista.

## ■ Temas de reflexión y comentario

1. Las artes plásticas en las novelas de Carpentier.
2. Los temas y estructuras musicales en el ensayo y en la ficción de Carpentier.
3. La crítica del racionalismo en la obra de Carpentier.
4. La ficcionalización de personajes históricos en las novelas de Carpentier.
5. Carpentier como mediador entre la cultura europea y la hispanoamericana.

# PABLO NERUDA

1904, Parral, Chile–1973, Santiago,
Chile

*Reproduced with permission of the General Secretariat of the Organization of American States*

Por la originalidad y variedad de su obra Pablo Neruda (Premio Nobel, 1971) es considerado como uno de los poetas más importantes del siglo XX. Su influencia en la literatura escrita en lengua castellana, en ambas orillas del Atlántico, es comparable únicamente a la que había ejercido Rubén Darío, portaestandarte del modernismo. En Temuco, pueblo del sur de Chile donde pasó la niñez, Neruda aprendió a apreciar la lluvia, el mar, la tierra, el viento, las plantas, los animales y las piedras que ocuparían un lugar tan importante en su obra madura. También en Temuco conoció a Gabriela Mistral, cuya obra admiraba, y con quien compartió después una cordial amistad. Muy temprano (1920), el joven Ricardo Neftalí Reyes Basoalto adoptó el seudónimo de Pablo Neruda.

    La crítica ha dividido la amplia producción poética de Neruda en cinco ciclos. El primero está caracterizado por la influencia modernista, matizada por una actitud neo-romántica, como es evidente en los poemas de *Crepusculario* (1923), donde se combinan la musicalidad y la sencillez con la expresión de los sentimientos. A esta etapa pertenece *Veinte poemas de amor y una canción desesperada* (1924), el libro más popular de Neruda. Sirvieron de inspiración a los poemas de esta colección dos mujeres, una de Santiago (Marisombra) y otra de Temuco (Marisol), a las cuales Neruda no identificó. Los poemas amorosos están marcados por el abandono y la soledad, temas recurrentes en la obra del vate chileno; sin embargo, más que nada este poemario representa al amor como fuerza vital en imágenes sensuales reelaboradas por el poeta en una etapa posterior.

La publicación de *Tentativa del hombre infinito* (1926) y de *Residencia en la tierra* [1, 1925–31], (1933) y *Residencia en la tierra* [II, 1931–35], (1935), señaló la segunda etapa de evolución de Neruda. Muchas de las composiciones incluidas en estas dos primeras *Residencias* correspondían a los años de aislamiento como funcionario diplomático en diversas capitales de Asia (1927–32). Neruda era entonces el poeta surrealista que, en profunda soledad, observaba los males del mundo. Esta angustia existencial y su indignación ante la injusticia, se expresan en imágenes disyuntivas, con frecuentes alusiones a lo feo y lo sucio, a fin de lograr un estilo sumamente original, caracterizado por el hermetismo. La angustia, la soledad y el abandono de su primera etapa, se intensificaron llevándolo a una crisis espiritual que se hace evidente en poemas como "Walking Around".

En 1934 Neruda viajó a España donde se desempeñó como cónsul de Chile, primero en Barcelona, y después en Madrid. Durante estos años (1934–37) tuvo oportunidad de estrechar lazos de amistad con Federico García Lorca, Rafael Alberti, Miguel Hernández, Vicente Aleixandre y otros destacados vanguardistas españoles. La publicación de *España en el corazón* (1937), un año después de iniciarse la Guerra Civil en ese país, marcó la tercera etapa en la evolución poética del escritor chileno: Neruda era ya el poeta comprometido que condenaba el fascismo, defendía la causa republicana y se hermanaba con los seres olvidados y sufrientes. En *Tercera residencia* (1935–1945) (1947) y *Las uvas y el viento* (1954), abandonó, aunque no del todo, la angustia existencial de la segunda etapa para cantar con lenguaje sencillo la causa del proletariado. Escrito cinco años después del ingreso oficial del poeta al partido comunista, el poemario más importante de esta época es *Canto general* (1950). En esta obra calificada por algunos de mural poético hispanoamericano, el chileno recorre la historia y la geografía del continente para ofrecer una interpretación de su desarrollo y hacer suyas las luchas de los obreros y los oprimidos.

Con la publicación de la primera serie de *Odas elementales* (1954), se inició el cuarto período de la poesía de Neruda: el vate se volvió hacia lo cotidiano para recrearlo con singular intensidad. Cosas tales como los calcetines, la alcachofa, el diccionario, la cebolla, están descritas afectuosamente para captar las preocupaciones del hombre sencillo y resaltar el valor de lo aparentemente insignificante.

Caracterizada por el regreso al intimismo, la quinta etapa de desarrollo en la poesía nerudiana la abrió *Estravagario* (1958), colección donde predominan los ambientes irreales, la vuelta al pasado y el tono meditativo. En *Cien sonetos de amor* (1959), el poeta cantó al amor hallado tras una intensa búsqueda marcada por el fracaso y la desesperación; la amada se convirtió aquí en un amuleto contra la soledad y la muerte. La pasión exaltada quedó atrás para dar paso a una ternura melancólica. Esta vuelta al intimismo amoroso se había visto antes en *Los versos del capitán* (1952). Los cinco volúmenes de *Memorial de Isla Negra* (1964) constituyen un recorrido biográfico donde el poeta recreó sus experiencias infantiles, su época de juventud, sus viajes, su compromiso político, todo ello tocado ahora por la melancolía. En su producción lírica publicada póstumamente, Neruda retomó viejos temas y los renovó empleando singulares metáforas y un acento dramático. Entre estos últimos poemarios sobresale *Jardín de invierno* (1974) donde el autor se debate entre la angustia y la esperanza. También dejó Neruda unas fascinantes memorias en prosa tituladas *Confieso que be vivido* (1974).

Cada una de las épocas que atraviesa la poesía de Pablo Neruda muestra la riqueza de una obra que asimiló y reconformó disímiles tradiciones para producir una lírica a la vez universal y singularmente americana.

■ Bibliografía mínima

Bloom, Harold, ed. *Pablo Neruda.* New York: Chelsea House, 1989.

Campobello, Martha. "La memoria histórica / la memoria textual: Una lectura del *Canto general* de Pablo Neruda". *Alba de América: Revista Literaria* 17.32 (1999): 69–83.

Costa, René de. *The Poetry of Pablo Neruda.* Cambridge, Mass.: Harvard UP, 1979.

Marzán, Julio. "Pablo Neruda's Dilemma". *Massachusetts Review: A Quarterly of Literature, the Arts and Public Affairs* 40.4 (1999–2000): 675–81.

Mount, Joann McFerran. "El sobreviviente como persona poética en las últimas obras de Pablo Neruda". *La Torre: Revista de la Universidad de Puerto Rico* 9.34 (1995): 295–311.

Neruda, Pablo. *Canto general.* Ed., prólogo, notas y cronología de Fernando Alegría. Caracas: Biblioteca Ayacucho, 1993.

Perriam, Chris. "Re-Reading Neruda's *Veinte poemas de amor y una canción desesperada*". *Bulletin of Hispanic Studies* 75.1 (1998): 93–108.

Santí, Enrico Mario. *Pablo Neruda. The Poetics of Prophecy.* Ithaca: Cornell UP, 1982.

Schade, George D. "Pablo Neruda". *Latin American Writers.* Eds. Carlos A. Solé y Maria Isabel Abreu. Vol. 3. New York: Scribner's, 1989. 1001–15.

Shaw, Donald L. "Interpretations of *Alturas de Macchu Picchu*". *Revista Interamericana de Bibliografia* 38 (1988): 186–95.

# Veinte poemas de amor y una canción desesperada (1924)

## POEMA 20

Puedo escribir los versos más tristes esta noche.

Escribir, por ejemplo: "La noche está estrellada,
y tiritan, azules, los astros, a lo lejos".

El viento de la noche gira en el cielo y canta.

5 Puedo escribir los versos más tristes esta noche.
Yo la quise, y a veces ella también me quiso.

En las noches como ésta la tuve entre mis brazos.
La besé tantas veces bajo el cielo infinito.

Ella me quiso, a veces yo también la quería.
10 ¡Cómo no haber amado sus grandes ojos fijos!

Puedo escribir los versos más tristes esta noche.
Pensar que no la tengo. Sentir que la he perdido.

Oír la noche inmensa, más inmensa sin ella.
Y el verso cae al alma como al pasto el rocío.

15 ¡Qué importa que mi amor no pudiera guardarla!
La noche está estrellada y ella no está conmigo.

Eso es todo. A lo lejos alguien canta. A lo lejos.
Mi alma no se contenta con haberla perdido.

Como para acercarla mi mirada la busca.
20 Mi corazón la busca, y ella no está conmigo.

La misma noche que hace blanquear los mismos árboles.
Nosotros, los de entonces, ya no somos los mismos.

Ya no la quiero, es cierto, pero cuánto la quise.
Mi voz buscaba el viento para tocar su oído.

25 De otro. Será de otro. Como antes de mis besos.
Su voz, su cuerpo claro. Sus ojos infinitos.

Ya no la quiero, es cierto, pero tal vez la quiero.
Es tan corto el amor, y es tan largo el olvido.

Porque en noches como ésta la tuve entre mis brazos,
30 mi alma no se contenta con haberla perdido.

Aunque éste sea el último dolor que ella me causa,
y éstos sean los últimos versos que yo le escribo.

# Residencia en la tierra [II, 1931–35], (1935)

### WALKING AROUND

Sucede que me canso de ser hombre.
Sucede que entro en las sastrerías y en los cines
marchito, impenetrable, como un cisne de fieltro
navegando en un agua de origen y ceniza.

5 El olor de las peluquerías me hace llorar a gritos.
Sólo quiero un descanso de piedras o de lana,
sólo quiero no ver establecimientos ni jardines,
ni mercaderías, ni anteojos, ni ascensores.

Sucede que me canso de mis pies y de mis uñas
10 y mi pelo y mi sombra,
Sucede que me canso de ser hombre.

Sin embargo sería delicioso
asustar a un notario con un lirio cortado
o dar muerte a una monja con un golpe de oreja.
15 Sería bello
ir por las calles con un cuchillo verde
y dando gritos hasta morir de frío.

No quiero seguir siendo raíz en las tinieblas,
vacilante, extendido, tiritando de sueño,

20 hacia abajo, en las tripas mojadas de la tierra,
absorbiendo y pensando, comiendo cada día.

  No quiero para mí tantas desgracias.
No quiero continuar de raíz y de tumba,
de subterráneo solo, de bodega con muertos
25 aterido, muriéndome de pena.

  Por eso el día lunes arde como el petróleo
cuando me ve llegar con mi cara de cárcel,
y aúlla en su transcurso como una rueda herida,
y da pasos de sangre caliente hacia la noche.
30 Y me empuja a ciertos rincones, a ciertas casas húmedas,
a hospitales donde los huesos salen por la ventana,
a ciertas zapaterías con olor a vinagre,
a calles espantosas como grietas.

  Hay pájaros de color de azufre y horribles intestinos
35 colgando de las puertas de las casas que odio,
hay dentaduras olvidadas en una cafetera,
hay espejos
que debieran haber llorado de vergüenza y espanto,
hay paraguas en todas partes, y venenos, y ombligos.

40   Yo paseo con calma, con ojos, con zapatos,
con furia, con olvido,
paso, cruzo oficinas y tiendas de ortopedia,
y patios donde hay ropas colgadas de un alambre:
calzoncillos, toallas y camisas que lloran
45 lentas lágrimas sucias.

# Canto general (1950)

## ALTURAS DE MACCHU PICCHU[1]

*[En las secciones anteriores, el poeta expresa su angustiosa búsqueda del significado de la vida y de la muerte. A medida que el poema progresa, las descripciones se vuelven más concretas hasta llegar a la evocación de Macchu Picchu, los indígenas que construyeron esa ciudad y el destino de Hispanoamérica. El yo lírico encuentra respuesta a sus preguntas en la solidaridad con los desposeídos cuyos trabajos y luchas hace suyos.]*

### VI

  Entonces en la escala de la tierra he subido
entre la atroz maraña de las selvas perdidas
hasta ti, Macchu Picchu.

---

[1] Ciudad incaica situada a treinta y cinco millas al noroeste del Cuzco, antigua capital del imperio de los incas. El arqueólogo norteamericano Hiram Bingham (1875–1956), dio a conocer las ruinas de Macchu Picchu en 1911.

Alta ciudad de piedras escalares,
5   por fin morada del que lo terrestre
no escondió en las dormidas vestiduras.
En ti, como dos líneas paralelas,
la cuna del relámpago y del hombre
se mecían en un viento de espinas.

10     Madre de piedra, espuma de los cóndores.

Alto arrecife de la aurora humana.

Pala perdida en la primera arena.

Esta fue la morada, éste es el sitio:
aquí los anchos granos del maíz ascendieron
15   y bajaron de nuevo como granizo rojo.

Aquí la hebra dorada salió de la vicuña[2]
a vestir los amores, los túmulos,[3] las madres,
el rey, las oraciones, los guerreros.

Aquí los pies del hombre descansaron de noche
20   junto a los pies del águila, en las altas guaridas[4]
carniceras, y en la aurora
pisaron con los pies del trueno la niebla enrarecida,
y tocaron las tierras y las piedras
hasta reconocerlas en la noche o la muerte.

25     Miro las vestiduras y las manos,
el vestigio del agua en la oquedad[5] sonora,
la pared suavizada por el tacto de un rostro
que miró con mis ojos las lámparas terrestres,
que aceitó con mis manos las desaparecidas
30   maderas: porque todo, ropaje, piel, vasijas,
palabras, vino, panes,
se fue, cayó a la tierra.

Y el aire entró con dedos
de azahar[6] sobre todos los dormidos:
35   mil años de aire, meses, semanas de aire,
de viento azul, de cordillera férrea,
que fueron como suaves huracanes de pasos
lustrando[7] el solitario recinto de la piedra.

---

[2] Mamífero rumiante de los Andes. Se cazaba
para utilizar su vellón que da una lana
finísima.
[3] Tumbas, sepulturas.
[4] Amparo, refugio.

[5] Vacío.
[6] Blancos y perfumados, como las flores de ese
nombre.
[7] Dándole brillo.

## XII

Sube a nacer conmigo, hermano.

Dame la mano desde la profunda
zona de tu dolor diseminado.
No volverás del fondo de las rocas.
5 No volverás del tiempo subterráneo.
No volverá tu voz endurecida.
No volverán tus ojos taladrados.[8]
Mírame desde el fondo de la tierra,
labrador, tejedor, pastor callado:
10 domador de guanacos[9] tutelares:
albañil del andamio[10] desafiado:
aguador de las lágrimas andinas:
joyero de los dedos machacados:[11]
agricultor temblando en la semilla:
15 alfarero en tu greda[12] derramado:
traed a la copa de esta nueva vida
vuestros viejos dolores enterrados.
Mostradme vuestra sangre y vuestro surco,
decidme: aquí fui castigado,
20 porque la joya no brilló o la tierra
no entregó a tiempo la piedra o el grano:
señaladme la piedra en que caísteis
y la madera en que os crucificaron,
encendedme los viejos pedernales,[12a]
25 las viejas lámparas, los látigos pegados
a través de los siglos en las llagas
y las hachas de brillo ensangrentado.
Yo vengo a hablar por vuestra boca muerta.
A través de la tierra juntad todos
30 los silenciosos labios derramados
y desde el fondo habladme toda esta larga noche,
como si yo estuviera con vosotros anclado,
contadme todo, cadena a cadena,
eslabón a eslabón, y paso a paso,
35 afilad los cuchillos que guardasteis
ponedlos en mi pecho y en mi mano,
como un río de rayos amarillos,
como un río de tigres enterrados,

---

[8] Heridos.
[9] Mamíferos rumiantes de los Andes meridionales.
[10] Armazón de madera o metal que sirve para trabajar en la construcción o reparación de edificios.

[11] Rotos, destrozados, golpeados con el martillo.
[12] Arcilla arenosa.
[12a] Variedad de cuarzo de color amarillento que da chispas.

y dejadme llorar, horas, días, años,
40 edades ciegas, siglos estelares.

      Dadme el silencio, el agua, la esperanza.

      Dadme la lucha, el hierro, los volcanes.

      Apegadme los cuerpos como imanes.

      Acudid a mis venas y a mi boca.

45      Hablad por mis palabras y mi sangre.

# Nuevas odas elementales (1956)

## ODA A LOS CALCETINES

      Me trajo Maru Mori
un par
de calcetines
que tejió con sus manos
5 de pastora,
dos calcetines suaves
como liebres.[13]
En ellos
metí los pies
10 como en
dos
estuches
tejidos
con hebras[14] del
15 crepúsculo
y pellejo de ovejas.

      Violentos calcetines,
mis pies fueron
dos pescados
20 de lana,
dos largos tiburones
de azul ultramarino
atravesados
por una trenza de oro,
25 dos gigantes mirlos,[15]
dos cañones:
mis pies
fueron honrados

de este modo
30 por
estos
celestiales
calcetines.
Eran
35 tan hermosos
que por primera vez
mis pies me parecieron
inaceptables
como dos decrépitos[16]
40 bomberos, bomberos
indignos
de aquel fuego
bordado,
de aquellos luminosos
45 calcetines.

      Sin embargo
resistí
la tentación aguda
de guardarlos
50 como los colegiales
preservan
las luciérnagas,
como los eruditos
coleccionan
55 documentos sagrados,
resistí

---

[13] Mamíferos muy hábiles para correr; se parecen a los conejos.
[14] Hilos.

[15] Un pájaro de plumas oscuras; el macho es enteramente negro con el pico amarillo.
[16] En mal estado; muy viejos.

el impulso furioso
de ponerlos
en una jaula
60  de oro
y darles cada día
alpiste[17]
y pulpa de melón rosado.
Como descubridores
65  que en la selva
entregan el rarísimo
venado verde
al asador
y se lo comen
70  con remordimiento,
estiré
los pies

y me enfundé
los
75  bellos
calcetines
y
luego los zapatos.

    Y es ésta
80  la moral de mi oda:
dos veces es belleza
la belleza
y lo que es bueno es doblemente
bueno
85  cuando se trata de dos calcetines
de lana
en el invierno.

# Estravagario (1958)

### ESTACION INMOVIL

    Quiero no saber ni soñar.
Quién puede enseñarme a no ser,
a vivir sin seguir viviendo?

    Cómo continúa el agua?
5  Cuál es el cielo de las piedras?

    Inmóvil, hasta que detengan
las migraciones su apogeo
y luego vuelen con sus flechas
hacia el archipiélago frío.

10      Inmóvil, con secreta vida
como una ciudad subterránea
para que resbalen los días
como gotas inabarcables:
nada se gasta ni se muere
15  hasta nuestra resurrección,
hasta regresar con los pasos
de la primavera enterrada,
de lo que yacía[17a] perdido,
inacabablemente inmóvil
20  y que ahora sube desde no ser
a ser una rama florida.

### ■ Preguntas generales

1. Explique por qué los críticos han comparado a Neruda con Darío.
2. Caracterice las cinco etapas en que se ha dividido la obra poética de Neruda.
3. ¿Cómo se relaciona la obra del poeta chileno con las luchas sociales de su época?
4. ¿Cómo se representa a la amada en *Cien sonetos de amor?*
5. El mundo natural figura prominentemente en los versos de Neruda. ¿Qué experiencias biográficas contribuyeron a interesarlo en ese mundo?

---

[17] Alimento para los pájaros.
[17a] Permanecía.

## ■ Preguntas de análisis

1. ¿De qué se lamenta el yo en "Poema 20"? ¿Qué elementos modernistas y posmodernistas se encuentran en esta composición?
2. ¿Qué le sugiere a Ud. el título "Walking Around"? ¿Por qué dice el poeta que se "cansa de ser hombre"? ¿Qué significado tienen la raíz, la tumba, las tripas?
3. ¿Qué representa el ascenso del yo en la sección Vl de "Alturas de Macchu Picchu"? ¿Qué relación hay entre su angustia y la invitación al interlocutor en la sección XII? ¿Cómo se cruzan las líneas sociales y líricas en esta selección?
4. ¿Qué momento del desarrollo poético de Neruda representan las *Odas?* ¿Cómo se transforman los pies al ponerse los calcetines, qué tentación resiste la voz poética, y qué enseñanza nos dan los calcetines?
5. ¿Qué deseo expresa el yo lírico en "Estación inmóvil"? ¿Qué representan el agua y las piedras?

## ■ Temas para informes escritos

1. Neruda y su etapa modernista.
2. El activismo político de Neruda.
3. Análisis de dos figuras históricas de *Canto general.*
4. Los antipoemas de Parra y las odas de Neruda: semejanza y diferencias.
5. El amor y la amada en la primera y última poesía de Neruda.

## ■ Temas de reflexión y comentario

1. Vallejo, Guillén y Neruda ante la Guerra Civil española.
2. Las personas y las cosas en *Odas elementales.*
3. Relación de *Residencia en la tierra* I y II con la pintura de Dalí y Picasso.
4. Neruda y su experiencia asiática.
5. El poeta y el pasado en *Memorial de Isla Negra.*

# JUAN RULFO

1918, Sayula, Jalisco, México–1986,
Ciudad de México, México

La obra de Juan Rulfo, surgida de una profunda identificación con la tierra y el habla del campesino mexicano es, al mismo tiempo, expresión de un escritor innovador y consciente de su oficio, que llevó a sus temas y ambientes locales una amplia visión universal. Los elementos mágico-realistas que componen el mundo por él creado y la subjetividad e intensidad dramática de su prosa lo colocan entre los maestros de las nuevas formas en la narrativa.

Rulfo pasó su infancia en el pueblo de San Gabriel, estado de Jalisco, cerca de los hombres de campo, oyendo historias de guerras y de crímenes. La violencia afectó su vida desde temprano. Su padre fue asesinado cuando él era niño y del mismo modo murieron otros miembros de la familia. En esa región de México, la Guerra de los Cristeros (1926–28), que enfrentó a los defensores de la Iglesia Católica con el régimen del Presidente Elías Calles, tuvo efectos devastadores. Rulfo asistió a la escuela primaria y secundaria en Guadalajara. Huérfano también de madre, quedó a cargo de una abuela materna y vivió algún tiempo en un orfelinato. Estas experiencias trágicas al comienzo de su vida marcaron, sin duda, su personalidad y sus obras futuras.

Llegó a la ciudad de México en 1935, donde trabajó en la Oficina de Migración hasta 1945, al mismo tiempo que escribía cuentos y perfeccionaba su técnica narrativa. Más adelante, mientras se ganaba la vida en el Departamento de Ventas y Publicidad de la compañía Goodrich (1947–54), publicó su primer libro, la colección de cuentos *El llano en llamas* (1953). Desde entonces tuvo varios puestos oficiales y privados en Guadalajara y en la Ciudad de México hasta que, en 1962, se hizo cargo del Departamento Editorial del Instituto Nacional Indigenista. Entre tanto publicó su novela *Pedro Páramo* (1955), preparó guiones cinematográficos y programas para televisión, y colaboró en un proyecto de recopilación de textos históricos patrocinado por el Banco Industrial de Jalisco, para el cual hizo la selección y el prólogo de *Noticias históricas de la vida y hechos de Nuño de Guzmán* (1962). Rulfo tuvo la formación literaria de un autodidacta. Leyó a los grandes novelistas mexicanos (Azuela, Martín Luis Guzmán, Agustín Yáñez), y a los autores ingleses y estadounidenses más influyentes del siglo XX (Joyce, Faulkner, Woolf, Dos Passos, Hemingway). Sin embargo, siempre subrayó la influencia que tuvieron sobre él los autores nórdicos, entre ellos Selma Lagerlov y Halldor Laxness, con los cuales sintió especial afinidad.

Rulfo no publicó más obra narrativa que *El llano en llamas*, colección a la que agregó o quitó cuentos en sucesivas ediciones, y *Pedro Páramo*. Una segunda novela, *La cordillera*, cuya aparición se esperó por muchos años, quedó sin publicar.

Aunque escasa, la alta calidad estilística y el vigor imaginativo de su obra le aseguraron a este autor un lugar permanente en la historia de la literatura hispanoamericana. Los cuentos de *El llano en llamas* se sitúan en escenarios rurales
primitivos, o en aldeas a veces fantasmales ("Luvina"). La injusticia social y la
lucha contra un medio árido, hostil ("Nos han dado la tierra"), la violencia individual o colectiva ("El hombre", "Diles que no me maten", "El llano en llamas")
y la pobreza ("Es que somos muy pobres") determinan trágicamente el destino
de sus personajes. Ya sean éstos almas simples, o anormales ("Macario"), o espíritus angustiados por el remordimiento ("Talpa"), el autor los ha concebido con
gran penetración psicológica. La narración en primera persona, desde la limitada
perspectiva de los personajes, y el lenguaje escueto con el que Rulfo reprodujo el
habla campesina, colocan inmediatamente al lector dentro del mundo de sus
criaturas. Este es un mundo en el que predominan la ambigüedad y la dislocación temporal, la muerte y sus fantasmas. Todos estos elementos también están
presentes en *Pedro Páramo,* en el relato de las pasiones, la violencia y el sufrimiento de los habitantes de Comala coagulados en sus murmullos de almas en
pena. Esta visión sombría de la sociedad mexicana, estilizada en imágenes ar-
quetípicas, se comunica en una prosa de intenso y contenido lirismo.

El contexto histórico de la obra de Rulfo es el México posrevolucionario,
donde las promesas de justicia social de la Revolución no se han cumplido. "Nos
han dado la tierra" muestra cómo las leyes agrarias, que debían asegurar a los
campesinos la posesión de tierras de cultivo para su subsistencia, son utilizadas
por un poder abusivo como un instrumento más para despojarlos.

■ Bibliografía mínima

Fares, Gustavo. *Ensayos sobre la obra de Juan Rulfo.* New York, NY: Peter Lang, 1998.

Fell, Claude, coord. *Toda la obra.* Pref. y notas de Sergio López Mena. París: UNESCO, 1992.

Fraser, Howard M. "Inframundo: Juan Rulfo's Photographic Companion to *El llano en llamas". Chasqui: Revista de Literatura Latinoamericana* 47.2 (1988): 56–74.

Glantz, Margo. "La palabra de Juan Rulfo". *Ínsula: Revista de Letras y Ciencias Humanas*
618–619 (1998): 11–15.

Janney, Frank, ed. *Inframundo. El México de Juan Rulfo.* Segunda ed. Hanover, New Hamp-
shire: Ediciones del Norte, 1983.

Jiménez de Báez, Yvette. *Juan Rulfo: del Páramo a la esperanza: una lectura crítica de su obra.*
México: Colegio de México & Fondo de Cultura Económica, 1990.

Leal, Luis. "Juan Rulfo". *Latin American Writers.* Eds. Carlos A. Solé y Maria Isabel Abreu.
Vol. 3. New York: Scribner's, 1989. 1215–27.

Peavler, Terry J. *El texto en llamas: el arte narrativo de Juan Rulfo.* New York: Peter Lang, 1988.

Perus, Françoise. "Los silencios de Juan Rulfo." *Revista Canadiense de Estudios Hispánicos*
22.2 (1998): 325–41.

Rosser, Harry L. "La visión fatalista de Juan Rulfo". *El cuento hispanoamericano ante la
crítica.* Ed. Enrique Pupo-Walker. Madrid: Castalia, 1995. 325–46.

Schmidt, Friedhelm. "Heterogeneidad y carnavalización en tres cuentos de Juan Rulfo".
*Revista de Crítica Literaria Latinoamericana* 24.47 (1998): 227–46.

# El llano en llamas (1953)

## NOS HAN DADO LA TIERRA

Después de tantas horas de caminar sin encontrar ni una sombra de árbol, ni una semilla de árbol, ni una raíz de nada, se oye el ladrar de los perros.

Uno ha creído a veces, en medio de este camino sin orillas, que nada habría después; que no se podría encontrar nada al otro lado, al final de esta llanura rajada de grietas y de arroyos secos. Pero sí, hay algo. Hay un pueblo. Se oye que ladran los perros y se siente en el aire el olor del humo, y se saborea ese olor de la gente como si fuera una esperanza.

Pero el pueblo está todavía muy allá. Es el viento el que lo acerca.

Hemos venido caminando desde el amanecer. Ahorita son algo así como las cuatro de la tarde. Alguien se asoma al cielo, estira los ojos hacia donde está colgado el sol y dice:

—Son como las cuatro de la tarde.

Ese alguien es Melitón. Junto con él, vamos Faustino, Esteban y yo. Somos cuatro. Yo los cuento: dos adelante, otros dos atrás. Miro más atrás y no veo a nadie. Entonces me digo: "Somos cuatro". Hace rato, como a eso de las once, éramos veintitantos; pero puñito a puñito se han ido desperdigando hasta quedar nada más este nudo que somos nosotros.

Faustino dice:

—Puede que llueva.

Todos levantamos la cara y miramos una nube negra y pesada que pasa por encima de nuestras cabezas. Y pensamos: "Puede que sí".

No decimos lo que pensamos. Hace ya tiempo que se nos acabaron las ganas de hablar. Se nos acabaron con el calor. Uno platicaría muy a gusto en otra parte, pero aquí cuesta trabajo. Uno platica aquí y las palabras se calientan en la boca con el calor de afuera, y se le resecan a uno en la lengua hasta que acaban con el resuello. Aquí así son las cosas. Por eso a nadie le da por platicar.

Cae una gota de agua, grande, gorda, haciendo un agujero en la tierra y dejando una plasta[1] como la de un salivazo. Cae sola. Nosotros esperamos a que sigan cayendo más y las buscamos con los ojos. Pero no hay ninguna más. No llueve. Ahora si se mira el cielo se ve a la nube aguacera corriéndose muy lejos, a toda prisa. El viento que viene del pueblo se le arrima empujándola contra las sombras azules de los cerros. Y a la gota caída por equivocación se la come la tierra y la desaparece en su sed.

¿Quién diablos haría este llano tan grande? ¿Para qué sirve, eh?

Hemos vuelto a caminar, nos habíamos detenido para ver llover. No llovió. Ahora volvemos a caminar. Y a mí se me ocurre que hemos caminado más de lo que llevamos andado. Se me ocurre eso. De haber llovido quizá se me ocurrieran otras cosas. Con todo, yo sé que desde que yo era muchacho, no vi llover nunca sobre el llano, lo que se llama llover.

---

[1] Pasta o cosa blanda y moldeable. En México, y en otros países de Latinoamérica excremento de animal de forma aplastada.

40     No, el llano no es cosa que sirva. No hay ni conejos ni pájaros. No hay nada. A no ser unos cuantos huizaches[2] trespeleques[3] y una que otra manchita de zacate[4] con las hojas enroscadas; a no ser eso, no hay nada.

Y por aquí vamos nosotros. Los cuatro a pie. Antes andábamos a caballo y traíamos terciada una carabina. Ahora no traemos ni siquiera la carabina.

45     Yo siempre he pensado que en eso de quitarnos la carabina hicieron bien. Por acá resulta peligroso andar armado. Lo matan a uno sin avisarle, viéndolo a toda hora con "la 30" amarrada a las correas. Pero los caballos son otro asunto. De venir a caballo ya hubiéramos probado el agua verde del río, y paseado nuestros estómagos por las calles del pueblo para que se les bajara la comida. Ya lo

50     hubiéramos hecho de tener todos aquellos caballos que teníamos. Pero también nos quitaron los caballos junto con la carabina.

Vuelvo hacia todos lados y miro el llano. Tanta y tamaña tierra para nada. Se le resbalan a uno los ojos al no encontrar cosa que los detenga. Sólo unas cuantas lagartijas salen a asomar la cabeza por encima de sus agujeros, y luego que

55     sienten la tatema[5] del sol corren a esconderse en la sombrita de una piedra. Pero nosotros, cuando tengamos que trabajar aquí, ¿qué haremos para enfriarnos del sol, eh? Porque a nosotros nos dieron esta costra de tepetate[6] para que la sembráramos.

Nos dijeron:

60     —Del pueblo para acá es de ustedes.

Nosotros preguntamos:

—¿El Llano?

—Sí, el llano. Todo el Llano Grande.

Nosotros paramos la jeta para decir que el llano no lo queríamos. Que

65     queríamos lo que estaba junto al río. Del río para allá, por las vegas, donde están esos árboles llamados casuarinas y las paraneras[7] y la tierra buena. No este duro pellejo de vaca que se llama el Llano.

Pero no nos dejaron decir nuestras cosas. El delegado no venía a conversar con nosotros. Nos puso los papeles en la mano y nos dijo:

70     —No se vayan a asustar por tener tanto terreno para ustedes solos.

—Es que el llano, señor delegado...

Son miles y miles de yuntas.[8]

—Pero no hay agua. Ni siquiera para hacer un buche hay agua.

—¿Y el temporal? Nadie les dijo que se les iba a dotar con tierras de riego.

75     En cuanto allí llueva, se levantará el maíz como si lo estiraran.

—Pero, señor delegado, la tierra está deslavada, dura. No creemos que el arado se entierre en esa como cantera que es la tierra del Llano. Habría que hacer

---

[2] Acacias arborescentes que crecen en matorrales de ramas tortuosas, flexibles y llenas de fuertes púas. Da flores amarillas de perfume agradable. En otros lugares se las llama aromos.
[3] Expresión despectiva, aquí con referencia al aspecto y condición de los huizaches.
[4] Nombre genérico de las gramíneas rastreras; yerba, pasto, forraje en general.

[5] Quemadura. De tatemar: asar carnes, raíces o frutas.
[6] Piedra porosa amarillenta que, cortada en bloques, se emplea en construcciones.
[7] Tierras de pastoreo.
[8] Yugada, medida de superficie agraria.

agujeros con el azadón para sembrar la semilla y ni aun así es positivo que nazca nada; ni maíz ni nada nacerá.

80     —Eso manifiéstenlo por escrito. Y ahora váyanse. Es al latifundio al que tienen que atacar, no al Gobierno que les da la tierra.

    —Espérenos usted, señor delegado. Nosotros no hemos dicho nada contra el Centro. Todo es contra el Llano ... No se puede contra lo que no se puede. Eso es lo que hemos dicho ... Espérenos usted para explicarle. Mire, vamos a comen-
85 zar por donde íbamos ...

    Pero él no nos quiso oír.

    Así nos han dado esta tierra. Y en este comal[9] acalorado quieren que sembremos semillas de algo, para ver si algo retoña y se levanta. Pero nada se levantará de aquí. Ni zopilotes.[10] Uno los ve allá cada y cuando, muy arriba, volando a
90 la carrera; tratando de salir lo más pronto posible de este blanco terregal endurecido, donde nada se mueve y por donde uno camina como reculando.[11]

    Melitón dice:

    —Esta es la tierra que nos han dado.

    Faustino dice:
95     —¿Qué?

    Yo no digo nada. Yo pienso: "Melitón no tiene la cabeza en su lugar. Ha de ser el calor el que lo hace hablar así. El calor que le ha traspasado el sombrero y le ha calentado la cabeza. Y si no, ¿por qué dice lo que dice? ¿Cuál tierra nos han dado, Melitón? Aquí no hay ni la tantita que necesitaría el viento para jugar a los
100 remolinos."

    Melitón vuelve a decir:

    —Servirá de algo. Servirá aunque sea para correr yeguas.

    —¿Cuáles yeguas?—le pregunta Esteban.

    Yo no me había fijado bien a bien en Esteban. Ahora que había, me fijo en
105 él. Lleva puesto un gabán que le llega al ombligo, y debajo del gabán saca la cabeza algo así como una gallina.

    Sí, es una gallina colorada la que lleva Esteban debajo del gabán. Se le ven los ojos dormidos y el pico abierto como si bostezara. Yo le pregunto:

    —Oye, Teban, ¿de dónde pepenaste[12] esa gallina?
110     —¡Es la mía!—dice él.

    —No la traías antes. ¿Dónde la mercaste, eh?

    —No la merqué, es la gallina de mi corral.

    —Entonces te la trajiste de bastimento, ¿no?

    —No, la traigo para cuidarla. Mi casa se quedó sola y sin nadie para que le
115 diera de comer; por eso me la traje. Siempre que salgo lejos cargo con ella.

    —Allí escondida se te va a ahogar. Mejor sácala al aire.

    Él se la acomoda debajo del brazo y le sopla el aire caliente de su boca. Luego dice:

    —Estamos llegando al derrumbadero.[13]

---

[9] Cazuela de barro que se emplea para cocer las tortillas de maíz o para tostar el café y el cacao.
[10] Buitres negros de gran tamaño, aves rapaces.
[11] Recular: retroceder, andar hacia atrás.

[12] Pepenar: recoger del suelo; hurtar.
[13] Despeñadero o precipicio; pendiente escarpada o corte en el terreno.

¹²⁰ Yo ya no oigo lo que sigue diciendo Esteban. Nos hemos puesto en fila para bajar la barranca y él va mero adelante. Se ve que ha agarrado a la gallina por las patas y la zangolotea[14] a cada rato, para no golpearle la cabeza contra las piedras.

Conforme bajamos, la tierra se hace buena. Sube polvo desde nosotros como si fuera un atajo de mulas lo que bajara por allí; pero nos gusta llenarnos ¹²⁵ de polvo. Nos gusta. Después de venir durante once horas pisando la dureza del llano, nos sentimos muy a gusto envueltos en aquella cosa que brinca sobre nosotros y sabe a tierra.

Por encima del río, sobre las copas verdes de las casuarinas, vuelan parvadas[15] de chachalacas[16] verdes. Eso también es lo que nos gusta.

¹³⁰ Ahora los ladridos de los perros se oyen aquí, junto a nosotros, y es que el viento que viene del pueblo retacha[17] en la barranca y la llena de todos sus ruidos.

Esteban ha vuelto a abrazar su gallina cuando nos acercamos a las primeras casas. Le desata las patas para desentumecerla, y luego él y su gallina desaparecen detrás de unos tepemezquites.[18]

¹³⁵ —¡Por aquí arriendo yo!—nos dice Esteban.

Nosotros seguimos adelante, más adentro del pueblo.

La tierra que nos han dado está allá arriba.

## ■ Preguntas generales

1. ¿En qué período de la historia mexicana transcurrió la infancia de Rulfo? ¿Cómo se refleja la violencia que afectó a su familia inmediata en la obra del futuro escritor?
2. ¿Cómo realizó Rulfo su formación literaria? ¿Con qué autores tuvo particular afinidad?
3. ¿Cuáles son los escenarios y los personajes que presenta Rulfo en sus obras?
4. ¿Cuál fue la contribución de Rulfo al desarrollo de la novela hispanoamericana?
5. ¿Qué rasgos estilísticos caracterizan la narrativa de Rulfo?

## ■ Preguntas de análisis

1. ¿Por qué es irónico el título del cuento?
2. ¿Cuál es el contexto histórico y político que corresponde a la situación descrita?
3. ¿Qué sentimientos comunica la narración? ¿De qué modo la forma descriptiva, el uso de tiempos verbales y otros recursos estilísticos contribuyen a crear la atmósfera del cuento?

---

[14] Zangolotear: mover continuamente una cosa o sacudirla.

[15] Bandas, gran número.

[16] Aves parecidas a las gallinas, comestibles, de ojos rojos, sin cresta. No cesan de gritar mientras vuelan.

[17] Retachar: rebotar.

[18] De la familia del mezquite, que es un árbol leguminoso de escasa altura.

4. ¿Cómo se transmite la afinidad del narrador con la tierra que describe?
5. ¿Qué critica implícitamente este cuento?

## ■ Temas para informes escritos

1. La visión crítica de la Revolución Mexicana en la obra de Rulfo.
2. La penetración psicológica en la elaboración de los personajes de Rulfo.
3. *Pedro Páramo* y la "nueva novela" hispanoamericana.
4. El estilo de Juan Rulfo.
5. Los mitos en la narrativa de Juan Rulfo.

## ■ Temas de reflexión y comentario

1. Rulfo y la transformación de la Novela de la Revolución Mexicana.
2. El tiempo detenido y los ambientes espectrales en la obra de Rulfo.
3. La estructura fragmentada de *Pedro Páramo*.
4. Las voces narrativas en los cuentos de *El llano en llamas*.
5. El fatalismo en los personajes de Rulfo.

# Consolidación y expansión

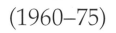

(1960–75)

## 5.1   Contexto histórico y literario

Entre 1960 y 1970 la literatura hispanoamericana, guiada por los autores presentados en el capítulo anterior, entró en un período de extraordinario dinamismo, particularmente en la narrativa. Este fenómeno era la culminación de un proceso de crecimiento y maduración que, a lo largo de las dos décadas precedentes, había transformado el concepto y la práctica de la literatura entre los escritores de los distintos países del continente.

*5.1.1 Modelos literarios. Los maestros hispanoamericanos y la literatura universal.*   Borges había reivindicado para el escritor hispanoamericano el derecho a utilizar como propio el vasto repertorio de la cultura universal. El juego libre de la imaginación, la ironía y el humor, el escepticismo radical frente a los sistemas del pensamiento y a las doctrinas religiosas, así como la escritura irreverente y paródica del autor de *Ficciones,* señalaron el camino de la nueva narrativa. Rulfo demostró, por su parte, que los temas de la tradicional novela de la tierra—el cacique, la explotación y la violencia—podían cobrar nueva vida a través del complejo diseño narrativo que configura el mundo mítico de *Pedro Páramo.* Esta obra es, como ha dicho Carlos Fuentes, el hilo que nos conduce a la "nueva novela latinoamericana". La recuperación de los mitos y leyendas indígenas llevada a cabo por Asturias y Arguedas, y de la herencia africana por Guillén y Carpentier, así como la visión recreadora y crítica de la historia de este último, fueron también asimiladas por la mente y la imaginación de los narradores y poetas de los años sesenta.

Los escritores representativos de este período, como Cortázar, Fuentes, García Márquez y Vargas Llosa tuvieron, pues, maestros y modelos hispanoamericanos. Al mismo tiempo se reconoce en ellos la influencia formativa de autores europeos y norteamericanos: James Joyce, el autor de *Ulysses,* con su exploración del lenguaje dentro de la ficción y el cultivo del humor, la parodia y la sátira lingüísticas; Virginia Woolf, con su apertura a lo fantástico y su alegoría cultural de intención paródica en *Orlando;* William Faulkner, quien en obras como *The Sound and the Fury* creó el mítico pueblo sureño de Yoknapatawpha y dio voz y forma a los monólogos interiores de sus personajes; John Dos Passos, autor de la trilogía *U.S.A.* y *Manhattan Transfer,* obras que sirvieron de modelo para el desarrollo de la novela urbana, y Ernest Hemingway, quien estableció un vínculo directo con el mundo hispánico a través de *For Whom the Bell Tolls,* novela basada en sus experiencias durante la Guerra Civil española. Entre los franceses tuvieron especial influencia Jean Paul Sartre y Albert Camus, autores de ensayos filosóficos, novelas y obras de teatro que presentan ideas y temas existencialistas, tales como la alienación, la incomunicación, la ambigüedad moral y la experiencia de lo absurdo en la sociedad que emergía de la Segunda Guerra mundial.

**5.1.2 *El ambiente cultural de los años sesenta.*** La transformación de la literatura hispanoamericana estuvo vinculada también con fenómenos literarios y culturales que tuvieron lugar en Europa, particularmente en París, y en los Estados Unidos. Entre ellos se destaca la introducción de ideas y técnicas narrativas para la creación de una "nueva novela" francesa, por parte de autores como Nathalie Sarraute, con *Portrait d'un inconnu* y *Les Fruits d'or;* Alain Robbe-Grillet, con *Les Gommes* y *La Jalousie;* y Michel Butor, con *La Modification* y *L'Emploi du temps.* Los promotores de la "nueva novela" consideraban agotado el modelo de la novela realista del siglo XIX, basado en el desarrollo de personajes coherentes, una trama lógica y comprensible, y un narrador omnisciente* en completo control de su mundo. En contraste, la "nueva novela" presenta personajes anónimos y esquemáticos, sin desarrollo ni profundidad, con los que el autor no se propone crear la ilusión de seres vivos y verosímiles; una trama fragmentada en segmentos que aparecen sin orden lógico; y un mundo cuyo sentido no se aclara y el lector debe descifrar.

Los autores de la "nueva novela" hispanoamericana se mantuvieron más cerca de la realidad y de la historia que los de la "nueva novela" francesa, y no incurrieron, por lo general, en sus excesos de abstracción y esquematismo teórico. Sin embargo, el movimiento de ideas que impulsó esta renovación del género novelístico en Francia estimuló, entre los escritores hispanoamericanos, el interés en la búsqueda y la experimentación para lograr objetivos similares. El escritor argentino Julio Cortázar quien se propuso, como Robbe-Grillet, romper con los modelos de la novela realista y psicológica, es representativo de esta búsqueda. Cortázar rechazó la idea de que el personaje literario fuera la máxima creación del novelista, y que éste debiera analizar y explicar su carácter. Coincidió con Robbe-Grillet en concebir un tipo de novela que no se ofreciera completa y acabada a la lectura pasiva, sino que presentara un esquema modificable, no exento de ambigüedades y contradicciones. Esta "nueva novela" requiere la participación de un lector cómplice,* quien ha de colaborar con el autor en la creación de la obra.

Mientras el florecimiento de la "nueva novela" francesa ocurrió durante los años cincuenta, la década siguiente estuvo dominada, también desde París, por nuevas tendencias en la teoría y la crítica de la literatura, agrupadas bajo el nombre de estructuralismo. Este proponía, como método crítico, el análisis de los mecanismos de significación que operan dentro del propio texto—los elementos formales o estructurales de la obra, la parodia del lenguaje o el diálogo que el texto implícitamente establece con otros textos, por ejemplo. La obra de los autores vinculados a este movimiento se caracteriza por una escritura consciente de sí misma y de sus mecanismos de producción. En algunos escritores hispanoamericanos, como el cubano Severo Sarduy, estas teorías tuvieron un impacto decisivo; en otros, como Octavio Paz, ellas influyeron de modo más limitado o indirecto. Las circunstancias históricas impidieron, por otra parte, que el escritor hispanoamericano se alejara demasiado de su función tradicional de intérprete y crítico de la realidad social. Los narradores y poetas cultivaron también el ensayo, género que desde el siglo anterior había servido al análisis y a la interpretación de los problemas colectivos hispanoamericanos. Ejemplos de ello son *El laberinto de la soledad* (1950, 1959) de Octavio Paz, *La expresión americana* (1957) de José Lezama Lima y *Tiempo mexicano* (1971) de Carlos Fuentes.

*5.1.3 La crisis político-social y sus repercusiones culturales.* La década de los sesenta fue un período de gran agitación y de rebeldía, no sólo contra el orden político y social, sino también contra todos los valores y las formas tradicionales de la cultura. Los escritores hispanoamericanos participaron, algunos en París o en Nueva York, y otros desde sus respectivos países, del clima creado por las rebeliones estudiantiles y la actitud iconoclasta de los intelectuales y artistas, tanto en Europa como en los Estados Unidos, contra las instituciones y los valores consagrados. El lenguaje de la cultura heredada, visto por ellos como medio y mensaje de contenido ideológico, fue también blanco de su agresividad crítica. Las preocupaciones político-sociales, nunca ausentes en la literatura de Hispanoamérica, cobraron aun mayor impulso a partir de la Revolución Cubana de 1959, la cual despertó, en los años sesenta, un fuerte movimiento de solidaridad entre los escritores y artistas del continente. Los congresos y concursos literarios que se realizaron en La Habana (1966–68), con la participación de las figuras más distinguidas de las letras hispanoamericanas contribuyeron, sin duda, a formar una conciencia de grupo. Acontecimientos políticos posteriores produjeron desacuerdos y causaron rupturas en este sentimiento de unidad, pero esto no disminuye la importancia del impacto inicial.

## 5.2 La nueva narrativa

Nombres como "la nueva narrativa" o "la nueva novela" son insatisfactorios, porque exageran el mérito literario de la novedad y porque desvinculan erróneamente la producción de este período de sus antecedentes inmediatos. Esta caracterización responde, por otra parte, a una necesidad legítima, la de enmarcar una época de experimentación, intensidad creadora y repercusión internacional sin precedentes en la historia de las letras hispanoamericanas. Los autores más representativos de la nueva narrativa pertenecen a distintas generaciones. Julio Cortázar (1914–84), conocido desde los años cincuenta como autor de cuentos predominantemente fantásticos, se convirtió con su novela *Rayuela* (1963) en promotor y guía de las nuevas tendencias. Carlos Fuentes (n. 1928), Gabriel García Márquez (n. 1928) y Mario Vargas Llosa (n. 1936) formaban, junto con Cortázar, un grupo unido por ideas y propósitos literarios, aunque éstos se manifestaron en obras que reflejan sus respectivas y distintas personalidades.

El rechazo del realismo social o psicológico que había caracterizado las novelas de la primera parte del siglo veinte, y la exaltación de la libertad de la imaginación por encima de las limitaciones de lo lógico y racional, representó, en la década de los años sesenta, un retorno a los ideales de la Vanguardia surrealista, interrumpida por la Segunda Guerra Mundial. Julio Cortázar, asiduo lector y admirador de los surrealistas, y formado dentro de la tradición del cuento fantástico rioplatense, enriqueció este género, pasando luego a la experimentación con el lenguaje y la estructura novelística. Estos aspectos, así como la amplitud de su visión crítica de la sociedad y la cultura contemporáneas, fueron su contribución más importante dentro de este nuevo movimiento vanguardista. En contraste con el cosmopolitismo de Cortázar, Gabriel García Márquez, procedente del periodismo y formado dentro de una tradición oral depositaria de mitos y leyendas, aportó al movimiento una visión, a la vez realista y mítica, y universalizó la imagen del mundo latinoamericano desde la especificidad de la trágica historia de la guerra civil colombiana. Su "realismo mágico" surgía de la experiencia colectiva, y no de los sueños y obsesiones individuales, como en el caso de Cortázar. La contribución de Mario Vargas Llosa, quien, a diferencia de los anteriores, era un escritor realista por vocación y en la práctica, consistió en la introducción de complejas formas y estructuras narrativas, con las que perseguía su ideal de "la novela total". Esta era, en su concepto, la novela que comunicara una realidad desde todos los puntos de vista posibles, haciendo que se entrecruzaran o convergieran las voces narrativas, los espacios y los tiempos. Carlos Fuentes, por su parte, escribe obras predominantemente realistas, aunque también ha cultivado, desde sus primeras obras, formas del género fantástico. Además, los mitos aztecas y mayas son un elemento esencial en sus visiones de México. Al mismo tiempo, sin embargo, Fuentes ha aportado una perspectiva de México y de Latinoamérica que integra a su país y el continente en el mundo contemporáneo. Su obra novelística, a diferencia de la de los anteriores, incorpora ideas, reflexiones e interpretaciones ensayísticas. Si bien estos cuatro escritores han sido especialmente reconocidos como promotores de la "nueva narrativa", otros autores coetáneos, que luego mencionamos, han tenido una participación destacada en la innovación de las letras hispanoamericanas.

*5.2.1 Las técnicas narrativas*  Entre las técnicas que exploraron estos autores se encuentran diversas formas de relato fragmentado, múltiples y cambiantes puntos de vista, yuxtaposiciones de planos temporales y espaciales, además de diálogos entrecruzados. Estos diálogos se producen en distintos tiempos y espacios, pero se conectan a través de la narración. Moviéndose por los distintos tiempos, saltando entre ellos con retrospecciones y anticipaciones, la narración hace surgir una multiplicidad de voces y de historias. La introducción de elementos inverosímiles en la descripción de situaciones familiares, realizada con la mayor naturalidad, es también parte del repertorio de recursos de estos escritores. El novelista crea un mundo en el que los personajes de ficción conviven con los personajes históricos, sin que se marque una diferencia entre ellos. Algunos autores adoptan las técnicas cinematográficas del corte y montaje para abarcar distintos planos narrativos manteniendo, al mismo tiempo, la cohesión del relato. No todos los escritores emplean estas técnicas en igual medida, pero ellas han sido algunos de los signos distintivos de la "nueva narrativa".

*5.2.2 Obras y autores representativos. Complejidad técnica y experimentación lingüística.*  Entre 1962 y 1967 se publicaron, además de *Rayuela*, *La muerte de Artemio Cruz* (1962) y *Cambio de piel* (1967) de Carlos Fuentes, *La ciudad y los perros* (1962) y *La casa verde* (1966) de Vargas Llosa, así como *Cien años de soledad* (1967) de García Márquez. Estas obras encarnaron las nuevas pautas novelísticas y marcaron el rumbo a la narrativa hispanoamericana. Pronto se uniría a este grupo José Donoso (1924–97), con *El obsceno pájaro de la noche* (1970) y su ensayo *Historia personal del boom* (1972). Al período 1960–70 pertenecen, también, *La feria* (1971) de Juan José Arreola (1918–2001), *Recuerdos del porvenir* (1963) de

Elena Garro (1916–98), *Tres tristes tigres* (1965) de Guillermo Cabrera Infante (n. 1929), *José Trigo* (1966) de Fernando del Paso (n. 1935), *Paradiso* (1968) de José Lezama Lima (1910–76), *El mundo alucinante* (1969) de Reinaldo Arenas (1943–90), *Cobra* (1972) de Severo Sarduy (1937–93) y *Yo, el Supremo Supremo* (1974) de Augusto Roa Bastos (n. 1917). Las novelas mencionadas se caracterizan por la complejidad de su técnica narrativa, los experimentos con el lenguaje y, particularmente en *Rayuela* y *Cambio de piel*, por el afán de comunicar una visión totalizadora del mundo contemporáneo desde la perspectiva personal y latinoamericana del autor.

**5.2.3 Predominio del punto de vista histórico y social.** Al mismo tiempo, durante los años sesenta y setenta, hubo otros autores menos preocupados por la experimentación formal, que por interpretar creativamente la historia y las realidades político-sociales de los países hispanoamericanos. Este fue el caso de Rosario Castellanos (1925–74) con *Oficio de tinieblas* (1962). Carlos Martínez Moreno (1917–86) con *El paredón* (1962, Mario Benedetti (n. 1920) con *Gracias por el fuego* (1965), Miguel Barnet (n. 1940) con *Biografía de un cimarrón* (1966), David Viñas (1929) con *Los hombres de a caballo* (1968), Augusto Monterroso (1921–2003) con *La oveja negra y demás fábulas* (1969) y Elena Poniatowska (n. 1933) con *Hasta no verte Jesús mío* (1969). En el mismo período aparecen, también, *La traición de Rita Hayworth* (1969) de Manuel Puig (1932–90) y *Figuraciones en el mes de marzo* (1972) de Emilio Díaz Valcárcel (n. 1929), novelas arraigadas en la experiencia cotidiana y en la cultura popular. Apuntan, con esto, a las tendencias que van a predominar en la narrativa hispanoamericana de las décadas siguientes.

## 5.3 La poesía: herencia y ramificación del posvanguardismo

A los poetas posvanguardistas, ya presentados en el capítulo anterior, les sucedieron los autores que, nacidos a partir de 1910, definieron su orientación poética durante la década de los cuarenta. Representativos de este grupo son José Lezama Lima (1912–76), Octavio Paz (n. 1914–98) y Nicanor Parra (n. 1914), cuya obra incorpora el legado vanguardista al mismo tiempo que imprime nuevas direcciones a la poesía.

**5.3.1 Aspiración a lo trascendente.** En Lezama Lima y en Paz, el poema surge como intento de captar el sentido último o trascendente de la realidad a través de la imagen poética. El poeta aspira a lo inefable o recóndito diseñando con su palabra el trazado de una realidad esencial y colocándose por encima de la contingencia histórica o personal. Este impulso trascendentalista, presente en Lezama Lima desde el poemario *La fijeza* (1944), se encuentra también, equilibrado por preocupaciones existenciales, en *La estación violenta* (1957) de Octavio Paz.

**5.3.2 Rechazo de lo abstracto.** En contraste con Lezama Lima y Paz, Nicanor Parra manifestó, desde *Poemas y antipoemas* (1954), un repudio de las abstracciones poéticas a favor de la expresión más directa de la experiencia vivida. Su poesía comunica, con una actitud radicalmente crítica y desesperanzada, la visión de un mundo fragmentado y caótico.

### 5.3.3 *La generación de Paz.*

Entre los poetas contemporáneos de la generación de Paz, están incluidos Juan Liscano (1915–2001), con *Humano destino* (1949) y *Tierra muerta de sed* (1954), y Gonzalo Rojas (n. 1917), autor de *La miseria del hombre* (1948) y *Contra la muerte* (1964), quien representa, según algunos críticos, una transición hacia la poesía de la generación siguiente.

### 5.3.4 *Promociones posteriores. Rasgos distintivos.*

Los estudiosos de la poesía hispanoamericana coinciden en agrupar a los poetas posteriores en dos promociones. Aunque no es posible proponer una caracterización que haga justicia a la diversidad de cualidades representadas por la obra de estos poetas, pueden señalarse, sin embargo, ciertas tendencias compartidas por algunos de los integrantes de estas dos promociones. Se destacan, en el primer grupo, el regreso a la naturalidad expresiva y el intento de incorporar la totalidad de la experiencia en el hecho poético. Este afán totalizador corresponde, en la poesía, a la orientación similar que dio impulso a la narrativa durante ese mismo período. El compromiso social ha impulsado también a muchos de estos poetas, particularmente a Ernesto Cardenal y a Roberto Fernández Retamar. Esta promoción, integrada por los nacidos entre 1920 y 1934, incluye a autores como Olga Orozco (1920–99), Cintio Vitier (n. 1921), Alvaro Mutis (n. 1923), Fina Garcia Marrúz (n. 1923), Claribel Alegría (n. 1924), Ernesto Cardenal (n. 1925), Rosario Castellanos (1925–74), Blanca Varela (n. 1926), Carlos Germán Belli (n. 1927), Enrique Lihn (1929–88), Roberto Fernández Retamar (n. 1930), Juan Gelman (n. 1930) y Cecilia Bustamante (n. 1932). Los poetas del segundo grupo comparten, por lo general, la actitud frente al lenguaje de los autores anteriores. Su poesía se expresa con un lenguaje directo, conciso, que a veces linda con el de la prosa. Del mismo modo que en la narrativa de este período, el tema del exilio es frecuente en la obra de estos autores. Lo es también la percepción interiorizada del tiempo y la búsqueda de raíces históricas, como se observa en la poesía de José Emilio Pacheco y de Antonio Cisneros. En este último, el compromiso social suele expresarse en poemas que conjuran imágenes del pasado. Esta promoción comprende a los nacidos desde 1935, e incluye a poetas como Roque Dalton (1935–75), Alejandra Pizarnik (1936–72), Oscar Hahn (n. 1938), José Emilio Pacheco (n. 1939), Pedro Shimose (n. 1940), y Antonio Cisneros (n. 1942).

### 5.3.5 *La producción poética de los exiliados y expatriados.*

Los poetas hispanoamericanos escriben a menudo su obra lejos de su país de origen, y en contacto con otras culturas y otros idiomas. En las últimas décadas algunos de ellos, exiliados o voluntariamente expatriados en los Estados Unidos, realizan su actividad creadora dentro de un ambiente cultural que los integra a una más amplia y diversificada comunidad hispánica. La contribución de los grupos chicanos, cubanos y puertorriqueños a la poesía que se produce desde dentro del ambiente hispánico, ya sea en Nueva York, en California, o en otras regiones del país, es un fenómeno cultural que está recibiendo mayor atención por parte de la crítica. Muchos de ellos, como así también los hijos de los expatriados que llegaron de otros países del mundo hispánico, y se educaron en los Estados Unidos, escriben su obra en inglés, y han alcanzado amplio reconocimiento. Dicha producción poética, del mismo modo que la narrativa de ese grupo, es conocida como *Latino Literature,* y constituye un nuevo e interesante campo de estudio que sobrepasa los límites del presente texto.

## 5.4 La renovación del teatro

La dramaturgia ha ido ocupando en Hispanoamérica un lugar cada vez más importante dentro de la producción literaria de las últimas décadas. El nuevo teatro surgió, en casi todos los países, hacia mediados de siglo y su destino, vinculado al del espectáculo público, sería particularmente afectado por los vaivenes de la política y las limitaciones económicas.

**5.4.1 *Dramaturgos y novelistas. El teatro en México.*** Escribir para el teatro no ha sido por lo común una actividad exclusiva. Los dramaturgos fueron, con frecuencia, también narradores, y algunos novelistas, como Carlos Fuentes y Mario Vargas Llosa, han contribuido, con mayor o menor éxito, al género dramático. México ha tenido, sin embargo, muchos y excelentes dramaturgos, como Rodolfo Usigli (1905–80), quien exploró los temas de la historia y la identidad mexicanas en *El gesticulador* (1937), *Corona de sombra* (1947) y *Corona de luz* (1963), como lo hicieron Paz y Fuentes en el ensayo y la narrativa. Otros autores representativos del género en México son Salvador Novo (1904–74), quien produjo obras de crítica y sátira social, Elena Garro con dramas breves que se acercan al teatro del absurdo, Emilio Carballido (n. 1925), autor de vena humorística y variada temática social, y Maruxa Vilalta (n. 1932), quien denuncia en sus obras la incomunicación y la guerra.

**5.4.2 *El teatro en Argentina.*** En la Argentina, el máximo exponente de la dramaturgia a mediados de siglo fue Conrado Nalé Roxlo (1898–1971), autor de *La cola de la sirena* (1941), *Una viuda difícil* (1944) y *El pacto de Cristina* (1945), obras dinámicas, modernas, en las que campean el humor y la ironía. Sin embargo, el teatro argentino contemporáneo se definió unos años más tarde, con el estreno de *El puente* (1949) de Carlos Gorostiza (n. 1920), quien en esta obra y en las siguientes trató temas comunes al teatro existencialista.* Otros dramaturgos representativos son Osvaldo Dragún (1929–99), autor de *Historias para ser contadas* (1959), breves piezas en las que critica la deshumanización de una sociedad mecanizada, y también de *Tupac Amaru* (1957), basada en la tragedia del inca rebelde de 1780. En los años siguientes se destacó Griselda Gambaro (n. 1928), quien escribió obras de fuerte denuncia social, entre ellas *El campo* (1968), donde la vida es vista como un campo de concentración. Sus visiones de pesadilla se adelantaron proféticamente a la propia realidad, que pronto iba a superar el horror de lo imaginado.

**5.4.3 *Otros dramaturgos importantes.*** Entre los dramaturgos de ese período también deben mencionarse: el cubano Virgilio Piñera (1912–79), con su obra *Dos viejos pánicos* (1968), el puertorriqueño René Marqués (1919–79), autor de *Los soles truncos* (1958), el guatemalteco Carlos Solórzano (n. 1922), con *Los fantoches* (1958), el chileno Jorge Díaz (n. 1930), con *El cepillo de dientes* (1966), el cubano José Triana (n. 1932), con *La noche de los asesinos* (1965) y el puertorriqueño Luis Rafael Sánchez, con *La pasión según Antígona Pérez* (1968). A estos nombres deben agregarse los del uruguayo Carlos Maggi (n. 1922), la mexicana Luisa Josefina Hernández (n. 1928), el cubano Matías Montes Huidobro (n. 1931) y los de muchos otros que deberían incluirse en una presentación más extensa.

**En conclusión:** el período iniciado por la actividad literaria de los años sesenta cambió radicalmente la posición de los escritores hispanoamericanos en el mundo de las letras. Esta etapa brillante produjo una narrativa de éxito internacional, obras poéticas y ensayísticas de altísima calidad y un teatro que emergió como género de vigoroso impulso e impacto social. El escritor hispanoamericano superó la marginación que había afectado la obra de sus predecesores, y conquistó un papel de protagonista en el escenario cultural de nuestra época.

## 5.5 Sumario

I. Contexto histórico y literario.
    A.   Modelos literarios. Los maestros hispanoamericanos y la literatura universal.
    B.   El ambiente cultural de los años sesenta.
    C.   La crisis político-social y sus repercusiones culturales.

II. La nueva narrativa.
    A.   Las técnicas narrativas.
    B.   Obras y autores representativos. Complejidad técnica y experimentación lingüística.
    C.   Predominio del punto de vista histórico y social.

III. La poesía: herencia y ramificación del posvanguardismo.
    A.   Aspiración a lo trascendente.
    B.   Rechazo de lo abstracto.
    C.   La generación de Paz.
    D.   Promociones posteriores. Rasgos distintivos.
    E.   La producción poética de los exiliados y expatriados.

IV. La renovación del teatro.
    A.   Dramaturgos y novelistas. El teatro en México.
    B.   El teatro en Argentina.
    C.   Otros dramaturgos importantes.

# JULIO CORTÁZAR

1914, Bruselas, Bélgica–
1984, París, Francia

Escritor alerta a todas las manifestaciones de la cultura contemporánea, Cortázar fue uno de los grandes innovadores de la narrativa en idioma español. Artista de audaz imaginación y espíritu solidario, buscó desde su compleja e intensa subjetividad los puentes de la comunicación y la participación social. Cortázar nació en Bruselas, de padres argentinos, y vivió en esa ciudad sus primeros cuatro años, antes de que la familia regresara a la Argentina en 1918. El futuro escritor hizo la carrera de educación con especialidad en literatura. Enseñó desde los veinte años, primero en escuelas secundarias (1937–44), en las ciudades de Bolívar y Chivilcoy (Provincia de Buenos Aires), y luego en la Universidad de Cuyo (Mendoza), donde dictó un curso de literatura francesa (1944–45). Renunció a este puesto (1945) en protesta contra los abusos del régimen de Juan Domingo Perón (1946–55) y se trasladó a Buenos Aires. Durante esos mismos años publicó, bajo el seudónimo de Julio Denís, una colección de poemas titulada *Presencia* (1938) y comenzó a escribir cuentos. "Casa tomada" apareció en 1946 en *Los anales de Buenos Aires,* una revista literaria dirigida por Borges. En los dos años siguientes salieron "Bestiario" y "Lejana". Estos tres cuentos, y otros cinco de la misma época, no fueron reunidos en forma de libro, sin embargo, hasta años más tarde. Para entonces el autor ya había dado a conocer su poema dramático *Los reyes* (1949), una reinterpretación del mito del Minotauro.[1] En vísperas de viajar a Francia, apareció *Bestiario* (1951), su primera colección de cuentos. Con ella se inició la fase más productiva de la vida literaria de Cortázar, que culminó con la publicación de la novela *Rayuela* (1963). Durante este período ganó el reconocimiento de la crítica literaria y un público de lectores, admiradores de su obra tanto en el idioma original, como en sus múltiples traducciones. Desde 1951 hasta su muerte, Cortázar residió en París, donde trabajó como traductor de la UNESCO. Sus libros, siempre escritos en español, se publicaron en Buenos Aires, México y España.

    Cortázar comenzó a producir su obra en la década de los cuarenta, en el ambiente literario y artístico creado por las corrientes vanguardistas europeas de la generación anterior, el surrealismo francés en particular, y la innovación de las

---

[1] Según la mitología griega, un monstruo con cuerpo de toro y cabeza humana, preso en un laberinto construido por Dédalos. Los atenienses debían pagar como tributo a Minos, rey de Creta, el sacrificio anual de siete jóvenes y siete doncellas que eran devorados por el monstruo. En la interpretación de Cortázar, el Minotauro simboliza el espíritu poético libre. Minos y Teseo, el héroe que mata al monstruo, son representantes, en cambio, del poder opresor.

letras argentinas iniciada por Roberto Arlt, Macedonio Fernández y Jorge Luis Borges. Sus primeros cuentos lo muestran afín a la narrativa fantástica de Borges pero, a diferencia de éste, Cortázar concebía lo fantástico como fuerza operante dentro de la misma realidad cotidiana que comparte el lector con los personajes. Arlt y Macedonio Fernández fueron, por otra parte, sus predecesores en el uso de una escritura urbana, de humor irrespetuoso y crítico, demoledora del lenguaje literario oficial y de los valores tradicionales que éste representa.

En *Los premios* (1960), su primera novela, Cortázar utilizó magistralmente el lenguaje para definir la condición social y el nivel cultural de sus personajes. Después de esta obra su escritura autocrítica cuestiona el valor de la palabra como instrumento expresivo. Esta actitud frente al lenguaje es, sin embargo, sólo una fase de su búsqueda vital e intelectual de autenticidad. La conjunción de preocupaciones estéticas y existenciales, que ya se anunciaba en "El perseguidor" (*Las armas secretas*, 1959), logró su máxima expresión en *Rayuela*. Allí Cortázar atacó la novela realista, la novela de análisis psicológico, y propuso las bases de una nueva novela, liberada de los cánones tradicionales. *62. Modelo para armar*, publicada cinco años más tarde, pone en práctica las ideas sobre el género novelístico formuladas por él en *Rayuela*. En su producción posterior, y más específicamente desde el *Libro de Manuel* (1973), irrumpen en la escritura inquietudes de tipo político-social y expresiones de solidaridad con los pueblos oprimidos de Latinoamérica.

La vasta obra de Cortázar incluye, además de los títulos ya mencionados, colecciones de cuentos tales como *Final del juego* (1956, segunda ed. revisada, 1964), *Historias de cronopios y de famas* (1962), *Todos los fuegos el fuego* (1966), *Un tal Lucas* (1979), *Queremos tanto a Glenda* (1980) y *Deshoras* (1983). Publicó también "libros collage", donde reunió cuentos, poemas, ensayos, diseños gráficos, cartas y fotografías: *La vuelta al día en ochenta mundos* (1967), *Ultimo round* (1969) y *Los autonautas de la cosmopista* (1983), escrito en colaboración con Carol Dunlop.

En los cuentos de Cortázar, los fantasmas creados por la imaginación cobran vida propia, invadiendo y trastornando el orden y la rutina meticulosamente establecidos por los personajes. Entre sus recursos más frecuentes encontramos: 1) la introducción de un hecho extraño e inexplicable dentro de circunstancias aparentemente normales; 2) la materialización de ideas obsesivas, sueños y pesadillas; 3) misteriosas transformaciones, desdoblamientos e intercambios de personalidad; 4) la sustitución del tiempo cronológico por una coincidencia del pasado, el presente y el futuro; y 5) la superposición de planos temporales y espaciales que le permite al personaje vivir, simultáneamente, en épocas y lugares distintos. Mediante un lenguaje conciso y sobrio, Cortázar impone al lector lo inverosímil con la mayor naturalidad. Al mismo tiempo el autor, quien concibe la lectura como una participación activa en el proceso creador propuesto por la obra, deja al lector con la libertad y la responsabilidad de completar e interpretar el sentido del texto. "La isla a mediodía" es ilustrativa de su modo de narrar, así como de la apelación al lector-cómplice contenida en toda su obra.

■ Bibliografía mínima

Alazraki, Jaime. *En busca del unicornio: los cuentos de Julio Cortázar.* Madrid: Gredos, 1983.
———. *Hacia Cortázar: aproximaciones a su obra.* Barcelona, Anthropos, 1994.

Alonso, Carlos J., ed. *Julio Cortázar: New Readings* Cambridge: Cambridge UP, 1998.

Boldy, Steven. *The Novels of Julio Cortázar.* London: Cambridge UP, 1980.

Carter, E. D., Jr., ed. *Otro round: estudios sobre la obra de Julio Cortázar.* Número especial de *Explicación de textos literarios. 17. 1–2 (1988–89).*

Cortázar, Julio. *Cuentos completos.* 2 Vols. Madrid: Alfaguara, 1994.

Filer, Malva E. "Leer a Cortázar como mujer". *Me gustas cuando callas... Los escritores del "Boom" y el género sexual.* Ed. Ana Luisa Sierra. San Juan, PR: Universidad de Puerto Rico, 2002. 65–86.

Fröhlicher, Peter. *La mirada recíproca: estudios sobre los últimos cuentos de Julio Cortázar.* Berna, Suiza: Peter Lang, 1995.

Goloboff, Mario. *Julio Cortázar: la biografía.* Buenos Aires: Seix Barral, 1998.

Matamoro, Blas. "El músico, ese perseguidor". *Cuadernos Hispanoamericanos* 625–626 (2002): 129–38.

McNab, Pamela J. "Shifting Symbols in Cortázar's Bestiario". *Revista Hispánica Moderna* 50.2 (1997): 335–46.

Musselwhite, David. "Death and the Phantasm: A Reading of Julio Cortázar's 'Babas del diablo'". *Romance Studies* 18.1 (2000): 57–68.

Peavler, Terry J. *Julio Cortázar.* Boston: Twayne, 1990.

Picón Garfield, Evelyn. "Julio Cortázar". *Latin American Writers.* Eds. Carlos A. Solé y Maria Isabel Abreu. Vol. 2. New York: Scribner's, 1989. 1177–93.

# Todos los fuegos el fuego (1966)

## LA ISLA A MEDIODIA

La primera vez que vio la isla, Marini estaba cortésmente inclinado sobre los asientos de la izquierda, ajustando la mesa de plástico antes de instalar la bandeja del almuerzo. La pasajera lo había mirado varias veces mientras él iba y venía con revistas o vasos de whisky; Marini se demoraba ajustando la mesa, pre-
5 guntándose aburridamente si valdría la pena responder a la mirada insistente de la pasajera, una americana de las muchas, cuando en el óvalo azul de la ventanilla entró el litoral de la isla, la franja dorada de la playa, las colinas que subían hacia la meseta desolada. Corrigiendo la posición defectuosa del vaso de cerveza, Mariní sonrió a la pasajera. "Las islas griegas", dijo. "Oh, yes, Greece",
10 repuso la americana con un falso interés. Sonaba brevemente un timbre y el steward se enderezó, sin que la sonrisa profesional se borrara de su boca de labios finos. Empezó a ocuparse de un matrimonio sirio que quería jugo de tomate, pero en la cola del avión se concedió unos segundos para mirar otra vez hacia abajo; la isla era pequeña y solitaria, y el Egeo[2] la rodeaba con un intenso azul que
15 exaltaba la orla[3] de un blanco deslumbrante y como petrificado, que allá abajo sería espuma rompiendo en los arrecifes y en las caletas.[4] Marini vio que las playas desiertas corrían hacia el norte y el oeste, lo demás era la montaña entrando a pique en el mar. Una isla rocosa y desierta, aunque la mancha plomiza cerca de la playa

---

[2] Mar Egeo: brazo del Mediterráneo, entre Grecia y Turquía.

[3] Adorno puesto en torno de una figura o retrato.

[4] Pequeñas bahías, ángulos entrantes que forma la costa.

del norte podía ser una casa, quizá un grupo de casas primitivas. Empezó a abrir
la lata de jugo, y al enderezarse la isla se borró de la ventanilla; no quedó más
que el mar, un verde horizonte interminable. Miró su reloj pulsera sin saber por
qué; era exactamente mediodía.

A Marini le gustó que lo hubieran destinado a la línea Roma-Teherán,
porque el pasaje era menos lúgubre que en las líneas del norte y las muchachas
parecían siempre felices de ir al Oriente o de conocer Italia. Cuatro días después,
mientras ayudaba a un niño que había perdido la cuchara y mostraba desconsolado el plato del postre, descubrió otra vez el borde de la isla. Había una diferencia de ocho minutos pero cuando se inclinó sobre una ventanilla de la cola no le
quedaron dudas; la isla tenía una forma inconfundible, como una tortuga que
sacara apenas las patas del agua. La miró hasta que lo llamaron, esta vez con la
seguridad de que la mancha plomiza era un grupo de casas; alcanzó a distinguir
el dibujo de unos pocos campos cultivados que llegaban hasta la playa. Durante
la escala de Beirut miró el atlas de la stewardess, y se preguntó si la isla no sería
Horos. El radiotelegrafista, un francés indiferente, se sorprendió de su interés.
"Todas estas islas se parecen, hace dos años que hago la línea y me importan muy
poco. Sí, muéstremela la próxima vez". No era Horos sino Xiros, una de las
muchas islas al margen de los circuitos turísticos. "No durará ni cinco años", le
dijo la stewardess mientras bebían una copa en Roma. "Apúrate si piensas ir, las
hordas estarán allí en cualquier momento, Gengis Cook vela". Pero Marini siguió
pensando en la isla, mirándola cuando se acordaba o había una ventanilla cerca,
casi siempre encogiéndose de hombros al final. Nada de esto tenía sentido, volar
tres veces por semana a mediodía sobre Xiros era tan irreal como soñar tres veces
por semana que volaba a mediodía sobre Xiros. Todo estaba falseado en la visión
inútil y recurrente; salvo, quizá, el deseo de repetirla, la consulta al reloj pulsera
antes de mediodía, el breve, punzante contacto con la deslumbradora franja
blanca al borde de un azul casi negro, y las casas donde los pescadores alzarían
apenas los ojos para seguir el paso de esa otra irrealidad.

Ocho o nueve semanas después, cuando le propusieron la línea de Nueva
York con todas sus ventajas, Marini se dijo que era la oportunidad de acabar con
esa manía inocente y fastidiosa. Tenía en el bolsillo el libro donde un vago geó-
grafo de nombre levantino daba sobre Xiros más detalles que los habituales en
las guías. Contestó negativamente, oyéndose como desde lejos, y después de
sortear la sorpresa escandalizada de un jefe y dos secretarias se fue a comer a la
cantina de la compañía donde lo esperaba Carla. La desconcertada decepción de
Carla no lo inquietó; la costa sur de Xiros era inhabitable pero hacia el oeste
quedaban huellas de una colonia lidia[5] o quizá cretomicénica,[6] y el profesor
Goldmann había encontrado dos piedras talladas con jeroglíficos que los
pescadores empleaban como pilotes del pequeño muelle. A Carla le dolía la

---

[5] Perteneciente a Lidia, antiguo reino del centro del Asia Menor (siglos VII–VI a. de C.) que prosperó notablemente durante el reinado de Creso (560–46 a. de C.).
[6] Correspondiente al período histórico que precedió a la antigua Grecia (siglos XV–XIII a. de C.) en el cual la civilización se extendió desde la isla de Creta basta la ciudad de Micenas. Esta es la época heroica descrita por Homero.

cabeza y se marchó casi en seguida; los pulpos eran el recurso principal del
60 puñado de habitantes, cada cinco días llegaba un barco para cargar la pesca y dejar algunas provisiones y géneros. En la agencia de viajes le dijeron que habría
que fletar un barco especial desde Rynos, o quizá se pudiera viajar en la falúa[7]
que recogía los pulpos, pero esto último sólo lo sabría Marini en Rynos donde la
agencia no tenía corresponsal. De todas maneras la idea de pasar unos días en la
65 isla no era más que un plan para las vacaciones de junio; en las semanas que
siguieron hubo que reemplazar a White en la línea de Túnez, y después empezó
una huelga y Carla se volvió a casa de sus hermanas en Palermo. Marini fue a
vivir a un hotel cerca de Piazza Navona, donde había librerías de viejo; se en-
tretenía sin muchas ganas en buscar libros sobre Grecia, hojeaba a ratos un ma-
70 nual de conversación. Le hizo gracia la palabra *kalimera*[8] y la ensayó en un cabaret
con una chica pelirroja, se acostó con ella, supo de su abuelo en Odos y de unos
dolores de garganta inexplicables. En Roma empezó a llover, en Beirut lo esperaba siempre Tania, había otras historias, siempre parientes o dolores; un día fue
otra vez la línea de Teherán, la isla a mediodía. Marini se quedó tanto tiempo pe-
75 gado a la ventanilla que la nueva stewardess lo trató de mal compañero y le hizo
la cuenta de las bandejas que llevaba servidas. Esa noche Marini invitó a la stewardess a comer en el Firouz y no le costó que le perdonaran la distracción de la
mañana. Lucía le aconsejó que se hiciera cortar el pelo a la americana; él le habló
un rato de Xiros, pero después comprendió que ella prefería el vodka-lime del
80 Hilton. El tiempo se iba en cosas así, en infinitas bandejas de comida, cada una
con la sonrisa a la que tenía derecho el pasajero. En los viajes de vuelta el avión
sobrevolaba Xiros a las ocho de la mañana; el sol daba contra las ventanillas de
babor y dejaba apenas entrever la tortuga dorada; Marini prefería esperar los
mediodías del vuelo de ida, sabiendo que entonces podía quedarse un largo mi-
85 nuto contra la ventanilla mientras Lucía (y después Felisa) se ocupaba un poco
irónicamente del trabajo. Una vez sacó una foto de Xiros pero le salió borrosa; ya
sabía algunas cosas de la isla, había subrayado las raras menciones en un par de
libros. Felisa le contó que los pilotos lo llamaban el loco de la isla, y no le molestó.
Carla acababa de escribirle que había decidido no tener el niño, y Marini le envió
90 dos sueldos y pensó que el resto no le alcanzaría para las vacaciones. Carla
aceptó el dinero y le hizo saber por una amiga que probablemente se casaría con
el dentista de Treviso. Todo tenía tan poca importancia a mediodía, los lunes y
los jueves y los sábados (dos veces por mes, el domingo). Con el tiempo fue dán-
dose cuenta de que Felisa era la única que lo comprendía un poco; había un
95 acuerdo tácito para que ella se ocupara del pasaje a mediodía, apenas él se insta-
laba junto a la ventanilla de la cola. La isla era visible unos pocos minutos, pero
el aire estaba siempre tan limpio y el mar la recortaba con una crueldad tan minu-
ciosa que los más pequeños detalles se iban ajustando implacables al recuerdo del
pasaje anterior: la mancha verde del promontorio del norte, las casas plomizas,
100 las redes secándose en la arena. Cuando faltaban las redes Marini lo sentía como
un empobrecimiento, casi un insulto. Pensó en filmar el paso de la isla, para

---

[7] Embarcación menor destinada al uso de los
jefes de marina y algunas autoridades de los
puertos.

[8] Saludo que en griego significa "Buenos días".

repetir la imagen en el hotel, pero prefirió ahorrar el dinero de la cámara ya que apenas le faltaba un mes para las vacaciones. No llevaba demasiado la cuenta de los días; a veces era Tania en Beirut, a veces Felisa en Teherán, casi siempre su hermano menor en Roma, todo un poco borroso, amablemente fácil y cordial y como reemplazando otra cosa, llenando las horas antes o después del vuelo, y en el vuelo todo era también borroso y fácil y estúpido hasta la hora de ir a inclinarse sobre la ventanilla de la cola, sentir el frío cristal como un límite del acuario donde lentamente se movía la tortuga dorada en el espeso azul.

Ese día las redes se dibujaban precisas en la arena, y Marini hubiera jurado que el punto negro a la izquierda, al borde del mar, era un pescador que debía estar mirando el avión. *"Kalimera"*, pensó absurdamente. Ya no tenía sentido esperar más, Mario Merolis le prestaría el dinero que le faltaba para el viaje, en menos de tres días estaría en Xiros. Con los labios pegados al vidrio, sonrió pensando que treparía hasta la mancha verde, que entraría desnudo en el mar de las caletas del norte, que pescaría pulpos con los hombres, entendiéndose por señas y por risas. Nada era difícil una vez decidido, un tren nocturno, un primer barco, otro barco viejo y sucio, la escala en Rynos, la negociación interminable con el capitán de la falúa, la noche en el puente, pegado a las estrellas, el sabor del anís y del carnero, el amanecer entre las islas. Desembarcó con las primeras luces, y el capitán lo presentó a un viejo que debía de ser el patriarca. Klaios le tomó la mano izquierda y le habló lentamente, mirándolo en los ojos. Vinieron dos muchachos y Marini entendió que eran los hijos de Klaios. El capitán de la falúa agotaba su inglés: veinte habitantes, pulpos, pesca, cinco casas, italiano visitante pagaría alojamiento Klaios. Los muchachos rieron cuando Klaios discutió dracmas;[9] también Marini, ya amigo de los más jóvenes, mirando salir el sol sobre un mar menos oscuro que desde el aire, una habitación pobre y limpia, un jarro de agua, olor a salvia[10] y a piel curtida.

Lo dejaron solo para irse a cargar la falúa, y después de quitarse a manotazos la ropa de viaje y ponerse un pantalón de baño y unas sandalias, echó a andar por la isla. Aún no se veía a nadie, el sol cobraba lentamente impulso y de los matorrales crecía un olor sutil, un poco ácido, mezclado con el yodo del viento. Debían ser las diez cuando llegó al promontorio del norte y reconoció la mayor de las caletas. Prefería estar solo aunque le hubiera gustado más bañarse en la playa de arena; la isla lo invadía y lo gozaba con una tal intimidad que no era capaz de pensar o de elegir. La piel le quemaba de sol y de viento cuando se desnudó para tirarse al mar desde una roca; el agua estaba fría y le hizo bien, se dejó llevar por corrientes insidiosas hasta la entrada de una gruta, volvió más afuera, se abandonó de espaldas, lo aceptó todo en un solo acto de conciliación que era también un nombre para el futuro. Supo sin la menor duda que no se iría de la isla, que de alguna manera iba a quedarse para siempre en la isla. Alcanzó a imaginar a su hermano, a Felisa, sus caras cuando supieran que se había quedado a vivir de la pesca en un peñón solitario. Ya los había olvidado cuando giró sobre sí mismo para nadar hacia la orilla.

---

[9] Nombre dado a la moneda griega.

[10] Planta de hojas lanceoladas y flores grandes, violáceas. Con sus hojas se prepara una infusión que tiene propiedades medicinales.

145    El sol lo secó en seguida, bajó hacia las casas donde dos mujeres lo miraron asombradas antes de correr a encerrarse. Hizo un saludo en el vacío y bajó hacia las redes. Uno de los hijos de Klaios lo esperaba en la playa, y Marini le señaló el mar, invitándolo. El muchacho vaciló, mostrando sus pantalones de tela y su camisa roja. Después fue corriendo hacia una de las casas, y volvió casi desnudo;

150 se tiraron juntos a un mar ya tibio, deslumbrante bajo el sol de las once. Secándose en la arena, Ionas empezó a nombrar las cosas. *"Kalimera"*, dijo Marini, y el muchacho rió hasta doblarse en dos. Después Marini repitió las frases nuevas, enseñó palabras italianas a Ionas. Casi en el horizonte, la falúa se iba empequeñeciendo; Marini sintió que ahora estaba realmente solo en la isla con Klaios y los

155 suyos. Dejaría pasar unos días, pagaría su habitación y aprendería a pescar; alguna tarde, cuando ya lo conocieran bien, les hablaría de quedarse y de trabajar con ellos. Levantándose, tendió la mano a Ionas y echó a andar lentamente hacia la colina. La cuesta era escarpada y trepó saboreando cada alto, volviéndose una y otra vez para mirar las redes en la playa, las siluetas de las mujeres que habla-

160 ban animadamente con Ionas y con Klaios y lo miraban de reojo, riendo. Cuando llegó a la mancha verde entró en un mundo donde el olor del tomillo[11] y de la salvia era una misma materia con el fuego del sol y la brisa del mar. Marini miró su reloj pulsera y después, con un gesto de impaciencia, lo arrancó de la muñeca y lo guardó en el bolsillo del pantalón de baño. No sería fácil matar al hombre

165 viejo, pero allí en lo alto, tenso de sol y de espacio, sintió que la empresa era posible. Estaba en Xiros, estaba allí donde tantas veces había dudado que pudiera llegar alguna vez. Se dejó caer de espaldas entre las piedras calientes, resistió sus aristas y sus lomos encendidos, y miró verticalmente el cielo; lejanamente le llegó el zumbido de un motor.

170    Cerrando los ojos se dijo que no miraría el avión, que no se dejaría contaminar por lo peor de sí mismo que una vez más iba a pasar sobre la isla. Pero en la penumbra de los párpados imaginó a Felisa con las bandejas, en ese mismo instante distribuyendo las bandejas, y su reemplazante, tal vez Giorgio o alguno nuevo de otra línea, alguien que también estaría sonriendo mientras alcanzaba

175 las botellas de vino o el café. Incapaz de luchar contra tanto pasado abrió los ojos y se enderezó, y en el mismo momento vio el ala derecha del avión, casi sobre su cabeza, inclinándose inexplicablemente, el cambio de sonido de las turbinas, la caída casi vertical sobre el mar. Bajó a toda carrera por la colina, golpeándose en las rocas y desgarrándose un brazo entre las espinas. La isla le

180 ocultaba el lugar de la caída, pero torció antes de llegar a la playa y por un atajo previsible franqueó la primera estribación de la colina y salió a la playa más pequeña. La cola del avión se hundía a unos cien metros, en un silencio total. Marini tomó impulso y se lanzó al agua, esperando todavía que el avión volviera a flotar; pero no se veía más que la blanda línea de las olas, una caja de

185 cartón oscilando absurdamente cerca del lugar de la caída, y casi al final, cuando ya no tenía sentido seguir nadando, una mano fuera del agua, apenas un instante, el tiempo para que Marini cambiara de rumbo y se zambullera hasta atra-

---

[11] Planta muy olorosa que crece en matas pequeñas, con flores blancas o rosadas.

par por el pelo al hombre que luchó por aferrarse a él y tragó roncamente el aire que Marini le dejaba respirar sin acercarse demasiado. Remolcándolo poco a
190 poco lo trajo hasta la orilla, tomó en brazos el cuerpo vestido de blanco, y tendiéndolo en la arena miró la cara llena de espuma donde la muerte estaba ya instalada, sangrando por una enorme herida en la garganta. De qué podía servir la respiración artificial si con cada convulsión la herida parecía abrirse un poco más y era como una boca repugnante que llamaba a Marini, lo arrancaba a su
195 pequeña felicidad de tan pocas horas en la isla, le gritaba entre borbotones algo que él ya no era capaz de oír. A toda carrera venían los hijos de Klaios y más atrás las mujeres. Cuando llegó Klaios, los muchachos rodeaban el cuerpo tendido en la arena, sin comprender cómo había tenido fuerzas para nadar a la orilla y arrastrarse desangrándose hasta ahí. "Ciérrale los ojos", pidió llorando
200 una de las mujeres. Klaios miró hacia el mar, buscando algún otro sobreviviente. Pero como siempre estaban solos en la isla, y el cadáver de ojos abiertos era lo único nuevo entre ellos y el mar.

## ■ Preguntas generales

1. ¿Qué movimientos literarios y artísticos influyeron en la formación de Cortázar como escritor? ¿Con qué tendencias se identificó en París?
2. ¿De qué modo presenta Cortázar lo fantástico? ¿Cuáles son los recursos de técnica narrativa que emplea con mayor frecuencia en sus cuentos?
3. ¿Qué nuevo tipo de novela propone? ¿Qué espera del lector?
4. ¿Cuál es la actitud de Cortázar con respecto al lenguaje, y en qué se refleja?
5. ¿Qué preocupaciones no literarias orientaron la obra de Cortázar desde la década de los sesenta?

## ■ Preguntas de análisis

1. ¿Qué sentimientos experimenta Marini como consecuencia de su trabajo? ¿De qué modo cambia su sentido de la realidad?
2. ¿Cómo están presentados los personajes femeninos?
3. ¿Cómo cree Ud. que llegó Marini a la isla?
4. ¿Qué recursos emplea el narrador para que el lector acepte el desenlace?
5. ¿Qué aspectos de la "nueva narrativa" ejemplifica el cuento?

## ■ Temas para informes escritos

1. Aspectos comunes y diferencias entre los cuentos de Cortázar y los de Borges
2. La afinidad de propósito entre Cortázar y otros creadores de la "nueva novela" hispanoamericana.
3. Convergencia de las preocupaciones existenciales y literarias en *Rayuela*.
4. Las raíces y las manifestaciones del individualismo y la rebeldía en los personajes de Cortázar.
5. La influencia de Cortázar sobre los escritores más jóvenes, como Luisa Valenzuela, Rosario Ferré y José Alcántara Almánzar.

■ Temas de reflexión y comentario

1. La autobiografía en la obra de Cortázar. Textos evocadores de la infancia y la adolescencia, o la experiencia del exilio, entre otros.
2. Las transgresiones gramaticales, sintácticas, y otras formas anticonvencionales del lenguaje cortazariano.
3. La relación entre las ideas sobre el género novelístico de Cortázar y las de la Nueva Novela francesa
4. Buenos Aires en la obra de Julio Cortázar. La imagen detenida en el recuerdo y la ciudad lejana y distinta.
5. La música de *jazz* y sus intérpretes. Paralelismo con la lectura de textos literarios.

# OCTAVIO PAZ

1914–98, Ciudad de México, México

Poeta y ensayista, Octavio Paz es una figura cumbre de las letras hispánicas. Dedicado a la poesía desde los 14 años, sus lecturas independientes lo introdujeron al estudio de las lenguas clásicas y modernas y de la literatura universal. Aunque asistió a la escuela de Artes y Letras y a la de Leyes de la Universidad Nacional Autónoma de México, no obtuvo título académico. Su excepcional cultura es el resultado de un riguroso y disciplinado esfuerzo propio de investigación, tanto en los campos de literatura y arte, así como en los de antropología y filosofía occidental y oriental. Paz publicó su primer poemario, *Luna silvestre* en 1933. En 1937 viajó a España para asistir al Segundo Congreso Internacional de Escritores para la Defensa de la Cultura, que tuvo lugar en plena Guerra Civil. Allí conoció a importantes escritores españoles (Cernuda, Alberti, Altolaguirre, Antonio Machado) e hispanoamericanos (Neruda, Huidobro, Vallejo, Carpentier). Carpentier le proporcionó meses más tarde, en París, sus primeros contactos con el ambiente surrealista. De regreso en México, Paz participó en la fundación y dirección de las revistas *Taller* (1938) y *El hijo pródigo* (1943), en las que colaboraron muchos escritores refugiados de la Guerra Civil española y donde aparecieron por primera vez en español *Une saison en enfer* de Rimbaud y *Poésies* de Lautréamont.

En 1946 Paz entró al servicio de relaciones exteriores de su país y, con excepción de los años 1953–59 que pasó en México, ocupó distintos cargos diplomáticos en los Estados Unidos, Francia, Japón, Suiza e India. En este último país fue embajador desde 1962 hasta 1968, año en que renunció al puesto y abandonó la carrera diplomática, como acto de protesta contra su gobierno por la masacre de estudiantes en la Plaza de Tlatelolco. A esta decisión siguieron dos años en París (1968–70), el regreso a México en 1971, y breves períodos de enseñanza en las universidades de Cambridge, Pittsburgh y Texas. Paz, como ya lo había hecho Henríquez Ureña, ocupó la prestigiosa cátedra Charles Eliot Norton de Harvard University (1971–72), y fue profesor de literatura comparada en la misma universidad, donde enseñó un semestre por año hasta 1980. Durante este período fue también director del suplemento literario *Plural*, publicación que abandonó por razones políticas, y luego fundó otra revista, *Vuelta,* altamente considerada en el ámbito hispánico. Recibió en 1990 el Premio Nobel de Literatura. Paz ha escrito una vasta obra poética y ensayística. Sus ensayos reflejan lucidez e inquebrantable independencia intelectual en el tratamiento de una rica y variada temática: análisis del carácter mexicano en *El laberinto de la soledad* (1950, segunda ed. revisada y ampliada, 1959); teoría literaria en *El arco y la lira* (1956, segunda ed. revisada y ampliada, 1967) y *Corriente alterna* (1967); estudios de crítica literaria en *Las peras del olmo* (1957), *Cuadrivio* (1965), *Puertas al campo* (1966) y *Los hijos del limo* (1974); puntos de vista antropológicos y filosóficos en *Claude Lévi-Strauss o El nuevo festín de Esopo* (1967), *Conjunciones y disyunciones* (1969), y *La llama doble: amor y erotismo* (1993); el arte surrealista en *Marcel Duchamp o El castillo de la pureza* (1968), corregido y ampliado luego en *Apariencia desnuda. La obra de Marcel Duchamp* (1978); reflexiones sobre el signo y la escritura en *El signo y el garabato* (1973) y *El mono gramático* (1974); nuevos aportes al estudio de sor Juana en *Sor Juana Inés de la Cruz o Las trampas de la fe* (1982); y temas político-sociales en *El ogro filantrópico* (1979) y *Tiempo nublado* (1983).

De su producción poética, las colecciones más importantes son: *Libertad bajo palabra: obra poética, 1935–1957* (1960), la cual incluye los poemas de *La estación violenta* (1958), entre ellos "Himno entre ruinas" y "Piedra de sol", donde el tiempo y los mitos aztecas se fusionan con los mitos del Occidente, en una búsqueda personal del sentido de la vida y de la propia identidad; *Salamandra, 1958–1961* (1962), *Ladera este, 1962–1968* (1969), donde se encuentra "Blanco", poema complejo e innovador, cuyas imágenes mentales convocadas por la palabra se visualizan sobre el espacio de la página; *La centena. Poemas: 1935–1968* (1969), *Pasado en claro* (1975) y *Vuelta* (1976). Según Paz, el significado de la poesía es cambiante y momentáneo; "brota del encuentro entre el poema y el lector". Del mismo modo que los autores de la nueva narrativa, el poeta concibe al lector como un partícipe de la creación literaria, cuya interpretación hace surgir significados inherentes al poema.

En "Himno entre ruinas" el título, las referencias a la estatua y a las columnas, el epígrafe de Góngora, así como el lugar y la fecha de escritura (Nápoles, 1948), indican una relación entre las "ruinas" y la historia romana. Este poema no invoca, sin embargo, las glorias del pasado a la manera de Neruda en "Alturas de Macchu Picchu", sino que presenta, alternativamente, la percepción extática de dos momentos en los que se condensan visiones y sentimientos opuestos. Tres de las siete estrofas que componen el poema (1, 3, 5) evocan el gozo de la belleza, la luz radiante y la vitalidad de las imágenes paradisíacas del mundo clásico, en oposición a tres estrofas (2, 4, 6) que presentan como degradado y caduco el mundo contemporáneo. En la séptima estrofa se alcanza la reconciliación de "las dos mitades enemigas" con la afirmación de la voluntad creadora del ser humano. Esta se encarna en las palabras "que son flores que son frutos que son actos", los que a su vez serán nuevas palabras y nuevos himnos en incesante y expansiva circularidad.

## ■ Bibliografía mínima

Bartra, Roger. *La jaula de la melancolía. Identidad y metamorfosis del mexicano.* México: Grijalbo, 1987.

Chiles, Frances. *Octavio Paz. The Mythic Dimension.* New York: Peter Lang, 1987.

Dale, Scott. "La liberación de la palabra en el 'Himno entre ruinas' de Octavio Paz". *Cuadernos Americanos* 15.5 (2001) 86–97.

Fein, John M. *Toward Octavio Paz. A Reading of His Major Poems. 1957–1976.* Lexington, Ky.: UP of Kentucky, 1986.

Paz, Octavio. *El laberinto de la soledad.* Ed. Enrico Mario Santí ("Introducción", 11–132). Madrid: Cátedra, 1993.

Pinho, Mario. *Volver a ser: Un acercamiento a la poética de Octavio Paz.* Nueva York: Peter Lang, 1997.

Quiroga, José. *Understanding Octavio Paz.* Columbia, SC: U of South Carolina P, 1999.

Rosler, Isaac. "Paz and the 'Figure' of the pachuco in *El laberinto de la soledad*". *Hispanic Journal* 21.1 (2000): 165–78.

Ruy-Sánchez, Alberto. "Octavio Paz". *Latin American Writers.* Eds. Carlos A. Solé y Maria Isabel Abreu. Vol. 2. New York: Scribner's, 1989. 1163–1176.

Scharer-Nussberger, Maya. *Octavio Paz: Trayectorias y visiones.* México. FCE, 1989.

Valdés, Mario J., ed. *Revista Canadiense de Estudios Hispánicos* 16.3 (1992). Número dedicado a la obra de Octavio Paz.

Zea, Leopoldo. "Octavio Paz: Identidad y modernidad". *Cuadernos Americanos* 12.4 (1998): 11–22.

# El laberinto de la soledad (1959)

## III

### TODOS SANTOS, DIA DE MUERTOS

El solitario mexicano ama las fiestas y las reuniones públicas. Todo es ocasión para reunirse. Cualquier pretexto es bueno para interrumpir la marcha del tiempo y celebrar con festejos y ceremonias hombres y acontecimientos. Somos un pueblo ritual. Y esta tendencia beneficia a nuestra imaginación tanto
5 como a nuestra sensibilidad, siempre afinadas y despiertas. El arte de la Fiesta; envilecido en casi todas partes, se conserva intacto entre nosotros. En pocos lugares del mundo se puede vivir un espectáculo parecido al de las grandes fiestas religiosas de México, con sus colores violentos, agrios y puros, sus danzas, ceremonias, fuegos de artificio, trajes insólitos y la inagotable cascada de sorpresas
10 de los frutos, dulces y objetos que se venden esos días en plazas y mercados.

Nuestro calendario está poblado de fiestas. Ciertos días, lo mismo en los lugarejos más apartados que en las grandes ciudades, el país entero reza, grita, come, se emborracha y mata en honor de la Virgen de Guadalupe o del general Zaragoza. Cada año, el 15 de septiembre a las once de la noche, en todas las
15 plazas de México celebramos la Fiesta del Grito;[1] y una multitud enardecida efectivamente grita por espacio de una hora, quizá para callar mejor el resto del año. Durante los días que preceden y suceden al 12 de diciembre, el tiempo suspende su carrera, hace un alto y en lugar de empujarnos hacia un mañana siempre inalcanzable y mentiroso, nos ofrece un presente redondo y perfecto, de danza y
20 juerga, de comunión y comilona con lo más antiguo y secreto de México. El tiempo deja de ser sucesión y vuelve a ser lo que fue, y es, originariamente: un presente en donde pasado y futuro al fin se reconcilian.

Pero no bastan las fiestas que ofrecen a todo el país la Iglesia y la República. La vida de cada ciudad y de cada pueblo está regida por un santo, al que se festeja con devoción y regularidad. Los barrios y los gremios tienen también sus
25

---

[1] La celebración anual del *Grito de Dolores* conmemora la rebelión del cura Miguel Hidalgo en Dolores (Estado de Guanajato) en 1811 contra los españoles. El 15 de septiembre es tradicionalmente el Día de la Independencia en México.

fiestas anuales, sus ceremonias y sus ferias. Y, en fin, cada uno de nosotros—
ateos, católicos o indiferentes—poseemos nuestro santo, al que cada año hon-
ramos. Son incalculables las fiestas que celebramos y los recursos y tiempo que
gastamos en festejar. Recuerdo que hace años pregunté al presidente municipal
30 de un poblado vecino a Mitla.[2] "¿A cuánto ascienden los ingresos del Municipio
por contribuciones?" "A unos tres mil pesos anuales. Somos muy pobres. Por eso
el señor gobernador y la Federación nos ayudan cada año a completar nuestros
gastos." "¿Y en qué utilizan esos tres mil pesos?" "Pues casi todo en fiestas, señor.
Chico como lo ve, el pueblo tiene dos santos patronos."

35      Esa respuesta no es asombrosa. Nuestra pobreza puede medirse por el
número y suntuosidad de las fiestas populares. Los países ricos tienen pocas: no
hay tiempo, ni humor. Y no son necesarias; las gentes tienen otras cosas que hacer
y cuando se divierten lo hacen en grupos pequeños. Las masas modernas son
aglomeraciones de solitarios. En las grandes ocasiones, en París o en Nueva York,
40 cuando el público se congrega en plazas o estadios, es notable la ausencia de
pueblo: se ven parejas y grupos, nunca una comunidad viva en donde la persona
humana se disuelve y rescata simultáneamente. Pero un pobre mexicano ¿como
podría vivir sin esas dos o tres fiestas anuales que lo compensan de su estrechez
y de su miseria? Las fiestas son nuestro único lujo; ellas sustituyen, acaso con
45 ventaja, al teatro y a las vacaciones, al *week end* y al *cocktail party* de los sajones, a
las recepciones de la burguesía y al café de los mediterráneos.

En esas ceremonias—nacionales, locales, gremiales o familiares—el mexicano se abre al exterior. Todas ellas le dan ocasión de revelarse y dialogar con la
divinidad, la patria, los amigos o los parientes. Durante esos días el silencioso
50 mexicano silba, grita, canta, arroja petardos, descarga su pistola al aire. Descarga
su alma. Y su grito, como los cohetes que tanto nos gustan, sube hasta el cielo,
estalla en una explosión verde, roja, azul y blanca y cae vertiginoso dejando
una cauda[3] de chispas doradas. Esa noche los amigos, que durante meses no pro-
nunciaron más palabras que las prescritas por la indispensable cortesía, se em-
55 borrachan juntos, se hacen confidencias, lloran las mismas penas, se descubren
hermanos y a veces, para probarse, se matan entre sí. La noche se puebla de canciones y aullidos. Los enamorados despiertan con orquestas a las muchachas.
Hay diálogos y burlas de balcón a balcón, de acera a acera. Nadie habla en voz
baja. Se arrojan los sombreros al aire. Las malas palabras y los chistes caen como
60 cascadas de pesos fuertes. Brotan las guitarras. En ocasiones, es cierto, la alegría
acaba mal: hay riñas, injurias, balazos, cuchilladas. También eso forma parte de
la fiesta. Porque el mexicano no se divierte: quiere sobrepasarse, saltar el muro
de soledad que el resto del año lo incomunica. Todos están poseídos por la violencia y el frenesí.[4] Las almas estallan como los colores, las voces, los sentimien-
65 tos. ¿Se olvidan de sí mismos, muestran su verdadero rostro? Nadie lo sabe. Lo
importante es salir, abrirse paso, embriagarse[5] de ruido, de gente, de color.

---

[2] Zona arqueológica en el estado de Oaxaca,
cerca de Tlacoluca. Su nombre significa
"ciudad de las flechas, o de los guerreros".
[3] Cola.

[4] Exaltación violenta de una pasión, delirio.
[5] Emborracharse, llenarse de algo, perder la
serenidad o el equilibrio.

México está de fiesta. Y esa Fiesta, cruzada por relámpagos y delirios, es como el revés brillante de nuestro silencio y apatía, de nuestra reserva y hosquedad.[6]

Algunos sociólogos franceses consideran a la Fiesta como un gasto ritual.
70 Gracias al derroche,[7] la colectividad se pone al abrigo de la envidia celeste y humana. Los sacrificios y las ofrendas calman o compran a dioses y santos patronos; las dádivas[8] y festejos, al pueblo. El exceso en el gastar y el desperdicio de energías afirman la opulencia de la colectividad. Ese lujo es una prueba de salud, una exhibición de abundancia y poder. O una trampa mágica. Porque con el de-
75 rroche se espera atraer, por contagio, a la verdadera abundancia. Dinero llama a dinero. La vida que se riega, da más vida; la orgía, gasto sexual, es también una ceremonia de regeneración genésica;[9] y el desperdicio, fortalece. Las ceremonias de fin de año, en todas las culturas, significan algo más que la conmemoración de una fecha. Ese día es una pausa; efectivamente el tiempo se acaba, se extingue.
80 Los ritos que celebran su extinción están destinados a provocar su renacimiento: la fiesta del fin de año es también la del año nuevo, la del tiempo que empieza. Todo atrae a su contrario. En suma, la función de la Fiesta es más ultilitaria de lo que se piensa; el desperdicio atrae o suscita la abundancia y es una inversión como cualquiera otra. Sólo que aquí la ganancia no se mide, ni cuenta. Se trata de
85 adquirir potencia, vida y salud. En este sentido la Fiesta es una de las formas económicas más antiguas, con el don y la ofrenda.

Esta interpretación me ha parecido siempre incompleta. Inscrita en la órbita de lo sagrado, la Fiesta es ante todo el advenimiento de lo insólito.[10] La rigen reglas especiales, privativas, que la aíslan y hacen un día de excepción. Y con ella
90 se introduce una lógica, una moral, y hasta una economía que frecuentemente contradicen las de todos los días. Todo ocurre en un mundo encantado; el tiempo es *otro tiempo* (situado en un pasado mítico o en una actualidad pura); el espacio en que se verifica cambia de aspecto, se desliga del resto de la tierra, se engalana[11] y convierte en un "sitio de fiesta" (en general se escogen lugares espe-
95 ciales o poco frecuentados); los personajes que intervienen abandonan su rango humano o social y se transforman en vivas, aunque efímeras, representaciones. Y todo pasa como si no fuera cierto, como en los sueños. Ocurra lo que ocurra, nuestras acciones poseen mayor ligereza, una gravedad distinta: asumen significaciones diversas y contraemos con ellas responsabilidades singulares. Nos ali-
100 geramos de nuestra carga de tiempo y razón.

En ciertas fiestas desaparece la noción misma de Orden. El caos regresa y reina la licencia. Todo se permite: desaparecen las jerarquías habituales, las distinciones sociales, los sexos, las clases, los gremios. Los hombres se disfrazan de mujeres, los señores de esclavos, los pobres de ricos. Se ridiculiza al ejército, al
105 clero, a la magistratura. Gobiernan los niños o los locos. Se cometen profanaciones rituales, sacrilegios obligatorios. El amor se vuelve promiscuo. A veces la Fiesta se convierte en Misa Negra. Se violan reglamentos, hábitos, costumbres. El individuo respetable arroja su máscara de carne y la ropa oscura que lo aísla y, vestido de colorines, se esconde en una careta, que lo libera de sí mismo.

---

[6] Cualidad de hosco. Actitud poco sociable.
[7] Gasto excesivo.
[8] Donaciones.

[9] Fecundadora.
[10] Extraordinario, desacostumbrado.
[11] Engalanar: arreglar con galas o adornos.

110    Así pues, la Fiesta no es solamente un exceso, un desperdicio ritual de los bienes penosamente acumulados durante todo el año; también es una revuelta, una súbita inmersión en lo informe, en la vida pura. A través de la Fiesta la sociedad se libera de las normas que se ha impuesto. Se burla de sus dioses, de sus principios y de sus leyes: se niega a sí misma.

115    La Fiesta es una Revuelta,[12] en el sentido literal de la palabra. En la confusión que engendra, la sociedad se disuelve, se ahoga, en tanto que organismo regido conforme a ciertas reglas y principios. Pero se ahoga en sí misma, en su caos o libertad original. Todo se comunica; se mezcla el bien con el mal, el día con la noche, lo santo con lo maldito. Todo cohabita, pierde forma, singularidad, y
120 vuelve al amasijo primordial.[13] La Fiesta es una operación cósmica: la experiencia del Desorden, la reunión de los elementos y principios contrarios para provocar el renacimiento de la vida. La muerte ritual suscita[14] el renacer; el vómito, el apetito; la orgía, estéril en sí misma, la fecundidad de las madres o de la tierra. La Fiesta es un regreso a un estado remoto e indiferenciado, prenatal o presocial,
125 por decirlo así. Regreso que es también un comienzo, según quiere la dialéctica inherente a los hechos sociales.

El grupo sale purificado y fortalecido de ese baño de caos. Se ha sumergido en sí, en la entraña misma de donde salió. Dicho de otro modo, la Fiesta niega a la sociedad en tanto que conjunto orgánico de formas y principios diferenciados,
130 pero la afirma en cuanto fuente de energía y creación. Es una verdadera recreación, al contrario de lo que ocurre con las vacaciones modernas, que no entrañan rito o ceremonia alguna, individuales y estériles como el mundo que las ha inventado.

La sociedad comulga consigo misma en la Fiesta. Todos sus miembros vuel-
135 ven a la confusión y libertad originales. La estructura social se deshace y se crean nuevas formas de relación, reglas inesperadas, jerarquías caprichosas. En el desorden general, cada quien se abandona y atraviesa por situaciones y lugares que habitualmente le estaban vedados.[15] Las fronteras entre espectadores y actores, entre oficiantes y asistentes, se borran. Todos forman parte de la Fiesta, todos se
140 disuelven en su torbellino. Cualquiera que sea su índole, su carácter, su significado, la Fiesta es participación. Este rasgo la distingue finalmente de otros fenómenos y ceremonias: laica[16] o religiosa, orgía o saturnal,[17] la Fiesta es un hecho social basado en la activa participación de los asistentes.

Gracias a las Fiestas el mexicano se abre, participa, comulga con sus seme-
145 jantes y con los valores que dan sentido a su existencia religiosa o política. Y es significativo que un país tan triste como el nuestro tenga tantas y tan alegres fiestas. Su frecuencia, el brillo que alcanzan, el entusiasmo con que todos participamos, parecen revelar que, sin ellas, estallaríamos. Ellas nos liberan, así sea momentáneamente, de todos esos impulsos sin salida y de todas esas materias
150 inflamables que guardamos en nuestro interior. Pero a diferencia de lo que ocurre

---

[12] Revuelta. (Del lat. "revoluta", participio de "revolvere"). Paz alude aquí al significado de mezcla o desorden que tiene la palabra.
[13] Mezcla, argamasa primitiva, del principio.
[14] Suscitar: promover, provocar.

[15] Prohibidos.
[16] Secular, no religiosa.
[17] Originalmente relacionada con Saturno, dios de la mitología romana. Bacanal, orgía.

en otras sociedades, la Fiesta mexicana no es nada más un regreso a un estado original de indiferenciación y libertad; el mexicano no intenta regresar, sino salir de sí mismo, sobrepasarse. Entre nosotros la Fiesta es una explosión, un estallido. Muerte y vida, júbilo y lamento, canto y aullido[18] se alían en nuestros festejos, no
155 para recrearse o reconocerse, sino para entredevorarse. No hay nada más alegre que una fiesta mexicana, pero también no hay nada más triste. La noche de fiesta es también noche de duelo.

Si en la vida diaria nos ocultamos a nosotros mismos, en el remolino[19] de la Fiesta nos disparamos. Más que abrirnos, nos desgarramos. Todo termina en
160 alarido y desgarradura: el canto, el amor, la amistad. La violencia de nuestros festejos muestra hasta qué punto nuestro hermetismo nos cierra las vías de comunicación con el mundo. Conocemos el delirio, la canción, el aullido y el monólogo, pero no el diálogo. Nuestras Fiestas, como nuestras confidencias, nuestros amores y nuestras tentativas por reordenar nuestra sociedad, son rupturas vio-
165 lentas con lo antiguo o con lo establecido. Cada vez que intentamos expresarnos, necesitamos romper con nosotros mismos. Y la Fiesta sólo es un ejemplo, acaso el más típico, de ruptura violenta. No sería dificil enumerar otros, igualmente reveladores: el juego, que es siempre un ir a los extremos, mortal con frecuencia; nuestra prodigalidad[20] en el gastar, reverso de la timidez de nuestras inversiones
170 y empresas económicas; nuestras confesiones. El mexicano, ser hosco, encerrado en sí mismo, de pronto estalla, se abre el pecho y se exhibe, con cierta complacencia y deteniéndose en los repliegues vergonzosos o terribles de su intimidad. No somos francos, pero nuestra sinceridad puede llegar a extremos que horrorizarían a un europeo. La manera explosiva y dramática, a veces suicida, con
175 que nos desnudamos y entregamos, inermes casi, revela que algo nos asfixia y cohibe. Algo nos impide ser. Y porque no nos atrevemos o no podemos enfrentarnos con nuestro ser, recurrimos a la Fiesta. Ella nos lanza al vacío, embriaguez que se quema a sí misma, disparo en el aire, fuego de artificio.

La muerte es un espejo que refleja las vanas gesticulaciones de la vida. Toda
180 esa abigarrada[21] confusión de acros, omisiones, arrepentimientos y tentativas— obras y sobras—que es cada vida, encuentra en la muerte, ya que no sentido o explicación, fin. Frente a ella nuestra vida se dibuja e inmoviliza. Antes de desmoronarse y hundirse en la nada, se esculpe y vuelve forma inmutable: ya no cambiaremos sino para desaparecer. Nuestra muerte ilumina nuestra vida. Si nues-
185 tra muerte carece de sentido, tampoco lo tuvo nuestra vida. Por eso cuando alguien muere de muerte violenta, solemos decir: "se la buscó". Y es cierto, cada quien tiene la muerte que se busca, la muerte que se hace. Muerte de cristiano o muerte de perro son maneras de morir que reflejan maneras de vivir. Si la muerte nos traiciona y morimos de mala manera, todos se lamentan: hay que morir como se
190 vive. La muerte es intransferible, como la vida. Si no morimos como vivimos es porque realmente no fue nuestra la vida que vivimos: no nos pertenecía como no nos pertenece la mala suerte que nos mata. Dime cómo mueres y te diré quien eres.

---

[18] Sonido producido al aullar o bramar: grito quejumbroso emitido por algunos animales como el lobo.

[19] Torbellino.
[20] Derroche, despilfarro.
[21] Heterogénea, mezclada.

Para los antiguos mexicanos la oposición entre muerte y vida no era tan absoluta como para nosotros. La vida se prolongaba en la muerte. Y a la inversa. La muerte no era el fin natural de Ja vida, sino fase de un ciclo infinito. Vida, muerte y resurrección eran estadios de un proceso cósmico, que se repetía insaciable. La vida no tenía función más alta que desembocar en la muerte, su contrario y complemento; y la muerte, a su vez, no era un fin en sí; el hombre alimentaba con su muerte la voracidad de la vida, siempre insatisfecha. El sacrificio poseía un doble objeto: por una parte, el hombre accedía al proceso creador (pagando a los dioses, simultáneamente, la deuda contraída por la especie); por la otra, alimentaba la vida cósmica y la social, que se nutría de la primera.

Posiblemente el rasgo más característico de esta concepción es el sentido impersonal del sacrificio. Del mismo modo que su vida no les pertenecía, su muerte carecía de todo propósito personal. Los muertos—incluso los guerreros caídos en el combate y las mujeres muertas en el parto, compañeros de Huitzilopochtli,[22] el dios solar—desaparecían al cabo de algún tiempo, ya para volver al país indiferenciado de las sombras, ya para fundirse al aire, a la tierra, al fuego, a la sustancia animadora del universo. Nuestros antepasados indígenas no creían que su muerte les pertenecía, como jamás pensaron que su vida fuese realmente "su vida", en el sentido cristiano de la palabra. Todo se conjugaba para determinar, desde el nacimiento, la vida y la muerte de cada hombre: la clase social, el año, el lugar, el día, la hora. El azteca era tan poco responsable de sus actos como de su muerte.

Espacio y tiempo estaban ligados y formaban una unidad inseparable. A cada espacio, a cada uno de los puntos cardinales, y al centro en que se inmovilizaban, correspondía un "tiempo" particular. Y este complejo de espacio-tiempo poseía virtudes y poderes propios, que influían y determinaban profundamente la vida humana. Nacer un día cualquiera, era pertenecer a un espacio, a un tiempo, a un color y a un destino. Todo estaba previamente trazado. En tanto que nosotros disociamos espacio y tiempo, meros escenarios que atraviesan nuestras vidas, para ellos había tantos "espacios-tiempos" como combinaciones poseía el calendario sacerdotal. Y cada uno estaba dotado de una significación cualitativa particular, superior a la voluntad humana.

Religión y destino regían su vida, como moral y libertad presiden la nuestra. Mientras nosotros vivimos bajo el signo de la libertad y todo—aun la fatalidad griega y la gracia de los teólogos—es elección y lucha, para los aztecas el problema se reducía a investigar la no siempre clara voluntad de los dioses. De ahí la importancia de las prácticas adivinatorias. Los únicos libres eran los dioses. Ellos podían escoger—y, por lo tanto, en un sentido profundo, pecar. La religión azteca está llena de grandes dioses pecadores—Quetzalcóatl,[23] como ejemplo máximo—, dioses que desfallecen y pueden abandonar a sus creyentes, del mismo modo que los cristianos reniegan a veces de su Dios. La conquista

---

[22] Dios azteca del sol y de la guerra.

[23] Dios tolteca cuyo nombre significa Serpiente Emplumada; es conocido como dador de la vida por haber enseñado a su pueblo a cultivar el maíz, y por haberse opuesto a los sacrificios humanos. Fue derrotado por Tezcatlipoca quien, según algunas versiones, hizo que un enviado suyo lo emborrachara. Avergonzado ante su propia gente, viejo y vencido, Quetzalcoatl abandonó a Tula.

235 de México sería inexplicable sin la traición de los dioses, que reniegan de su pueblo.

El advenimiento del catolicismo modifica radicalmente esta situación. El sacrificio y la idea de salvación, que antes eran colectivos, se vuelven personales. La libertad se humaniza. Encarna en los hombres. Para los antiguos aztecas lo 240 esencial era asegurar la continuidad de la creación; el sacrificio no entrañaba la salvación ultraterrena, sino la salud cósmica; el mundo, y no el individuo, vivía gracias a la sangre y la muerte de los hombres. Para los cristianos, el individuo es lo que cuenta. El mundo—la historia, la sociedad—está condenado de antemano. La muerte de Cristo salva a cada hombre en particular. Cada uno de nosotros es 245 el Hombre y en cada uno están depositadas las esperanzas y posibilidades de la especie. La redención es obra personal.

Ambas actitudes, por más opuestas que nos parezcan, poseen una nota común: la vida, colectiva o individual, está abierta a la perspectiva de una muerte que es, a su modo, una nueva vida. La vida sólo se justifica y trasciende cuando 250 se realiza en la muerte. Y esta también es trascendencia, más allá, puesto que consiste en una nueva vida. Para los cristianos la muerte es un tránsito, un salto mortal entre dos vidas, la temporal y la ultraterrena; para los aztecas, la manera más honda de participar en la continua regeneración de las fuerzas creadoras, siempre en peligro de extinguirse si no se les provee de sangre, alimento sagrado. En 255 ambos sistemas, vida y muerte carecen de autonomía; son las dos caras de una misma realidad. Toda su significación proviene de otros valores, que las rigen. Son referencias a realidades invisibles.

La muerte moderna no posee ninguna significación que la trascienda o refiera a otros valores. En casi todos los casos es, simplemente, el fin inevitable de 260 un proceso natural. En un mundo de hechos, la muerte es un hecho más. Pero como es un hecho desagradable, un hecho que pone en tela de juicio todas nuestras concepciones y el sentido mismo de nuestra vida, la filosofía del progreso (¿el progreso hacia dónde y desde dónde?, se pregunta Scheler[24]) pretende escamotearnos su presencia. En el mundo moderno todo funciona como si la 265 muerte no existiera. Nadie cuenta con ella. Todo la suprime: las prédicas de los políticos, los anuncios de los comerciantes, la moral pública, las costumbres, la alegría a bajo precio y la salud al alcance de todos que nos ofrecen hospitales, farmacias y campos deportivos. Pero la muerte, ya no como tránsito, sino como gran boca vacía que nada sacia, habita todo lo que emprendemos. El siglo de la salud, 270 la higiene, los anticonceptivos, las drogas milagrosas y los alimentos sintéticos, es también el siglo de los campos de concentración, del Estado policíaco, de la exterminación atómica y del *murder story*. Nadie piensa en la muerte, en su muerte propia, como quería Rilke,[25] porque nadie vive una vida personal. La matanza colectiva no es sino el fruto de la colectivización de la vida.

275 También para el mexicano moderno la muerte carece de significación. Ha dejado de ser tránsito, acceso a otra vida más vida que la nuestra. Pero la intrascendencia de la muerte no nos lleva a eliminarla de nuestra vida diaria. Para

---

[24] Max Scheler (1874–1928): filósofo alemán.
[25] En su diario poético *Cuadernos de Malte Laurids Brigge* (1924), el poeta alemán Rainer María Rilke (1875–1926) imagina una muerte individualizada dentro de cada ser como forma exaltada de la individualidad.

el habitante de Nueva York, París o Londres, la muerte es la palabra que jamás se pronuncia porque quema los labios. El mexicano, en cambio, la frecuenta, la
280 burla, la acaricia, duerme con ella, la festeja, es uno de sus juguetes favoritos y su amor más permanente. Cierto, en su actitud hay quizá tanto miedo como en la de los otros: mas al menos no se esconde ni la esconde; la contempla cara a cara con impaciencia, desdén o ironía: "si me han de matar mañana, que me maten de una vez."[26]

285 La indiferencia del mexicano ante la muerte se nutre de su indiferencia ante la vida. El mexicano no solamente postula la intrascendencia del morir, sino la del vivir. Nuestras canciones, refranes, fiestas y reflexiones populares manifiestan de una manera inequívoca que la muerte no nos asusta porque "la vida nos ha curado de espanto". Morir es natural y hasta deseable; cuanto más pronto, mejor.
290 Nuestra indiferencia ante la muerte es la otra cara de nuestra indiferencia ante la vida. Matamos porque la vida, la nuestra y la ajena, carece de valor. Y es natural que así ocurra: vida y muerte son inseparables y cada vez que la primera pierde significación, la segunda se vuelve intrascendente. La muerte mexicana es el espejo de la vida de los mexicanos. Ante ambas el mexicano se cierra, las ignora.

295 El desprecio a la muerte no está reñido con el culto que le profesamos. Ella está presente en nuestras fiestas, en nuestros juegos, en nuestros amores y en nuestros pensamientos. Morir y matar son ideas que pocas veces nos abandonan. La muerte nos seduce. La fascinación que ejerce sobre nosotros quizá brote de nuestro hermetismo y de la furia con que lo rompemos. La presión de nuestra vi-
300 talidad, constreñida a expresarse en formas que la traicionan, explica el carácter mortal, agresivo o suicida, de nuestras explosiones. Cuando estallamos, además, tocamos el punto más alto de la tensión, rozamos el vértice vibrante de la vida. Y allí, en la altura del frenesí, sentimos el vertigo: la muerte nos atrae.

Por otra parte, la muerte nos venga de la vida, la desnuda de todas sus
305 vanidades y pretensiones y la convierte en lo que es: unos huesos mondos y una mueca espantable. En un mundo cerrado y sin salida, en donde todo es muerte, lo único valioso es la muerte. Pero afirmamos algo negativo. Calaveras de azúcar o de papel de China, esqueletos coloridos de fuegos de artificio, nuestras representaciones populares son siempre burla de la vida, afirmación de la nadería e in-
310 significancia de la humana existencia. Adornamos nuestras casas con cráneos, comemos el día de los Difuntos panes que fingen huesos y nos divierten canciones y chascarrillos[27] en los que ríe la muerte pelona, pero toda esa fanfarrona[28] familiaridad no nos dispensa de la pregunta que todos nos hacemos: ¿qué es la muerte? No hemos inventado una nueva respuesta. Y cada vez que nos la pre-
315 guntamos, nos encogemos de hombros: ¿qué me importa la muerte, si no me importa la vida?

El mexicano, obstinadamente cerrado ante el mundo y sus semejantes, ¿se abre ante la muerte? La adula, la festeja, la cultiva, se abraza a ella, definitiva-

---

[26] Cita de "La Valentina", famoso corrido de la Revolución Mexicana. El corrido es un romance popular que contiene alguna historia o aventura, se canta o se recita, y aun se baila con acompañamiento musical.

[27] Chistes, cuentecillos o narraciones que contienen un chiste.
[28] Jactanciosa, expresada con ostentación o alarde.

mente y para siempre, pero no se entrega. Todo está lejos del mexicano, todo le
320 es extraño y, en primer término, la muerte, la extraña por excelencia. El mexicano
no se entrega a la muerte, porque la entrega entraña sacrificio. Y el sacrificio, a su
vez, exige que alguien dé y alguien reciba. Esto es, que alguien se abra y se en-
care a una realidad que lo trasciende. En un mundo intrascendente, cerrado sobre sí mismo, la muerte mexicana no da ni recibe; se consume en sí misma y a sí
325 misma se satisface. Así pues, nuestras relaciones con la muerte son íntimas—más
íntimas, acaso, que las de cualquier otro pueblo—pero desnudas de significación
y desprovistas de erotismo. La muerte mexicana es estéril, no engendra como la
de aztecas y cristianos.

Nada más opuesto a esta actitud que la de europeos y norteamericanos.
330 Leyes, costumbres, moral pública y privada, tienden a preservar la vida humana.
Esta protección no impide que aparezcan cada vez con más frecuencia ingeniosos
y refinados asesinos, eficaces productores del crimen perfecto y en serie. La reite-
rada irrupción de criminales profesionales, que maduran y calculan sus asesi-
natos con una precisión inaccesible a cualquier mexicano; el placer con que
335 relatan sus experiencias, sus goces y sus procedimientos; la fascinación con que
el público y los periódicos recogen sus confesiones; y, finalmente, la reconocida
ineficacia de los sistemas de represión con que se pretende evitar nuevos
crímenes, muestran que el respeto a la vida humana que tanto enorgullece a la
civilización occidental es una noción incompleta o hipócrita.
340 El culto a la vida, si de verdad es profundo y total, es también culto a la
muerte. Ambas son inseparables. Una civilización que niega a la muerte, acaba
por negar a la vida. La perfección de los criminales modernos no es nada más
una consecuencia del progreso de la técnica moderna, sino del desprecio a la vida
inexorablemente implícito en todo voluntario escamoteo de la muerte. Y podría
345 agregarse que la perfección de la técnica moderna y la popularidad de la *murder
story* no son sino frutos (como los campos de concentración y el empleo de sistemas de exterminación colectiva) de una concepción optimista y unilateral de la
existencia. Y así, es inútil excluir a la muerte de nuestras representaciones, de
nuestras palabras, de nuestras ideas, porque ella acabará por suprimirnos a to-
350 dos y en primer término a los que viven ignorándola o fingiendo que la ignoran.
Cuando el mexicano mata—por vergüenza, placer o capricho—mata a una
persona, a un semejante. Los criminales y estadistas modernos no matan: supri-
men. Experimentan con seres que han perdido ya su calidad humana. En los
campos de concentración primero se degrada al hombre; una vez convertido en
355 un objeto, se le extermina en masa. El criminal típico de la gran ciudad—más allá
de los móviles concretos que lo impulsan—realiza en pequeña escala lo que el
caudillo moderno hace en grande. También a su modo experimenta: envenena,
disgrega cadáveres con ácidos, incinera despojos, convierte en objeto a su víctima. La antigua relación entre víctima y victimario, que es lo único que huma-
360 niza al crimen, lo único que lo hace imaginable, ha desaparecido. Como en las
novelas de Sade,[29] no hay ya sino verdugos y objetos, instrumentos de placer y
destrucción. Y la inexistencia de la víctima hace más intolerable y total la infinita

---

[29] Conde Donatien Alphonse François Sade
(1749–1814), más conocido como el Marqués de

Sade, autor francés de escritos eróticos y
filosóficos.

soledad del victimario. Para nosotros el crimen es todavía una relación—y en ese sentido posee el mismo significado liberador que la Fiesta o la confesión. De ahí su dramatismo, su poesía y—¿por qué no decirlo?—su grandeza. Gracias al crimen, accedemos a una efímera trascendencia.

En los primeros versos de la *Octava elegía de Duino,* Rilke dice que la criatura—el ser en su inocencia animal—contempla lo Abierto, al contrario de nosotros, que jamás vemos hacia adelante, hacia lo absoluto. El miedo nos hace volver el rostro, darle la espalda a la muerte. Y al negarnos a contemplarla, nos cerramos fatalmente a la vida, que es una totalidad que la lleva en sí. Lo Abierto es el mundo en donde los contrarios se reconcilian y la luz y la sombra se funden. Esta concepción tiende a devolver a la muerte su sentido original, que nuestra época le ha arrebatado: muerte y vida son contrarios que se complementan. Ambas son mitades de una esfera que nosotros, sujetos a tiempo y espacio, no podemos sino entrever. En el mundo prenatal, muerte y vida se confunden; en el nuestro, se oponen; en el más allá, vuelven a reunirse, pero ya no en la ceguera animal, anterior al pecado y a la conciencia, sino como inocencia reconquistada. El hombre puede trascender la oposición temporal que las escinde—y que no reside en ellas, sino en su conciencia—y percibirlas como una unidad superior. Este conocimiento no se opera sino a través de un desprendimiento: la criatura debe renunciar a su vida temporal y a la nostalgia del limbo, del mundo animal. Debe abrirse a la muerte si quiere abrirse a la vida; entonces "será como los ángeles".

Así, frente a la muerte hay dos actitudes: una, hacia adelante, que la concibe como creación; otra, de regreso, que se expresa como fascinación ante la nada o como nostalgia del limbo. Ningún poeta mexicano o hispanoamericano, con la excepción, acaso, de César Vallejo, se aproxima a la primera de estas dos concepciones. En cambio, dos poetas mexicanos, José Gorostiza y Xavier Villaurrutia,[30] encarnan la segunda de estas dos direcciones. Si para Gorostiza la vida es "una muerte sin fin," un continuo despeñarse en la nada, para Villaurrutia la vida no es más que "nostalgia de la muerte".

La afortunada imagen que da título al libro de Villaurrutia, *Nostalgia de la muerte,* es algo más que un acierto verbal. Con él, su autor quiere señalarnos la significación última de su poesía. La muerte como nostalgia y no como fruto o fin de la vida, equivale a afirmar que no venimos de la vida, sino de la muerte. Lo antiguo y original, la entraña materna, es la huesa[31] y no la matriz.[32] Esta aseveración corre el riesgo de parecer una vana paradoja o la reiteración de un viejo lugar común: todos somos polvo y vamos al polvo. Creo, pues, que el poeta desea encontrar en la muerte (que es, en efecto, nuestro origen) una revelación que la vida temporal no le ha dado: la de la verdadera vida. Al morir,

> la aguja del instantero
> recorrerá su cuadrante
> todo cabrá en un instante
> …

---

[30] José Gorostiza (1903–50) y Xavier Villaurrutia (1901–66) son dos de los más importantes poetas del grupo Contemporáneos (ver Introducción al Cap. IV).

[31] Fosa, sepultura.
[32] Utero.

405    y será posible acaso
       vivir, después de haber muerto.[33]

Regresar a la muerte original será volver a la vida de antes de la vida, a la vida de antes de la muerte: al limbo, a la entraña materna.

*Muerte sin fin*, el poema de José Gorostiza, es quizá el más alto testimonio
410 que poseemos los hispanoamericanos de una conciencia verdaderamente moderna, inclinada sobre sí misma, presa de sí, de su propia claridad cegadora. El poeta, al mismo tiempo lúcido y exasperado, desea arrancar su máscara a la existencia, para contemplarla en su desnudez. El diálogo entre el mundo y el hombre, viejo como la poesía y el amor, se transforma en el del agua y el vaso que
415 la ciñe, el del pensamiento y la forma en que se vierte y a la que acaba por corroer. Preso en las apariencias—árboles y pensamientos, piedras y emociones, días y noches, crepúsculos, no son sino metáforas, cintas de colores—el poeta advierte que el soplo que hincha la sustancia, la modela y la erige Forma, es el mismo que la carcome y arruga y destrona. En este drama sin personajes, pues todos son
420 nada más reflejos, disfraces de un suicida que dialoga consigo mismo en un lenguaje de espejos y ecos, tampoco la inteligencia es otra cosa que reflejo, forma, y la más pura, de la muerte, de una muerte enamorada de sí misma. Todo se despeña en su propia claridad, todo se anega en su fulgor, todo se dirige hacia esa *muerte* transparente: la vida no es sino una metáfora, una invención con que la
425 muerte—¡también ella!—quiere engañarse. El poema es el tenso desarrollo del viejo tema de Narciso[34]—al que, por otra parte, no se alude una sola vez en el texto. Y no solamente la conciencia se contempla a sí misma en sus aguas transparentes y vacías, espejo y ojo al mismo tiempo, como en el poema de Valéry[35] la nada, que se miente forma y vida, respiración y pecho, que se finge corrupción y
430 muerte, termina por desnudarse y, ya vacía, se inclina sobre sí misma: se enamora de sí, cae en sí, incansable muerte sin fin.

En suma, si en la Fiesta, la borrachera o la confidencia nos abrimos, lo hacemos con tal violencia que nos desgarramos y acabamos por anularnos. Y ante la muerte, como ante la vida, nos alzamos de hombros y le oponemos un silencio o
435 una sonrisa desdeñosa. La Fiesta y el crimen pasional o gratuito, revelan que el equilibrio de que hacemos gala[36] solo es una máscara, siempre en peligro de ser desgarrada por una súbita explosión de nuestra intimidad.

Todas estas actitudes indican que el mexicano siente, en sí mismo y en la carne del país, la presencia de una mancha, no por difusa menos viva, original e
440 imborrable. Todos nuestros gestos tienden a ocultar esa llaga, siempre fresca, siempre lista a encenderse y arder bajo el sol de la mirada ajena.

Ahora bien, todo desprendimiento provoca una herida. A reserva de indagar cómo y en qué momento se produjo ese desprendimiento, debo apuntar que

---

[33] Cita de los versos 1–2 y 9–10 de la décima VI de "Décima muerte", en *Nostalgia de la muerte* (1938) de Villaurrutia.
[34] Narciso: en la mitología griega, el joven que se enamoró de sí mismo mirándose en las aguas de una fuente y se precipitó al fondo de

ésta. Fue convertido en la flor que lleva su nombre.
[35] Se refiere al poema *"La jeune parque"* de Paul Valéry (1871–1945).
[36] Hacer gala de algo significa jactarse de ello.

cualquier ruptura (con nosotros mismos o con lo que nos rodea, con el pasado o
445 con el presente) engendra un sentimiento de soledad. En los casos extremos—
separación de los padres, de la Matriz o de la tierra natal, muerte de los dioses
o conciencia aguda de sí—la soledad se identifica con la orfandad. Y ambos
se manifiestan generalmente como conciencia del pecado. Las penalidades y
vergüenza que inflige el estado de separación pueden ser consideradas, gracias a
450 la introducción de las nociones de expiación y redención, como sacrificios necesarios, prendas[37] o promesas de una futura comunión que pondrá fin al exilio. La
culpa puede desaparecer, la herida cicatrizar, el exilio resolverse en comunión. La
soledad adquiere así un carácter purgativo, purificador. El solitario a aislado trasciende su soledad, la vive como una prueba y como una promesa de comunión.

455 El mexicano, según se ha visto en las descripciones anteriores, no trasciende
su soledad. Al contrario, se encierra en ella. Habitamos nuestra soledad como
Filoctetes[38] su isla, no esperando, sino temiendo volver al mundo. No soporta-
mos la presencia de nuestros compañeros. Encerrados en nosotros mismos,
cuando no desgarrados y enajenados, apuramos una soledad sin referencias a un
460 más allá redentor o a un más acá creador. Oscilamos entre la entrega y la reserva,
sin entregarnos jamás. Nuestra impasibilidad recubre la vida con la máscara de
la muerte; nuestro grito desgarra esa máscara y sube al cielo hasta distenderse,
romperse y caer como derrota y silencio. Por ambos caminos el mexicano se
cierra al mundo: a la vida y a la muerte.

# Libertad bajo palabra (1960)

### El pajaro

    Un silencio de aire, luz y cielo.
En el silencio transparente
el día reposaba:
la transparencia del espacio
5 era la transparencia del silencio.
La inmóvil luz del cielo sosegaba
el crecimiento de las yerbas.
Los bichos de la tierra, entre las piedras,
bajo una luz idéntica, eran piedras.
10 El tiempo en el minuto se saciaba.
En la quietud absorta
se consumaba el mediodía.

    Y un pájaro cantó, delgada flecha.
Pecho de plata herido vibró el cielo,
15 se movieron las hojas,
las yerbas despertaron...

---

[37] Pruebas, garantías.
[38] Guerrero griego que se distinguió en el sitio
de Troya y fue luego desterrado a la isla de
Lemnos. El tema de su soledad trágica inspiró
a Sófocles.

Y sentí que la muerte era una flecha
que no se sabe quién dispara
y en un abrir los ojos nos morimos.

### DOS CUERPOS

Dos cuerpos frente a frente
son a veces dos olas
y la noche es océano.

Dos cuerpos frente a frente
5 son a veces dos piedras
y la noche desierto.

Dos cuerpos frente a frente
son a veces raíces
en la noche enlazadas.

10 Dos cuerpos frente a frente
son a veces navajas
y la noche relámpago.

Dos cuerpos frente a frente
son dos astros que caen
15 en un cielo vacío.

### HIMNO ENTRE RUINAS

*donde espumoso el mar siciliano...*
    *Góngora*

Coronado de sí el día extiende sus plumas.
    ¡Alto grito amarillo,
5 caliente surtidor en el centro de un cielo
imparcial y benéfico!
Las apariencias son hermosas en ésta su verdad momentánea.
El mar trepa la costa,
se afianza entre las peñas, araña deslumbrante;
10 la herida cárdena[39] del monte resplandece;
un puñado de cabras es un rebaño de piedras;
el sol pone su huevo de oro y se derrama sobre el mar.
Todo es dios.
¡Estatua rota,
15 columnas comidas por la luz,
ruinas vivas en un mundo de muertos en vida!

*Cae la noche sobre Teotihuacán.[40]*
*En lo alto de la pirámide los muchachos fuman marihuana,*
*suenan guitarras roncas.*
20 *¿Qué yerba, qué agua de vida ha de darnos la vida,*
*dónde desenterrar la palabra,*
*la proporción que rige al himno y al discurso,*
*al baile, a la ciudad y a la balanza?*
*El canto mexicano estalla en un carajo,[41]*
25 *estrella de colores que se apaga,*

---

[39] Morada, violácea.
[40] "Teotihuacán" significa "morada de los
dioses". Antiguo centro religioso de la
civilización tolteca situado al noreste de la
ciudad de México, del cual se han preservado
las pirámides al sol y a la luna y templos en
ruinas.
[41] Expresión de enojo, sorpresa o alegría.

*piedra que nos cierra las puertas del contacto.*
*Sabe la tierra a tierra envejecida.*

Los ojos ven, las manos tocan.
Bastan aquí unas cuantas cosas:
30  tuna,[42] espinoso planeta coral,
higos encapuchados,
uvas con gusto a resurrección,
almejas, virginidades ariscas,
sal, queso, vino, pan solar.
35  Desde lo alto de su morenía una isleña me mira,
esbelta catedral vestida de luz.
Torres de sal, contra los pinos verdes de la orilla
surgen las velas blancas de las barcas.
La luz crea templos en el mar.

40      *Nueva York, Londres, Moscú.*
*La sombra cubre al llano con su yedra fantasma,*
*con su vacilante vegetación de escalofrío,*
*su vello ralo,[43] su tropel de ratas.*
*A trechos[44] tirita un sol anémico.*
45  *Acodado en montes que ayer fueron ciudades, Polifemo[45] bosteza.*
*Abajo, entre los hoyos, se arrastra un rebaño de hombres.*
*(Bípedos domésticos, su carne*
*—a pesar de recientes interdicciones religiosas—*
*es muy gustada por las clases ricas.*
50  *Hasta hace poco el vulgo los consideraba animales impuros.)*

Ver, tocar formas hermosas, diarias.
Zumba la luz, dardos y alas.
Huele a sangre la mancha de vino en el mantel.
Como el coral sus ramas en el agua
55  extiendo mis sentidos en la hora viva:
el instante se cumple en una concordancia amarilla,
¡oh mediodía, espiga henchida de minutos,
copa de eternidad!

      *Mis pensamientos se bifurcan, serpean,[46] se enredan,*
60  *recomienzan,*
*y al fin se inmovilizan, ríos que no desembocan,*
*delta de sangre bajo un sol sin crepúsculo.*
*¿Y todo ha de parar en este chapoteo[47] de aguas muertas?*

---

[42] Nopal, planta de hojas carnosas con espinas.
[43] Espaciado, disperso.
[44] A ratos.
[45] Uno de los Cíclopes, hijo de Neptuno. Aprisionó a Ulises y a sus compañeros en una caverna donde diariamente devoraba a dos hombres. Ulises le abrasó su único ojo y consiguió liberarse.
[46] Serpentean, se mueven como serpientes.
[47] Acción y efecto de chapotear. Batir o agitar el agua.

¡Día, redondo día,
65 luminosa naranja de veinticuatro gajos,[48]
todos atravesados por una misma y amarilla dulzura!
La inteligencia al fin encarna,
se reconcilian las dos mitades enemigas
y la conciencia—espejo se licúa,
70 vuelve a ser fuente, manantial de fábulas:
Hombre, árbol de imágenes,
palabras que son flores que son frutos que son actos.

## ■ Preguntas generales

1. ¿En qué géneros literarios se ha destacado Octavio Paz?
2. ¿Cuáles son los temas más importantes de sus ensayos?
3. ¿Qué función tienen los mitos en el pensamiento y en la poesía de Paz?
4. ¿Cómo concibe él la relación entre el poema y el lector?
5. ¿En qué otros campos, fuera de la creación literaría, ha actuado Paz?

## ■ Preguntas de análisis

1. ¿Qué aspectos del carácter mexicano analiza Paz en esta selección de *El laberinto de la soledad?* ¿Qué función cumple la fiesta en la sociedad mexicana, según este autor? ¿Cómo explica la actitud del mexicano con respecto a la muerte?
2. ¿De qué modo estos rasgos psico-sociales han influido, según Paz, en la historia y en las expresiones de la cultura mexicana?
3. Señale imágenes de movimiento y de inmovilidad en el poema "Los pájaros".
4. ¿Qué experiencia humana describe "Dos cuerpos" y cómo se vale de metáforas para hacerlo?
5. ¿A qué corresponden las dos visiones que se alternan en las estrofas de "Himno entre ruinas"? ¿Cómo difiere el lenguaje de las voces alternantes? ¿Qué pensamientos acerca del tiempo presenta el poema?

## ■ Temas para informes escritos

1. La función del mito en la interpretación de la historia de México de Paz.
2. La influencia del pensamiento de Paz en la obra de Carlos Fuentes.
3. Las ideas de Paz sobre lo moderno y la tradición en la literatura.
4. Presencia de las artes plásticas y el surrealismo en su obra.
5. Las teorías de la psicología y la antropología filosófica en que se apoya el ensayista mexicano.

---

[48] Las divisiones interiores de la naranja.

## ■ Temas de reflexión y comentario

1. Los ensayos de Paz relacionados con la masacre de Tlatelolco (1968).
2. La experiencia de Paz en la India y la influencia de ésta en su análisis critico de la civilización occidental.
3. Paz como crítico de arte y como poeta. La relación estrecha entre su crítica y su creación poética.
4. La experimentación poética en Octavio Paz. Ejemplos de poesía visual, poesía concreta y otras formas vanguardistas.
5. El estudio de Paz sobre la personalidad de Sor Juana Inés de la Cruz y la sociedad colonial mexicana en la que ésta vivió.

# EMILIO CARBALLIDO

1925, Córdoba, México

Entre los dramaturgos contemporáneos más sobresalientes de Hispanoamérica está Emilio Carballido. Su influencia ha sido decisiva en la creación del teatro mexicano moderno. Para apreciar la contribución de Carballido a la dramaturgia mexicana e hispanoamericana, es oportuno recordar que en 1923 los actores mexicanos, influidos por el grupo de renovación llamado "Unión de los Siete Autores", abandonaron la pronunciación castellana para emplear la mexicana. Cinco años más tarde, Xavier Villaurrutia y Salvador Novo crearon el grupo teatral *Ulises* en reacción contra el excesivo nacionalismo fomentado por la Revolución Mexicana. Este grupo se inspiró en la tradición dramática europea y norteamericana e intentó crear y presentar obras que integraban técnicas modernas y temas universales. Gracias a la influencia de *Ulises* y otros grupos experimentales, en 1948 el Instituto Nacional de Bellas Artes estableció un Departamento de Teatro y una Escuela de Arte Dramático, e inició un festival anual de teatro. También por esos años la influencia del grupo teatral de la Universidad Nacional Autónoma de México (UNAM) fue muy importante.

Dramaturgo, novelista, cuentista y guionista cinematográfico, Carballido se inició en el teatro a fines de la década de los cuarenta. Ha contribuido más de cien piezas teatrales, muchas de ellas puestas en escena en México, La Habana, Praga, Moscú y varias ciudades de los Estados Unidos. En 1948 apareció *La zona intermedia*, un auto sacramental* dedicado a sor Juana Inés de la Cruz, donde se presenta el juicio final de personajes subhumanos. Dos años después le siguió su primera obra extensa, *Rosalba y los Llaveros* (1950), penetrante análisis de la vida provinciana donde predominan la ironía y el humor en un marco de crítica social. Pertenecen a la misma corriente realista *La danza que sueña la tortuga*, (1955) y *Felicidad* (1957). La primera muestra cómo la rígida estructura familiar afecta y limita la vida de dos solteronas; la segunda revela la frustración de un maestro al darse cuenta de que está envejeciendo. Si bien la nota predominante en las tres obras es la crítica social, Carballido logró que ella se desprendiera lógicamente de situaciones y personajes. *Medusa* (1958), obra que tuvo poco éxito, es una notable recreación de la clásica leyenda griega.

*La hebra de oro* (1956) retoma la faceta neorrealista anunciada en *La zona intermedia*. En esta obra Carballido incorpora definitivamente la fantasía para convertirla en la característica más definitiva de su producción posterior; así, se vale de elementos surrealistas cuando utiliza los sueños y el subconsciente para darles mayor libertad a los protagonistas. *El día que se soltaron los leones* (1963), ofrece un certero examen de las necesidades espirituales del individuo; otras piezas, por ejemplo, *¡Silencio, pollos pelones, ya les van a echar su maíz!* (1963), critican severamente la burocracia gubernamental y sus efectos negativos en el ciudadano. *Yo* *también hablo de la rosa* (1966), una de las mejores obras de Carballido, es un ataque a la deshumanización de la sociedad contemporánea donde el autor examina diferentes aspectos de la realidad valiéndose de un estilo muy cómico. En otra pieza, *Orinoco* (1982), el autor emplea una técnica semejante para presentar el dilema de Mina y Fifí, prostitutas de personalidades opuestas. En *Rosa de dos aromas* (1986), el dramaturgo critica el machismo a través de dos mujeres en camino a su liberación después de descubrir que comparten al mismo hombre, una como amante y otra como esposo.

En cuanto al estilo teatral de Carballido, bien puede decirse que una de sus notas más sobresalientes es la economía de las palabras. Su deseo de representar en las tablas el mundo imaginario de sus personajes, ha llevado al dramaturgo mexicano a una constante experimentación y al uso de la música para comunicar una realidad más allá de lo tangible. Carballido evoca con frecuencia la vida provinciana y el efecto de ésta en diversos personajes. Otra dirección importante en su dramaturgia es la recuperación de la historia mexicana en obras como *Almanaque de Juárez* (1969) cuya figura central es Benito Juárez (1806–72), el presidente de México y líder de la guerra contra los invasores franceses. Un aporte muy notable del autor es su empleo del humor en matices variadísimos, desde la burla y el sarcasmo directos, hasta las insinuaciones más sutiles. En *El censo* (1957), obra de un acto, Carballido detalla la visita de un burócrata menor encargado de hacer un censo a un taller de costura ilegal de la capital mexicana. El drama muestra la capacidad artística del autor así como su compasión por personajes del pueblo, siempre sospechosos de la intervención del gobierno.

### ■ Bibliografía mínima

Bixler, Jacqueline Eyring. "Comedy Revisited: From *Rosalba y los Llaveros* to *Rosa de dos aromas*". *Bucknell Review: A Scholarly Journal of Letters, Arts and Sciences* 40.2 (1996): 126–44.

———. "Emilio Carballido". *Latin American Writers*. Eds. Carlos A. Solé y Maria Isabel Abreu. Vol. 3. New York: Scribner's, 1989. 1289–94.

———. "Homenaje nacional al maestro Carballido: Setenta años de Carballido". *Latin American Theatre Review* 29.1 (1995): 95–100.

Carballido, Emilio. *D. F. Obras de un acto*. México: Grijalbo, 1978.

———. "Para que Xalapa se acuerde". *Tramoya: Cuaderno de Teatro* 44 (1995): 117–22.

Cypess, Sandra Messinger. "I, Too, Speak: 'Female' Discourse in Carballido's Plays". *Latin American Theatre Review* 18.1 (1984): 45–52.

Nigro, Kirsten F. "Twentieth-Century Theater" *Mexican Literature. A History*. Ed. David William Foster. Austin: U of Texas P, 1994. 212–42.

Peden, Margaret Sayers. *Emilio Carballido*. Boston: Twayne, 1980.

# El censo (1957)

### Personajes

Remedios

Dora

Herlinda

Concha

El Empadronador

Paco

*Lugar: una vivienda en el rumbo de La Lagunilla, 1945[1]*

*Dora es gorda y Herlinda flaca. Concha está rapada[2] y trae un pañuelo cubriéndole el cuero cabelludo.[3] El Empadronador[4] es flaco y usa lentes; tiene cara y maneras de estudiante genial. Habitación de una vivienda pobre, convertida en taller de costura. Es también recámara.[5] Tiene una cama de latón al fondo, muy dorada y muy desvencijada,[6] con colcha[7] tejida y cojines bordados. Un altarcito sobre ella, con veladoras y Virgen de Guadalupe.[8] Cuatro máquinas de coser. Ropero con lunas[9] baratas, que deforman al que se mire en ellas. El reloj grande, de doble alarma, está en el buró. Remedios está probándose un vestido. Es una señora generosamente desproporcionada por delante y por detrás. Dora la ayuda; Herlinda corta telas sobre la cama; Concha cose en una de las máquinas. La ropa anteriormente usada por doña Remedios cuelga de una silla.*

**Remedios:** Pues... Me veo un poco buchona,[10] ¿no?

**Dora:** (*Angustiada.*) No, doña Remedios. Le queda muy bien, muy elegante.

**Herlinda:** Ese espejo deforma mucho. Tenemos que comprar otro.

**Remedios:** ¿No se me respinga[11] de atrás?

**Concha:** Sí.

**Remedios:** ¿Verdad?

**Herlinda:** No se le respinga nada. Esta Concha no sabe de modas.

**Remedios:** Pues yo me veo un respingo...

*Herlinda va y da a la falda un feroz tirón hacia abajo.*

**Herlinda:** Ahora sí. Muy bonito. Realmente nos quedó muy bonito.

**Dora:** Es un modelo francés.

---

[1] A quienes juzguen inverosímil esta comedia, recomendamos leer en los periódicos el resultado del censo de 1960, en Guadalajara, según el cual sólo alguna plaga fulminante podría explicar el decrecimiento de los habitantes en una ciudad que obviamente parece mucho más poblada que diez años atrás [nota del autor]. La Lagunilla es un distrito pobre de la ciudad de México.

[2] Con el pelo cortado al rape.

[3] Piel del cráneo.

[4] Persona encargada de llevar a cabo el censo.

[5] Dormitorio.

[6] Aflojada, en malas condiciones.

[7] Sobrecama, cobertura exterior de la cama.

[8] Santa patrona de México.

[9] Espejos.

[10] Gorda.

[11] Levanta.

*Tocan el timbre. Dora va a abrir.*

| | |
|---|---|
| **Remedios:** | Pues creo que sí está bien. ¿Cuánto falta darles? |
| **Herlinda:** | Doce pesos. |
| **Remedios:** | Me lo voy a llevar puesto. |

*Vuelve Dora aterrada.*

| | |
|---|---|
| **Dora:** | ¡Ahí está un hombre del gobierno! |
| **Herlinda:** | ¿Qué quiere? |
| **Dora:** | No sé. |
| **Herlinda:** | Pues pregúntale. |
| **Dora:** | ¿Le pregunto? |
| **Herlinda:** | Claro. |

*Sale Dora.*

| | |
|---|---|
| **Herlinda:** | ¿Cuándo se manda a hacer otro? |
| **Remedios:** | Pues anda pobre la patria.[12] A ver. |
| **Herlinda:** | Doña Remedios, nos llegaron unas telas preciosas. No tiene usted idea. |
| **Remedios:** | ¿Sí? |
| **Herlinda:** | Preciosas. Hay un brocado amarillo... (*Abre el ropero.*) Mire, palpe.[13] Pura seda. |
| **Remedios:** | Ay, qué chula[14] está. ¿Y esa guinda? |
| **Herlinda:** | Es charmés de seda. Me las trajeron de Estados Unidos. A nadie se las he enseñado todavía. |

*Concha dice por señas que no es cierto. "Qué va, son de aquí". Remedios la ve, sorprendidísima.*

| | |
|---|---|
| **Remedios:** | ¿De Estados Unidos? |

*Concha insiste: "no, no, de aquí"*

| | |
|---|---|
| **Herlinda:** | Sí. Me las trae un sobrino, de contrabando. |

*Entra Dora enloquecida.*

| | |
|---|---|
| **Dora:** | ¡Que lo manda la Secretaría de Economía, y ya averiguó que cosemos! ¡Esconde esas telas! |
| **Herlinda:** | ¡Cómo! |
| **Dora:** | Trae muchos papeles. |
| **Remedios:** | ¡Papeles! Ay, Dios, lo que se les viene encima. ¿Ustedes no están registradas?[15] |

---

[12] Mi situación económica no es tan buena.
[13] Toque.

[14] Bonita.
[15] No tienen licencia.

| | |
|---|---|
| *Dora:* | ¿En dónde? Ah, no, doña Remedios, figúrese. |
| *Herlinda:* | (*Codazo.*) Claro que sí, sólo que Dora no sabe nada, siempre está en la luna. |
| *Dora:* | Ah, sí, sí estamos. |
| *Remedios:* | Leí que ahora se han vuelto muy estrictos. Pobres de ustedes. Ya me voy, no me vayan a comprometer en algo. Adiós, ¿eh? ¡Qué multota se les espera! |

*(Sale. Se lleva su otro vestido al brazo.)*

| | |
|---|---|
| *Herlinda:* | Qué tienes que informarle a esta mujer... |
| *Dora:* | Virgen, ¿qué hacemos? |
| *Herlinda:* | ¿Lo dejaste allá afuera? |
| *Dora:* | Sí, pero le cerré la puerta. |
| *Herlinda:* | Tú eres nuestra sobrina. ¿lo oyes? |
| *Concha:* | Yo no, qué. |
| *Herlinda:* | Las groserías para después. Tú eres nuestra sobrina, y aquí no hacemos más ropa que la nuestra... |
| *Dora:* | ¿Y el letrero de la calle? |
| *Herlinda:* | ...Y la de nuestras amistades. Y ya. |
| *Dora:* | Ay, yo no creo que... |
| *Herlinda:* | ¡Esconde ese vestido! (*El de la cama*) |

*Toquidos en la puerta.*

| | |
|---|---|
| *El Empadronador:* | (*Fuera*) ¿Se puede? |
| *Dora:* | (*Grita casi.*) ¡Ya se metió! (*Y se deja caer en una silla.*) |

*Herlinda duda un instante. Abre.*

| | |
|---|---|
| *Herlinda:* | (*Enérgica.*) ¿Qué se le ofrece, señor? |
| *El Empadronador:* | (*Avanza un paso.*) Buenas tardes. Vengo de la... |
| *Herlinda:* | ¿Puede saberse quién lo invitó a pasar? |
| *El Empadronador:* | La señora que salía me dijo que... |
| *Herlinda:* | Porque ésta es una casa privada y entrar así es un... ama —a— llamamiento[16] de morada. |
| *El Empadronador:* | La señora que salía me dijo que pasara y... |
| *Herlinda:* | ¡Salga usted de aquí! |
| *El Empadronador:* | Oiga usted... |
| *Dora:* | ¡Ay, Dios mío! |
| *Herlinda:* | (*Gran ademán.*) ¡Salga! |

---

[16] La palabra correcta es allanamiento, entrar por fuerza en casa ajena.

| | |
|---|---|
| *El Empadronador:* | (*Cobra ánimos.*) Un momento, ¿echa usted de su casa a un empadronador de la Secretaría de Economía? ¿Y en frente de testigos? |
| *Herlinda:* | No, tanto como echarlo, no. Pero... ¡yo no lo autoricé a entrar! |
| *El Empadronador:* | Mire: estoy harto. El sastre me amenazó con las tijeras, en la tortillería me insultaron. ¿Ve usted estas hojas? Son actas de consignación. Si usted se niega a recibirme, doy parte.[17] |
| *Herlinda:* | ¿Pero qué es lo que quiere? |
| *El Empadronador:* | Empadronarlas. ¿Qué horas son? (*Busca el reloj.*) ¡Es tardísimo! (*De memoria, muy aprisa*) En estos momentos se está levantando en toda la República el censo industrial, comercial y de transportes. Yo soy uno de los encargados de empadronar esta zona. Aquí en la boleta dice (*se apodera de una mesa, saca sus papeles*) que todos los datos son confidenciales y no podrán usarse como prueba fiscal o... |
| *Herlinda:* | Entonces esto es el fisco. |
| *El Empadronador:* | ¡No, señora! ¡Todo lo contrario! (*Aprisa.*) La Dirección General de Estadística y el Fisco no tienen nada que ver. Un censo sirve para hacer... |
| *Herlinda:* | Pero usted habló del Fisco. |
| *El Empadronador:* | Para explicarle que nada tienen que ver... |
| *Herlinda:* | (*Amable, femenina*) Pues esto no es un taller, ni... Mire, la jovencita es mi sobrina... (*Por lo bajo, a Dora.*) Dame cinco pesos. (*Alto.*) Es mi sobrina, y la señora es mi cuñada, y yo... |
| *Dora:* | ¿Que te dé qué? |
| *Herlinda:* | (*Con los dedos hace "cinco"*) Somos una familia, nada más. |

*Concha niega con la cabeza. El Empadronador no la ve.*

| | |
|---|---|
| *El Empadronador:* | (*Preparando papeles y pluma.*) Un tallercito familiar...[18] |
| *Herlinda:* | (*Menos, por lo bajo.*) ¡Cinco pesos! |
| *Dora:* | Ah. (*Va al ropero.*) |
| *Herlinda:* | No, taller no... ¡Dora! (*Se interpone entre Dora y el ropero.*) Si ni vale la pena que pierda el tiempo... |

---

[17] Informar a las autoridades.

[18] En el barrio de la Lagunilla abundaban en esa época los talleres clandestinos de costura que explotaban un personal oscilante entre las 4 o 6 y las 40 o 50 trabajadoras. En la actualidad es casi seguro que no se encuentre en el rumbo uno solo de estos talleres (habrán cambiado de dirección) [Nota del autor].

**Dora:** (*Horrorizada de lo que iba a hacer.*) Ay, de veras. Pero... (*Azorada,*[19] *ve a todos.*) Concha, ¿no tienes...? ¿Para qué quieres cinco pesos?

**Herlinda:** (*Furiosa*) ¡Para nada!

**Dora:** A ver si Paco... (*Sale.*)

**Herlinda:** Es muy tonta, pobrecita. Perdóneme un instante. (*Sale tras la otra.*)

Concha corre con El Empadronador.

**Concha:** Sí es un taller, cosemos mucho. Y aquí, mire, esto está lleno de telas, y las venden. Dicen que son telas gringas, pero las compran en La Lagunilla. Me pagan re mal,[20] y no me dejan entrar al Sindicato. ¿Usted me puede inscribir en el Sindicato?

**El Empadronador:** No, yo no puedo, y... No sé. ¿Qué sindicato?

**Concha:** Pues... no sé. Si supiera me inscribiría yo sola. ¿Hay muchos sindicatos?

**El Empadronador:** Sí, muchos. De músicos, de barrenderos, de... choferes, de... Hay muchos.

**Concha:** Pues no. En esos no.

**El Empadronador:** (*Confidencial.*) A usted le ha de tocar el de costureras.

**Concha:** Ah, ¿sí? Déjeme apuntarlo. Nomás entro y me pongo en huelga. Esa flaca es mala. Ayer corrió a Petrita, porque su novio la... (*Ademán en el vientre.*) Y ya no podía coser. Le quedaba muy lejos la máquina. Y a mí, me obligó a raparme. Figúrese, dizque[21] tenía yo piojos. Mentiras, ni uno. Pero me echó D.D.T., ¡y arde!

**El Empadronador:** Ah, ¿y no tenía? (*Retrocede, se rasca nerviosamente.*)

**Concha:** Ni uno.

Entra Herlinda.

**Herlinda:** ¿Qué estás haciendo ahí?

**Concha:** Yo, nada. Le decía que aquí no es taller.

**Herlinda:** Bueno, joven (*le da la mano*), pues ya ve que ésta es una casa decente y que... (*Le sonríe como cómplice, le guiña*[22] *un ojo.*) Que todo está bien.

**El Empadronador:** ¿Y esto? (*Herlinda le puso en la mano un billete.*) ¿Diez pesos?

**Herlinda:** Por la molestia. Adiós. Lo acompaño.

---

[19] Sobresaltada, turbada.
[20] Muy mal.

[21] Dice que.
[22] Cierra un ojo mientras el otro queda abierto.

| | |
|---|---|
| *El Empadronador:* | Oiga, señora... |
| *Herlinda:* | Señorita, aunque sea más largo. |
| *El Empadronador:* | Señorita, esto se llama soborno. ¿Qué se ha creído? Tenga. Con esto bastaba para que levantara un acta y la encerraran en la cárcel. Voy a hacer como que no pasó nada, pero usted me va a dar sus datos, ya. Y aprisa, por favor. (*Ve el reloj, se sienta, saca pluma.*) |

*A Herlinda le tiemblan las piernas; se sienta en una silla.*

*Ahora sí está aterrada.*

| | |
|---|---|
| *El Empadronador:* | ¿Razón social? |
| *Herlinda:* | ¿Cómo? |
| *El Empadronador:* | ¿A nombre de quién está esto? |
| *Herlinda:* | No está a nombre de nadie. |
| *El Empadronador:* | ¿Quién es el dueño de todo esto? |
| *Herlinda:* | El jefe de la casa es Francisco Ríos. |
| *El Empadronador:* | (*Escribe.*) ¿Cuánta materia prima consumen al año? |
| *Herlinda:* | (*Horrorizada.*) ¡Materia prima! |
| *El Empadronador:* | Sí. Telas, hilos, botones. Al año, ¿cuántos carretes de hilo usarán? |
| *Herlinda:* | Dos, o tres. |
| *El Empadronador:* | ¡Cómo es posible! |

*Entra Dora, ve los diez pesos sobre la mesa. Desfallece.*

| | |
|---|---|
| *Dora:* | ¡Jesús! |
| *El Empadronador:* | (*Mueve la cabeza*) Habrá que calcular... ¿Hacen trabajos de maquila?[23] |
| *Herlinda:* | No, señor. Cosemos. |
| *El Empadronador:* | Eso es. Pero ¿con telas ajenas? ¿O venden telas? |
| *Dora:* | (*Ofendida, calumniada.*) Ay, no. ¿Cómo vamos a vender telas? |
| *Herlinda:* | No vendemos. |
| *El Empadronador:* | ¿Podría ver lo que hay en ese ropero? |
| *Herlinda:* | ¿Ahí? |
| *El Empadronador:* | (*Feroz.*) Sí, ahí. |
| *Herlinda:* | Nuestras cosas: ropa, vestidos... |
| *Dora:* | (*Pudorosa*) Ropa interior. |
| *Herlinda:* | Comida. |

---

[23] Sistema por el cual un trabajador emplea materiales de otro a cambio de un porcentaje de ganancia en la venta del producto terminado.

| | |
|---|---|
| *El Empadronador:* | ¿Comida? |
| *Herlinda:* | Cosas privadas. |
| *El Empadronador:* | Bueno, pues déjeme verlas. (*Truculento.*) Eso está lleno de telas, ¿verdad? |

*Dora grita. Pausa.*

| | |
|---|---|
| *Herlinda:* | (*Ve a Concha*) ¡Judas! |

*Concha se sonríe, baja la vista. Dora empieza a llorar en silencio.*

*Herlinda se pasa la mano por la frente.*

| | |
|---|---|
| *Herlinda:* | Está bien. (*Va y abre.*) Aquí hay unas telas, pero son nuestras, de nuestro uso. Y no las vendemos. Son puros vestidos nuestros. |

*Concha hace señas de "mentiras".*

| | |
|---|---|
| *El Empadronador:* | ¿Cuántos cortes? (*Va y cuenta*) ¿Treinta y siete vestidos van a hacerse? |
| *Herlinda:* | ¡Nos encanta la ropa! |

*Dora empieza a sollozar, cada vez más alto.*

| | |
|---|---|
| *Dora:* | Ay, Herlinda, este señor parece un ser humano. ¡Dile, explícale! Señor, somos solas, mi marido está enfermo, no puede trabajar. |
| *Concha:* | Se emborracha. |
| *Dora:* | Mi cuñada y yo trabajamos. Empezamos cosiendo a mano, y ve usted que tenemos buen gusto, a las vecinas les parecieron bien nuestros trabajitos. Ay, señor, nos sangraban los dedos, ni dedal teníamos. Mire estas máquinas, telas, así las ganamos, con sangre. ¿Cómo puede usted? (*Se arrodilla*) Yo le suplico, por su madre, por lo que más quiera... (*Aúlla*) ¡No nos hunda usted! ¡No podemos pagar contribuciones! ¡Si así no ganamos nada! ¡No podemos! ¡Acepte los diez pesos! |
| *Herlinda:* | ¡Dora! ¡Cállate ya! |
| *Dora:* | ¡Acéptelos! ¡No tenemos más! ¡Se los damos de buena voluntad! ¡Pero váyase, váyase! (*Va de rodillas a la cama y ahí sigue sollozando.*) |
| *El Empadronador:* | (*Gritando.*) ¡Pero señora, no entiende! Esto es para Estadística de Economía. Los impuestos son de Hacienda. Esto es confidencial, es secreto. Nadie lo sabrá. ¿Qué horas son? ¿Dónde pusieron el reloj? ¡Van a dar las dos y no hemos hecho nada! ¡A ver! ¡Contésteme! |

*Más aullidos de Dora. Herlinda se seca dignamente dos lágrimas.*

| | |
|---|---|
| *Herlinda:* | Pregunte lo que quiera. |

| | |
|---|---|
| *El Empadronador:* | Por favor, entienda. ¿Cómo cree que les iba a hacer un daño? ¡Pero debo entregar veinte boletas cada día y llevo seis! ¡Seis boletas! ¡Y ayer entregué nada más quince! Yo estudio, necesito libros, necesito ropa. Mire mis pantalones. ¡Ve qué valencianas?[24] Mire mi suéter, los codos. Y no quiero que me corran[25] antes de cobrar mi primera quincena. |
| *Concha:* | (*Coqueta*) ¿No tiene un cigarro? |
| *El Empadronador:* | ¡No tengo nada! |

*Una pausa. Sollozos de Dora.*

*El Empadronador saca un cigarro y lo enciende, inconscientemente.*

| | |
|---|---|
| *El Empadronador:* | El censo es... Ya le expliqué, es un... ¡No tiene nada que ver con los impuestos! ¡No les va a pasar nada! |

*Entra Paco, adormilado, con leves huellas alcohólicas en su apariencia y voz.*

| | |
|---|---|
| *Paco:* | ¿Qué sucede? ¿Por qué lloran? |
| *El Empadronador:* | Señor. ¿Usted es el jefe de la casa? |
| *Paco:* | (*Solemne.*) A sus órdenes. |
| *El Empadronador:* | Mire usted, sus esposas no han entendido. |
| *Herlinda:* | No es harén, señor. Yo soy su hermana. |
| *El Empadronador:* | Eso. Perdón. Mire... ¿Usted sabe lo que es un censo? |
| *Paco:* | Claro. El periódico lo ha dicho. Un recuento de población. Todos los grandes países lo hacen. |
| *El Empadronador:* | (*Ve el cielo abierto.*) Eso es. Y un censo de industria, comercio y transporte, es un recuento de... Eso mismo. |
| *Paco:* | Sí claro. Muy bien. ¿Y por eso lloran? No se fije. Son tontas. Concha, tráeme una cerveza. |
| *Concha:* | No soy su gata. |
| *Paco:* | (*Ruge.*) ¡Cómo que no! (*La arrastra por el brazo.*) Toma, y no te tardes. (*Le aprieta una nalga. Intenso.*) Una Dos Equis, fría. (*De mala gana*) Usted toma una, ¿verdad? |
| *El Empadronador:* | No puedo, trabajando... |
| *Paco:* | Me imaginé. (*Ruge.*) ¡Anda! |

*Concha sale muerta de risa.*

| | |
|---|---|
| *El Empadronador:* | Los datos del censo son confidenciales. La Dirección General de Estadística es una tumba, y yo otra. Nadie sabrá lo que aquí se escriba. |
| *Paco:* | ¿Y para qué lo escriben, entonces? |
| *El Empadronador:* | Quiero decir... Lo saben en Estadística. |

---

[24] Doblez del pantalón.    [25] Despidan.

| | |
|---|---|
| *Paco:* | Como pura información. |
| *El Empadronador:* | Sí. |
| *Paco:* | Nada personal. |
| *El Empadronador:* | Nada. Todo se convierte en números. |
| *Paco:* | Archivan los datos. |
| *El Empadronador:* | Sí. |
| *Paco:* | Y se los mandan al fisco. |
| *El Empadronador:* | Sí. ¡No! Pero... usted entendía. (*Azota los papeles.*) Usted sabe lo que es un censo. Es... es ser patriota, engrandecer a México, es... ¿No lo leyó en el periódico? |
| *Paco:* | (*Malicioso, bien informado.*) Los periódicos dicen puras mentiras. Vamos a ver, si no es para ganar más con los impuestos, ¿para qué van a gastar en sueldo de usted, papel muy fino, imprenta... ? |
| *El Empadronador:* | (*Desesperado.*) Es como... Mire, la Nación se pregunta: ¿Cuáles son mis riquezas? Y hace la cuenta. Como usted, ¿no le importa saber cuánto dinero hay en su casa? |
| *Paco:* | No. |
| *El Empadronador:* | Pero...tiene que contar cuánto gastan, cuánto ganan... |
| *Paco:* | Nunca. |
| *El Empadronador:* | ¡Pero cómo no! Bueno, ustedes no, pero un país debe saber...cuánta riqueza tiene, debe publicarlo... |
| *Paco:* | ¿Para que cuando lo sepan los demás países le caigan encima? ¡Yo no voy a ayudar a la ruina de mi Patria! |
| *El Empadronador:* | Es que... ¡Es que ya son casi las dos! ¡A las dos y media debo entregar mi trabajo! |
| *Paco:* | Ah, pues vaya usted. Ya no le quito el tiempo. |
| *El Empadronador:* | (*Grita*) ¿Y qué voy a entregar? Nadie me da datos, todo el mundo llora. Me van a correr, hoy no llevo más que seis boletas. Usted, déme los datos. De lo contrario, es delito, ocultación de datos. Puedo levantar un acta y consignarla. |

*Nuevos aullidos de Dora.*

| | |
|---|---|
| *Herlinda:* | Consígneme. Se verá muy bien arrastrándome a la cárcel. Muy varonil. |
| *Paco:* | No se exalte, no se exalte. Nadie le oculta nada. ¿Pero usted cree que vale la pena hacer llorar a estas mujeres por esos datos? |
| *El Empadronador:* | ¡Pero si no les va a pasar nada! |
| *Paco:* | Les pasa, mire. (*Patético.*) ¡Sufren! (*Tierno.*) Ya no llores mujer, ya no llores, hermana. (*Las muestra.*) Aquí tiene, siguen llorando. |

| | |
|---|---|
| *El Empadronador:* | (*A punto de llorar.*) Tengo que llenar veinte boletas, y llevo seis. |
| *Paco:* | Pues llene aprisa las que le faltan, yo le ayudo. ¿Qué hay que poner? |
| *El Empadronador:* | (*Escandalizado.*) ¿Pero quiere que inventemos los datos? |
| *Paco:* | Yo no. Usted. (*Le da un codazo.*) Ande. Primero es uno, después los papeles. |

*Entra Concha.*

| | |
|---|---|
| *Concha:* | Tenga. (*Le da la cerveza.*) |
| *Paco:* | ¿Una poca? ¿Un vasito? ¿O algo más fuerte? ¿Un tequilita? |
| *El Empadronador:* | ¿Qué horas son? (*Duda*) ¿Usted me ayuda? |
| *Paco:* | ¡Claro, hombre! |
| *El Empadronador:* | Pues aprisa. Despejen la mesa. Sólo así. Señora, señorita... Ya no voy a llenar la boleta de ustedes, pero... ¿Pueden ayudarme con unos datos? |
| *Paco:* | A ver, viejas, ayúdennos. Hay que ayudar a mi señor censor. ¿Un tequilita, mi censor? |
| *El Empadronador:* | Muy chico. |

*Las mujeres ven el cielo abierto, corren a servirlo.*

| | |
|---|---|
| *Paco:* | Y una botanita.[26] A ver. ¿Se puede con lápiz? |
| *El Empadronador:* | Con lápiz tinta, nada más. |
| *Dora:* | (*Tímida*) ¿Los ayudamos? |
| *El Empadronador:* | Pues... A ver si pueden. Si no, yo las corrijo. |
| *Herlinda:* | (*Cauta, sonríe.*) ¿Rompemos ésta? |
| *El Empadronador:* | ¿La de ustedes? Póngale una cruz grande y "Nulificada". Ahora imagínese que tiene un taller con...quince máquinas. Y vaya escribiendo: cuántos vestidos haría al año, cuánto material gastaría... Haga la cuenta por separado. Y usted... imagínese un taller más chico, con ocho máquinas. Las preguntas que no entiendan, sáltenlas. Yo las lleno después. |

*Se sientan con él. Trabajan velozmente.*

| | |
|---|---|
| *Herlinda:* | Mi taller va a ser precioso. Se va a llamar: "Alta Costura", S. en C. de R. H.[27] |
| *Dora:* | ¿Qué dirección le pongo a mi taller? |

---

[26] Un bocadillo.
[27] Sociedad en Comandita de Responsabilidad Hipotecaria Limitada. Es una clase de incorporación en que el individuo no tiene responsabilidades en caso de bancarrota.

| | |
|---|---|
| *El Empadronador:* | Cualquiera de esta manzana. Salud. (*Bebe.*) |
| *Dora:* | (*Se ríe.*) Le voy a poner la dirección de doña Remedios. |
| *Paco:* | Yo preferiría un taller mecánico. Eso voy a hacer. "La 25 Autógena", S. A.[28] (*Pellizca a Concha.*) |
| *Concha:* | ¡Ay! |
| *Herlinda:* | Cállate, Judas. |
| *El Empadronador:* | Con esos diez pesos... Podrían mandar a Judas a comprar unas tortas. Para todos, ¿no? |

## ■ Preguntas generales

1. ¿Cuál era la situación del teatro mexicano en la década del veinte y qué impacto tuvo el grupo *Ulises?*
2. ¿Cómo intercala Carballido la nota de crítica social en su teatro?
3. ¿Cuáles son dos direcciones importantes en la obra dramática de Carballido?
4. ¿De qué recursos se vale el dramaturgo para mostrar el subconsciente de sus personajes?
5. ¿Cómo representa Carballido el mundo moderno en su teatro?

## ■ Preguntas de análisis

1. El humor es uno de los elementos principales en el teatro de Carballido. Dé tres ejemplos de situaciones humorísticas en *El censo* y explique por qué son importantes.
2. ¿Qué representa el empadronador para Concha, Herlinda y Dora? ¿Por qué le temen ellas al censo?
3. ¿Cómo caracteriza el autor a Paco? ¿Por qué cree Ud. que él se entiende más fácilmente con el empadronador?
4. En la obra impera una atmósfera de caos y desorganización. Dé ejemplos de estas situaciones caóticas y explique qué recursos emplea el autor para producirlas.
5. ¿Cuál es la situación económica del empadronador? Explique cómo integra el autor la crítica social al desarrollo de *El censo*.

## ■ Temas para informes escritos

1. El grupo teatral de la UNAM y la renovación del teatro mexicano.
2. Benito Juárez, figura histórica y protagonista de *Almanaque de Juárez.*
3. Emilio Carballido, cuentista.
4. La liberación femenina en *Rosa de dos aromas.*
5. Retrato de la clase media mexicana en *Rosalba y los Llaveros.*

---

[28] Sociedad Anónima; es otra clase de incorporación.

■ Temas de reflexión y comentario.

1. Emilio Carballido novelista: análisis de *Flor de abismo*.
2. Los dramas breves de Emilio Carballido y Elena Garro.
3. La recreación de los mitos clásicos en *Medusa* de Emilio Carballido y *La pasión según Antígona Pérez* de Luis Rafael Sánchez.
4. La revista *Tramoya* (Universidad Veracruzana) y su impacto.
5. Personajes y parodias del México moderno en dos obras de Carballido.

# ROSARIO CASTELLANOS

1925, Ciudad de México–
1974, Tel–Aviv, Israel

*Library of Congress, Prints & Photographs Division,*
*NYWTBS Collection, LC-U5262-108426*

Poeta, novelista, dramaturga y ensayista, Rosario Castellanos está entre los escritores hispanoamericanos más polifacéticos tanto por los diversos géneros que cultivó como por la multiplicidad de los intereses reflejados en su obra. El temprano fallecimiento de la autora cuando era embajadora de México en Israel, truncó una brillante carrera literaria.

Castellanos nació en la Ciudad de México, cuando la familia, originalmente de Chiapas, se encontraba allí de paso. Su infancia y adolescencia transcurrieron en Comitán, ciudad chiapaneca donde tuvo oportunidad de conocer las leyendas, tradiciones y sufrimientos de los indígenas de la etnia tzotzil. Posteriormente, cuando trabajó en el Centro Coordinator Tzetzal-Tzotzil (San Cristóbal de las Casas, Chiapas) del Instituto Nacional Indigenista, profundizó sus conocimientos sobre la población nativa de esa zona. Su preocupación por el mundo indígena se manifiesta en los cuentos de *Ciudad Real* (1960) y en dos novelas, *Balún-Canán* (1957) y *Oficio de tinieblas* (1962). Como el peruano José María Arguedas, la escritora mexicana se vale de elementos folclóricos y míticos para otorgarles una voz auténtica a sus protagonistas. En *Balún-Canán,* por ejemplo, emplea un lenguaje simbólico para mostrar las diferencias entre el mundo indígena y el ladino o blanco. Algunos de los relatos de *Ciudad Real* hablan de la opresión a la que está sujeta la población nativa. *Oficio de tinieblas* se basa en un hecho histórico: un levantamiento de los chamulas ocurrido en 1867 en el cual el líder fue crucificado. *Los convidados de agosto* (1964), con cuentos que se desarrollan en un ambiente de clase media, cierra el llamado "ciclo de Chiapas". En las cuatro obras aparecen personajes femeninos de gran fuerza y valentía que muestran otra de las preocupaciones centrales de los escritos de Rosario Castellanos: la situación de la mujer en la sociedad mexicana.

En efecto, *Sobre cultura femenina* (1950), tesis que Castellanos presentó para optar por la maestría en filosofía y letras en la Universidad Nacional Autónoma de México, se propuso explicar por qué se ha discriminado a la mujer a través de la historia. Para algunos críticos, más importante que ese temprano estudio es la colección de ensayos *Mujer que sabe latín* (1973), obra que por aparecer poco antes del Año Internacional de la Mujer (1975), alcanzó gran difusión. El título del libro remite a un viejo refrán mexicano: "Mujer que sabe latín, no tiene marido ni tiene buen fin". Anteriormente, Castellanos había publicado *Juicios sumarios* (1966), recopilación de ensayos sobre diferentes autores y temas literarios que denotan una maduración de sus ideas feministas y una preocupación con el destino de las escritoras. *Mujer que sabe latín* continúa esta trayectoria cuando trata sobre Virginia Woolf, Lillian Hellman, Eudora Welty, María Luisa Bombal y Clarice Lispector, entre otras autoras. Al mismo tiempo, ensayos como "La participación de la mujer mexicana en la educación formal" y "La mujer y su imagen", revelan el desarrollo ideológico de Castellanos. *El uso de la palabra* (1974) y *El mar y sus pescaditos* (1975), colecciones de artículos periodísticos publicadas póstumamente, muestran la curiosidad intelectual y el ágil humor de su prosa. "Costumbres mexicanas" recoge las preocupaciones de las mexicanas de clase media a la vez que burlonamente retrata su posición desigual en el matrimonio y la sociedad. Si bien el ensayo responde a preocupaciones tal vez superadas en países más desarrollados, no sería equivocado señalar que el retrato entre serio y burlón hecho por Castellanos de las expectativas y la situación de la mujer de clase media no ha variado mucho ni en México ni en otros países de Hispanoamérica.

El género que Castellanos cultivó con mayor asiduidad, sin embargo, fue la poesía. Los poemas de doce colecciones de la autora mexicana han sido recopilados en *Poesía no eres tú* (1972), título que contradice un famoso verso del poeta romántico español Gustavo Adolfo Bécquer. La poesía de Castellanos, influida por escritores tan diversos como sor Juana Inés de la Cruz, Gabriela Mistral y Octavio Paz, se inició con un tono altisonante para llegar más tarde a una expresión intimista, matizada por la ironía. En esta última etapa Castellanos, ya en completo dominio del instrumento expresivo, transformó incidentes triviales en materia poética. Los estudiosos de su poesía señalan como temas recurrentes en ella el amor, la soledad, la muerte y el consuelo. Su feminismo se afirmó en poemas como "Válium 10" y "Poesía no eres tú". A partir de su interés en el destino de la mujer, llegó a preocuparse por la humanidad y a reflexionar cómo podía mejorarse la vida de todos. Este compromiso se hace evidente en *Lívida luz* (1960) y *Materia memorable* (1969) y en los poemas de las tres últimas secciones de *Poesía no eres tú*, donde el yo lírico dialoga con un tú en una conversación a veces trunca, pero que en ocasiones se desarrolla armónicamente.

*El eterno femenino* (1975), una obra teatral de Castellanos ambientada en un salón de belleza, participa de la ironía evidente en los últimos poemas de la autora; al mismo tiempo, muestra cómo el diálogo entre los personajes no es más que un largo monólogo que remite a la incomunicación y a la vida frustrada de las clientas del salón de belleza. En la misma corriente se ubica la colección de cuentos *Album de familia* (1971). Sobresalen "Lección de cocina" donde una recién casada se da cuenta de las obligaciones de su nuevo estado civil—cocinar, callarse, obedecer al esposo—tan diferente a lo imaginado antes de la ceremonia matrimonial, y "Cabecita blanca", trágica representación de la suerte de una madre abnegada y olvidada.

La rica obra de Rosario Castellanos da testimonio de su denuncia de la opresión que padecen los indígenas y de la precaria situación de la mujer en la sociedad. La autora mexicana comunicó magistralmente éstas y otras preocupaciones en escritos que la establecen como una de las voces más sobresalientes de la literatura hispanoamericana del siglo XX.

## ■ Bibliografía mínima

Ahern, Maureen. "Rosario Castellanos". *Latin American Writers*. Eds. Carlos A. Solé y Maria Isabel Abreu. Vol. 3. New York: Scribner's, 1989. 1295–1302.

Castellanos, Rosario. *Poesía no eres tú*. México: Fondo de Cultura Económica, 1972.

———. *El uso de la palabra*. Prólogo de José Emilio Pacheco. México: Ediciones de Excélsior-Crónicas, 1974.

Estrella, Jennifer. "La mujer se escribe a sí misma: ensayismo y ontología en Rosario Castellanos y Rosario Ferré". *Inti: Revista de Literatura Hispánica* 46–47 (1997–1998): 83–94.

Finnegan, Nuala. "Reproducing the Monstrous Nation: A Note on Pregnancy and Motherhood in the Fiction of Rosario Castellanos, Brianda Domecq, and Angeles Mastretta". *Modern Language Review* 96.4 (2001): 1006–15.

García, Adriana. "Twentieth-Century Poetry". *Mexican Literature. A History*. Ed. David William Foster. Austin: U of Texas P, 1994. 171–212.

Gil Iriarte, María Luisa. "Invasión del silencio: la voz de la mujer en la poesía de Rosario Castellanos". *Revista de Estudios Hispánicos* 23 (1996): 175–89.

Llanos Mardones, Bernardita. "El ensayo y la voz pública de la mujer: Rosario Castellanos como intelectual". *Taller de Letras* 23 (1995): 65–82.

López González, Aralia. "*Oficio de tinieblas*: novela de la nación mexicana". *Palabra y el Hombre: Revista de la Universidad Veracruzana* 113 (2000): 119–26.

Scott, Nina M. "Rosario Castellanos: Demythification through Laughter". *Humor: International Journal of Humor Research* 2.1 (1989): 19–30.

Umanzor, Marta A. "Mundos discursivos en *Balún Canán* de Rosario Castellanos". *Diáspora: Journal of the Annual Afro-Hispanic Literature and Culture Conference* 10 (2000): 77–89.

# Poesía no eres tú (1972)

## VALIUM 10

A veces (y no trates
de restarle importancia
diciendo que no ocurre con frecuencia)

se te quiebra[1] la vara con que mides.
5 se te extravía[2] la brújula
y ya no entiendes nada.
El día se convierte en una sucesión
de hechos incoherentes, de funciones
que vas desempeñando[3] por inercia y por hábito.

10      Y lo vives. Y dictas el oficio
a quienes corresponde. Y das la clase
lo mismo a los alumnos inscritos que al oyente.
Y en la noche redactas el texto que la imprenta
devorará mañana.

15 Y vigilas (oh, sólo por encima)
la marcha de la casa, la perfecta
coordinación de múltiples programas
—porque el hijo mayor ya viste de etiqueta
para ir de chambelán[4] a un baile de quince años

20      y el menor quiere ser futbolista y el de en medio
tiene un póster del Che[5] junto a su tocadiscos.

      Y repasas las cuentas del gasto y reflexionas,
junto a la cocinera, sobre el costo
de la vida y el ars magna combinatoria
25 del que surge el menú posible y cotidiano.

      Y aún tienes voluntad para desmaquillarte
y ponerte la crema nutritiva y aún leer
algunas líneas antes de consumir la lámpara.

      Y ya en la oscuridad, en el umbral[6] del sueño,
30 echas de menos lo que se ha perdido:
el diamante de más precio, la carta
de marear, el libro
con cien preguntas básicas (y sus correspondientes
respuestas) para un diálogo
35 elemental siquiera con la Esfinge.[7]

      Y tienes la penosa sensación
de que en el crucigrama se deslizó una errata
que lo hace irresoluble.

---

[1] Rompe.
[2] Pierde.
[3] Realizando.
[4] Pareja o acompañante de una quinceañera.
[5] Ernesto Che Guevara (1928–67), médico y político argentino colaborador de Fidel Castro durante la Revolución Cubana. El Che Guevara cayó preso y fue asesinado en Bolivia donde dirigía la lucha guerrillera.

[6] Antes.
[7] Animal con cuerpo de león y cabeza humana que entre los egipcios personificaba al sol. Los griegos lo introdujeron en su mitología con cuerpo de perro, garras de león, cola terminada en punta de lanza, alas de águila y senos de mujer. La esfinge habitaba en una cueva y bajaba al camino para proponerles enigmas a los viajeros. Como no podían descifrarlos, eran devorados por ella.

Y deletreas el nombre del Caos. Y no puedes
40  dormir si no destapas
el frasco de pastillas y si no tragas una
en la que se condensa,
químicamente pura, la ordenación del mundo.

### POESIA NO ERES TU[8]

Porque si tú existieras
tendría que existir yo también. Y eso es mentira.

Nada hay más que nosotros: la pareja,
los sexos conciliados en un hijo,
5  las dos cabezas juntas, pero no contemplándose
(para no convertir a nadie en un espejo)
sino mirando frente a sí, hacia el otro.

El otro: mediador, juez, equilibrio
entre opuestos, testigo,
10  nudo en el que se anuda lo que se había roto.
El otro, la mudez que pide voz
al que tiene la voz
y reclama el oído del que escucha.

El otro. Con el otro
15  la humanidad, el diálogo, la poesía, comienzan.

# El uso de la palabra (1974)

## COSTUMBRES MEXICANAS

No sería capaz de formularlo aún. En primer lugar son observaciones casuales y luego me detiene la consideración de que se trata de un asunto sin importancia: una tentativa de convivencia. ¿Puede darse algo más vulgar, algo que más naturalmente hagan todos, desde el momento en que nacen y se insertan en
5  una familia y después en un grupo social y luego en un matrimonio?

Este último es el problema. Porque se trata de elegir a la pareja adecuada, a aquella a la que no tememos jurar una fidelidad y un apego eternos.

He dicho elegir y creo que si quiero ser exacta he de cambiar el verbo. Porque, en este país al menos, las mujeres no elegimos. Nos sentamos pasiva-
10  mente a esperar que un hombre vuelva sus ojos hasta el rincón que nuestra modestia nos depara[9] y descubra las cualidades maravillosas que nos adornan. Lo demás está previsto y sujeto a reglas bastante rigurosas. Los pasos progresivos de la aproximación del macho, nuestra esquivez[10] convencional, nuestro disimulo[11] del terror de perder esta oportunidad, porque nadie nos ha garantizado

---

[8] Título que parodia una rima del escritor romántico español Gustavo Adolfo Bécquer (1836–70).

[9] Señala.
[10] Despego, desdén.
[11] Ocultamiento.

15 que se presentará otra. A veces, claro, la oportunidad es tan deleznable,[12] que no nos queda más remedio que rechazarla. Pero, en general, nos conformamos con poco. Con alguien que tenga un trabajo estable, que alcance cierto índice de salud y cuya apariencia no sea decididamente repugnante.

Sus cualidades morales se reducen a que acepte que el casamiento es una 20 institución válida con la que no se juega y que dentro de ella la esposa tiene un lugar y hay que dárselo. Pero, ¿cuál es el lugar? Eso ya depende de las circunstancias. Si los contrayentes—como de manera tan delicada dicen las crónicas sociales—son ricos, el lugar de la esposa puede ser el de un mueble decorativo que tiene la ventaja de que, además de poder ser mostrado a las visitas, puede ser 25 transportado, para su lucimiento, a fiestas y reuniones. Se espera de ella que suprima cualquier acontecimiento capaz de deteriorar su figura y se le permite que dedique su tiempo restante a obra de beneficencia.

Como es un objeto que casi no tiene contacto con la realidad, no vamos a ocuparnos más de ella, sino de la esposa del empleado de su marido. Desde 30 luego, también aspira y tiene la obligación de ser un elemento decorativo, sólo que cuenta con menos medios y tiempo, ya que desempeña todas las faenas domésticas y que, anualmente, alegra su hogar con la visita de la cigüeña. Es difícil, entre pañales y berridos,[13] travesuras de los que ya son capaces de untar la crema carísima de mamá en el tapete [,] y alarmantes silbatazos de la olla express 35 conservar, ya no sólo la ecuanimidad, sino las características humanas. La señora va olvidando, paulatinamente,[14] los más elementales principios de la civilización: no se peina, por ejemplo. Y el marido contempla, desde su aspecto impecable, a una mujer desgreñada, a su regreso de las rudas tareas burocráticas. ¿No es ese motivo suficiente para recurtir a los amigos y correr una parranda y contratar a 40 los mariachis, para que ayuden a olvidar el fracaso? Si el marido tiene una mentalidad práctica (y dinero, naturalmente), instala una casa chica donde siempre lo espera, con los brazos abiertos y cubierta por una incitante negligée de nylon "la otra". Esa otra cuya existencia principal radica en la mente de la esposa abandonada por pretextos clásicos: la junta con los dirigentes de la empresa que, por 45 motivos técnicos, cada vez se prolonga más; las cenas con los antiguos compañeros de colegio, que no tienen límite para llegar a su término; el viaje repentino a alguna sucursal del negocio, cuyas cuentas no están muy claras... en fin. Si la mujer, ay, ha sido bendecida en la pila del bautismo por la falta de imaginación, tomará en serio esos pretextos y ganará gracias arreglando con esmero la 50 maleta o planchando la camisa especial o sacando, del baúl de los tesoros, las mancuernas[15] que pertenecieron a aquel tío que, si hubiera llevado una vida ordenada, los habría hecho millonarios al morir (como murió) soltero e intestado.

Pero las noches son largas y las mujeres tienen pocas diversiones a su alcance. Después de acostar a los niños y cancelarlos hasta el día siguiente, pren-55 den la televisión. Allí se enteran vagamente de una intriga que se desarrolla en algún país exótico lleno de palmeras y nativos, donde un muchacho rubio reparte puñetazos, desbarata las maquinaciones de los malos y se queda con el botín y con la muchacha rubia.

---

[12]Despreciable.
[13]Gritos.

[14]Poco a poco.
[15]Gemelos para puños de camisa.

La mujer bosteza. Cree que ha llegado el momento de dormir y se mete en la cama. Pero al apagar la luz la invade una sensación de malestar. El sueño no acude[16] y, para pasar el rato, ¿qué mejor que la lectura de una de esas revistas hechas especialmente para las amas de casa? Prende la luz de nuevo, revuelve entre los periódicos hasta dar con lo que busca. Ahí está, en la portada, una joven seductora, con los ojos brillantes, los dientes brillantes, los labios brillantes y el pelo educado por los mejores peinadores del mundo. La lectora la observa como podría observar un condenado la visión de un ángel. Hojea, entre irritada y distraída, las páginas interiores. Pasteles a todo color, ¡a ella, que con tanto sacrificio ha renunciado a la cena con la esperanza de reducir aunque sea un centímetro de cintura! Modelos parisienses que ni su esbeltez[17] ni su presupuesto le permitirían poseer. Pero, a estas altas horas nocturnas, está sola y puede soñar. Sí, ella pasea por las avenidas del bosque llevando por la cadena un perro; asiste a un coctel y a una recepción de gala y amanece, al día siguiente, sin el menor rastro de fatiga, derramando a su alrededor esa maravillosa bata que vela[18] y revela los encantos que las maternidades sucesivas (¿cuáles?, las había olvidado) eclipsaron transitoriamente.

Señora, en este momento crítico, cierre la revista y duerma. Soñará sueños agradables e imposibles. Porque si usted da vuelta a la página encontrará su retrato. E irá reconociéndose, poco a poco. Las ausencias de su marido, señora, no son justificadas; las excusas son falsas. Porque usted ha descuidado su persona, usted ante la alternativa de ser esposa o madre, ha elegido ser madre y ha abandonado al hombre a las innumerables tentaciones que lo cercan. Y eso, señora, se paga. Y usted está pagando. Pero no, no puede usted perder el gobierno de sus emociones. Los hombres se van, claro. Pero vuelven. Es una ley natural, tan invariable como la migración de las aves. ¡No eche a perder el retorno con una escena de llanto, celos o recriminaciones! Al contrario, exagere su dulzura y comprensión; preocúpese por mejorar su aspecto; ingéniese para que los niños parezcan no existir en las breves estancias de su esposo en el hogar. Un hogar agradable, acogedor y, sobre todo, legítimo. Porque usted, señora, provoca en su marido un profundo sentimiento de culpa, ya que lo obliga a hacer acciones indebidas. Y en cuanto a "la otra", no le guarde rencor. Contra lo que usted supone, no está en un lecho de rosas. Su situación es equívoca y no ignora que, a la larga, ha de perder. Simple cuestión de tiempo. ¿Cuándo los placeres no han causado hastío?[19] En cuanto a lo que a usted concierne, esfuércese y ganará. Sí, señora. Ganará usted esta vez. Y otra. Y otra. Y otra. Su virtud cardinal es la paciencia y si la ejercita, será recompensada. A los noventa años, su marido será exclusivamente suyo (si es que ha sabido evadir los compromisos y usted ha tolerado sus travesuras). Le aseguramos que nadie le disputará el privilegio de amortajarlo.[20]

25 de enero de 1964

---

[16] Le llega.
[17] Buena forma. En este caso, falta de esa buena forma.

[18] Esconde.
[19] Cansancio.
[20] Prepararlo para el entierro.

## ■ Preguntas generales

1. ¿Cómo se interesó Castellanos por la población indígena de Chiapas y qué impacto tuvo ésta en su obra?
2. ¿De qué recursos se vale Castellanos para representar al mundo indígena?
3. ¿Cuál es la importancia de *Mujer que sabe latín...* y a qué alude su título?
4. ¿Cómo evolucionó la poesía de Castellanos?
5. ¿Cómo representa *El eterno femenino* la situación de la mujer?

## ■ Preguntas de análisis

1. ¿Con quién dialoga el yo en "Válium 10"? ¿Qué recursos emplea la poeta para describir la vida de la mujer? ¿Qué caracteriza su rutina diaria?
2. La famosa rima XXI de Bécquer se pregunta: "¿Qué es poesía?—dices mientras clavas / en mi pupila tu pupila azul—/¿Qué es poesía? ¿y tú me lo preguntas? / Poesía...eres tú". ¿Por qué cree Ud. que Castellanos decidió darle el nombre de *Poesía no eres tú* a su colección de poemas?
3. ¿Cómo se reconcilian el yo y el tú en "Poesía no eres tú"? ¿Quién es el otro y por qué puede ser mediador? ¿Qué diferencia hay entre la idea de contemplación y el mirar "frente a sí, hacia el otro" y por qué es importante esta distinción?
4. Según "Costumbres mexicanas", ¿por qué no eligen las mujeres? ¿cuál es el destino de la esposa de clase media? ¿cómo y por qué va cambiando la mujer y cuál es la actitud del hombre?
5. En el mismo ensayo, ¿cuáles son las contradicciones entre lo que la mujer lee y ve en la televisión y su vida real? ¿Cómo caracterizaría Ud. sus sueños? ¿Qué y cuándo ganará la mujer? ¿Qué tono predomina en el ensayo y cuál es su importancia?

## ■ Temas para informes escritos

1. El indigenismo de Rosario Castellanos en dos cuentos de *Ciudad Real*.
2. Lenguaje y mito en *Balún-Canán*.
3. Virginia Woolf, Eudora Welty y Clarice Lispector vistas por Rosario Castellanos.
4. Rosario Castellanos y su defensa de la mujer en *El eterno femenino*.
5. La poesía como vehículo de cambio en tres poemas de *Lívida luz*.

## ■ Temas de reflexión y comentario.

1. La voz de la protagonista infantil en *Balún Canán*.
2. Características del nuevo indigenismo en Rosario Castellanos y José María Arguedas.
3. El destino de la mujer visto en "Lección de cocina" y "Cabecita blanca".
4. Contribución de Rosario Castellanos al ensayo hispanoamericano.
5. La rebelión de los chamula: la representacion de la historia en *Oficio de tinieblas*.

# CARLOS FUENTES

1928, Ciudad de Panamá, Panamá

Intelectual brillante, escritor de vasta cultura, y narrador de rica temática y variada técnica, Carlos Fuentes es una de las figuras más prestigiosas del mundo de las letras, no sólo en el ámbito hispánico sino a nivel internacional. Hijo de un diplomático, vivió durante su infancia y adolescencia en distintos países, con prolongadas residencias en Washington (1932–38) y en Santiago de Chile y Buenos Aires (1939–44). En Chile asistió al mismo colegio inglés (Grange School) donde era alumno José Donoso y allí publicó sus primeros artículos y cuentos. En 1944 regresó a México, donde concluyó sus estudios secundarios y cursó la carrera de leyes, graduándose en 1949. En los años siguientes continuó su formación profesional en el Instituto de Altos Estudios Internacionales de Ginebra (1950–51) y fue agregado cultural de su país en Suiza (1950–52).

El primer libro publicado por Fuentes fue una colección de cuentos, *Los días enmascarados* (1954) y su primera novela *La región más transparente* (1958). Desde 1959, y a excepción de los tres años que pasó en París como Embajador de México (1974–77), se ha dedicado por entero a las letras. Del mismo modo que su compatriota Octavio Paz, de quien recibió ideas y estímulo durante sus años formativos, Fuentes ha sido profesor y conferencista en las universidades más importantes de los Estados Unidos. Con una continuidad que revela su gran capacidad creadora, ha producido novelas, colecciones de cuentos, ensayos, artículos de crítica literaria y obras de teatro. Entre sus novelas se destacan *La muerte de Artemio Cruz* (1962), *Cambio de piel* (1967), *Terra Nostra* (1975), *Una familia lejana* (1980), *Gringo viejo* (1985), *Cristóbal Nonato* (1987) y *La campaña* (1990). En ellas el autor ofrece su visión de la historia mexicana, que él interpreta como una superposición y coexistencia de culturas distintas y aun contradictorias: el mundo mítico del indígena regido por el concepto cíclico del tiempo, la versión española del cristianismo, y la modernidad sustentada en los valores individualistas de la burguesía europea, cuya fe en la razón, la ciencia y el progreso produjo el gran desarrollo de los países industrializados. Fuentes ha seguido enfocando, desde distintos ángulos, la situación de su país. *La frontera de cristal* (1995) se compone de nueve relatos enlazados por el tema de la inmigración mexicana a los Estados Unidos, con historias que ocurren a lo largo de doscientos años. En *Los años con Laura Díaz* (1999), la novela recorre la historia del siglo veinte, en México y en el mundo, a través de la vída de su personaje Laura, nacida en 1898. Con esta novela culmina el ambicioso proyecto de Fuentes de evocar, con visión histórica y crítica, hechos, ideas e ideologías que han definido nuestro mundo contemporáneo. De distinto carácter es *El instinto de Inéz* (2001), una historia de amor que ocurre en Londres durante la Segunda Guerra Mundial. En *La silla del águila* (2003) Fuentes retoma, sin embargo, su crítica, siempre lúcida, de la política mexicana.

La vigencia de los mitos indígenas como elemento subyacente del México moderno es una idea que recorre toda la obra de Fuentes, quien se ha referido a este tema en sus ensayos de *Tiempo mexicano* (1971). La revaloración del pasado inmediato representado por la Revolución Mexicana, hecha desde la perspectiva crítica del presente, en obras como *La muerte de Artemio Cruz,* la inserción de la realidad mexicana dentro de una perspectiva universal en *Cambio de piel,* y la visión totalizadora, a la vez que americana, de *Terra Nostra,* son los otros aspectos que distinguen la obra de Fuentes. En sus cuentos de *Los días enmascarados,* el autor evoca los mitos indígenas ("Chac Mool" y "Por boca de los dioses") y la historia mexicana ("Tliactocatzine, del Jardín de Flandes"). Allí y en su novela corta *Aura* (1962) Fuentes aborda el género fantástico, con el que también se vinculan, en menor grado, algunas de sus novelas posteriores como *Cumpleaños* (1969), *Una familia lejana* y *Cristóbal Nonato.* En contraste, su segunda colección de cuentos, *Cantar de ciegos* (1964), no incluye elementos irreales y presenta, en cambio, distintas facetas de la sociedad mexicana contemporánea. Como crítico literario, Fuentes fue uno de los primeros en analizar el movimiento de la nueva narrativa en su libro *La nueva novela hispanoamericana* (1969). Ha publicado; *Casa con dos puertas* (1970), una colección que incluye ensayos sobre William Faulkner, Ernest Hemingway, Jean Paul Sartre y William Styron; *Cervantes o la crítica de la lectura* (1976), obra interpretativa que ahonda en las raíces de la cultura española; y *Valiente mundo nuevo* (1990) y *El naranjo* (1993), donde continúa elaborando sus ideas sobre la literatura y la cultura hispanoamericanas. En *Geografía de la novela* (1993), Fuentes trasciende, en cambio, las fronteras nacionales y lingüísticas, para registrar e interpretar la evolución de la novela contemporánea.

"Chac Mool" toma su título del nombre dado al dios maya de la lluvia, cuyo culto fue especialmente importante en la región árida de Yucatán. Una noticia periodística aparecida en 1952 le sugirió el tema al autor. Con motivo de una exposición de arte mexicano en París, se había embarcado con rumbo a Europa una imagen del dios; ésta desencadenó, según comentaron los periódicos, tormentas en alta mar y lluvias por todo el continente.

## ■ Bibliografía mínima

Bach, Caleb. "Carlos Fuentes: Time to Imagine". *Américas* 52.2 (2000): 22–27.

Brody, Robert y Charles Rossman, eds. *Carlos Fuentes: A Critical View.* Austin: U of Texas P, 1982.

Castillo, Debra A. "Fuentes fronterizo". *Arizona Journal of Hispanic Cultural Studies* 4 (2000): 159–74.

Faris, Wendy B. *Carlos Fuentes.* New York: Ungar, 1983.

Filer, Malva E. "Los mitos indígenas en la obra de Carlos Fuentes". *Revista Iberoamericana* 50 (1984): 475–89.

Gyurko, Lanin. "Carlos Fuentes". *Latin American Writers.* Eds. Carlos A. Solé y Maria Isabel Abreu. Vol. 2. New York: Scribner's, 1989, 1353–75.

Lagmanovich, David. "Los cuentos de Carlos Fuentes". *El cuento hispanoamericano ante la crítica.* Ed. Enrique Pupo-Walker. Madrid: Castalia, 1995, 427–52.

Ortega, Julio. "La muerte de Artemio Cruz y el relato de la des-fundación nacional". *Hispania* 85.2 (2002): 198–208.

Tyler, Joseph. "'Chac Mool': A Journey into the Fantastic". *Hispanic Journal* 10.2 (Spring 1989): 177–183.

Williams, Raymond Leslie, ed. *The Writings of Carlos Fuentes.* Austin, TX: U of Texas P, 1996.

*World Literature Today. Carlos Fuentes Issue.* 57.4 (1983).

# Los días enmascarados (1954)

## CHAC MOOL

Hace poco tiempo, Filiberto murió ahogado en Acapulco. Sucedió en Semana Santa. Aunque despedido de su empleo en la Secretaría, Filiberto no pudo resistir la tentación burocrática de ir, como todos los años, a la pensión alemana, comer el *choucrout*[1] endulzado por el sudor de la cocina tropical, bailar el sábado
5 de gloria[2] en La Quebrada, y sentirse "gente conocida" en el oscuro anonimato vespertino de la playa de Hornos. Claro, sabíamos que en su juventud había nadado bien, pero ahora, a los cuarenta, y tan desmejorado como se le veía, ¡intentar salvar, y a medianoche, un trecho tan largo! Frau Müller no permitió que se velara—cliente tan antiguo—en la pensión; por el contrario, esa noche orga-
10 nizó un baile en la terracita sofocada, mientras Filiberto esperaba, muy pálido en su caja, a que saliera el camión matutino de la terminal, y pasó acompañado de huacales[3] y fardos la primera noche de su nueva vida. Cuando llegué, temprano, a vigilar el embarque del féretro, Filiberto estaba bajo un túmulo[4] de cocos; el chófer dijo que lo acomodáramos rápidamente en el toldo y lo cubriéramos de
15 lonas, para que no se espantaran los pasajeros, y a ver si no le habíamos echado la sal al viaje.

Salimos de Acapulco, todavía en la brisa. Hasta[5] Tierra Colorada nacieron el calor y la luz. Con el desayuno de huevos y chorizo, abrí el cartapacio[6] de Filiberto, recogido el día anterior, junto con sus otras pertenencias, en la pensión de
20 los Müller. Doscientos pesos. Un periódico viejo; cachos[7] de la lotería; el pasaje de ida—¿sólo de ida?—, y el cuaderno barato, de hojas cuadriculadas y tapas de papel mármol.

Me aventuré a leerlo, a pesar de las curvas, el hedor a vómito, y cierto sentimiento natural de respeto a la vida privada de mi difunto amigo. Recordaría—
25 sí, empezaba con eso—nuestra cotidiana labor en la oficina; quizá, sabría por qué fue declinando, olvidando sus deberes, por qué dictaba oficios sin sentido, ni

---

[1] Repollo salado y fermentado, sauerkraut.
[2] El sábado de la Semana Santa, día en que los cristianos festejan la resurrección de Cristo y su ascenso a la gloria.
[3] Guacales, cestas o jaulas hechas con varillas de madera; se llevan sobre las espaldas para transportar mercancías.

[4] Montón.
[5] Aquí significa recién (en), según el uso generalizado en México.
[6] Carpeta para meter papeles.
[7] Pedazos de boletos.

número, ni "sufragio efectivo".[8] Por qué, en fin, fue corrido, olvidada la pensión, sin respetar los escalafones.

"Hoy fui a arreglar lo de mi pensión. El licenciado, amabilísimo. Salí tan
30 contento que decidí gastar cinco pesos en un café. Es el mismo al que íbamos de jóvenes y al que ahora nunca concurro, porque me recuerda que a los veinte años podía darme más lujos que a los cuarenta. Entonces todos estábamos en un mismo plano, hubiéramos rechazado con energía cualquier opinión peyorativa hacia los compañeros; de hecho librábamos la batalla por aquellos a quienes en
35 la casa discutían la baja extracción o falta de elegancia. Yo sabía que muchos (quizás los más humildes) llegarían muy alto, y aquí, en la escuela, se iban a for-jar las amistades duraderas en cuya compañía cursaríamos el mar bravío. No, no fue así. No hubo reglas. Muchos de los humildes quedaron allí, muchos llegaron más arriba de lo que pudimos pronosticar en aquellas fogosas, amables tertulias.
40 Otros, que parecíamos prometerlo todo, quedamos a la mitad del camino, destri-pados en un examen extracurricular, aislados por una zanja invisible de los que triunfaron y de los que nada alcanzaron. En fin, hoy volví a sentarme en las sillas, modernizadas—también, como barricada de una invasión, la fuente de sodas—, y pretendí leer expedientes. Vi a muchos, cambiados, amnésicos, retocados de luz
45 neón, prósperos. Con el café que casi no reconocía, con la ciudad misma, habían ido cincelándose[9] a ritmo distinto del mío. No, ya no me reconocían, o no me querían reconocer. A lo sumo—uno o dos—una mano gorda y rápida en el hom-bro. *Adiós, viejo, qué tal.* Entre ellos y yo, mediaban los dieciocho agujeros del Country Club. Me disfracé en los expedientes. Desfilaron los años de las grandes
50 ilusiones, de los pronósticos felices, y, también, todas las omisiones que impi-dieron su realización. Sentí la angustia de no poder meter los dedos en el pasado y pegar los trozos de algún rompecabezas abandonado; pero el arcón[10] de los juguetes se va olvidando, y al cabo, quién sabrá a dónde fueron a dar los solda-dos de plomo, los cascos, las espadas de madera. Los disfraces tan queridos, no
55 fueron más que eso. Y, sin embargo, había habido constancia, disciplina, apego al deber. ¿No era suficiente, o sobraba? No dejaba, en ocasiones, de asaltarme el re-cuerdo de Rilke.[11] La gran recompensa de la aventura de juventud debe ser la muerte; jóvenes, debemos partir con todos nuestros secretos. Hoy, no tendría que volver la vista a las ciudades de sal. ¿Cinco pesos? Dos de propina".

60 "Pepe, aparte de su pasión por el derecho mercantil, gusta de teorizar. Me vio salir de Catedral, y juntos nos encaminamos a Palacio. El es descreído, pero no le basta: en media cuadra tuvo que fabricar una teoría. Que si no fuera mexi-cano, no adoraría a Cristo, y—No, mira, parece evidente. Llegan los españoles y te proponen adores a un Dios, muerto hecho un coágulo, con el costado herido,

---

[8] "¡Sufragio efectivo; no reelección!" fue el lema con el que Francisco Madero y los revolu-cionarios mexicanos se opusieron a la reelec-ción del general Porfirio Díaz. La alusión es irónica, ya que el lema revolucionario se ha transformado, según el texto, en una frase

vacía de significado que se agrega ritualmente a los documentos oficiales.
[9] Tomando forma, como grabados con cincel.
[10] Arca grande, caja de madera con tapa sujeta con goznes.
[11] Ver nota 25, p. 473.

65 clavado en una cruz. Sacrificado. Ofrendado. ¿Qué cosa más natural que aceptar un sentimiento tan cercano a todo tu ceremonial, a toda tu vida...? Figúrate, en cambio, que México hubiera sido conquistado por budistas o mahometanos. No es concebible que nuestros indios veneraran a un individuo que murió de indigestión. Pero un Dios al que no le basta que se sacrifiquen por él, sino que incluso

70 va a que le arranquen el corazón, caramba, ¡jaque mate a Huitzilopochtli![12] El cristianismo, en su sentido cálido, sangriento, de sacrificio y liturgia, se vuelve una prolongación natural y novedosa de la religión indígena. Los aspectos de caridad, amor, y la otra mejilla, en cambio, son rechazados. Y todo en México es eso: hay que matar a los hombres para poder creer en ellos.

75     "Pepe conocía mi afición, desde joven, por ciertas formas del arte indígena mexicano. Yo colecciono estatuillas, ídolos, cacharros. Mis fines de semana los paso en Tlaxcala,[13] en Teotihuacán.[14] Acaso por esto le guste relacionar todas las teorías que elabora para mi consumo con estos temas. Por cierto que busco una réplica razonable del Chac Mool desde hace tiempo, y hoy Pepe me informa de

80 un lugar en la Lagunilla donde venden uno de piedra, y parece que barato. Voy a ir el domingo.

    "Un guasón[15] pintó de rojo el agua del garrafón[16] en la oficina, con la consiguiente perturbación de las labores. He debido consignarlo al director, a quien sólo le dio mucha risa. El culpable se ha valido de esta circunstancia para hacer

85 sarcasmos a mis costillas el día entero, todo en torno al agua. ¡Ch...!"

    "Hoy, domingo, aproveché para ir a la Lagunilla. Encontré el Chac Mool en la tienducha[17] que me señaló Pepe. Es una pieza preciosa, de tamaño natural, y aunque el marchante asegura su originalidad, lo dudo. La piedra es corriente, pero ello no aminora la elegancia de la postura o lo macizo del bloque. El desleal

90 vendedor le ha embarrado salsa de tomate en la barriga para convencer a los turistas de la autenticidad sangrienta de la escultura.

    "El traslado a la casa me costó más que la adquisición. Pero ya está aquí, por el momento en el sótano mientras reorganizo mi cuarto de trofeos a fin de darle cabida. Estas figuras necesitan sol, vertical y fogoso; ése fue su elemento y condi-

95 ción. Pierde mucho en la oscuridad del sótano, como simple bulto agónico,[18] y su mueca parece reprocharme que le niegue la luz. El comerciante tenía un foco exactamente vertical a la escultura, que recortaba todas las aristas, y le daba una expresión más amable a mi Chac Mool. Habrá que seguir su ejemplo".

    "Amanecí con la tubería descompuesta. Incauto, dejé correr el agua de la

100 cocina, y se desbordó, corrió por el suelo y llegó hasta el sótano, sin que me

---

[12] Dios de la guerra, el principal del panteón azteca.

[13] Capital del estado del mismo nombre, el más pequeño de los estados que componen la república mexicana. Ocupa aproximadamente el área del antiguo principado de Tlaxcala, el cual se negó a aceptar el dominio de la confederación azteca y fue el más importante aliado indígena de Cortés en la conquista de México.

[14] "Teotihuacán" significa "morada de los dioses". Antiguo centro religioso de la civilización tolteca situado al noreste de la ciudad de México, del que se han preservado las pirámides al sol y a la luna y templos en ruinas.

[15] Burlón, que gasta bromas, despectivo.

[16] Aumentativo de garrafa.

[17] Forma despectiva: tienda pequeña que vende artículos de poca calidad y de bajo precio.

[18] Que se halla en la agonía, al borde de la muerte.

percatara. El Chac Mool resiste la humedad, pero mis maletas sufrieron; y todo esto, en día de labores, me ha obligado a llegar tarde a la oficina".

"Vinieron, por fin, a arreglar la tubería. Las maletas, torcidas. Y el Chac Mool, con lama[19] en la base".

105    "Desperté a la una: había escuchado un quejido terrible. Pensé en ladrones. Pura imaginación".

"Los lamentos nocturnos han seguido. No sé a qué atribuirlo, pero estoy nervioso. Para colmo de males, la tubería volvió a descomponerse, y las lluvias se han colado, inundando el sótano".

110    "El plomero no viene, estoy desesperado. Del Departamento del Distrito Federal, más vale no hablar. Es la primera vez que el agua de las lluvias no obedece a las coladeras y viene a dar a mi sótano. Los quejidos han cesado: vaya una cosa por otra".

"Secaron el sótano, y el Chac Mool está cubierto de lama. Le da un aspecto
115 grotesco, porque toda la masa de la escultura parece padecer de una erisipela[20] verde, salvo los ojos, que han permanecido de piedra. Voy a aprovechar el domingo para raspar el musgo. Pepe me ha recomendado cambiarme a un apartamiento, y en el último piso, para evitar estas'tragedias acuáticas. Pero no puedo dejar este caserón, ciertamente muy grande para mí solo, un poco lúgubre
120 en su arquitectura porfiriana,[21] pero que es la única herencia y recuerdo de mis padres. No sé qué me daría ver una fuente de sodas con sinfonola en el sótano y una casa de decoración en la planta baja".

"Fui a raspar la lama del Chac Mool con una espátula.[22] El musgo parecía ya parte de la piedra; fue labor de más de una hora, y sólo a las seis de la tarde
125 pude terminar. No era posible distinguir en la penumbra, y al dar fin al trabajo, con la mano seguí los contornos de la piedra. Cada vez que raspaba el bloque parecía reblandecerse. No quise creerlo: era ya casi una pasta. Este mercader de la Lagunilla me ha timado.[23] Su escultura precolombina es puro yeso, y la humedad acabará por arruinarla. Le he puesto encima unos trapos, y mañana la
130 pasaré a la pieza de arriba, antes de que sufra un deterioro total".

"Los trapos están en el suelo. Increíble. Volví a palpar el Chac Mool. Se ha endurecido, pero no vuelve a la piedra. No quiero escribirlo: hay en el torso algo de la textura de la carne, lo aprieto como goma, siento que algo corre por esa figura recostada...Volví a bajar en la noche. No cabe duda: el Chac Mool tiene
135 vello en los brazos".

"Esto nunca me había sucedido. Tergiversé[24] los asuntos en la oficina: giré una orden de pago que no estaba autorizada, y el director tuvo que llamarme la

---

[19] Musgo.
[20] Inflamación superficial de la piel, acompañada de fiebre.
[21] De la época de Porfirio Díaz.

[22] Paleta pequeña con bordes afilados y mango largo que usan los pintores.
[23] Estafado, engañado.
[24] Tergiversar: trastrocar, confundir.

atención. Quizá me mostré hasta descortés con los compañeros. Tendré que ver a un médico, saber si es imaginación, o delirio, o qué, y deshacerme de ese maldito Chac Mool".

Hasta aquí, la escritura de Filiberto era la vieja, la que tantas veces vi en memoranda[25] y formas, ancha y ovalada. La entrada del 25 de agosto, parecía escrita por otra persona. A veces como niño, separando trabajosamente cada letra; otras, nerviosa, hasta diluirse en lo ininteligible. Hay tres días vacíos, y el relato continúa:

"Todo es tan natural; y luego, se cree en lo real..., pero esto lo es, más que lo creído por mí. Si es real un garrafón,[26] y más, porque nos damos mejor cuenta de su existencia, o estar, si un bromista pinta de rojo el agua...Real bocanada de cigarro efímera, real imagen monstruosa en un espejo de circo, reales, ¿no lo son todos los muertos, presentes y olvidados...? Si un hombre atravesara el Paraíso en un sueño, y le dieran una flor como prueba de que había estado allí, y si al despertar encontrara esa flor en su mano..., ¿entonces qué...? Realidad: cierto día la quebraron en mil pedazos, la cabeza fue a dar allá, la cola aquí, y nosotros no conocemos más que uno de los trozos desprendidos de su gran cuerpo. Océano libre y ficticio, sólo real cuando se le aprisiona en un caracol. Hasta hace tres días, mi realidad lo era al grado de haberse borrado hoy: era movimiento reflejo, rutina, memoria, cartapacio.[27] Y luego, como la tierra que un día tiembla para que recordemos su poder, o la muerte que llegará, recriminando mi olvido de toda la vida, se presenta otra realidad que sabíamos estaba allí, mostrenca,[28] y que debe sacudirnos para hacerse viva y presente. Creía, nuevamente, que era imaginación: el Chac Mool, blando y elegante, había cambiado de color en una noche; amarillo, casi dorado, parecía indicarme que era un Dios, por ahora laxo, con las rodillas menos tensas que antes, con la sonrisa más benévola. Y ayer, por fin, un despertar sobresaltado, con esa seguridad espantosa de que hay dos respiraciones en la noche, de que en la oscuridad laten más pulsos que el propio. Sí, se escuchaban pasos en la escalera. Pesadilla. Vuelta a dormir... No sé cuánto tiempo pretendí dormir. Cuando volví a abrir los ojos, aún no amanecía. El cuarto olía a horror, a incienso y sangre. Con la mirada negra, recorrí la recámara,[29] hasta detenerme en dos orificios de luz parpadeante, en dos flámulas[30] crueles y amarillas.

Casi sin aliento encendí la luz.

Allí estaba Chac Mool, erguido, sonriente, ocre, con su barriga encarnada. Me paralizaban los dos ojillos, casi bizcos,[31] muy pegados a la nariz triangular. Los dientes inferiores, mordiendo el labio superior, inmóviles; sólo el brillo del casquetón[32] cuadrado sobre la cabeza anormalmente voluminosa, delataba vida. Chac Mool avanzó hacia la cama; entonces empezó a llover".

Recuerdo que a fines de agosto, Filiberto fue despedido de la Secretaría, con una recriminación pública del director, y rumores de locura y aun robo. Esto no

---

[25] Plural de memorandum; comunicaciones breves, por lo común no firmadas.
[26] Damajuana. Vasija grande de vidrio, semejante a una botella redondeada, muy abultada y con cuello largo.
[27] Carpeta.
[28] Que no tiene hogar o amo conocido; de esta palabra proviene el término "mustang".

[29] Alcoba, dormitorio.
[30] Llamitas.
[31] Torcidos, encontrados.
[32] Tocado o gorro del Chac Mool.

lo creía. Sí vi unos oficios[33] descabellados, preguntando al Oficial Mayor si el agua podía olerse, ofreciendo sus servicios al Secretario de Recursos Hidráulicos para hacer llover en el desierto. No supe qué explicación darme; pensé que las
180 lluvias excepcionalmente fuertes, de ese verano, lo habían enervado. O que alguna depresión moral debía producir la vida en aquel caserón antiguo, con la mitad de los cuartos bajo llave y empolvados, sin criados ni vida de familia. Los apuntes siguientes son de fines de septiembre:

"Chac Mool puede ser simpático cuando quiere..., un gluglu de agua embe-
185 lesada... Sabe historias fantásticas sobre los monzones,[34] las lluvias ecuatoriales, el castigo de los desiertos; cada planta arranca de su paternidad mítica: el sauce, su hija descarriada;[35] los lotos,[36] sus mimados; su suegra: el cacto. Lo que no puedo tolerar es el olor, extrahumano, que emana de esa carne que no lo es, de las chanclas[37] flameantes de ancianidad. Con risa estridente, el Chac Mool revela
190 cómo fue descubierto por Le Plongeon,[38] y puesto, físicamente, en contacto con hombres de otros símbolos. Su espíritu ha vivido en el cántaro y la tempestad, natural; otra cosa es su piedra, y haberla arrancado al escondite es artificial y cruel. Creo que nunca lo perdonará el Chac Mool. El sabe de la inminencia del hecho estético.
195 "He debido proporcionarle sapolio[39] para que se lave el estómago que el mercader le untó de ketchup al creerlo azteca. No pareció gustarle mi pregunta sobre su parentesco con Tláloc,[40] y, cuando se enoja, sus dientes, de por sí repulsivos, se afilan y brillan. Los primeros días, bajó a dormir al sótano; desde ayer, en mi cama".

200 "Ha empezado la temporada seca. Ayer, desde la sala en la que duermo ahora, comencé a oír los mismos lamentos roncos del principio, seguidos de ruidos terribles. Subí y entreabrí la puerta de la recámara: el Chac Mool estaba rompiendo las lámparas, los muebles; saltó hacia la puerta con las manos arañadas, y apenas pude cerrar e irme a esconder al baño... Luego, bajó jadeante y pidió agua; todo el
205 día tiene corriendo las llaves, no queda un centímetro seco en la casa. Tengo que dormir muy abrigado, y le he pedido no empapar la sala más".[41]

"El Chac Mool inundó hoy la sala. Exasperado, dije que lo iba a devolver a la Lagunilla. Tan terrible como su risilla—horrorosamente distinta a cualquier

---

[33] Comunicaciones escritas, referentes a los asuntos del servicio público.

[34] Vientos periódicos en el Océano Indico.

[35] Extraviada, perdida.

[36] Loto: planta de grandes hojas coriáceas y flores blancas y olorosas, muy repetida como motivo decorativo, más o menos estilizado, en la pintura y la arquitectura del antiguo Egipto.

[37] Zapatos viejos cuyos talones están ya caídos y aplastados por el mucho uso.

[38] Le Plongeon, Augustus (1826–1908): médico, estudioso de las culturas precolombinas y explorador de las ruinas mayas. Autor de *Sacred Mysteries Among the Mayas and the*

*Quichés* (1886) y *Queen Móo and The Egyptian Sphinx* (1896). El texto de Fuentes parece aludir al hecho de que Le Plongeon descubrió sorprendentes analogías entre el lenguaje, la cosmogonía y los conceptos religiosos de los mayas y los de las antiguas civilizaciones del Asia, Africa y Europa.

[39] Del nombre de la marca de fábrica. Jabón duro que lleva polvo de piedra pómez. Sirve para fregar y pulir objetos no metálicos.

[40] Dios azteca de la lluvia; distribuye la lluvia, el huracán y la sequía.

[41] Filiberto no explica en qué lengua se entendía con el Chac Mool [nota del autor].

risa de hombre o animal—fue la bofetada que me dio, con ese brazo cargado de
210 brazaletes pesados. Debo reconocerlo: soy su prisionero. Mi idea original era
distinta: yo dominaría al Chac Mool, como se domina a un juguete; era, acaso,
una prolongación de mi seguridad infantil; pero la niñez—¿quién lo dijo?—es
fruto comido por los años, y yo no me he dado cuenta... Ha tomado mi ropa, y se
pone las batas cuando empieza a brotarle musgo verde. El Chac Mool está acos-
215 tumbrado a que se le obedezca, por siempre; yo, que nunca he debido mandar,
sólo puedo doblegarme. Mientras no llueva—y su poder mágico?—vivirá
colérico o irritable".

"Hoy descubrí que en las noches el Chac Mool sale de la casa. Siempre, al
obscurecer, canta una canción chirriona[42] y anciana, más vieja que el canto
220 mismo. Luego, cesa. Toqué varias veces a su puerta, y cuando no me contestó, me
atreví a entrar. La recámara, que no había vuelto a ver desde el día en que intentó
atacarme la estatua, está en ruinas, y allí se concentra ese olor a incienso y sangre
que ha permeado la casa. Pero, detrás de la puerta, hay huesos: huesos de perros,
de ratones y gatos. Esto es lo que roba en la noche el Chac Mool para sustentarse.
225 Esto explica los ladridos espantosos de todas las madrugadas".

"Febrero, seco. Chac Mool vigila cada paso mío; ha hecho que telefonee a
una fonda para que me traigan diariamente arroz con pollo. Pero lo sustraído de
la oficina ya se va a acabar. Sucedió lo inevitable: desde el día primero, cortaron
el agua y la luz por falta de pago. Pero Chac ha descubierto una fuente pública a
230 dos cuadras de aquí; todos los días hago diez o doce viajes por agua, y él me observa desde la azotea. Dice que si intento huir me fulminará; también es Dios del
Rayo. Lo que él no sabe es que estoy al tanto de sus correrías nocturnas... Como
no hay luz, debo acostarme a las ocho. Ya debería estar acostumbrado al Chac
Mool, pero hace poco, en la obscuridad, me topé con él en la escalera, sentí sus
235 brazos helados, las escamas de su piel renovada, y quise gritar.
"Si no llueve pronto, el Chac Mool va a convertirse en piedra otra vez. He
notado su dificultad reciente para moverse; a veces se reclina durante horas, pa-
ralizado, y parece ser, de nuevo, un ídolo. Pero estos reposos sólo le dan nuevas
fuerzas para vejarme, arañarme como si pudiera arrancar algún líquido de mi
240 carne. Ya no tienen lugar aquellos intermedios amables en que relataba viejos
cuentos; creo notar un resentimiento concentrado. Ha habido otros indicios que
me han puesto a pensar: se está acabando mi bodega; acaricia la seda de las batas;
quiere que traiga una criada a la casa; me ha hecho enseñarle a usar jabón y
lociones. Creo que el Chac Mool está cayendo en tentaciones humanas; incluso
245 hay algo viejo en su cara que antes parecía eterna. Aquí puede estar mi salvación:
si el Chac se humaniza, posiblemente todos sus siglos de vida se acumulen en un
instante y caiga fulminado. Pero también, aquí, puede germinar mi muerte: el
Chac no querrá que asista a su derrumbe, es posible que desee matarme. "Hoy
aprovecharé la excursión nocturna de Chac para huir. Me iré a Acapulco; vere-
250 mos qué puede hacerse para adquirir trabajo, y esperar la muerte del Chac Mool:
sí, se avecina; está canoso, abotagado.[43] Necesito asolearme,[44] nadar, recuperar

---

[42] Desentonada.

[43] Hinchado.

[44] Tomar sol.

fuerza. Me quedan cuatrocientos pesos. Iré a la Pensión Müller, que es barata y cómoda. Que se adueñe de todo el Chac Mool: a ver cuánto dura sin mis baldes de agua".

255     Aquí termina el diario de Filiberto. No quise volver a pensar en su relato; dormí hasta Cuernavaca. De ahí a México pretendí dar coherencia al escrito, relacionarlo con exceso de trabajo, con algún motivo sicológico. Cuando a las nueve de la noche llegamos a la terminal, aún no podía concebir la locura de mi amigo. Contraté una camioneta para llevar el féretro a casa de Filiberto y desde allí or-
260 denar su entierro.

    Antes de que pudiera introducir la llave en la cerradura, la puerta se abrió. Apareció un indio amarillo, en bata de casa, con bufanda. Su aspecto no podía ser más repulsivo; despedía un olor a loción barata; su cara, polveada, quería cubrir las arrugas; tenía la boca embarrada de lápiz labial mal aplicado, y el pelo
265 daba la impresión de estar teñido.

    —Perdone..., no sabía que Filiberto hubiera...

    —No importa; lo sé todo. Dígales a los hombres que lleven el cadáver al sótano.

## ■ Preguntas generales

1. ¿Qué ideas conforman la visión de la historia mexicana de Fuentes?
2. ¿En qué obras presenta una perspectiva crítica de la Revolución Mexicana? ¿En cuáles interpreta la realidad mexicana como parte integrante del mundo contemporáneo?
3. ¿Qué elementos fantásticos incluye en parte de su narrativa?
4. ¿Dónde ha demostrado sus conocimientos literarios y su habilidad como intérprete y crítico de la literatura hispanoamericana?
5. ¿En qué novela ha elaborado el tema de la relación entre México y los Estados Unidos?

## ■ Preguntas de análisis

1. ¿Cómo calificaría Ud. la situación psicológica y social de Filiberto?
2. ¿Qué función cumple la afición del personaje a "ciertas formas del arte indígena mexicano"?
3. ¿Qué ideas acerca del pasado y presente de México comunica el relato?
4. ¿Observa Ud. analogías entre este cuento y otros de autores contemporáneos, como "La isla a mediodía" de Cortázar?
5. ¿Cómo preserva el autor la ambigüedad del desenlace, permitiendo tanto la interpretación fantástica como la racional?

## ■ Temas para informes escritos

1. Los mitos indígenas en la obra de Fuentes.
2. Fuentes como promotor de nuevas corrientes literarias.
3. La crítica social dentro de la obra de Fuentes.

4. Puntos de contacto entre las ideas de Fuentes y las de Paz sobre la cultura mexicana.
5. Mexicanidad y universalidad en la obra de Fuentes.

## ■ Temas de reflexión y comentario

1. La integración del mundo hispánico en la obra de Carlos Fuentes.
2. La visión histórica en la narrativa de Fuentes.
3. Los personajes femeninos de Fuentes, a la luz de las teorías sobre el género sexual.
4. Los elementos cinematográficos en las novelas de Fuentes. Sus versiones fílmicas.
5. Los escritores estadounidenses que influyeron en la formación de Fuentes.

# GABRIEL GARCIA MARQUEZ

1928, Aracataca, Colombia

*Reproduced with permission of the General*
*Secretariat of the Organization of American States*

Figura estelar de la narrativa hispanoamericana contemporánea, Gabriel García Márquez ha conquistado el interés y la admiración de un extraordinario número de lectores, tanto dentro como fuera del mundo hispánico. La celebridad del autor de *Cien años de soledad* (1967) y ganador del Premio Nobel de Literatura (1982) ha llegado como culminación de un largo y sostenido esfuerzo. Nació en Aracataca, pequeño pueblo colombiano de la costa del Caribe, y vivió allí, en casa de sus abuelos maternos, hasta la edad de ocho años. Esta zona del país había pasado por una época de gran prosperidad durante la "fiebre del banano", cuando asentó su dominio la United Fruit Company y llegaron a trabajar allí millares de forasteros. Fue ésta, sin embargo, una prosperidad ilusoria y efímera, pagada con la explotación económica y la represión política de los trabajadores colombianos.

Para 1928, Aracataca era un pueblo que vivía de recuerdos y de leyendas embellecedoras del pasado esplendor. El futuro escritor recogió en su infancia recuerdos y anécdotas pintorescas, así como las memorias de las guerras civiles narradas por su abuelo, quien había peleado en el bando liberal. Con este material de base histórica, transformado por la memoria y la imaginación, construyó García Márquez la historia del pueblo de Macondo, desde su primera, y más realista novela, *La hojarasca* (1955), hasta el mundo mítico de *Cien años de soledad*.

Antes de dedicarse por entero a las letras, cursó estudios de leyes en las universidades de Bogotá y Cartagena, pero los abandonó para dedicarse al periodismo. La vida de García Márquez, como la de todos los jóvenes colombianos de su generación, estuvo afectada por la violencia que estalló en el país a raíz del asesinato del candidato liberal a la presidencia de la república, Jorge Eliecer Gaitán (1948). Esta atmósfera de violencia, y las causas que la provocaron, dieron luego materia a su segunda novela, *La mala hora* (1962), y están presentes en su obra posterior.

García Márquez escribió para periódicos de Cartagena, Barranquilla y Bogotá. Como corresponsal del diario *El espectador,* donde publicó sus primeros cuentos, fue enviado a Ginebra, Roma y París. Estudió en Roma (1954) dirección cinematográfica. En 1955, durante su residencia en París, se quedó sin emplco al ser clausurado *El espectador* bajo la dictadura del general Gustavo Rojas Pinilla (1953–57), pero pudo dedicarse a su obra narrativa. De esa época datan *La hojarasca, La mala hora* (terminada en 1957), y las varias versiones de *El coronel no tiene quien le escriba,* novela corta que no publicó hasta 1961. Los años siguientes lo obligaron a frecuentes cambios. Trabajó para *Prensa Latina* primero en Bogotá, y luego en Cuba y Nueva York (1959–60), y se ganó la vida como periodista y escritor de guiones cinematográficos en México (1961–67). Allí publicó *La mala hora* y *Los funerales de la Mamá Grande* (1962); el cuento que da título a esta colección anuncia ya la libertad imaginativa, los elementos satíricos y humorísticos y la exageración grotesca que caracterizan a *Cien años de soledad,* publicada en Buenos Aires durante la permanencia del autor en México.

Desde 1967 hasta 1982, el escritor colombiano vivió en Barcelona, donde pudo dedicarse totalmente a la creación literaria. En los últimos años ha alternado residencia entre México y Colombia. Además de las obras ya citadas, deben mencionarse las siguientes novelas: *El otoño del patriarca* (1975), visión pesadillesca y penetrante de la psicología del dictador; *Crónica de una muerte anunciada* (1981), de la cual se ha hecho una versión cinematográfica, donde parodia las formas tradicionales del género policíaco; *El amor en los tiempos del cólera* (1985), historia que ahonda en el sentimiento del amor a través de las distintas estaciones de la vida; *El general en su laberinto* (1989), una recreación de los últimos días del Libertador Simón Bolívar y *Del amor y otros demonios* (1994), obra que describe, con imaginación e ironía, el poder destructivo del fanatismo religioso y el celo persecutorio de la Inquisición durante la Colonia. Entre sus colecciones de cuentos se destacan: *La increíble y triste historia de la cándida Eréndida y de su abuela desalmada* (1972), de la cual se ha popularizado la historia del mismo título en su versión cinematográfica, y *Doce cuentos peregrinos* (1992), relatos que el autor fue produciendo a través de sus años de viaje y de residencia en distintos países. La obra periodística de García Márquez ha sido recogida por el autor en varios volúmenes. *Textos costeños* (1991, 1999), *Por la libre: obra periodistica* (1999) y *Entre cachacos* (1992, 1999). El primer tomo de sus memorias, *Vivir para contarla,* fue publicado en 2002.

"La prodigiosa tarde de Baltazar", uno de los cuentos de la colección *Los funerales de la Mamá Grande,* muestra, con engañosa simplicidad, un cuadro representativo de tipos humanos y sus respectivas formas de conducta. El texto revela su sentido mediante el uso de caracterizaciones y descripciones que contrastan a los pobres con los ricos, a los que trabajan y crean con sus manos con los que se dedican a negocios y a profesiones bien remuneradas o prestigiosas. Es evidente que las simpatías del narrador se dirigen hacia los primeros, representados por el protagonista, quien tiene el nombre simbólico de Baltazar.

### ■ Bibliografía mínima

Anderson, Jon Lee. "The Power of García Márquez". *New Yorker* 75.28 (1999): 56–66.

Bell-Villada, Gene H. "What the Young Gabriel García Márquez Learned from the Master Graham Greene. The Case of 'Un Día de Estos'". *Comparatist: Journal of the Southern Comparative Literature Association* 24 (2000): 146–56.

Bloom, Harold, ed. *Gabriel García Márquez*. New York: Chelsea House, 1989.

Campra, Rosalba. "Las técnicas del sentido en los cuentos de Gabriel García Márquez". *Revista Iberoamericana* 50 (1984): 937–55.

Dravasa, Mayder. "Authority and Dependence in García Márquez's *El otoño del patriarca*". *Revista Canadiense de Estudios Hispánicos* 24.2 (2000): 397–407.

Hood, Edward Waters. *La ficción de Gabriel García Márquez: repetición e intertextualidad*. New York: Peter Lang, 1993.

McNerney, Kathleen. *Understanding Gabriel García Márquez*. Columbia: U of South Carolina P, 1989.

Mora, Gabriela. " 'La prodigiosa tarde de Baltazar'; problemas de significado". *Inti* 16–17 (1982–83): 83–93.

Oberhelman, Harley D. *Gabriel García Márquez: A Study of the Short Fiction*. Boston: Twayne, 1991.

Ortega, Julio, ed., y Claudia Elliot, asst. ed. *Gabriel García Márquez and the Powers of Fiction*. Austin: U of Texas P, 1988.

Saldívar, Dasso. *García Márquez. El viaje a la semilla*. 2ª ed. Madrid: Alfaguara, 1997.

# Los funerales de la Mamá Grande

## LA PRODIGIOSA TARDE DE BALTAZAR

La jaula estaba terminada. Baltazar la colgó en al alero, por la fuerza de la costumbre, y cuando acabó de almorzar ya se decía por todos lados que era la jaula más bella del mundo. Tanta gente vino a verla, que se formó un tumulto frente a la casa, y Baltazar tuvo que descolgarla y cerrar la carpintería.

5     —Tienes que afeitarte —le dijo Ursula, su mujer—. Pareces un capuchino.[1]

—Es malo afeitarse después del almuerzo —dijo Baltazar.

Tenía una barba de dos semanas, un cabello corto, duro y parado como las crines[2] de un mulo, y una expresión general de muchacho asustado. Pero era una expresión falsa. En febrero había cumplido 30 años, vivía con Ursula desde hacía 10 cuatro, sin casarse y sin tener hijos, y la vida le había dado muchos motivos para estar alerta, pero ninguno para estar asustado. Ni siquiera sabía que para algunas personas, la jaula que acababa de hacer era la más bella del mundo. Para él,

---

[1] Nombre dado a ciertos monjes de la orden franciscana que llevan barba y un manto corto con capucha.

[2] Conjunto de pelos largos que tienen algunos animales, particularmente el caballo, sobre el cuello.

acostumbrado a hacer jaulas desde niño, aquel había sido apenas un trabajo más arduo que los otros.

15     —Entonces repósate un rato —dijo la mujer—. Con esa barba no puedes presentarte en ninguna parte.

Mientras reposaba tuvo que abandonar la hamaca varias veces para mostrar la jaula a los vecinos. Ursula no le había prestado atención hasta entonces. Estaba disgustada porque su marido había descuidado el trabajo de la 20 carpintería para dedicarse por entero a la jaula, y durante dos semanas había dormido mal, dando tumbos[3] y hablando disparates, y no había vuelto a pensar en afeitarse. Pero el disgusto se disipó ante la jaula terminada. Cuando Baltazar despertó de la siesta, ella le había planchado los pantalones y una camisa, los había puesto en un asiento junto a la hamaca, y había llevado la jaula a la mesa 25 del comedor. La contemplaba en silencio.

    —¿Cuánto vas a cobrar? —preguntó.

    —No sé —contestó Baltazar—. Voy a pedir treinta pesos para ver si me dan veinte.

    —Pide cincuenta —dijo Ursula—. Te has trasnochado[4] mucho en estos 30 quince días. Además, es bien grande. Creo que es la jaula más grande que he visto en mi vida.

Baltazar empezó a afeitarse.

    —¿Crees que me darán los cincuenta pesos?

    —Eso no es nada para don Chepe Montiel, y la jaula los vale —dijo 35 Ursula—. Debías pedir sesenta.

La casa yacía[5] en una penumbra sofocante. Era la primera semana de abril y el calor parecía menos soportable por el pito de las chicharras.[6] Cuando acabó de vestirse, Baltazar abrió la puerta del patio para refrescar la casa, y un grupo de niños entró en el comedor.

40     La noticia se había extendido. El doctor Octavio Giraldo, un médico viejo, contento de la vida pero cansado de la profesión, pensaba en la jaula de Baltazar mientras almorzaba con su esposa inválida. En la terraza interior donde ponían la mesa en los días de calor, había muchas macetas[7] con flores y dos jaulas con canarios. A su esposa le gustaban los pájaros, y le gustaban tanto que odiaba a los 45 gatos porque eran capaces de comérselos. Pensando en ella, el doctor Giraldo fue esa tarde a visitar a un enfermo, y al regreso pasó por la casa de Baltazar a conocer la jaula.

Había mucha gente en el comedor. Puesta en exhibición sobre la mesa, la enorme cúpula[8] de alambre con tres pisos interiores, con pasadizos y compar- 50 timientos especiales para comer y dormir, y trapecios en el espacio reservado al recreo de los pájaros, parecía el modelo reducido de una gigantesca fábrica de

---

[3] Con tropiezos o dificultades.

[4] Trasnochar: retirarse a dormir tarde por la noche.

[5] Reposaba, descansaba.

[6] Cigarra: insecto hemíptero; el macho produce un sonido estridente muy característico del verano en el campo.

[7] Recipiente, generalmente de barro cocido, que se emplea para tener plantas de adorno o de flores.

[8] Cubierta de un edificio en forma de semi-esfera o sector de esfera.

hielo. El médico la examinó cuidadosamente, sin tocarla, pensando que en efecto aquella jaula era superior a su propio prestigio, y mucho más bella de lo que había soñado jamás para su mujer.

55       —Esto es una aventura de la imaginación —dijo. Buscó a Baltazar en el grupo, y agregó, fijos en él sus ojos maternales—: Hubieras sido un extraordinario arquitecto.

      Baltazar se ruborizó.

      —Gracias —dijo.

60       —Es verdad —dijo el médico. Tenía una gordura lisa y tierna como la de una mujer que fue hermosa en su juventud, y unas manos delicadas. Su voz parecía la de un cura hablando en latín—. Ni siquiera será necesario ponerle pájaros —dijo, haciendo girar la jaula frente a los ojos del público, como si la estuviera vendiendo—. Bastará con colgarla entre los árboles para que cante sola. —
65 Volvió a ponerla en la mesa, pensó un momento, mirando la jaula, y dijo:

      —Bueno, pues me la llevo.

      —Está vendida —dijo Ursula.

      —Es del hijo de don Chepe Montiel —dijo Baltazar—. La mandó a hacer expresamente.

70       El médico asumió una actitud respetable.

      —¿Te dio el modelo?

      —No —dijo Baltazar—. Dijo que quería una jaula grande, como esa, para una pareja de turpiales.[9]

      El médico miró la jaula.

75       —Pero ésta no es para turpiales.

      —Claro que sí, doctor —dijo Baltazar, acercándose a la mesa. Los niños lo rodearon—. Las medidas están bien calculadas —dijo, señalando con el índice los diferentes compartimientos. Luego golpeó la cúpula con los nudillos,[10] y la jaula se llenó de acordes profundos.

80       —Es el alambre más resistente que se puede encontrar, y cada juntura está soldada por dentro y por fuera —dijo.

      —Sirve hasta para un loro —intervino uno de los niños.

      —Así es —dijo Baltazar.

      El médico movió la cabeza.

85       —Bueno, pero no te dio el modelo —dijo—. No te hizo ningún encargo preciso, aparte de que fuera una jaula grande para turpiales. ¿No es así?

      —Así es—dijo Baltazar.

      Entonces no hay problema —dijo el médico—. Una cosa es una jaula grande para turpiales y otra cosa es esta jaula. No hay pruebas de que sea ésta la que te
90 mandaron hacer.

      —Es esta misma —dijo Baltazar, ofuscado—. Por eso la hice.

      El médico hizo un gesto de impaciencia.

---

[9] Pájaros americanos que tienen la parte anterior negra y amarilla, la posterior y lateral con plumas blancas en las alas. Andan en bandadas y se encuentran desde Canadá hasta Brasil.

[10] Parte exterior de cada articulación de los dedos, particularmente estando éstos doblados.

—Podrías hacer otra —dijo Ursula, mirando a su marido. Y después, hacia el médico—: Usted no tiene apuro.

95 —Se la prometí a mi mujer para esta tarde —dijo el médico.

—Lo siento mucho, doctor —dijo Baltazar—, pero no se puede vender una cosa que ya está vendida.

El médico se encogió de hombros. Secándose el sudor del cuello con un pañuelo, contempló la jaula en silencio, sin mover la mirada de un mismo punto 100 indefinido, como se mira un barco que se va.

—¿Cuánto te dieron por ella?

Baltazar buscó a Ursula sin responder.

—Sesenta pesos —dijo ella.

El médico siguió mirando la jaula.

105 —Es muy bonita —suspiró—. Sumamente bonita. —Luego, moviéndose hacia la puerta, empezó a abanicarse con energía, sonriente, y el recuerdo de aquel episodio desapareció para siempre de su memoria.

—Montiel es muy rico —dijo.

En verdad, José Montiel no era tan rico como parecía, pero había sido capaz 110 de todo por llegar a serlo. A pocas cuadras de allí, en una casa atiborrada[11] de arneses[12] donde nunca se había sentido un olor que no se pudiera vender, permanecía indiferente a la novedad de la jaula. Su esposa, torturada por la obsesión de la muerte, cerró puertas y ventanas después del almuerzo y yació dos horas con los ojos abiertos en la penumbra del cuarto, mientras José Montiel hacía la 115 siesta. Así la sorprendió un alboroto de muchas voces. Entonces abrió la puerta de la sala y vio un tumulto frente a la casa, y a Baltazar con la jaula en medio del tumulto, vestido de blanco y acabado de afeitar, con esa expresión de decoroso candor con que los pobres llegan a la casa de los ricos.

—Qué cosa tan maravillosa —exclamó la esposa de José Montiel, con una 120 expresión radiante, conduciendo a Baltazar hacia el interior—. No había visto nada igual en mi vida —dijo, y agregó, indignada con la multitud que se agolpaba en la puerta—: Pero llévesela para adentro que nos van a convertir la sala en una gallera.[13]

Baltazar no era un extraño en la casa de José Montiel. En distantas oca125 siones, por su eficacia y buen cumplimiento, había sido llamado para hacer trabajos de carpintería menor. Pero nunca se sintió bien entre los ricos. Solía pensar en ellos, en sus mujeres feas y conflictivas, en sus tremendas operaciones quirúrgicas, y experimentaba siempre un sentimiento de piedad. Cuando entraba en sus casas no podía moverse sin arrastrar los pies.

130 —¿Está Pepe? —preguntó.

Había puesto la jaula en la mesa del comedor.

—Está en la escuela—dijo la mujer de José Montiel—. Pero ya no debe demorar. —Y agregó:—Montiel se está bañando.

En realidad José Montiel no había tenido tiempo de bañarse. Se estaba 135 dando una urgente fricción de alcohol alcanforado para salir a ver lo que pasaba.

---

[11] Llena, repleta.
[12] Conjunto de cosas que se les ponen a las caballerías, especialmente a las de montar.

[13] Sitio donde se crían los gallos de pelea.

Era un hombre tan prevenido, que dormía sin ventilador eléctrico para vigilar durante el sueño los rumores de la casa.

—Adelaida —gritó—. ¿Qué es lo que pasa?

—Ven a ver qué cosa tan maravillosa—gritó su mujer.

140 José Montiel —corpulento y peludo, la toalia colgada en la nuca—se asomó por la ventana del dormitorio.

—¿Qué es eso?

—La jaula de Pepe —dijo Baltazar.

La mujer lo miró perpleja.

145 ¿De quién?

—De Pepe —confirmó Baltazar. Y después dirigiéndose a José Montiel—: Pepe me la mandó a hacer.

Nada ocurrió en aquel instante, pero Baltazar se sintió como si le hubieran abierto la puerta del baño. José Montiel salió en calzoncillos del dormitorio.

150 —Pepe —gritó.

—No ha llegado —murmuró su esposa, inmóvil.

Pepe apareció en el vano de la puerta.[14] Tenía unos doce años y las mismas pestañas rizadas y el quieto patetismo de su madre.

—Ven acá —le dijo José Montiel—. ¿Tu mandaste a hacer esto?

155 El niño bajó la cabeza. Agarrándolo por el cabello, José Montiel lo obligó a mirarlo a los ojos.

—Contesta.

El niño se mordió los labios sin responder.

—Montiel —susurró la esposa.

160 José Montiel soltó al niño y se volvió hacia Baltazar con una expresión exaltada.

—Lo siento mucho, Baltazar —dijo—. Pero has debido consultarlo conmigo antes de proceder. Sólo a ti se te ocurre contratar con un menor. —A medida que hablaba, su rostro fue recobrando la serenidad. Levantó la jaula sin mirarla y se
165 la dio a Baltazar.—Llévatela en seguida y trata de vendérsela a quien puedas —dijo—. Sobre todo, te ruego que no me discutas. —Le dio una palmadita en la espalda, y explicó:—El médico me ha prohibido coger rabia.

El niño había permanecido inmóvil, sin parpadear, hasta que Baltazar lo miró perplejo con la jaula en la mano. Entonces emitió un sonido gutural, como
170 el ronquido de un perro, y se lanzó al suelo dando gritos.

José Montiel lo miraba impasible, mientras la madre trataba de apaciguarlo.[15]

—No lo levantes —dijo. Déjalo que se rompa la cabeza contra el suelo y después le echas sal y limón para que rabie con gusto.

175 El niño chillaba sin lágrimas, mientras su madre la sostenía por las muñecas.

—Déjalo —insistió José Montiel.

Baltazar observó al niño como hubiera observado la agonía de un animal contagioso. Eran casi las cuatro. A esa hora, en su casa, Ursula cantaba una canción muy antigua, mientras cortaba rebanadas de cebolla.

---

[14] Hueco.                    [15] Calmarlo.

180    —Pepe —dijo Baltazar.

Se acercó al niño, sonriendo, y le tendió la jaula. El niño se incorporó de un salto, abrazó la jaula, que era casi tan grande como él, y se quedó mirando a Baltazar a través del tejido metálico, sin saber qué decir. No había derramado una lágrima.

185    —Baltazar —dijo Montiel, suavemente—. Ya te dije que te la lleves.

—Devuélvela —ordenó la mujer al niño.

—Quédate con ella —dijo Baltazar. Y luego, a José Montiel—: Al fin y al cabo, para eso la hice.

José Montiel lo persiguió hasta la sala.

190    —No seas tonto, Baltazar —decía, cerrándole el paso—. Llévate tu trasto[16] para la casa y no hagas más tonterías. No pienso pagarte ni un centavo.

—No importa —dijo Baltazar—. La hice expresamente para regalársela a Pepe. No pensaba cobrar nada.

Cuando Baltazar se abrió paso a través de los curiosos que bloqueaban la 195  puerta, José Montiel daba gritos en el centro de la sala. Estaba muy pálido y sus ojos empezaban a enrojecer.

—Estúpido —gritaba—. Llévate tu cacharro.[17] Lo último que faltaba es que un cualquiera venga a dar órdenes en mi casa. ¡Carajo!

En el salón de billar recibieron a Baltazar con una ovación. Hasta ese mo-200  mento, pensaba que había hecho una jaula mejor que las otras, que había tenido que regalársela al hijo de José Montiel para que no siguiera llorando, y que ninguna de esas cosas tenía nada de particular. Pero luego se dio cuenta de que todo eso tenía una cierta importancia para muchas personas, y se sintió un poco excitado.

205    —De manera que te dieron cincuenta pesos por la jaula.

—Sesenta —dijo Baltazar.

Hay que hacer una raya en el cielo[18] —dijo alguien—. Eres el único que ha logrado sacarle ese montón de plata a don Chepe Montiel. Esto hay que celebrarlo.

210    Le ofrecieron una cerveza, y Baltazar correspondió con una tanda[19] para todos. Como era la primera vez que bebía, al anochecer estaba completamente borracho, y hablaba de un fabuloso proyecto de mil jaulas de a sesenta pesos, y después de un millón de jaulas hasta completar sesenta millones de pesos.

—Hay que hacer muchas cosas para vendérselas a los ricos antes que se 215  mueran —decía, ciego de la borrachera—. Todos están enfermos y se van a morir. Cómo estarán de jodidos[20] que ya ni siquiera pueden coger rabia.

Durante dos horas el tocadiscos automático estuvo por su cuenta tocando sin parar. Todos brindaron por la salud de Baltazar, por su suerte y su fortuna, y por la muerte de los ricos, pero a la hora de la comida lo dejaron solo en el salón.

220    Ursula lo había esperado hasta las ocho, con un plato de carne frita cubierto de rebanadas de cebolla. Alguien le dijo que su marido estaba en el salón de billar,

---

[16] Cosa que se juzga inútil. Cachivache.
[17] Aquí es sinónimo de "trasto".
[18] Celebrarlo.

[19] Dando tragos a todo el grupo.
[20] Expresión vulgar, aquí significa arruinados.

loco de felicidad, brindando cerveza a todo el mundo, pero no lo creyó porque
Baltazar no se había emborrachado jamás. Cuando se acostó, casi a la medianoche, Baltazar estaba en un salón iluminado, donde había mesitas de cuatro
225 puestos con sillas alrededor, y una pista de baile al aire libre, por donde se pasea-
ban los alcaravanes.[21] Tenía la cara embadurnada[22] de colorete, y como no podía
dar un paso más, pensaba que quería acostarse con dos mujeres en la misma
cama. Había gastado tanto, que tuvo que dejar el reloj como garantía, con el compromiso de pagar al día siguiente. Un momento después, despatarrado por la
230 calle, se dio cuenta de que le estaban quitando los zapatos, pero no quiso abandonar el sueño más feliz de su vida. Las mujeres que pasaron para la misa de
cinco no se atrevieron a mirarlo, creyendo que estaba muerto.

### ■ Preguntas generales

1. ¿De qué modo se relacionan la vida del autor y su creación de Macondo?
2. ¿Qué hechos de la historia de Colombia recrea en sus obras?
3. ¿Qué circunstancias influyeron sobre su actividad periodística y sobre su carrera de escritor? ¿Cómo se manifiestan en su obra?
4. ¿Cuándo y cómo traspasa García Márquez los límites del realismo tradicional?
5. ¿Qué temas suscitan con mayor frecuencia la imaginación del autor?

### ■ Preguntas de análisis

1. ¿Por qué es significativo el nombre de Baltazar elegido para el protagonista?
2. ¿Cuáles son los rasgos distintivos de Baltazar? ¿Cómo vive y qué actitud tiene hacia su trabajo? ¿En qué se diferencian él y su mujer?
3. ¿Qué contraste establece el texto entre los ricos y los pobres? ¿Cómo sabemos con quiénes se identifica la voz narrativa?
4. ¿Por qué le regala Baltazar la jaula al niño? ¿Qué demuestra con ello?
5. ¿Por qué oculta Baltazar que no cobró por la jaula? ¿Qué celebra con sus amigos? ¿Cómo interpreta Ud. el final del cuento?

### ■ Temas para informes escritos

1. La visión de la historia hispanoamericana en la obra de García Márquez.
2. El empleo de la hipérbole, el humor y lo grotesco en la narrativa de García Márquez.
3. Aplicación del concepto de "realismo mágico" a la ficción del escritor colombiano.
4. El amor y los personajes femeninos en la obra de García Márquez.
5. El sentido universal de *Cien años de soledad*.

---

[21] Aves zancudas de plumaje pardo rayado de blanco.

[22] Embadurnar: untar, manchar o cubrir con una substancia pegajosa.

## ■ Temas de reflexión y comentario

1. La violencia en la obra de Gabriel García Márquez
2. La ficcionalización de Simón Bolívar y su visión profética del destino hispanoamericano en *El general y su laberinto.*
3. El aspecto caribeño en la obra de García Márquez.
4. La superposición de tiempos y otras transgresiones del tiempo cronológico en la narrativa de García Márquez.
5. La intertextualidad en la obra de García Márquez.

# ELENA PONIATOWSKA

1933, París, Francia

© *Jerry Bauer*

De padre francés de origen polaco y madre mexicana, Elena Poniatowska llegó a la Ciudad de México en 1942, durante la Segunda Guerra mundial. Estudió primero en el Lycée Français de la capital mexicana y después pasó al convento del Sagrado Corazón en Eton Hall, Filadelfia. En 1954 inició su carrera de periodista en el diario mexicano *Excélsior,* y desde entonces continúa ejerciendo esta profesión. Dentro de esta primera etapa creativa sobresalen *Lilus Kikus* (1954), donde la protagonista del mismo nombre cuenta experiencias de su infancia y adolescencia, y *Palabras cruzadas* (1961), colección de entrevistas con destacadas personalidades nacionales y extranjeras.

Elena Poniatowska emplea en su obra las técnicas del nuevo periodismo: collage de noticias, titulares de periódicos, declaraciones de testigos presenciales. Ayudante del antropólogo norteamericano Oscar Lewis cuando éste trabajó en México, Poniatowska se dio cuenta en seguida del valor de la grabadora para reconstruir la vida de sus protagonistas. Producto de esta experimentación es la aclamada novela *Hasta no verte Jesús mío* (1969), donde Jesusa Palancares cuenta su andariega vida a una interlocutora. A pesar de una trayectoria de fracasos y decepciones que incluye una etapa de lucha revolucionaria y otra de espiritualismo, Jesusa no se deja vencer; siempre generosa, ayuda a quienes tienen menos que ella. En esta novela la autora muestra el estoicismo de una mujer humilde creando una de las protagonistas más atrayentes de la narrativa hispanoamericana. En otra novela suya, *Querido Diego, te abraza Quiela* (1978), la autora se vale de cartas para recrear el amor apasionado de la pintora rusa Angelina Beloff (Quiela) por el muralista Diego Rivera. Las doce cartas imaginarias que desde París la mujer le escribe al pintor después del regreso de éste a México, muestran su generosidad de espíritu y la constante esperanza en la reunión con el amado. *De noche vienes* (1979) es una colección de cuentos donde sobresalen "Las lavanderas" y "Esperanza número equivocado", por recrear de modo muy efectivo los temores y vivencias de las mujeres humildes. En otra novela, *Tinísima* (1992), Poniatowska cuenta la vida de Tina Modotti, una fotógrafa italo-norteamericana de larga residencia en México, mezclando varios códigos (lingüístico y visual) y géneros (cartas, diarios, periódicos, procesos judiciales, propaganda política). *Paseo de la Reforma* (1996) cuenta la vida, los amores y el "paseo" o periplo personal de Ashby Egbert, joven de la alta sociedad mexicana residente en Reforma, y Amaya Chacel, periodista, activista y defensora de los pobres. Galardonada con el premio Alfaguara, *La piel del cielo* (2001) está centrada en Lorenzo de Tena, científico mexicano en busca de su identidad. Al desvelar el recorrido y las ambiciones del personaje central, la novela ofrece una rica meditación sobre un ámbito poco frecuentado del mundo mexicano.

Dentro de la obra ensayística de Poniatowska sobresale *La noche de Tlatelolco* (1971), un testimonio de la represión del ejército mexicano contra una manifestación estudiantil en 1968 en la que participaron trabajadores, amas de casa, artistas y gente del pueblo. *Fuerte es el silencio* (1980) continúa el examen crítico del México actual en ensayos y crónicas, mientras que *Nada, nadie: las voces del temblor* (1985) describe minuto a minuto el devastador terremoto que asoló a México en 1985. En otra dirección de su ensayística, Poniatowska ofrece en *Las siete cabritas* (2000) el retrato de siete mujeres singulares, desde la cuentista Nellie Campobello hasta la pintora Frida Kahlo. Al convocar a estas figuras Poniatowska recrea un espacio donde lo femenino es lo central. Igualmente sugerentes son sus comentarios a crónicas fotográficas tales como *Octavio Paz, Las palabras del árbol* (1998) y *Las soldaderas* (1999).

La obra de Elena Poniatowska representa un esfuerzo constante para otorgarles una presencia literaria a quienes han carecido de ella. En sus cuentos y novelas, seres desposeídos relatan sus experiencias y nos ofrecen una diversa interpretación de la historia nacional. A través de las voces tan hábil y originalmente recreadas por la autora entendemos cómo las variables de género, clase y raza inciden en la cultura mexicana y la hispanoamericana.

■ Bibliografía mínima

de Beer, Gabriella, "Memoirs and Letters: Diego Rivera, Angelina Beloff, and Elena Poniatowska." *En homenaje a Victoria Urbano.* Ed. Adelaida López de Martínez. Madrid: Fundamentos, 1993. 129–37.

Jörgensen, Beth E. *The Writing of Elena Poniatowska. Engaging Dialogues.* Austin: U of Texas P, 1994.

Maloof, Judy. "The Construction of a Collective Voice: New Journalistic Techniques in Elena Poniatowska's Testimonial: *Nada, nadie: las voces del temblor.*" *Hispanófila* 135 (2002): 137–51.

Poniatowska, Elena. *De noche vienes* 2 da ed. México: Grijalbo, 1984.

Richards, Katharine C. "A Note on Contrasts in Elena Poniatowska's *De noche vienes*". *Letras Femeninas* 17.1–2 (1991): 107–11.

Roffé, Reina. "Entrevista con Elena Poniatowska". *Cuadernos Hispanoamericanos* 613–614 (2001): 173–85.

Steele, Cynthia. "Testimonio y autoridad en *Hasta no verte Jesús mío*". *Revista de Crítica Literaria Latinoamericana* 18.36 (1992): 155–80.

# De noche vienes (1979)

## LAS LAVANDERAS

En la humedad gris y blanca de la mañana, las lavanderas tallan[1] su ropa. Entre sus manos el mantel se hincha como a medio cocer, y de pronto revienta con mil burbujas de agua. Arriba sólo se oye el chapoteo[2] del aire sobre las sábanas mojadas. Y a pesar de los pequeños toldos de lámina, siento como un gran ruido de manantial. El motor de los coches que pasan por la calle llega atenuado;[3] jamás sube completamente. La ciudad ha quedado atrás; retrocede, se pierde en el fondo de la memoria.

Las manos se inflaman, van y vienen, calladas; los dedos chatos, las uñas en la piedra, duras como huesos, eternas como conchas de mar. Enrojecidas de agua, las manos se inclinan como si fueran a dormirse, a caer sobre la funda de la almohada. Pero no. La terca mirada de doña Otilia las reclama. Las recoge. Allí está el jabón, el pan de a cincuenta centavos y la jícara[4] morena que hace saltar el agua. Las lavanderas tienen el vientre humedecido de tanto recargarlo en la piedra porosa y la cintura incrustada de gotas que un buen día estallarán.

A doña Otilia le cuelgan cabellos grises de la nuca; Conchita es la más joven, la piel restirada[5] a reventar sobre mejillas redondas (su rostro es un jardín y hay tantas líneas secretas en su mano); y doña Matilde, la rezongona,[6] a quien siempre se le amontona la ropa. —Del hambre que tenían en el pueblo el año pasado, no dejaron nada para semilla.

—Entonces, ¿este año no se van a ir a la siembra, Matildita?

—Pues no, pues ¿qué sembramos? ¡No le estoy diciendo que somos un pueblo de muertos de hambre!

—¡Válgame Dios! Pues en mi tierra, limpian y labran la tierra como si tuviéramos maíz. ¡A ver qué cae! Luego dicen que lo trae el aire.

—¿El aire? ¡Jesús mil veces! Si el aire no trae más que calamidades. ¡Lo que trae es puro chayotillo![7]

Otilia, Conchita y Matilde se le quedan viendo a doña Lupe que acaba de dejar su bulto en el borde del lavadero.

—Doña Lupe, ¿por qué no había venido?

---

[1] Frotan.
[2] El ruido.
[3] Muy suave.
[4] Recipiente hecho originalmente de calabaza o güira.
[5] Muy estirada.

[6] Persona que siempre se queja de lo que se le manda a hacer, y lo ejecuta de mala gana.
[7] Planta que se da en las milpas; el interior fibroso de su fruto seco se utiliza como esponja. En este sentido la frase se emplea para decir que el aire no trae nada valioso.

30     —De veras doña Lupe, hace muchos días que no la veíamos por aquí.

—Ya la andábamos extrañando.

Las cuatro hablan quedito.[8] El agua las acompaña, las cuatro encorvadas[9] sobre su ropa, los codos paralelos, los brazos hermanados.

—Pues ¿qué le ha pasado Lupita que nos tenía tan abandonadas?

35     Doña Lupe, con su voz de siempre, mientras las jícaras jalan el agua para volverla a echar sobre la piedra, con un ruido seco, cuenta que su papá se murió (bueno, ya estaba grande)[10] pero con todo y sus años era campanero, por allá por Tequisquiapan[11] y lo querían mucho el señor cura y los fieles. En la procesión, él era quien le seguía al señor cura, el que se quedaba en el segundo escalón du-

40 rante la santa misa, bueno, le tenían mucho respeto. Subió a dar las seis como siempre, y así, sin aviso, sin darse cuenta siquiera, la campana lo tumbó de la torre. Y repite doña Lupe más bajo aún, las manos llenas de espuma blanca:

—Sí. La campana lo mató. Era una esquila,[12] de esas que dan vuelta.

Se quedan las tres mujeres sin movimiento bajo la huida del cielo. Doña

45 Lupe mira un punto fijo:

—Entonces, todos los del pueblo agarraron la campana y la metieron a la cárcel.

—¡Jesús mil veces!

—Yo le voy a rezar hasta muy noche a su papacito...

50 Arriba el aire chapotea sobre las sábanas.

### ESPERANZA NUMERO EQUIVOCADO

Esperanza siempre abre el periódico en la sección de sociales y se pone a ver a las novias. Suspira: "Ay, señorita Diana, cuándo la veré a usted así". Y examina infatigable los rostros de cada una de las felices desposadas. "Mire, a esta le va a ir de la patada..."[13] "A esta otra pue'que y se le haga..."[14] "Esta ya se viene

5 fijando en otro. Ya ni la amuela.[15] Creo que es el padrino..." Sigue hablando de las novias obsesiva y maligna. Con sus uñas puntiagudas—"me las corto de triangulito, para arañar, así se las había de limar la señorita"—, rasga el papel y bruscamente desaparece la nariz del novio, o la gentil contrayente queda ciega: "Mire niña Diana, qué chistosos se ven ahora los palomos". Le entra una risa

10 larga, larga, larga, entrecortada de gritos subversivos: "Hi ¡Hi! ¡Hi! ¡Hi! ¡Hiiii!", que sacude su pequeño cuerpo de arriba a abajo. "No te rías tanto, Esperanza, que te va a dar hipo".[16]

A veces Diana se pregunta por qué no se habrá casado Esperanza. Tiene un rostro agradable, los ojos negros muy hundidos, un leve bigotito y una patita

15 chueca.[17] La sonrisa siempre en flor. Es bonita y se baña diario.

Ha cursado[18] cien novios: "No le vaya a pasar lo que a mí, ¡que de tantos me quedé sin ninguno!". Ella cuenta: "Uno era decente, un señor ingeniero, fíjese

---

[8] En voz baja.
[9] Dobladas.
[10] Viejo, entrado en años.
[11] Balneario del estado de Querétaro.
[12] Campana.
[13] Muy mal.

[14] Puede que le vaya bien.
[15] ¡Ni la avergüenza!
[16] Movimiento convulsivo del diafragma.
[17] Torcida.
[18] Tenido.

usted. Nos sentábamos el uno al lado del otro en una banca del parque y a mí me daba vergüenza decirle que era criada y me quedé silencia". Conoció al ingeniero
20 por un "equivocado".[19] Su afición al teléfono la llevaba a entablar largas conversaciones. "No señor, está usted equivocado. Esta no es la familia que usted busca, pero ojalá y fuera". "Carnicería 'La Fortuna'" "No, es una casa particular pero qué fortuna..." Todavía hoy, a los cuarenta y ocho años, sigue al acecho[20] de los equivocados. Corre al teléfono con una alegría expectante: "Caballero yo no soy
25 Laura Martínez, soy Esperanza..." Y a la vez siguiente: "Mi nombre es otro, pero ¿en qué puedo servirle?" ¡Cuánto correo del corazón! Cuántos: "Nos vemos en la puerta del cine Encanto. Voy a llevar un vestido verde y un moño rojo en la cabeza" ...¡Cuántas citas fallidas! ¡Cuántas idas a la esquina a ver partir las esperanzas! Cuántos: "¡Ya me colgaron!"[21] Pero Esperanza se rehace pronto y tres o
30 cuatro días después, allí está nuevamente en servicio dándole vuelta al disco, metiendo el dedo en todos los números, componiendo cifras al azar a ver si de pronto alguien le contesta y le dice como Pedro Infante:[22] "¿Quiere usted casarse conmigo?"

Compostura, estropicio,[23] teléfono descompuesto, 02, 04, mala manera de
35 descolgarse por la vida, como una araña que se va hasta el fondo del abismo colgada del hilo del teléfono. Y otra vez a darle a esa negra carátula de reloj donde marcamos puras horas falsas, puros: "Voy a pedir permiso", puros: "Es que la señora no me deja..." puros: "¿Qué de qué?" porque Esperanza no atina y ya le está dando el cuarto para las doce.[24]

40 Un día el ingeniero equivocado llevó a Esperanza al cine, y le dijo en lo oscuro: "Oiga señorita, ¿le gusta la natación?" Y le puso una mano en el pecho. Tomada por sorpresa, Esperanza respondió: "Pues mire usted ingeniero, ultimadamente y viéndolo bien, a mí me gusta mi leche sin nata". Y le quitó la mano.

Durante treinta años, los mejores de su vida, Esperanza ha trabajado de re-
45 camarera.[25] Sólo un domingo por semana puede asomarse a la vida de la calle, a ver a aquella gente que tiene "su" casa y "su" ir y venir.

Ahora ya de grande y como le dicen tanto que es de la familia, se ha endurecido. Con su abrigo de piel de nutria heredado de la señora y su collar de perlas auténticas, regalo del señor, Esperanza mangonea[26] a las demás y se ha ins-
50 tituido en la única detentadora de la bocina.[27] Sin embargo, su voz ya no suena como campana en el bosque[28] y en su último "equivocado" pareció encogerse, sentirse a punto de desaparecer, infinitamente pequeña, malquerida, y, respondió modulando dulcemente sus palabras: "No señor, no, yo no soy Isabel Sánchez, y por favor, se me va a ir usted mucho a la chingada".[29]

---

[19] Llamada a un número de teléfono equivocado.
[20] Espera.
[21] Colgar el teléfono; también cuando otra persona no acude a la cita, quien espera queda "colgado" o "plantado".
[22] Pedro Infante (1917–57): cantante y actor muy popular del cine mexicano.
[23] Confusión.

[24] Se le hace tarde para volver a la casa donde sirve, y para vivir su vida.
[25] Empleada encargada de la limpieza interior de una casa familiar.
[26] Manda.
[27] Que controla el receptor de teléfono.
[28] Fuerte, con claridad.
[29] Expresión vulgar: "Váyase al diablo".

■ Preguntas generales

1. ¿Qué técnicas emplea Poniatowska con frecuencia en sus obras y cuál fue su relación con Oscar Lewis?
2. ¿Quién es Jesusa, y cuál es su importancia en la narrativa de Poniatowska?
3. ¿Qué relación tiene *Querido Diego, te abraza Quiela* con el mundo del arte?
4. ¿Cómo caracterizaría la ensayística de Poniatowska en cuanto a sus temas?
5. ¿Cómo su obra afecta nuestra visión de la historia?

■ Preguntas de análisis

1. ¿Cómo describe la narradora a las mujeres en "Las lavanderas", y por qué es importante esta descripción? ¿Cómo les afecta este trabajo a las mujeres? ¿De dónde son las lavanderas y por qué lo sabemos?
2. ¿Quién es doña Lupe? ¿Por qué no ha trabajado últimamente? ¿Cómo resuelve el pueblo la muerte del campanero y qué demuestra esta conducta?
3. ¿Por qué cree Ud. que Esperanza examina la sección de sociales con tanta atención en "Esperanza número equivocado"? Describa físicamente a Esperanza.
4. ¿Qué método utiliza Esperanza para conocer a diferentes personas? ¿Quién es el ingeniero y cómo se comportó con Esperanza?
5. ¿Qué recursos emplea la narradora para que conozcamos más íntimamente a Esperanza? ¿Cuál es el mensaje de este cuento? ¿Qué contraste halla Ud. entre las lavanderas y Esperanza?

■ Temas para informes escritos

1. El periodismo y su influencia en los ensayos de Elena Poniatowska.
2. Análisis de contraste entre dos cuentos de Nellie Campobello y Elena Poniatowska.
3. Los conflictos de la pareja en *Querido Diego, te abraza Quiela.*
4. La visión del México contemporáneo en *Fuerte es el silencio.*
5. Jesusa Palancares ante la Revolución Mexicana.

■ Temas de reflexión y comentario.

1. Crónicas fotográficas: *Las soldaderas* y los comentarios de Elena Poniatowska.
2. Realidad mexicana y conflicto social: los protagonistas de *Paseo de la Reforma.*
3. Frida Kahlo vista por Elena Poniatowska en *Las siete cabritas.*
4. La represión estudiantil de 1971 en *La noche de Tlatelolco.*
5. Elena Poniatowska y la nueva generación de escritoras mexicanas.

# MARIO VARGAS LLOSA

(1936, Arequipa, Perú)

© *Richard Smith/Corbis Sygma*

Con sólida formación literaria, intensa vocación y un alto sentido de su responsabilidad como intelectual latinoamericano, Mario Vargas Llosa ha realizado una brillante trayectoria en la literatura de idioma español a lo largo de cinco décadas. Llegó a las letras después de una difícil adolescencia marcada por conflictos con los códigos de conducta de su padre y de la sociedad conservadora y machista en que vivía. Enviado a los catorce años a la Academia Militar Leoncio Prado para que "se hiciera hombre", el futuro escritor encontró un modo de rebelarse y abandonar el Leoncio Prado, gracias a la vocación literaria que había cultivado clandestinamente. Abandonó el ambiente de abuso físico, verbal y psicológico, enmascarado por ideales de hombría y patriotismo, que dominaba en la Academia; sin embargo, esa experiencia dejó en él una huella profunda. Años más tarde, ya en Europa, evocaría ese período de su vida en *La ciudad y los perros* (1963), su primera novela, con la que conquistó un lugar prominente dentro del grupo innovador de la narrativa hispanoamericana, junto a Cortázar, Fuentes y García Márquez.

Vargas Llosa hizo estudios de literatura en la Universidad de San Marcos de Lima, mientras trabajaba como reportero de noticias para periódicos locales, la radio y la televisión y comenzaba a publicar sus cuentos en revistas literarias. Apenas egresado de San Marcos, consiguió una beca para hacer estudios de doctorado en la Universidad de Madrid, de donde se graduó mucho más tarde, en 1971, cuando ya era un novelista de reputación internacional. Su tesis, publicada luego como libro, se titula *Gabriel Gacía Márquez. Historia de un deicidio* (1973). En 1959, terminada la beca, se fue a Paris con su primera esposa, Julia Urquidi. Acababa de publicar en Barcelona su colección de cuentos *Los Jefes,* la cual años antes, en su edición peruana, había pasado desapercibida, y ya tenía escrita una primera versión de *La ciudad y los perros,* que revisaría y completaría en la capital francesa. Su experiencia periodística le permitió trabajar para la Agencia France-Presse y para la Radio Televisión Francesa, mientras leía vorazmente a los clásicos franceses y se familiarizaba con las novelas de Gustave Flaubert (1821–80) y con las obras filosóficas y literarias de Jean-Paul Sartre (1905–80), dos autores que tuvieron un gran impacto en su formación. La influencia del existencialismo sartreano se puede observar, particularmente, en su primera novela, pero también se detecta en sus obras posteriores. Su devoción a Flaubert lo llevó a escribir *La orgía perpetua. Flaubert y Madame Bovary* (1975), donde analiza las ideas del novelista francés sobre la creación literaria. Para entonces, Vargas Llosa ya habia publicado *La casa verde* (1966), considerada por muchos críticos como su mejor novela. En ella Vargas Llosa construye, con gran pericia, una compleja trama, utilizando técnicas narrativas innovadoras como la de los diálogos simultáneos que ocurren en tiempos distintos y entre personas diferentes, produciendo una multiplicidad de voces que relatan, desde distintas perspectivas, los hechos ocurridos. Esto responde a la aspiración, declarada por el autor, de representar distintas zonas geográficas del Perú, en particular la Amazonía. La narración sigue las aventuras y desventuras de sus numerosos personajes, casi todos pertenecientes a los estratos más bajos de la sociedad peruana, conectando sus destinos a través de espacios y tiempos cambiantes. Implícitamente, el relato contiene una fuerte crítica de las instituciones oficiales, en particular el ejército y la Iglesia, y de su complicidad en la explotación económica y los abusos contra la población indígena. Vargas Llosa ha pasado largos períodos de su vida fuera del Perú, pero la sociedad y la politica peruana ocupan un lugar prominente en su producción novelística. En *Conversación en la Catedral* (1969), novela que incluye muchos elementos autobiográficos, la acción ocurre en Lima, durante la dictadura de Manuel Odria (1948–56) y su régimen corrupto. En obras posteriores continuará indagando y presentando visiones críticas de la realidad peruana, aligerando a veces el tomo mediante el humor y la parodia, como en *Pantaleón y las visitadoras* (1973), o explorando la relación entre ficción e historia como en *Historia de Mayta* (1984), En dos novelas, sin embargo, Vargas Llosa ha tomado por tema realidades no peruanas. *La guerra del fin del mundo* (1981) re-escribe la historia de la rebelión de Canudos a fines del siglo XIX en el noreste del Brasil, a partir del relato del escritor brasileño Euclides-da Cunha (1866–1909), testigo e intérprete de los hechos, en su libro *Los sertones* (1902). *La fiesta del chivo* (2000), reconstruye los últimos días del dictador dominicano Rafael Trujillo, la conspiración que culminó con su asesinato, y las consecuencias de este hecho.

Vargas Llosa ha explorado la autobiografía en *La tía Julia y el escribidor* (1977) y el género policial en *¿Quién mató a Palomino Molero?* (1986). Los temas de sus novelas incluyen la crítica del indigenismo en *El hablador* (1987), el erotismo en *Elogio de la madrastra* (1988) y *Los cuadernos de don Rigoberto* (1997) y las utopías en *El paraíso en la otra esquina* (2003). Esta última relata la historia de Flora Tristán

(1803–44), francesa de padre peruano, pionera del socialismo y precursora del movimiento feminista, y su nieto, el pintor Paul Gauguin (1848–1903). Ha producido, también, obras de teatro, entre ellas *La señorita de Tacna* (1981) y *El loco de los balcones* (1993), esta última estrenada en Lima en 2003.

Junto a su producción novelística, se destacan los ensayos, la crítica literaria y los artículos periodísticos de Vargas Llosa, quien ha demostrado en estos campos un alto nivel intelectual, convicciones profundas y valentía para defenderlas, por impopulares o polémicas que ellas sean. Esto último lo impulsó a postularse para la presidencia de su país en las elecciones de 1990, en las que no fue elegido. Sus experiencias durante la campaña electoral han quedado registradas en *El pez en el agua* (1993). Los ensayos de Vargas Llosa comunican intereses literarios, sociales y políticos. Su estudio sobre Flaubert ya mencionado, los tres volúmenes de *Contra viento y marea* (1986–90), *La verdad de las mentiras* (1990) y sus *Cartas a un joven novelista* (1997), de las que hemos elegido la titulada "Catoblepas", lo muestran como escritor de insoslayable vocación creadora, y como intérprete lúcido de las ideas e ideologías que han configurado el mundo contemporáneo.

### ■ Bibliografía mínima

Castro-Klaren, Sara. "Mario Vargas Llosa." *Latin American Writers.* Eds. Carlos A. Solé y Klaus Müller-Bergh. Supplement 1. New York: Scribner's, 2002. 545–65.

Fuentes, Carlos. "Vargas Llosa's Will to Totality". *Review: Latin American Literature and Arts* 61 (2000): 13–19.

Gnutzmann, Rita. *Para leer a Mario Vargas Llosa.* Madrid: Jar, 1992.

Kristal, Efraín. *Temptation of the word: the novels of Mario Vargas Llosa.* Nashville, Tenn.: Vanderbilt UP, 1998; Pbk. Ed., 1999.

Lichtblau, Myron L., ed. *A Writer's Reality.* Syracuse: Syracuse UP, 1991.

Márquez, Ismael P. *La retórica de la violencia en tres novelas peruanas.* Nueva York: Peter Lang, 1995.

Oviedo, José Miguel. *Mario Vargas Llosa. La invención de una realidad.* 3a. ed. Barcelona: Seix Barral, 1982.

Pastor de Roscoe, Ada. "Mario Vargas Llosa habla para *Explicación de Textos Literarios*". *Explicación de Textos Literarios* 25.2 (1996–1997): 7–19.

Payne, Johnny, ed. "Mario Vargas Llosa". *Review of Contemporary Fiction* 17.1 (1997): 8–77.

Vargas Llosa, Mario, y Natasha Wimmer, trad. "Levels of Reality". *Literary Review: An International Journal of Contemporary Writing* 45.3 (2002): 520–28.

# El catoblepas[1]

Querido amigo:

El trabajo excesivo de estos últimos días me ha impedido contestarle con la celeridad debida, pero su carta ha estado rondándome desde que la recibí. No

---

[1] Catoblepas: animal mitológico, de cabeza desproporcionadamente grande y pesada para su cuerpo, que está siempre inclinado, mirando al suelo. Su nombre significa, en griego, "el que mira hacia abajo". Gustave Flaubert, en *La tentación de San Antonio* (1874), lo imagina devorando sus propias patas delanteras, lo que probablemente haya dado a Vargas Llosa la idea de utilizar el término para caracterizar al novelista.

sólo por su entusiasmo, que comparto, pues yo también creo que la literatura es lo
5 major que se ha inventado para defenderse contra el infortunio; también, porque
el asunto sobre el que me interroga, "¿De dónde salen las historias que cuentan
las novelas?", "¿Cómo se le ocurren los temas a un novelista?", a mí me sigue in-
trigando, después de haber escrito buen número de ficciones, tanto como cuando,
igual que usted ahora, me hallaba en los albores de mi aprendizaje literario.

10 Tengo una respuesta, que deberá ser muy matizada para no resultar una
pura falacia. La raíz de todas las historias es la experiencia de quien las inventa,
lo vivido es la fuente que irriga las ficciones literarias. Esto no significa, desde
luego, que una novela sea siempre una biografía disimulada de su autor; más
bien, que en toda ficción, aun en la de la imaginación más libérrima, es possible
15 rastrear un punto de partida, una semilla íntima, visceralmente ligada a una
suma de vivencias de quien la fraguó. Me atrevo a sostener que no hay excepciones a esta regla y que, por lo tanto, la invención químicamente pura no existe
en el domínio literario. Que todas las ficciones son arquitecturas levantadas por
la fantasia creadora, la que, a partir de aquella simiente, fue erigiendo todo un
20 mundo, tan rico y multiple que a veces resulta casi imposible (y a veces sin casi)
reconocer en él aquel material autobiográfico que le sirvió de arranque y fue su
rudimento, y que es, en cierta forma, el secreto nexo de toda ficción con su an-
verso y antípoda: la realidad real.

En una conferencia juvenil traté de explicar este mecanismo como un *streap
25 tease* invertido. Escribir novelas sería equivalente a lo que hace la professional que,
ante un auditorio, se despoja de sus ropas y muestra su cuerpo desnudo. El novelista ejecutaría la operación en sentido contrario. En la elaboración de la novela,
iría vistiendo, arropando, disimulando bajo espesas y multicolores prendas for-
jadas por su imaginación aquella desnudez inicial, punto de partida del espec-
30 táculo. Este proceso es tan complejo y minucioso que, muchas veces, ni el propio autor es capaz de identificar en el producto terminado, esa exuberante
demostración de su capacidad para inventar personas y mundos imaginarios,
aquellas imágenes agazapadas en su memoria—impuestas por la vida—que acti-
varon su fantasia, alentaron su voluntad y lo indujeron a fantasear aquella historia.

35 En cuanto a los temas, creo, pues, que el novelista se alimenta de sí mismo,
como el *catoblepas,* ese mítico animal que se le aparece a San Antonio en la novela
de Flaubert (*La tentación de San Antonio*) y que recreó luego Borges en su *Manual
de Zoología Fantástica.* El catoblepas es una imposible criatura que se devora a sí
misma, empezando por sus pies. En un sentido menos material, desde luego, el
40 novelista está también escarbando en su propia experiencia, en pos de asideros
para inventar historias. Y no sólo para recrear personajes, episodios o paisajes a
partir del material que le suministran ciertos recuerdos. También, porque encuentra en aquellos habitantes de su memoria el combustible para la voluntad
que se requiere a fin de coronar con éxito ese proceso, largo y difícil, que es la
45 forja de una novela.

Me atrevo a ir algo más lejos, respecto a los temas de la ficción. El novelista
no elige sus temas; es elegido por ellos. Escribe sobre ciertos asuntos porque le
ocurrieron ciertas cosas. En la elección del tema, la libertad de un escritor es rela-
tiva, acaso inexistente. Y, en todo caso, incomparablemente menor que en lo que
50 concierne a la forma literaria, donde, me parece, la libertad—la responsabilidad—
del escritor es total. Mi impresión es que la vida—palabra grande, ya lo sé—le

inflige los temas a través de ciertas experiencias que dejan una marca en su conciencia o subconciencia, y que luego lo acosan como un urgente mandato para que se
libere de ellas tornándolas historias. Apenas si es necesario buscar ejemplos de la
55 manera como los temas se les imponen a los escritores a través de lo vivido, porque
todos los testimonios suelen coincidir sobre este punto: esa historia, ese personaje,
esa situación, esa intriga me persiguió, obsesionó, como una exigencia venida de
lo más íntimo de mi personalidad, y debí escribirla para librarme de ella. Desde
luego, el primer nombre que se le viene a cualquiera es el de Proust.[2] Verdadero
60 escritor-catoblepas, ¿no es verdad? Quién otro se alimentó más y con mejores resultados de sí mismo, hurgando como un prolijo arqueólogo en todos los recove-
cos de su memoria, que el moroso constructor de *En busca del tiempo perdido*,
monumental recreación artística de su propia peripecia vital, su familia, su
paisaje, sus amistades, relaciones, apetitos confesables e inconfesables, gustos y
65 disgustos, y, al mismo tiempo, de los misteriosos y sutiles encaminamientos del
espíritu humano en su afanosa tarea de atesorar, discriminar, enterrar y desenterrar, asociar y disociar, pulir or deformar las imágenes que la memoria retiene del
tiempo ido. Los biógrafos (Painter, por ejemplo) han podido establecer prolijos inventarios de cosas vividas y seres reales, escondidos detrás de la suntuosa inven-
70 ción en la saga novelesca proustiana, ilustrándonos de manera inequívoca sobre
la manera como esa prodigiosa creación literaria fue erigiéndose con materiales
de la vida de su autor. Pero lo que, en verdad, nos muestran  esos inventarios de
los materiales autobiográficos desenterrados por la crítica, es otra cosa: la capacidad creadora de Proust, quien, valiéndose de aquella introspección, de ese buceo
75 en su pasado, transformó los episodios bastante convencionales de su existencia,
en un esplendoroso tapiz, en deslumbrante representación de la condición humana, percibida desde la subjetividad de la conciencia desdoblada para la observación de sí misma en el transcurrir de la existencia.

Lo que nos lleva a otra combrobación, no menos importante que la anterior.
80 Que, aunque el punto de partida de la invención del novelista es lo vivido, no es
ni puede serlo el de llegada. Este se halla a una distancia considerable y a veces
astral de aquél, pues en ese proceso intermedio—vaciado del tema en un cuerpo
de palabras y un orden narrativo—, el material autobiográfico experimenta transformaciones, es enriquecido (a veces empobrecido), mezclado con otros mate-
85 riales recordados o inventados y manipulado y estructurado—si la novela es una
verdadera creación—hasta alcanzar la autonomía total que debe alcanzar una ficción para vivir por cuenta propia. (Las que no se emancipan de su autor y valen
sólo como documentos biográficos, son, desde luego, ficciones frustradas.) La
tarea creativa consiste en la transformación de aquel material suministrado al no-
90 velista por su propia memoria en ese mundo objetivo, hecho de palabras, que es
una novela. La forma es la que permite cuajar en un producto concreto esa ficción,
y, en ese dominio, si esta idea del quehacer novelístico es cierta (tengo dudas de
que lo sea, le repito), el novelista goza de plena libertad y por lo tanto es responsable del resultado. Si lo que está leyendo entre líneas es que, a mi juicio, un es-

---

[2] Marcel Proust (1871–1922): novelista francés,
autor de la obra en siete partes *A la recherche du
temps perdu* (1913–27), influyó decisivamente en
al desarrollo de la novela contemporánea.

95  critor de ficciones no es responsable de sus temas (pues la vida se los impone)
pero lo es de lo que hace con ellos al convertirlos en literatura y por lo tanto se
puede decir que él es en última instancia el único responsable de sus aciertos o fracasos—de su mediocridad o de su genio—, sí, eso es exactamente lo que pienso.

¿Por qué, entre los infinitos hechos que se acumulan en la vida de un es-
100  critor, hay algunos cuantos que resultan tan extraordinariamente fértiles para su
imaginación creadora, y otros muchisimos en cambio desfilan por su memoria
sin convertirse en desencadenantes de la inspiración? No lo sé con seguridad.
Tengo apenas una sospecha. Y es que las caras, anécdotas, situaciones, conflictos,
que se imponen a un escritor incitándolo a fantasear historias, son precisamente
105  los que se refieren a esa disidencia con la vida real, con el mundo tal como es,
que, según le comenté en mi carta anterior, sería la raíz de la vocación del novelista, la recóndita razón que empuja a una mujer o a un hombre a desafiar al
mundo real mediante la simbólica operación de sustituirlo con ficciones.

Entre los innumerables ejemplos que se podrían mencionar para ilustrar
110  esta idea elijo el de un escritor menor—pero frondoso hasta la incontinencia—del
XVIII francés: Restif de la Bretonne.[3] Y no lo elijo por su talento—no lo tenía en
exceso—sino por lo gráfico que resulta su caso de rebelde con el mundo real, que
optó por manifestar su rebeldia reemplazando a aquél en sus ficciones, por otro
construido a imagen y semejanza del que su disidencia hubiera preferido.

115  En las innumerables novelas que escribió Restif de la Bretonne—la más
conocida es su voluminosa autobiografía novelesca, *Monsieur Nicolás*—la Francia
dieciochesca, la rural y la urbana, aparece documentada por un sociólogo detallista, observador riguroso de los tipos humanos, las costumbres, las rutinas cotidianas, el trabajo, las fiestas, los prejuicios, los atuendos, las creencias, de tal
120  modo que sus libros han sido un verdadero tesoro para los investigadores, y
tanto historiadores como antropólogos, etnólogos y sociólogos se han servido a
manos llenas de ese material recogido por el torrencial Restif de la cantera de su
tiempo. Sin embargo, al pasar a sus novelas, esta realidad social e histórica tan
copiosamente descrita experimentó una transformación radical y es por eso que
125  se puede hablar de ella como de una ficción. En efecto, en este mundo prolijo tan
parecido en tantas cosas al mundo real que lo inspiró, los hombres se enamoran
de las mujeres, no tanto por la belleza de sus rostros, la gracia de sus cinturas, su
esbeltez, finura, encanto espiritual, sino, fundamentalmente, por la hermosura
de sus pies o la elegancia de sus botines. Restif de la Bretonne era un fetichista,
130  algo que hacía de él, en la vida real, un hombre más bien excéntrico al común
de sus contemporaneous, una excepción a la regla, es decir, en el fondo, un
'disidente' de la realidad. Y esa disidencia, seguramente el impulso más poderoso de su vocación, se nos revela en sus ficciones, en las que la vida aparece
enmendada, rehecha a imagen y semejanza del propio Restif. En ese mundo,
135  como le ocurría a éste, lo acostumbrado y normal era que el atributo primordial
de la belleza femenina, el más codiciado objeto de placer para el varón—para *todos* los varones—fuera esa delicada extremidad y, por extension, sus envoltorios,

---

[3] Nocolás Edme Restif de la Bretonne
(1734–1806): escritor francés, autor de más de
250 novelas, quien retrató con detallado realismo y espíritu crítico la sociedad de su tiempo.

las medias y los zapatos. En pocos escritores se puede advertir tan nítidamente ese proceso de reconversión del mundo que opera la ficción, a partir de la propia
140 subjetividad—los deseos, apetitos, sueños, frustraciones, rencores, etcetera—del novelista, como en este polígrafo francés.

Aunque de manera menos visible y deliberada, en todos los creadores de ficciones ocurre algo parecido. Algo hay en sus vidas semejante al fetichismo de Restif, que los hace desear ardientemente un mundo distinto a aquél en el que
145 viven—un altruista ideal de justicia, un egoísta empeño de satisfacer los más sórdidos apetitos masoquistas o sádicos, un humano y razonable anhelo de vivir la aventura, un amor inmarcesible, etcetera—, un mundo que se sienten inducidos a inventar, a través de la palabra, y en el que, de manera generalmente cifrada, queda impreso su entredicho con la realidad real, y aquella otra realidad con la
150 que su vicio o generosidad hubieran querido reemplazar a la que les tocó.

Quizás, amigo novelista en ciernes, sea éste el momento oportuno para hablar de una peligrosa noción aplicada a la literatura: la autenticidad. ¿Qué es ser un escritor *auténtico*? Lo cierto es que la ficción es, por definición, una impostura—una realidad que no es y sin embargo finge serlo—y que toda novela es
155 una mentira que se hace pasar por verdad, una creación cuyo *poder de persuasion* depende exclusivamente del empleo eficaz, por parte del novelista, de unas técnicas de ilusionismo y prestidigitación semejantes a las de los magos de los circos o teatros. De modo que ¿tiene sentido hablar de "autenticidad" en el dominio
160 de la novela, género en el que lo más auténtico es ser un embauque, un embeleco, un espejismo? Sí lo tiene, pero de esta manera: el novelista auténtico es aquel que obedece dócilmente aquellos mandatos que la vida le impone, escribiendo sobre esos temas y rehuyendo aquellos que no nacen íntimamente de su propia experiencia y llegan a su conciencia con carácter de necesidad. En eso consiste la auten-
165 ticidad o sinceridad del novelista: en aceptar sus propios demonios y en servirlos a la medida de sus fuerzas.

El novelista que no escribe sobre aquello que en su fuero recóndito lo estimula y exige, y fríamente escoge asuntos o temas de una manera racional, porque piensa que de este modo alcanzará major el éxito, es inauténtico y lo más proba-
170 ble es que, por ello, sea también un mal novelista (aunque alcance el éxito: las listas de *bestsellers* están llenas de muy malos novelistas, como usted sabe de sobra). Pero me parece difícil que se llegue a ser un creador—un transformador de la realidad—, si no se escribe alentado y alimentado desde el propio ser por aquellos fantasmas (demonios) que han hecho de nosotros, los novelistas, objetores
175 esenciales y reconstructores de la vida en la ficciones que inventamos. Creo que aceptando esa imposición—escribiendo a partir de aquello que nos obsesiona y excita y está visceral, aunque a menudo misteriosamente integrado a nuestra vida—se escribe 'mejor', con más convicción y energía, y se está más equipado para emprender ese trabajo apasionante, pero, asimismo, arduo, con decepciones
180 y angustias, que es la elaboración de una novela.

Los escritores que rehúyen sus propios demonios y se imponen ciertos temas, porque creen que aquéllos no son lo bastante originales o atractivos, y estos últimos sí, se equivocan garrafalmente. Un tema de por sí no es nunca bueno ni malo en literatura. Todos los temas pueden ser ambas cosas, y ello no depende
185 del tema en sí, sino de aquello en que un tema se convierte cuando se materializa en una novela a través de una forma, es decir de una escritura y una estructura

narrativas. Es la forma en que se encarna, la que hace que una historia sea original o trivial, profunda o superficial, compleja o simple, la que da densidad, ambigüedad, versimilitud a los personajes o los vuelve unas caricaturas sin vida, unos muñecos de titiritero. Esa es otra de las pocas reglas en el dominio de la literatura que, me parece, no admite excepciones: en una novela los temas en sí mismos nada presuponen, pues serán buenos o malos, atractivos o aburridos, exclusivamente en función de lo que haga con ellos el novelista al convertirlos en una realidad de palabras organizadas según cierto orden.

Me parece, amigo, que podemos quedarnos aquí.

Un abrazo.

## ■ Pregunas generales

1. ¿Qué géneros literarios ha cultivado Mario Vargas Llosa?
2. ¿Qué autores influyeron en la formación intelectual y literaria de Vargas Llosa?
3. ¿Cuáles son los temas que predominan en la obra de Vargas Llosa?
4. ¿De qué modo se diferencian las novelas de Vargas Llosa de las novelas regionalistas escritas en la primera mitad del siglo veinte?
5. ¿Qué importancia ha tenido la experiencia de Vargas Llosa como periodista en la escritura de sus novelas?

## ■ Preguntas de análisis

1. ¿Cómo explica Vargas Llosa la relación entre la vida del autor y su obra en "Catoblepas"?
2. ¿Qué significa "catoblepas" y cómo utiliza el autor este término?
3. ¿De qué modo transforma el novelista su propia experiencia para convertirla en obra de ficción, según Vargas Llosa?
4. ¿En qué consiste la autenticidad del novelista, según Vargas Llosa?
5. ¿Por qué carcteriza Vargas Llosa al novelista como un rebelde o disidente frente a la realidad?

## ■ Temas para informes escritos

1. La crítica del ejército y de la Iglesia en la obra de Vargas Llosa.
2. La influencia del existencialismo sartreano en *La ciudad y los perros*.
3. Las técnicas narrativas de Vargas Llosa.
4. La historia y la política peruanas en *Conversación en la Catedral*.
5. La representación de la historia en *La guerra del fin del mundo* y *La fiesta del chivo*.

## ■ Temas de reflexión y comentario

1. Los elementos autobiográficos en la obra de Vargas Llosa.
2. Los aspectos que distinguen la narrativa de Vargas Llosa de la de otros novelistas como Julio Cortázar y Gabriel García Márquez.
3. Los personajes femeninos de Vargas Llosa.
4. La crítica del fanatismo religioso y político en las novelas de Vargas Llosa.
5. Los ensayos de crítica literaria, cultural y política de Vargas Llosa.

# Asimilación y diferencia

## (1976–)

## 6.1 La narrativa. Contexto histórico y literario

A mediados de la década de los años setenta, surge una generación de escritores que, habiéndose formado bajo el influjo de la Nueva Narrativa, incorporan sus técnicas y asumen con naturalidad las libertades expresivas conquistadas por la generación anterior. Sin embargo, su visión de la relación entre el escritor y el lector y del papel del escritor dentro de la cultura y la sociedad es distinta de la que caracterizó a autores como Carpentier, Cortázar, o Fuentes en los años sesenta. Sus obras muestran, por ello, diferencias significativas con respecto a las de éstos. Los factores que han producido una literatura diferenciada de la anterior son muchos, entre ellos: las experiencias vividas bajo regímenes represivos, las cuales estimularon el auge de una literatura de reinterpretación histórica y orientaron al escritor a evocar personajes y situaciones de la vida nacional; el fracaso de los grandes sistemas ideológicos, el cual llevó al abandono, por parte del escritor, de la ambición de crear, en sus obras, visiones totalizantes que incorporaran la suma de sus conocimientos e ideas sobre la realidad, como en *Rayuela* o *Terra Nostra*, probablemente el último de estos intentos; el crecimiento de la población urbana y, con éste, la abolición de las distinciones jerárquicas entre alta y baja cultura, la cual se manifiesta en la incorporación de las expresiones de la cultura popular, incluso las antes despreciadas por sentimentales o cursis, y en un lenguaje que es reflejo de la oralidad; y la expansión del mercado del libro para un público lector masivo, en competencia con los medios audiovisuales de una cultura cada vez más globalizada, lo que lleva al escritor a buscar un mayor acercamiento al lector medio, eliminando dificultades excesivas para la comprensión de su obra.

*6.1.1 El "postmodernismo" en la periodización de la narrativa hispanoamericana.* El prestigio internacional conquistado por la literatura hispanoamericana en las últimas décadas del siglo veinte ha tenido como consecuencia que ella sea interpretada, por los críticos de habla inglesa, de acuerdo con criterios que concuerdan con su cronología de los períodos literarios. Esta cronología difiere, sin embargo, de la aceptada tradicionalmente en el ámbito de la cultura hispánica. La crítica angloamericana divide la literatura del siglo veinte en dos períodos: modernismo* y postmodernismo*. Según este esquema, la primera parte del siglo está representada por autores como el novelista y poeta irlandés James Joyce, y los poetas y críticos Ezra Pound y T.S. Eliot de los Estados Unidos. Durante ese período se mantiene la fe en las grandes promesas de la edad moderna, y la literatura y el arte se conciben como realizaciones de la alta cultura, cuidadosamente separadas de las expresiones de la cultura popular.

En la literatura de la segunda época son representativos, en los Estados Unidos, novelistas como Thomas Pynchon, autor de *The Crying of Lot 49* y *Gravity's Rainbow,* John Barth, con *The Sot-Weed Factor* y *Giles Goat-Boy,* y Robert Coover, con *The Public Burning.* Se manifiestan durante estas últimas décadas del siglo, una actitud crecientemente escéptica con respecto a la retórica de los grandes sistemas de pensamiento, una mayor conciencia de los condicionamientos sociales que relativizan el conocimiento pretendidamente objetivo, y el abandono de proyectos que engloban la totalidad de la cultura. Han caído, en la literatura y el arte, las barreras entre alta y baja cultura, incorporándose al texto literario las formas expresivas del cine, la televisión, la música popular y los medios publicitarios. Al mismo tiempo se han cuestionado los valores canónicos, y ha surgido una literatura representativa de los grupos marginados que va conquistando espacio en el centro del escenario cultural.

Esta cronología de los períodos literarios entra inevitablemente en conflicto con el uso—bien establecido en lengua española—del término modernismo para describir el movimiento de fines del siglo diecinueve, encabezado por Rubén Darío (ver el Cap. III), así como con la nomenclatura tradicional utilizada en los capítulos anteriores. A pesar de ello, y de la resistencia y la polémica iniciales, el empleo del término "postmodernista" con referencia a la narrativa reciente ha conquistado aceptación entre los críticos del mundo hispánico. Por otra parte, y como ya indicamos, la narrativa hispanoamericana desde mediados de la década de los años setenta incluye, en efecto, características que la colocan dentro de los parámetros que definen el postmodernismo fuera del ámbito hispánico.

***6.1.2 La década de los setenta: la represión y el exilio*** Durante este período, los conflictos político-sociales endémicos en las sociedades hispanoamericanas condujeron—sobre todo en la Argentina, Chile y Uruguay—a regímenes violentamente represivos. Esto produjo el exilio de numerosos escritores, entre ellos David Viñas (n. 1927), Griselda Gambaro (n.1928), Mario Benedetti (n.1920), Isabel Allende (n.1942) y Antonio Skármeta (n.1940). Otros fueron encarcelados, como Antonio Di Benedetto (1922–96) o fueron asesinados, como Haroldo Conti (1925–76) y Rodolfo Walsh (1927–77). En Centroamérica, éste fue también un período de represiones y guerras civiles. En Nicaragua, donde Anastasio Somoza ejercía por segunda generación los poderes dictatoriales heredados de su padre, las condiciones imperantes llevaron al exilio a escritores como Sergio Ramírez (n.1942), quien regresó a su país como miembro del movimiento Sandinista que derrotó al dictador en 1979. Muchas de las obras escritas entre 1975 y 1985 recrean el ambiente de terror y de implacable persecución política, o las experiencias y conflictos del exilio. Dentro de este período se produjo, también, la emigración de numerosos escritores cubanos disidentes, entre ellos Heberto Padilla (1932–2000), Reinaldo Arenas (1943–90) y Antonio Benítez Rojo (n. 1931). Si bien hay, entre los escritores nombrados, diferencias en cuanto a circunstancias personales, ideologías políticas y condiciones específicas de sus países de origen, la literatura producida por ellos ha sido influida por las experiencias vividas durante este difícil período histórico.

***6.1.3 Desde los años ochenta. La superación del pasado y la obra de las escritoras.*** Con el fin de la violencia y la represión en la mayor parte de los países del continente, las experiencias sufridas en los años anteriores encontraron expresión literaria en obras de carácter testimonial como las de David Viñas, Isabel Allende, Osvaldo Soriano (1943–97), Mempo Giardinell (n.1947) y Reina Roffé (n.1951), en aquéllas que recurren a la parodia, como las de Reinaldo Arenas, Luisa Valenzuela (n.1938) y Damiela Eltit (n.1949), en las que emplean la alegoría como las de Cristina Peri Rossi (n.1941), César Aira (n.1949) y Ricardo Piglia (n.1941), y las que adoptan técnicas de la literatura fantástica, como las de Mario Levrero (n.1940). Cabe destacar la presencia, en número creciente, de mujeres escritoras, cuya obra ha aportado distintas perspectivas y cualidades a la corriente general. Esto se observa, particularmente, en la apropiación de géneros canónicos, como el *Bildungsroman\**, un tipo de novela cultivado en el siglo diecinueve que mostraba, a lo largo del relato, el desarrollo del protagonista, siempre de sexo masculino, desde la adolescencia y juventud hasta la madurez. De este aprendizaje para la vida a través del descubrimiento del mundo, en aventuras y experiencias aleccionadoras y búsquedas espirituales, estaban excluidas las jóvenes adolescentes, cuyo horizonte de vida era mucho más limitado. En nuestra época, varias escritoras, como Rosario Ferré (n. 1938), María Luisa Puga (n. 1944), Silvia Molina (n. 1946) y Angeles Mastretta (n. 1949) han transformado este género escribiendo novelas de formación o aprendizaje con protagonistas femeninas.

*6.1.4 Cotidianidad y coloquialismo.* Los escritores de esta época parten, por lo general, de la realidad que les es inmediata y encuentran en el lenguaje coloquial el modo más efectivo de comunicación. No intentan interpretar el mundo ordenándolo según esquemas ideológicos o doctrinas filosóficas, ni comunicar experiencias excepcionales. Buscan, más humildemente, dar forma a la experiencia de una realidad limitada, aceptando lo que ésta tenga de caótico, atroz o banal. La elaboración literaria de este material, sin embargo, puede ser compleja, e incluye, como ya se ha mencionado, el empleo de la alegoría, la parodia, el humor y la fantasía. Entre los escritores representativos de estas tendencias se destacan los siguientes: Antonio Skármeta con *Soñe que la nieve ardía* (1975), donde evoca la caída del régimen de Allende desde la perspectiva de un futbolista provinciano, y *La insurrección* (1982), en la que ficcionaliza la lucha de los nicaragüenses sandinistas contra el dictador Somoza; Luis Rafael Sánchez (n. 1936) con *La guaracha del Macho Camacho* (1976), donde describe un embotellamiento de tránsito en un texto que entremezcla las voces anónimas de la calle y la música popular, introduce a los personajes de la política y la televisión y produce una pintura humorística y crítica de la sociedad puertorriqueña; Alfredo Bryce Echenique (n. 1939) con *La amigdalitis de Tarzán* (2000), una historia de amor que recrea, al mismo tiempo, 25 años de historia latinoamericana; Ana Lydia Vega (n. 1946) con el lenguaje desenfadado de sus cuentos en *Encancaranublado* (1982), Isabel Allende, quien en *La casa de los espíritus* (1982) y *De amor y de sombra* (1984), comunica su visión de la historia chilena, y su propia experiencia, desde la perspectiva de sus personajes femeninos; Luisa Valenzuela con *Cambio de armas* (1983) y *Cola de lagartija* (1984), evocadoras del período de violencia política en la Argentina; José Alcántara Almánzar (n. 1946) con los cuentos de *Las máscaras de la seducción* (1983) y *La carne estremecida* (1989), donde presenta las condiciones de vida y los problemas que afectan al habitante de Santo Domingo; y

Alberto Fuguet (n. 1964) con *Mala onda* (1991), que rememora la experiencia de un joven de clase alta y sin conciencia política durante la dictadura de Pinochet. Algunos de los escritores jóvenes, como los colombianos Juan Carlos Botero (1960), Jorge Franco (1963) y Mario Mendoza (1964) exploran el medio urbano, dominado por los efectos del narcotráfico y las guerras civiles que afectan a su país, en novelas que describen la violencia perpetrada por fuerzas paramilitares, por *gangs* y por criminales de todo tipo.

6.1.5 *La revisión crítica de la historia.*   En las últimas décadas del siglo veinte, y en los inicios del presente siglo, se manifiesta, en la literatura hispanoamericana, un intenso interés por evocar e interpretar el pasado. Los novelistas, particularmente, dan muestras de una gran insatisfacción, cuando no rechazo, frente a los textos historiográficos. La reinterpretación de hechos, situaciones y figuras históricas es, para ellos, un proyecto de búsqueda a través de la ficción. En contraste con las formas tradicionales de la novela histórica, en las obras de estos autores la escritura inventa para descubrir, repite para cambiar, y da con ello voz y cuerpo a los silenciados y a los excluidos por el registro histórico. Con irreverente espíritu crítico y escribiendo, en muchos casos, sus propias versiones apócrifas de la historia, los novelistas impugnan el etnocentrismo europeo y la visión exclusivamente masculina del pasado. Algunos de los autores representativos de estas tendencias son: Elena Poniatowska (n. 1933) con *Tinísima* (1992), Tomás Eloy Martínez (n. 1934) con *La novela de Perón* (1991) y *Santa Evita* (1995), Fernando del Paso (n. 1935) con *Noticias del imperio* (1987), Abel Posse (n. 1936) con *Daimón* (1978) y *Los perros del paraíso* (1983), Juan José Saer (n. 1937) con *El entenado* (1983), Arturo Azuela (n. 1938) con *Manifestación de silencios* (1978), Rosario Ferré con *Maldito amor* (1986) y *La casa de la laguna* (en inglés, 1995; en español, 1997), Ricardo Piglia (n. 1941) con *Respiración artificial* (1980) y *La ciudad ausente* (1992), Sergio Ramírez con *Margarita está linda la mar* (1998), Ricardo Feierstein (n. 1942) con *La logia del umbral* (2001), Liliana Heker (n. 1943) con *El fin de la historia* (1996), Edgardo Rodríguez Juliá (n. 1946) con *La noche oscura del niño Avilés* (1984), Napoleón Baccino Ponce de León (n. 1947) con *Maluco. La novela de los descubridores* (1990), y María Rosa Lojo (n. 1954) con *La princesa federal* (1998).

6.1.6 *Los ensayistas.*   En el período aquí estudiado se ha renovado, también, el género del ensayo, y éste ha producido obras fundamentales para la interpretación de la historia y las socidades hispanoamericanas. Entre los ensayistas se destacan Angel Rama (1926–83), perteneciente a una generación anterior, quien abre nuevas perspectivas al estudio de las instituciones culturales con *La ciudad letrada* (1984), Carlos Monsiváis (n. 1938) con *Aires de familia* (2000), Antonio Cornejo Polar (1936–97) con *Escribir en el aire: Ensayo sobre la heterogeneidad sociocultural en las literaturas andinas* (1994) y Beatriz Sarlo (n. 1942) con *Una modernidad periférica: Buenos Aires 1920 y 1930* (1988) y *Escenas de la vida posmoderna* (1994).

## 6.2   La poesía en las últimas décadas

Si bien no es posible proponer una caracterización que haga justicia a la diversidad de cualidades representadas por la obra de los poetas durante el período que nos ocupa, pueden señalarse, sin embargo, ciertas tendencias compartidas por algunos de ellos. Esta promoción comprende a los nacidos desde 1935, e incluye a poetas como Roque Dalton (1935–75), Jorge Teiller (1935–96), Alejandra Pizarnik (1936–72), Oscar Hahn (n. 1938), Eugenio Montejo (n. 1938), José Emilio Pacheco (n. 1939), Pedro Shimose (n. 1940), Antonio Cisneros (1942), Nancy Morejón (n. 1944), Carmen Ollé (n. 1947), Juan Gustavo Cobo Borda (n. 1948), Gioconda Belli (n. 1948), Enrique Verástegui (n. 1950), Marita Troiano (n. 1953) y Ana Istarú (n. 1960). Perduran en su obra la temática del exilio, la percepción interiorizada del tiempo y la búsqueda de raíces históricas, como se observa en la poesía de José Emilio Pacheco y de Antonio Cisneros. En este último, el compromiso social suele expresarse en poemas que conjuran imágenes del pasado. Los conflictos sociales de época más reciente, y, en particular, la lucha de la mujer por afirmar su identidad personal y su libertad de expresión, son también temas frecuentes en esta poesía. Por lo general, utilizan un lenguaje directo, conciso, que a veces linda con la prosa.

## 6.3  El teatro en las últimas décadas

La dramaturgia ha ido ocupando en Hispanoamérica un lugar cada vez más importante dentro de la producción literaria de las últimas décadas, a pesar de las dificultades que ha afrontado a causa de los vaivenes de la política y las limitaciones económicas. Con algunas posibles excepciones, como las del mexicano Emilio Carballido con *Yo también hablo de la rosa* (1966), *Orinoco* (1982) y *La rosa de los aromas*, y la argentina Griselda Gambaro con *El campo* (1968), *Del sol naciente* (1984) y *Hay que entender un poco* (1995), el nuevo teatro está representado por los dramaturgos nacidos después de 1930. Carballido presenta, con humorismo crítico, los males de la burocracia, de una sociedad deshumanizada y del machismo. Gambaro, por su parte, representa, aunque alejándose del teatro realista, los efectos de las ideologías totalitarias, y de los conflictos de la sociedad argentina. En la Argentina se destacan, en época reciente, Roberto Cossa (n. 1934) y Eduardo Pavlovsky (1934), Cossa ha ocupado un lugar importante por hacer en sus obras un retrato de la vida nacional, representando con una síntesis de realismo, expresionismo, y el "grotesco criollo", los mitos y la experiencia colectiva de sus conciudadanos a lo largo de más de tres décadas. Se dio a conocer con *Nuestro fin de semana*, pieza escrita en 1962 y estrenada en 1964. En 1970 se puso en escena *El avión negro*, obra que Cossa había escrito en colaboración con Germán Rozenmacher ((1936–71) y Ricardo Talesnik (1935)—autor de *La fiaca* (1967)—sobre el futuro retorno de Juan Perón a la Argentina. Su obra posterior incluye *La nona* (1977), *Tute cabrero* (1981) y *Yepeto* (1987). Pavlovsky, formado como médico psiquiatra, ve en el teatro un medio para representar los conflictos patológicos causados por las presiones sociales y por la experiencia del régimen de terror durante la dictadura militar (1976–83). El tema político predomina en sus obras, entre las cuales se encuentran *Cámara lenta* (1981) y *Potestad* (1985). Esta última tiene por tema el rapto de los hijos menores de los muertos y desaparecidos en las cárceles clandestinas y su entrega a personas vinculadas con los responsables de estos crímenes.

En el Perú se ha destacado Alonso Alegría (n. 1940), quien tuvo un primer éxito con *El cruce sobre el Niágara* (1969), traducida ya a varios idiomas y de la cual prepara una versión cinematográfica. Hizo luego la adaptación escénica de *Los cachorros* de Vargas Llosa (1970 y, más recientemente, estrenó *El terno blanco* (1981) y *Encuentro con Fausto* (1999), cuyo tema se relaciona con la violencia en el Perú. En Venezuela, el nuevo teatro está representado por José Ignacio Cabrujas (n. 1937) y Rodolfo Santana (n. 1944), quienes fundaron, junto con Román Chalbaud (n.1932) e Isaac Chocrón (n.1930), el Nuevo Grupo en 1967. Cabrujas ha producido, ente otras, *El día que me quieras* (1976) y *El americano ilustrado* (1986); Santana ha escrito numerosas obras, la más difundida de las cuales es *La empresa perdona un momento de locura* (1976), y también es autor de *Encuentro en el parque peligroso* (1980). Entre los dramaturgos mexicanos se destaca Víctor Hugo Rascón Banda (n. 1948), quien presenta el tema de la inmigración a los Estados Unidos en *Los ilegales* (1978) y ha llevado a la escena a personajes reales como en *Tina Modotti* (1980), la fotógrafa italiana que Elena Poniatowska convirtió en personaje de una de sus novelas.

Otros dramaturgos importantes, cuya obra se se extiende desde los años sesenta hasta nuestra época son: El chileno Jorge Díaz (n. 1930), autor de *El cepillo de dientes* (1966), *Teatro, ceremonias de la soledad* (1978) y *Los últimos Díaz del milenio* (1999); el cubano José Triana (n.1932), quien se dio a conocer con *La noche de los asesinos* (1965) y ha publicado junto con ella *Medea en el espejo* y *Palabras comunes* (1991); el puertorriqueño Luis Rafael Sánchez, quien además de *La pasión según Antígona Pérez* (1968), ha publicado *Quíntuples* (1986); Matías Montes Huidobro (n. 1931), cubano exiliado, autor de *Exilio* (1986), *Sobre las mismas rocas*, *La sal de los muertos* y otras piezas teatrales y Ana Istarú, cuya producción dramática incluye *Baby boom en el paraíso* (1996) y *Hombres en escabeche* (2000).

## 6.4  En conclusión

Las últimas décadas del siglo veinte y los inicios del presente siglo han sido un período de gran producción literaria en Hispanoamérica, con el surgimiento de nuevas generaciones de escritores que incorporaron los logros de los años sesenta, a la vez que buscaron sus propios caminos. A pesar de las difíciles condiciones de vida impuestas, en muchos casos, por las circunstancias políticas y las limitaciones económicas, la literatura hispanoamericana ha mantenido un alto nivel de creatividad.

## 6.5  Sumario

# LUIS RAFAEL SANCHEZ

(n. 1936, Humacao, Puerto Rico)

*Laura Magruder*

Luis Rafael Sánchez es una de las voces más originales de la actual literatura hispanoamericana. *La guaracha del Macho Camacho* (1976), su primera novela, le dio al autor gran reconocimiento en el ámbito literario nacional y continental, y a la vez confirmó el carácter innovador de sus escritos. Las novedades de la obra son varias: manejado lúdicamente, el lenguaje popular se convierte en protagonista; agrupado en varias constelaciones, el humor marca singularmente el relato; el empleo de lo soez o vulgar desarticula modelos de comportamiento social; la ambigüedad y variedad de las situaciones narrativas amplía las posibilidades de interpretación; la inserción de la música le imprime a la novela una vacilación —entre letra y melodía, entre narración y canción— y un ritmo peculiarísimos. Publicada bajo el prestigioso sello de Ediciones La Flor en Buenos Aires, y traducida al inglés cuatro años después, *La guaracha* se convirtió en una de las obras más representativas del "post-boom", etapa que siguió a la eclosión de la "nueva novela" hispanoamericana representada por la obra de, entre otros, Cortázar, García Márquez, Fuentes y Vargas Llosa. Continúa esta veta innovadora *La importancia de llamarse Daniel Santos* (1989), "fabulación" donde Sánchez recrea la vida y canciones de ese compositor puertorriqueño. Si en *La guaracha* el lenguaje es el protagonista, en esta segunda novela, la música es el personaje principal. La obra incluye trozos de las más famosas canciones de Daniel Santos, un ídolo en Hispanoamérica; estas melodías evocan geografías y tiempos diversos; a la vez, marcan el relato con una nota de melancolía y de romance, quebrados por el humor y las situaciones absurdas desde las cuales se evoca a Santos.

El gusto por la oralidad y lo popular, confiesa Sánchez, le viene desde sus días de adolescencia; entonces era aficionado a programas y novelas radiales que escuchaba en la sala de su hogar modesto, en compañía de familiares y amigos; este interés lo desarrolló plenamente después y convirtió al joven Sánchez en profesional de la radio puertorriqueña. Más tarde, en sus años en la Universidad de Puerto Rico, en la New York University, en la Universidad Complutense de Madrid, institución donde se doctoró, leyó mucho, en particular los clásicos de la literatura hispánica. Estos intereses y singular preparación han dejado honda huella tanto en su obra como en las clases que impartía en la Universidad de Puerto Rico, el City College y en el Graduate Center, de la City University of New York, donde ejerció la docencia como Profesor Distinguido hasta 1999.

Si bien por medio de sus novelas Sánchez consigue fama internacional, conviene recordar enseguida que su iniciación literaria fue como dramaturgo. Dos de sus piezas teatrales, *Los ángeles se han fatigado* (1960) y *La hiel nuestra de cada día* (1962), fueron inspiradas por la vida de San Juan, por el habla de su gente, por el ruido de sus barrios, por el contacto y choque de dos culturas; ambas se estrenaron en festivales patrocinados por el Instituto de Cultura Puertorriqueña. De su obra dramática sobresalen *La pasión según Antígona Pérez* (1968), donde ofrece la versión caribeña de ese mito clásico también "acriollado" por la argentina Griselda Gámbaro, y *Quíntuples* (1985), denominada por Sánchez "vodevil para máscaras" y representada en varias capitales del continente, incluyendo Nueva York. Como las novelas comentadas, este último drama ofrece la parodia, el carnaval, la burla, la irrisión, como recursos expresivos característicos, dominados magistralmente por el dramaturgo. Por medio de ellos nos muestra otra cara de la realidad: ésta permanece con nosotros y nos obliga a meditar sobre lo diferente y lo inusitado. Al convidarnos a tal reflexión a través de la risa y la desmesura, Sánchez desvela su capacidad para sorprender y manejar registros lingüísticos afincados tanto en lo popular como en lo culto. Asimismo, da cuenta de la influencia que la radio y la televisión tuvieron en su formación.

*En cuerpo de camisa* (1966), una temprana colección de cuentos, Luis Rafael Sánchez ya había mostrado su vocación por la frase ajustada y la temática atrevida. En estas narraciones donde el lenguaje, como anuncia el título, está desnudo de todo adorno, los protagonistas aparecen en situaciones extremas —pensemos, por ejemplo, en "Jum"— que el narrador aprovecha para mostrar los prejuicios de variados sectores de la sociedad insular. *La guagua aérea* (1994), *No llores por nosotros, Puerto Rico* (1997) y la columna permante que Sánchez mantiene en el diario *El Nuevo Día*, ofrecen la veta ensayística del autor. Esta revela intereses muy vastos —desde la cocina criolla hasta la política internacional— y su sentido compromiso con Puerto Rico, con el Caribe, con Hispanoamérica. Muestra asimismo sus meditaciones profundas sobre la sociedad y la solidaridad, sobre autores de diversos orígenes y tradiciones, sobre temas tan actuales como la globalización y la emigración. En el ensayo que ofrecemos, Sánchez reflexiona sobre el quehacer del escritor. Da en éste sentida cuenta de sus pasiones y aversiones a la vez que muestra las aristas de una arraigada y amada vocación literaria.

■ Bibliografía mínima

Aparicio, Frances R., *Listening to Salsa: Gender, Latin Popular Music and Puerto Rican Cultures.* Hanover: Wesleyan UP, 1998.

Barradas, Efraín. *Para leer en puertorriqueño: acercamiento a la obra de Luis Rafael Sánchez.* Río Piedras, Puerto Rico: Cultural, 1981.

Birmingham-Pokorny, Elba D., y William W. Megenney, eds. *The Demythologization of Language, Gender, and Culture and the Re-Mapping of Latin American Identity in Luis Rafael Sánchez's Works.* Miami, FL: Universal, 1999.

Díaz Quiñones, Arcadio. Introducción. *La guaracha del Macho Camacho.* De Luis Rafael Sánchez. Ed. Arcadio Díaz Quiñones. Madrid: Cátedra, 2000. 11–95.

Gelpí, Juan. *Literatura y paternalismo en Puerto Rico.* Río Piedras: U de Puerto Rico, 1993.

Perivolaris, John Dimitri. *Puerto Rican Cultural Identity and the Work of Luis Rafael Sánchez.* Chapel Hill: North Carolina Studies in the Romance Languages and Literatures, 2000.

Rabassa, Gregory. "Luis Rafael Sánchez: de la guaracha al beat". *Espejo de escritores.* Hanover: Ediciones del Norte, 1985. 175–94. [Entrevista]

Sánchez, Luis Rafael. *No llores por nosotros, Puerto Rico.* Hanover. Ediciones del Norte, 1997.

Vázquez Arce, Carmen. *Por la vereda tropical: notas sobre la cuentística de Luis Rafael Sánchez.* Buenos Aires: Ediciones de la Flor, 1994.

Waldman, Gloria. *Luis Rafael Sánchez: pasión teatral.* San Juan: Instituto de Cultura Puertorriqueña, 1988.

# No llores por nosotros, Puerto Rico (1997)

## ¿POR QUÉ ESCRIBE UD.?

[...] insistentemente, se pregunta a quien escribe por qué lo hace. Tal como si se tratara de un asunto turbio[1] o delictivo, un asunto a sospechar, un asunto volátil o impráctico. Algunos escritores, que muy pronto repararon[2] en que la pregunta se la podían espetar[3] a la primera oportunidad, han patentizado una respuesta que les permita salir del paso con gracia y con chispa. De entre las numerosas que circulan, a punto ya de integrar un volumen grueso e ingenioso, prefiero las de dos escritores de exceptional reciedumbre[4], a los que tengo por amigos, Gabriel García Márquez[5] y Juan Goytisolo.[6]

El primero ha acuñado una respuesta que no huele a guayaba[7] pero sí a fragante trampa —*Escribo para que mis amigos me quieran más*—. La respuesta tiene mucho de greguería[8]. Aunque en la greguería ramoniana el resorte insólito se le

---

[1] Oscuro.

[2] Se dieron cuenta.

[3] Lanzar, hacer la pregunta de modo directo y sorpresivo.

[4] Fuertes, vigorosos

[5] Aclamado novelista y periodista colombiano, ganador del Premio Nobel en literatura en 1982. Véase pp. 478–87

[6] Novelista y ensayista que nació en Barcelona (1931), España.

[7] Alusión a una obra de Gabriel García Márquez, *El olor de la guayaba* (1982), donde recoge las conversaciones con su compatriota, el escritor y periodista colombiano Plinio Apuleyo Mendoza.

[8] Metáfora con mezcla de humor e ingenio sobre las relaciones entre las cosas. Las greguerías fueron creadas por el escritor español Ramón Gómez de la Serna (1888–1963); la primera colección apareció en 1917.

encarga a la paradoja. Además de confirmar el carácter retozón[9] del colombiano universal, la respuesta plantea un formidable ardid. García Márquez confiesa que escribe para endeudar a los otros con el cariño, para satisfacer la expectativa a
15  propósito de su genialidad creativa. Juan Goytisolo, más enigmático que Gabriel García Márquez, más apegado al ideal de la escritura compleja, dice que cuando sepa por qué escribe dejará de hacerlo. La respuesta sugiere que en cada obra suya se elabora, inconscientemente, una teoría del autoconocimiento, la búsqueda de una respuesta cuya fatalidad radica en su posible hallazgo.

20  Por otro lado, Rosario Castellanos,[10] la admirable escritora mexicana, expresa que da por no vivido lo no escrito, una paráfrasis feliz de los versos de Jorge Manrique,[11] *Daremos por no venido lo pasado.* Una pregunta apropiada para hacerle a Rosario Castellanos sería *¿Por qué vive usted?*

Ando convencido de que la pregunta *¿Por qué escribe usted?* contiene otras
25  preguntas como contiene varias cajas la sorprendente caja china; que la pregunta esconde un doble fondo, como lo esconden los baúles de los cuales escapan los magos ante el aplauso del público agradecido por la eficacia de la trampa.

Aun así, como la pregunta recurre; como parece que deba darle una respuesta fluida y convincente, tarde o temprano; como suele formularla una
30  persona joven, a lo mejor atemorizada por los compromisos a que empuja la vocación artística, he empezado a razonar, lápiz en mano, *por qué escribo.*

### Poco a poco, sin nada de alboroto

No les extrañe que sea ahora cuando me decido a llevar a cabo tan poco promisorio inventario. A la madurez de los años, le agradezco, públicamente, la rebaja de la ansiedad que, en muchas ocasiones, ha sobresaltado mi vocación lite-
35  raria, llevándome a sumir en el silencio penitenciario a que ya hice referencia. Una ansiedad que, por otro lado, me ha salvado de rebajar la escritura a producción industrial, de confundirla con la grafomanía megalómana, de ceder a la tentación de dar gato por libro[12]. He publicado lo que he creído pertinente, responsable y necesario si bien he caído, en ocasiones, en lo que algunos de mis buenos amigos lla-
40  man el pecado de la inedición[13]. También explica que sea ahora que los años tañen mi sonata de otoño[14], ahora que vivo una feliz reconciliación con la complejidad de mi persona, esa persona que poquísima relación guarda con los ruidos que le valen a esas dos hijas bastardas del trabajajo y la paciencia que se llaman la fama y la celebridad, cuando acepto adelantar una reflexión introductoria, una reflexión
45  en tono menor, de mi escritura, de sus voces, de las razones que concurren en ella.

Creánme.

Yo nunca he tenido el temperamento exigido para mentir en la vida, a riesgo de desilusionar a los que aman el embuste sin temer a sus consecuencias. Yo sólo he querido, sólo he tratado de mentir frente a la página en blanco. [...]

---

[9] Juguetón.
[10] Poeta, narradora y ensayista mexicana. Véase pp. 459–66.
[11] Poeta español del siglo XV; famoso por las *Coplas a la muerte del maestre don Rodrigo,* conocidas como *Coplas a la muerte de su padre.*

[12] Se refiere al refrán "dar gato por liebre"; engañar; dar una cosa por otra.
[13] De no publicar la obra.
[14] Referencia al título de una de las *Sonatas* (1902–05) del escritor español Ramón del Valle-Inclán (1866–1936).

50      [...] Hechas las introspecciones de rigor, tras repasar en el frágil archivo de la memoria unas cuantas de mis obras, puedo entonces confesar que, en términos generales, escribo para entablar[15] un diálogo crítico, vivo, a fuego cruzado con mi país y con mi tiempo; para mediar entre los asombros producidos por la realidad que me rodea y mi persona que la padece. Lo que es un riesgo excepcional si se
55 vive en las Antillas, si se es hijo del Caribe, ese alucinante archipiélago de fronteras.

## Mar Caribe, alárgate en mi espíritu

     De todas maneras fronterizo es el Caribe, de todas maneras mezclado. Hasta el extremo de que sólo una paradoja tiene la competencia dialéctica para caracterizarlo —*lo único puro en el Caribe es la impureza*. La mescolanza racial, la mescolanza idiomática, la mescolanza religiosa, la mescolanza ideológica, la mescolanza
60 política, la mescolanza de las disímiles pobrezas, hacen del Caribe un lugar desgarrado según la óptica de Palés Matos[16] y Jacques Stephen Alexis[16a], de Jamaica Kincaid[17] y Reynaldo Arenas,[18] un lugar de municipal raigambre[19] según la óptica de Derek Walcott[20] y Marcio Veloz Maggiolo,[21] de Aimé Cesaire[22] y Ana Lydia Vega[23], un lugar descorazonadoramente exótico según la óptica de Graham
65 Greene[24] y V. S. Naipaul.[25] A la vez, un lugar duro y amargo para los propósitos del arte, un lugar destructivo sobre todo. Que en las geografías donde manda el hambre el artista viene condenado a cumplir el papel del paria o del comediante, del extranjero en casa o del asqueante adulador del poder, del mal visto tejedor de la historia de *la tribu occidental* como llama Fedor Dostoievski[26] al país donde se nace.
70      Aunque de agua o de sal sean los barrotes[,] un país con forma de isla es un país con forma de cárcel. Tarde o temprano, el Caribe le impone al caribeño la emigración, la errancia,[27] el exilio. Si la emigración se legaliza[,] el viaje tiene

---

[15] Dar comienzo.

[16] Luis Palés Matos (1889–1959), escritor puertorriqueño conocido por su poesía afroantillana, en particular la colección *Tuntún de pasa y grifería* (1937).

[16a] Novelista haitiano (1922–1961) y luchador contra el régimen represivo de François Duvalier (1901–1971), conocido como "Papa Doc". Cuando Alexis regresó a Haiti en 1961, al mando de una fuerza invasora, desapareció y se cree que murió asesinado por los Tontons Macoutes, la policía secreta del dictador. Entre sus novelas sobresale *Compere General Soleil* (1955) traducida al inglés con el título de *General Sun, My Brother*.

[17] Nació (n. 1949) Elaine Potter Richardson en la isla de Antigua; al comenzar su carrera literaria en 1965, en Nueva York, cambió su nombre a Jamaica Kincaid.

[18] Escritor cubano (1943–1990) conocido por sus novelas y cuentos. Desde 1980 se exilió en los Estados Unidos.

[19] Conjunto de afectos, hábitos, recuerdos que ligan a una persona a un lugar.

[20] Poeta y dramaturgo nacido en Santa Lucía (n. 1930); recibió el Premio Nobel de literatura en 1992; la crítica lo ve como el poeta representativo del Caribe anglófono.

[21] Nació en Santo Domingo, República Dominicana (n.1936); novelista, antrópologo y profesor en la Universidad Autónoma de Santo Domingo.

[22] Ensayista, dramaturgo, poeta y político martiniqués (n. 1913). Propuso un regreso a los orígenes africanos con el propósito de lograr una poética de la negritud.

[23] Narradora y ensayista puertorriqueña (n. 1946).

[24] Novelista inglés (1904–1991).

[25] Escritor de Trinidad y Tobago (n. Trinidad, 1932) cuyas novelas tratan de los conflictos de una sociedad multiétnica, y la dificultad de asiáticos y negros de integrarse al modelo de civilización británico o de volver a los orígenes ancestrales. Recibió el Premio Nobel de literatura en el 2001.

[26] Escritor ruso (1821–1881) cuyas novelas se destacan por el despliegue del sufrimiento y la humillación de los personajes.

[27] Ir de un lado a otro.

como su transporte legal la guagua[28] aérea. Si la emigraciôn se ilegaliza, si se
provoca la fiereza de los mares, si se desafía la hambruna de los tiburones, el via-
75  je tiene como su transporte la yola,[29] la balsa.

Desde las islas que las revistas de viaje catalogan de paradisíacas, hasta las
islas que las agencias noticiosas catalogan de conflictivas, el Caribe lo integran
un hervidero[30] de falsas postales. Detrás de las fachadas idílicas se arrastran unos
países con hambre de comida, de alfabetización y de justicia. Detrás de las
80  fachadas conflictivas serpentean unas castas que apartan para sí los más inesperados privilegios.

Escribo, también, para compartir la satisfacción y la dicha que me inspiran
el ser un hombre caribeño. Un hombre caribeño oriundo[31] de Puerto Rico. Un
hombre caribeño, oriundo de Puerto Rico, de señas mulatas —la piel prietona[32],
85  la nariz ensanchada, los labios abultados, el pelo rizoso.[33]

De forma abreviada gloso el comentario anterior pues quisiera ponerle im-
pedimento de salida a lo que sepa a demagogia, lo parezca o lo sea.

### Yo no tengo la culpita, oigan queridos hermanos

Nunca he practicado la ilusión de provenir de otro lugar del que provengo.
Tampoco me ha ilusionado ser otra persona diferente a ésta que soy. A la vez,
90  porque nunca se me ha hecho sana, inteligente o tolerable la idea de que hay un
mérito intrínseco en la procedencia nacional, advierto que nunca me ha robado
el sueño la imposibilidad absoluta de ser, por ejemplo, norteamericano.

Además, tal sueño me ha parecido siempre el colmo de la aberración, el paradigma superior de la tontería. Sin la necesidad de estafar la propia naturaleza,
95  afincado hasta las entretelas[34] en lo que uno es, sea hombre o mujer, blanco o negro, amarillo o mestizo, religioso o agnóstico, europeo o novomundista, heterose-
xual u homosexual, joven o viejo, puertorriqueño o norteamericano, hay suficiente
aventura y significación, hay complejidad y destino de sobra, como para poder
adelantar cualquier vocación, como para poder vislumbrar cualquier proyecto.

100  En ese sentido, en el hecho de ser puertorriqueño sin traumatismos ni com-
punciones[35], sin ceder un ápice[36] a los peligros de la victimización, echando
mano del patriotismo cuando ha sido menester pero desacreditando la patriotería[37] cuando ha sido necesario, he buscado, hasta encontrarlos, los materiales
con que construir mi obra. Una obra que ha tenido como reiterado eje el diálogo,
105  sin ambages, con mi tribu accidental... . El país que me acompaña por doquier. El
país cuya canción, dulce o amarga, quiero cantar, inevitablemente. [...]

---

[28] Autobús, en las Antillas y las Canarias. Sobre
el tema, véase el libro de Sánchez, *La guagua
aérea* (1994), y en particular el ensayo del
mismo nombre que abre la colección.
[29] Embarcación estrecha y muy ligera.
[30] Muchas falsas postales.
[31] Natural de, que nació en Puerto Rico.

[32] Morena, oscura.
[33] Ondulado.
[34] Lo más íntimo.
[35] Penas, tristezas.
[36] Sin ceder en nada.
[37] Los alardes de patriotismo.

## Otros cuadernos del país natal[38]

[...] desde que se publica la colección de cuentos *En cuerpo de camisa*, he querido hablar, ahora amorosamente, ahora furiosamente, de mi país; he querido, poco a poco, textualizarlo, ahondar en las posibilidades de su fisonomía y de su tipicidad, conjuntar[39] algunos de sus rasgos tajantes.[40] Aunque sin olvidar la verdad de que todo país se configura con una pluralidad de temperamentos y de visiones, de miradas enfrentadas y de indistintas apuestas a los azares[41] del destino. Aunque sin desatender la verdad de que en la geografía moral de un país caben miles de países ensoñados.[42]

[...]

Repito, yo escribo para dar noticia al mundo de mi país. Lo hago porque ha sido en los libros donde he bebido el aliciente para enamorarme, perdidamente, de un lugar particular, de la gente que lo habita y lo modifica, lo vitaliza y lo espiritualiza.

Por ejemplo, amaba a Bahía[43] antes de conocerla, un amor inducido por las novelas sensuales firmadas por Jorge Amado.[44] Con igual fuerza amaba a Madrid antes de conocerla, un amor inducido por las novelas del genial Pérez Galdós.[45] Acaso, más que a Madrid, a las calles que se hacían camino en *La de Bringas, Fortunata y Jacinta, Miau*,[46] las novelas de Torquemada,[47] esa Madrid de calles vetustas[48] y paredones maculados.[49]

Uno y otro, Jorge Amado y Benito Pérez Galdós, colocan la ciudad en el centro del conflicto novelesco, de manera que los avatares[50] de los personajes no se conciben fuera de ella. Una Bahía más parecida a Africa que a América, puesta en evidencia por un Jorge Amado promotor de la magia. Una Madrid chismosilla y aldeana, puesta en evidencia por un Benito Pérez Galdós de perpetuo adosado[51] a la realidad. [...]

Tempranamente, cuando mi vocación apenas si era el balbuceo[52] de un muchachón del caserío Antonio Roig, en Humacao, ciudad oriental de Puerto Rico, desinformado y mal formado, dueño de una vida que apenas sabía hacia dónde iba a encarrilarse, uno de ellos me dio una lección formidable. Más allá de escenografía, más allá de lugar de la acción, más allá de recinto histórico, la

---

[38] El apartado alude al título del largo poema de Aime Césaire, *Cuaderno de un retorno al país natal (Cahier d'un Retour au Pays Natal, 1947)*, donde evoca su patria caribeña (Martinica) y profundiza en la poética de la negritud.

[39] Reunir, juntar.

[40] Resaltantes.

[41] Casualidades, probabilidades.

[42] Imaginados en sueños e ilusiones.

[43] Salvador de Bahía, capital del estado brasileño de Bahía.

[44] Escritor brasileño (1912–2001); combinó en sus novelas la crítica social y la sensualidad tanto como las tradiciones de Bahía.

[45] Se refiere a Benito Pérez Galdós (1843–1920), novelista español liberal y anticlerical, muy influido por el realismo; veía la novela como imagen de la vida.

[46] Novelas de Pérez Galdós.

[47] Una serie de novelas (1889–95) de Pérez Galdós escritas en torno a ese personaje.

[48] Viejas, antiguas.

[49] Manchados, sucios.

[50] Transformaciones, cambios de fortuna.

[51] Arrimado.

[52] Hablar articulando las palabras de modo vacilante y confuso, como hacen los niños cuando empiezan a hablar. En este caso el autor se refiere a los comienzos de su carrera.

ciudad cumple la misión del ojo de las tormentas personales. El otro, más tardíamente, cuando mi vocación letrada empezaba a echar sus bases, me dio otra lección inolvidable. Todos los colores le sirven a la sensualidad, hasta el burlado
140 color local, ese color local que en la novelística de Jorge Amado, por efecto de su
ilustre paleta, asciende a color universal, a color primer mundista.

Escribo también para recuperar las lejanas vivencias de la persona cuya
presencia en la tierra la reconoce el Registro Demográfico bajo dos apellidos y
dos nombres, Luis Rafael Sánchez Ortiz, hijo de Luis Sánchez Cruz y Agueda
145 Ortiz Tirado, panadero el padre, bordadora en el bazar de Josefina Reyes la
madre. Cuando la familia, que completaban Elba Ivelisse Sánchez Ortiz y Néstor
Manuel Sánchez Ortiz, se mudó a San Juan, cuando arriesgó su caudal de
ilusiones en el ilusional que se ensambló en las sabanas⁵³ enfangadas de Puerto
Nuevo y Caparra Terrace, mi padre pasó a ser policía insular y mi madre pasó a
150 ser empleada en una fábrica de zapatos baratos llamada *Utrilón*.

### Los que viven por sus manos y los ricos

Cuando retomo los nombres de mis padres retomo la clase social que me
origina. Una clase social que en el caserío subsidiado por el gobierno tuvo su an-
claje inicial, una clase cuya certidumbre⁵⁴ más legítima era la pobreza.

Entonces, sin que la afirmación se equivoque con los suspiros reaccionarios
155 de la nostalgia, Puerto Rico era pobre de otra manera. Entonces, de la instrucción
con miras al diploma se encargaba la escuela y de la educación restante se encargaba el hogar. Tres nortes guiaban aquella educación hogareña, tres nortes re-
sumibles en tres letanías repetidas, mañana, tarde y noche. Porque, justamente, a
la repetición se le atribuía un valor pedagógico

160 *Pobre pero decente.*
*Pobre pero honrado.*
*Pobre pero limpio.*

La pobreza se aceptaba como un hecho alejado de la política, como un
acontecimiento inmodificable a no ser por la vía del trabajo arduo. La pobreza
165 se confrontaba como un desafío individual. De ahí la imperiosidad de la conjunción adversativa.⁵⁵ La decencia, la honradez, la limpieza, elevadas a señas
morales o virtudes a ser desplegadas por los pobres en toda ocasión y lugar, no
estaban sujetas a la transigencia.⁵⁶ De los ricos no había por qué esperar que
fueran decentes, honrados o limpios porque los ricos contaban entre sus incon-
170 tables lujos el poder vivir de espaldas a la opinión. Para eso eran ricos. Para
poder ser y hacer lo que les daba la gana, cuando les viniera la gana, como les
viniera la gana.

[...] Después, cuando la pobreza empezó a apropiarse de los valores y los
rencores de la clase media, [...] cuando el progreso estalló en la cara del país como
175 si fuera una bomba de demoledora potencia, aquellos códigos rígidos dejaron de

---

⁵³ Extensión de terreno llano con vegetación
herbácea.
⁵⁴ Conocimiento seguro de algo; certeza.

⁵⁵ Se refiere a "pero".
⁵⁶ Deseos y opiniones de otras personas; del
verbo "transigir".

observarse. Hasta el lamentable extremo de que la pobreza deseada se convirtió en otro aprovechado disfraz[57] de la pequeña burguesía —el mahón[58] deshilachado[59] pero de marca *Levis,* el jean roto en las rodillas pero de marca *Pepe.* Hasta el amargo extremo de que la pobreza fue atendida como otra de las posibilidades de la estética.

### Colofón

Sin que resulte dogmático uno puede suscribir la vieja idea de que en toda obra literaria hay biografía, que la persona del autor asoma, ya de manera principal o secundaria, ya ubicua o frontalmente. Los puertorriqueños tenemos, como apeaderos[60] notables de nuestra identidad colectiva, el son, el mestizaje y la errancia. La nuestra ha sido, destacadamente, una cultura callejera, una cultura del vocerío y la estridencia. Mi obra no quiere hacer otra cosa que biografiar, más que mi persona, mi país. Mas, no el plácido que halla su deformación en la postal que lo promociona como un paraíso sin serpiente. El otro país me interesa a la hora de literaturizar. El caótico, el despedazado, el hostil.

Mientras afilo las líneas de cierre me doy cuenta que escribo, en fin, para confirmar la vida como un tejido de bruscas y desapacibles textualidades.

Un bardo[61] ilustre, cuya poesía más acendrada[62] se trasvasa[63] en la forma del bolero, reclama en uno de sus trabajos más difundidos, un aplauso al placer y al amor. Para eso también escribo. Para aplaudir las grandes avenidas del placer, para hacerle terreno a las grandes ilusiones del amor. Decía Elías Canetti[64], el inmenso escritor búlgaro, *Todo se nos puede perdonar menos el no atrevernos a ser felices.* También para eso escribo, para atreverme a ser un poco feliz.

### ■ Preguntas generales

1. ¿Qué características de la última narrativa relaciona Ud. con *La guaracha del Macho Camacho?*
2. ¿Quién es Daniel Santos y cuál es su importancia en la música hispanoamericana de las últimas décadas del pasado siglo?
3. ¿Cómo surgen la guaracha y el bolero, qué los liga a la salsa y por qué estos ritmos, así como el cine, han penetrado la última literatura hispanoamericana?
4. ¿Qué escritores actuales se valen de la cultura popular, en particular el cine y la música, para representar situaciones y personajes? Explique cómo aprovechan estas fuentes.
5. ¿De qué recursos dramáticos se vale *Quíntuples* y cómo relaciona Ud. la obra con la dramaturgia del español Valle-Inclán o del alemán Brecht?

---

[57] Disimulo, máscara.
[58] Nombre dado en Puerto Rico al "blue jeans".
[59] Roto, reducido a hilos. [60] Signos, puntos de parada.
[61] Poeta.
[62] Depurada.

[63] Pasar algo de una parte a otra; en esta caso, la poesía pasa a ser bolero, canción.
[64] Novelista y ensayista (1905–1994) de origen búlgaro que escribió en alemán; recibió el Premio Nobel de literatura en 1981. Dejó una extensa autobiografía.

## ■ Preguntas de análisis

1. ¿Cómo caracteriza Sánchez la respuesta de García Márquez a la pregunta "Por qué escribe Ud."? ¿Cómo contrasta esa respuesta con la de Juan Goytisolo?
2. ¿Por qué ha demorado tanto el autor en contestar esa pregunta? ¿Qué problemas se le han presentado en su carrera?
3. ¿Cómo ve Sánchez el Caribe? ¿Cómo se representa él mismo? ¿Por qué es peligroso ser escritor en el Caribe?
4. ¿Cómo ve Sánchez a Puerto Rico? ¿Qué diferencia observa entre patriotismo y patriotería? Explique su respuesta.
5. ¿Qué novelistas han influido decisivamente en Sánchez? ¿Qué aspectos de su arte le han impresionado más?
6. ¿Cómo ve Sánchez la pobreza y cuáles eran los paradigmas de la educación entre las familias pobres? ¿Qué diferencia nota entre 'instrucción' y 'educación'? ¿Cómo marca el impacto del colonialismo?
7. ¿Qué quiere decir Sánchez cuando menciona el "paraíso sin serpiente" de las postales? ¿Qué aspectos de su país le interesan? ¿Cómo presenta a su familia?
8. ¿Qué sabemos de los inicios de su vocación literaria? ¿Cómo explica Ud. la conclusión del ensayo? En su opinión ¿por qué se apropia Sánchez de la cita de Elías Canetti? Explíquese.

## ■ Temas para informes escritos

1. Caracterización de los personajes de *La guaracha del Macho Camacho*.
2. La música como protagonista en *La importancia de llamarse Daniel Santos*.
3. San Juan en dos obras dramáticas de Luis Rafael Sánchez.
4. Gambaro y Sánchez ante la *Antígona* de Sófocles: puntos de contacto y contraste.
5. La representación de las clases sociales y sus prejuicios en la cuentística de Sánchez.

## ■ Temas de reflexión y comentario

1. Aspectos lúdicos en *La guaracha del Macho Camacho*.
2. Coincidencias en la narrativa de Luis Rafael Sánchez y Guillermo Cabrera Infante.
3. Novelistas puertorriqueños actuales: temas tratados y recursos expresivos.
4. El tema de la emigración en *La guagua aérea*.
5. La radionovela y el cine en la obra de Sánchez.

# LUISA VALENZUELA

1938, Buenos Aires, Argentina

© Jerry Bauer

Entre los escritores surgidos durante los años sesenta se destaca Luisa Valenzuela, autora de novelas y cuentos que indagan con sentido crítico y penetración psicológica en los traumas de la represión política y sexual. Valenzuela, hija de la novelista Luisa Mercedes Levinson, fue educada en un ambiente propicio para la vocación literaria, y comenzó muy joven su carrera de escritora y periodista. Antes de los veinte años colaboraba ya en revistas y periódicos, entre ellos el prestigioso suplemento literario del diario *La Nación* de Buenos Aires. Su primer cuento, "Ciudad ajena", apareció en 1957. Pasó tres años en París (1958–61), donde trabajó en la Radio Télévision Française, se vinculó a grupos literarios y escribió la novela *Hay que sonreír,* publicada más tarde (1966). A través de su protagonista, una prostituta, Valenzuela critica la subordinación y la explotación económica de la mujer. Al mismo tiempo, alude irónicamente a la separación y relación jerárquica entre alma y cuerpo (en la novela, cabeza y cuerpo), en la cual se fundan el pensamiento y la moral del Occidente cristiano.

De 1961 a 1969 la escritora vivió en Argentina, continuó su carrera periodística y publicó una colección de cuentos, *Los heréticos* (1967). Desde 1969 viajó por muchos países y, durante la década de violencia y represión política en Argentina (1973–1983), pasó años en México, Barcelona y Nueva York. En ese período Valenzuela produjo sus obras más importantes: las novelas *El gato eficaz*

(1972) y *Cola de lagartija* (1983), y las colecciones de cuentos *Aquí pasan cosas raras* (1975), *Cambio de armas* (1982) y *Donde viven las águilas* (1983), a la que pertenece el breve relato "Los censores". *El gato eficaz* es una novela de tipo experimental, en la que predomina el virtuosismo del lenguaje. Esta apertura a nuevas formas expresivas concuerda con el intento, por parte de la autora, de liberar el lenguaje—especialmente el lenguaje de la mujer—de las limitaciones y distorsiones impuestas por la tradición cultural y el poder político. En *Cola de lagartija* Valenzuela recrea la siniestra personalidad de José López Rega, el secretario y consejero de Juan Domingo Perón (1895–1974) apodado "el brujo". Esta novela, así como casi todos los cuentos de *Cambio de armas,* tienen como fondo una sociedad caótica y aterrorizada. La escritora evoca con lenguaje medido, bien lograda técnica narrativa, y sin caer en la exposición o prédica de ideas, un ambiente dominado por el miedo y la angustia. Después del restablecimiento de las instituciones democráticas en la Argentina, Valenzuela regresó a su país. Entre sus obras recientes se encuentran *Novela negra con argentinos* (1990) y *Simetrías* (1993). En la primera, de ambiente neoyorquino, la indagación acerca de la causa de un presunto crimen revela, en el protagonista, ocultos sentimientos de culpabilidad por su cobardía al haber permanecido en silencio frente a los crímenes de la dictadura militar en su país. En los cuentos de *Simetrías* (1993) reaparece el tema de la violencia, y el horror está representado tanto en forma explícita como por medio de recursos propios de la alegoría y de la literatura fantástica. Estas preocupaciones se continúan en los ensayos recogidos en *Peligrosas palabras* (2001) y la novela *La Travesía* (2001) donde Valenzuela sigue escribiendo "con el cuerpo".

El relato de "Los censores" está escrito con una precisión e ironía semejantes a las de algunos cuentos de Borges. Aunque refleja las circunstancias históricas ya mencionadas, el texto confiere, sin embargo, un sentido universal a lo narrado a través de la caracterización del protagonista y de su conducta.

## ■ Bibliografía mínima

Castillo, Debra A. "Appropriating the Master's Weapons: Luisa Valenzuela". *Talking Back: Toward a Latin American Feminist Literary Criticism.* Ithaca, New York: Cornell UP, 1992. 96–136.

Cordones Cook, Juana María. *Poética de transgresión en la novelística de Luisa Valenzuela.* New York: Peter Lang, 1991.

Díaz, Gwendolyn, y María Inés Lagos, eds. *La palabra en vilo: narrativa de Luisa Valenzuela.* Santiago, Chile: Cuarto Propio, 1996.

"Luisa Valenzuela". *Letras Femeninas* 27.1 (2001).

Magnarelli, Sharon. *Reflections/Retractions: Reading Luisa Valenzuela.* New York: Peter Lang, 1988.

Martínez, Z. Nelly. *El silencio que habla: aproximaciones a la obra de Luisa Valenzuela.* Buenos Aires: Corregidor, 1994.

Picón Garfield, Evelyn. "Luisa Valenzuela". *Latin American Writers.* Eds. Carlos A. Solé y Maria Isabel Abreu. Vol. 2. New York: Scribner's, 1989. 1445–1449.

Shaw, Donald L. *The Post-Boom in Spanish American Literature.* Albany: State U of New York P, 1998.

Swanson, Philip. "Theory and the Body: Luisa Valenzuela's *Novela negra con argentinos* as Test Case". *Forum for Modern Language Studies* 35.1 (1999): 95–105.

# Donde viven las águilas (1983)

## LOS CENSORES

¡Pobre Juan! Aquel día lo agarraron con la guardia baja[1] y no pudo darse cuenta de que lo que él creyó ser un guiño[2] de la suerte era en cambio un maldito llamado de la fatalidad. Esas cosas pasan en cuanto uno se descuida, y así como me oyen uno se descuida tan pero tan a menudo. Juancito dejó que se le viera encima la alegría —sentimiento por demás pertubador—cuando por un conducto inconfesable le llegó la nueva dirección de Mariana, ahora en París, y pudo creer así que ella no lo había olvidado. Entonces se sentó ante la mesa sin pensarlo dos veces y escribió una carta. *La* carta. Esa misma que ahora le impide concentrarse en su trabajo durante el día y no lo deja dormir cuando llega la noche (¿qué habrá puesto en esa carta, qué habrá quedado adherido a esa hoja de papel que le envió a Mariana?).

Juan sabe que no va a haber problema con el texto, que el texto es irreprochable, inocuo. Pero ¿y lo otro? Sabe también que a las cartas las auscultan, las huelen, las palpan, las leen entre líneas y en sus menores signos de puntuación, hasta en las manchitas involuntarias. Sabe que las cartas pasan de mano en mano por las vastas oficinas de censura, que son sometidas a todo tipo de pruebas y pocas son por fin las que pasan los exámenes y pueden continuar camino. Es por lo general cuestión de meses, de años si la cosa se complica, largo tiempo durante el cual está en suspenso la libertad y hasta quizá la vida no sólo del remitente sino también del destinatario. Y eso es lo que tiene sumido a nuestro Juan en la más profunda de las desolaciones: la idea de que a Mariana, en París, llegue a sucederle algo por culpa de él. Nada menos que a Mariana que debe de sentirse tan segura, tan tranquila allí donde siempre soñó vivir. Pero él sabe que los Comandos Secretos de Censura actúan en todas partes del mundo y gozan de un importante descuento en el transporte aéreo; por lo tanto nada les impide llegarse hasta el oscuro barrio de París, secuestrar a Mariana y volver a casita convencidos de su noble misión en esta tierra. Entonces hay que ganarles de mano,[3] entonces hay que hacer lo que hacen todos: tratar de sabotear el mecanismo, de ponerle en los engranajes[4] unos granos de arena, es decir ir a las fuentes del problema para tratar de contenerlo.

Fue con ese sano propósito con que Juan, como tantos, se postuló[5] para censor. No por vocación como unos pocos ni por carencia de trabajo como otros, no. Se postuló simplemente para tratar de interceptar su propia carta, idea para nada novedosa pero consoladora. Y lo incorporaron de inmediato porque cada día hacen falta más censores y no es cuestión de andarse con melindres[6] pidiendo antecedentes.

---

[1] Descuidado.
[2] Usado figurativamente aquí. Gesto o señal que se hace, a veces con disimulo, cerrando momentáneamente un ojo mientras el otro queda abierto.
[3] Adelantárseles.

[4] Conjunto de las piezas que engranan. Conjunto de los dientes de una pieza o máquina.
[5] Se ofreció.
[6] Delicadezas.

En los altos mandos de la Censura no podían ignorar el motivo secreto que tendría más de uno para querer ingresar a la repartición, pero tampoco estaban en condiciones de ponerse demasiado estrictos y total para qué? Sabían lo difícil
40 que les iba a resultar a esos pobres incautos detectar la carta que buscaban y, en el supuesto caso de lograrlo, ¿qué importancia podían tener una o dos cartas que pasan la barrera frente a todas las otras que el nuevo censor frenaría en pleno vuelo? Fue así como no sin ciertas esperanzas nuestro Juan pudo ingresar en el Departamento de Censura del Ministerio de Comunicaciones.

45 El edificio, visto desde fuera, tenía un aire festivo a causa de los vidrios ahumados que reflejaban el cielo, aire en total discordancia con el ambiente austero que imperaba dentro. Y poco a poco Juan fue habituándose al clima de concentración que el nuevo trabajo requería, y el saber que estaba haciendo todo lo posible por su carta —es decir por Mariana— le evitaba ansiedades. Ni siquiera
50 se preocupó cuando, el primer mes, lo destinaron a la sección K donde con infinitas precauciones se abren los sobres para comprobar que no encierran explosivo alguno.

Cierto es que a un compañero, al tercer día, una carta le voló la mano derecha y le desfiguró la cara, pero el jefe de sección alegó que había sido mera
55 imprudencia por parte del damnificado y Juan y los demás empleados pudieron seguir trabajando como antes aunque bastante más inquietos. Otro compañero intentó a la hora de salida organizar una huelga para pedir aumento de sueldo por trabajo insalubre pero Juan no se adhirió y después de pensar un rato fue a denunciarlo ante la autoridad para intentar así ganarse un ascenso.

60 Una vez no crea hábito, se dijo al salir del despacho del jefe, y cuando lo pasaron a la sección J donde se despliegan las cartas con infinitas precauciones para comprobar si encierran polvillos venenosos, sintió que había escalado un peldaño[7] y que por lo tanto podía volver a su sana costumbre de no inmiscuirse[8] en asuntos ajenos.

65 De la J, gracias a sus méritos, escaló rápidamente posiciones hasta la sección E donde ya el trabajo se hacía más interesante pues se iniciaba la lectura y el análisis del contenido de las cartas. En dicha sección hasta podía abrigar esperanzas de echarle mano a su propia misiva dirigida a Mariana que, a juzgar por el tiempo transcurrido, debería de andar más o menos a esta altura después de
70 una larguísima procesión por otras dependencias.

Poco a poco empezaron a llegar días cuando su trabajo se fue tornando de tal modo absorbente que por momentos se le borraba la noble misión que lo había llevado hasta las oficinas. Días de pasarle tinta roja a largos párrafos, de echar sin piedad muchas cartas al canasto de las condenadas. Días de horror ante
75 las formas sutiles y sibilinas[9] que encontraba la gente para transmitirse mensajes subversivos, días de una intuición tan aguzada que tras un simple "el tiempo se ha vuelto inestable" o "los precios siguen por las nubes" detectaba la mano algo vacilante de aquel cuya intención secreta era derrocar al Gobierno.

Tanto celo de su parte le valió un rápido ascenso. No sabemos si lo hizo
80 muy feliz. En la sección B la cantidad de cartas que le llegaba a diario era

---

[7] Escalón.
[8] Entremeterse.

[9] Misteriosas, ocultas, incomprensibles.

mínima —muy contadas franqueaban[10] las anteriores barreras— pero en compensación había que leerlas tantas veces, pasarlas bajo la lupa,[11] buscar micropuntos con el microscopio electrónico y afinar tanto el olfato que al volver a su casa por las noches se sentía agotado. Sólo atinaba a recalentarse una sopita,
85 comer alguna fruta y ya se echaba a dormir con la satisfacción del deber cumplido. La que se inquietaba, eso sí, era su santa madre que trataba sin éxito de reencauzarlo por el buen camino. Le decía, aunque no fuera necesariamente cierto: Te llamó Lola, dice que está con las chicas en el bar, que te extrañan, te esperan. Pero Juan no quería saber nada de excesos: todas las distracciones podían
90 hacerle perder la acuidad[12] de sus sentidos y él los necesitaba alertas, agudos, atentos, afinados, para ser un perfecto censor y detectar el engaño. La suya era una verdadera labor patria. Abnegada y sublime.

Su canasto de cartas condenadas pronto pasó a ser el más nutrido pero también el más sutil de todo el Departamento de Censura. Estaba a punto ya de sen-
95 tirse orgulloso de sí mismo, estaba a punto de saber que por fin había encontrado su verdadera senda, cuando llegó a sus manos su propia carta dirigida a Mariana. Como es natural, la condenó sin asco. Como también es natural, no pudo impedir que lo fusilaran al alba, una víctima más de su devoción por el trabajo.

## ■ Preguntas generales

1. ¿Cómo se manifiesta la posición feminista de Valenzuela en su obra? ¿De qué modo presenta las limitaciones, así como la lucha de la mujer, dentro de estructuras sociales represivas?
2. ¿Qué impacto tuvieron en la vida y en la producción literaria de Valenzuela los años de violencia política en la Argentina?
3. ¿Qué recursos literarios emplea esta autora para trasmitir su visión crítica sin limitarse al relato realista ni caer en la prédica?
4. ¿Cuáles son los escritores argentinos anteriores con los que se muestra afín?
5. ¿Qué aspectos de su obra son representativos de la literatura producida después de los ambiciosos proyectos de la "nueva narrativa"?

## ■ Preguntas de análisis

1. ¿Por qué cometió Juan un error serio al enviarle la carta a Mariana? ¿Cómo intentó recuperarla?
2. Una vez convertido en censor, ¿cómo se desempeñó Juan en este oficio?
3. ¿Puede Ud. señalar expresiones irónicas empleadas en el texto? ¿Qué función cumplen?
4. ¿Cree Ud. que el protagonista estaba ya condenado desde que dio el primer paso? ¿Podría el desenlace haber sido distinto?
5. ¿Con qué otros autores y obras relacionaría Ud. este cuento de Valenzuela?

---

[10] Se abrían paso a través (de).
[11] Lente de aumento, generalmente provista de un mango.

[12] Agudeza.

## ■ Temas para informes escritos

1. La escritura transgresora en la obra de Valenzuela.
2. La representación de la violencia en la narrativa de Valenzuela.
3. La fantasía, el humor y la ironía como formas de expresión liberadoras en la obra de Valenzuela.
4. Los personajes femeninos y su búsqueda de autonomía personal.
5. Los textos auto-reflexivos de Valenzuela. El acto de escribir como tema en su obra.

## ■ Temas de reflexión y comentario

1. El manejo de lo absurdo en dos cuentos de *Simetrías*.
2. *Peligrosas palabras* y sus contribuciones al ensayo.
3. José López Rega y la historia argentina en *Cola de lagartijas*.
4. Puntos de contacto entre la obra novelística de Tomás Eloy Martínez y Luisa Valenzuela.
5. Innovaciones técnicas y temáticas en *La travesía*.

# CARLOS MONSIVÁIS

1938, Ciudad de México

Carlos Monsiváis es uno de los más importantes intérpretes y críticos de las realidades socio-políticas y la cultura mexicanas de nuestra época. Cursó estudios en la Escuela Nacional de Economía (1955–58) y en la Facultad de Filosofía y Letras de la UNAM (1955–60), de donde se graduó. Fue becario del Centro Mexicano de Escritores en dos ocasiones (1962–63 y 1967–68) y del Centro de Estudios Internacionales de la Universidad de Harvard (1965). Más allá del mundo académico, Monsiváis se ha formado como escritor y hombre de ideas en la práctica del periodismo y las participaciones en programas radiales y televisivos. Del mismo modo que Elena Poniatowska, Monsiváis se inicia en esas actividades, y comienza a escribir sus ensayos, afectado por el trauma de la masacre de Tlatelolco (1968), la cual produjo en su generación un cuestionamiento de las instituciones, los valores y las formas de vida del México contemporáneo.

Carlos Monsiváis ha participado en numerosas empresas editoriales y de difusión cultural. Fue secretario de redacción, junto con Carlos Fuentes, de la revista *Medio siglo* y de *Estaciones,* ha hecho programas para radio UNAM, como "El cine y la crítica", dirigió la colección de discos *Voz viva de México*, de la UNAM. Fue fundador y director de "La cultura en México", colaborador de "México en la Cultura" y "El gallo ilustrado", así como cofundador y colaborador de las revistas *Proceso* y *Nexos* y de los diarios *Unomásuno* y *La Jornada*. A todo lo cual se agregan sus colaboraciones en periódicos como *Excelsior, El Financiero, Reforma,* y otros. A través de sus experiencias con los medios masivos de comunicación, Monsiváis ha desarrollado un agudo poder de observación y una prosa ágil, de giros locales, que refleja con humor e ironía el lenguaje hablado por el mexicano de nuestro tiempo. En sus libros, por los que desfilan las figuras más conocidas de la política, el arte y la cultura popular mexicanos, el texto escrito presenta, también, ese carácter de oralidad. En forma de viñetas, y con la ayuda de imágenes visuales, Monsiváis ofrece un retrato y, a la vez, un comentario crítico y mordaz de la sociedad mexicana de hoy. Los libros de Monsiváis, desde *Días de guardar* (1970) y *Amor perdido* (1977) hasta los más recientes, son difíciles de clasificar dentro de un género literario, porque son textos en los que convergen la crónica periodística, el trabajo de investigación y el ensayo. Escritos poco después de la tragedia de Tlatelolco, el autor ataca, en esos primeros libros, el mito de la Revolución Mexicana e impugna la ideología oficial que se sustenta en el mismo, destruyendo los símbolos glorificados por el Estado y burlándose del patriotismo altisonante. Allí, y en sus obras posteriores, *Escenas de pudor y liviandad* (1981, 1988) y *Los ritos del caos* (1995), es notable, también, el empleo emblemático de imágenes visuales —fotografías, imágenes de la televisión y del cine. En *Escenas*, Monsiváis, como narrador, cumple funciones de psicólogo y de antropólogo cultural embarcado en un proyecto de análisis psicosocial. A este respecto, cabe señalar que, entre las muchas actividades profesionales de este autor, se incluye la de ser investigador del Instituto Nacional de Antropología e Historia. Su estudio de la historia ha producido, entre otros, el libro *Nuevo catecismo para indios remisos* (1982), donde describe paródicamente los métodos de evangelización utilizados por la Iglesia durante la conquista española de México. *Aires de familia. Cultura y sociedad en América Latina* (2000), al que pertenece la selección aquí incluida, se distingue de la mayor parte de la obra anterior de Monsiváis, por no contener imágenes visuales, por ofrecer una perspectiva continental, por encima de las fronteras nacionales, y porque su prosa expositiva encuadra perfectamente dentro de los parámetros del ensayo. *Aires de familia* analiza las características y las transformaciones del mundo latinoamericano a lo largo del siglo XX, enfocando los problemas económicos y culturales de estas sociedades que, sin haber completado todavía su proyecto de modernización, se ven afectadas por la globalización del mundo postmoderno. Monsiváis se detiene en temas tales como el culto de los héroes, los efectos del cine, la televisión, y otras formas de espectáculo y los movimientos migratorios.

### ■ Bibliografía mínima

Egan, Linda. *Carlos Monsiváis. Culture and Chronicle in Contemporary Mexico.* Tucson: Arizona UP, 2001.

Faber, Sebastián. "La metonimia en una crónica de Monsiváis: Hacia un periodismo democrático". *Literatura mexicana* 10. 1–2 (1999): 251–80.

Ferman, Claudia. "México en la postmodernidad: Textualización de la cultura popular urbana". *Nuevo Texto Crítico* 4. 7 (1991): 157–67.

Gelpí, Juan G. "Paseo por la crónica urbana de México: Carlos Monsiváis y José Joaquín Blanco". *Nómada: Creación, Teoría, Crítica* 3 (1997): 83–88.

Mudrovic, María Eugenia. "Cultura nacionalista vs. cultura nacional: Carlos Monsiváis ante la sociedad de masas". *Hispamérica: Revista de Literatura* 27. 79 (1998): 29–39.

Nadeau, Evelyn. "Entre la ficción y el periodismo: Cambio social y la crónica mexicana contemporánea". *Mester* 28 (1999): 21–35.

Pons, María Cristina. "Monsi-Caos: La política, la poética o la caótica de las crónicas de Carlos Monsiváis". *Revista de Crítica Literaria Latinoamericana* 26.51 (2000): 125–39.

Poot Herrera, Sara. "'A petición del público': Carlos Monsiváis y el cuento mexicano". *El cuento mexicano: Homenaje a Luis Leal.* Ed. Sara Poot Herrera. México D.F.: Universidad Nacional Autónoma de México, 1996. 127–46.

Villoro, Juan. "La cultura de masas imita a su profeta". *Ínsula: Revista de Letras y Ciencias Humanas* 618–619 (1998): 27–29.

# «Desperté y ya era otro»

## LAS MIGRACIONES CULTURALES

*Marchar hacia ninguna parte, con la condición de que el viaje lleve a todos lados*

El siglo XX es, entre otras cosas y muy fundamentalmente, época de migraciones voluntarias y a la fuerza, causadas por el ansia de alternativas, la urgencia de mejorar el nivel de vida, el afán de aventura, las ganas de sobrevivir. En otro sentido, no tan dramático, pero igualmente profundo, el siglo es de poderosas e interminables migraciones culturales. Así por ejemplo, en América Latina estas migraciones han sido a tal punto radicales que, en distintos períodos, inventan o legitiman (corroen o rectifican) apariencias urbanas, jerarquías y comportamientos familiares, estilos del consumo, escuelas del sentimiento y el sentimentalismo, idolatrías frenéticas que, las más de las veces, nadie recuerda a los cinco años de su apogeo. No me refiero aquí sólo a las transformaciones de gran alcance civilizatorio, sino también a las relaciones entre industria cultural y vida cotidiana, entre el universo de imágenes y productos comerciales y las ideas del mundo. En las metamorfosis inevitables y en los desplazamientos de hábitos, costumbres y creencias, los migrantes culturales son vanguardias a su manera, que al adoptar modas y actitudes de ruptura abandonan lecturas, devociones, gustos, usos del tiempo libre, convicciones estéticas y religiosas, apetencias musicales, cruzadas del nacionalismo, concepciones juzgadas «inmodificables» de lo masculino y de lo femenino. Estas migraciones son, en síntesis, otro de los grandes paisajes de nuestro tiempo.

*«Y pues contáis con todo, falta una cosa: continuidad»*

A principios del siglo XX, lo propio en América Latina es la homogeneidad de gustos y creencias, la visión de la familia como el segundo recinto eclesiástico, el catolicismo como el archivo de axiomas, la intimidación ante las metrópolis (que muy pocos conocen), el homenaje continuo a los héroes (presentados como padrinos y ángeles de la guarda de los gobernantes), el analfabetismo generalizado, el papel preponderante de la cultura oral, la superstición que identifica el título profesional con un rango espiritual superior, la mística de la poesía (de preferencia en su versión declamatoria), el recelo ante la ciencia que busca devastar la fe, las maneras únicas (aprobadas) de ser hombres y ser mujeres, la sujeción femenina («La mujer en casa y con la pata rota») y, siempre aparatoso, el pavor ante la tecnología, en donde caben las monjas que informan a la curia del invento diabólico utilizado por un obispo (el teléfono), provocan pasmo los primeros fonógrafos (tienen un enano dentro que canta y toca), se aterran (y se esconden en sus asientos) los espectadores de cine al ver avanzar desde la pantalla a la locomotora, se indignan los revolucionarios mexicanos de la Convención de Aguascalientes de 1914 al contemplar en un noticiero a sus enemigos, lo que los envía a desenfundar sus pistolas acribillando las sombras, se horrorizan los espectadores en República Dominicana al ver a Judas en las películas sobre la Pasión de Cristo, motivo por el cual se lanzan con cuchillos a desgarrar las sábanas que hacen las veces de pantalla y matar al traidor.

Y, ubicuos y omnímodos, presiden las ceremonias los símbolos que representan a la Patria, el Pueblo, el Patriarca, la Mujer, la Honra, la Decencia, el Heroísmo, la Gratitud Nacional, la Fe, los Dones de Dios, la Santidad, la Devoción. En los primeros años del siglo XX latinoamericano, lo simbólico es el segundo lenguaje social, el ahorro de tiempo, el intercambio de certezas, el afianzamiento enfrentado y simultáneo de las tradiciones populares, la declaración de perdurabilidad del tradicionalismo, el apuntalamiento de la mentalidad republicana.

En América Latina, una de las primeras migraciones culturales de importancia se desprende de la Revolución Mexicana, que así no destruya el tabú de la sacrosanta propiedad privada, sí exhibe el carácter mortal de algunos

50 hacendados y, lo inesperado, acelera y masifica la movilidad social. La Revolución no sólo expulsa a cientos de miles del país; también, mediante la conminación de las armas, introduce en escena a campesinos y obreros, decreta la relatividad de la moral («La muerte no mata a nadie, / la matadora es la suerte»), crea escalas insólitas de ascenso y genera una estética inesperada. Un personaje de *Los de abajo,*
55 el idealista Solís, minutos antes de que lo alcance una bala perdida, exclama: «¡Qué hermosa es la revolución, aun en su misma barbarie!» Y la belleza atribuida a las alegorías de la violencia se despliega acto seguido en la literatura y la pintura de América Latina, genera el muralismo de Rivera, Orozco y Siqueiros,[1] se expresa en la novela del realismo social, prestigia a los machos de Mariano Azuela
60 y Martín Luis Guzmán[2] y a los compadritos de Evaristo Carriego,[3] prepara el campo para los pósters de Zapata,[4] es el sustrato de *Canaima, Cantaclaro y Doña Bárbara,*[5] y origina una de las tesis de Octavio Paz en *El laberinto de la soledad:*[6] «La revolución es la revelación.» La violencia siempre ha existido, pero por vez primera se le concede importancia a su transfiguración artística y literaria.

65      En las migraciones históricas del campo a las ciudades, a las razones clásicas (salarios de hambre, desempleo, caciquismo, desastres agrarios, latifundios) se añade la de los desplazados por el acoso del «pueblo chico, infierno grande», la cerrazón del fanatismo y la carencia de toda privacidad. Un tema constante de novelas, cuentos y obras de teatro ubicados en provincia es el tránsito a las libertades
70 urbanas, lejos del espionaje parroquial y de la obligación de compartir con los vecinos los imposibles secretos de la recámara. Desde fines del siglo XIX se institucionaliza el abismo entre provincia y capital, y cada quien califica moralmente cuál es el paraíso y cuál es el infierno. En la distribución de funciones, a la capital le toca el equilibrio entre la conducta más desenfadada y las trampas morales, y la provin-
75 cia se encarga del aislamiento y el cuidado de la ortodoxia. El resultado desintegra a los sectores del sedentarismo, por ser tantos los que en cada generación ambicionan la libertad de movimientos y el crecimiento de oportunidades, y porque escasean los decididos a resistir al tradicionalismo en sus sitios de origen, con resultados inciertos en el mejor de los casos. Desdicha del centralismo: el que se queda
80 en la provincia arraiga en el pasado; el que se va, por el mero hecho de hacerlo, se cree domiciliado en el porvenir. Y no hay un presente compartido.

En las primeras décadas del siglo XX tiene lugar una migración más bien escasa y sólo asumida por una vanguardia (deliberada o involuntaria) en las ciudades. Es el viaje de las costumbres que en México, al amparo de la revolución y del anti-
85 clericalismo de los revolucionarios, permite pregonar el amor libre, el desenfado sexual, la blasfemia civil. (En 1921 los estridentistas mexicanos exclaman: «¡Viva el mole de guajolote y muera el cura Hidalgo!») Si la homosexualidad se practica menos crípticamente pero de ningún modo se exalta, sí se da una suerte de li-

---

[1] Diego de Rivera (1886–1957), José Clemente Orozco (1883–1949) y David Alfaro Siqueiros (1896–1974) fueron los creadores de la pintura muralista en México.
[2] Ver Cap. 4, 4.1.3 sobre la narrativa de la Revolución Mexicana.
[3] Poeta popular del barrio porteño de Palermo, inmortalizado por Borges en su libro *Evaristo Carriego* (1930).

[4] Emiliano Zapata (1879–1919), revolucionario mexicano y defensor de los derechos del campesinado. Luchó para que la Revolución implantara una auténtica reforma agraria.
[5] Novelas del venezolano Rómulo Gallegos (1884–1969)
[6] Ver Cap. 5

beración femenina que mezcla creatividad inesperada y disponibilidad corporal *vo-*
90  *luntaria,* alejada de cualquier prostitución. Actos que hoy no llamarían la atención
son entonces escandalosos, demostraciones de autonomía espiritual. Ejemplos: la
fotógrafa italiana Tina Modotti se desnuda y Edward Weston la fotografía en una
azotea, pregonando las formas que son tanto más deseables porque son artísticas, y
a la inversa. Frida Kahlo pinta la vida y el dolor y vive sus amores «sin preguntar
95  por cortesía a qué sexo pertenecen». Teresa de la Parra,[7] Gabriela Mistral,[8] María
Luisa Bombal[9] y Victoria Ocampo[10] dan cuenta en sus escritos de una sensibilidad
radicalmente ajena a la impuesta por el patriarcado, no una «sensibilidad femenina», sino sencillamente no sujeta al machismo. Las sufragistas, al exigirlos, ini-
cian el uso de sus derechos. Unos cuantos y unas cuantas migran de hábitos de vida
100  y pensamiento, y anuncian el fin de la dictadura de los comportamientos fijos.

## LAS MIGRACIONES TRAMITADAS POR LA TECNOLOGÍA

*El cine: «¿Para qué un relato a la luz de la fogata pudiendo gozar en lo oscurito?»*

Una migración esencial del siglo XX es la que va del entretenimiento del
hogar o del teatro al espectáculo fílmico, es decir, lo que va de lo privado o muy
minoritario a lo público tal y como se produce en la oscuridad. El entretenimiento privado, si tal nombre hemos de darle al muy público *seno de la familia,*
105  incluye veladas lírico-musicales, sermones patriarcales, lecciones de abnegación
maternal, ruedas de chismes y hostigamientos que son redes de castigo para
quienes se desvían de la norma. En el teatro tradicional, se le concede al melodrama el reanimar con frases sonoras la intimidad hogareña, y en el teatro frívolo
las canciones, los bailes y los chistes le dan su oportunidad a «lo licencioso». Pero
110  la llegada del cine todo lo trastoca.

Junto a la revolución (o el fracaso o la imposibilidad de la revolución), es el
cine el fenómeno cultural en su sentido amplio —antropológico— de efectos más
profundos en la América Latina de la primera mitad del siglo XX. La tecnología se
sacraliza y el cine elige muchísimas tradiciones que se suponían inamovibles, las
115  perfecciona alegóricamente y destruye su credibilidad situándolas como meros
paisajes melodramáticos o costumbristas. Dos o tres veces por semana las películas incorporan a un conocimiento global (rudimentario y fantasioso, pero irre-
versible) a comunidades aisladas que se modernizan a través de la imitación
sincerísima o la asimilación a contracorriente, y adquieren un vasto repertorio ver-
120  bal (frases hechas que son nuevos acercamientos a la realidad). El cine encumbra
ídolos a modo de interminables espejos comunitarios, fija los sonidos del habla
popular y se los impone a sus usuarios (quienes tal vez nunca los habían oído).

En la «alta cultura», se juzga la masificación un instrumento del apocalipsis
(«Y en aquellos días llegarán las masas y nadie querrá oír a Beethoven ni leer a
125  Shakespeare»), mientras el «sentido de la realidad» se desplaza de la literatura a
los medios electrónicos. A la pregunta «¿Qué es *lo real?*», también se contesta:

---

[7] Escritora venezolana (1890–1936).
[8] Ver Cap. 4
[9] Escritora chilena (1910–80)
[10] Escritora y figura influyente en las letras
argentinas e hispanoamericanas. Fundadora de

la revista SUR (1931–70), con cuyo sello editorial
realizó una importante tarea de difusión cultural.

aquello que involucra sentimentalmente a públicos muy amplios, las atmósferas y los diálogos que hacen las veces de eco de la conciencia, los personajes que odiamos y amamos al punto de la identificación plena, el cúmulo de circunstancias y productos teatrales, musicales, discográficos, radiofónicos, fílmicos, novelísticos, literarios, que para sus frecuentadores son «lo genuino» porque los alejan de la mezquindad y la circularidad de las vidas, «irreales» en su inmensa mayoría, esto es, no susceptibles de tratamiento cinematográfico.

Una comprobación entre muchas, la de Rosario Castellanos[11] (en *El uso de la palabra,* Excélsior, México, 1970), cuando describe los efectos del cine en su pueblo, Comitán, indígena en un 70 por ciento:

> El estreno del cine hablado. Esto ameritó la construcción de un edificio especial, el único en el pueblo que tenía dos pisos. Las plateas eran el sitio reservado para la crema de la crema; la luneta era propia de personas honorables aunque no muy prósperas desde el punto de vista económico; los palcos estaban destinados a los artesanos y las galerías a la plebe, que armaba un gran escándalo, escupía y tiraba pequeños proyectiles a los privilegiados de abajo. No siempre se aguardaba el orden de los rollos y su alteración volvía incomprensible la película. ¿Pero a quién podía importarle semejante cosa?... Las relaciones del público con el espectáculo al que acudían eran muy confusas. Les parecía un juego sucio el hecho de que el protagonista que moría en la película, acribillado a tiros, apareciera en la película siguiente, bañado en agua de rosas. Pero lo soportaban como soportaban todas las arbitrariedades de que los hacían víctimas las gentes de razón.
>
> Y aun se dio el caso de una mujer, vendedora ambulante de dulces, a la que le hicieron la broma de que su vida aparecería proyectada en el cine. Trató por todos los medios de evitarlo, y cuando lo consideró imposible, comenzó a divulgar episodios que hasta entonces habían sido ignorados. Se había vuelto loca y nunca recuperó el juicio.

Los productos de Hollywood, quimera a bajo precio, se vuelven modelos del comportamiento ideal. Pero los pobres no le confían a Hollywood su imagen y su sentimentalismo. Para eso están el cine mexicano, y en menor medida, el argentino y el brasileño: así hablan, así se expresan, se mueven, se comportan nuestros semejantes. Cada película «popular» instituye el canon acústico y gestual ante el cual, carentes de alternativas, los aludidos se van adaptando, creyendo genuina la distorsión. Los ídolos del cine son escuelas del comportamiento y a las películas se les concede el sitio antes ocupado por la hora del Ángelus (es cada vez más riesgoso enfrentar a las misas vespertinas con las películas de moda).

El cine de algún modo integra a comunidades disminuidas históricamente por el aislamiento. Y el espíritu moderno surge cuando el medio nuevo revisa las tradiciones. La intención es respetuosa pero los resultados son gradualmente devastadores porque, al amplificarse en la pantalla, lo ancestral se vuelve pintoresco. Sin que se aprecie debidamente, los métodos para conducir las emociones personales se trastocan gracias al cine, su sentido del ritmo, el uso de escenarios imponentes, los gags, la combinación de personajes principales y secundarios, la suma de frases desgarradas o hilarantes, el alborozo ante la repetición de las tramas, las dosis del chantaje sentimental.

---
[11] Ver Cap. 5 pp. 459–66

En América Latina, y sin opciones posibles, el cine sonoro fija la primera, muy autoritaria versión moderna de lo que fastidia y de lo que agita las pasiones en las butacas. El salto es considerable: a través de los géneros fílmicos, los espectadores enfrentan a diario gustos antes inimaginables, perciben que las tradiciones son también asunto de la estética y no solamente de la costumbre y de la fe, se sumergen sin culpa en la sensualidad favorecida por las tinieblas, aprenden en compañía las reglas de los nuevos tiempos. Y se produce lo ya apuntado por el cine mudo, el casi monopolio en lo tocante a ideas y vivencias contemporáneas. Pocos leen, todos ven películas, y de allí extraen el sentido de «lo que va con la época», el registro de la realidad inminente, las modas que se abren paso entre las prohibiciones. No es lo mismo sufrir la pobreza como maldición («pobre pero honrado») que ostentarla como victoria sobre el individualismo; no es igual decir lo que se viene a la mente en un pleito conyugal que utilizar frases textuales de los melodramas o su equivalente («¡Si cruzas esa puerta te vas para siempre aunque te lleves mi corazón!»). En distintos niveles, el cine aproxima los sentimientos y las actitudes que en cada etapa parecen imposibles, y que en un plazo breve o no demasiado largo se legitiman. Antes de *The Wild One* y de *Rebelde sin causa*, los jóvenes incomprendidos son una pesadilla, después son un fenómeno impuesto por los tiempos.

De allí lo indetenible de la migración cultural de los espectadores de cine, para ya no hablar de los cinéfilos. De la moda que se filtra con lentitud se pasa a la impregnación instantánea de poses o de posiciones radicales. De la paciencia o la resignación ante el entretenimiento aún dominado por la familia y la comunidad, se pasa a un lenguaje internacional de «idolatrías», de mitos que son fruto coral de la soledad erotizada o relajada por las imágenes de la pantalla.

### La televisión: el arrasamiento de la privacidad

Una migración cultural fundamental en la segunda mitad del siglo XX: la que va del cine, espectáculo en sociedad, a la televisión, el regreso a la familia que modifica los antiguos métodos de manejo hogareño. Con la televisión cesa el diálogo audible entre un público y un medio masivo, surge un gestor y censor interesado (el *rating*) y el entretenimiento se vuelve dogmático, mientras amenaza al espectador: «O me ves o te quedas a solas con tus pensamientos.» Y esta migración es de larga resonancia especialmente en la provincia. Según algunos, la televisión es el gozo incontaminado que libra a la familia de los peligros de las calles; otros, muy pocos, la califican de «asedio de la inmoralidad» por desdicha imprescindible; a los defensores de la identidad nacional (tótem y tabú) les resulta el sinónimo menos cruento o más ameno de la fatalidad integracionista; la mayoría la asume con gratitud vehemente o distraída. Como sea, el aparato libera de las rutinas del aislamiento y, de muy diversas maneras, infunde en sus espectadores una certeza competitiva: «Es extraordinario lo que, en sentido positivo, nos diferencia de los ancestros, marginados de tales prodigios de la tecnología.» El cambio de hábitos modifica la noción del pasado, censurable en la medida en que carecía de pantalla chica. Y en la intención se transita del pasado monótono al porvenir sólo hecho de sensaciones divertidas.

La televisión acelera el culto por la sociedad de consumo, que de espejismo adquisitivo se transforma en mito primigenio. Es inútil resistir a su influjo. Las migraciones se vuelven sedentarias.

## ■ Preguntas generales

1. ¿En qué actividades profesionales se ha destacado Monsiváis?
2. ¿Qué aspectos de la vida mexicana analiza Monsiváis en sus libros?
3. ¿Qué hechos históricos y políticos han influido a la generación de Monsiváis?
4. ¿Cómo utiliza Monsiváis a los héroes de la cultura popular en su obra?
5. ¿Qué papel han tenido las imágenes visuales en la composición de los libros de Monsiváis?

## ■ Preguntas de análisis

1. ¿Qué impacto han tenido las migraciones, según Monsiváis, en la vida cotidiana y en la industria cultural de los países latinoamericanos?
2. ¿Cómo describe Monsiváis los efectos del cine, particularmente el producido por Hollywood, en Latinoamérica durante la primera mitad del siglo XX?
3. ¿Qué cambios produjo la televisión, según Monsiváis, en la relación entre público y espectáculo?
4. ¿De qué modo, opina este autor, el cine y la televisión transformaron la vida familiar?
5. ¿Cómo, según Monsiváis, imponen modas y cánones de conducta los medios masivos de comunicación?

## ■ Temas para informes escritos

1. La interpretación de Monsiváis, en *Amor perdido,* del movimiento de escritores conocido como «la Onda».
2. La masacre de Tlatelolco narrada por Monsiváis en *Días de guardar* y por Elena Poniatowska en *La noche de Tlatelolco.*
3. La evocación del Porfiriato y de la Revolución en *Amor perdido.*
4. La crítica de Monsiváis a la nueva clase hegemónica en el México postrevolucionario.
5. El empleo de la parodia en *Nuevo catecismo para indios remisos.*

## ■ Temas de reflexión y comentario

1. Los aspectos postmodernistas de la obra de Monsiváis.
2. La importancia de la oralidad en la obra de Monsiváis.
3. Los procesos de hibridación intercultural, desde la perspectiva de Monsiváis.
4. El análisis de las consecuencias sociales que han tenido las migraciones culturales, en *Aires de familia.*
5. Las reflexiones de Monsiváis sobre los efectos de la globalización en los países latinoamericanos.

# ROSARIO FERRE

1938, Ponce, Puerto Rico

Narradora, poeta y ensayista, Rosario Ferré comunica con pluma ágil y perspectiva histórica su visión crítica de la sociedad puertorriqueña. Tiene una amplia formación literaria y ha obtenido la maestría en literatura hispanoamericana y española en la Universidad de Puerto Rico (1982) y el doctorado, en ese mismo campo de estudio, en la Universidad de Maryland (1987). Los primeros cuentos, poemas y ensayos críticos de Ferré aparecieron en la revista *Zona: carga y descarga*, publicación dedicada a la nueva literatura puertorriqueña que ella dirigió entre 1972 y 1974. Su primer libro fue *Papeles de Pandora* (1976), una colección de catorce cuentos y seis poemas narrativos. En ellos recrea, mediante la diversidad de registros del lenguaje, el humor satírico y la fantasía, una realidad dominada por la explotación económica y por los prejuicios raciales y sexuales. Los problemas que confronta la mujer en los distintos niveles de esta sociedad estratificada constituyen el núcleo temático de sus cuentos, particularmente en "Cuando las mujeres quieren a los hombres", "Amalia" y "La muñeca menor" La autora seguirá escribiendo sobre estos temas en libros posteriores.

La obra publicada de Ferré incluye: *Los cuentos de Juan Bobo* (1981); las colecciones de relatos tituladas *El medio pollito* (1978) y *La mona que le pisaron la cola* (1981); los poemas de *Fábulas de la garza desangrada* (1982), los ensayos de *Sitio a Eros* (1980, segunda ed. corregida y aumentada, 1986); *El árbol y sus sombras* (1989) y *El coloquio de las perras* (1990); la colección *Maldito amor* (1986), que contiene la novela corta del mismo nombre y tres relatos; los cuentos, fragmentos autobiográficos y poemas de *Las dos Venecias* (1992); la novela de sátira religiosa y crítica social titulada *La batalla de las Vírgenes* (1993); una novela escrita en inglés, *The House on the Lagoon* (1995), y en español (*La casa de la laguna*, 1997). donde la historia multigeneracional de dos familias se confunde con la historia de Puerto Rico desde comienzos del siglo XX; y *Vecindarios excéntricos* (1998), una colección de cuentos que relatan historias familiares ocurridas durante los últimos años de la sociedad colonial en la isla.

Reconstruir el mundo de sus antepasados es tarea que atrae a la escritora puertorriqueña, no sólo porque se encuentran en él las raíces del presente, sino también porque cree que, a pesar de sus injusticias, ese mundo desaparecido contenía valores que merecen rescatarse. En "Maldito amor", Ferré evoca el Puerto Rico de comienzos del siglo XX, época en la que ocurrió la ruina económica y el desplazamiento político de la vieja clase terrateniente y el surgimiento de una nueva clase capitalista dominada por las compañías de los Estados Unidos. En ese período se sitúa también "Isolda en el espejo", incluido en el mismo volumen. "El regalo", por otra parte, presenta el conflicto de clases y la discriminación racial dentro del ambiente de un exclusivo colegio religioso para niñas. La mujer como escritora, sus características propias y sus posibilidades, así como las limitaciones que aún debe superar, es otro de sus temas, particularmente en *Sitio a Eros*. Este libro incluye ensayos sobre las grandes escritoras del pasado, entre ellas George Sand (1804–76), Virginia Woolf (1882–1941) y, más cercanas a nuestro tiempo, Anaís Nin (1903–77) y Sylvia Plath (1932–63).

En "La muñeca menor" se mezclan lo real y lo fantástico. La "chágara" pertenece a este último orden. Aunque esta palabra proviene de la lengua de los indios taínos y significa "camarón de río", el animal del cuento es, según la autora, producto de su imaginación y de la de cada lector, quien puede visualizar esa chágara como quiera. El texto de Ferré comunica su sentido por medio de elementos de valor metafórico y simbólico, tales como las muñecas, la miel y las chágaras. Aunque permite distintas interpretaciones, el relato hace explícita la condición de víctimas de las dos protagonistas, y sugiere una forma de venganza como desenlace de la trama.

## ■ Bibliografía mínima

Castro-Klarén, Sara. "Unpacking her Library: Rosario Ferré on Love and Women". *Review: Latin American Literature and Arts* 48 (1994): 33–35.

Fernández-Olmos, Margarita. "Desde una perspectiva femenina: la cuentística de Rosario Ferré y Ana Lydia Vega". *Homines* 8.2 (1984–85):303–11.

Gascón Vera, Elena. "Sitio a Eros: The Liberated Eros of Rosario Ferré". *Reinterpreting the Spanish American Essay: Women Writers of the 19th and 20th Centuries.* Ed. Doris Meyer. Austin: U of Texas P, 1995. 197–206.

Guerra-Cunningham, Lucía. "Tensiones paradójicas de la femineidad en la narrativa de Rosario Ferré". *Chasqui* 13.2–3 (1984): 13–20.

Gutiérrez Mouat, Ricardo. "La 'loca del desván' y otros intertextos de *Maldito Amor*". *Modern Language Notes* 109.2 (1994): 283–306.

Lagos-Pope, María Inés "Sumisión y rebeldía: el doble o la representación de la alienación femenina en narraciones de Marta Brunet y Rosario Ferré". *Revista Iberoamericana* 51 (1985): 731–49.

López, Yvette. "'La muñeca menor': ceremonias y transformaciones en un cuento de Rosario Ferré". *Explicación de Textos Literarios* 11.1 (1982–83): 49–58.

Murphy, Marie. "Rosario Ferré en el espejo: Defiance and Inversions". *Hispanic Review* 65.2 (1997): 145–57.

Pastén B., J. Agustín. "Essayistic Discourse as Literary Autobiography and Feminist Criticism in Rosario Ferré's *Sitio a Eros* and *El coloquio de las perras*". *Hispanófila* 132 (2001): 103–23.

Puleo, Augustus C. "The Intersection of Race, Sex, Gender and Class in a Short Story of Rosario Ferré". *Studies in Short Fiction* 32.2 (1995): 227–36.

# Papeles de Pandora (1976)

### LA MUÑECA MENOR

La tía vieja había sacado desde muy temprano el sillón al balcón que daba al cañaveral como hacía siempre que se despertaba con ganas de hacer una muñeca. De joven se bañaba a menudo en el río, pero un día en que la lluvia

había recrecido la corriente en cola de dragón había sentido en el tuétano[1] de los
huesos una mullida sensación de nieve. La cabeza metida en el reverbero negro
de las rocas, había creído escuchar, revolcados con el sonido del agua, los estalli-
dos del salitre sobre la playa y pensó que sus cabellos habían llegado por fin a desembocar en el mar. En ese preciso momento sintió una mordida terrible en la
pantorrilla. La sacaron del agua gritando y se la llevaron a la casa en parihuelas[2]
retorciéndose de dolor.

El médico que la examinó aseguró que no era nada, probablemente había
sido mordida por una chágara viciosa. Sin embargo pasaron los días y la llaga no
cerraba. Al cabo de un mes el médico había llegado a la conclusión de que la chágara se había introducido dentro de la carne blanda de la pantorrilla, donde
había evidentemente comenzado a engordar. Indicó que le aplicaran un
sinapismo[3] para que el calor la obligara a salir. La tía estuvo una semana con la
pierna rígida, cubierta de mostaza desde el tobillo hasta el muslo, pero al finalizar el tratamiento se descubrió que la llaga se había abultado aún más, re-
cubriéndose de una substancia pétrea y limosa que era imposible tratar de remover sin que peligrara toda la pierna. Entonces se resignó a vivir para siempre
con la chágara enroscada dentro de la gruta de su pantorrilla.

Había sido muy hermosa, pero la chágara que escondía bajo los largos
pliegues de gasa de sus faldas la había despojado de toda vanidad. Se había
encerrado en la casa rehusando a todos sus pretendientes. Al principio se había
dedicado a la crianza de las hijas de su hermana, arrastrando por toda la casa la
pierna monstruosa con bastante agilidad. Por aquella época la familia vivía
rodeada de un pasado que dejaba desintegrar a su alrededor con la misma impasible musicalidad con que la lámpara de cristal del comedor se desgranaba a
pedazos sobre el mantel raído de la mesa. Las niñas adoraban a la tía. Ella las
peinaba, las bañaba y les daba de comer. Cuando les leía cuentos se sentaban a
su alrededor y levantaban con disimulo el volante almidonado de su falda para
oler el perfume de guanábana madura que supuraba la pierna en estado de
quietud.

Cuando las niñas fueron creciendo la tía se dedicó a hacerles muñecas para
jugar. Al principio eran sólo muñecas comunes, con carne de guata[4] de higüera y
ojos de botones perdidos. Pero con el pasar del tiempo fue refinando su arte hasta
ganarse el respeto y la reverencia de toda la familia. El nacimiento de una
muñeca era siempre motivo de regocijo sagrado, lo cual explicaba el que jamás se
les hubiese ocurrido vender una de ellas, ni siquiera cuando las niñas eran ya
grandes y la familia comenzaba a pasar necesidad. La tía había ido agrandando
el tamaño de las muñecas de manera que correspondieran a la estatura y a las
medidas de cada una de las niñas. Como eran nueve y la tía hacía una muñeca
de cada niña por año, hubo que separar una pieza de la casa para que la
habitasen exclusivamente las muñecas. Cuando la mayor cumplió diez y ocho

---

[1] Médula, parte interior de un hueso largo.
[2] Angarillas, camilla para transporte de
enfermos.

[3] Remedio hecho con polvo de mostaza.
[4] La pulpa de la higüera (o jigüera), cuyo fruto
es similar a la calabaza.

45 años había ciento veintiséis muñecas de todas las edades en la habitación. Al
abrir la puerta, daba la sensación de entrar en un palomar,[5] o en el cuarto de
muñecas del palacio de las tzarinas, o en un almacén donde alguien había puesto
a madurar una larga hilera de hojas de tabaco. Sin embargo, la tía no entraba en
la habitación por ninguno de estos placeres, sino que echaba el pestillo a la
50 puerta e iba levantando amorosamente cada una de las muñecas canturreán-
doles[6] mientras las mecía: Así eras cuando tenías un año, así cuando tenías dos,
así cuando tenías tres, reviviendo la vida de cada una de ellas por la dimensión
del hueco que le dejaban entre los brazos.

El día que la mayor de las niñas cumplió diez años, la tía se sentó en el si-
55 llón frente al cañaveral y no se volvió a levantar jamás. Se balconeaba días enteros observando los cambios de agua de las cañas y sólo salía de su sopor
cuando la venía a visitar el doctor o cuando se despertaba con ganas de hacer
una muñeca. Comenzaba entonces a clamar para que todos los habitantes de la
casa viniesen a ayudarla. Podía verse ese día a los peones de la hacienda ha-
60 ciendo constantes relevos al pueblo como alegres mensajeros incas, a comprar
cera, a comprar barro de porcelana, encajes, agujas, carretes de hilos de todos los
colores. Mientras se llevaban a cabo estas diligencias, la tía llamaba a su
habitación a la niña con la que había soñado esa noche y le tomaba las medidas.
Luego le hacía una mascarilla de cera que cubría de yeso por ambos lados como
65 una cara viva dentro de dos caras muertas; luego hacía salir un hilillo rubio interminable por un hoyito en la barbilla. La porcelana de las manos era siempre
translúcida; tenía un ligero tinte marfileño que contrastaba con la blancura gra-
nulada de las caras de biscuit. Para hacer el cuerpo, la tía enviaba al jardín por
veinte higüeras relucientes. Las cogía con una mano y con un movimiento ex-
70 perto de la cuchilla las iba rebanando una a una en cráneos relucientes de cuero
verde. Luego las inclinaba en hilera contra la pared del balcón, para que el sol y
el aire secaran los cerebros algodonosos de guano[7] gris. Al cabo de algunos días
raspaba el contenido con una cuchara y lo iba introduciendo con infinita paciencia por la boca de la muñeca.

75 Lo único que la tía transigía[8] en utilizar en la creación de las muñecas sin
que estuviese hecho por ella, eran las bolas de los ojos. Se los enviaban por correo
desde Europa en todos los colores, pero la tía los consideraba inservibles hasta
no haberlos dejado sumergidos durante un número de días en el fondo de la quebrada para que aprendiesen a reconocer el más leve movimiento de las antenas
80 de las chágaras. Sólo entonces los lavaba con agua de amoníaco y los guardaba,
relucientes como gemas, colocados sobre camas de algodón, en el fondo de una
lata de galletas holandesas. El vestido de las muñecas no variaba nunca, a pesar
de que las niñas iban creciendo. Vestía siempre a las más pequeñas de tira bor-
dada y a las mayores de broderí, colocando en la cabeza de cada una el mismo
85 lazo abullonado y trémulo de pecho de paloma.

Las niñas empezaron a casarse y a abandonar la casa. El día de la boda la tía
les regalaba a cada una la última muñeca dándoles un beso en la frente y dicién-

---

[5] Sitio donde se crían palomas.
[6] Canturrear: cantar con poca voz y des-
cuidadamente.

[7] Fibra de las pencas de palma.
[8] Transigir: conceder, aceptar.

doles con una sonrisa: "Aquí tienes tu Pascua de Resurrección". A los novios los tranquilizaba asegurándoles que la muñeca era sólo una decoración sentimental
90 que solía colocarse sentada, en las casas de antes, sobre la cola del piano. Desde lo alto del balcón la tía observaba a las niñas bajar por última vez las escaleras de la casa sosteniendo en una mano la modesta maleta a cuadros de cartón y pasando el otro brazo alrededor de la cintura de aquella exhuberante muñeca hecha a su imagen y semejanza, calzada con zapatillas de ante,[9] faldas de borda-
95 dos nevados y pantaletas de valenciennes.[10] Las manos y la cara de estas muñecas, sin embargo, se notaban menos transparentes, tenían la consistencia de la leche cortada. Esta diferencia encubría otra más sutil: la muñeca de boda no estaba jamás rellena de guata, sino de miel.

Ya se habían casado todas las niñas y en la casa quedaba sólo la más joven
100 cuando el doctor hizo a la tía la visita mensual acompañado de su hijo que acababa de regresar de sus estudios de medicina en el norte. El joven levantó el volante de la falda almidonada y se quedo mirando aquella inmensa vejiga abotagada que manaba una esperma perfumada por la punta de sus escamas verdes. Sacó su estetoscopio y la auscultó cuidadosamente. La tía pensó que auscultaba
105 la respiración de la chágara para verificar si todavía estaba viva, y cogiéndole la mano con cariño se la puso sobre un lugar determinado para que palpara el movimiento constante de las antenas. El joven dejó caer la falda y miró fijamente al padre. Usted hubiese podido haber curado esto en sus comienzos, le dijo. Es cierto, contestó el padre, pero yo sólo quería que vinieras a ver la chágara que te
110 había pagado los estudios durante veinte años.

En adelante fue el joven médico quien visitó mensualmente a la tía vieja. Era evidente su interés por la menor y la tía pudo comenzar su última muñeca con amplia anticipación. Se presentaba siempre con el cuello almidonado, los zapatos brillantes y el ostentoso alfiler de corbata oriental del que no tiene donde
115 caerse muerto. Luego de examinar a la tía se sentaba en la sala recostando su silueta de papel dentro de un marco ovalado, a la vez que le entregaba a la menor el mismo ramo de siemprevivas moradas. Ella le ofrecía galletitas de jengibre y cogía el ramo quisquillosamente[11] con la punta de los dedos como quien coge el estómago de un erizo[12] vuelto al revés. Decidió casarse con él porque le intrigaba
120 su perfil dormido, y porque ya tenía ganas de saber cómo era por dentro la carne de delfín.

El día de la boda la menor se sorprendió al coger la muñeca por la cintura y encontrarla tibia, pero lo olvidó enseguida, asombrada ante su excelencia artística. Las manos y la cara estaban confeccionadas con delicadísima porcelana de
125 Mikado. Reconoció en la sonrisa entreabierta y un poco triste la colección completa de sus dientes de leche. Había, además, otro detalle particular: la tía había incrustado en el fondo de las pupilas de los ojos sus dormilonas[13] de brillantes.

---

[9] Piel de ante, rumiante parecido al ciervo.
[10] Encaje.
[11] Con melindres, con exceso de delicadeza.
[12] Mamífero insectívoro de 20 a 30 centímetros de largo, con el dorso y los costados cubiertos de púas que pone erectas cuando se ve perseguido.
[13] Aretes.

El joven médico se la llevó a vivir al pueblo, a una casa encuadrada dentro de un bloque de cemento. La obligaba todos los días a sentarse en el balcón, para que los que pasaban por la calle supiesen que él se había casado en sociedad. Inmóvil dentro de su cubo de calor, la menor comenzó a sospechar que su marido no sólo tenía el perfil de silueta de papel sino también el alma. Confirmó sus sospechas al poco tiempo. Un día él le sacó los ojos a la muñeca con la punta del bisturí y los empeñó por un lujoso reloj de cebolla[14] con una larga leontina.[15] Desde entonces la muñeca siguió sentada sobre la cola del piano, pero con los ojos bajos.

A los pocos meses el joven médico notó la ausencia de la muñeca y le preguntó a la menor qué había hecho con ella. Una cofradía de señoras piadosas le habían ofrecido una buena suma por la cara y las manos de porcelana para hacerle un retablo a la Verónica en la próxima procesión de Cuaresma. La menor le contestó que las hormigas habían descubierto por fin que la muñeca estaba rellena de miel y en una sola noche se la habían devorado. "Como las manos y la cara eran de porcelana de Mikado, dijo, seguramente las hormigas las creyeron hechas de azúcar, y en este preciso momento deben de estar quebrándose los dientes, royendo con furia dedos y párpados en alguna cueva subterránea". Esa noche el médico cavó toda la tierra alrededor de la casa sin encontrar nada.

Pasaron los años y el médico se hizo millonario. Se había quedado con toda la clientela del pueblo, a quienes no les importaba pagar honorarios exorbitantes para poder ver de cerca a un miembro legítimo de la extinta aristocracia cañera. La menor seguía sentada en el balcón, inmóvil dentro de sus gasas y encajes, siempre con los ojos bajos. Cuando los pacientes de su marido, colgados de collares, plumachos y bastones, se acomodaban cerca de ella removiendo los rollos de sus carnes satisfechas con un alboroto de monedas, percibían a su alrededor un perfume particular que les hacía recordar involuntariamente la lenta supuración de una guanábana. Entonces les entraban a todos unas ganas irresistibles de restregarse las manos como si fueran patas.

Una sola cosa perturbaba la felicidad del médico. Notaba que mientras él se iba poniendo viejo, la menor guardaba la misma piel aporcelanada y dura que tenía cuando la iba a visitar a la casa del cañaveral. Una noche decidió entrar en su habitación para observarla durmiendo. Notó que su pecho no se movía. Colocó delicadamente el estetoscopio sobre su corazón y oyó un lejano rumor de agua. Entonces la muñeca levantó los párpados y por las cuencas vacías de los ojos comenzaron a salir las antenas furibundas de las chágaras.

## ■ Preguntas generales

1. ¿Cuáles son los temas que presenta Ferré en sus obras? ¿Que géneros literarios elige para hacerlo?
2. ¿Qué características tiene el lenguaje utilizado por la autora? ¿Qué recursos estilísticos emplea?
3. ¿Por qué le interesa a Ferré la reconstrucción del pasado? ¿Qué período de la historia de Puerto Rico evoca en su obra?
4. ¿Qué aspectos de su obra pueden considerarse autobiográficos?
5. ¿De qué modo comunica su posición feminista y su visión crítica de la sociedad?

---

[14] Reloj de bolsillo.          [15] Cadena de reloj, ancha y colgante.

## ■ Preguntas de análisis

1. ¿Qué elementos reales, fantásticos y simbólicos se mezclan en "La muñeca menor"?
2. ¿Cuáles son los rasgos de carácter que definen, respectivamente, a los personajes femeninos y a los masculinos?
3. ¿De qué modo personifica el texto a las muñecas? ¿Cómo se indica la progresiva transformación del personaje?
4. ¿Cómo interpreta Ud. el fin de este cuento?
5. ¿Cree Ud. que el relato tiene un impacto positivo o negativo en el lector? ¿Por qué?

## ■ Temas para informes escritos

1. Aspectos comunes de la obra de Ferré y la de otros escritores de su grupo generacional.
2. Las voces narrativas en la obra de Ferré.
3. La representación simbólica en la narrativa de Ferré.
4. La reescritura de los mitos en *Fábulas de la garza desangrada*.
5. La reinterpretación de la historia y la escritura femenina en la obra de Ferré.

## ■ Temas de reflexión y comentario

1. La evolución de la familia puertorriqueña en la narrativa de Rosario Ferré.
2. *Sitio a Eros*. Los ensayos de Rosario Ferré.
3. La escritura de la historia como como ejercicio del poder en *La casa de la laguna*.
4. Los conflictos de raza y de clase en la obra de Ferré.
5. La posición de Ferré sobre el papel del bilingualismo en la escritura de sus obras.

# ANTONIO CISNEROS

1942, Lima, Perú

Periodista, traductor de poesía, guionista cinematográfico, profesor de literatura en las universidades peruanas de Huamanga (Ayacucho) y San Marcos, así como en instituciones académicas europeas y norteamericanas, Antonio Cisneros es una de las voces más originales de la poesía hispanoamericana actual.

Destierro, su primer poemario, se publicó en 1961, seguido por David en 1962. Comentarios reales (1964), libro donde revisó la historia peruana, lo afirmó como poeta. Con un tono irónico y mordaz, evidente en el título que remite a la conocida obra del Inca Garcilaso de la Vega (ver pp. 61–69), el autor rechazó tanto las glorias virreinales y republicanas del Perú como su brillante pasado precolombino para describir un ambiente en el que predominan la hipocresía, la injusticia y la opresión. Incapaz de identificarse con la historia patria, el poeta asumió tempranamente el desencanto y la desilusión. Canto ceremonial contra un oso hormiguero (1968) continúa en esa dirección desmitificadora y a la vez confirma la base sociopolítica de la alienación del poeta. Con todo, algunos de los poemas recopilados en esta colección ofrecen una explicación más personal: el poeta se asfixiaba en un ambiente regido por un estricto código social. La tensión entre lo que se debe hacer y lo que se desea hacer, y la angustia resultante es un tema recurrente en la obra de Cisneros. En este último libro dicho tema aparece en poemas como "Soy el favorito de mis cuatro abuelos"; y después volverá a repetirse, por ejemplo, en "La última costumbre del día", de Agua que no has de beber (1971). Como higuera en un campo de golf (1972) muestra otro tipo de alienación: el poeta, hombre del tercer mundo y admirador de Europa, no encuentra un lugar en esa sociedad desarrollada. Asume entonces su realidad: Perú es la patria que tanto desea cambiar.

Las características más sobresalientes de este período lírico de Cisneros son la ironía, la reflexión y la parodia. El lenguaje poético es sencillo y hace recordar los anti-poemas del chileno Nicanor Parra; en los versos de Cisneros esta sencillez se logra a través del trabajo cuidadoso del instrumento lingüístico unido a un deseo de sorprender y descentrar al lector. Este aspecto lúdico está ligado, sin embargo, a un mensaje amargo y serio que desnuda tanto al poeta como el universo de sus versos. Con frecuencia las composiciones de Cisneros están matizadas por la ternura evidente, por ejemplo, en aquellos poemas donde menciona a sus hijos.

El libro de Dios y de los húngaros (1978) testimonia el retorno al cristianismo del autor, y recoge experiencias de su estancia en Hungría (1974–75). Vale notar que el nuevo catolicismo de Cisneros está vinculado a la teología de la liberación propugnada por su compatriota, el sacerdote Gustavo Gutiérrez; este cristianismo militante ha hecho que al escritor peruano se le haya comparado con el poeta y sacerdote nicaragüense Ernesto Cardenal. En esta dirección se coloca Crónica del Niño Jesús de Chilca (1981), donde Cisneros narra la historia de una comunidad de la costa del Perú por medio de voces populares. En *Monólogo de la casta Susana y otros poemas* (1986) el poeta trató nuevamente sus temas principales otorgándoles un matiz reflexivo a través de las voces de escritores consagrados. La colección *Las inmensas preguntas celestes* (1992), reafirma la continuidad de la obra de Antonio Cisneros y a la vez destaca su habilidad para manejar diversas modalidades poéticas.

En *El arte de envolver pescado* (1990) y *El libro del buen salvaje* (1995), el autor volvió a usar la crónica, tan gustada por los escritores modernistas, para describir con humor y parquedad impresiones y sucesos ligados a sus experiencias en el Perú, Norteamérica, Asia y Europa. *Poesía reunida* (1996) recoge la obra de Antonio Cisneros, lúcido intérprete de vivencias personales y realidades sociales.

### ■ Bibliografía mínima

Bazán, José Cerna. "La poesía como género híbrido: experimentación literaria y heteroglosia en el Perú". *Revista de Crítica Literaria Latinoamericana* 25.50 (1999): 235–45.

Cisneros, Antonio. *Poesía, reunida*. Lima: Nacional 1996.

Cornejo Polar, Antonio. "La poesía de Antonio Cisneros: primera aproximación". *Revista Iberoamericana* 53 (1987): 615–23.

Escobar, Alberto. "Sobre Antonio Cisneros". *Inti* 18–19 (1983–84): 271–86.

Fischer, María Luisa. "Presencia del texto colonial en la poesía de Antonio Cisneros y José Emilio Pachecho". *Inti* 32–33 (1990).

Manzari, H. J. "Antonio Cisneros: Algunas inmensas preguntas". *Tropos* 24.1 (1998): 34–42.

Urdanivia Bertarelli, Eduardo. "...Y blanquearse más que la nieve: poesía y experiencia de fe en la obra de Antonio Cisneros". *Revista de Crítica Literaria Latinoamericana* 18.35 (1992): 81–119.

# Comentarios reales (1964)

### TUPAC AMARU[1] RELEGADO

Hay libertadores
de grandes patillas sobre el rostro,
que vieron regresar muertos y heridos
después de los combates. Pronto su nombre
5 fue histórico, y las patillas
creciendo entre sus viejos uniformes
los anunciaban como padres de la patria.
Otros sin tanta fortuna, han ocupado
dos páginas de texto
10 con los cuatro caballos[2] y su muerte.

---

[1] José Gabriel Tupac Amaru: descendiente de la realeza incaica y líder de una rebelión (1780) contra las autoridades españolas. Reclamó, entre otras cosas, un trato más justo para la población indígena. Después de varios triunfos bélicos, Tupac Amaru fue traicionado, derrotado y entregado a las tropas realistas. Murió en Cuzco donde antes presenció la ejecución de su esposa, su hijo y sus colaboradores más cercanos. Los peruanos lo consideran un precursor de las luchas por la independencia.

[2] Se refiere al descuartizamiento de Tupac Amaru, atado a cuatro caballos.

### Tres testimonios de Ayacucho

*Amaneció al fin, el 9 de diciembre de 1824,[3] el día más grande para la América del Sur, y pudieron encontrarse frente a frente los soldados de la libertad y el despotismo.*

*(Mi primera historia del Perú)*

## 1. De un soldado

Después de la batalla, no había sitio donde amontonar
a nuestros muertos, tan sucios y ojerosos, desparramados[4]
en el pasto como sobras de este duro combate.
Los héroes hinchados y amarillos se mezclan entre piedras
5  o caballos abiertos y tendidos bajo el alba: es decir,
los camaradas muertos son iguales
al resto de otras cosas comestibles después de una batalla,
y pronto
100 pájaros marrones se reproducirán sobre sus cuerpos,
10  hasta limpiar la yerba.

## 2. De una madre

Unos soldados que bebían aguardiente me han dicho que ahora este país es
   nuestro.
También dijeron que no espere a mis hijos. Debo entonces
cambiar las sillas de madera por un poco de aceite y unos panes.
5  Negra es la tierra como muertas hormigas, los soldados dijeron que era nuestra.
Sin embargo cuando empiecen las lluvias
he de vender el poncho[5] y los zapatos de mis muertos, guardarme del halcón.
Algún día compraré un burro peludo para bajar hasta mis campos de tierra
   negra,
10  para cosechar
en las anchas tierras moradas.

## 3. De la madre, otra vez

Mis hijos y otros muertos todavía
pertenecen al dueño de los caballos,
dueño también de tierras y combates.

---

[3] Fecha de la batalla de Ayacucho que selló la independencia del continente.
[4] Dispersos, esparcidos.

[5] Especie de capa usada en los Andes que consiste en una pieza rectangular con abertura en el centro para pasar la cabeza.

Unos manzanos crecen entre sus huesos
5  o estas duras retamas.[6] Así abonan
los sembríos morados. Así sirven
al dueño de la guerra, del hambre
y los caballos.

# Crónica del niño Jesús de Chilca (1981)

### LAS SALINAS

Yo nunca vi la nieve y sin embargo he vivido entre la nieve[7] toda mi
    juventud.
En las Salinas, adonde el mar no terminaba nunca y las olas eran dunas de sal.
En las Salinas, adonde el mar no moja pero pinta.
Nieve de mi juventud prometedora como un árbol de mango.
5  Veinte varas[8] de sal para cada familia de cristianos. Y aún más.
Sal que los arrieros[9] nos cambiaban por el agua de lluvia. Y aún más.
Ni sólidos ni líquidos los blanquísimos bordes de ese mar.
Bajo el sol de febrero destellaban[10] más que el flanco de plata de lenguado.[11]
(Y quemaban las niñas de los ojos).
10  A veces las mareas —hora del sol, hora de la luna— se alzaban como lomos de
    [caballo.
Mas siempre volvían.
Hasta que un mal verano y un invierno las aguas afincaron[12] para tiempos
y ni rezos ni llantos pudieron apartarlas de los campos de sal.
15      Y el mar levantó techo.[13]

Ahora que ya enterré a mi padre y a mi hermano mayor y mis hijos están prontos
    [a enterrarme,
han vuelto las Salinas altas y deslumbrantes bajo el sol.
Hay también unas grúas y unas torres que separan los ácidos del cloro.
20  (Ya nada es del común).
Y yo salgo muy poco pero Luis —el hijo de Julián— me cuenta que los perros
    [no dejan acercarse.
Si parece mentira.
Mala leche tuvieron los hijos de los hijos de la sal.
25  Puta madre.
Qué de perros habrá para cuidar los blanquísimos campos donde el mar no
    [termina y la tierra tampoco.
Qué de perros, Señor, qué oscuridad.

---

[6] Planta de pequeñas flores amarillas. Se utiliza
para hacer escobas.
[7] Se refiere a la blancura de las salinas.
[8] Medida de longitud.
[9] Conductor de las bestias de carga.

[10] Brillaban.
[11] Pez de forma aplanada y escamas brillosas.
[12] Se quedaron.
[13] Se quedó permanentemente.

# Monólogo de la casta Susana y otros poemas (1986)

### HAY VECES QUE LOS HIJOS

Entonces yo flotaba entre las olas y el salitre del Atlántico boreal.
Era un barco con hierro de Marcona, bandera de Liberia y marineros griegos.
Los tumbos[14] en la noche o las más ordinarias nostalgias eran pretexto
para escribir poemas (muy sentidos) sobre Diego, hijo del alma delgado y
5      [amarillo.
Y poco a poco me las ingenié para meterlo (contra su voluntad) entre mis
      [libros.
Luego vinieron Alejandra y Soledad. No sé por qué perezas fueron abandonadas
      [(o libradas) de mi canto.
10 No por completo, es cierto. Soledad (75) supo de festejos el día que nació
      [bajo la nieve. Y la comparé (también) con un erizo.
Alejandra (81), apenas más alta que una mesa, tan sólo fue nombrada en una
      [triste prosa.
Siento que les debo unos versos que hablen de su gracia y su belleza (puros
15      [lugares comunes) y del dolor de vivir separados (puro melodrama).
Aunque en verdad, ya no deseo que sean ricas o buenas o virtuosas.
Dados los tiempos, me contento con que en el camino del mar hasta la casa
      no sufran ningún mal.

# Las inmensas preguntas celestes (1992)

### REQUIEM (3)

A las inmensas preguntas celestes
no tengo más respuesta
que comentarios simples y sin gracia
sobre las muchachas
5  que viven por mi casa
cerca del faro y el malecón Cisneros.
Y no pretendan ver
en la cháchara[15] tonta esa humildad
de los antiguos griegos.
10 Ocurre apenas
que las inmensas preguntas celestes
sacan a flote
mi desencanto y mis aburrimientos.
Que a la larga
15 me tienen dando vueltas

---

14 Las olas.          15 Conversación.

como un zancudo[16] al final de la tarde.
Haciendo tiempo
mientras llega la hora de oficiar
mis pompas funerarias,
20 que no serán gran cosa
por supuesto.
En esos momentos malos bastará
con una mula vieja
y un ánfora de palo
25 brillante y negra
como el lomo mojado de un delfín.
¡Ah las preguntas celestes!
Las inmensas.

## ■ Preguntas generales

1. ¿Qué importancia tiene *Comentarios reales* en el desarrollo poético de Cisneros?
2. ¿Qué tensiones presenta *Canto ceremonial contra un oso hormiguero*?
3. ¿Cómo se caracteriza el lenguaje poético de Cisneros?
4. ¿Qué entiende Ud. por "teología de la liberación", y cómo relaciona la obra de Cisneros a este movimiento?
5. ¿Qué tipo de prosa ha cultivado Cisneros, y con qué autores y movimiento literario se la asocia?

## ■ Preguntas de análisis

1. ¿Qué contraste se establece entre los héroes consagrados y Tupac Amaru en "Tupac Amaru relegado"? ¿Por qué ha sido relegado el héroe indígena?
2. En "Tres testimonios de Ayacucho", explique qué ha significado la independencia para la madre. ¿Qué imágenes configuran los sentimientos de esta mujer?
3. ¿Qué tipo de lenguaje emplea el poeta en "Las salinas"? ¿Qué simbolizan los perros? Estudie los recursos expresivos y el tema de este poema y de "Tres testimonios de Ayacucho" y señale similaridades y diferencias.
4. En "Hay veces que los hijos", ¿qué función tienen los paréntesis? ¿Qué tono predomina en el poema, y qué vocabulario se emplea para describir los sentimientos del padre?
5. ¿Qué entiende Ud. por "preguntas celestes"? ¿Cómo responde la voz poética a esas preguntas, y qué ideas le suscitan? ¿Cómo relaciona Ud. la conclusión con el título del poema?

---

[16] Mosquito.

## ■ Temas para informes escritos

1. La revisión de la historia peruana en *Comentarios reales*.
2. Aspectos lúdicos de la poesía de Cisneros.
3. La familia en tres poemas de *Monólogo de la casta Susana*.
4. El lenguaje poético y las voces populares de *Crónica del Niño Jesús de Chilca*.
5. La prosa de Cisneros y su visión humorística de los sucesos.

## ■ Temas de reflexión y comentario

1. Ernesto Cardenal y Antonio Cisneros: encuentros y desencuentros poéticos.
2. La labor periodística de Antonio Cisneros.
3. El sencillismo lírico de Nicanor Parra y Antonio Cisneros.
4. La prosa de Antonio Cisneros.
5. La historia personal y la nacional en la obra de Cisneros.

# ISABEL ALLENDE

1942, Lima, Perú

© *Hulton Archive by Getty Images*

Escritora y periodista, Isabel Allende ha conquistado un lugar prominente en las letras hispanoamericanas desde la aparición de su primera novela, *La casa de los espíritus* (1982). Hija de diplomáticos, nació en Lima, Perú, pero es de nacionalidad chilena. Siendo aún muy pequeña, sus padres se separaron y ella, su madre y dos hermanos se fueron a vivir en la casa de los abuelos maternos. En los rincones oscuros y silenciosos de la vieja casona, la niña habitó en castillos encantados, jugó con fantasmas, y encontró libros y objetos abandonados que estimularon su curiosidad intelectual y su fantasía. La influencia de la madre fue, según la autora ha dicho, muy importante en su vida. Ella la alentó a apuntar sus ideas en un cuaderno, tarea con la que comenzó su aprendizaje de escritora. La abuela fue también, para ella, una figura ejemplar. Aunque murió durante la infancia de la autora, ésta conservó su imagen suficientemente viva como para inspirarle el personaje de Clara del Valle en *La casa de los espíritus*. En su abuelo se basó, del mismo modo, para la creación de Esteban Trueba, quien inicia una dinastía familiar con la cual el relato reconstruye setenta años de historia chilena.

Antes de escribir obras de ficción, Allende había sido periodista en Santiago de Chile. En esta actividad se inició muy joven, a los diecisiete años. Al producirse el golpe de estado que derrocó y causó la muerte de su tío, el presidente Salvador Allende (1973), salió de Chile y se radicó en Caracas, Venezuela. Su vocación literaria despertó entonces, en el exilio, y estuvo impulsada por la necesidad que sentía de mantener los vínculos con la patria que había perdido. *La casa de los espíritus* surgió de su propia experiencia, a nivel personal y familiar, y como resultado de haber participado en los acontecimientos históricos que convulsionaron a su país. Si bien la crítica ha subrayado las coincidencias de esta novela con *Cien años de soledad* de Gabriel García Márquez, los estudios más analíticos muestran las diferencias entre las dos obras, sobre todo en la caracterización de los personajes femeninos. En *La casa de los espíritus*, a través de las cuatro generaciones de mujeres en la familia Trueba, se relata la historia de la lucha por superar las limitaciones impuestas por una sociedad patriarcal y autoritaria, y se llega hasta el momento en que las mujeres comienzan a asumir un papel activo en la lucha social. Si bien *Cien años de soledad* ha sido un modelo literario para Allende y para otros escritores de su generación, su texto obedece a otra visión, distinta y hasta cierto punto antagónica. Esta visión de la historia chilena, con su mezcla de fantasía, humor paródico y realismo sin disfraces se destaca, no por tener algunos elementos propios del realismo mágico, sino por el poder que una voz femenina asume en ella al contar la historia. Con esto Allende demuestra claramente su identificación con las tendencias, anteriormente explicadas, de la generación posterior a la de la "nueva narrativa" de los años sesenta.

La segunda novela de Isabel Allende, *De amor y de sombra* (1984), alude también al período de la dictadura de Pinochet, y se basa en un caso verídico de violencia política, el asesinato de cinco miembros de una familia, sobre el cual la autora se enteró por los periódicos de Caracas. Luego de esta obra, Allende ha abandonado los temas relacionados con la época de la dictadura, por otra parte ya superada, para escribir *Eva Luna* (1987) y *Los cuentos de Eva Luna* (1990), donde presenta personajes femeninos fuertes, libres y aventureros. Tanto Eva Luna, protagonista de la novela del mismo nombre, como muchas de las mujeres de sus cuentos, son personajes picarescos, pero concebidos según esquemas que subvierten los moldes de la tradición picaresca, ampliando así las posibilidades de acción y de desarrollo del personaje femenino. En años recientes, después de haberse radicado en los Estados Unidos, Allende publicó *El plan infinito* (1991), cuya acción tiene lugar en California durante la guerra de Vietnam y los años siguientes, *Paula* (1994), testimonio de la experiencia trágica de la autora frente a la enfermedad y la muerte de su hija, *Hija de la fortuna* (1998) y *Retrato en sepia* (2001), novelas donde las aventuras de sus personajes los llevan a vivir, desde mediados del siglo XIX, experiencias decisivas en Chile y en California. Y *Mi país inventado* (2003) donde elabora recuerdos de su vida en y fuera de Chile.

"Clarisa", incluido en *Cuentos de Eva Luna*, contiene muchos de los rasgos representativos de la narrativa de Allende: su personaje es una mujer fuerte ante la adversidad, valiente ante el peligro, con una actitud comprensiva e irrefrenables impulsos caritativos. Clarisa enfrenta la vida con energía y optimismo, mientras su marido queda psicológicamente anulado con el nacimiento de dos hijos anormales; ella decide su destino sin dejarse dominar por las convenciones sociales.

■ Bibliografía mínima

Amaya R., Lyana María. "La deconstrucción y la crítica feminista: lecturas posibles de *Cien años de soledad* y *La casa de los espíritus*". *Nuevo Texto Crítico* 2.4 (1989): 189–95.

Cabrera, Vicente. "Modalidades textuales en *La casa de los espíritus*". *Chasqui* 20.2 (1991). 36–45.

———. "Refracciones del cuerpo y la palabra de *Eva Luna*". *Revista Interamericana de Bibliografía* 42.4 (1992). 591–615.

Carullo, Sylvia G. "Fetichismo, magia amorosa y amor erótico en dos cuentos de Isabel Allende". *Texto Crítico* 3.4–5 (1997): 125–32.

Coddou, Marcelo. "Isabel Allende habla de lo que le importa: Conversaciones con la escritora chilena". *Atenea: Revista de Ciencia, Arte y Literatura de la Universidad de Concepción* 483 (2001): 213–47.

———. "*La casa de los espíritus* y la historia". *Revista de Crítica Literaria Latinoamericana* 17.33 (1991). 271–79.

Friedman, Mary Lusky. "Isabel Allende and the More than Reliable Narrator". *Explicación de Textos Literarios* 24.1–2 (1995–1996): 57–63.

Hart, Patricia. *Narrative Magic in the Fiction of Isabel Allende*. Madison, N. J.: Fairleigh Dickinson UP, 1989.

Levine, Linda Gould. *Isabel Allende*. Nueva York: Twayne, 2002.

Lutes, Leasa Y. *Allende, Buitrago, Luiselli: Aproximaciones teóricas al concepto del 'Bildungsroman' femenino*. Nueva York: Peter Lang, 2000.

Reisz, Susana. "¿Una Scherezada hispanoamericana? Sobre Isabel Allende y *Eva Luna*". *Mester* 22.2 (1991):107–26.

# Cuentos de Eva Luna (1990)

## CLARISA

Clarisa nació cuando aún no existía la luz eléctrica en la ciudad, vio por televisión al primer astronauta levitando sobre la superficie de la luna y se murió de asombro cuando llegó el Papa de visita y le salieron al encuentro los homosexuales disfrazados de monjas. Había pasado la infancia entre matas de helechos
5 y corredores alumbrados por candiles de aceite. Los días transcurrían lentos en aquella época. Clarisa nunca se adaptó a los sobresaltos de los tiempos de hoy, siempre me pareció que estaba detenida en el aire color sepia de un retrato de otro siglo. Supongo que alguna vez tuvo cintura virginal, porte gracioso y perfil de medallón, pero cuando yo la conocí ya era una anciana algo estrafalaria,[1] con
10 los hombros alzados como dos suaves jorobas y su noble cabeza coronada por un quiste sebáceo,[2] como un huevo de paloma, alrededor del cual ella enrollaba sus cabellos blancos. Tenía una mirada traviesa y profunda, capaz de penetrar la maldad más recóndita y regresar intacta. En sus muchos años de existencia alcanzó fama de santa y después de su muerte muchos tienen su fotografía en un altar
15 doméstico, junto a otras imágenes venerables, para pedirle ayuda en las dificultades menores, a pesar de que su prestigio de milagrera no está reconocido por el

---

[1] Extravagante.          [2] De sebo, grasa.

Vaticano y con seguridad nunca lo estará, porque los beneficios otorgados por ella son de índole caprichosa: no cura ciegos como Santa Lucía ni encuentra marido para las solteras como San Antonio, pero dicen que ayuda a soportar el malestar de la embriaguez, los tropiezos de la conscripción[3] y el acecho[4] de la soledad. Sus prodigios son humildes e improbables, pero tan necesarios como las aparatosas maravillas de los santos de catedral.

La conocí en mi adolescencia, cuando yo trabajaba como sirvienta en casa de La Señora, una dama de la noche, como llamaba Clarisa a las de ese oficio. Ya entonces era casi puro espíritu, parecía siempre a punto de despegar del suelo y salir volando por la ventana. Tenía manos de curandera[5] y quienes no podían pagar un médico o estaban desilusionados de la ciencia tradicional esperaban turno para que ella les aliviara los dolores o los consolara de la mala suerte. Mi patrona solía llamarla para que le aplicara las manos en la espalda. De paso, Clarisa hurgaba[6] en el alma de La Señora con el propósito de torcerle la vida y conducirla por los caminos de Dios, caminos que la otra no tenía mayor urgencia en recorrer, porque esa decisión habría descalabrado[7] su negocio. Clarisa le entregaba el calor curativo de sus palmas por diez o quince minutos, según la intensidad del dolor, y luego aceptaba un jugo de fruta como recompensa por sus servicios. Sentadas frente a frente en la cocina, las dos mujeres charlaban sobre lo humano y lo divino, mi patrona más de lo humano y ella más de lo divino, sin traicionar la tolerancia y el rigor de las buenas maneras. Después cambié de empleo y perdí de vista a Clarisa hasta un par de décadas más tarde, en que volvimos a encontrarnos y pudimos restablecer la amistad hasta el día de hoy, sin hacer mayor caso de los diversos obstáculos que se nos interpusieron, inclusive el de su muerte, que vino a sembrar cierto desorden en la buena comunicación.

Aun en los tiempos en que la vejez le impedía moverse con el entusiasmo misionero de antaño,[8] Clarisa preservó su constancia para socorrer[9] al prójimo, a veces incluso contra la voluntad de los beneficiarios, como era el caso de los chulos[10] de la calle República, quienes debían soportar, sumidos en la mayor mortificación, las arengas[11] públicas de esa buena señora en su afán inalterable de redimirlos. Clarisa se desprendía de todo lo suyo para darlo a los necesitados; por lo general sólo tenía la ropa que llevaba puesta y hacia el final de su vida le resultaba difícil encontrar pobres más pobres que ella. La caridad se convirtió en un camino de ida y vuelta y ya no se sabía quién daba y quién recibía.

Vivía en un destartalado[12] caserón de tres pisos, con algunos cuartos vacíos y otros alquilados como depósito a una licorería, de manera que una ácida pestilencia[13] de borracho contaminaba el ambiente. No se mudaba de esa vivienda,

---

[3] Servicio militar.
[4] Acción de acechar: observar, seguir los pasos para atacar.
[5] Persona que, sin título ni conocimientos médicos, se dedica a curar, generalmente por procedimientos supersticiosos o sin ningún fundamento científico.
[6] Escarbaba.
[7] Habría perjudicado.
[8] De otros tiempos, de tiempos pasados.

[9] Ayudar a otro ser humano que se encuentra en un peligro o en una necesidad apremiante.
[10] Hombres que trafican con prostitutas, rufianes.
[11] Discursos destinados a despertar en los oyentes entusiasmo o valor para llevar a cabo algo.
[12] Excesivamente grande o desproporcionado, desarreglado y desordenado.
[13] Mal olor.

herencia de sus padres, porque le recordaba su pasado abolengo[14] y porque desde hacía más de cuarenta años su marido se había enterrado allí en vida, en un cuarto al fondo del patio. El hombre fue juez de una lejana provincia, oficio que ejerció con dignidad hasta el nacimiento de su segundo hijo, cuando la decepción le arrebató[15] el interés por enfrentar su suerte y se refugió como un topo[16] en el socavón[17] maloliente de su cuarto. Salía muy rara vez, como una sombra huidiza, y sólo abría la puerta para sacar la bacinilla[18] y recoger la comida que su mujer le dejaba cada día. Se comunicaba con ella por medio de notas escritas con su perfecta caligrafía y de golpes en la puerta, dos para sí y tres para no. A través de los muros de su cuarto se podían escuchar su carraspeo[19] asmático y algunas palabrotas de bucanero[20] que no se sabía a ciencia cierta a quién iban dirigidas.

—Pobre hombre, ojalá Dios lo llame a Su lado cuanto antes y lo ponga a cantar en un coro de ángeles —suspiraba Clarisa sin asomo de ironía; pero el fallecimiento oportuno de su marido no fue una de las gracias otorgadas por La Divina Providencia, puesto que la ha sobrevivido hasta hoy, aunque ya debe tener más de cien años, a menos que haya muerto y las toses y maldiciones que se escuchan sean sólo el eco de ayer.

Clarisa se casó con él porque fue el primero que se lo pidió y a sus padres les pareció que un juez era el mejor partido posible. Ella dejó el sobrio bienestar del hogar paterno y se acomodó a la avaricia y la vulgaridad de su marido sin pretender una fortuna mejor. La única vez que se le oyó un comentario nostálgico por los refinamientos del pasado fue a propósito de un piano de cola con el cual se deleitaba de niña. Así nos enteramos de su afición por la música y mucho más tarde, cuando ya era una anciana, un grupo de amigos le regalamos un modesto piano. Para entonces ella había pasado casi sesenta años sin ver un teclado de cerca, pero se sentó en el taburete y tocó de memoria y sin la menor vacilación un Nocturno de Chopin.

Un par de años después de la boda con el juez, nació una hija albina, quien apenas comenzó a caminar acompañaba a su madre a la iglesia. La pequeña se deslumbró en tal forma con los oropeles[21] de la liturgia, que comenzó a arrancar los cortinajes para vestirse de obispo y pronto el único juego que le interesaba era imitar los gestos de la misa y entonar cánticos en un latín de su invención. Era retardada sin remedio, sólo pronunciaba palabras en una lengua desconocida, babeaba sin cesar y sufría incontrolables ataques de maldad, durante los cuales debían atarla como un animal de feria para evitar que masticara los muebles y atacara a las personas. Con la pubertad se tranquilizó y ayudaba a su madre en las labores de la casa. El segundo hijo llegó al mundo con un dulce rostro asiático, desprovisto de curiosidad, y la única destreza que logró adquirir fue equilibrarse sobre una bicicleta, pero no le sirvió de mucho porque su madre no se atrevió

---

[14] Ascendencia ilustre.

[15] Arrebatar: quitar algo violentamente.

[16] Mamífero insectívoro parecido a un ratón en tamaño y forma; vive en galerías subterráncas que abre con sus fuertes uñas.

[17] Hoyo o cueva.

[18] Vasija pequeña que se usa en el dormitorio para recoger la orina.

[19] Tosecilla que se hace voluntaria o involuntariamente para aclarar la garganta.

[20] Pirata, corsario.

[21] Adornos ostentosos pero de poco valor.

nunca a dejarlo salir de la casa. Pasó la vida pedaleando en el patio en una bicicleta sin ruedas fija en un atril.

95     La anormalidad de sus hijos no afectó el sólido optimismo de Clarisa, quien
los consideraba almas puras, inmunes al mal, y se relacionaba con ellos sólo en
términos de afecto. Su mayor preocupación consistía en preservarlos incontami-
nados por sufrimientos terrenales; se preguntaba a menudo quién los cuidaría
cuando ella faltara. El padre, en cambio, no hablaba jamás de ellos, se aferró al
100 pretexto de los hijos retardados para sumirse en el bochorno,[22] abandonar su trabajo, sus amigos y hasta el aire fresco y sepultarse en su pieza, ocupado en copiar
con paciencia de monje medieval los periódicos en un cuaderno de notario.
Entretanto su mujer gastó hasta el último céntimo de su dote y de su herencia y
luego trabajó en toda clase de pequeños oficios para mantener a la familia. Las
105 penurias propias no la alejaron de las penurias ajenas y aun en los períodos más
difíciles de su existencia no postergó sus labores de misericordia.

    Clarisa poseía una ilimitada comprensión por las debilidades humanas.
Una noche, cuando ya era una anciana de pelo blanco, se encontraba cosiendo en
su cuarto cuando escuchó ruidos desusados en la casa. Se levantó para averiguar
110 de qué se trataba, pero no alcanzó a salir, porque en la puerta tropezó de frente
con un hombre que le puso un cuchillo en el cuello.

    —Silencio, puta, o te despacho de un solo corte —la amenazó.

    —No es aquí, hijo. Las damas de la noche están al otro lado de la calle,
donde tienen la música.

115     —No te burles, esto es un asalto.

    —¿Cómo dices? —sonrió incrédula Clarisa.— ¿Y qué me vas a robar a mí?

    —Siéntate en esa silla, voy a amarrarte.

    —De ninguna manera, hijo, puedo ser tu madre, no me faltes el respeto.

    —¡Siéntate!

120     —No grites, porque vas a asustar a mi marido, que está delicado de salud.
Y de paso guarda el cuchillo, que puedes herir a alguien —dijo Clarisa.

    —Oiga, señora, yo vine a robar —masculló[23] el asaltante desconcertado.

    —No, esto no es un robo. Yo no te voy a dejar que cometas un pecado. Te
voy a dar algo de dinero por mi propia voluntad. No me lo estás quitando, te lo
125 estoy dando, ¿está claro? —fue a su cartera y sacó lo que le quedaba para el resto
de la semana. —No tengo más. Somos una familia bastante pobre, como ves.
Acompáñame a la cocina, voy a poner la tetera.

    El hombre se guardó el cuchillo y la siguió con los billetes en la mano. Cla-
risa preparó té para ambos, sirvió las últimas galletas que le quedaban y lo invitó
130 a sentarse en la sala.

    —¿De dónde sacaste la peregrina[24] idea de robarle a esta pobre vieja?

    El ladrón le contó que la había observado durante días, sabía que vivía sola
y pensó que en aquel caserón habría algo que llevarse. Esa era su primer asalto,
dijo, tenía cuatro hijos, estaba sin trabajo y no podía llegar otra vez a su casa con
135 las manos vacías. Ella le hizo ver que el riesgo era demasiado grande, no sólo
podían llevarlo preso, sino que podía condenarse en el infierno, aunque en ver-

---

[22] Sentimiento de vergüenza.

[23] Mascullar: gruñir, hablar entre dientes.

[24] Extraña.

dad ella dudaba que Dios fuera a castigarlo con tanto rigor, a lo más iría a parar al purgatorio, siempre que se arrepintiera y no volviera a hacerlo, por supuesto. Le ofreció incorporarlo a la lista de sus protegidos y le prometió que no lo acusaría a las autoridades. Se despidieron con un par de besos en las mejillas. En los diez años siguientes, hasta la muerte de Clarisa, el hombre le enviaba por correo un pequeño regalo en Navidad.

No todas las relaciones de Clarisa eran de esa calaña,[25] también conocía a gente de prestiglo, señoras de alcurnia,[26] ricos comerciantes, banqueros y hombres públicos, a quienes visitaba buscando ayuda para el prójimo, sin detenerse a especular sobre cómo sería recibida. Cierto día se presentó en la oficina del diputado Diego Cienfuegos, conocido por sus incendiarios[27] discursos y por ser uno de los pocos políticos incorruptibles del país, lo cual no le impidió ascender a ministro y acabar en los libros de historia como padre intelectual de un cierto tratado de la paz. En esa época Clarisa era joven y algo tímida, pero ya tenía la misma tremenda determinación que la caracterizó en la vejez. Llegó donde el diputado a pedirle que usara su influencia para conseguirles una nevera moderna a las Madres Teresianas. El hombre la miró pasmado,[28] sin entender las razones por las cuales él debía ayudar a sus enemigas ideológicas.

—Porque en el comedor de las monjitas almuerzan gratis cien niños cada día, y casi todos son hijos de los comunistas y evangélicos que votan por usted— replicó mansamente Clarisa.

Así nació entre ambos una discreta amistad que habría de costarle muchos desvelos y favores al político. Con la misma lógica irrefutable conseguía de los jesuitas becas escolares para muchachos ateos, de la Acción de Damas Católicas ropa usada para las prostitutas de su barrio, del Instituto Alemán instrumentos de música para un coro hebreo, de los dueños de viñas fondos para los programas de alcohólicos.

Ni el marido sepultado en el mausoleo de su cuarto, ni las extenuantes horas de trabajo cotidiano, evitaron que Clarisa quedara embarazada una vez más. La comadrona le advirtió que con toda probabilidad daría a luz otro anormal, pero ella la tranquilizó con el argumento de que Dios mantiene cierto equilibrio en el universo, y tal como El crea algunas cosas torcidas, también crea otras derechas, por cada virtud hay un pecado, por cada alegría una desdicha, por cada mal un bien y así, en el eterno girar de la rueda de la vida todo se compensa a través de los siglos. El péndulo va y viene con inexorable precisión, decía ella.

Clarisa pasó sin prisa el tiempo de su embarazo y dio a luz un tercer hijo. El nacimiento se produjo en su casa, ayudada por la comadrona y amenizado por la compañía de las criaturas retardadas, seres inofensivos y sonrientes que pasaban las horas entretenidos en sus juegos, una mascullando galimatías[29] en su traje de obispo y el otro pedaleando hacia ninguna parte en una bicicleta inmóvil. En esta ocasión la balanza se movió en el sentido justo para preservar la armonía de la Creación y nació un muchacho fuerte, de ojos sabios y manos firmes, que la

---

[25] Indole, con connotación negativa.
[26] Aristócratas.
[27] Revolucionarios.

[28] Estupefacto, boquiabierto.
[29] Lenguaje incomprensible por la confusión de las palabras o de las ideas.

madre se puso al pecho, agradecida. Catorce meses después Clarisa dio a luz otro hijo con las características del anterior.

—Estos crecerán sanos para ayudarme a cuidar a los dos primeros —decidió ella, fiel a su teoría de las compensaciones, y así fue, porque los hijos menores resultaron derechos como dos cañas y bien dotados para la bondad.

De algún modo Clarisa se las arregló para mantener a los cuatro niños sin ayuda del marido y sin perder su orgullo de gran dama solicitando caridad para sí misma. Pocos se enteraron de sus apuros financieros. Con la misma tenacidad con que pasaba las noches en vela fabricando muñecas de trapo o tortas de novia para vender, batallaba contra el deterioro de su casa, cuyas paredes comenzaban a sudar un vapor verdoso, y le inculcaba a los hijos menores sus principios de buen humor y de generosidad con tan espléndido efecto que en las décadas siguientes estuvieron siempre junto a ella soportando la carga de sus hermanos mayores, hasta que un día éstos se quedaron atrapados en la sala de baño y un escape de gas los trasladó apaciblemente a otro mundo.

La llegada del Papa se produjo cuando Clarisa aún no cumplía ochenta años, aunque no era fácil calcular su edad exacta, porque se la aumentaba por coquetería, nada más que para oír decir cuán bien se conservaba a los noventa y cinco que pregonaba. Le sobraba ánimo,[30] pero le fallaba el cuerpo, le costaba caminar, se desorientaba en las calles, no tenía apetito y acabó alimentándose de flores y miel. El espíritu se le fue desprendiendo en la misma medida en que le germinaron las alas, pero los preparativos de la visita papal le devolvieron el entusiasmo por las aventuras terrenales. No aceptó ver el espectáculo por televisión, porque sentía una desconfianza profunda por ese aparato. Estaba convencida de que hasta el astronauta en la luna era una patraña filmada en un estudio de Hollywood, igual como engañaban con esas historias en las cuales los protagonistas se amaban o se morían de mentira y una semana después reaparecían con sus mismas caras, padeciendo otros destinos. Clarisa quiso ver al Pontífice con sus propios ojos, para que no fueran a mostrarle en la pantalla a un actor con paramentos[31] episcopales, de modo que tuve que acompañarla a vitorearlo[32] en su paso por las calles. Al cabo de un par de horas defendiéndonos de la muchedumbre de creyentes y de vendedores de cirios,[33] camisetas estampadas, policromías y santos de plástico, logramos vislumbrar al Santo Padre, magnífico dentro de una caja de vidrio portátil, como una blanca marsopa[34] en su acuario. Clarisa cayó de rodillas, a punto de ser aplastada por los fanáticos y por los guardias de la escolta. En ese instante, justamente cuando teníamos al Papa a tiro de piedra, surgió por una calle lateral una columna de hombres vestidos de monjas, con las caras pintarrajeadas, enarbolando[35] pancartas en favor del aborto, el divorcio, la sodomía y el derecho de las mujeres a ejercer el sacerdocio. Clarisa hurgó en su bolso con mano temblorosa, encontró sus gafas y se las colocó para cerciorarse de que no se trataba de una alucinación.

---

[30] Tenía entusiasmo y valor, más de lo necesario.
[31] Ornamentos litúrgicos. Indumentaria que usa el sacerdote para decir misa, y adornos del altar.
[32] Vitorear: aclamar, dar vivas u otros gritos de entusiasmo en honor de alguien.

[33] Velas gruesas y largas.
[34] Pez cetáceo parecido al delfín.
[35] Enarbolar: sostener en alto una bandera o estandarte.

—Vámonos, hija. Ya he visto demasiado —me dijo, pálida.

Tan desencajada[36] estaba, que para distraerla ofrecí comprarle un cabello del Papa, pero no lo quiso, porque no había garantía de su autenticidad. El número de reliquias capilares[37] ofrecidas por los comerciantes era tal, que alcan-
225 zaba para rellenar un par de colchones, según calculó un periódico socialista.

—Estoy muy vieja y ya no entiendo el mundo, hija. Lo mejor es volver a casa.

Llegó a su caserón extenuada, con el fragor de campanas y vítores todavía retumbándole en las sienes. Partí a la cocina a preparar una sopa para el juez y a calentar agua para darle a ella una infusión de camomilla, a ver si eso la tranqui-
230 lizaba un poco. Entre tanto Clarisa, con una expresión de gran melancolía, colocó todo en orden y sirvió el último plato de comida para su marido. Puso la bandeja ante la puerta cerrada y llamó por primera vez en más de cuarenta años.

—¿Cuántas veces he dicho que no me molesten? —protestó la voz decrépita del juez.

235 —Disculpa, querido, sólo deseo avisarte que me voy a morir.

—¿Cuándo?

—El viernes.

—Está bien —y no abrió la puerta.

Clarisa llamó a sus hijos para darles cuenta de su próximo fin y luego se
240 acostó en su cama. Tenía una habitación grande, oscura, con pesados muebles de caoba tallada[38] que no alcanzaron a convertirse en antigüedades, porque el dete-rioro los derrotó por el camino. Sobre la cómoda había una urna de cristal con un Niño Jesús de cera de un realismo sorprendente, parecía un bebé recién bañado.

—Me gustaría que te quedaras con el Niñito, para que me lo cuides, Eva.

245 —Usted no piensa morirse, no me haga pasar estos sustos.

—Tienes que ponerlo a la sombra, si se le pega el sol se derrite. Ha durado casi un siglo y puede durar otro si lo defiendes del clima.

Le acomodé en lo alto de la cabeza sus cabellos de merengue, le adorné el peinado con una cinta y me senté a su lado, dispuesta a acompañarla en ese trance,[39]
250 sin saber a ciencia cierta de qué se trataba, porque el momento carecía de todo senti-mentalismo, como si en verdad no fuera una agonía, sino un apacible resfrío.

—Sería bien bueno que me confesara, ¿no te parece, hija?

—¡Pero qué pecados puede tener usted, Clarisa!

—La vida es larga y sobra tiempo para el mal, con el favor de Dios.

255 —Usted se irá derecho al cielo, si es que el cielo existe.

—Claro que existe, pero no es tan seguro que me admitan. Allí son bien estrictos —murmuró. Y después de una larga pausa agregó: —Repasando mis fal-tas, veo que hay una bastante grave...

Tuve un escalofrío, temiendo que esa anciana con aureola de santa me di-
260 jera que había eliminado intencionalmente a sus hijos retardados para facilitar la justicia divina, o que no creía en Dios y que se había dedicado a hacer el bien en este mundo sólo porque en la balanza le había tocado esa suerte, para compensar el mal de otros, mal que a su vez carecía de importancia, puesto que todo es parte

---

[36] Con la cara alterada por un padecimiento in-tenso.
[37] Del pelo o relacionado con él.

[38] Labrada.
[39] Ocasión crítica o difícil por la que alguien pasa.

del mismo proceso infinito. Pero nada tan dramático me confesó Clarisa. Se
265 volvió hacia la ventana y me dijo ruborizada que se había negado a cumplir sus
deberes conyugales.

—Qué significa eso? —pregunté.

—Bueno... me refiero a no satisfacer los deseos carnales de mi marido
¿entiendes?

270 —No.

—Si una le niega su cuerpo y él cae en la tentación de buscar alivio con otra
mujer, una tiene la responsabilidad moral.

—Ya veo. El juez fornica y el pecado es de usted.

—No, no. Me parece que sería de ambos, habría que consultarlo.

275 —¿El marido tiene la misma obligación con su mujer?

—¿Ah?

—Quiero decir que si usted hubiera tenido otro hombre, ¿la falta sería también de su esposo?

—¡Las cosas que se te ocurren, hija! —me miró atónita.

280 —No se preocupe, si su peor pecado es haberle escamoteado el cuerpo al
juez, estoy segura de que Dios lo tomará en broma.

—No creo que Dios tenga humor para esas cosas.

—Dudar de la perfección divina ése... sí es un gran pecado, Clarisa.

Se veía tan saludable que costaba imaginar su próxima partida, pero supuse
285 que los santos, a diferencia de los simples mortales, tienen el poder de morir sin
miedo y en pleno uso de sus facultades. Su prestigio era tan sólido, que muchos
aseguraban haber visto un círculo de luz en torno de su cabeza y haber escuchado música celestial en su presencia; por lo mismo no me sorprendió, al
desvestirla para ponerle el camisón, encontrar en sus hombros dos bultos infla-
290 mados, como si estuviera a punto de reventarle un par de alas de angelote.

El rumor de la agonía de Clarisa se regó con rapidez. Los hijos y yo tuvimos
que atender una inacabable fila de gentes que venían a pedir su intervención en
el cielo para diversos favores o simplemente a despedirse. Muchos esperaban
que en el último momento ocurriera un prodigio[40] significativo, como que el olor
295 a botellas rancias que infectaba el ambiente se transformara en perfume de
camelias o su cuerpo refulgiera[41] con rayos de consolación. Entre ellos apareció
su amigo, el bandido, quien no había enmendado el rumbo y estaba convertido
en un verdadero profesional. Se sentó junto a la cama de la moribunda y le contó
sus andanzas sin asomo de arrepentimiento.

300 —Me va muy bien. Ahora me meto nada más que en las casas del barrio
alto. Le robo a los ricos y eso no es pecado. Nunca he tenido que usar violencia,
yo trabajo limpiamente, como un caballero —explicó con cierto orgullo.

—Tendré que rezar mucho por ti, hijo.

—Rece, abuelita, que eso no me puede hacer mal.

305 También La Señora apareció compungida[42] a darle el adiós a su querida
amiga, trayendo una corona de flores y unos dulces de alfajor[43] para contribuir al

---

[40] Milagro, portento; suceso extraordinario, no
explicable por causas naturales.
[41] Resplandeciera, emitiera destellos o fulgor.

[42] Apenada.
[43] Golosina compuesta de dos piezas circulares
de masa adheridas una a otra con dulces.

velorio. Mi antigua patrona no me reconoció, pero yo no tuve dificultad en identificarla a ella, porque no había cambiado tanto, se veía bastante bien, a pesar de su gordura, su peluca[44] y sus extravagantes zapatos de plástico con estrellas
310 doradas. A diferencia del ladrón, ella venía a comunicarle a Clarisa que sus consejos de antaño habían caído en tierra fértil y ahora ella era una cristiana decente.

—Cuénteselo a San Pedro, para que me borre del libro negro —le pidió.

—Qué tremendo chasco se llevarán estas buenas personas si en vez de irme
315 al cielo acabo cocinándome en las pailas[45] del infierno... —comentó la moribunda, cuando por fin pude cerrar la puerta para que descansara un poco.

—Si eso ocurre allá arriba, aquí abajo nadie lo sabrá, Clarisa.

—Mejor así.

Desde el amanecer del viernes se congregó una muchedumbre en la calle y
320 a duras penas sus hijos lograron impedir el desborde de creyentes dispuestos a llevarse cualquier reliquia, desde trozos de papel de las paredes hasta la escasa ropa de la santa. Clarisa decaía a ojos vista y por primera vez dio señales de tomar en serio su propia muerte. A eso de las diez se detuvo frente a la casa un automóvil azul con placas del Congreso. El chofer ayudó a descender del asiento
325 trasero a un anciano, que la multitud reconoció de inmediato. Era don Diego Cienfuegos, convertido en prócer después de tantas décadas de servicio en la vida pública. Los hijos de Clarisa salieron a recibirlo y lo acompañaron en su penoso ascenso hasta el segundo piso. Al verlo en el umbral de la puerta, Clarisa se animó, volvieron el rubor a sus mejillas y el brillo a sus ojos.

330 —Por favor, saca a todo el mundo de la pieza y déjanos solos —me sopló al oído.

Veinte minutos más tarde se abrió la puerta y don Diego Cienfuegos salió arrastrando los pies, con los ojos aguados, maltrecho[46] y tullido,[47] pero sonriendo. Los hijos de Clarisa, que lo esperaban en el pasillo, lo tomaron de nuevo
335 por los brazos para ayudarlo; y entonces, al verlos juntos, confirmé algo que ya había notado antes. Esos tres hombres tenían el mismo porte y perfil, la misma pausada seguridad, los mismos ojos sabios y manos firmes.

Esperé que bajaran la escalera y volví donde mi amiga. Me acerqué para acomodarle las almohadas y vi que también ella, como su visitante, lloraba con
340 cierto regocijo.

—Fue don Diego su pecado más grave, ¿verdad? —le susurré.

—Eso no fue pecado, hija, sólo una ayuda a Dios para equilibrar la balanza del destino. Y ya ves cómo resultó de lo más bien, porque por dos hijos retardados tuve otros dos para cuidarlos.
345 Esa noche murió Clarisa sin angustia. De cáncer, diagnosticó el médico al ver sus capullos de alas; de santidad, proclamaron los devotos apiñados[48] en la calle con cirios y flores; de asombro, digo yo, porque estuve con ella cuando nos visitó el Papa.

---

[44] Cabellera postiza.
[45] Ollas, cacerolas.
[46] En mal estado físico o moral.

[47] Inválido. Imposibilitado de moverse o de mover algún miembro.
[48] Aglomerados, en grupos apretados.

## ■ Preguntas generales

1. ¿Cómo transcurrió la infancia de Isabel Allende, y qué influencia tuvieron estas tempranas experiencias en su obra futura? ¿Cuál fue su primera vocación? ¿En qué circunstancias se inició como novelista?
2. ¿Qué época histórica abarca Allende en *La casa de los espíritus?* ¿Qué características tiene su versión del pasado?
3. ¿En qué se basó Allende para escribir *De amor y de sombra?*
4. ¿Qué tipo femenino crea la autora en *Eva Luna y en Cuentos de Eva Luna?*
5. ¿Qué otros temas ha explorado en su obra más reciente?

## ■ Preguntas de análisis

1. ¿Quién relata la historia de Clarisa y qué sentimientos proyecta en la descripción de su personaje?
2. ¿Cuáles son las diferencias de carácter y de conducta entre Clarisa y su marido, y cómo se manifiestan?
3. ¿Qué actividades ocupan a Clarisa y cómo la ayudan a resolver sus problemas? ¿Dónde observa Ud. el uso de expresiones humorísticas o irónicas en la descripción de las mismas?
4. ¿Qué decisión tomó Clarisa para mejorar su destino y el de su familia? ¿Cómo caracterizaría Ud. su actitud con respecto a las normas morales y sociales?
5. ¿Qué revela el personaje de Clarisa acerca de la visión feminista de la autora?

## ■ Temas para informes escritos

1. Semejanzas y diferencias entre *Cien años de soledad y La casa de los espíritus.*
2. Influencia de la experiencia periodística de Allende en su obra.
3. La tradición picaresca y la modificación de las pautas de conducta de la mujer en *Eva Luna y Cuentos de Eva Luna.*
4. La solidaridad femenina en la obra de Allende.
5. Ritos, magia y supersticiones en la obra de Allende.

## ■ Temas de reflexión y comentario

1. El contexto chileno-californiano de *Hija de la fortuna y Retrato en sepia.*
2. Los personajes aventureros de Isabel Allende.
3. El entrecruzamiento de culturas en la obra reciente de Allende.
4. El mensaje liberador que comunican los protagonistas femeninos de Allende.
5. La experiencia personal de los hechos históricos en los personajes de Allende.

# SERGIO RAMÍREZ

1942, Masatepe, Nicaragua

Como muchos intelectuales hispanoamericanos que le precedieron desde la independencia de sus respectivos países, Sergio Ramírez ha vivido entre dos mundos, el de la literatura y el de la responsabilidad cívica. En años recientes, sin embargo, su vocación literaria, mantenida a través de los vaivenes de su trayectoria política, lo ha absorbido completamente, por lo que la literatura centroamericana ha ganado un escritor de gran talento narrativo. Descendiente de una familia de músicos, sus padres, quienes tenían por necesidad una vida errante, lo entregaron a un médico y aficionado violista, para que lo criara. El contacto con su familia de músicos, a la que pertenecían sus abuelos y numerosos tíos y tías, fue una experiencia importante en su formación. Aunque no heredó la vocación de éstos, el mundo de orquestas y bandas musicales ambulantes y las historias de sus rivalidades, como también el descubrimiento de las tiras cómicas, le darían más tarde material para su novela *Un baile de máscaras* (1995). También el cine influyó sobre el futuro escritor. A los doce años, cuando comenzaba a desarrollar su habilidad para las letras, entró a trabajar como proyeccionista de películas en el único cine, propiedad de un tío suyo, que existía en Masatepe. Esto le permitió familiarizarse con películas de Alfred Hitchcock, Ingmar Bergman, Akira Kurosawa, así como con un rico repertorio de películas mexicanas. Ramírez, al igual que otros escritores de su generación, ha incorporado, sin jerarquizarlas, las manifestaciones de la cultura y el arte, desde las formas elaboradas y complejas que requieren un alto grado de educación hasta las expresiones de la cultura popular. Su creatividad se orientó, desde el comienzo, hacia la narrativa, e inició su carrera literaria, a la temprana edad de catorce años, con la publicación de un cuento, basado en una leyenda, "La carreta magna", en el prestigioso suplemento cultural *La prensa literaria* (1956).

En 1959 Ramírez se trasladó a la ciudad de León para cursar estudios de Derecho en la universidad. Allí, junto con Fernando Gordillo, funda la revista *Ventana*, y establece contacto con las organizaciones estudiantiles que luchaban por hacer respetar la autonomía universitaria. Ramírez se graduó de abogado en 1964, pero nunca ejerció esta profesión. En 1963, con la publicación de su primer libro *Cuentos*, había reafirmado su vocación de escritor y comenzado su primera novela, *Tiempo de fulgor*, publicada en Guatemala en 1967. Cuenta en ella su tránsito de Masetepe, su pueblo natal, a León. Nicaragua, en esa época, vivía bajo la dictadura de Anastasio Somoza Debayle (1925–80), quien había heredado el poder, ejercido por décadas, de su padre, el fundador de la dinastía Somoza. Ramírez decidió exiliarse. Ya casado y con hijos, se traslada con su familia a Costa Rica, donde se hace cargo de la dirección de EDUCA, la Editorial

Centroamericana Universitaria. En 1973, se va desde allí a Berlín, gracias a una beca que se le otorgó para que escribiera su novela *¿Te dio miedo la sangre?* (1976). En la ciudad alemana trabajó, también, en la primera versión de *El pensamiento vivo de Sandino* (1975), obra que llegó a tener dos volúmenes en la versión completa, publicada en Nicaragua, en 1984.

En 1975, Ramírez deja Berlín para volver a Centroamérica y unirse al Frente Sandinista de Liberación Nacional en la lucha contra la dictadura de Somoza. Después del triunfo de éste, integró la Junta de Gobierno de Reconstrucción Nacional y fue elegido vicepresidente en 1984, cargo que ejerció hasta las elecciones de 1990, en las que el sandinismo fue derrotado. El país había pasado por un difícil período, en el que la violencia de grupos armados en contra del régimen, apoyados por los Estados Unidos, y los propios errores del sandinismo, precipitaron su deterioro y minaron su popularidad. Desacuerdos y conflictos con el sandinismo oficial de Daniel Ortega llevaron a Ramírez a separarse de éste y formar un partido aparte, en representación del cual se presentó, sin éxito, como candidato presidencial en las elecciones siguientes. Luego de estas experiencias, Ramírez abandonó la política y regresó a su primera y auténtica vocación de escritor, dedicándose por entero desde entonces a escribir su obra y a actividades académicas e intelectuales relacionadas con la literatura. Las experiencias que había vivido se reflejan en *Adiós muchachos. Una memoria de la revolución sandinista* (1999), libro que ofrece una interpretación auto-crítica del régimen sandinista.

Entre las obras de ficción del autor se destacan: *Un baile de máscaras* (1995), donde, precisamente, un baile de máscaras, organizado por el protagonista para celebrar el cumpleaños de su esposa, sirve de escenario para una trama, con personajes reales y sobrenaturales, que entreteje, con humor y gracia, la historia de la familia del propio autor con las historias e intrigas de la pequeña ciudad; *Castigo divino* (1988), novela que utiliza las circunstancias de un extraño crimen para recrear el ambiente de Nicaragua al comienzo de los años treinta; *Margarita, está linda la mar* (1998), donde se superponen dos épocas, la de la visita de Rubén Darío a León, al final de su vida, y la del asesinato del dictador Anastasio (Tacho) Somoza García (1956), por el poeta Rigoberto López Pérez. La figura de Darío es el puente que une estas dos épocas, como lo indica la mención del apellido Debayle y la red de vínculos que revelan el entrecruzamiento de los personajes, en su mayoría históricos; *Sombras nada más* (2003) se basa en un hecho ocurrido semanas antes del triunfo sandinista, cuando las fuerzas revolucionarias capturaron, y sometieron a juicio, a un viejo funcionario del régimen de Somoza, llamado Alirio Martinica, quien llegó a ser secretario del dictador. La novela ofrece una versión desmitificadora de las conductas, en la que no hay santos ni monstruos en uno u otro bando. "Catalina y Catalina", aquí incluido, forma parte de su colección de *Cuentos completos* (1997). El relato comunica una crítica implícita de la sociedad patriarcal, cuyo sexismo y autoritarismo imponen normas de conducta que perpetúan el sometimiento de la mujer y llegan a destruir los lazos familiares.

La ficción de Sergio Ramírez demuestra un gran talento en el manejo de materiales históricos y el juego de la intertextualidad, en la utilización de distintos registros del lenguaje, incluyendo los del cine y el espectáculo popular, en su habilidad para describir situaciones con un humor cómico y en su empleo de una diversidad de técnicas narrativas.

## ■ Bibliografía mínima

Febles, Jorge. "Dying Players: Ramírez's 'El centerfielder' and Dybek's 'Death of the Rightfielder'". *Confluencia: Revista Hispánica de Cultura y Literatura* 12.1 (1996): 156–67.

———. "Juego, represión y represión del juego en 'El centerfielder' de Sergio Ramírez". *La Torre: Revista de la Universidad de Puerto Rico* 2.6 (1997): 427–39.

McMurray, George R. "Sergio Ramírez's *Castigo divino* as Documentary Novel". *Confluencia: Revista Hispánica de Cultura y Literatura* 5.2 (1990): 155–59.

———. "El artista frente a su modelo". *La literatura centroamericana: Visiones y revisiones.* Ed. Jorge Román-Lagunas y prefacio de Napoleón Chow. Lewiston, NY: Mellen, 1994. 21–36.

Menton, Seymour. "*Margarita, está linda la mar,* una nueva novela histórica en la época posrevolucionaria: 1989–2000". www.sergioramirez.org.ni/criticas/Seymour%20 Menton.htm

Ramírez-Pimienta, Juan Carlos. "Darío en el sandinismo: ¿Literatura de la revolución o revolución literaria?". *Crítica Hispánica* 22.1–2 (2000): 209–14.

Richards, Tim. "Estrategia e ideologia en *¿Te dio miedo la sangre?*". *La literatura centroamericana: Visiones y revisiones.* Ed. Jorge Román-Lagunas y prefacio de Napoleón Chow. Lewiston, NY: Mellen, 1994. 193–201.

Ross, Peter. "The Politician as Novelist: Sergio Ramírez's *Castigo divino*". *Antipodas: Journal of Hispanic Studies of the University of Auckland and La Trobe University* 3 (1991): 165–75.

Ruffinelli, J. y W. Corral. "Un diálogo con Sergio Ramírez Mercado: Política y literatura en una época de cambios". *Nuevo Texto Crítico* 4.8 (1991): 4–13.

Schaefer, Claudia. "La recuperación del realismo: *¿Te dio miedo la sangre?* de Sergio Ramírez". *Texto Crítico* 13.36–37 (1987): 146–152.

# Catalina y Catalina

Esa tarde Catalina planchaba en combinación y sostén como todas las tardes, para aliviarse del calor, porque el cuarto era estrecho y mucho el fogazo de la hornilla de fierro donde se calentaban las planchas, o porque de verdad fuera una adúltera y por eso no se rasuraba los sobacos, aunque sí, y por lo
5 mismo, se depilaba meticulosamente las piernas con una pinza. Adúltera, como después no se cansaría de acusarla mi padre delante de cualquiera, mordiendo las palabras entre las coronas metálicas de su dentadura. Y ya no tuve nunca otra forma de verla en adelante que a la luz de aquella acusación terrible que me recordaba la historia sagrada, derribada a pedradas en el polvo Catalina, magu-
10 llada y ensangrentada bajo una lluvia de piedras, hasta morir.

Como todas las tardes, con el dedo humedecido de saliva probaba Catalina el calor de las planchas y se aplicaba con decisión sobre los cuellos y puños de las camisas blancas que rociaba con agua almidonada usando una bomba de flit; una vez planchada cada camisa, iba a depositarlas, desplegadas, sobre
15 la cama, dentro del mosquitero extendido para que no les cayera el polvo; y en los descansos, acercaba a los carbones de la hornilla de fierro la cabellera rojiza para encender los cigarrillos Valencia que fumaba pensativa, sonriendo sola a veces, un brazo cruzado sobre el vientre desnudo, húmedo de sudor, el otro frente al rostro nublado por las lentas bocanadas que tardaban un mundo
20 en deshacerse.

Catalina tenía la cabellera tirando a rojizo, los ojos de un amarillo claro y la voz ronca. Una vez, viéndola así, distraída, le preguntó mi padre al pasar para la calle, siempre mordiendo las palabras, que en qué pensaba tanto, como si aquello de verla así, perdida en lontananzas, lo molestara en el alma; se sonrió ella diciéndole que pensaba en países lejanos; y le contestó él, ya agriado, que tuviera mucho cuidado en no engañarlo sobre lo que andaba divagando su cabeza porque le podía costar muy caro.

Y, entonces, resultó lo de esa tarde que empecé diciendo, cuando apareció mi padre, de pronto, en la casa, a una hora en que nadie lo esperaba. Yo estudiaba en voz alta las guerras púnicas,[1] sentada en un banquito al pie del planchador y mi hermano remendaba en el suelo un barrilete, usando el mismo almidón de las camisas. Decían, con admiración, que el secreto de Catalina para dejar aquellos cuellos y puños tan tersos y a la vez tan firmes, que hacía que le llovieran los encargos y la casa anduviera siempre llena de camisas blancas, camisas en el tendedero del patio, camisas sobre las sillas, sobre la mesa del comedor y debajo del mosquitero, estaba en la forma en que preparaba su almidón, batiéndolo despacio sin que al final se le espesara mucho, y en aquel procedimiento suyo de rociarlo en las camisas con una bomba de flit; pero yo más bien creo que se debía a su tesón con la plancha. Su brazo derecho, con el bicep desarrollado, se había vuelto fuerte y musculoso, como de boxeador.

Mi padre se plantó frente a ella, menudo y nervioso como era, la manzana de adán en un tenso temblor bajo la piel lastimada por la cuchilla de afeitar, las venas en enjambre repintadas muy gruesas en el cuello y debajo del vello de los brazos. La examinó de los pies a la cabeza, con ojos de desprecio; después la escupió en la cara, aún con más desprecio, y le ordenó que se fuera inmediatamente de la casa llamándola una y otra vez adúltera. Catalina, sin discutirle nada, se limpió con los dedos la saliva que le bajaba por la barbilla, y con su voz ronca le dijo que sí, que se iría, que no se preocupara, pero primero tenía que terminar de planchar las camisas blancas y le faltaba todavía media docena. Él, por toda repuesta, volvió a escupirla, y volvió a la calle.

Entonces, cuando se había ido, mi hermano y yo corrimos llorando al lado de Catalina y nos prendimos de su combinación pidiéndole que no hiciera caso, que no se fuera. Ella siguió en su tarea de planchar, y mientras tanto nos decía que no creyéramos nada malo de ella, que no era ninguna adúltera, eran cuentos y enredos de sus cuñadas-que nunca la habían querido, pero que lo mejor era obedecer, que todos le debíamos obediencia a mi padre aunque estuviera equivocado, que nos portáramos bien y estudiáramos las lecciones, iba a escribir, y que no me olvidara yo de entregar las camisas planchadas en las casas donde pertenecían, todas me las iba a dejar listas, debajo del mosquitero.

Y ya listas todas las camisas se fue al cuarto a meter en una caja de avena Quaker, que sacó de debajo de la cama, su ropa y sus cositas que tenía en el saliente de la ventana, una polvera musical, una muñequita china de porcelana con un paraguas, una foto suya entre pinares de cuando había ido en bus a

---

[1] Las tres guerras entre Roma y Cartago
(264–41, 218–01, y 149–46 antes de la era
cristiana), en las que Roma salió victoriosa.

Jinotega en un paseo, siendo soltera. En ese mismo saliente de la ventana mi
65 padre manejaba, debajo de una piedra de río, unos poquitos libros que nunca
cambiaron ni dejaron de estar allí: *El Conde de Montecristo*, una novela de Javier
de Montepin que no recuerdo, y un Almanaque Mundial que aún para entonces
era ya viejo, de varios años atrás.

Después, Catalina se vistió, tranquila, silbando por lo bajo, como silbaba, a
70 veces, cuando planchaba, y salió a la calle cargando la caja. La recuerdo en la
puerta mirando en distintas direcciones, como si no supiera para dónde iba a
coger, parpadeando, como si la deslumbrara mucho el sol, y recuerdo el vestido
con que se fue, un vestido gris de tela de gro,[2] bordado de negro en el cuello, que
alguna vez había sido de fiesta, descosido de algunas puntadas en un costado.
75 Tenía veintisiete años para entonces Catalina y, ya dije, el pelo tirando a rojizo,
los ojos de un amarillo claro y la voz ronca.

Eran los tiempos del algodón. Mi padre era mecánico de tractores Caterpi-
llar en el taller de la Nicaragua Machinery en Masaya, y le habían otorgado un
diploma del mejor mecánico del año que colgaba en la pared, al lado de la mesa
80 del comedor. Ganaba muy bien, tanto como para mandarme a mí al colegio de las
monjas del Rosario, y dar cada sábado fiestas en el patio que empezaban desde
el mediodía. No necesitaba Catalina empeñarse en planchar camisas, él tenía suficiente para proveer; pero si quería seguir desarrollando su brazo de boxeador
con el ejercicio de la plancha, allá ella.

85 La crudeza de carácter de mi padre la resumo hoy, no sé porqué, en su
grueso cinturón de vaqueta trabajado al buril,[3] en el sombrero de fieltro con manchas de sudor que no se quitaba ni dentro de la casa, y en sus botas recias, botas
de trabajo pero siempre bien lustradas, extrañas en su brillo porque se suponían
unas botas que no debían de brillar. Y sobre todo en su voz, una voz de órdenes
90 secas que no tenía matices, la voz con que le ordenó a Catalina salir para siempre
de la casa después de llamarla adúltera, moliendo las palabras entre las coronas'
metálicas que se entreveían cuando comía, o cuando cantaba.

Porque mi padre cantaba boleros. Extraño, si se quiere; pero ya avanzadas
sus fiestas del sábado mandaba a la calle a buscar algún trío; se sentaba en un
95 banquito bajo delante de los guitarristas, se aconsejaba con ellos, cada vez, en el
acompañamiento, y entonaba las letras con una voz suave y esquiva,[4] siempre sin
matices, los ojos cerrados y la mano en el entrecejo; y seguía cantando, bolero tras
bolero, aunque la gente dejara de ponerle oído, y bebiendo, después de terminar
cada canción, sorbos de un vaso de agua tibia que Catalina, por órdenes suyas, le
100 ponía al lado, en el suelo.

Nunca puedo imaginarlo cantándole boleros a Catalina, sin embargo, ni
acariciándola en la oscuridad, o quitándole alguna prenda de vestir mientras la
besaba. Pero recuerdo una tarde de un sábado que me aburría en la casa y entré
de pronto al dormitorio de los dos, en busca de nada; saltó él de la cama,
105 desnudo, y se quedó sentado en el borde, encogido, sin darme la cara, mientras
Catalina, desnuda también y bañada de sudor, se cubría hasta la cintura, sin
quitarme la vista, recogiendo la sábana con extremo cuidado como si tratara de

---

[2] Tela de seda gruesa que se emplea en cintas.
[3] Punzón con el que trabajan los grabadores.

[4] Evasiva, huidiza.

entrar en ella sin que yo me diera cuenta, mientras con su voz ronca, más enron-
quecida aún, me pedía que saliera.

110     Tampoco lo recuerdo haciéndome alguna caricia a mí, ni me recuerdo sentada nunca a la mesa junto a él. Se ponía a comer, con mi hermano al lado, y ya
cuchillo y tenedor en mano pasaba revista al plato, dividiéndole luego con una
señal de los cubiertos en cuatro partes iguales, como un campo de batalla, para
empezar entonces su acometida, masticando de manera meticulosa y reflexiva y
115  mirando de nuevo la comida antes de emprender cada bocado, sus ojos hostiles
vigilando alrededor para prevenir cualquier interrupción.

    Mi hermano y yo averiguamos al fin adónde se había ido Catalina. A la casa
de su hermano Noelito, el escribiente del juzgado, cerca de la estación del ferrocarril, porque llegó un día mi tía Fula, que era la peor de todas, a decirle a mi
120  padre que ésa seguía en Masaya, la desvergonzada, y que en la casa de su hermano alcahuete,[5] Noelito el escribiente del juzgado que no tenía ni donde caer
muerto, recibía al querido.

    Esta Fula y mis otras tías se daban ínfulas sociales, caminaban con paso
altanero como si el suelo tuviera que pedirles permiso para dejarse pisar, iban
125  a misa de sombrero, sombreros de velillo pendiente, adornados de flores artificiales, y anteojos de sol, que no se quitaban dentro de la iglesia porque para
ellas eso era de grandes damas, hablaban continuamente de apellidos y riquezas,
y tampoco tenían donde caer muertas, igual que mi tío Noelito que siempre
usaba los mismos pantalones, muy bien remendados, con mucho primor, pero
130  los mismos pantalones que si eran oscuros iban perdiendo el color hasta que los
años lo desvanecían por completo, y él que hacía broma de aquella prueba de pobreza diciendo que así estrenaba sin gastar porque, al fin y al cabo, con el tiempo
y un pelito, de todos modos llegaba a tener pantalones de distinto color.

    Otra tarde en que caía un aguacero muy recio, mi hermano y yo nos concer-
135  tamos para subirnos enganchados a la culata de un coche de caballos que llevaba
pasajeros a la estación del ferrocarril, y fuimos a buscar a Catalina a la casa de su
hermano Noelito. Pero ya no estaba.

    Mi tío Noelito, que usaba un cabo de lápiz detrás de la oreja porque aquel
era su oficio, escribir siempre, nos secó las cabezas con una toalla, nos fue a com-
140  prar él mismo, remojándose, una coca cola para cada uno a la pulpería de enfrente, nos metió a su aposento, que quedaba detrás de un biombo forrado con
carátulas de revistas, nos sentó en su cama, y nos explicó que Catalina se había
trasladado a Managua con la voluntad de conseguir allá un dinero para el pasaje
aéreo y así irse a vivir a Los Angeles donde ya tenía asegurado un trabajo de
145  planchadora de cuellos y puños en una fábrica de camisas Van Heusen de unos
judíos; que nos había dejado saludos por si acaso llegábamos a verla, y que antes
de irse le había encargado comprarnos esas coca colas, de cuenta de ella. Y nos
entregó el vuelto del billete que ella le había dado para las coca colas.

    Al oír aquellas noticias yo empecé a llorar muy bajito mientras me tomaba
150  la coca cola, y mi hermano sólo me miraba, muy asustado, y después me pedía
que no llorara porque, entonces, él también iba a llorar.

---

[5] Mediador en relaciones amorosas o sexuales
irregulares o encubridor de ellas.

No tiene nada malo que lloren por el recuerdo de su mamá, nos dijo entonces mi tío Noelito; es una mujer buena y trabajadora y estoy seguro de que apenas tenga con qué, los manda a traer a los dos para que vayan a pasear a los Estados Unidos y quién quita y hasta aprenden a hablar en inglés. Con esa promesa, algo me consolé, y mi hermano se puso a preguntar sobre aquel viaje como si ya al día siguiente fuéramos a subirnos al avión.

Entonces le pregunté yo a mi tío Noelito, así, de pronto, si era cierto que Catalina era una adúltera, y aunque se lo pregunté dos veces, se hizo el disimulado, y más bien me preguntó él si me gustaba coleccionar estampillas; tenía una del volcán Momotombo, en forma de triángulo, que era escasa. Y aunque le dije que no, porque nada tenía que ver yo con estampillas, y lo que quería era que me contestara lo que le estaba preguntando, fue a sacar de una gaveta la estampilla, que me regaló, diciéndome que sería bueno que me volviera filatélica[6] como él. Y dijo mi hermano: ¿es filatélica lo mismo que adúltera?

Pero mi tío Noelito, muy atolondrado, le contestó que no, que eran palabras muy distintas; y que nos fuéramos ya para la casa, ya había escampado, no viniera a darse cuenta su cuñado que estábamos allí y Dios libre. Y nos tomó de la mano y nos llevó hasta la puerta.

No eran muchos los hombres que se relacionaban con Catalina. Recuerdo a dos. Valentín, mesero del Club Social que entraba con todo y bicicleta a la casa, a dejar el costal de sus camisas blancas sucias, un costal de harina Espiga de Oro, media docena por vez de camisas Venus porque era su obligación atender a los socios de camisa blanca y corbatín negro. Después de un rato se iba, manejando su bicicleta con una sola mano, las perchas con sus camisas blancas en la otra, flameando al viento.

Este Valentín, decía Catalina en son de reproche y como si él no estuviera allí, ya le he dicho que no se ponga tanta brillantina en el pelo porque le chorrea con el sudor en el cuello de las camisas y cuesta tanto sacar la costra de grumo que ni raspándola con un cuchillo. Y respondía siempre Valentín: es que me tengo que ver elegante, Catalina.

Valentín, para que ella lo hubiera llegado a tomar como pareja de adulterio, no era ni bien parecido ni nada. Un hombre sin gracia, común y corriente. Pero un día de Santa Catalina, que tuvo que haberlo averiguado él en el almanaque porque, no se celebra por lo común, le llevó una tarjeta grande, de esas perfumadas, con dos corazones rojos de satín acolchado, que fue a entregarle hasta la mesa de planchar sin dejar la bicicleta que hacía girar sola sus pedales mientras él la empujaba por el manubrio. Ella, amuinada, sin alzar la cabeza, recibió la tarjeta y la guardó muy veloz bajo las camisas lavadas. Es todo lo que recuerdo.

El otro era Peter, el gerente de la sucursal del Banco Calley Dagnall, que sólo usaba camisas Arrow, de mancuernillas,[7] y eran una novedad que admiraba a Catalina las ballenitas de plástico que traían los cuellos por debajo para mantenerlos firmes. Peter se quedaba largo tiempo conversándole a Catalina, cuando llegaba a dejar sus camisas en un saco de lona con las marcas del banco, de los mismos que servían para transportar billetes.

---

[6] Coleccionista de estampillas.  [7] Gemelos para los puños de la camisa.

Le conversaba, y le contaba chistes de los que ella se reía mientras planchaba, reprimiendo la risa con la boca cerrada, chistes de curas, conventos, monjas, burros, arrieros y loras, siempre había una lora en aquellos chistes; y siempre que terminaba de contar alguno, los celebraba chocando las manos por arriba de la
200 cabeza e iniciaba un paseo por el cuarto, moviendo las caderas, como en un paso de baile, y volvía a chocar las manos tantas veces como le fuera posible. Un día, algo que yo no oí le dijo Peter y ella se quedó algo así como pestañeando y tal vez llorando, y nunca volvió a aparecer Peter con sus camisas Arrow.

Eso fue todo. Salvo que, delante de Valentín y delante de Peter planchaba
205 Catalina en combinación y sostén; entraban ellos y no se preocupaba de correr a ponerse nada encima, igual que si fuera mi padre el que entrara. Y aquello de quedarse delante de hombres extraños medio desvestida, que más bien podría ser prueba de su inocencia, mi tía Fula lo alegaba como prueba de su maldad, lo mismo el hecho de que todas las noches fuera sola al cine; asunto que no era su
210 culpa, porque a mi padre le repugnaban las películas.

Ahora tengo la edad que tenía Catalina cuando se fue de la casa, veintisiete años; y quienes la conocieron de joven siempre me dicen que me parezco mucho a ella. Debe ser. Por lo menos tengo el pelo tirando a rojizo, aunque lo uso muy corto, los ojos de un amarillo claro, aunque desde los doce años llevo lentes, por
215 la miopía; y la voz ronca, una voz que, según me dicen, es de tono sensual; una voz de alcoba, me dijo alguien una vez. Me llamo, además, Catalina. Y me quedé llamándola a ella por su nombre, Catalina, porque se fue lejos para siempre, y porque está de por medio esa acusación en su contra de haber sido adúltera, que sea o no cierto el hecho, me quitó también, desde entonces, la inclinación de lla-
220 marla mamá.

Cómo será ahora Catalina, qué aspecto tendrá, si conservará el color de su pelo o tendrá canas, arrugitas junto a los ojos y la boca, si seguirá fumando en combinación y sostén, si será siempre musculoso su brazo de planchar, si al fin habrá tenido allá un amante, en el caso de que no lo tuvo aquí. No lo sé. Nunca
225 volvimos a verla, nunca tuvimos una fotografía suya, ni nos escribió nunca invitándonos a pasar una temporada con ella en Estados Unidos, como creía el pobre de mi tío Noelito: las vacaciones se les van a hacer pequeñas por tantos lugares donde su mamá los va a llevar a pasear, conocerán al perro Lassie en persona, comerán golosinas de allá, empacadas en celofán, y valijas nuevas, de esas de zíper,
230 tendrán que traer por tanta ropa americana que ella va a comprarles. Mentiras.

Me bachilleré en el colegio de las monjas del Rosario, mi padre dio a hacer un traje entero para llevarme del brazo, siempre de botas fuertes, bien lustradas; yo le escogí en el almacén de Elías Frech la corbata que se puso, aunque se portó rebelde, ya vestido, a la hora de ir yo a cerrarle el botón del cuello porque le mo-
235 lestaba la manzana de adán. Y fue una de las pocas veces que lo vi reír, enseñando sus calzaduras metálicas, diciéndome que lo dejara, que el botón le apretaba mucho y que iba a parecer chivo ahorcado, con los ojos tan sobresalidos. Y asistió a la ceremonia con el cuello abierto, un sombrero nuevo que compró por su propia cuenta en el mismo almacén de Elías Frech, y unos anteojos oscuros,
240 como mi tía Fula. Y nunca volvió a juntarse con ninguna otra mujer. Por lo menos, ninguna mujer que pusiera los pies en la casa.

Un día, mi hermano no amaneció en la casa. Se fue a la clandestinidad como se estaban yendo muchos de su edad en Masaya, y quedó faltando en su lugar en

la mesa de comer al lado de mi padre. Él no dijo nada, ni preguntó nada, y en su
245 aparente tranquilidad daba a entender que mi hermano lo había prevenido de su
desaparición, sólo para no verse disminuido en su autoridad; algo muy falso, si
costaba que los dos se pasaran palabra. Y en los meses que siguieron, al terminar
su tarea de comer, sólo miraba con ojos fijos a la silleta vacía, claro que preocupado, mientras, por largo rato, se escarbaba los dientes con el palillo.
250 Me matriculé en derecho en la UCA y debía viajar todos los días a Managua,
con lo que las relaciones con mi padre se fueron haciendo más lejanas, pues apenas nos veíamos por las noches y él con su costumbre constante de no admitirme
nunca a la mesa aunque ahora tuviera que comer solo; y así, con esa distancia, yo
tampoco iba a contarle que estaba metida en una célula clandestina y que recibía
255 entrenamiento en el manejo de armas. Vino la insurrección de septiembre, me ad-
virtieron que me buscaba la OSN, terminé asilada en la embajada de Costa Rica, y
salí exiliada para San José.
En el aeropuerto, cuando los exiliados, que éramos más de cincuenta, su-
bíamos al avión charter en fila de uno, lo vi desde lejos en el balcón de la terminal
260 desierta en un momento en que me volví por acaso, detenida frente a los agentes
de la seguridad que comprobaban mi nombre en la lista. No sé cómo habrá llegado hasta allí, si habían prohibido la entrada a todos los familiares. No quitó un
sólo momento las manos de la barandilla, no hizo ningún ademán de saludo.
Pero había venido a despedirme, por eso estaba allí bajo el sol; y desde lejos, creía
265 verlo masticar algo entre sus calzaduras metálicas, palabras que no salían de su
boca cerrada, o acaso sólo masticaba sinsabores.
Llegó el año de 1979. Entonces, en plena ofensiva final mataron en combate
a mi hermano, integrado a las fuerzas del Frente Sur que avanzaban desde la
frontera con Costa Rica en busca de tomar la ciudad de Rivas. La columna logró
270 recuperar el cadáver y lo enterramos en el panteón del poblado de La Cruz, del
lado costarricense. Y entonces, llamó Catalina.
Fue al día siguiente del entierro. No se cómo habrá averiguado mi teléfono
si en aquella casa de Curridabat vivíamos tantos, escondidos tras seudónimos, y
nos cambiábamos, además, de domicilio tan a menudo. Pero llamó. Te llaman
275 por larga distancia, me dijeron. Yo estaba acomodando medicinas, vendas, gasas
y esparadrapos en una caja, la última de un lote que debía salir esa mañana para
el Frente Sur. Quién, pregunté. Dice la operadora que de Los Ángeles. Y corrí al
teléfono. Catalina llamando a Catalina. ¿Es usted Catalina? Catalina, aquí está
Catalina en la línea, adelante. Y esperé. Fueron segundos, muy largos. Adelante,
280 dijo otra vez la operadora, y hubo un nuevo silencio.
¿Cómo sería su voz? ¿Sería aún más ronca que antes?
No pude saberlo porque lo que escuché fue un llanto que empezaba, una
explosión lejana, un fulgor, un derrumbe, una polvareda de llanto, y yo también
empecé a llorar como si todos aquellos años no hubiera hecho más que acumu-
285 lar mi carga de llanto para esperar la llegada de aquel momento en que tendría
que responderle, llorando, llanto con llanto, y llorábamos y ninguna de las
dos dejaba de llorar, y sólo nuestros sollozos en pugna que crecían, buscaban
sosiego y después volvían a irrumpir con violencia desconsolada, podían
percibirse a los dos lados de la línea, un llanto acercándose y otro llanto aleján-
290 dose, uno que venía y otro que se iba para encontrarse, rechazarse y volver a
encontrarse otra vez.

Era tanto tiempo, tantos años, había tantas cosas que decirse, buscar entre las dos, Catalina y Catalina, aquel hilo roto desde la tarde que la había visto por última vez en la acera, el viejo vestido de fiesta descosido en el costado, con la
295  caja de su ropa en la mano, sosteniendo el cordel del amarre, tenso, entre los dedos, sin acertar a decidir adónde dirigirse, cegada por el sol; contarle, al menos, como si hubiera sido una cosa de ayer, que mi tío Noelito había cumplido con el encargo de comprarnos las coca colas con el dinero que ella le había dejado, y que me contara ella si se había marchado a Managua con su amante porque era una
300  adúltera, o es que no tuviste nunca ningún amante y no fuiste una adúltera, mentía mi tía Fula, la muy engreída, mentían todas esas tías venenosas, enganchados en la culata de un coche fuimos a buscarte, desvalidos los dos en aquel aposento, remojados de lluvia, temblando de frío, no debía llorar yo para que no llorara mi hermano que me decía: voy a llorar, hermanita, tuvo que haber muerto él para
305  que llamaras por fin, Catalina, qué te costaba, qué te hiciste todo este tiempo, ni una carta tuya, ni una línea, ni una razón, jamás nos mandaste una foto, me pusieron anteojos de miope, cumplí quince años, tuve mi fiesta, me bachilleré, se fue a la guerra mi hermano, yo me vine al exilio, a él lo mataron, cayó rescatando a un compañero herido bajo el fuego de los morteros en la colina 55, yo me he
310  puesto luto, le pusieron su nombre a la columna guerrillera, ahora uso muy corto el pelo, qué te costaba comunicarte con nosotros para decirnos si estabas viva, iba a decirle yo con mi voz ronca aún más ronca por el llanto apenas dejáramos de llorar pero aún lloramos bastante rato todavía.

Y cuando, tanto tiempo después, al fin nos sosegamos, sorbiendo las dos el
315  llanto, vino otro silencio; y, allá, en la distancia, desde muy lejos, oí decir:
—Catalina, Catalina. ¿Está allí?
—Número equivocado —dije yo. Y colgué—.

*Managua, diciembre 1994/abril 1995*

## ■ Preguntas generales

1. ¿Qué circunstancias influyeron en la formación literaria de Sergio Ramírez?
2. ¿Qué papel juega la historia de Nicaragua en la narrativa de Ramírez?
3. ¿Desde qué perspectiva evoca Ramírez la revolución sandinista?
4. ¿Qué características comparte Ramírez con otros escritores de su generación?
5. ¿En qué empresas educativas y culturales ha participado Ramírez?

## ■ Preguntas de análisis

1. ¿Cómo describe el autor la vida familiar en "Catalina y Catalina?
2. ¿Por qué es expulsada del hogar Catalina, la madre, y cómo interpreta Ud. su conducta, antes y después de marcharse?
3. ¿Qué función cumple en el relato el contraste entre el padre de Catalina, la joven, y el tío Noelito?
4. ¿De qué modo interviene la lucha contra la dictadura en la trama del cuento?
5. ¿Qué pone en evidencia el desenlace de la historia?

## ■ Temas para informes escritos

1. Sergio Ramírez y la "nueva novela histórica".
2. Los personajes femeninos y masculinos en la narrativa de Ramírez.
3. La relación entre personajes reales y personajes ficticios en la obra de Ramírez.
4. La violencia en la ficción de Ramírez.
5. La incomunicación entre las mujeres como secuela del orden patriarcal.

## ■ Temas de reflexión y comentario

1. La relación conflictiva entre la vocación literaria y la vocación de servicio a la comunidad en escritores como Sergio Ramírez.
2. La recreación de la historia vivida y la autocrítica en la obra de Ramírez.
3. La ambigüedad moral en la conducta de los personajes de Ramírez.
4. Lo carnavalesco en la obra de Ramírez.
5. El punto de vista feminista en algunas narraciones de Ramírez.

# JOSE ALCANTARA ALMANZAR

1946, Santo Domingo, República
Dominicana

Escritor y sociólogo, José Alcántara Almánzar es uno de los cuentistas dominicanos más importantes de los últimos años. Su obra no es suficientemente conocida fuera de su país, aunque ha publicado numerosas colecciones de cuentos,
ensayos y crítica literaria. José Alcántara es profesor de sociología en la Universidad Autónoma de Santo Domingo y en la Universidad Nacional Pedro Henríquez Ureña, y combina desde los años setenta sus investigaciones en sociología
con la creación y la crítica literarias.

La generación de Alcántara tuvo como modelo, dentro de la literatura nacional, la obra de Juan Bosch. Conocido por sus cuentos de ambiente rural donde
presenta la vida de campesinos pobres y explotados, Bosch también ha escrito
cuentos de ambiente irreal que incluyen elementos fantásticos. Sin embargo, los
escritores jóvenes buscaron otros caminos, para producir una narrativa urbana
más interesada en la subjetividad de sus personajes y en su lucha dentro del contexto social, que en la influencia formadora de éste sobre cada individuo. Alcántara sitúa a sus personajes, la mayoría de los cuales son de clase media, en las
casas y calles de Santo Domingo. Julio Cortázar, autor que lo había impresionado
desde la adolescencia, fue una influencia dominante en sus primeros libros, *Viaje
al otro mundo* (1973) y *Callejón sin salida* (1975), en los que se manifiesta la afición
por lo fantástico. Otros autores dejaron también huella en su obra, en la cual
pueden encontrarse, según el autor, "la atmósfera opresiva de Franz Kafka, la objetividad de Ernest Hemingway, la fantasía de Borges o las pequeñas tragedias
cotidianas de una clase media que guarda algún parentesco con la pequeña burguesía de Mario Benedetti" (*El sabor de lo prohibido*, p. 37).

En su tercera colección, *Testimonios y profanaciones* (1978), el autor enfocó
otra temática, la realidad político-social dominicana durante la década de los setenta. Este libro se compone de seis textos breves que, a modo de cuadros, presentan en forma cruda y objetiva la violencia política, y seis textos largos en
forma de cuentos que evocan las vivencias de los personajes en su lucha por sobrevivir esas circunstancias. *Las máscaras de la seducción* (1983) penetra aun más
en el mundo interior de sus personajes, en sus impulsos, temores y deseos, y en
las máscaras con las que fingen, ocultan o disimulan sus emociones. Los cuentos
de *La carne estremecida* (1991) son representativos de la temática y la técnica narrativa que caracterizan la mayor parte de sus cuentos: sentimientos reprimidos,
obsesiones, temores irracionales, pesadillas que se vuelven realidad y sueños
eróticos que se entremezcian con la vigilia. Cuando Alcántara emplea los recursos del cuento fantástico, no lo hace como un juego intelectual, ni como una
prueba de virtuosismo, pues al narrador más le importa ahondar en la subjetivi-

dad de sus personajes, cuyos sufrimientos y problemas describe con absoluta seriedad. Recientemente, el autor ha reunido los que juzga sus mejores cuentos de las colecciones anteriores en *El sabor de lo prohibido. Antología personal de cuentos* (1993).

Además de sus cuentos, el escritor dominicano ha publicado libros de investigación literaria como *Estudios de poesía dominicana* (1979), *Narrativa y sociedad en Hispanoamérica* (1984) y *Los escritores dominicanos y la cultura* (1990).

"En carne viva" incluye todas las características anteriormente señaladas, desde el estudio psicológico del personaje hasta la convergencia del sueño y la realidad, y comunica, al mismo tiempo, una crítica sobre el estado de la sociedad dominicana y de sus instituciones.

### ■ Bibliografía mínima

Alcántara Almánzar, José. *La carne estremecida*. Santo Domingo, República. Dominicana: Fundación Cultural Dominicana, 1991.

———. "La aventura del cuento". *El sabor de lo prohibido. Antología personal de cuentos*. Río Piedras, P. R.: U de Puerto Rico, 1993, 31–42.

Barradas, Efraín. "La seducción de las máscaras: José Alcántara Almánzar, Juan Bosch y la joven narrativa dominicana". *Revista Iberoamericana* 44 (1988): 11–25.

———. "Sencillamente ignorados: la cuentística de José Alcántara Almánzar en su contexto caribeño". *El sabor de lo prohibido*. 9–29.

Céspedes, Diógenes. "José Alcántara Almánzar en la frontera del relato". *Estudios críticos*. Santo Domingo: Editora Cultural Dominicana, 1976. 296–302.

de Lourdes Torres Hernández, Nívea. "Feminismo y psicozoologismo en tres relatos de Arévalo Martínez y Alcántara Almánzar". *Alba de América: Revista Literaria* 20. 37–38. (2001): 197–207.

Fernández Olmos, Margarita. "La narrativa dominicana contemporánea: en busca de una salida". *Revista Iberoamericana* 54. 142 (1988): 73–87.

Manzari, H. J. "An Afternoon with José Alcántara Almánzar". *Callaloo: A Journal of African-American and African Arts and Letters* 23.3 (2000): 953–60.

# La carne estremecida (1991)

## EN CARNE VIVA

Gabriel entra al baño temiendo que Alma se duerma antes de que termine el noticiero de las diez, como siempre le ocurre a esa hora en que todo el cansancio y las tensiones del día parecen desplomarse[1] sobre ella sin compasión. Una leve ráfaga de aire tibio y húmedo penetra por la persiana,[2] que él cierra de inmediato, receloso[3] de una corriente dañina. Se quita la bata, los pantaloncillos, se tienta con una mano piadosa la incipiente pancita[4] que lo abochorna cuando va con sus hijos a la piscina del club y se da un chapuzón[5] delante de quinceañeras

---

[1] Caer pesadamente.

[2] Cierre que se coloca en las ventanas, formado de listones entre los que quedan rendijas por las que puede pasar el aire pero poca luz.

[3] Con temor.

[4] Diminutivo de panza: vientre.

[5] Se zambulle.

indiferentes que no se enteran de que él existe. Quiere saber si ha aumentado de peso durante el fin de semana recién transcurrido y sube a la balanza. Con dis-
10 gusto comprueba que ganó dos libras, para un total de quince, con las trece que ya tenía en exceso. Su incapacidad para controlar el apetito provoca en él un sentimiento de autocompasión y desprecio. Por enésima[6] vez piensa en lo que hay que hacer para mantenerse en forma y evitar una obesidad prematura. Ante todo reducir la cantidad de alimentos, dejar los tentadores tragos en las comidas y
15 poco antes de acostarse, llevar una dieta saludable, baja en grasas, calorías y carbohidratos, y, por supuesto, ejercicio, practicar algún deporte, quizás correr o jugar tenis aunque sea los sábados, que es el único día verdaderamente suyo, sin horario de oficina, reuniones engorrosas[7] o compromisos familiares ineludibles. Lo peor del caso es que conoce estas fórmulas a la perfección y no las aplica por
20 debilidad e indisciplina.

Cuando Gabriel manipula los grifos de la ducha, el agua brota caudalosa, con una fuerza inusitada. Desde la habitación llegan sonidos del televisor, ininteligibles, mientras Alma se pule las uñas o le pregunta algo que él es incapaz de entender. Se queda inmóvil, concentrado en Alma, que lo espera plácidamente
25 acostada, lista para entregarse a él cuando la requiera. Apartándose del caño se enjabona despacio y al concluir se coloca de nuevo bajo la enérgica lluvia que limpia y masajea su cuerpo al mismo tiempo. Más que una rutina aséptica, el baño es para Gabriel un rito cotidiano de renovación que lo libera de la suciedad que el mundo exterior arroja sobre él. Con frecuencia dice que al agua depura su
30 cuerpo y le da fuerzas para afrontar la vida. Se seca la cabeza, la cara, las extremidades y el resto, poniendo especial cuidado en los pies. Sale de la bañera y va directamente al botiquín,[8] de donde extrae un frasco de colonia. Gabriel es pródigo con sus perfumes, sobre todo cuando se propone llamar la atención de las mujeres. Piensa entrar desnudo a la habitación, pero sabe que Alma no aprobaría
35 una conquista tan descarada y decide ponerse el piyama nuevo que le regalaron los niños en su cumpleaños.

Al llegar al aposento descubre que Alma se ha quedado dormida y dejó encendido el televisor. El desaliento[9] se mezcla con la frustración. Reprime su fogoso[10] impulso y deja que siga la transmisión, interesado en mantener el agra-
40 dable ambiente de luces y sonidos discretos emitidos por el aparato. Se mueve con el sigilo de un gato para no molestar a su mujer, aunque se siente miserable después de tantos juegos de imaginación condenados a quedar en su cerebro como meras fantasías de cuarentón embullado.[11] Observa a Alma, acostada de lado, hecha casi un ovillo,[12] ocupando muy poco espacio de la enorme cama. Gabriel
45 le quita un mechón de pelo que le cubre parcialmente la cara y luego trata de despertarla, secreteándole con ternura que se ha perdido lo mejor de las noticias: el inesperado discurso del Presidente. Ella permanece inmutable y Gabriel sonríe. Sabe muy bien que el sueño de Alma es de piedra y que no despertará, a menos

---

[6] Una vez más, añadida a las otras muchas veces.

[7] Fastidiosas, molestas.

[8] Armario donde se tienen medicinas.

[9] Desánimo. Sin ánimo para proseguir una empresa.

[10] Apasionado, entusiasta.

[11] Alborotado, entusiasmado con algo.

[12] Acurrucada. Como una bola de las que se hacen con hilo, lana, cuerda, alambre etc.

que la zarandee[13] o la asuste. Entonces reaccionaría hecha una furia y sus planes
50 se estropearían. Le entran ganas de fumar y sale al balcón.

Hace una noche espléndida, clara, sin ruidos ni calor excesivo. Desde su
casa, ubicada en un promontorio, Gabriel domina una vasta zona de residencias
y áreas verdes que están al norte. Sentado en un confortable sillón saborea un cigarrillo, intenta olvidar sus frustrados deseos y piensa que hacía tiempo no pasaba
55 un rato tan armonioso, en medio de una ciudad que ha dejado de serlo. En este
instante sólo le importan Alma, los niños, la quietud del hogar, su cigarrillo, el silencio de la noche, su piyama nuevo.

A los lejos parpadean las luces de las casas situadas al pie del farallón[14] que
hay enfrente de su calle y una columna de humo que aniebla la transparencia de
60 la noche. Gabriel recuerda los montones de basura arrojados dondequiera y las
improvisadas hogueras que la gente inventa para combatir la pestilencia y las
plagas. Cierra los ojos tratando de borrar las escenas que quiebran[15] su paz interior, pero el inconfundible hedor de materia orgánica en combustión tortura su
nariz negándole el sosiego que hasta hace poco disfrutaba.

65 Entra a la casa, camina por los pasillos del piso superior y llega a la
habitación de los niños, que duermen desde temprano. La puerta está abierta y
Gabriel contempla enternecido a sus hijos. Como de costumbre, el pequeño está
atravesado en la cama, oprimiendo a la miedosa gordita que ha venido a buscar
refugio en el aposento de sus hermanos. Coloca al primero en una postura ade-
70 cuada, lleva a la niña a su cuarto, la acuesta, la arropa[16] y regresa. El mayor
olvidó apagar la luz de la pecera. Echado boca arriba, resuella[17] con el pitido[18]
sonoro del que respira con dificultad. Gabriel abre por completo las persianas
para que la brisa circule. Apaga la pecera y sale de la habitación. Pasa por la
suya, ve que Alma sigue igual mientras el televisor la cubre de fuegos artifi-
75 ciales. Baja la escalera, se detiene en la sala, recoge unas revistas que encuentra
tiradas en el piso y las pone sobre el sofá. Va a la cocina y, sin encender la luz,
abre la nevera, saca hielo del congelador, coloca varios cubos en un vaso y se
sirve whisky de una botella que guarda camuflada entre cajas y latas en la
despensa. Al beber el primer sorbo, un súbito espasmo le contrae la garganta.
80 Es una especie de incomodidad que pronto deja paso a un estado de bienestar.
Con la botella en una mano y el vaso en la otra sube a su cuarto. A medio camino
se pregunta si las puertas tendrán puestos los pestillos,[19] pero ya es tarde para
constatarlo.

Gabriel procura no despertar a Alma, aunque su excitación se mantiene. To-
85 davía es temprano. Apenas son las once y se le ha espantado el sueño. Termina el
trago que se preparó en la cocina y se sirve otro. El canal interrumpe *Cine de la
Noche* y la figura de una actriz de moda se desvanece. El locutor oficial aparece
con un reporte sobre inesperados enfrentamientos callejeros en la capital. Fuego,
barricadas, trincheras, violencia de una multitud furiosa que protesta y avanza

---

[13] Zarandear: sacudir.
[14] Islote. Roca alta y cortada a pico, que sobresale en el mar. Picacho de la misma forma en
tierra firme.
[15] Rompen, interrumpen.

[16] La cubre o abriga.
[17] Respira haciendo ruido.
[18] Sonido parecido al que emite un pito.
[19] Pestillo: cerrojo pequeño o pasador plano con
que se asegura cerrada una puerta.

90 con una fuerza avasalladora[20] entre los escombros[21] de un barrio recién de-
molido. Muchos hombres, jóvenes y viejos, arrojan piedras, mientras mujeres y
niños alimentan las fogatas formadas en las calles. Por todas partes emergen
bocanadas[22] de humo de neumáticos, madera astillada que consumen las llamas,
bombas lacrimógenas arrojadas contra la muchedumbre para amedrentarla.
95 Gabriel sospecha que se trata de una sedición de alcance impredecible y, más que
inseguridad, lo sacude un ligero sobresalto cuando advierte que se dispara contra los sublevados,[23] que caen por decenas en las calles revueltas. Sabe que su
casa se encuentra lejos del lugar de los sucesos, que la ciudad es inmensa, que la
situación está aún bajo control. Quiere no mortificarse demasiado y se sirve otro
100 trago, sin medir que está bebiendo muy de prisa. Empieza a sentir un alivio que
afloja sus músculos y lo hace reclinar la cabeza en su almohada. Alma sigue a su
lado, hecha una muerte que respira, ajena a lo que pasa. El acaricia su cuerpo
acurrucado[24] y detiene una mano pegajosa en sus suaves caderas de potranca
joven que a él tanto le gusta samar.[25]

105     Cambia de canal para evadir las imágenes perturbadoras y descubre que en
el otro también transmiten los acontecimientos incendiarios de las últimas horas.
En cada estación se repiten las mismas escenas subversivas provocadas por el vértigo colectivo. Es el torbellino de un rencor ciego desatado en el corazón de unos
barrios derribados a fuerza de patanas[26] y mandarrias[27] en nombre del progreso.
110 Ahora Gabriel cae en un ligero sopor, en un estado de relajamiento delicioso, no
obstante la persistencia de las tumultuosas noticias de la tele. Desea apagar el
aparato y la curiosidad se lo impide. Está deslumbrado, horrorizado por la destrucción monumental y las conmociones callejeras. No sabe de dónde sale tanta
gente abigarrada, millares de individuos airados que se enfrentan al desamparo y
115 la muerte —porque ya nada tienen que perder— con uñas y dientes, con estacas,
piedras y cuchillos que ingenuamente blanden contra los agentes del orden.

De repente cree oír ruidos afuera, gritos y bramidos[28] que asaltan el reposo
de su vecindario, sin que él pueda determinar dónde se originan. El perro ladra,
prueba inequívoca de que algo raro ocurre en el patio. Incrédulo aún, Gabriel
120 aguza el oído, baja el volumen de la tele, buscando la procedencia de ese fragor[29]
inusitado[30] en los alrededores de su casa. Ahora sabe, sin lugar a duda, que no se
trata de una fantasía causada por falsas impresiones surgidas en el duermevela[31]
de la medianoche, sino de una innegable realidad: el furor callejero se ha propa-
gado por todas partes, convirtiéndose en una fulminante amenaza para los pací-
125 ficos ciudadanos que viven en las urbanizaciones más exclusivas y distantes del
centro de la ciudad. Gabriel vacila poco antes de echar un vistazo a la calle. Se
pone la bata, deja el vaso y el control remoto de la tele sobre la mesa de noche y,

---

[20] Abrumadora, que se impone.
[21] Materiales de desecho de una obra de
albañilería o un derribo.
[22] Bocanada: ráfaga; salida o entrada, realizada
de una vez, de aire, humo etc., por una
abertura.
[23] Amotinados, rebeldes.
[24] Doblado y encogido, ocupando el menor
espacio posible.

[25] Apretar y mover como amasando.
[26] Camiones grandes que se usan para
transportar carga.
[27] Mazos, martillos pesados.
[28] Gritos muy fuertes que revelan cólera.
[29] Estrépito, estruendo. Ruido muy grande
producido por una acción violenta.
[30] Extraordinario, raro, insólito.
[31] Modorra, sopor, somnolencia.

sin despertar a Alma, sale al balcón. Allí comprueba que no eran cándidas suposiciones suyas. Los vándalos se hallan tan cerca que ya puede verlos en
130 plena acción. En su vecindad también hay fuego, peste de caucho y basura chamuscada. No comprende por qué no viene la policía a rematar tanto desenfreno, violación de domicilios y saqueo indiscriminado.

Los vecinos más precavidos sacan sus armas de fuego y se enfrentan a los intrusos, pero éstos son demasiados y aquéllos no pueden contenerlos. Algunos
135 desharrapados[32] caen, mientras muchos otros continúan avanzando. Brincan las cercas, estrangulan a los perros guardianes, destrozan las cerraduras y asaltan las viviendas para apoderarse de los objetos valiosos. Gabriel se lamenta de no haber comprado el revólver que un amigo quería venderle hace poco, aunque supone que en circunstancias como ésta las armas de fuego tienen escaso valor práctico.
140 Se asoma a la ventana de su aposento y le sorprende que Alma siga dormida, pese[33] al escándalo que súbitamente ha invadido los predios[34] de la urbanización. En cierto modo le tranquiliza que su mujer e hijos no se percaten[35] de nada. Todavía cree poder asegurar la casa, fijar puertas y ventanas o tratar de persuadir a los invasores para que cojan lo que quieran y dejen tranquila a su familia.
145 Baja al primer piso, pone los pasadores a las ventanas y arrima un pesado mueble a la puerta que da al patio. Convencido de que la casa está protegida se dispone a subir cuando oye golpes en la entrada. Percibe un forcejeo,[36] una trepidación descomunal y la puerta finalmente cede.[37] Un grupo de desconocidos irrumpe en la casa. Son seis o siete hombres y varias mujeres en los que Gabriel
150 reconoce indigencia prolongada y desesperación. Sin darle tiempo a hablar lo golpean y cuando él intenta defenderse uno de ellos le cae a trompadas hasta derribarlo, mientras otros suben al segundo piso y las mujeres se adueñen de lo que encuentran en la planta baja, ante la mirada impotente de su propietario. Gabriel está en el suelo, medio aturdido por los golpes, aunque consciente de lo
155 que ocurre a su alrededor.

Desde la calle llega una confusa vinglería[38] que él no puede descifrar. Hace un intento de levantarse y una fuerte patada en la espalda se lo impide. Ya no le importa que se lleven lo que les dé la gana; los únicos que cuentan para él son su mujer y sus hijos. Sobreponiéndose al dolor en el espinazo levanta la
160 cabeza para suplicar piedad. En ese momento los malhechores bajan a empellones a su mujer e hijos. Alma grita y maldice; los niños sollozan asustados sin comprender lo que pasa. Gabriel está a punto de ahogarse de indignación; la sangre se le arremolina[39] en la cabeza, siente en carne viva el atropello contra su familia y decide impedirlo aunque en la acción pierda la vida. Haciendo un
165 esfuerzo titánico se levanta, trata de llegar hasta los suyos para defenderlos. Entonces dos hombres lo golpean salvajemente. Las trompadas son tan brutales que los chisguetes[40] brotan de sus pómulos y cejas. Es una sangre fría, profusa, que le

---

[32] Andrajosos, harapientos.
[33] A pesar de.
[34] Fincas o propiedades.
[35] Percatarse: darse cuenta.
[36] Acción de forcejear: hacer esfuerzos para realizar algo que requiere fuerza.

[37] Deja de resistir.
[38] Alboroto de voces.
[39] Se le aglomera.
[40] Chorrillos de sangre.

opaca la mirada. Gabriel cae de nuevo, seguro de que sus atacantes lo rematarán
allí mismo, aumentando los aullidos de Alma y el griterío de los niños. La sangre
170 le corre por la cara, el cuello y los brazos inermes. Y entonces recibe el golpe de
gracia: un puñetazo terrible que lo hace despertar espantado, sudoroso, con el
vaso de whisky derramado sobre su pecho. Todavía está encendido el televisor y
no obstante su brusco movimiento al despertar, Alma continúa dormida. Ella
siente la helada humedad del líquido volcado en la cama y se arrebuja con la
175 sábana sin cambiar de posición.

Por un instante Gabriel siente un enorme alivio. Presiona un botoncito y
apaga el televisor, con una rabia que sólo puede oprimir al que ha sido burlado y
no puede desquitarse. Le duele la cabeza, como si se hubiera dado un golpe. Le
laten las paredes del cráneo. El dolor castiga los huesos y aumenta y disminuye,
180 desaparece y retorna provocando un molesto vahído[41] que Gabriel atribuye a los
tragos. Toma la cajetilla de cigarrillos y enciende uno. Echa un copo[42] abundante y
respira hondo, libre por fin de la agonía que acaba de pasar. Está incómodo. La
humedad del piyama se une al frío sudor que moja su cuerpo. Aun así permanece
en la cama, débil, marcado por unas repentinas ojeras que revelan el tortuoso
185 trayecto de su pesadilla. Corre una brisa agradable. La luz del farol de la calle
choca contra los cristales de las persianas, se filtra a través de la cortina e inunda la
alcoba con una claridad moderada. Gabriel enciende su lamparita, se levanta, saca
una camisilla del gavetero y se la pone. Sale de la habitación, chequea a la niña,
que duerme con un dedo en la boca y una muñeca entre los brazos, y después se
190 dirige hacia los varones, que lucen tranquilos y parecen inmersos en la placidez de
un sueño sin compromisos. Gabriel les guiña a los peces, de eternos ojos abiertos,
navegantes en el limitado espacio de su universo, y retorna a su cuarto.

Al acostarse oye ruidos afuera. El perro, nervioso, ladra sin parar. Se escuchan susurros[43] y pasos mal disimulados entre el cascajo[44] del patio. Gabriel
195 salta de la cama, corre por los pasillos, desciende la escalera y en unos segundos
llega a la primera planta. El perro, de repente, calla. Gabriel enciende la luz del
jardín y el patio, pero ya es demasiado tarde. En la puerta de enfrente suena el
golpecito seco de una llave maestra que pone a girar el picaporte. Gabriel tiembla, siente que el corazón le da un vuelco. Se pregunta si estará todavía
200 sumergido en los horrores del sueño o verdaderamente despierto para en-
frentarse a una pesadilla tangible que ya no puede detener. Se apresura a
verificar si la puerta tiene el cerrojo y en ese preciso instante entran dos enmascarados que lo encañonan con un revólver y le ordenan buscar el dinero y las
prendas[45] si no quiere que le arranquen la cabeza.

## ■ Preguntas generales

1. ¿Qué modelo literario tuvo la generación de José Alcántara Almánzar, y
cómo se distanció de él? ¿Qué autores tuvieron particular influencia en la
formación de este escritor?

---

[41] Mareo. Sensación de estar a punto de
desmayarse.
[42] Una nube de humo.
[43] Murmullos.

[44] Cascotes o fragmentos pequeños de piedra
que se usan para cubrir los senderos y
plazoletas de los jardines.
[45] Joyas, alhajas.

2. ¿Qué características tienen los cuentos de Alcántara en cuanto a ambiente, personajes y técnica narrativa?
3. ¿Qué circunstancias históricas se evocan en *Testimonios y profanaciones?* ¿Cómo está estructurado este libro?
4. ¿Qué vivencias explora a través de sus personajes? ¿En qué relación coloca a éstos con respecto al medio social?
5. ¿Qué temas de interés literario ha investigado Alcántara y qué ha publicado sobre ellos? ¿En qué otros campos, fuera de la creación literaria, se desempeña profesionalmente?

## ■ Preguntas de análisis

1. ¿Qué sentimientos perturban al protagonista de "En carne viva"? ¿Cómo trata de combatirlos?
2. ¿Por qué cree Gabriel que los enfrentamientos callejeros no van a afectarlo personalmente? ¿Desde qué perspectiva social interpreta los hechos el personaje?
3. ¿Dónde puede observarse una intención de crítica social en este cuento?
4. ¿Cómo se confunden el sueño y la realidad?
5. ¿Cree Ud. que es fácil para el lector identificarse con la experiencia del protagonista? ¿Por qué?

## ■ Temas para informes escritos

1. José Alcántara Almánzar y las tendencias innovadoras en la narrativa dominicana reciente.
2. Alcántara y los escritores del Caribe.
3. La primacía de la subjetividad en los cuentos de Alcántara.
4. El erotismo explícito en los textos de Alcántara.
5. Relación entre los trabajos de investigación y las creaciones literarias del autor.

## ■ Temas de reflexión y comentario

1. La obra de Alcántara Almánzar como reflejo de la vida urbana.
2. Los problemas psicológicos de los personjes de Alcántara Almánzar.
3. Las relaciones entre hombre y mujer en los cuentos del escritor dominicano.
4. El elemento onírico en la obra de Alcántara Almánzar.
5. El sensacionalismo en los medios de comunicación y sus efectos en los personajes de Alcántara Almánzar.

# ANA ISTARÚ

(1960, San José de Costa Rica)

Poeta, dramaturga y actriz, Ana Istarú es una de las voces más prometedoras de su generación. Por medio de un lenguaje preciso y desenfadado convierte los temas más prosaicos en materia poética; al mismo tiempo, su quehacer artístico trasciende el panorama local al incorporar preocupaciones universales tales como la maternidad, la injusticia, la discriminación racial y sexual. Su obra poética incluye seis poemarios entre los cuales sobresalen *La estación de fiebre y otros amaneceres* (1983), *La muerte y otros efímeros agravios* (1989), y *Verbo madre* (1995). En el primero el tema prevalente es el amor visto en su instancia erótica; aquí Istarú retoma y remoza motivos vistos en la obra de, por ejemplo, la uruguaya Delmira Agustini (pp. 308–313). Asimismo, poemas de esta colección, por ejemplo, "Mi nombre de persona", afirman el valor de la mujer como ser humano diferente y pensante, y reclaman, desde una postura feminista, un reconocimiento de esta valía. Traducida al francés y parcialmente a otros idiomas (inglés, italiano, alemán, holandés), la segunda colección se ocupa del tema de la violencia; allí la muerte figura como lógica consecuencia de la vida, pero también como trágico corte marcado por la guerra y la miseria. *Verbo madre* explora líricamente la experiencia de la maternidad y las relaciones entre madre e hija.

Destacada asimismo por sus contribuciones al teatro, Istarú ha recibido galardones nacionales e internacionales por su labor de actriz y por su producción dramática. Esta última incluye *El vuelo de la grulla* (1984), *Madre nuestra que estás en la tierra* (1988), *Baby boom en el paraíso* (1996) y *Hombres en escabeche* (2000). El humor, la ironía y la risa, son los recursos más preponderantes de su arte dramático. Sin embargo, la irrisión no es únicamente diversión; nos lleva a reflexionar sobre problemas culturales y sociales y de este modo entrega un humor con "mordida" social. Por ejemplo, *Baby boom,* obra de carácter autobiográfico, se centra en el proceso del parto, en el alumbramiento mismo; según la autora, la escribió con el deseo de "sensibilizar a las personas ... sobre ese momento único..." en la vida. Estrenada en San José de Costa Rica en el 2000 y con Istarú interpretando el papel principal, *Hombres en escabeche,* otra obra suya, retrata la vida amorosa de Alicia por medio de un diálogo con una galería de tipos—desde el novio al amante—todos reducidos al absurdo. En diálogos ágiles, asoma la trayectoria de la vida femenina con sus limitaciones, pero también con las tretas empleadas por Alicia para superarlas. Situaciones entre ridículas y cómicas cuyo planteo cuestiona las normas sociales, refuerzan el mensaje de la obra centrado en la necesidad de cambio y la creación de una sociedad equitativa.

### ■ Bibliografía mínima

Cramsie, Hilde F. "La marginación lingüística y social de la mujer en dos obras de Ana Istarú". *Mujer y sociedad en América.* Ed. Juana Alcira Arancibia. Westminster, CA: Inst. Literario y Cultural Hispánico, 1990. 43–58.

Istarú, Ana. *La estación de fiebre y otros amaneceres.* Ed. Ricardo Bada. Madrid: Visor, 1991.

———. *Baby boom en el paraíso. Hombres en escabeche.* San José: Ed. Costa Rica, 2001.

*Review: Literature and Arts of the Americas* (Número dedicado a la literatura centroamericana actual) 67 (Otoño de 2003): 1–95.

Rojas G., Margarita. "Transgresiones al discurso poético amoroso: la poesía de Ana Istarú". *Revista Iberoamericana* 53.138–139 (1987): 391–402.

# La estación de fiebre y otros amaneceres (1983)

### Y COLGARÍAMOS NARANJAS EN CADA NUBE

Si yo fuera azúcar
y tú fueras almohada,
si yo fuera pan
y tú amor escarchado[1] en la nevera,
5  si fuéramos
la ranura[2] blanca
de una puerta que se abre en la oscuridad,
o las luciérnagas[3] que brotan
de las latas de conserva,
10  si fueras mi bolsillo,
y yo un puño[4] de moras recién cortadas,

---

[1] De escarcha, la capa de hielo que se forma en las madrugadas de invierno sobre la vegetación. Aquí alude al hielo de la nevera o refrigerador.
[2] Canal estrecho.

[3] Insecto coleóptero cuya hembra carece de alas pero tiene un aparato luminiscente.
[4] Conjunto.

¡cómo se enredaría la brisa alrededor nuestro
para formar una canción inmensa
de burbujas celestes y amarillas,
15 enmarcando la extensión antigua de las ventanas!

### ¿DÓNDE ESTARÁS?

¿Dónde estarás,
telar[5] de miel azul,
andamio[6] de atardeceres
entre mis brazos?

20 ¿Dónde estarás,
que mi frente lleva gris el calor
y va muerta como un terrón[7] de silencios?

Voy a bajar violentamente
el telón de nubes que me entristece la boca
25 para mordisquearme[8] tus dedos
con la ternura blanca de los regresos.

¿Adónde irás,
palomar[9] alto hecho tallo verde
en mitad de mi cielo,
30 oración de aromas
que humedece el aire
y lo torna frágil
y lo engendra?

La luz se desmaya
35 y forma sobre mis hombros
el perfil violeta de la melancolía.

A dentelladas[10]
me trago los luceros que azulmente dejaste
sobre cada región de piel
40 que me limita el alma.
En mi arboleda,
amor y viento.

### MI NOMBRE DE PERSONA

Y sólo entonces
será hermoso
45 tener un hijo

---

[5] Máquina para tejer; se refiere a la dulzura que produce o "teje" la presencia del amado.
[6] Armazón de metal o madera montado para la construcción o mantenimiento de edificios; se refiere al construido en esos atardeceres por medio de las caricias.

[7] Masa pequeña y compacta de alguna sustancia, generalmente de azúcar; en este caso los silencios se juntan para constituir un "terrón".
[8] Morder con frecuencia y poca fuerza para sacar porciones pequeñas.
[9] Sitio donde se crían las palomas.
[10] Clavar los dientes con fuerza.

de lirios y hogueras
incendiando
las paredes de mis muslos,
porque voy a parir
50 el universo con mi milagro
enorme como un dedal.

      Porque al fin
tendré el orbe
bien construido
55 y ordenado
donde nadie
ensucie
mi nombre de persona,
donde no venga nadie
60 a mancharme
y declararme
menos
que mi hijo
o que mi padre.

65       Donde todos carguemos
la misma hambre osada
de heliotropos[11] en la carne.

# La muerte y otros efímeros agravios (1989)

## EL HAMBRE OCURRE

el hambre
su alquimia pertinaz

transmutación violenta
en la costilla.

5 tener un hombre vivo entre los dedos
tirárselo a la muerte.

el hambre es una muerte
que se hace la olvidada
se demora

10 finge buscar su cita en la libreta

pero al final te toca
y es una brea[12]
inarrancable

---

[11] Planta de flores blancas y violetas; por su carácter giratorio, se la asocia con el sol, la luz que mana de la fuente solar.

[12] Mezcla que se usa para rellenar los huecos o calafatear las embarcaciones.

no deja cicatriz
15 o sustrae al más pequeño de la casa
lo convida
al baile helado

el hambre ocurre

esto lo escribo en Costa Rica
20 estamos en setiembre ochenta y cinco

pero resulta
la muerte aquí es católica apostólica[13]
el sueño en que moramos[14] no resiste
este grillete[15]
25 así nadie comenta
el hambre queda en rasgo de mal gusto

la paz
aquí la paz se nutre con la sangre.

## DECLARACIÓN URGENTE DE AMOR A LOS HUMANOS

el sueño se ha de urdir[16] en la vigilia
a la sien[17] de los que duermen
viaja un hilo de pólvora.

oigo el olor espeso del combate
5 estamos en cordura[18]
estamos en futuro
los resueltos.

la latidud se inflama
somos vastos
10 *somos:* vocablo de victoria

hay un pájaro galáctico un designio
un firmamento audaz[19]
puedo tocar su arteria venidera
el mensaje cifrado de los genes
15 es nuestro juramento

estamos abocados[20] a la vida
y nada se nos detiene
de América hasta América

---

[13] Es universal, para todos.
[14] Vivimos.
[15] Arco de hierro semicircular que se usa para situar una cadena en algún sitio, en particular los pies de los presos.

[16] Preparar de modo cauteloso.
[17] Región alta y lateral de la cabeza.
[18] Sensatez, buen juicio, prudencia.
[19] Atrevido.
[20] Predestinados.

me elevo a los terrenos liberados
20 predigo mortandad a las fronteras
mi ubicación geográfica
es esta nueva era de abundancia
soy compatriota del destino
final de los terrestres
25 la libertad

el odio el hambre
la pena y su lagarto
serán los datos negros del pasado.

pienso en los niños los ángeles quebrados
30 el vellocino de oro[21] por qué vivo
los raptados del miedo
los que mueren de sed en una esquina
los ínfimos adultos de seis años
los primeros indefensos de la especie
35 mis queridísimos pocitos del vacío
los postergados
los prostituidos los vendidos
los olvidades al terror
los inocentes miserables
40 juro por ellos
ofrezco este pezón[22] con su franela
ternura que se expande en círculos concéntricos
kilómetros de niños germinando
y un mineral precioso en sus pupilas
45 estamos por los hombres
por los niños
que una vez fueran estos hombres
por el roce de musgo que dejaron
en el punto celeste de la entraña
50 por su beldad desconocida
por los niños que *no fueron* estos hombres

vamos a ser los parturientos[23]
el corazón preñado de cantos vegetales
de cielos submarinos
55 crecen ciclos feraces[24] en la sombra
a pleno sol lanzamos
las tersas llamaradas del futuro

---

[21]Vellón maravilloso de un carnero alado que, según la mitología griega, vivía en la Cólquida custodiado por un dragón. Jasón y sus argonautas lo buscaron.

[22]Parte central y prominente de la glándula mamaria.
[23]Se dice de quienes dan a luz o acaban de parir.
[24]Fértiles.

el aire será nuestro
la bóveda invertida del océano
60 la siega los geranios los cereales

la larga paz de los cobrizos[25] alcatraces
la libertad
la libertad que estalla desde el géiser
atronadora[26] como un potro relumbrante[27]
65 que invierte su ciclón en el delirio
va derrumbando diques enjambres[28] cascos puertas
cuarteles detestables consulados molinos
el paredón de azufre la muerte los desiertos
el pútrido puñal la indiferencia
70 el puño amargo el mar torcido los nefastos
los gráciles señores de la guerra

estamos por los hombres transmitimos
una húmeda señal
la roja comunión que nos subleva
75 hay una raza nueva
que apremia en el ovario
vinimos a la vida
por esta ardiente urgencia convocados
nosotros somos por tanto los despiertos
80 los ajetreados[29] los indóciles los rojos
los empeñados los eternos subvertidos
y vamos a un final de alumbramiento

nos veremos en la lucha
hay una fiesta que empieza por los siglos
85 ¡a la calle! ¡a la calle! ¡a la calle!
amamos tanto

# Verbo madre (2000)

## ESTOY DE PIE EN UN SUEÑO

Estoy de pie en un sueño.
No lo quebrante[30] nada:
ni ese buque de bruma[31],
ni ese torso aterido[32],
5 ni ese dolor que viene
preguntando mis señas,
ni esa medalla rota

---

[25] De color del cobre.
[26] Como el ruido de los truenos.
[27] Que resplandece, da luz.
[28] Muchedumbre de personas o cosas juntas.

[29] Los fatigados o cansados.
[30] No lo interrumpa, rompa.
[31] Niebla que impide la visibilidad.
[32] Helado.

de mi niñez soleada,
ni ese cadáver dulce
10 que nunca se derrite.[33]

Pasan las nubes. Tocan
mi preñez constelada.[34]
Depositan sus roncas
liviandades encinta
15 y mi cintura es bóveda
donde naufraga el cielo.
Pasa la noche. Pasa
como un linaje oscuro
donde mezo[35] mi lánguido
20 devenir de planeta.

Estoy de pie en un sueño.
Soy sueño que levita.[36]
Soy nave circular,
la faz[37] del plenilunio[38].
25 Pasa la vida. Sueña.
Hunde en mi horcajadura[39]
sus dos guantes helados
y al fondo de mi entraña,
como si en un estanque,
30 un pasajero espera.
Tiene el porte[40] del ángel,
la estatura de seda,
el sopor[41] migratorio
de una deidad brevísima.

35 Estoy de pie en un sueño.
No lo quebrante nada:
ni ese buque de bruma,
ni ese torso aterido,
ni ese dolor que viene
40 preguntando mis señas.

## ■ Preguntas generales

1. ¿Con qué tradición poética asociaría Ud. a Ana Istarú?
2. ¿Cuáles serían algunas de las transgresiones de Istarú en cuanto al discurso poético amoroso?

---

[33] Se consume, se gasta.
[34] Embarazo sembrado de estrellas.
[35] Del verbo mecer: imprimir un movimiento de vaivén.
[36] Se eleva.
[37] Cara.

[38] Luna llena.
[39] Angulo que forman las piernas en su nacimiento.
[40] El aspecto, la figura. Se parece a un ángel.
[41] Somnolencia, adormecimiento, sueño profundo.

3. ¿Encaja la obra de Istarú dentro de las últimas tendencias líricas de Hispanoamérica? Explique su respuesta.
4. ¿Cómo relacionaría Ud. la obra de Istarú con las posturas feministas?
5. ¿Cuál es la contribución del teatro de Ana Istarú?

### ■ Preguntas de análisis

1. ¿Qué tipo de actividad sugiere el título de "Colgaríamos naranjas en cada nube"? ¿Cómo caracteriza el sujeto lírico a los amantes? ¿Qué efectos logran estos paralelismos? ¿Por qué es importante la transición de "fuera" a "fuéramos"? ¿Cuál es el efecto de la brisa? ¿Con que asocia Ud. las "burbujas celestes y amarillas"? ¿A qué se refiere la "extensión antigua de las ventanas"?
2. En "¿Dónde estarás?", ¿cuál es el estado anímico del sujeto y que imágenes emplea la voz poética para reflejarlo? ¿Cómo esta voz caracteriza al amado? ¿Qué connotan los "luceros" sobre la piel? Analice las imágenes sensoriales y explique qué sugieren. ¿Cómo relaciona Ud. el "palomar alto" con la conclusión: "en mi arboleda / amor y viento"?
3. ¿A qué particular situación alude "Mi nombre de persona"? ¿Cómo marca la voz poética el género? ¿Cómo caracteriza la maternidad? ¿A qué tipo de orden aspira y cómo lo describe? ¿Cuál es el mensaje de los versos finales?
4. ¿Cómo describe la voz poética el hambre en "El hambre ocurre"? ¿Cuáles son sus consecuencias y cómo llegan? ¿A qué lugar nos remite el hablante lírico, cómo es allí el hambre y cómo se reacciona ante su efecto? ¿Cuál es la conclusión y a qué cree Ud. que se refiere?
5. ¿Qué estado describe la voz poética en "Estoy de pie en un sueño? ¿Qué función cumplen los negativos no, ni, en la primera estrofa? ¿Qué transformaciones sufre el sujeto lírico? ¿Por qué es "nave circular'? ¿Quién es el "pasajero" que espera y cómo lo caracteriza la voz poética? ¿Cómo se marca el paso del tiempo en el poema?
6. En "Declaración urgente de amor a los humanos", ¿cuál es la contradicción del primer verso? ¿Quiénes y por qué están "en cordura"? ¿Qué imágenes se refieren al futuro? ¿Cómo se describe el sufrimiento de los niños? ¿Qué denotación tiene el uso de las "tersas llamaradas del futuro" y cómo anticipan el porvenir?

### ■ Temas para informes escritos

1. Contraste la representación de la maternidad en Gabriela Mistral y Ana Istarú.
2. El lenguaje erótico de Istarú y Agustini.
3. La guerra y sus consecuencias en *La muerte y otros efímeros agravios*.
4. Analice el título de *Hombres en escabeche* y explique su relación con la representación de la masculinidad en esta obra.
5. El embarazo como materia dramática en *Baby boom en el paraíso*.

## ■ Temas de reflexión y comentario

1. Gioconda Belli y Ana Istarú, voces líricas centroamericanas: comparación y contraste.
2. Las relaciones familiares en *Baby boom en el paraíso.*
3. El compromiso social en la poesía de Claribel Alegría, Ernesto Cardenal y Ana Istarú.
4. La lírica erótica en la poesía hispanoamericana.
5. Ana Istarú, actora y escritora.

# CRONOLOGIA

Para que la cronología sea útil a los lectores de *Voces,* hemos incluido información histórica y cultural esencial, y seleccionado entre las principales obras literarias de cada escritor.

## CRONOLOGIA. CAPITULO I

| Mundo exterior: historia y cultura | Las raíces indígenas, el mundo colonial hispanoamericano | Sistemas de comunicación nativos; la escritura alfabética |
|---|---|---|
| | **900 y 600 a.C.:** Esplendor cultural Olmeca | **900 y 600 a.C:** Calendario en Monte Albán |
| **500 y 31 a.C:** Platón, Academia (387 a.C); Liceo, Aristóteles (375 a.C.) | **500 y 31 a.C:** | **500 y 31 a.C:** |
| **31 a.C. y 400 d.C:** Predominio de Roma, a partir del s. I a.C.; muere Jesús de Nazareth (c. 28 d. c.) | **31 a.C. y 400 d.C:** Período clásico en Mesoamérica; florecimiento de Teotihuacan, Monte Alban, Tikal, Copán, Palenque; Zona andina: mochicas en la costa norte y nazcas en la costa sur del Perú actual | |
| **V–X d.C.:** c. 416, visigodos en España; derrota de don Rodrigo (711) y penetración árabe en España | **V–X d.C.:** Hegemonía tolteca en la meseta mexicana (X d.C.); apogeo de Tiahuanaco (altiplano de Bolivia), cultura precursora de la incaica | **V–X d.C.:** Abundan las inscripciones jeroglíficas en el área maya |
| **X–XIII d.C.** Comienzo de la reconquista en España (1030); fundación de la U de Bolonia (1088); *Carta Magna* en Inglatera (1215) | **X–XIII d.C.** Culto a Quetzalcoatl en Mesoamérica; invasión de los chichimecas al norte del Valle de México; en Yucatán confederación de Chichén Itza, Uxmal y Mapán. Area andina, auge del señorío chimú en la costa norte del actual Perú | |

| Mundo exterior: historia y cultura | Las raíces indígenas, el mundo colonial hispanoamericano | Sistemas de comunicación nativos; la escritura alfabética |
|---|---|---|
| **Siglo XIV** Aparición de los mapas portolanos | **Siglo XIV** Asentamiento azteca en un islote en medio de un lago, la futura México-Tenochtitlan (1325) | **Siglo XIV** Elaboración de códices pintados en templos y escuelas de Mesoamérica. |
| **Siglo XV** Conquista de las Islas Canarias por España; Juan Gutenberg imprime la *Biblia* en latín usando tipos móviles (1456); reinado de Fernando de Aragón e Isabel de Castilla (1476–1516); *Arte de la lengua castellana* de Nebrija (1492) | **Siglo XV** Supremacía azteca (1428); desintegración política en el ámbito de los mayas (1441). Pachacuti Inca inicia las conquistas de territorios que formarán el imperio incaico (1438–71). Primer viaje de Colón a tierras americanas | **Siglo XV** Perfeccionamiento del sistema de **quipus** o nudos para la contabilidad de los incas |
| **Siglo XVI** "América" en un mapa por primera vez; se crea el Consejo de Indias (1509); publicación de *El príncipe* de Machiavello; Leyes de Burgos para regular el trato de la población nativa; los primeros esclavos llegan a Santo Domingo (1512). **Carlos I, rey de España (1516–56);** Tesis de Lutero (1517); rebelión de las Comunidades de Castilla; **Carlos I asume el título de emperador del Sacro Imperio romano como Carlos V (1519);** bula papal sobre la racionalidad de la población indígena (1537); se dictan las Nuevas Leyes (1542) el Concilio de Trento (1545–1636) regula y define el dogma católico; polémica sobre los indígenas en Salamanca (1550); comercio entre Filipinas y México por el Galeón de Manila; | **Siglo XVI** Circunnavegación del globo iniciada por Magallanes (1519); Cortés asume el poder en la meseta mexicana (1521); Pizarro inicia la conquista del Incario (1531); virreinato de México (1535) y establecimiento de la imprenta allí (1536); virreinato de Perú (1544); descubrimiento de las minas de Potosí (1545); se establece la U de San Marcos en Lima (1551); primer tribunal inquisitorial de América en Lima (1570); baja demográfica de la población nativa por las epidemias, la resistencia bélica y el régimen de trabajo forzado | **Siglo XVI** Cartas y documentos de Colón relativos a sus viajes a América; *Cartas de relación de Cortés; Brevísima relación de la destrucción de las Indias, Historia de las Indias* de Bartolomé de las Casas *La Araucana,* de Alonso de Ercilla y Zúñiga *Historia verdadera de la conquista de la Nueva España,* Bernal Díaz del Castillo Versiones alfabéticas de *Libros de Chilam Balam, Memorial de Sololá; Popul Vub, Cantares mexicanos* y otros testimonios indígenas |

| Mundo exterior: historia y cultura | Las raíces indígenas, el mundo colonial hispanoamericano | Sistemas de comunicación nativos; la escritura alfabética |
|---|---|---|
| **Reinado de Felipe II (1556–1598);** Portugal y España se unen (1580–1640); rebelión de los moriscos en las Alpujarras (1568); batalla de Lepanto contra el poder otomano (1571); derrota de la Armada Invencible (1588) por los ingleses; gran auge de la literatura española (Siglo de Oro) | | |
| **Siglo XVII** Cervantes, *Don Quijote* (1605); Shakespeare, *Macbeth* (1605); Galileo, *El movimiento de las estrellas* (1610); España reconoce la independencia de Holanda (1648); los portugueses expulsan a los holandeses del Brasil (1654) | **Siglo XVII** Se difunde en el Caribe el cultivo de la caña de azúcar; Jamaica pasa a los ingleses; la **mita** o trabajo forzado diezma la población del altiplano peruano-boliviano | **Siglo XVII** *Comentarios Reales* del Inca Garcilaso de la Vega *Primer nueva corónica y buen gobierno,* Felipe Guaman Poma de Ayala *El Carnero,* Juan Rodríguez Freile; *Diente del Parnaso,* Juan del Valle Caviedes *Respuesta, El sueño, Inundación castálida,* sor Juana Inés de la Cruz *La verdad sospechosa,* Juan Ruiz de Alarcón *Infortunios de Alonso Ramírez,* Carlos de Sigüenza y Góngora |
| **Siglo XVIII** Epoca de los Borbones en España (1700); Luzán, *Poética* (1737); Rousseau, *El contrato social* (1762); Revolución Norteamericana (1776–83); Revolución Francesa (1789) | **Siglo XVIII** Expediciones científicas (La Condamine, 1753; Fausto de Elhúyar, 1785); expulsión de los jesuitas de los dominios españoles (1767); fundación de importantes periódicos; rebeliones contra el poder español; virreinatos de Nueva Granada (1717) y Buenos Aires (1776) | **Siglo XVIII** *El lazarillo de ciegos caminantes,* Alonso Carrió de la Vandera |

## CRONOLOGIA. CAPITULO II

| Mundo exterior: historia y cultura | Hispanoamérica: historia y política | Hispanoamérica: literatura |
|---|---|---|
| **1799:** Napoleón toma el poder en Francia | **1799–1804:** Humboldt y Bonpland viajan por Sudamérica y el Caribe | Estos viajes contribuyen a revivir el interés en la poesía descriptiva; Auge del **neoclasicismo;** tardía presencia del **barroco** |
| | **1804:** Independencia de Haití | |
| **1800–75:** Florecimiento del realismo en Europa. | | |
| **1807:** Napoleón invade la Península Ibérica | | |
| | **1810:** Grito de Dolores, inicio de las luchas por la independencia en México | |
| **1810:** Gobierno de las Cortés durante el exilio de Fernando VII de España | **1811:** Paraguay y Venezuela se declaran independientes | |
| **1812:** Se aprueba la Constitución liberal en España | **1813:** Declaración de la independencia de México | |
| | **1814–40:** Gobierno de José Gaspar Rodríguez Francia en Paraguay | |
| **1813:** Retorno de Fernando VII a Madrid y abolición de la Constitución liberal | **1816:** Independencia de Argentina | **1816:** México, José Joaquín Fernández de Lizardi, *El Periquillo Sarniento* |
| | **1820–21:** Declaración de independencia de México, Perú y América Central | **1820:** Cuba, José María Heredia, "El teocalli de Cholula" |
| **1823:** Proclamación de la doctrina Monroe por el presidente de los EE. UU. | **1824:** batallas de Junín y Ayacucho sellan la independencia de Sudamérica | **1824:** Cuba, José María Heredia, "Niágara" |
| | **1824–38:** creación de las Provincias Unidas de Centroamérica | **1826:** Venezuela, Andrés Bello, "La agricultura de la zona tórrida" |
| **1827:** Victor Hugo publica su "Manifiesto" romántico como prefacio a *Cromwell* | **1825–28:** Guerra Cisplatina entre Argentina y Brasil por la posesión de Uruguay; independencia de Uruguay | **1827–1880:** Florecimiento del **romanticismo** en Hispanoamérica interés en el **costumbrismo** |

| Mundo exterior: historia y cultura | Hispanoamérica: historia y política | Hispanoamérica: literatura |
|---|---|---|
| | **1829–52:** El caudillo Juan Manuel de Rosas domina Argentina; preeminencia de Santa Anna en México hasta 1855 | |
| | **1830:** disolución de la Gran Colombia (Colombia, Ecuador, Venezuela) | |
| | | **1836:** Cuba, Gertrudis Gómez de Avellaneda, "Al partir" |
| | | **1841:** Cuba, Gertrudis Gómez de Avellaneda, *Sab* |
| | | **1845:** Argentina, Domingo Faustino Sarmiento, *Facundo* |
| **1846–48:** Guerra entre México y los EE. UU.; el tratado de Guadalupe-Hidalgo le otorga Arizona, California, y Nuevo México a los EE. UU. | | |
| **1848:** Karl Marx y Friedrich Engels, *Manifiesto comunista* | | **1848:** Venezuela, Andrés Bello, "Autonomía cultural de América" |
| **1850–1900:** En Europa movimientos de renovación como el parnasismo, el impresionismo, el simbolismo, el de cadentismo, preparan el camino para el Modernismo en Hispanoamérica | | **1852:** Argentina, José Mármol, *Amalia* |
| **1859:** Darwin publica el *Origen de las especies* | **1855–60:** Guerra de Reforma en México, dirigida por Benito Juárez. | |
| **1861–65:** Guerra Civil de los EE. UU. | **1863–67:** Maximiliano de Habsburgo gobierna México como emperador | **1862:** Chile, Alberto Blest Gana, *Martín Rivas* |
| | **1865–70:** Guerra de la Triple Alianza (Argentina, Brasil y Uruguay derrotan a Paraguay) | **1863:** Puerto Rico, Eugenio María de Hostos, *La peregrinación de Bayoán* |

| Mundo exterior: historia y cultura | Hispanoamérica: historia y política | Hispanoamérica: literatura |
|---|---|---|
| | | **1866:** Argentina, Estanislao del Campo, *Fausto* |
| | | **1867:** Colombia, Jorge Isaacs, *María* |
| | **1868–78:** Guerra de los Diez Años, Cuba | |
| **1870:** Inicios del naturalismo en Francia; su portaestandarte fue Emile Zola | **1870:** Fundación del periódico *La Nación* en Buenos Aires, Argentina | |
| | | **1871:** Argentina, Esteban Echeverría, *El matadero;* Ecuador, Juan León Mera, *Cumandá* |
| | | **1872:** Perú, Ricardo Palma, *Tradiciones peruanas;* Argentina, Jose Hernández, *Martín Fierro;* Hilario Ascasubi, *Santos Vega* |
| **1876:** Invención del teléfono por Alexander Graham Bell | **1876–1911:** Porfirio Díaz gobierna México | **1876:** México, Jose Peón Contreras, *La hija del rey* |
| | **1879–83:** Guerra del Pacífico (Chile contra Bolivia y Perú) | **1878:** Puerto Rico, Alejandro Tapia Rivera, *La cuarterona* |
| | | **1882:** Ecuador, Juan Montalvo, *Siete tratados;* República Dominicana, Manuel de Jesús Galván, *Enriquillo;* Cuba, José Martí, *Ismaelillo* (comienzo del **modernismo**); |

## CAPITULO III (1882–1910)

| Mundo exterior:<br>historia y cultura | Hispanoamérica:<br>historia y política | Hispanoamérica: literatura |
|---|---|---|
| **1880:**<br>Zola, *Naná,* Dostoievsky, *Los hermanos Karamazov* | | |
| **1883:**<br>Nietzche, *Así hablaba Zaratustra* | | **1883:**<br>México, Manuel Gutiérrez Nájera, *Cuentos frágiles* |
| **1884:**<br>Pérez Galdós, *La de Bringas* | | **1884:**<br>Argentina, Lucio V. López, *La gran aldea* |
| | | **1885:**<br>Argentina, Eugenio Cambaceres, *Sin rumbo* |
| **1886–87:**<br>Pérez Galdós, *Fortunata y Jacinta* | **1886:**<br>Abolición de la esclavitud en Cuba | |
| | | **1888:**<br>Nicaragua, Rubén Darío, *Azul;* Perú, Mercedes Cabello de Carbonera, *Blanca Sol;* Ecuador, Juan Montalvo, *Las catilinarias* |
| **1889:**<br>La Exposición Internacional en París muestra los comienzos del estilo moderno en arte | | **1889:**<br>Perú, Clorinda Matto de Turner, *Aves sin nido;* Cuba, José Martí, *La edad de oro* |
| **1889–90:**<br>Se reúne el Primer Congreso Interamericano en Washington | | **1890:**<br>Argentina, José Miró (seud. Julián Martel), *La bolsa* |
| | **1891:**<br>Guerra civil chilena | **1891:**<br>Cuba, José Martí, *Versos sencillos* |
| | | **1892:**<br>Cuba, Julián del Casal, *Nieve* |
| **1893:**<br>Nueva Zelandia es la primera nación que da el voto a la mujer; Estados Unidos anexa Hawai. | | |
| **1895:**<br>Los hermanos Lumière producen el primer espectáculo cinematográfico | **1895–98:**<br>Guerra por la independencia de Cuba | |

| *Mundo exterior: historia y cultura* | *Hispanoamérica: historia y política* | *Hispanoamérica: literatura* |
|---|---|---|
| **1896:** Muere Paul Verlaine, poeta francés de gran influencia entre los modernistas hispanoamericanos | | **1896:** Nicaragua, Rubén Darío, *Prosas profanas;* Colombia, Tomás Carrasquilla, *Frutos de mi tierra* |
| **1898:** Guerra entre España y Estados Unidos | **1898–1920:** Dictadura de Manuel Estrada Cabrera en Guatemala | **1898:** México, José López-Portillo y Rojas, *La parcela* |
| | **1899–1902:** La Guerra de los Mil Días en Colombia | **1899:** Bolivia, Ricardo Jaimes Freyre, *Castalia bárbara* |
| | | **1900:** Uruguay, José Enrique Rodó, *Ariel* |
| **1903:** Los hermanos Wright realizan los primeros vuelos | **1903:** Panamá se independiza de Colombia y firma un tratado con Estados Unidos para la construcción de un canal interoceánico | **1903:** México, Federico Gamboa, *Santa;* Uruguay, Florencio Sánchez, *La gringa, M'hijo el dotor* |
| | | **1904:** Chile, Baldomero Lillo, *Subterra* |
| | | **1905:** Argentina, Leopoldo Lugones, *Los crepúsculos del jardín;* Nicaragua, Rubén Darío, *Cantos de vida y esperanza* |
| **1907:** Exposición de pintura cubista en París | | |
| **1908:** Henry Ford produce el modelo T de auto | | **1908:** Argentina, Enrique Larreta, *La gloria de don Ramiro* |
| | | **1909:** Argentina, Leopoldo Lugones, *Lunario sentimental* |

# CAPITULO IV (1910–1960)

| Mundo exterior:<br>historia y cultura | Hispanoamérica:<br>historia y política | Hispanoamérica: literatura |
|---|---|---|
| **1900:**<br>*La interpretación de los sueños*,<br>Freud | | |
| | | **1903:**<br>México, Federico Gamboa,<br>*Santa* |
| **1904:**<br>El corolario Roosevelt a la<br>Doctrina Monroe | | |
| **1909–13:**<br>Ocupación de Nicaragua por<br>los EE. UU. | | |
| **1905–24:**<br>Movimientos artísticos<br>revolucionarios (fauvismo,<br>cubismo, futurismo<br>expresionismo, dadaísmo);<br>teoría de la relatividad de<br>Einstein | **1910:**<br>Revolución Mexicana<br>**1911:**<br>México, derrocamiento de<br>Porfirio Díaz por F. Madero;<br>descubrimiento de Machu<br>Picchu en Perú | **1909:**<br>México, Ateneo de la<br>Juventud<br>**1910:**<br>Uruguay, Delmira Agustini,<br>*Las alas* |
| | **1912:**<br>Cuba, se organiza un partido<br>político en apoyo de los<br>derechos civiles de los<br>afrocubanos | |
| | **1913:**<br>Argentina recibe 364,878<br>inmigrantes europeos | **1913:**<br>Cuba, José Martí, *Versos libres* |
| **1914–18:**<br>Primera Guerra mundial | **1914:**<br>Inauguración del Canal de<br>Panamá | |
| | | **1915:**<br>México, Mariano Azuela, *Los<br>de abajo* |
| | | **1916:**<br>Chile, Vicente Huidobro *El<br>espejo en el agua;* comienzo<br>del "creacionismo" |
| **1917:**<br>Revolución Rusa; el primer<br>disco de jazz; Carl Jung, *El<br>inconsciente* | **1917:**<br>México, nueva constitución | **1917:**<br>México, Alfonso Reyes,<br>*Visión de Anahuac* |
| **1918:**<br>Spengler, *La decadencia de<br>Occidente* | | **1918:**<br>Argentina, Alfonsina Storni,<br>*El dulce daño;* Perú, César<br>Vallejo, *Los heraldos negros* |

| *Mundo exterior:*<br>*historia y cultura* | *Hispanoamérica:*<br>*historia y política* | *Hispanoamérica: literatura* |
|---|---|---|
| | **1919:**<br>Argentina, gran exportadora de carne; primera exportación petrolera venezolana | **1919:**<br>Bolivia, Alcides Arguedas, *Raza de bronce;* Chile, Pedro Prado, *Alsino;* Argentina, Juana de Ibarbourou, *Raíz salvaje* |
| **1922:**<br>Constitución de la URSS | | **1922:**<br>Perú, César Vallejo, *Trilce;* Chile, Gabriela Mistral, *Desolación* |
| | **1923:**<br>Brasil, movimiento **tenentista** | **1923:**<br>Chile, Pablo Neruda, *Crepusculario* |
| **1924–:**<br>Surrealismo, *Manifiesto* de André Breton | **1924:**<br>Tratado panamericano de no agresión; fundación de la Alianza Popular Revolucionaria Americana (APRA) | **1924:**<br>Venezuela, Teresa de la Parra, *Ifigenia; Diario de una señorita que escribió porque se fastidiaba;* Colombia, José Eustasio Rivera, *La vorágine;* Uruguay, Delmira Agustini, *El rosario de Eros;* Chile, Pablo Neruda, *Veinte poemas de amor y una canción desesperada* |
| | | **1925:**<br>México, José Vasconcelos, *La raza cósmica;* Chile, Eduardo Barrios, *El niño que enloqueció de amor* |
| | **1926:**<br>Nicaragua, oposición armada de Sandino; México; guerra cristera; Perú: Mariátegui lanza la revista *Amauta;* Cuba: se establece la Sociedad de Estudios Afrocubanos | **1926:**<br>Argentina, Ricardo Güiraldes, *Don Segundo Sombra;* Colombia, Tomás Carrasquilla, *La marquesa de Yolombó* |
| | **1928:**<br>México, asesinato de Obregón; Brasil, colapso económico; Guatemala; formación de la Liga Antiimperialista | **1928:**<br>Rep. Dominicana, Pedro Henríquez Ureña, *Siete ensayos en busca de nuestra expresión;* Cuba, Jorge Mañach, *Indagación del choteo;* Perú, José Carlos Mariátegui, *Siete ensayos de interpretación de la realidad peruana;* México, Martín Luis Guzmán, *El águila y la serpiente* |

| Mundo exterior: historia y cultura | Hispanoamérica: historia y política | Hispanoamérica: literatura |
|---|---|---|
| **1929:** Colapso de la bolsa en Nueva York con graves repercusiones internacionales | **1929:** Perú, Mariátegui funda el Partido Socialista | **1929:** Argentina, Roberto Arlt, *Los siete locos;* Jorge Luis Borges, *Cuaderno San Martín;* Venezuela, Rómulo Gallegos, *Doña Bárbara;* Teresa de la Parra, *Memorias de Mamá Blanca* |
| **1930:** Gandhi, movimiento de desobediencia civil | **1930:** Brasil, revolución de octubre y ascendencia al poder de Getúlio Vargas hasta 1945; Trujillo asume el poder absoluto en la República Dominicana | **1930:** Guatemala, Miguel Angel Asturias, *Leyendas de Guatemala* |
| **1931–39:** 2da República española | **1931:** Argentina, Victoria Ocampo funda *Sur* | **1931:** México, Nellie Campobello, *Cartucho;* Chile, Vicente Huidobro *Altazor, o el viaje en paracaídas;* Pablo Neruda, *Residencia en la tierra I;* Cuba, Nicolás Guillén, *Sóngoro cosongo: poemas mulatos* |
| | **1932–35:** Guerra del Chaco entre Bolivia y Paraguay | **1933:** Argentina, Ezequiel Martínez Estrada, *Radiografía de la pampa* |
| | **1934–59:** Cuba, Fulgencio Batista domina la política | |
| **1934:** Roosevelt inicia la política del "buen vecino" hacia la América Latina | **1934:** Nicaragua, asesinato de Sandino; Cuba, supresión de la Enmienda Platt | **1934:** Ecuador, Jorge Icaza, *Huasipungo* |
| | | **1935:** México, Gregorio López y Fuentes, *El indio;* Uruguay, Horacio Quiroga, *Más allá;* Chile, Pablo Neruda, *Residencia en la tierra, II* |
| **1936–39:** Guerra Civil española | **1936–79:** Nicaragua, dinastía de los Somoza | |
| **1937:** Lindbergh, primer vuelo transatlántico sin escala | **1937:** Brasil, **estado novo** con disolución del congreso y los partidos políticos | **1937:** Puerto Rico, Luis Palés Matos, *Tuntún de pasa y grifería* |

| *Mundo exterior:*<br>*historia y cultura* | *Hispanoamérica:*<br>*historia y política* | *Hispanoamérica: literatura* |
| --- | --- | --- |
| | **1938:**<br>México, nacionalización del petróleo | **1938:**<br>México, José Rubén Romero, *La vida inútil de Pito Pérez;* Chile, María Luisa Bombal, *La amortajada;* Argentina, Alfonsina Storni, *Mascarilla y trébol* |
| **1939–45:**<br>Segunda Guerra mundial; triunfo de Franco en España; televisión en EE. UU. (1939) | **1939:**<br>Contingentes de refugiados españoles llegan a México y Chile | **1939:**<br>Perú, César Vallejo, *Poemas humanos;* México, José Gorostiza, *Muerte sin fin;* Uruguay, Juan Carlos Onetti, *El pozo* |
| | | **1940:**<br>Argentina, Adolfo Bioy Casares, *La invención de Morel;* Cuba, Lydia Cabrera, *Cuentos negros de Cuba* |
| **1941:**<br>Tratado Interamericano de Asistencia Recíproca, Rio de Janeiro | | **1941:**<br>Perú, Ciro Algería, *El mundo es ancho y ajeno;* José María Arguedas, *Yawar Fiesta* |
| | | **1942:**<br>Ecuador, Adalberto Ortiz, *Juyungo* |
| | | **1944:**<br>México, Alfonso Reyes, *Ultima Tule;* Argentina, Jorge Luis Borges, *Ficciones* |
| **1945:**<br>Bomba atómica sobre Hiroshima y Nagasaki; formación de la ONU | **1945:**<br>Guatemala, Arévalo llega a la presidencia | **1945:**<br>Chile, Premio Nobel, Gabriela Mistral |
| | **1946–55:**<br>Argentina, presidencia de Perón (y de nuevo 1973–74) | **1946:**<br>Guatemala, Miguel Angel Asturias *El señor presidente* |
| **1947:**<br>Guerra de Indochina; aprobación del Plan Marshall; la ONU aprueba plan de reparto de Palestina | | **1947:**<br>México, Agustín Yáñez, *Al filo del agua;* Cuba, Nicolás Guillén, *El son entero;* Chile, Pablo Neruda, *Residencia en la tierra III* |
| **1948:**<br>Fundación de Israel; asesinato de Gandhi | **1948:**<br>Creación de la OEA; "Bogotazo" a consecuencia del asesinato de Gaitán; Costa Rica, revolución de Figueres; Venezuela, Gallegos es derrocado por militares | **1948:**<br>Argentina, Ernesto Sábato, *El túnel* |

| Mundo exterior: historia y cultura | Hispanoamérica: historia y política | Hispanoamérica: literatura |
|---|---|---|
| **1949:**<br>Proclamación de la República Popular China | **1949:**<br>Colombia, violencia, 300,000 muertos en una década; Argentina, influencia de Eva Perón | **1949:**<br>Guatemala, Miguel Angel Asturias, *Hombres de maíz;* Cuba, Alejo Carpentier, *El reino de este mundo* |
| **1950:**<br>Lévi-Strauss, *Las estructuras elementales del parentesco;* Eliade, *El mito del eterno retorno* | **1950:**<br>Independentistas puertorriqueños intentan matar al presidente Truman; Brasil, G. Vargas reelegido al poder; Guatemala, elección de Arbenz a la presidencia con un plan de gobierno revolucionario | **1950:**<br>Chile, Pablo Neruda, *Canto general;* Uruguay, Juan Carlos Onetti, *La vida breve;* México, Octavio Paz, *El laberinto de la soledad* |
| | **1952:**<br>Inicio de la Revolución Boliviana; Cuba, golpe de estado de Batista; Venezuela, consolidación de la dictadura de Pérez Jiménez; Puerto Rico, estado libre asociado | |
| | | **1953:**<br>México, Juan Rulfo, *El llano en llamas;* Cuba, Alejo Carpentier, *Los pasos perdidos* |
| | **1954:**<br>Arbenz es desalojado de la presidencia de Guatemala por Castillo Armas, con la ayuda de la CIA y de los dictadores de Honduras y la República Dominicana | **1954:**<br>Chile, Gabriela Mistral, *Lagar,* Nicanor Parra, *Poemas y antipoemas* |
| | | **1955:**<br>México, Juan Rulfo, *Pedro Páramo* |
| **1956:**<br>Martin Luther King encabeza la lucha por los derechos civiles de los afroamericanos | | |
| **1957:**<br>Rusia lanza los primeros satélites, Sputnik I y II | | |
| | **1958:**<br>Derrocamiento del dictador Pérez Jiménez en Venezuela | **1958:**<br>Cuba, Alejo Carpentier, *Guerra del tiempo;* Nicolás Guillén, *La paloma de vuelo popular;* Perú, José María Arguedas, *Los ríos profundos* |

| *Mundo exterior:* <br> *historia y cultura* | *Hispanoamérica:* <br> *historia y política* | *Hispanoamérica: literatura* |
|---|---|---|
| **1959:** <br> El Papa Juan XXIII convoca el primer Concilio Ecuménico desde 1879 | **1959:** <br> Triunfo de la Revolución Cubana bajo el liderazgo de Fidel Castro | |
| | | **1960:** <br> Argentina, Jorge Luis Borges, *El hacedor;* Paraguay, Augusto Roa Bastos, *Hijo de hombre* |
| | **1961:** <br> Asesinato de Trujillo en la República Dominicana | |

## CAPITULO V (1960–75)

| Mundo exterior: historia y cultura | Hispanoamérica: historia y política | Hispanoamérica: literatura |
| --- | --- | --- |
| | | **1960:** México, Octavio Paz, *Libertad bajo palabra* |
| **1961:** Se construye el Muro de Berlín, el cual separa la Alemania comunista del Este de la Alemania Occidental; Yuri Gargarin realiza el primer viaje en el espacio | **1961:** El presidente Kennedy anuncia la "Alianza para el progreso"; Estados Unidos rompe relaciones con Cuba; Derrota de los invasores anticastristas en Playa Girón, Cuba | **1961:** Colombia, Gabriel García Márquez, *El general no tiene quien le escriba* **1961:** Uruguay, Juan Carlos Onetti, *El astillero* |
| **1961–75:** La guerra de Vietnam | | |
| | **1962:** La crisis de los misiles entre Estados Unidos, Rusia y Cuba; Rusia retira los misiles de Cuba | **1962:** Cuba, Alejo Carpentier, *El siglo de las luces;* México, Rosario Castellanos, *Oficio de tinieblas;* Carlos Fuentes, *La muerte de Artemio Cruz;* Colombia, Gabriel García Márquez, *Los funerales de la Mamá Grande;* Argentina, Ernesto Sábato, *Sobre héroes y tumbas* |
| **1963:** El primer álbum de los Beatles; el presidente Kennedy es asesinado | | **1963:** Argentina, Julio Cortázar, *Rayuela;* Perú, Mario Vargas Llosa, *La ciudad y los perros;* México, Elena Garro, *Recuerdos del porvenir* |
| **1964:** La declaración de los Derechos Civiles en Estados Unidos | | **1964:** Perú, Antonio Cisneros, *Comentarios reales* |
| **1965:** Comienza la Revolución Cultural en China | **1965:** Estados Unidos invade y ocupa la República Dominicana | **1965:** Uruguay, Mario Benedetti, *Gracias por el fuego* |
| | | **1966:** Cuba, José Lezama Lima, *Paradiso;* Perú, Mario Vargas Llosa, *La casa verde;* Argentina, Julio Cortázar, *Todos los fuegos el fuego* |

| *Mundo exterior:* *historia y cultura* | *Hispanoamérica:* *historia y política* | *Hispanoamérica: literatura* |
|---|---|---|
| **1967:** Se realiza el primer transplante de un corazón humano | | **1967:** Guatemala, Premio Nobel, Miguel Angel Asturias; Cuba, Guillermo Cabrera Infante, *Tres tristes tigres;* Severo Sarduy, *De donde son los cantantes;* Colombia, Gabriel García Márquez, *Cien años de soledad* |
| **1968:** Revueltas estudiantiles en Europa; Martin Luther King es asesinado | **1968:** Visita del Papa Pablo VI al Congreso Eucarístico en Bogotá; es el primer Papa que visita a Latinoamérica; un golpe militar establece una dictadura en Perú bajo el general Juan Veasco Alvarado; el general Omar Torrijos Herrera ocupa el poder mediante un golpe militar en Panamá | **1968:** Argentina, Manuel Puig, *La traición de Rita Hayworth* |
| **1969:** Primer aterrizaje en la luna | | **1969:** Cuba, Reinaldo Arenas, *El mundo alucinante;* México, Elena Poniatowska, *Hasta no verte, Jesús mío* |
| | **1970:** Se igualan en número la población urbana y la población rural en Hispanoamérica; Aramburu, ex-presidente argentino, es asesinado por guerrilleros izquierdistas, con lo que comienza una década de represión y violencia en ese país | **1970:** Chile, José Donoso, *El obsceno pájaro de la noche* **1970:** México, Carlos Monsiváis, *Días de Guardar* |
| | **1970–73:** Gobierno socialista de Salvador Allende en Chile; derrota y muerte de Allende; comienza la dictadura del general Pinochet **1973:** Juan D. Perón regresa del exilio para asumir la presidencia de Argentina | **1971:** Chile: Premio Nobel, Pablo Neruda; México, Carlos Fuentes, *Tiempo mexicano;* Elena Poniatowska, *La noche de Tlatelolco* |

| Mundo exterior: historia y cultura | Hispanoamérica: historia y política | Hispanoamérica: literatura |
|---|---|---|
| **1974:** Watergate y la renuncia de Nixon | | **1974:** Cuba, Alejo Carpentier, *El recurso del método;* México, Octavio Paz, *Los hijos del limo;* Paraguay, Augusto Roa Bastos, *Yo el supremo* |
| **1975:** En España muere el general Francisco Franco; asume el poder en España el rey Juan Carlos; Los astronautas de Apollo (Estados Unidos) y de Soyez (Unión Soviética) establecen contacto en el espacio | | **1975:** Colombia, Gabriel García Márquez, *El otoño del patriarca:* México, Carlos Fuentes, *Terra Nostra* |

## CAPITULO VI (1976–)

| Mundo exterior: historia y cultura | Hispanoamérica: historia y política | Hispanoamérica: literatura |
|---|---|---|
| **1976:** Toma impulso la producción de microcomputadores para uso personal. | **1976:** Una junta militar ocupa el poder en Argentina; se inicia la "guerra sucia", oficialmente dirigida contra los guerrilleros de izquierda. El primer Congreso Internacional de la Mujer se reúne en México. | **1976:** Argentina, Manuel Puig, *El beso de la mujer araña*; Puerto Rico, Rosario Ferré, *Papeles de Pandora*; Luis Rafael Sánchez, *La guaracha del Macho Camacho*. |
| **1977:** Primeras elecciones democráticas en España, después de 40 años de dictadura bajo el régimen del General Franco. | | |
| | **1978:** Panamá y Estados Unidos firman un tratado según el cual Panamá recuperará el control de la Zona del Canal en 1999. | **1978:** Chile, José Donoso, *Casa de campo*; Argentina, Ernesto Sábato, *Sobre héroes y tumbas* (ed. definitiva). |
| **1979:** Primeras elecciones directas al Parlamento Europeo. | **1979:** Triunfo de la revolución sandinista en Nicaragua. | |
| | **1979–92:** Guerra civil en El Salvador. | |
| | | **1980:** Argentina, Ricardo Piglia, *Respiración artificial*. |
| **1981:** Es identificado el SIDA. | | **1981:** Perú, Mario Vargas Llosa, *La guerra del fin de mundo*. |
| | **1982:** Argentina invade las islas Malvinas (Falkland Islands), provocando una guerra con Gran Bretaña en la que es derrotada. | **1982:** Colombia, Premio Nobel, Gabriel García Márquez; Argentina, Luisa Valenzuela, *Cambio de armas*; Chile, Isabel Allende, *La casa de los espíritus*. |
| | **1983:** Retorno de la democracia en Argentina. | **1983:** Argentina, Luisa Valenzuela, *Donde viven las águilas*; Abel Posse, *Los perros del paraíso*; Juan José Saer, *El entenado*. |

| *Mundo exterior:* *historia y cultura* | *Hispanoamérica:* *historia y política* | *Hispanoamérica: literatura* |
|---|---|---|
| | **1985:** Retorno de la democracia en Uruguay | **1985:** Colombia, Gabriel García Márquez, *El amor en los tiempos del cólera*. Puerto Rico, Luis Rafael Sánchez, *Quíntuples*. |
| **1986:** La national Science Foundation inicia un sistema de comunicaciones que promueve el desarrollo de la Internet. | | |
| **1987:** Tratado entrre Estados Unidos y la Unión Soviética para eliminar la proliferación de las armas nucleares. | | |
| **1989:** Caída de los regímenes comunistas del este de Europa; es derribado el Muro de Berlín que separaba a Alemania del este, bajo el control soviético, de la Alemania occidental. | **1989:** Intervención de Estados Unidos en Panamá. El general Noriega es arrestado. El general Pinochet es derrotado en elecciones democráticas. Fin de la dictadura en Chile. | **1989:** Costa Rica, Ana Istarú, *La muerte y otros efímeros agravios*. |
| **1990:** Reunificación de Alemania | **1990:** Elecciones democráticas en Nicaragua. | **1990:** México, Premio Nobel, Octavio Paz; Chile, Isabel Allende, *Cuentos de Eva Luna*. México, Carlos Fuentes, *La campaña*. |
| **1991:** La Unión Soviética retira sus tropas de Cuba. La guerra del golfo: Estados Unidos y fuerzas aliadas realizan una campaña militar contra Irak para liberar a Kuwait de la ocupación iraquí. Irak es derrotado. | | **1991:** República Dominicana, José Alcántara Almánzar, *La carne estremecida*. |
| **1992:** Se conmemora el Quinto Centenario de la llegada de Colón a América. | **1992:** Captura del jefe del movimiento subversivo "Sendero luminoso" en Perú. | **1992:** México, Angeles Mastretta, *Arráncame la vida*; Carmen Boullosa. *Son vacas, somos puercos*, Perú, Antonio Cisneros, *Las inmensas preguntas celestes* |
| | **1995:** Rebelión zapatista en Chiapas, México, en defensa de los derechos indígenas. | **1995:** Costa Rica, Ana Istarú, *Verbo madre*. |

| *Mundo exterior:* *historia y cultura* | *Hispanoamérica:* *historia y política* | *Hispanoamérica: literatura* |
|---|---|---|
| | | **1996:** Chile, Damiela Eltit, *El cuarto mundo.* |
| **1997:** Nace la oveja Dolly, primera reproducción genética o clonación de un mamífero. Se inicia el debate sobre las implicaciones científicas y éticas de la tecnología genética. | | **1997:** México, Carmen Boullosa, *Cielos en la tierra*; Puerto Rico, Luis Rafael Sánchez, *No llores por nosotros, Puerto Rico.* |
| | **1998:** Se cumple el primer centenario de la guerra entre Estados Unidos y España, en la que España perdió sus últimas colonias: Cuba, Puerto Rico y Filipinas. | **1998:** Nicaragua, Sergio Ramírez, *Margarita, está linda la mar.* México, Angeles Mastreta, *Mal de amores.* |
| | **1999:** El general Pinochet es arrestado a pedido de un juez español en Londres, acusado de violación de derechos humanos durante su dictadura en Chile. | **1999:** México, Carlos Fuentes, *Los años con Laura Díaz.* |
| | **2000:** La población de origen hispánico en los Estados Unidos llega a más de 35 millones, lo cual muestra un aumento del 60% en la última década. El número de personas mayores de 5 años que viven en Estados Unidos y hablan español se estima en más de 17 millones. | **2000:** Perú, Mario Vargas Llosa, *La fiesta del chivo*; México, Carlos Monsiváis, *Aires de familia*; Costa Rica, Ana Istarú, *Hombres en escabeche.* |
| **2001:** Destrucción de las Torres Gemelas del *World Trade Center* en Nueva York en un ataque terrorista contra este centro y contra el Pentágono en Washington. Rusia cierra su base de operaciones de inteligencia en Cuba. | **2001:** Crisis política y devaluación del peso en Argentina. | **2001:** México, Carlos Fuentes, *Instinto de Inéz*; Chile, Isabel Allende, *Retrato en sepia*; Cuba, Antonio Benítez Rojo, *Mujer en traje de batalla.* |

| *Mundo exterior:* *historia y cultura* | *Hispanoamérica:* *historia y política* | *Hispanoamérica: literatura* |
| --- | --- | --- |
| **2002:** Se descubre en Chad, Africa central, un esqueleto humanoide que puede tener hasta 7 millones de antigüedad, el doble de los encontrados anteriormente. La Corte Criminal Internacional es ratificada por las Naciones Unidas. Enjuiciará a acusados de genocidio, crímenes contra la humanidad y crímenes de guerra y agresión. | **2002:** Se confirma que son de chocolate las manchas marrones de una cazuela maya de hace 2.600 años encontrada en Belice, lo que prueba el consumo de esta bebida entre los mayas un milenio antes de la Conquista. | **2002:** Argentina, Tomás Eloy Martínez, *El vuelo de la reina;* Colombia, Gabriel García Márquez, *Vivir para contarla.* |
| **2003:** Se confirma la teoría del *Big Bang;* un mapa detallado del universo producido por el satélite Wilkinson Microwave Anisotropy muestra que las primeras estrellas aparecieron alrededor de 200 millones de años después del *Big Ban.* Estados Unidos, Inglaterra, y otros países aliados atacan militarmente a Irak, acusándolo de poseer armas de destrucción masiva. | **2003:** La marina de Estados Unidos abandona la base militar de la isla de Vieques, Puerto Rico, después de casi 60 años de utilizarla como campo de entrenamiento y prueba de armas. | **2003:** Perú, Vargas Llosa, *El paraíso en la otra esquina;* Chile, Isabel Allende, *Mi país inventado.* |

# GUIA DE MATERIAL VISUAL ADICIONAL

FILMS FOR THE HUMANITIES AND SCIENCES, P.O. Box 2053, Princeton, N.J. 00543-2052; Toll Free Number: 1-800-257-5126 or 609.275.1400; FAX orders to 609.275.3767; 609-275-3767 @www.films.com.

**Allende, Isabel:** *An Extraordinary Life* (English, 52 minutes, color);

**Allende, Isabel:** *The Woman's Voice in Latin American Literature* (English, 56 minutes, color);

**Allende, Isabel:** *The House of the Spirits* (Interview, 46 minutes, color video);

**Allende, Isabel:** *Possessed by Her Art* (Interview, 30 minutes, color video);

**Borges, Jorge Luis:** *El hombre de la esquina rosada* (Spanish, 60 minutes, color);

**Borges, Jorge Luis:** *The Mirror Man* (Biography, 47 minutes, color video);

**Borges, Jorge Luis:** *El sur* (Spanish, 58 minutes, color video);

**Carpentier, Alejo:** *Alejo Carpentier* (Interview, Spanish, 91 minutes, b&w video);

**Cortázar, Julio:** *Argentina's Iconoclast* (Biography, Spanish with English subtitles, 28 minutes, color video);

**Cortázar, Julio:** *Cartas de mamá* (Spanish, 60 minutes, color);

**Cortázar, Julio:** *Julio Cortázar* (Interview, Spanish, two parts, 74 and 50 minutes each, b&w video);

**Fuentes, Carlos:** *At Home in the Americas* (Interview, Spanish, 28 minutes, color video);

**García Márquez, Gabriel:** *La magia de lo real* (English/Spanish, 60 minutes, color);

**García Márquez, Gabriel:** *Gabriel García Márquez* (Biography, Spanish or Spanish with English subtitles, 44 minutes, color);

**García Márquez, Gabriel:** *A Witch Writing* (Interview, Spanish, 52 minutes, color video);

**Hernández, José:** *Martín Fierro* (Spanish, 60 minutes, color);

**Martí, José:** *Cuba's Herald* (Biography, Spanish or Spanish with English subtitles, 28 minutes, color video);

**Mexican Poetry:** *Flor de Cacto. Poesía y poetas de México* (Four programs exploring poetic form and techniques ; Spanish, 30 minutes each, color videos);

**Mistral, Gabriela:** *Focused on Love* (Biography, Spanish or Spanish with English subtitles, 28 minutes, color video);

**Neruda, Pablo:** *Chile's Master Poet* (Biography, Spanish or Spanish with English subtitles, 28 minutes, color video);

**Paz, Octavio:** *Mexico's Muse* (Biography, Spanish or Spanish with English subtitles, 28 minutes, color video);

**Paz, Octavio:** *Octavio Paz* (Interview, Spanish, 90 minutes, b&w video);

**Rulfo, Juan:** *Juan Rulfo* (Interview, Spanish, 47 minutes, b&w video);

**Vargas Llosa, Mario:** *In Love with Peru* (Interviews, Spanish or Spanish with English subtitles, 30 minutes, color video);

**Insight Media**, 2162 Broadway, NY, NY 10024-0621; Toll Free Number: 1800.233.9910; FAX: 1212.799.5309; E-mail: <cs@insight-media.com>; www.insight-media.com.

**De la Cruz, Sor Juana Inés** (Biography, Spanish, 35 minutes, video);

**Fernández de Lizardi, J. Joaquín** (Profile, Spanish, 26 minutes, video);

*I, the Worst of All* (Biographical film based on Octavio Paz's *Las trampas de la fé*, Spanish with English subtitles, 100 minutes);

**Poesía popular mexicana** (Spanish, 27 minutes, video);

**Rama, Angel** (Interview, Spanish, 60 minutes, video);

**Rulfo, Juan** (Interview, Spanish, 60 minutes, video);

**Sábato, Ernesto**. *El túnel* (Spanish 68 minutes, film);

**Sánchez, Luis Rafael** (Interview, Spanish, 55 minutes, video);

**Vargas Llosa, Mario**, *La ciudad y los perros* (Spanish, 135 minutes, film).

FACETS MULTI-MEDIA, 1517 West Fullerton, Chicago, Illinois 60614. Toll Free Number: 1800.331.6197. www.facets.org.

*Cabeza de Vaca* (Based on *Naufragios* by Cabeza de Vaca; Spanish with English subtitles, 109 minutes, color);

**Cardenal, Ernesto** (Interview, Spanish, 60 minutes, video);

*Like Water for Chocolate* (Based on a novel by Laura Esquivel): Spanish with English subtitles, 105 minutes, color);

**Plácido: The Blood of the Poet** (Film, Spanish, 96 minutes);

**Puig, Manuel** (Interview, Spanish, video);

**Valenzuela, Luisa** (Interview, Spanish, video);

FEATURE FILMS ON THE COLONIAL PERIOD are reviewed by Cynthia Leigh Stone, "The Filming of Colonial Spanish America," *Colonial Latin American Review* 5.2 (1996): 315–20.

INSTITUTO CERVANTES DE NUEVA YORK, Amster Yard, 211–215 East 49 Street, NY, NY 10022; www. cervantes.org. Videos of *Charlando con Cervantes,* a program of interviews with writers and artists from the Hispanic world sponsored by the IC and CUNY-TV, are available. Authors interviewed include Laura Esquivel, Alfredo Bryce Echenique, Rosario Ferré, Alvaro Mutis, Luis Rafael Sánchez, Ana Lydia Vega, Sergio Pitol, Eduardo González Viaña, Ricardo Piglia.

# GLOSARIO DE TERMINOS LITERARIOS Y CULTURALES[1]

**acento** fuerza de la pronunciación que recae sobre una determinada sílaba de una palabra o de un verso. El verso castellano lleva el acento en la penúltima sílaba. Si el verso termina en palabra esdrújula, se le quita una sílaba; si el verso termina en palabra aguda, se le añade una sílaba.

**acto** cada una de las partes de una obra teatral entre dos descansos largos. El acto está dividido en cuadros y se compone de escenas.

**agudeza** exagerada sutileza del ingenio propia del conceptismo, y cultivada por los escritores barrocos españoles del siglo XVII.

**alegoría,** o metáfora continuada, es el procedimiento retórico empleado para expresar un pensamiento, traduciéndolo a imágenes poéticas que se repiten para lograr una correspondencia entre los elementos "reales" y los imaginativos. El sentido aparente o literal se borra y da lugar a otro más profundo que es el alegórico.

**alejandrino** verso de catorce sílabas dividido en dos partes, o hemistiquios, de siete. El alejandrino francés tiene solamente doce sílabas.

**aliteración** repetición del mismo sonido o grupo de sonidos en distintas palabras. Por ej.: "Ya se oyen los claros clarines" (Darío).

**americanismo** expansión del concepto de patria que abarca a toda Hispanoamérica; la región es vista como una unidad desde el punto de vista cultural, político y económico.

**amor cortés** código de comportamiento desarrollado y popularizado en Provenza entre los siglos XI y XIV que prescribía las reglas de conducta entre los enamorados. Pasó a la literatura durante la época medieval como una fórmula para describir el amor idealizado entre el trovador-amante y su señora-amada.

[1] En la preparación de este glosario se han consultado los siguientes libros: Tomás Navarro Tomás, *Arte del verso*; E. Correa Calderón y Fernando Lázaro Carreter, *Cómo se comenta un texto literario*; Fernando Lázaro Carreter, *Diccionario de términos filológicos*; Helena Beristáin, *Diccionario de retórica y poética*; Michael Groden y Martin Kreiswirth, eds., *The Johns Hopkins Guide to Literary Theory & Criticism*; y Joseph Childers y Gary Hentzi, eds., *The Columbia Dictionary of Modern Literary and Cultural Criticism*.

**anáfora** repetición de la misma palabra o frase al principio de dos o más versos u oraciones. Por ej.: "bien, el luciente topacio;/bien, el hermoso zafiro; / bien, el crisólito ardiente; ..." (Sor Juana).

**antítesis** contraposición de unas ideas a otras a través de términos abstractos que ofrecen un elemento en común. Por ejemplo: "Ayer naciste y morirás mañana" (Góngora).

**aparte** técnica utilizada en el teatro mediante la cual un actor o actriz se dirige al público apartándose para proporcionarle información que los otros personajes no deben saber.

**argumento** narración de los acontecimientos según el orden en que ocurren en la obra narrativa.

**arquetipo** modelo original o símbolo universal. Según el psicólogo Carl Jung, los arquetipos forman parte del inconsciente colectivo.

**arte mayor** los versos de nueve o más sílabas.

**arte menor** los versos de ocho o menos sílabas.

**asíndeton** supresión de conjunciones. Por ejemplo: "otra cruza, otra vuelve, otra se enraiza" (Balbuena).

**asonante, rima** ocurre entre dos o más versos cuando las palabras finales tienen sonidos vocálicos iguales a partir de la última vocal tónica. Por ejemplo: "pen**a**/dej**a**".

**auto** composición dramática en la cual intervienen personajes bíblicos y alegóricos. Se distinguen el *auto sacramental,* escrito en loor de la Eucaristía, y el *auto de Navidad,* de tema relacionado con esta celebración religiosa.

**barroco** corriente cultural que en España (1580–1700) se identifica con la Contrarreforma. Las obras literarias del barroco tienden a ser moralizantes. En general, tanto en arte como en literatura el barroco se caracteriza por la profusión de adornos y la complejidad. El barroco literario español tiene su expresión máxima en el culteranismo y el conceptismo.

**blancos, versos** están sujetos a las leyes rítmicas (acentos, pausas, número de sílabas), pero carecen de rima.

**bildungsroman:** tipo de novela cultivado en el siglo diecinueve, también llamada "Novela de formación" o "Novela de aprendizaje para la vida". En su forma tradicional tiene siempre, por protagonista, un adolescente de género masculino. *Wilhelm Meister* (1796; 1822), de Goethe, y *La educación sentimental* (1869), de Gustave Flaubert, son representativas de esta modalidad.

**Boom:** época de auge de la novela hispanoamericana durante la década de los años sesenta. Este auge se debió al éxito y prestigio, a nivel internacional, de los autores de la "nueva narrativa", quienes experimentaron con nuevas técnicas narrativas, introdujeron una mayor libertad expresiva y ampliaron su repertorio de temas. Estas novelas trascienden los contextos nacionales, incorporan ambientes cosmopolitas y crean visiones abarcadoras de la historia universal.

**bucólica, poesía** canta las bellezas y los encantos de la naturaleza y de la vida campestre; el poeta pone sus sentimientos en labios de pastores.

**caballería, novela de** tipo de narración que cuenta las aventuras de un caballero. Surgieron en el siglo XIV como versiones anónimas de antiguos cantares de gesta. Tuvieron su auge en el Renacimiento y comenzaron a desaparecer a fines de los siglos XVI y XVII. Estas novelas tenían como tema las leyendas de la corte del rey Arturo, de Carlomagno, y las Cruzadas. Sentimentalizaban a los héroes e introducían motivos amorosos y elementos sobrenaturales en el mundo bélico proveniente de la épica y los cantares de gesta.

**cabildo** junta de ciudadanos notables; en el siglo XIX en Hispanoamérica algunos cabildos, reunidos en sesiones públicas, se declararon en favor de la independencia.

**caciquismo** predominio de algunos jefes (caciques) que ejercen una autoridad absoluta y abusiva en una comunidad. Deriva de **Cacique,** vocablo taino cuyo significado original es jefe o señor de una tribu indígena.

**caligrama** versos agrupados con una disposición especial para representar ciertas formas o lograr un efecto específico. Aunque el empleo del caligrama es muy antiguo, en la poesía vanguardista está asociado con el poeta francés Apollinaire, quien influido por el cubismo, logró darle una forma singular al texto, para así subrayar su significado lingüístico a través de la disposición, la forma y las dimensiones de letras, palabras, versos y signos de puntuación.

**canción** composición poética que se deriva de la "canzone" italiana y por lo general es de temática amorosa.

**canto** las diferentes partes en que puede dividirse un poema largo, especialmente los épicos.

**caudillismo** proviene de la palabra caudillo que se usa para definir al individuo que se impone por su poder político y habilidad de mando, y la tendencia a seguir lealmente a ese líder cuya personalidad se admira.

**cesura** pausa que se introduce en muchos versos de arte mayor, los cuales quedan divididos en dos partes iguales, o no. "Los suspiros se escapan / de su boca de fresa" (Darío).

**cientificismo** actitud derivada del positivismo, movimiento filosófico de la segunda mitad del siglo XIX y de las primeras décadas del XX. Se caracteriza por una exagerada fe en las ciencias experimentales para explicar todos los aspectos de la vida; también le niega validez a lo que no sea susceptible de explicación científica.

**cientificista** persona o tendencia filosófica que se identifica con el cientificismo (ver cientificismo).

**circunloquio:** rodeo de palabras para exponer de modo indirecto una idea.

**clímax** punto culminante de la acción en una obra literaria.

**coloquio** composición literaria en prosa o verso que se desarrolla en forma de diálogo.

**comedia** obra dramática de ambiente divertido y desenlace feliz. También se usa este término para designar cualquier obra dramática en general.

**cómplice (lector)** lector creativo que desarrolla, en colaboración con el autor, el significado del texto. La teoría de la recepción analiza esta función activa del lector en la producción literaria.

**conceptismo** tendencia del barroco caracterizada por el desarrollo de ideas ingeniosas mayormente en prosa; para expresar estas ideas se emplean metáforas atrevidas, hipérbatos incomprensibles, y retruécanos extraños. El término se deriva de concepto o chispa de ingenio expresada de modo conciso. El iniciador del conceptismo fue el poeta Alonso de Ledesma (1552–1623), cuya obra *Conceptos espirituales* (1600 y siguientes) desarrolla la idea del término, tal y como se ha definido. El conceptista más destacado fue Baltasar Gracián (1601–58) quien elaboró sus teorías en *Agudeza y arte de ingenio* (1648).

**conceptista** (Ver conceptismo) persona o tendencia literaria que se identifica con el conceptismo.

**connotación** cuando una misma palabra sugiere dos o más significados más allá del denotativo o referencial (el explicado por el diccionario).

**consonante** rima entre dos o más palabras cuyos últimos sonidos tanto vocales como consonantes, son iguales a partir de la última vocal tónica.

**copla** breve composición lírica de cuatro versos de arte mayor o menor; hay muchas variedades de coplas.

**corrales:** en España, a partir de la segunda mitad del siglo XVI, se le llamó así al espacio de representación teatral construido en un patio rodeado por casas en tres de sus lados.

**cosmovisión** actitud del autor ante la vida tal y como se ha dado a conocer a través de su obra. Con frecuencia se emplea la palabra alemana *Weltanschaung* para referirse a cosmovisión.

**costumbrismo** tendencia o género literario que se caracteriza por el retrato e interpretación de las costumbres y tipos del país. La descripción que resulta es conocida como "cuadro de costumbres" si retrata una escena típica, o "artículo de costumbres" si describe con tono humorístico y satírico algún aspecto de la vida.

**costumbrista** Ver costumbrismo.

**creacionismo** movimiento literario y estético de vanguardia iniciado por el poeta chileno Vicente Huidobro (1893–1948). El principio fundamental del movimiento consistía en que el poeta debía crear con la palabra, y no limitarse a describir el mundo que lo rodeaba. Los creacionistas desecharon la anécdota y las descripción y prefirieron el subconsciente como fuente de inspiración.

**criollista** Ver criollismo.

**criollismo** tendencia regionalista de la literatura hispanoamericana que surgió a fines del siglo XIX, principalmente en la novela y el cuento. El escritor criollista expone y denuncia de modo realista las condiciones sociales, políticas y económicas de una determinada zona o país con el propósito de lograr reformas.

**cromáticas, imágenes** Ver cromatismo.

**cromatismo** uso de colores para caracterizar sentimientos e ideas.

**crónicas** relatos históricos que cubrían diversos períodos. Mezclaban hechos reales y ficticios y, en contraste con los cronicones escritos en latín, se escribían en castellano.

**crónicas modernistas** relatos breves, popularizados a fines del siglo XIX y comienzos del XX por los escritores modernistas. Se concentraban en describir un acontecimiento de modo elegante y con detalles que sugerían el ambiente.

**cuarteta** estrofa de cuatro versos de arte menor con rima consonante en abab.

**cuarteto** estrofa de cuatro versos de arte mayor con rima consonante en ABBA.

**cubismo:** escuela artística de comienzos del siglo XX que ponía el acento en las figuras geométricas (el triángulo, el cubo).

**cuento:** relato breve con pocos personajes donde la intriga gira en torno a un tema o a un suceso. La narración predomina sobre otras estrategias del discurso, por ejemplo, la descripción o el diálogo. Con frecuencia tiene un final sorpresivo.

**culterana** Ver culteranismo.

**culteranismo** estilo afectado que se manifestó mayormente en la poesía cultivada durante el período barroco. Los escritores culteranos alteraban la sintaxis y empleaban cultismos y palabras rebuscadas. Uno de los ejemplos más sobresalientes de esta corriente es *Soledades* (c. 1613) del poeta cordobés Góngora.

**cultismo** palabras que proceden mayormente del latín y que por razones culturales se han introducido en el idioma sin sufrir las transformaciones que han experimentado otros vocablos. Por ejemplo: fructífero, benévolo, colocar.

**dadaísmo:** corriente artística de comienzos del siglo XX cuyo propósito es cortar el vínculo entre el pensamiento y la expresión.

**décima o espinela** estrofa de diez octosílabos consonantes con rima abbaaccdde.

**denotación** cuando la palabra indica únicamente al objeto o concepto que nombra por tanto tiene un valor inmediatamente referencial.

**determinismo** doctrina según la cual los hechos del mundo físico y humano son efecto de causas o condiciones que los producen necesariamente.

**diéresis** licencia poética empleada para separar en dos sílabas las vocales que forman un diptongo. Por ejemplo: rü-ido; crü-el; sü-aves.

**discurso** ejercicio del habla o enunciación en cuyo sentido interactúan la sintáxis y la sonoridad del lenguaje con los elementos no verbales (el emisor, el receptor y el contexto).

**dodecasílabo** verso de doce sílabas.

**drama:** género donde se cuenta un suceso por medio de la representación; el dramaturgo comunica su mensaje al público a través del diálogo y la interacción de los actores en el escenario. Ese mensaje se complementa con efectos de iluminación, sonido, vestuario, maquillaje, escenografía.

**edad media** período de la historia europea entre la antigüedad clásica y el Renacimiento italiano; se inició con la caída del Imperio Romano de Occidente (c. 476). Entonces la cultura estaba en manos de la Iglesia y quienes escribían eran generalmente clérigos; como la mayoría era analfabeta, las obras se leían en voz alta o se representaban. La literatura, con algunas excepciones, tenía un propósito moralizante.

**égloga** poema bucólico de forma dialogada.

**elegía** originalmente era una composición fúnebre; después pasó a ser un poema triste o melancólico donde frecuentemente el poeta se lamentaba por algo que le causaba dolor.

**emisor** el que envía un mensaje.

**elipsis** omisión de elementos de una oración. Por ejemplo: ¿Qué tal? por ¿Qué tal estás?

**encabalgamiento** ocurre en poesía cuando, para completar el significado, el final de un verso tiene que enlazarse al verso siguiente. Por ejemplo: "Y el espanto seguro de estar mañana muerto,/y sufrir por la vida y por la sombra y por/lo que no conocemos y apenas sospechamos" (Darío).

**enciclopedistas** escritores de la gran Enciclopedia francesa del siglo XVIII, así como los seguidores de las ideas divulgadas en ella.

**encomienda** institución impuesta en Hispanoamérica colonial por medio de la cual grupos de indígenas eran repartidos o "encomendados" a los conquistadores. El indio tenía que trabajar para pagar un tributo a su dueño o "encomendero"; por su parte, éste se comprometía a enseñarle la religión católica, alojarlo y alimentarlo.

**endecasílabo** verso de once sílabas.

**endecha** poema constituido por estrofas de cuatro versos, tres heptasílabos y el último endecasílabo, con rima asonante del segundo y el cuarto versos.

**eneasílabo** verso de nueve sílabas.

**Ensayo:** escrito en prosa, a veces de carácter didáctico, cuyos temas pueden ser literarios, sociales, históricos, filosóficos, o artísticos, según las preocupaciones e intereses de cada autor.

**entremés** pieza breve de carácter humorístico o satírico que se representaba acompañada de cantos y bailes entre los actos de una obra más larga.

**épico, poema** composición generalmente asociada con la historia de un pueblo que relata un suceso importante o canta las hazañas de un héroe. En la épica popular que recoge los antiguos cantares de gesta, el autor es anónimo; en la épica culta, impulsada por los escritores italianos del Renacimiento y centrada en la octava real, las composiciones tienen autor conocido. El poema heroico narra hazañas gloriosas y relata hechos memorables, pero de menos importancia.

**epigrama** poema breve que expresa con agudeza un pensamiento festivo o satírico.

**epístola** carta en prosa o verso.

**epíteto** adjetivo que se añade con un propósito estético o convencional, ya que su presencia no es necesaria. Por ejemplo: la blanca nieve.

**erasmismo** durante el Renacimiento, una corriente de pensamiento influida por las ideas de Erasmo de Rotterdam (1466–1536) cuya obra

*Enquiridión o Manual del caballero cristiano* se tradujo al español en 1521. Los erasmistas abogaban por la reforma religiosa, y proponían una relación más directa entre Dios y el creyente. Debido a la influencia de la Contrarreforma, en España las obras de Erasmo fueron prohibidas y se incluyeron en el *Indice*.

**escena** parte de un acto en que participan los mismos personajes; si se ausenta un personaje o entra otro diferente, comienza una nueva escena.

**escepticismo:** doctrina filosófica que cuestiona la posibilidad del conocimiento porque, debido a sus imperfecciones, ni la mente ni los sentidos pueden dar a entender la verdad.

**escolasticismo:** corriente filosófica predominante en la Edad Media y fundamentada en las ideas de Aristóteles. Intentaba acercarse a los problemas por medio de la discusión y resolverlos a través de la disputación donde se contestaban las preguntas propuestas.

**estribillo** un verso que se repite a intervalos o después de cada estrofa en un poema.

**estridentismo** movimiento literario de vida efímera surgido en México hacia 1922 bajo la influencia del futurismo, iniciado en Italia por el escritor Filippo Tommaso Marinetti (1876–1944). Su principal representante fue el poeta Manuel Maples Arce con *Andamios interiores* (1922) y *Urbe* (1924).

**estrofa** grupo de versos sometidos a un régimen mediante el cual se configura la unidad estructural del poema.

**estructura** el plan de una obra literaria.

**estructuralismo** movimiento de crítica literaria desarrollado a partir de los conceptos lingüísticos propuestos por Ferdinand de Saussure (1857–1913); según él el lenguaje es un conjunto de elementos solidarios que constituyen entre si una estructura. Para la crítica estructuralista, la obra literaria es también un sistema cuyo sentido no requiere la referencia a una realidad exterior, sino que reside enteramente en la organización de sus elementos y en las estructuras que los articulan.

**existencialismo** tendencia filosófica, inspirada en las ideas del filósofo danés Sören Kierkegaard (1813–55), que afirma la primacía de la existencia individual concreta sobre las abstracciones de la metafísica racionalista tradicional. Dentro de esta corriente se desarrollaron una doctrina atea (Martin Heidegger, Jean Paul Sartre, Albert Camus) y una religiosa (Gabriel Marcel, Martín Buber, Paul Tillich) desde los años veinte hasta mediados de siglo. Miguel de Unamuno introdujo y reelaboró las ideas de Kierkegaard en el mundo hispánico, donde el existencialismo de Heidegger y de Sartre tuvo, posteriormente, una influencia temprana e importante. En literatura algunos temas existencialistas son: la libertad y la responsabilidad del individuo en un mundo al que sólo él mismo puede dar sentido, la vida como proyecto, la incomunicación entre los seres humanos y el sentimiento de alienación que es resultado de ella, la falta de autenticidad y la ambigüedad moral de los actos humanos.

**existencialista** persona, idea o expresión literaria vinculada al existencialismo.

**exordium (latín) o exordio,** prólogo o introducción que precede al comienzo de una obra para presentar el tema o hacer aclaraciones necesarias.

**exposición** parte de la trama de una obra narrativa en que se le informa al lector sobre los personajes y el ambiente.

**fábula** tradicionalmente una historia en verso o prosa que ofrece una lección moral o moraleja y en la que los personajes son animales. En el estudio de la narrativa, se le llama fábula a las deducciones que saca el lector para entender y completar el argumento de la novela.

**federal** en la Argentina se le llamaba así a la causa de quienes defendían la autonomía de las provincias frente a las ambiciones hegemónicas de la ciudad de Buenos Aires durante el siglo XIX.

**figura retórica** expresión apartada de la norma o adorno del estilo que resulta del deseo que el autor tiene de darle una forma específica a su obra. Es posible que el adorno afecte a las palabras con que se expresa el pensamiento para constituir las figuras de palabras o tropos y las figuras de construcción, como por ejemplo la anáfora; también puede afectar al pensamiento mismo para dar lugar a las figuras de pensamiento, como por ejemplo, la interrogación retórica.

**fluir de la conciencia o corriente de conciencia** técnica empleada para describir la actividad mental de un personaje, abarcando lo consciente y el subconsciente.

**fondo** el asunto, el tema, el mensaje, el contenido, los pensamientos y sentimientos expresados en una obra. El fondo complementa la forma.

**forma** manera de combinar los diferentes elementos de una obra literaria. El fondo corresponde a la estructura interna de la obra, mientras la forma corresponde a la estructura externa.

**gauchesco** lo relativo al errante hombre de la pampa argentina o gaucho, dedicado a la crianza de ganado vacuno en las grandes llanuras o pampas.

**gongorismo** lo relativo al estilo asociado con Luis de Góngora y Argote (1561–1627), caracterizado por el excesivo adorno y la dificultad de comprensión.

**hemistiquio** cada una de las dos mitades del verso, separada de la otra por la cesura, o cada una de las dos partes desiguales de un mismo verso.

**heptasílabo** verso de siete sílabas.

**hermetismo:** estilo difícil de comprender; se lo asocia con los escritos inspirados por Hermes, el dios de la elocuencia.

**hexadecasílabo** verso de diecisiete sílabas.

**hexámetro** verso de medida clásica que consta de seis pies.

**hexasílabo** verso de seis sílabas.

**hiato** pronunciación separada de dos vocales que deberían pronunciarse juntas, por ejemplo: "tu escuela". Si las vocales forman un diptongo y se separan, a esto se le llama diéresis, por ejemplo: "armonïosa".

**hipérbaton** alteración del orden normal de las palabras en la oración. Es más frecuente en poesía que en prosa. Por ejemplo: "que del arte ostentando los primores" (Sor Juana).

**hipérbole** exageración; aumento o disminución de cualidades, acciones, descripciones, etc. Por ejemplo: "se roía los codos de hambre"; "iba más despacio que una tortuga".

**historicismo** tendencia a interpretar todo tipo de conocimiento o experiencia dentro de un contexto de cambio histórico. El uso de este término se generalizó después de la Primera Guerra mundial en Alemania, cuya derrota llevó a sus pensadores a intentar una revaloración de las tradiciones políticas y culturales.

**humanismo** corriente de pensamiento que durante el Renacimiento impulsó el estudio de las culturas clásicas de Grecia y Roma. El humanismo valorizaba al individuo ante todo.

**idealismo** corriente de pensamiento que subraya la importancia de lo imaginativo, lo espiritual y lo intelectual; es la antítesis del materialismo.

**ilustración** movimiento filosófico del siglo XVIII surgido en Francia; se destacó por tener extrema confianza en el poder de la razón y en la bondad humanas. Los pensadores ilustrados (Voltaire, Rousseau, Locke, Hume) creían que si toda persona utilizaba la razón al máximo, se podían mejorar las condiciones de vida.

**ilustrado, despotismo** forma de gobierno surgida del ideario del mismo nombre por la cual el soberano imponía arbitrariamente las reformas que creía más adecuadas para el progreso del pueblo.

**imagen** representación de un objeto o una experiencia sensorial con detalles fieles y evocativos.

**indianismo** tendencia dentro del romanticismo hispanoamericano que idealizó al indígena y lo incorporó en la obra literaria como una figura decorativa, haciéndole perder su identidad.

**indigenismo** tendencia dentro del realismo hispanoamericano que describía al indígena como una persona real a la vez que denunciaba el estado de opresión en que se encontraba.

**ironía** figura que consiste en oponer, para burlarse, el significado a la forma de las palabras, para expresar una idea de tal manera que, por el tono, se entienda lo contrario.

**jitanjáfora** figura literaria creada por el poeta cubano Mariano Brull, y llamada así por el escritor mexicano Alfonso Reyes. Consiste en el empleo de vocablos que no tienen sentido por sí mismos y que se apoyan en el contexto poético en que están situados; con frecuencia, le confieren musicalidad al poema.

**krausista** Ver krausismo.

**krausismo** movimiento filosófico y pedagógico iniciado en la Universidad de Madrid por Julián Sanz del Río (1814–69), quien en Alemania se adhirió a las doctrinas neokantianas propuestas por Karl Friedrich Krause (1781–1832). Esta filosofía intentaba reconciliar el teísmo y el panteísmo, y proponía el desarrollo del individuo como parte de la esencia divina del universo. Los krausistas tuvieron una gran influencia en España.

**leitmotiv** cuando una obra literaria repite una palabra, frase, situación o idea para caracterizarla.

**letrilla** poema de origen popular y versos cortos, cada una de cuyas estrofas termina con uno o varios versos que forman el estribillo.

**libres, versos no** se sujetan a las reglas métricas normales; su medida y rima quedan al arbitrio del poeta.

**lira** estrofa de cinco versos, tres heptasílabos y dos endecasílabos con el siguiente esquema de rima consonante aBabB. Fue inventada por Bernado de Tasso (1493–1569) y llevada a España por Garcilaso de la Vega.

**literatura de tesis:** propone y defiende ideas políticas o morales.

**loa** composición en que se alaban virtudes individuales o colectivas.

**locus amoenus** lugar ideal o paisaje embellecido que se describe siguiendo ciertas pautas de la literatura greco-latina y especialmente de la estilística virgiliana. Está caracterizado por tener un prado florido, un árbol frondoso, un arroyo cristalino y una fuente; era el sitio de reunión de los enamorados.

**Luces, Siglo de las** Ver Ilustración.

**madrigal** poema breve generalmente amoroso.

**marxismo** doctrina basada en las ideas del economista y filósofo Karl Marx (1813–83), según la cual las masas han sido explotadas por las clases que monopolizan la riqueza y el poder político. Para cambiar esta situación propone la lucha de clases y la revolución para lograr una sociedad sin clases.

**medieval** Ver Edad Media.

**metáfora** tropo a través del cual se identifican objetos diferentes. Su fórmula más simple es A es B: sus dientes son perlas. B se conoce como el término metafórico (perlas), y A como el metaforizado (dientes).

**metonimia** figura retórica que consiste en designar una cosa con el nombre de otra que está relacionada con ella en una de las siguientes maneras: causa a efecto: Vive de su trabajo; continente a contenido: tomaron unas copas; lugar de procedencia a cosa que de allí procede: el Jerez; signo o cosa significada: traicionó su bandera.

**métrica** conjunto de reglas relativas al metro de los versos y a las estrofas.

**metro** medida de un verso. Cuando se dice que dos versos tienen distinto metro, se indica que tienen distinta medida.

**misticismo:** movimiento de mediados del siglo XVI manifestado en poesía y prosa. El autor describe un estado extraordinario, de unión del alma con Dios por medio del amor.

**modernidad** condiciones económicas y culturales de una sociedad industrializada.

**modernismo** movimiento literario de renovación en todos los géneros que se originó en Hispanoamérica a fines del siglo XIX e inició el período contemporánco de la literatura. El romanticismo, así como varias corrientes literarias francesas, tales como el parnasianismo y el simbolismo, influyeron en el modernismo. En Brasil, este término designa el movimiento vanguardista, y en el ambiente anglosajón se aplica para caracterizar la literatura de la primera mitad del siglo XX.

**monorrimo** el empleo de varios versos de una sola rima consonante o asonante.

**mundonovismo** nombre dado a la etapa madura del modernismo, durante la cual los escritores incorporaban en su obra temas americanos y mostraban mayor preocupación por el futuro del continente.

**muwassaha** el nombre árabe de una estrofa de cinco o seis versos escrita en árabe o en hebreo clásico. La muwassaha terminaba con una jarcha, estrofa de tres o cuatro versos escritos en árabe, en hebreo popular o mozárabe, cuya función era similar a la del estribillo.

**naturalismo** corriente literaria de mediados del siglo XIX que intenta presentar a la persona científicamente. Los naturalistas creían que la herencia biológica y el medio ambiente determinaban el desarrollo de cada persona; en sus escritos se destacaba lo feo y lo sórdido para mostrar la lucha por la existencia. El naturalismo tuvo un gran auge en Francia con los escritos de Emile Zola.

**naturalista** Ver naturalismo.

**neoclasicismo** corriente literaria del siglo XVIII que proponía la imitación del mundo clásico. Los escritores neoclásicos creían en el predominio de la razón y en el fin didáctico de la obra de arte. Sus obras eran claras y equilibradas, y representaban un rechazo del barroco; aceptaban que el arte estuviera sometido a reglas.

**neoplatonismo** corriente filosófica basada en las ideas de Platón, tal y como fueron interpretadas por Plotino (205–270). Después estas ideas fueron cristianizadas por la Iglesia y se aprovecharon durante la Edad Media y el Renacimiento. En lo que se refiere a la poesía española, las fuentes principales de las ideas neoplatónicas fueron Dante Alighieri (1265–1321) y Francesco Petrarca, así como *Diálogos de amor,* la obra de León Hebreo, cuya primera traducción al español apareció en 1582. En España las ideas neoplatónicas se manifestaron principalmente en referencias al ideal de la belleza y del amor espiritual, tal como se observa en la poesía de Boscán y Santillana, y en la literatura mística.

**nihilismo** se deriva del latín nihil (nada) y alude a una forma extremada de escepticismo o pesimismo.

**Novela:** relato extenso donde el narrador cuenta una historia. Debido a su amplitud, puede incluir más de una intriga, varios temas y numerosos personajes cuyo carácter se desarrolla en el proceso de la narración.

**novela monológica** los relatos en los que predomina la voz del narrador; en general se ha caracterizado así la novela realista del siglo XIX.

**novela dialógica** las narraciones donde varias voces expresan diferentes puntos de vista; la voz del narrador no es la predominante; en general, la producción de la segunda parte del siglo XX se ha caracterizado por ofrecer esta multitud de voces.

**octava real** estrofa de ocho versos endecasílabos con rima consonante ABABABCC. También se conoce como octava rima. Era la estrofa preferida para la poesía épica del Renacimiento.

**octosílabo** verso de ocho sílabas. Es el más empleado en poesía popular.

**oda** composición larga del género lírico, cuya división en estrofas o partes iguales está regida por reglas complejas; generalmente la oda canta con entusiasmo un suceso grandioso o notable.

**omnisciente (narrador)** voz narrativa, por lo general de una tercera persona anónima, que comunica el conocimiento de todos los hechos narrados y de la interioridad de los personajes, sin limitación de tiempo o de lugar.

**onomatopeya** las palabras que se emplean para imitar sonidos de los objetos a que se refieren. Por ejemplo: "chisporrotear", "bombardear".

**oximoron** unión sintáctica de conceptos que se contradicen. Se asemeja a la antíteses por la oposición del significado de los términos, y a la paradoja por lo absurdo de la proximidad sintáctica de ideas irreconciliables. Por ejemplo: "bella ilusión por quien alegre muero,/dulce ficción por quien penosa vivo" (Sor Juana).

**paradoja** empleo de expresiones o frases contradictorias que alteran la lógica de la expresión al aproximar dos ideas opuestas y aparentemente irreconciliables. Por ejemplo: "apresúrate lentamente".

**paráfrasis** interpretación o traducción libre de un texto literario.

**paralelismos** repetición de una misma idea o de dos conceptos opuestos en dos o más versos, o en dos estrofas. Por ejemplo: "Aquí Marte rindió la fuerte espada, / aquí Apolo rompió la dulce lira" (Sor Juana).

**pareado** estrofa de dos versos, de arte mayor o menor, con rima consonante o asonante.

**parisiense, prosa** estilo narrativo de gran elegancia cultivado por los escritores franceses a mediados del siglo XIX. Una de las características más sobresalientes de este estilo es la descripción detallada de ambientes lujosos y exóticos.

**parnasianismo** corriente poética del siglo XIX de origen francés que proponía el cuidado de la forma, "el arte por el arte". Los temas preferidos de los parnasianos provenían de las culturas greco-latinas y de paisajes y objetos exóticos. El cisne y las estatuas de mármol aparecían con frecuencia en la poesía parnasiana.

**parodia** imitación burlesca de una obra seria.

**paronomasia** colocación próxima en la frase de dos vocablos de forma parecida bien por parentesco etimológico ("quien reparte se lleva la major parte"), o por semejanza casual ("compañía de dos, compañía de Dios").

**pastoril, novela** también conocida como novela bucólica, es un tipo de narración en la cual los personajes aparecen como pastores que han encontrado refugio en el ambiente campestre, y allí dialogan sobre sus cuitas amorosas. La novela pastoril tiene su origen en las églogas clásicas. *La Arcadia* (1504) de Sannazaro fue la novela pastoril italiana de más influencia en Europa. En España la novela pastoril tuvo su apogeo en los siglos XVI y XVII, después del auge de la novela de caballería. Jorge de Montemayor fue el iniciador del género con su *Diana* (c. 1595), considerada como la mejor del género en ese país.

**payada** una canción o poema improvisado por un gaucho (payador) generalmente acompañado de una guitarra. También se le llama payada a la competencia entre dos gauchos cantores.

**pentasílabo** verso de cinco sílabas.

**perífrasis** rodeo de palabras empleado para comunicar una idea o como alarde de ingenio.

**peripecia** momento decisivo en la obra dramática, cambio repentino de situación.

**personificación** atribución de cualidades o actos propios de las personas a otros seres u objetos.

**petrarquismo** el estilo del humanista y poeta florentino Francesco Petrarca (1304–74) caracterizado por la expresión de los sentimientos de una manera culta. La influencia de Petrarca alcanzó gran auge en España a partir del siglo XVI. En cuanto a los temas, los petrarquistas hacían hincapié en la pasión amorosa violenta y desgraciada; en cuanto a la forma, preferían tanto el verso endecasílabo, al cual le otorgaron musicalidad y dulzura, como el soneto, el terceto y la canción.

**picaresca, novela** narración episódica de carácter realista donde un pícaro cuenta su vida. Generalmente el pícaro, muchacho de pocos escrúpulos, les sirve a varios amos, representativos de diferentes profesiones y estratos sociales, a los cuales critica. Se originó en España durante el siglo XVI como una reacción contra las novelas de caballería y las fabulosas hazañas allí contadas. Entre las novelas picarescas famosas se encuentra el *Lazarillo de Tormes* (1554).

**picaresco** relativo a la novela picaresca, a su ambiente y su protagonista.

**pie quebrado** combinación de versos octosílabos con versos de cuatro sílabas.

**plástico** descripción que logra representar al objeto o persona que describe con rasgos casi tangibles.

**platonismo** Ver neoplatonismo.

**pleonasmo** repetición de palabras o ideas, bien por torpeza (enterrar en tierra), o para dar mayor fuerza a la expresión (lo vi con mis propios ojos).

**poema** composición literaria generalmente escrita en verso y cuya elaborada estructura está regulada por el ritmo y el metro. El poema puede ser de carácter épico, lírico, dramático, satírico o didáctico. Generalmente, el poema en prosa desarrolla asuntos líricos combinando

frases y ritmos subordinados a su estructura gramatical.

**polimetría** variedad de metros en un poema.

**polisíndeton** repetición de conjunciones.

**positivismo** filosofía del francés Augusto Comte (1798–1857) que propone la renuncia a conocer la esencia misma de las cosas, y dirige la atención al conocimiento obtenido mediante la observación y la experiencia.

**positivistas** seguidores del positivismo.

**postmodernismo o posmodernismo** en Hispanoamérica, movimiento literario inmediatamente posterior al modernismo del siglo XIX. En los Estados Unidos y crecientemente en el mundo hispánico, este término comprende la literatura que, a partir de los años sesenta del siglo XX, tiene estas características: una actitud desmitificadora, que pone en evidencia los condicionamientos sociales del conocimiento pretendidamente objetivo y de los valores consagrados; la incorporación, sin distinciones jerárquicas, de la cultura popular a la expresión literaria; el revisionismo histórico, el uso de la fantasía, el humor y la parodia para confrontar, desde los sectores sociales marginados y reprimidos, a la cultura dominante.

**postmodernidad o posmodernidad** condiciones económicas y culturales de la segunda mitad del siglo XX, las cuales están vinculadas a los grandes avances de la tecnología, la internacionalización de las grandes empresas, la influencia de los medios masivos de comunicación y los cambios políticos e ideológicos.

**prefiguración** representación anticipada de una cosa o indicio de lo que sucederá más tarde.

**prosa, poema en** o prosa poética, composición escrita en una prosa que, por su preocupación estética, ritmo y valor metafórico, tiene las características del lenguaje poético.

**prosopopeya** figura retórica que consiste en atribuir sentimientos, palabras y acciones a objetos inanimados, a los muertos y a los animales.

**quintilla** combinación de cinco versos octosílabos aconsonantados; no pueden ir tres versos consonantes seguidos, ni terminar en uno pareado.

**racionalismo** doctrina filosófica que pretende explicar todo fenómeno o suceso por medio de la razón.

**realismo** corriente literaria europea que llegó a Hispanoamérica en el siglo XIX; los escritores que la siguieron se proponían lograr en su obra un retrato fiel de los diversos aspectos de la vida.

**realismo mágico** término utilizado por el crítico alemán Franz Roh para caracterizar la producción pictórica postexpresionista de cerca de 1925.

El escritor venezolano Arturo Uslar Pietri lo aplicó a la literatura hispanoamericana en 1948 para referirse a aquellos escritos que sugieren un aspecto mucho más profundo de la realidad. Fundamentándose en el surrealismo, Miguel Angel Asturias y Alejo Carpentier han elaborado sus propias teorías sobre el realismo mágico y lo real maravilloso. El rótulo ha sido empleado muy libremente para calificar obras disímiles y por tanto ha perdido efectividad como definición.

**realista** Ver realismo.

**recepción** actividad mediante la cual el lector recibe y descodifica un mensaje literario. En nuestra época, las teorías de la recepción consideran que el significado del mensaje no existe fuera de la interacción entre el lector y el texto. Esto implica que el significado se enriquece y cambia a través de las diversas lecturas.

**redondilla** estrofa formada por cuatro versos octosílabos de rima consonante en abba.

**relación** en los siglos XVI y XVII un informe más breve que las historias y crónicas, en el que se contaba la participación personal en una hazaña, o se describía un acontecimiento particular o una región.

**renacimiento** período histórico que siguió a la Edad Media y antecedió al barroco. En España el Renacimiento correspondió al siglo XVI, la primera centuria que integra el llamado Siglo de Oro (siglos XVI y XVII). En contraste con la época medieval, que consideraba al mundo como un "valle de lágrimas" en el cual estamos de paso hacia la vida eterna, en el Renacimiento se ve la vida como algo valioso otorgado por Dios. Durante el Renacimiento se deslinda la preocupación entre lo natural y lo sobrenatural; las ideas seculares se convierten en un importante factor cultural.

**retruécano** contraposición de dos frases que contienen expresiones idénticas, parecidas o antitéticas, con otro orden, régimen y significado. Por ejemplo: "queremos ver, y para siempre, la cara de la dicha, por cara que nos cueste dicha cara" (Roa Bastos).

**rima** semejanza o igualdad entre los sonidos finales de las palabras en que acaban dos o más versos, a partir de la última vocal acentuada. Puede ser consonante o asonante.

**ritmo** repetición de un fenómeno a intervalos regulares. En poesía, se produce por la repetición de versos de igual metro, por las pausas al final de cada verso, a veces por la cesura, por la rima o por la repetición del acento en la penúltima sílaba.

**rococó** originalmente un estilo arquitectónico con excesivo decorado y amaneramiento que surgió en Francia a fines del reinado de Luis XV (1715–74).

**romance** composición poética de versos octosílabos con rima asonante en los versos pares; los impares quedan sueltos.

**romancillo** composición poética de versos de menos de ocho sílabas con rima asonante en los versos pares.

**romanticismo** corriente literaria prevaleciente en Europa e Hispanoamérica en el siglo XIX. Se distinguió por el predominio de la imaginación y los sentimientos sobre la razón. El escritor romántico es sumamente individualista, y por tanto la visión que predomina en sus escritos es subjetiva.

**romanticismo social** tendencia dentro del romanticismo que influyó sobre las ideas acerca de la sociedad y la historia. Se manifestó como un movimiento hacia una sociedad más libre e igualitaria. Una de sus figuras representativas fue el historiador francés Jules Michelet (1798–1874).

**sacramentales, autos** Ver auto.

**sainete** obra teatral generalmente de carácter cómico y que recoge las costumbres populares.

**sátira** composición cuyo objetivo es criticar, censurar y ridiculizar.

**seguidilla** estrofa irregular de cuatro versos que apareció en el siglo XV. Más tarde se fijó el esquema actual: dos heptasílabos sueltos y dos pentasílabos consonantes o asonantes para la seguidilla simple; cuando los dos primeros versos son hexasílabos y el tercero de once o diez sílabas, y el cuarto es hexasílabo, recibe el nombre de seguidilla gitana.

**semiótica** teoría general de los signos y símbolos. Análisis de la naturaleza y las relaciones de los signos en el lenguaje.

**serventesio** estrofa de cuatro versos endecasílabos de rima alterna ABAB.

**sextina** estrofa de seis versos endecasílabos. La sextina modernista combinaba seis versos de cualquier medida con rima consonante de AABCCB.

**Siglo de Oro** período de gran auge en la literatura española que abarca los siglos XVI y XVII. Generalmente se distinguen tres etapas de desarrollo comprendidas, de manera aproximada, entre los siguientes años: 1) 1500 a 1550, los comienzos del Renacimiento y la etapa italianizante; 2) 1550 a 1580, la etapa del Renacimiento tardío; y 3) 1580 a 1700, la etapa barroca. Históricamente el Siglo de Oro coincide con los reinados de Fernando e Isabel (1474–1504), Carlos V (1516–56), Felipe II (1556–98), Felipe III (1598–1621) y Felipe IV (1605–65), en los cuales España surgió como primera potencia para después, a fines del reinado de Felipe II, comenzar una etapa de decadencia.

**silogismo** fórmula empleada para presentar lógicamente un argumento. De las tres proposiciones que integran el silogismo, la última se deduce de las dos anteriores.

**silva** tipo de composición poética formada por versos endecasílabos, o por la combinación de versos endecasílabos y heptasílabos; los versos no están sujetos a orden de rima o de estrofas.

**simbolismo** corriente poética prevaleciente en Francia a fines del siglo XIX. Entre los simbolistas sobresalieron Mallarmé, Rimbaud, Verlaine; su poesía se caracterizó por el verso libre, el empleo de la sinestesia, y, sobre todo, por el deseo de lograr efectos musicales.

**símbolo** relación entre dos elementos uno concreto y otro abstracto, en la cual lo concreto explica lo abstracto. Por ejemplo: la balanza como símbolo de la justicia.

**símil** comparación explícita de una cosa con otra para dar una idea más viva de una de ellas. Por ejemplo: "a dónde se fue su gracia, / a dónde se fue su dulzura, / porque se cae su cuerpo / como la fruta madura" (Violeta Parra).

**sinalefa** pronunciación en una sílaba métrica de la última vocal de una palabra y la primera de la siguiente. Cuando hay sinalefa las dos sílabas así unidas tienen el valor de una en el cómputo silábico. Por ejemplo: "Sobre pupila azul con sueño leve / tu párpado cayendo amortecido..." (Arolas).

**sinécdoque** figura que corresponde a la fórmula lógica de "la parte por el todo" o "el todo por la parte". Por tanto la encontramos cuando se emplea una palabra que designa el género para significar la especie, o viceversa: los mortales por los hombres; cuando la palabra que alude al todo pasa a designar la parte, o viceversa: diez cabezas por diez reses.

**sinéresis** cuando en un verso se unen dos vocales contiguas o separadas por h, que generalmente se pronuncian separadas para no formar diptongo. Por ejemplo: "O en el lazo fatal cae de la muerte" (Meléndez).

**sinestesia** cuando una sensación se describe en términos de otra. Por ejemplo: "Resbalo por tu tarde como el cansancio por la piedad de un declive" (Borges).

**socialismo utópico,** conjunto de doctrinas que proponían, durante el siglo XIX, formas de establecer una nueva sociedad. Sus ideólogos más importantes fueron Robert Owen (1771–1858) en Inglaterra, Charles Fourier (1772–1837) y Pierre-Joseph Proudhon (1809–65) en Francia. Claude-Henri de Rouvrov, conde de Saint-Simon (1760–1825), se distinguió de ellos por su orientación científica. Sin embargo, todo este movimiento fue considerado "utópico" por el socialismo marxista.

**soneto** composiclón poética de catorce versos distribuidos en dos cuartetos y dos tercetos. En español suele tener rima consonante, y generalmente los versos son endecasílabos. A partir del modernismo aparecen sonetos en los que se encuentran nuevas combinaciones métricas.

**sonetillo** versos de arte menor que se combinan en forma de soneto.

**sturm und drang** corriente literaria alemana que floreció entre 1770 y 1784. Toma este nombre de una obra de F. M. von Klinger, *Die Wirrwarr; oder, Sturm und Drang* (1776). Influidos por Rosseau, Herder y Lessing entre otros, sus seguidores recalcaron la importancia de la subjetividad, así como del lugar precario del hombre en la sociedad de entonces. También mostraron gran entusiasmo por la naturaleza; el movimiento representó una rebelión contra las reglas del estilo neoclásico.

**surrealismo** movimiento literario de origen francés cuyo auge ocurrió en las décadas de los años veinte y treinta del pasado siglo XX. Intentaba ir más allá de la realidad tangible y, olvidando la lógica, expresar otra más auténtica.

**tema** la idea central del texto.

**terceto** estrofa de versos endecasílabos con rima consonante. Si hay varios termina en un cuarteto. Los versos se agrupan así: ABA, BCB, CDC,... XYZ, YZYZ.

**tetrasílabo** verso de cuatro sílabas.

**tono** actitud del autor hacia lo narrado en el texto.

**tradiciones** narraciones breves de tipo anecdótico basadas en la leyenda o la historia, y creadas por el peruano Ricardo Palma (1833–1919).

**tragedia** obra dramática con fin catastrófico, cuyos personajes muestran grandes pasiones.

**transculturación** difusión o influencia recíproca de los rasgos culturales de una sociedad, cuando entra en contacto con otra.

**trisílabo** verso de tres sílabas.

**tropo** empleo de las palabras en sentido diferente al que habitualmente les corresponde, o sea, en sentido figurado.

**ultraísmo** uno de los movimientos estéticos y literarios de vanguardia con orígenes en Francia e Italia que floreció en España e Hispanoamérica de 1920 en adelante. En España su principal teórico fue Guillermo de Torre a quien se le atribuye la creación de los términos ultraísmo y ultraísta. En Hispanoamérica el representante más conocido de esta tendencia fue Jorge Luis Borges. Los ultraístas proponían una regeneración literaria, particularmente en poesía, dejando de lado lo anecdótico y lo romántico para resaltar el valor de la metáfora.

**unitarios** así se llamó a los argentinos partidarios de una organización política que, regida por la Constitución Centralista de 1819, unificaría al país bajo el poder de Buenos Aires. Se opusieron al general Juan Manuel de Rosas, y fueron perseguidos por éste y sus partidarios federales.

**vanguardismo** proviene de 'vanguardia' que literalmente significa el punto más avanzado de una fuerza armada. En literatura se aplica a los movimientos surgidos alrededor de la Primera Guerra mundial que experimentaron con nuevas técnicas y temas para renovar la expresión literaria.

**verosimilitud** carácter de lo que parece verdadero y creíble.

**verso** unidad de la versificación, o sea, cada una de las líneas que componen un poema. Palabra o conjunto de palabras sometidas a medida y cadencia, según ciertas reglas.

**villancico** composición poética de arte menor y de asunto religioso con un estribillo. Con frecuencia el tema del villancico era navideño. Proviene del zéjel, y fue adoptado por los poetas españoles de la corte a fines de la Edad Media. Más tarde el villancico se convirtió en una obra más compleja representada en las iglesias en honor de santos y para conmemorar festividades religiosas.

**volkgeist** del alemán, el espíritu de un pueblo. Herder, el teórico más importante del romanticismo alemán, explicó en sus escritos cómo el espíritu de cada pueblo marcaba peculiarmente su cultura y su literatura.

**voz (narrativa o poética)** el narrador o poeta en la instancia literaria.

**zéjel** estrofa antigua española derivada de la muwassaha, compuesta de un estribillo sin estructura fija que cantaba el coro, y de cuatro versos que cantaba el solista. De estos cuatro versos los tres primeros forman la mudanza, y son asonantes y monorrimos; el cuarto rima con el estribillo.

# INDICE

# TEXT CREDITS

The authors wish to thank the following parties for their permission to reprint the selections that appear in this book:

**Agencia Literaria Carmen Balcells** for "Clarisa" by Isabel Allende from *Cuentos de Eva Luna*. For "La isla a mediodía" by Julio Cortázar from *Todos los fuegos el fuego*. © Herederos de Julio Cortázar 1966. For "Chac Mool" by Carlos Fuentes from *Los días enmascarados*. © Carlos Fuentes 1954. For "La prodigiosa tarde de Baltazar" by Gabriel García Márquez from *Los funerales de la mamá grande*. © Gabriel García Márquez 1962. For "Poema 20" by Pablo Neruda from *Veinte poemas de amor y una canción desesperada*. © Fundación Pablo Neruda 1924. For "Walking around" by Pablo Neruda from *Residencia en la tierra* (1925-1935). © Fundación Pablo Neruda 1933. For "Alturas de Macchu Picchu," poemas VI and XII by Pablo Neruda from *Canto general*. © Fundación Pablo Neruda 1950. For "Oda a los calcetines" by Pablo Neruda from *Nuevas odas elementales*. © Fundación Pablo Neruda 1933. For "Estación inmóvil" by Pablo Neruda from *Estravagario* by Pablo Neurda. © Fundación Pablo Neruda 1958. For "Nos han dado la tierra" by Juan Rulfo from *El llano en llamas*. © Herederos de Juan Rulfo 1953. For "El catoblepas" by Mario Vargas Llosa from *Cartas a un joven novelista*. © Mario Vargas Llosa 1997. Used by permission.

**Agencia Literaria Latinoamericana** for "Búcate plata," "Velorio de Papá Montero," "Sensemayá," "Balada de los dos abuelos," and "Un largo lagarto verde" by Nicolas Guillén. Reprinted by permission. For "Semejante a la noche" by Alejo Carpentier. Reprinted by permission.

**José Alcántara Almánzar** for his "En carne viva" from *La carne estremecida*. Reprinted by permission.

**Emilio Carballido** for his *El censo*. Reprinted by permission.

**Doris Dana** for "Los sonetos de la muerte," "Sueño grande," "Pan," and "La desvelada" by Gabriela Mistral. Reprinted by permission.

**Rosario Ferré** for her "La muñeca menor." Reprinted by permission.

**Fondo de Cultura Económico** for "Costumbres mexicanas" from *El uso de la palabra*, "Válium 10," and "Poesía no eres tú" by Rosario Castellanos. Reprinted by permission. For "El descontento y la promesa" from *Obra crítica* by Pedro Henríquez Ureña. Reprinted by permission. For "Todos santos, día de muertos," "El pájaro," "Dos cuerpos," and "Himno entre ruinas" by Octavio Paz. Reprinted by permission. For "Capricho de América" from *Obras completas* by Alfonso Reyes. Reprinted by permission.

**Vicente García Huidobro Portales** for "Nipona," "Arte poética," "Luna o reloj," and *Altazor, o el viaje en paracaídas* (selection) by Vicente Huidobro. Reprinted by permission.

**Herederos de Miguel Ángel Asturias** for "Leyenda de la Tatuana" by Miguel Ángel Asturias. Reprinted by permission.

**Ana Istarú** for her poems in *La muerte y otros efímeros agravios*. San José, CR: Ed. Costa Rica, 1988; *La estación de fiebre y otros amaneceres*. Madrid: Visor, 1991; *Verbo madre*. San José, CR: Ed. Mujeres, 1995.

**Libre Editores S.R.L.** for "Tupac Amaru relegado," "Tres testimonios de Ayacucho," "Las salinas," "Hay veces que los hijos," and "Requiem (3)" by Antonio Cisneros. Copyright © by Antonio Cisneros.

**Baldomero Lillo** for his "Chiflón del Diablo." Copyright © by Baldomero Lillo.

**Dr. Javier Mariátegui** for Jose Carlos Mariátegui, selection from *Siete ensayos de interpretacion de la realidad peruana*. Copyright © by Dr. Javier Mariátegui.

**Carlos Monsiváis** for his "Las migraciones culturales" from *Aires de familia. Cultura y sociedad en América Latina*. Barcelona: Anagrama, 2000. Copyright © by Carlos Monsiváis.

**Mosca Azul Editores** for "Los heraldos negros," "XXVIII," "Voy a hablar de la esperanza," "Piedra negra sobre una piedra blanca," and "Masa" by César Vallejo. Reprinted by permission.

**Elena Poniatowska** for her "Las lavanderas" and "Esperanza número equivocado."

**Sergio Ramírez** for his "Catalina y Catalina" from *Cuentos completes*. Madrid: Alfaguara, 1997.

**Luis Rafael Sánchez** for his "¿Por qué escribe Ud.?" from *No llores por nosotros Puerto Rico*. Hanover: Ediciones del Norte, 1997.

**Luisa Valenzuela** for her "Los censores." Reprinted by permission.

**The Wylie Agency** for "Fundación mítica de Buenos Aires," "El Sur," and "Borges y yo" by Jorge Luis Borges. Copyright © 1998 by María Kodama, reprinted with permission from the Estate of Jorge Luis Borges. Used by permission.